KB074534

THE FIRST WORLD WAR

JOHN KEEGAN

1차세계대전사

존 키건 지음 · 조행복 옮김

청어람미디어

1914~1918년에

대전에서 돌아오지 못한

킬밍턴의 사나이들에게 바친다.

지도

나는 1차 세계대전에서 싸웠던 남자들과 집에서 그 남자들의 소식을 기다렸던 여자들과 함께 자랐다. 아버지는 1차 세계대전에 참전했으며 아버지의 두 형제와 나의 장인도 참전했다. 네 사람 모두 살아남았다. 내게 전쟁의 본질을 처음 알려준 이는 자신들의 전쟁 경험을 조심스럽게 걸러 얘기해준 아버지와 장인이었다. 전쟁이 만들어낸 미혼여성부대의 한 사람인 아버지의 누이는 생애의 끝 무렵에 남겨진 자들의 고뇌에 관하여 말해주었다. 이 책은 남겨진 자들에게, 그리고 내가 수년간 얘기해왔던 전쟁의 비극에 직접적으로나 간접적으로 사로잡힌 수백 명의 퇴역 용사들에게 빚을 졌다.

이 책은 사사로운 회상들로 가득하다. 그 내용은 수년간의 독서에서 나왔다. 내가 가장 유용하다고 느낀 책들을 읽을 수 있었던 데 대하여 샌드허스트 육군사관학교와 참모대학, 웨스트포인트 미국 육군사관학교, 바사르 대학, 《데일리 텔리그라프》의 도서관 사서와 직원들에게 감사드린다. 특히 웨스트포인트 사학과 학과장 로버트 도티 대령과 부관 리처드 포크너 소령에게 사의를 표한다. 두 사람은 내가 1997년에 바사르 대학의 델마스 초빙교수로 있는 동안 훌륭한 웨스트포인트 도서관을 사용할 수 있도록 주선해주었다. 또한 런던 도서관의 사서와 직원, 그리고 서부전선협회 회장 토니 노이에스에게도 감사인사를 전한다.

책의 출판에는 허친슨 출판사의 편집자 앤소니 휘톰과 노프 출판사의 편집자 애쉬벨 그린, 사진 편집자 앤-마리 얼릭, 지도제작자 앨런 질릴랜드, 《데일리 텔리그라프》의 도표 편집자, 그리고 언제나 그렇듯이 나의 저작권 대리인인 앤소니 셰일에게 큰 빚을 졌다. 초고를 쳐준 린지 우드는 잘 보이지 않는 오타를 교정했고 엉망인 글씨를 해독했을 뿐 아니라 참고문헌을 검토하고 논리의 모순을 교정했으며 출판상의 온갖 난제를 처리했다. 그리하여 언제나 그렇듯이 비할 데 없는 비서임을 증명했다.

여러 가지로 도움을 준 사람들 중에서, 《데일리 텔리그라프》의 편집자 찰스 무어의 인내와 동료 로버트 팍스, 팀 부처, 트레이시 제닝스, 루시 고든-클라크, 샤론 마틴의 도움에 사의를 표하는 바이다. 《데일리 텔리그라프》의 소유주 콘래드 블랙에게 특별히 감사해야 할 빚을 졌다.

책의 집필을 가능하게 했던 킬밍턴의 친구들로는 호너 메들램, 마이클 그레이와 네스타 그레이, 믹 로이드, 에릭 쿰즈를 들어야겠다. 언제나 그렇듯이 나의 아이들과 사위, 루시 뉴마크와 브룩스 뉴마크, 토머스, 매튜, 로즈 그리고 사랑하는 아내 수잔에게 사랑과 감사를 보낸다.

1998년 7월 23일

킬밍턴, 매너 하우스에서

1장

유럽의 비극

THE FIRST WORLD WAR

1 | 유럽의 비극

1차 세계대전은 비극적이고 불필요한 전쟁이었다. 신중함이나 공동의 선의가 제 목소리를 냈더라면 최초의 무력충돌에 앞선 5주간의 위기 동안 어느 때에라도 대전의 발발로 이어졌던 사건들의 사슬을 끊을 수 있었다는 점에서 불필요했고, 첫 번째 충돌의 결과로 1,000만 명의 목숨이 사라졌고 추가로 수백만 명의 정서적 삶이 고통을 당했으며 유럽 대륙의 호의적이고 낙관적인 문화가 파괴되었고 4년 후 마침내 대포소리가 잦아들었을 때 너무나 강렬한 정치적 원한과 종족 간의 증오를 남겨 이러한 근원을 언급하지 않고는 2차 세계대전의 원인에 대한 어떤 설명도 성립하지 않는다는 점에서 비극적이었다. 인간의 생명은 다섯 배 더 많이 앗아갔으며 물질적 조건에서는 헤아릴 수 없을 만큼 많은 희생을 요구했던 2차 세계대전은 1차 세계대전의 직접적인 결과였다. 전선의 투사였다가 동원에서 해제된 아돌프 히틀러는 1922년 9월 18일에 자신이 17년 후에 실현하게 될 도전을 패전국 독일에 제기했다. "200만 명의 독일인이 헛되이 쓰러졌을 리 없다. …… 아니다, 우리는 용서하지 않는다. 우리는 요구한다, 복수를!"[1]

히틀러가 복수에 바친 기념물은 히틀러가 유린한 유럽 전역에, 히틀러가 도발한 전략폭격으로 평지가 되어버렸던 독일 도시들과 히틀러가 초토화시킨 레닌그라드, 스탈린그라드, 바르샤바, 로테르담, 런던의 재건된 중심지에 서 있다. 적을 궁지에 몰아넣으려는 헛된 희망으로 건설한 대서양방벽Atlantikwall의 방치된 요새는 히틀러의 복수심을 보여주는 유적이다. 아우슈비츠의 허물어진 임시막사와 소비부르Sobibór, 베우제츠Bełżec, 트레블린카Treblinka의 흔적도 없는 절멸수용소의 잔해들도 마찬가지다. 폴란드의 흙 속에 묻힌 어린아이의 신발 한 짝, 녹슨 가시철조망 조각, 가스실이 작동하고 있던 지점 근처의 분쇄된

1. A. Bullock, *Hitler*, London, 1952, p. 79

2. M. Gilbert, *The Holocaust*, London, 1987, p. 17

3. 프랑스 북부 피카르디 지역의 도. 솜(Somme) 강에서 이름을 땄다.—옮긴이

뼈의 잔해. 이 모든 것은 2차 세계대전의 유물이자 1차 세계대전의 유물이기도 하다.[2] 참호가 이어진 전장에 어지럽게 깔려 습한 아침에 프랑스의 대기를 녹 냄새로 가득 채웠던 가시철조망의 잔해에서, 방문객이 산울타리 밑에서 발견한 곰팡내 나는 군용 가죽제품에서, 배지, 단추, 부식된 탄창, 마맛자국 모양으로 구멍 난 포탄 파편의 녹청색 놋쇠에서 이 유물들의 선례를 찾을 수 있다. 또한 지금도 농부들이 솜 도[3]의 피에 물든 땅을 쟁기로 갈다가 파헤친 무명의 유적에도 그 선례가 있다. "나는 즉시 일을 멈추고 그대 영국인 전사자에 큰 경의를 표한다." 마치 1945년 벨젠Belsen의 집단 매장지에 쌓여 있는 시체들을 보여주는 눈뜨고 보기 어려운 영화의 선례를, 1915년 제2샹파뉴 전투가 끝난 후 프랑스 병사들이 전사한 동료들의 시신을 태우려고 나무를 쌓는 모습을 보여주는 흐릿한 영화필름에서 찾을 수 있는 것과 같다. 1차 세계대전은 대량살상을 개시했으며 2차 세계대전은 이를 냉혹하게 완성했다.

공식 유적은 더 많다. 프랑스와 영국의 지역사회 중에 2차 세계대전 전사자를 기리는 기념물이 없는 곳은 거의 없다. 내가 사는 웨스트카운티West County에도 하나 있는데, 네거리에 서 있는 장례용 십자고상의 기부에는 전사자의 명부가 새겨져 있다. 그러나 그 명부는 나중에 추가로 새긴 것이다. 십자고상 자체는 1차 세계대전에서 돌아오지 못한 젊은이들을 기리기 위해 세워진 것이고, 그 숫자는 2차 세계대전에서 죽은 자들의 두 배에 이른다. 1914년에 주민 수가 200명이었는데 그중에서 W. 그레이, A. 래펌, W. 뉴튼, C. 펜, W. J. 화이트가 전선에서 돌아오지 못했다. 징병 연령에 달한 마을의 남성 4명 중 1명꼴이다. 이 이름들은 16세기의 교회 기록부에서도 발견되며, 지금도 마을에 남아 있다. 이 증거로부터 1차 세계대전이 노르만 정복 이전 앵글로색슨족이 정착지를 세운 이후 가장 큰 비통함을 초래했다는 사실을 알아채기란 어렵지 않다. 다행스럽게도 대전 이후에 그런

비통함은 존재하지 않았다. 교회를 제외하면 그 기념 십자고상이 마을의 유일한 공공 기념물이다. 모든 이웃마을과 주의 읍들, 솔즈베리 대성당에도 이에 상응하는 기념물이 있다. 읍에 있는 기념물에는 이보다 몇 배나 더 많은 이름이 기록되어 있다. 프랑스의 모든 성당에도 비슷한 기념물이 있는데, 기념물에서 이런 비문을 적은 명판을 볼 수 있다. "신에게 영광을. 대전에서 사망한 100만 명의 영제국 사나이들을 추모하며. 그 대다수는 여기 프랑스 땅에 잠들어 있다."

분명 근처에는 그 지역의 전사자를 기리는 기념물이 서 있을 것이며 주변의 모든 도읍과 촌락에 똑같은 것이 있을 것이다. 프랑스는 대전에서 거의 200만 명에 가까운 인명 손실을 보았다. 전선으로 떠나간 자들 중 9명에 2명꼴이다. 이 전사자들은 종종 독일 전선을 향해 동쪽으로 총검을 겨누고 서 있는 도전적인 푸른색의 프왈루poilu[4]상이 상징하고 있다. 대좌 위에 새겨진 명부는 보는 사람의 가슴을 찢어놓을 듯 비통하게 긴데, 같은 성이 반복되는 것이 한 가족에서 한 사람 이상, 종종 여러 사람이 전사했음을 증언하여 더욱 비통했다. 1차 세계대전에 참여했던 대부분의 교전국 읍과 시에도 유사한 명부가 돌에 새겨져 있다. 나로 말하자면, 베네토Veneto 기병사단에 헌정된 절제된 고전주의 양식의 기념물이 특히 더 마음이 아팠다. 베네치아의 무라노Murano 성당 옆에 있는 이 기념물에는 줄리안 알프스Julian Alps[5]의 거친 고지대에서 사망한 포Po 강 유역 저지대 출신 젊은이들의 이름이 줄지어 늘어서 있다. 나는 여러 개의 석재 명판이 이제는 거의 역사 속으로 잊힌 합스부르크 연대들의 희생을 되새기고 있는 빈의 교회들에서 똑같은 감정에 휩싸였다.[6]

독일인들은 나치 국가의 잔학 행위로 국방군Wehrmacht의 명예가 실추되었으므로 2차 세계대전에서 사망한 자국의 400만 명을 정중하게 애도할 수 없었다. 1차 세계대전의 전사자들을 적절한 상징을 통해 애도하는 데에도, 도덕적인 어려움은 아니었다고 해도, 물리적으로

4. '털이 많은'이란 뜻인데 1차 세계대전에 참전한 프랑스 군인을 말한다.—옮긴이

5. 이탈리아 북동부에서 슬로베니아로 이어지는 남부 석회암 알프스의 한 산맥. 기슭의 치비달레 델 프리울리(Cividale del Friuli)를 건설한 율리우스 카이사르의 이름을 땄다. 이탈리아어로 알피 줄리에(Alpi Giulie)다.—옮긴이

6. Personal Visits

동등한 어려움에 직면했다. 너무나 많은 전사자가 외국 땅에 묻혔기 때문이다. 동부의 전장은 볼셰비키 혁명으로 봉쇄되었고, 서부의 전장에서는 기껏해야 마지못해 들여보내줄 때나 들어가 시신을 회수하여 재매장할 수 있었다. 프랑스와 벨기에 사람들의 가슴속이나 국토에는 독일군의 전쟁묘지를 만들 곳이 없었다. 영국은 매장지로 영구 묘소를 받았다. 이 묘소는 1920년대 정원처럼 가꾼 묘지의 떼섬이 서부전선을 따라 길게 뻗어나가면서 깜짝 놀랄 정도로 아름다운 풍경을 연출했다. 그러나 독일은 사상자의 유해가 있을 것으로 추정되는 지점의 집단 매장지를 발굴해야 했다. 독일은 탄넨베르크Tannenberg의 서사적 사건의 무대인 동프로이센에서만 전사자를 위해 승리를 기념하는 탑을 만드는 데 성공했다. 독일은 젊은이들이 사망한 전선에서 멀리 떨어진 국내의 교회와 성당의 기념물로 자국의 슬픔을 표현했다. 그 기념물들은 주로 전성기 고딕 미술의 엄격함에서 영감을 얻었으며, 종종 그뤼네발트Grünewald[7]의 〈십자가에 못 박힌 그리스도Kreuzigung〉나 홀바인Holbein[8]의 〈무덤 속의 죽은 그리스도Der tote Christus im Grabe〉의 이미지를 주제로 이용했다.[9]

그뤼네발트와 홀바인의 그리스도는 마지막 순간에 아무도 없이 홀로 피 흘리고 고초를 당하며 죽은 몸이다. 그 이미지는 대전의 보통 병사들을 상징적으로 표현하는 데 적합했다. 서부전선에서 사망한 자들과, 아마도 숫자상 더 많았을 동부전선에서 사망한 자들의 절반 이상이 전장의 황무지에 행방이 묘연한 시체로 남아 있기 때문이다. 그렇게 잃어버린 시신이 너무도 많았기에 전시에 군목으로 봉직했던 영국 국교회 목사들은 종전 직후 앞장서서 신원 미상의 전사자들을 발굴하여 영예의 장소에 재매장하는 것이 전사자를 추모하는 가장 적절한 행동이라고 제안했다. 시신 1구가 선택되었고 웨스트민스터 성당으로 옮겨져 이러한 비문이 새겨진 명판 아래 매장되었다. "사람들은 이 자를 왕들 가운데 묻었다. 신과 신의 집을 이롭게 했기

7. 1472~1528. 르네상스 시기 독일 화가.—옮긴이

8. 1497~1543. 북방 르네상스 양식으로 작업한 독일의 화가이자 판화가.—옮긴이

9. J. Winter, *Sites of Memory, Sites of Mourning*, Cambridge, 1995, pp. 92~93

때문이다." 같은 날, 1918년 11월 11일의 종전 2주기 기념일에 프랑스의 한 무명용사가 파리의 개선문 밑에 매장되었고, 훗날 여러 무명용사들이 승전국의 여러 수도에서 재매장되었다.[10] 그러나 패배한 독일이 1924년에 전사자를 추모하는 국가적 기념물을 만들려 했을 때, 제막식은 엉망이 되어 혼란스러운 정치적 항의로 바뀌고 말았다. 두 아들을 잃은 대통령 프리드리히 에베르트Friedrich Ebert[11]의 연설은 끝까지 들어주었다. 이후 예정된 2분간의 묵념은 여기저기서 터진 전쟁 찬반 구호로 중단되었고, 이로써 촉발된 폭동은 온종일 지속되었다.[12] 전쟁에서 패배한 고통은 계속해서 독일을 분열시켰고, 이 분열은 9년 뒤 히틀러가 등장할 때까지 이어진다. 히틀러가 총리직에 취임하자마자 나치 작가들은 '무명의 상병' 히틀러를 바이마르 공화국이 국가로서 존중하지 못한 '무명용사'의 살아 있는 화신으로 표현하기 시작했다. 오래지 않아 히틀러는 독일 민족의 영도자Führer로서 수행한 연설들에서 '세계 전쟁의 무명병사'로 자처했다. 히틀러는 또 다른 400만 명의 독일인 시신을 거둘 씨앗을 뿌리고 있었다.[13]

전쟁의 원한은 상처를 내는 데는 신속했지만 그 상처를 치유하는 데는 더뎠다. 1914년 말, 대전이 발발한 지 넉 달이 지난 후 프랑스 남성 인구 2,000만 명 중에서, 그리고 징병 연령에 속했을 1,000만 명 중에서 30만 명이 전사했으며 60만 명이 부상했다. 전쟁이 끝날 무렵, 거의 200만 명의 프랑스 남성이 사망했다. 대다수는 보병 출신이었는데 이 주요 복무 병과는 병적에 오른 자의 22퍼센트를 잃었다. 가장 어린 연령집단의 사상자가 가장 많았다. 1912년에서 1915년까지 징집된 기수들의 27퍼센트에서 30퍼센트가 사상자였다. 그 젊은이들의 다수가 아직 미혼이었다. 그러나 1918년에 프랑스에는 63만 명의 미망인이 있었고, 상당히 많은 젊은 여성이 전쟁 탓에 결혼할 수 없었다. 20세에서 39세 사이의 성비 불균형은 1921년에 남성 45명에 여성 55명이었다. 게다가 전쟁으로 부상한 500만 명 중에 수십만 명이 사

10. G. Ward and E. Gibson, *Courage Remembered*, London, 1989, pp. 89~90

11. 1871~1925. 바이마르 공화국 초대 대통령.—옮긴이

12. R. Whalen, *Bitter Wounds*, German Victims of the Great War, Ithaca, 1984, p. 33

13. V. Ackermann, 'La vision allemande du soldat inconnu', in J-J Becker et al, *Guerres et cultures, 1914~1918*, Paris, 1994, pp. 390~391

14. F. Thébaud, 'La guerre et le deuil chez les femmes françaises', in Becker, *Guerres*, pp. 114~115

15. R. Whalen, p. 41

16. B. Jelavich, *History of the Balkans*, 2, Cambridge, 1985, p. 121

지나 눈을 잃은 병사인 '중상자grands mutilés'로 분류되었다. 아마도 가장 심한 고통을 당한 자들은 안면에 상처를 입어 보기 흉해진 희생자들이었을 것이다. 그중 일부는 보기에 너무나 끔찍하여 시골에 격리된 취락을 세워야 할 정도였다. 그들은 그곳에서 함께 쉴 수 있었다.[14]

독일의 전쟁세대가 입은 고통도 만만치 않았다. "1892년에서 1895년 사이에 태어나 전쟁이 발발했을 때 19세에서 22세였던 남자들은 35퍼센트에서 37퍼센트가 감소했다." 전체적으로 보아 1870년에서 1899년 사이에 태어난 1,600만 명의 13퍼센트가 죽임을 당했다. 전쟁 기간에 매년 46만 5,600명꼴이었다. 대부분의 군대에서 마찬가지였지만 가장 많은 사상자를 낸 집단은 장교였다. 병적에 등록된 자는 14퍼센트가 사망한 반면, 장교단은 23퍼센트가, 정규 장교는 25퍼센트가 사망했다. 독일의 생존한 '중상자'에는 한쪽 다리를 잃은 사람 4만 4,657명, 한 팔을 잃은 사람 2만 877명, 양팔을 잃은 사람 136명, 두 다리를 다 잃은 사람 1,264명이 포함되었다. 게다가 전쟁으로 시력을 상실한 사람은 2,547명이었는데, 그들 중 일부는 머리에 심각한 부상을 입었고 대부분이 사망했다. 전부 합해서 독일인 205만 7,000명이 전쟁에서 사망했거나 부상했다.[15]

독일은 계산된 전사자 수로 볼 때 최대의 희생을 치른 나라였지만—러시아와 터키의 사망자는 정확하게 계산할 수 없다—비율로 따지면 최악의 피해국은 아니다. 최악의 피해를 입은 나라는 세르비아로, 전쟁 이전의 인구 500만 명에서 12만 5,000명이 군인으로 전사하거나 사망했고 추가로 65만 명의 민간인이 궁핍이나 질병에 의해 사망하여, 전체 인구의 15퍼센트가 사망했다. 비교하자면 영국과 프랑스, 독일의 사망률은 전체 인구의 2퍼센트에서 3퍼센트 사이였다.[16]

그렇게 낮은 비율도 마음에 커다란 상처를 남겼다. 사망자가 사회에서 가장 젊고 가장 활동적인 남성들이었기 때문이다. 전쟁이 역사 속으로 사라지면서 '잃어버린 세대Lost Generation'를 위한 애도를 신화 만들기로 격하하는 것이 유행이 되었다. 인구통계학자들은 인구의 자연 증가로 손실이 신속히 보상되었음을 논증했으며, 반면 더 냉정한 부류의 역사가들은 극소수의 가정만 손실을 경험했다고 강조했다. 그 역사가들은 가장 나쁘게 잡아도 전쟁에 투입된 자들 중 돌아오지 못한 사람은 겨우 20퍼센트였으며 전체 미귀환자는 더 낮은 10퍼센트 미만이라고 주장한다. 대다수 사람들에게 전쟁은 정상 상태가 잠시 중단된 인생의 한 과정일 뿐이었으며, 포화가 멈추자마자 사회는 신속하게 정상으로 되돌아갔다는 말이다.

이는 자족적인 판단이다. 1차 세계대전이 입힌 물질적 손해는 1939년에서 1945년까지 이어진 대전과 비교할 때 적은 것이 사실이다. 2차 세계대전에서 독일의 모든 대도시가 공중 폭격으로 파괴되거나 심하게 황폐해졌지만 1차 세계대전에서는 어떤 유럽의 대도시도 그런 피해를 입지 않았다. 1차 세계대전은 서부전선에서나 동부전선에서나 시골에서 벌어진 전쟁이었다. 전투가 벌어졌던 들판은 농경지나 초지로 빠르게 전환되었고, 폭격으로 폐허가 된 촌락은 베르됭Verdun 주변을 제외하면 신속하게 재건되었다. 1차 세계대전은 유럽의 문화유산에 쉽사리 복구될 수 없는 해를 입히지는 않았다. 이를테면 이프르Ypres의 중세 직물회관Loaknolle[17]은 1914년에서 1918년의 포격 이전 그대로 지금도 그 자리에 서 있으며, 아라스Arras의 광장과 루앙Rouen의 성당도 마찬가지다. 1914년의 유별난 만행으로 불타버린 뢰번Leuven의 보물들도 종전 후 조금씩 대체되었다.[18]

특히, 1차 세계대전에는 2차 세계대전의 특징이 된 민간인에 대한 의도적인 방해와 잔학 행위가 거의 없었다. 시베리아와 전쟁 초기의 벨기에를 제외하면, 지역사회들은 집과 토지, 평화로운 직업을 버려야 하는 상황에 처하지 않았고, 터키령 아르메니아를 제외하면 민족학살을 당한 주민도 없었다. 그리고 오스만제국 정부가 아르메니아인 신민들을 지독하게 다루기는 했지만, 아르메니아인들을 죽음으

17. 벨기에의 플란데런(Vlanderen; Flanders) 지역 이프르에 있는 상업건물. 1304년에 완공되어 번성하던 플란데런 직물산업의 도매시장으로 이용되었다.—옮긴이

18. 1914년 독일군의 침략과 약탈로 뢰번 가톨릭대학교의 30만 권에 달하는 장서와 엄청난 양의 필사본이 소실되었다. 1928년에 재건되었으나 1940년에 또다시 독일군에 의해 90만 권의 필사본과 도서가 파괴되었다. 4장에 일화가 소개되어 있다.—옮긴이

19. 1915년에서 1917년 사이에 자행된 아르메니아인 민족학살. 19세기 말과 대전 이전에도 몇 차례 실행되었다.—옮긴이

로 내몰기 위해 준비한 강제 행진은 대전 자체의 역사보다는 오스만 제국 정책의 역사에 속한다고 보는 것이 더 적절하다.[19] 1차 세계대전은 2차 세계대전과는 다르게 체계적인 주민 추방이나 의도적인 굶기기, 재산 몰수, 학살, 잔학 행위가 없었다. 국가의 선전기관들은 반대의 견해를 입증하려 노력했지만, 전장의 잔인함은 별개로 할 때 1차 세계대전은 기묘하게도 문명화된 전쟁이었다.

그러나 1차 세계대전은 문명을, 유럽의 합리적이고 자유주의적인 계몽된 문명을 훼손하여 영구히 악화시켰고, 이를 통해 세계문명에도 해를 입혔다. 전쟁 이전의 유럽은 대륙 너머 대부분의 세계와 맺은 관계에서는 제국주의적이었지만, 입헌정치와 법치, 대의정부의 원리를 존중했다. 전후 유럽은 그러한 원리에 대한 신념을 빠르게 포기했다. 그러한 원리는 1917년 이후 러시아, 1922년 이후 이탈리아, 1933년 이후 독일, 1936년 이후 에스파냐에서 완전히 사라졌으며, 전후 협정으로 탄생하거나 확대된 중부유럽과 남부유럽의 신생국들에서는 단편적으로만 관찰되었다. 전쟁이 끝나고 15년이 지나지 않아, 전체주의가 거의 도처에서 발흥했다. 전체주의는 1789년 군주정이 빛을 잃은 이래 유럽의 정치에 스며든, 자유주의와 입헌정치를 거부한 체제의 새로운 이름이다. 전체주의는 다른 수단을 통해 정치적으로 지속된 전쟁이었다. 전체주의는 투표권을 지닌 지지 대중을 획일화하고 군대화한 반면, 유권자에게서 널리 선거권을 빼앗았고 그 가장 추잡한 정치적 본능을 자극했으며 내부의 모든 반대를 무시하고 위협했다. 최종적인 해결의 희망이 바닥까지 내려갔을 때 '전쟁을 끝내기 위한 전쟁'이라고 불렸던 1차 세계대전이 끝나고 채 20년이 못 되어, 유럽은 다시 한 번 새로운 전쟁의 공포에 사로잡혔다. 이 공포는 평화로웠던 긴 19세기 구세계의 어느 누구보다 공격적이었던 군사령관들의 행태와 야심으로 유발되었다. 유럽은 또한 재무장에 열중했다. 전차와 폭격기, 잠수함 등의 무기는 1차 세계대전 때에는 미발달 상태에

있었지만 두 번째 대전을 한층 더 큰 파국으로 만들 것임을 암시했다.

1939년에 발발한 2차 세계대전은 의심의 여지없이 1차 세계대전의 귀결이었고, 대체로 그 전쟁이 지속된 것이었다. 독일어를 쓰는 사람들이 여러 국민들 중에 자신들이 차지했던 위치에 만족하지 못했다는 상황도 동일했고, 전쟁의 직접적인 원인이 독일어를 쓰는 지배자와 이웃의 슬라브인들 사이의 분쟁이라는 점도 동일했다. 시위는 바뀌었지만 인물도 동일했다. 1939년에 프랑스군 사령관이었던 모리스 가믈랭Maurice Gamelin[20]은 1918년에 연합군 최고사령관이었던 페르디낭 포슈Ferdinand Foch[21]의 주요 참모장교였고, 1939년에 해군장관이었던 처칠은 1914년에도 해군장관이었으며, '제3제국의 첫 번째 군인'이었던 히틀러는 1914년 8월에 카이저 빌헬름[22]의 제국에 처음으로 자원한 병사들 중 한 사람이었다. 전장도 똑같았다. 1940년 5월 독일군 전차 사단들이 놀랍도록 손쉽게 도하했던 뫼즈Meuse 강은 1914년에서 1918년에는 베르됭에서 건널 수 없는 곳이었다. 영국원정군British Expeditionary Force의 일부가 서부전선에서 가장 참혹한 참호전을 수행한 중심지였던 아라스는 1940년에는 영국군이 유일하게 반격에 성공했던 장소였다. 반면 바르샤바 서쪽의 좁은 물길이었던 브주라Bzura 강은 1939년과 1915년에 똑같이 동부전선의 작전수행에서 결정적인 지점이었다. 1939년에 전선으로 떠난 많은 사람들이 1914년에 나이는 더 어렸고 계급은 더 낮았지만 "낙엽이 지기 전에" 승리를 안고 귀향하리라는 확신을 갖고 전선을 향했던 그 사람들이었다. 그러나 운이 좋았던 생존자들은 이런 차이를 인정했다. 1939년에 전쟁에 대한 우려는 강했으며, 전쟁이 주는 위협도 그러했고, 전쟁의 실체에 대한 인식도 마찬가지였다. 1914년의 전쟁은 이와는 대조적으로 구름 한 점 없는 맑은 하늘 아래에서 전쟁에 관해 거의 전혀 알지 못했던, 그리고 전쟁이 다시금 자신들의 대륙을 어지럽히리라고는 의심하지 못했던 사람들에게 찾아왔다.

20. 1872~1958. 공화정에 헌신했던 프랑스 장군. 1차 세계대전 때 조프르 밑에서 싸웠다. 1차 마른 강 전투에서 공을 세웠다. 1933년에 육군참모총장이 되어 군의 현대화와 기계화 일정을 수행했고 마지노선을 완공했다. 1940년에 프랑스 전투에서 실패하여 해임되었다.—옮긴이

21. 1851~1929. 20세기 초 프랑스에서 가장 창의적인 정신을 소유했다고 알려진 장군. 1차 세계대전 때 제20군단장, 제9군 사령관, 중부집단군 사령관으로 전투를 지휘했고, 1918년 3월에 연합군 최고사령관에 임명되었다. 1918년 11월 11일 독일의 휴전 요청을 수용했다.—옮긴이

22. 빌헬름 2세(Prinz Friedrich Wilhelm Viktor Albert von Preuß; 1859~1941)를 가리킨다.—옮긴이

23. 1872~1967. 노동당 출신으로 의원을 역임한 작가. 1933년에 노벨평화상을 수상했다.—옮긴이

조화를 이룬 유럽

1914년 여름의 유럽은 평화롭게 풍요를 누렸고, 그 풍요는 국제적 교류와 협력에 매우 크게 의존했기에 전면전이 불가능하다는 믿음은 가장 진부한 상식이었다. 1910년에 널리 퍼져 있던 경제적 상호의존성을 분석한 『거대한 환상The Great Illusion』은 인기도서가 되었고, 그 저자인 노먼 에인절Norman Angell[23]은 전쟁이 발발하면 불가피하게 국제신용이 붕괴할 것이기 때문에 전쟁은 터지지 않거나 벌어진다 해도 신속히 종결될 것이라고 논증함으로써 거의 전 식자층을 만족시켰다. 당시의 공업계와 상업계는 이 메시지에 크게 공감했다. 1873년에 오스트리아의 한 은행의 파산으로 촉발되고 원료와 공산품의 가격 하락으로 지속된 20년간의 불황이 끝난 뒤, 19세기의 마지막 몇 년에 산업생산은 다시 확대되었다. 전기제품, 화학염료, 내연기관의 새로운 종류의 제조품들이 등장하여 구매자를 유혹했고, 저렴한 비용으로 추출할 수 있는 원료의 새로운 원천이 발견되었으며, 신용을 풍부하게 할 귀금속의 새로운 광산이 특히 남아프리카에서 발견되었다. 1880년에서 1910년 사이에 오스트리아-헝가리의 인구는 35퍼센트, 독일은 43퍼센트, 영국은 26퍼센트, 러시아는 50퍼센트 이상 증가했는데, 이러한 인구 증가로 국내시장이 급격하게 확대되었다. 1880년에서 1910년 사이에 2,600만 명이 유럽을 떠나 아메리카와 오스트레일리아로 향했는데, 이러한 이민으로 그 지역에서도 물품에 대한 수요가 증가했다. 동시에 아프리카와 아시아에서 공식적·비공식적으로 해외 제국이 엄청나게 팽창하여 수백만 명에 달하는 주민들이 주요 산물의 공급자와 완제품의 소비자로서 국제시장에 이끌려 들어왔다. 운송의 2차 혁명으로—증기선의 수송량은 1893년에 처음으로 범선의 수송량을 뛰어넘었다—해외 상업활동이 크게 가속화되었고 확대되었다. 동시에 동유럽과 러시아에서 확충된 철도망—1890년에서 1913년 사이에 총연장이 3만 1,000킬로미터에서 7만 1,000킬로미터

로 늘었다—은(서유럽과 미국에서는 1870년이면 사실상 완료되었다) 곡물과 광물, 석유, 목재가 풍부한 그 지역을 국제경제에 통합했다. 새로운 세기가 시작될 때, 은행가들이 자신감을 회복하고, 20세기의 첫 10년에 금본위제에 입각한 자본이 연간 3억 5,000만 파운드씩 유럽에서 아메리카와 아시아로 자유롭게 움직이며, 해외투자의 수익이 영국과 프랑스, 독일, 네덜란드, 벨기에의 개인소득과 법인소득에서 중대한 몫을 차지하게 된 것은 전혀 놀라운 일이 아니다. 유럽에서도 작은 축에 드는 벨기에는 1914년에 세계 6위의 경제대국이었는데, 이는 이른 공업화의 결과였지만 벨기에의 은행가들과 무역상사들, 공업기업가들의 맹렬한 활동이 낳은 결과이기도 했다.

러시아의 철도, 남아프리카의 금과 다이아몬드 광산, 인도의 직물공장, 아프리카와 말레이의 고무농장, 남아메리카의 가축농장, 오스트레일리아의 양 목장, 캐나다의 밀밭, 그리고 1913년이면 이미 세계 최대가 되어 전 세계 산업생산량의 3분의 1을 생산했던 거대한 미국 경제의 거의 모든 부문이 유럽의 자본을 나오자마자 삼켜버렸다. 이 자본의 대부분은 런던을 통했다. 영국의 중앙은행은 금 보유고는 적었지만—1890년에 프랑스은행의 보유고가 9,500만 파운드, 독일제국은행의 보유고가 4,000만 파운드, 미국연방은행 보유고가 1억 4,200만 파운드였던데 비해 겨우 2,400만 파운드였다—민간은행과 할인상사, 보험회사와 상품회사, 주식과 농산물 교환이 전 세계적으로 연결되었기에 런던은 모든 선진국들에게 구매와 판매, 차입의 주요 매개체가 되었다. 런던의 우위는 노먼 에인절이 그토록 설득력 있게 제시한 믿음, 즉 런던이 조종한 신용 대차의 일상적인 유연한 균형이 깨지면 전 세계가 의존하고 있는 금융기구에 대한 확신뿐만 아니라 제도 자체도 파괴되리라는 믿음을 낳았다.

에인절은 1912년 1월 17일에 런던은행가협회에서 '은행업이 국제관계에 미치는 영향'에 관해 말하면서 이렇게 주장했다.

24. M. Brock in R. Evans and H.P. von Strandmann, *The Coming of the First World War*, Oxford, 1988, p. 169

상업상의 상호의존, 그것은 은행업의 특별한 표지로서 다른 어떤 직업이나 업종도 은행업만큼 상업상의 상호의존을 표지로 갖지 못한다. 한 나라의 이익과 지불능력은 다른 많은 나라의 이익과 지불능력에 묶여 있다는 사실, 상호간에 마땅히 의무를 이행하리라는 신뢰가 있어야 하며 그렇지 않으면 건물 전체가 무너진다는 사실은 도덕이란 결국 자기희생이 아니라 사리에 밝은 자기이익 위에 서 있음을 확실하게 증명하고 있다. 이야말로 우리 모두를 함께 묶어주는 그 모든 유대를 더 명백하고 더 완전하게 이해하는 것이다. 그리고 그렇게 더 분명하게 이해해야만 한 집단과 다른 집단 사이의 관계뿐만 아니라 모든 인간들 사이의 관계도 개선되어 더욱 효과적인 인간의 협력, 즉 더 나은 인간 사회를 만들 의식이 태동할 것이다.

《파이낸셜 타임즈》의 편집장을 역임했던 W. R. 로슨은 연설이 끝날 때 이렇게 얘기했다. "노먼 에인절 씨가 이 모임을 거의 완전히 사로잡았다는 점에는 의심의 여지가 없다."[24]

20세기 초에 국가 간의 상호의존을 세계의 생존조건으로, 필수적인 조건이자 점차 더 중요해질 수밖에 없는 조건으로 받아들인 사람은 은행가만이 아니었다(런던의 주요 은행가들 중 다수가 독일인이었다). 은행가들을 넘어서 더 많은 사람들이 이를 인정했는데, 대체로 아주 실제적인 이유에서였다. 철도와 전신, 우편제도를 통한 통신 혁명은 여행과 통신의 새로운 기술과 관료기구를 지원할 국제협력을 필요로 했다. 1865년에 국제전신연합International Telegraph Union이 설립되었고, 1875년에는 만국우편연합International Postal Union이 설립되었다. 1882년에 철도 기술의 통일을 촉진하기 위한 국제협의회가 설치되었다. 그러나 서유럽과 동유럽 철로의 궤간을 표준화하기에는 때가 너무 늦었다. 러시아가 이미 광궤를 채택했기 때문이다. 이로 인하여 1914년과 1941년에 침략자들이 러시아의 철도를 이용하기는 매우 어려웠지만, 평시에 광궤는 상업상의 교역에 장애가 되었을 뿐이었다. 해상운송에 지극히 중요한 세계의 기상 변화에 관한 정보를 교환하기 위해 1873년에 국제기상기구International Meteorological Organisation가 등장했으며, 1906년에는 국제무선전신연합International Radiotelegraph Union이 출현하여 새로운 발명품인 무선전신에 독립된 파장을 할당했다. 이 모든 조직은 정부기구로서 조약이나 회원국 법령의 지원을 받아 활동했다. 그동안 상업계는 정부기구와 마찬가지로 똑같이 필수적이었던 국제협회들을 자체적으로 설립했다. 1890년에 관세발표협회, 1883년에 특허·상표협회, 1895년에 공업재산권·저작권·예술저작권협회, 1913년에 상업통계협회가 들어섰으며, 농산물 생산과 매매의 통계를 수집하고 발표했던 농업협회는 1905년에 출현했다. 특정 사업과 직종도 자체의 국제기구를 설립했다. 1880년에 상업회의소협의회가 설립되었고, 1895년에 보험회계사협의회, 1911년에 회계사협회, 1906년에 국제전기기술위원회, 1897년에 해상법통일위원회, 1905년에 (해상헌장을 표준화한) 발트해·백해협의회가 설립되었다. 1875년에 국제도량형국이 조직되었고, 1880년대에 최초의 국제저작권협약이 조인되었다.

그러한 단체들이 없었다면 구매와 판매, 집하와 유통, 보험과 할인, 대부와 차입의 조직망은 런던의 금융가 스퀘어마일에서처럼 결합하지는 못했을 것이다. 그러나 국제적 협력은 단지 상업에만 국한되지는 않았다. 지식과 자선, 종교에서도 국제적 협력이 존재했다. 진정으로 초국적인 종교 운동은 로마제국의 몰락 이래로 늘 그랬듯이 로마주교구를 중심으로 전 세계에 주교구를 설치한 가톨릭교회가 유일했다. 그러나 1914년 여름에 로마를 차지한 교황 피우스 10세Pius X[25]는 자진해서 바티칸의 포로가 되었다. 그는 신학에서의 모든 근대화 경향에 철두철미 반대했고, 신교만큼이나 가톨릭 안의 자유주의자들도 의심했다. 신교도 마찬가지로 루터파, 칼뱅파, 재세례파, 여러 색깔의 독립교회로 분열되었다. 그럼에도 몇몇 교단들은 최소한 선교활동에서는 협력하는 데 성공했다. 여러 개의 신교 교회가 연합한 중국내지선교

25. 주제페 사르토(Giuseppe Sarto). 1835~1914. 재위 1903~1914.—옮긴이

회China Inland Mission는 1865년부터 활동했다. 1910년에 에딘버러에서 개최된 세계선교사회의World Missionary Conference는 그 추동력을 확대했으며, 1907년에 대학교의 기독교인들은 도쿄에서 국제기독교운동International Christian Movement을 창설했다. 그러나 이 기운은 유럽에 거의 침투하지 못했다. 유럽 내 유일한 신교 연합조직은 1846년에 가톨릭에 반대하여 창설된 복음동맹Evangelical Alliance이었다.

그러므로 교리의 차이 탓에 기독교도 간의 협력은 우연한 종교 사업이 되었다. 공동의 기독교 신앙은—1914년의 유럽은 신앙고백에 따르면 압도적으로 기독교 사회였고 의식의 준수에서도 강한 기독교 사회였다—박애주의로 나타났다. 노예제 반대는 백인의 정서에 일찍부터 국제적으로 제기된 문제였으며, 그 뿌리는 기독교였다. 1841년 영국과 프랑스, 러시아, 오스트리아, 프로이센은 노예무역을 해적 행위로 규정한 조약에 서명했다. 이는 영국이 이미 서아프리카 연안에서 해군의 반노예제 순찰을 통해 강력하게 시행하고 있던 정책이었다. 그 조약의 규정은 1889년에 브뤼셀에서 조인된 또 다른 조약으로 확대되었다. 얄궂게도 브뤼셀은 콩고에서 잔인한 노예제국을 지배했던 왕의 수도였다.[26] 그렇지만 대서양의 노예무역은 그때쯤이면 국제협력에 의해 소멸했다. 매춘을 위해 여성과 아동을 매매한 '백인 노예제'도 국제적인 조치를 불러일으켰거나 최소한 반감을 이끌어냈다. 1877년 제네바에서 국제노예제폐지론자연맹대회가 개최되었으며, 1899년과 1904년에 다른 협의회들도 열렸고, 9개국이 서명한 1910년의 협약은 노예무역이 어디에서 이루어졌든 서명국의 국내법으로 처벌할 수 있도록 결정했다.

노동조건도 박애주의의 관심사였다. 대규모 이민의 시대에 정부들은 먼 나라에서 새로운 생활을 찾는 자들의 복지를 규정할 수 없었고 그런 시도조차 하지 않았다. 그러나 노동시간을 제한하고 아동 고용을 금지하려는 충동은 19세기에 유럽의 여러 나라에서 국내법에

26. 1880년대에 벨기에 왕 레오폴은 콩고 지역 개발에 참여하고 콩고자유국을 자신의 사유지로 승인받았다. 하지만 고무산업을 위한 원주민에 대한 폭정이 알려지면서 유럽국가들의 분노로 콩고자유국에 대한 권리를 벨기에 정부에 이양했다.—옮긴이

큰 영향을 미친 문제였으며 이후 국제적으로 힘을 얻었다. 1914년이면 여러 유럽국가들이 노동자들의 사회보험과 산업재해보상의 권리를 보호하고 여성과 아동 노동을 규제하는 양자협정에 들어갔다. 그 목적은 대체로 국경지대의 이주노동자를 보호하는 것이었다. 전형적인 협정은 1904년에 프랑스와 이탈리아 사이에 체결된 것으로, 이는 양국 시민에게 보험기관의 호환과 각국 노동법의 보호를 보장했다. 이 협정들은 국제적 노동운동, 특히 1864년에 런던에서 카를 마르크스가 세운 제1인터내셔널과 1889년 파리에서 설립된 제2인터내셔널의 활동에 대한 국가의 대응으로 보는 것이 타당하다. 바로 이 운동들이 사회혁명을 설교했던 까닭에 정부들, 특히 1871년 이후 독일의 비스마르크 정부는 자위 수단으로서 노동복지법을 제정했다.

질병의 확산을 막기 위한 오래된 자위 조치들도 국가 간 협정에 포함되었는데, 대개 원거리 무역선과 유럽 내 전염병 발생의 주 원천으로 간주된 근동 출신 이민자들의 검역이었다. 술과 마약의 판매도 국제적 통제를 받았다. 1912년에 12개국이 헤이그에 모여 아편회의Opium Conference를 열었다. 회의의 목적은 실패로 돌아갔지만, 개최 자체는 정부들의 집단 대응 의지가 증대하고 있다는 증거였다. 정부들은 그럼으로써 해적 행위를 억제하는 데 성공했다. 그리고 정치범으로 간주될 수 있는 경우는 보통 제외되었지만, 범죄자들의 송환에 협력하곤 했다. 절대적 주권이라는 원리에 모두 헌신하는 상황이었으나, 자유주의 국가들에는 압제적인 정부의 통치를 지원하는 데 강하게 반대하는 정서가 존재했다. 그러나 타국의 내정에 간섭하지 않는다는 방침은 기독교 국가들로 한정되었다. 오스만제국의 소수민족에 대한 처우는 1827년에 그리스에서, 1860년에 레바논에서, 그리고 이후로 여러 차례 국제적 간섭을 유발했다. 1900년에 의화단이 북경 대사관들을 포위하는 데 중국 정부가 공모하자, 일본의 수비대와 미국 해병대는 물론 영국의 수병과 러시아의 코사크 기병, 프랑스의 식민지 보병,

27. 파리를 중심으로 19세기 프랑스에서 발달한 오페라 양식. 화려하고 규모가 크며 관현악단의 연주를 곁들였다. 1820년대 말부터 1850년경까지는 파리 오페라의 특정한 작품만을 일컫는 용어였으나 나중에는 프랑스 이외의 나라에서 만들어진 유사한 작품에도 적용되었다.—옮긴이

이탈리아의 저격병Bersaglieri, 독일과 오스트리아-헝가리 군대의 파견대로 구성된 전면적인 국제구조대가 파견되었다.

구조대는 완벽하게 성공했고, 유럽이 마음만 먹으면 협력할 수 있다는 사실을 보여주었다. 물론 유럽은 생각하고 느끼는 일도 함께 할 수 있었다. 유럽의 교육 받은 계층들은 많은 문화를, 특히 이탈리아와 플란데런 르네상스의 미술, 모차르트와 베토벤의 음악, 그랑도페라grand opéra,[27] 중세와 고전 부흥기의 건축, 각국의 현대문학을 감상하고 이해하면서 공유했다. 톨스토이는 유럽의 거물이었고, 당대와 바로 이전의 여러 유럽 작가들도 마찬가지였다. 빅토르 위고, 발자크, 졸라, 디킨스, 만초니, 셰익스피어, 괴테, 몰리에르, 단테는 유럽의 모든 고등학생들에게 적어도 이름만은 친숙했으며, 프랑스인과 독일인, 이탈리아인은 똑같이 외국어 수업시간에 그 작가들의 작품을 배웠다. 고등학교에서 라틴어와 그리스어의 우위에 반감을 갖는 사람들이 늘어나고 있었지만, 호메로스와 투키디데스, 카이사르, 리비우스의 작품은 전부 한 벌의 책에 들어가 있었으며, 고전 작품의 연구는 여전히 일반적인 현상이었다. 19세기에 헤겔과 니체가 사상의 혼란을 부채질했지만, 아리스토텔레스와 플라톤 원리의 학습을 통한 철학의 조화도 엄연히 존재했다. 고전적 토대는 튼튼하게 서 있었다. 아마도 기독교적 토대보다 더 튼튼했을 것이다. 유럽의 대학교 졸업생들은 집성된 사상과 지식을 공유했으며, 그들은 비록 소수였지만 그들이 공유한 사고방식은 단일한 유럽문화라고 인지할 만한 것을 보존했다.

유럽문화는 증가일로에 있는 유럽의 문화 관광객들이 만끽했다. 보통 사람들은 거의 여행을 못했다. 선원, 가축 떼를 몰고 산악지대로 국경을 넘나드는 이동방목 목장주, 수확을 위해 이동하는 계절노동자, 요리사와 사환, 떠돌이 음악가, 행상, 전문 장인, 외국 기업가의 대리인이 1914년 이전에 유럽의 정착민이 만났던 외국인의 전부다. 돈 많은 관광객들만이 예외였다. 여행은 18세기까지만 해도 부자들의 소

일거리였다. 20세기가 시작되고 나서야 철도혁명과 그로써 힘을 얻은 호텔산업의 등장 덕에 중간계급에게도 여행은 오락이 되었다. 외국 여행객에게 필수 안내서인 카를 베데커Karl Baedeker[28]의 여행 안내서는 1900년에 벌써 로마 안내서 13판, 동부 알프스 안내서 9판, 스칸디나비아 안내서 7판을 찍었다. 관광은 대다수 사람들에게 일정한 경로로 고정되었고 모험과는 거리가 멀었다. 사람들이 가장 많이 찾는 곳은 베네치아와 피렌체, 예루살렘, 라인 강변의 성들, '빛의 도시' 파리였다. 그러나 중부유럽의 온천장 카를스바트Karlsbad와 마리엔바트Marienbad,[29] 프랑스와 이탈리아의 리비에라,[30] 알프스로 해마다 많은 사람이 이동하기도 했다. 좀 더 과감한 일부 여행객은 틀을 벗어났다. 옥스포드와 케임브리지 대학생들은 이미 지도교수와 함께 헬레니즘 세계를 여행하는 20세기의 관행에 착수했고, 베데커의 오스트리아 여행 안내서에는 보스니아도 포함되었다. 그 안에 들어 있는 사라예보 항목은 이러했다. "…… 무수히 많은 첨탑과 정원에 서 있는 작은 집들로 도시는 매우 아름다운 풍경을 연출한다. …… 강기슭의 거리는 주로 오스트리아 등지의 이주자들이 차지하고 있는 반면, 터키인과 세르비아인의 집은 대부분 언덕의 비탈에 있다. …… 이른바 코나크Konak[31]는 오스트리아 지휘관의 공관이다. 방문객들은 정원으로 들어갈 수 있다."[32]

1914년에 사라예보를 방문한 가장 중요한 인사는 오스트리아 황태자 프란츠 페르디난트Franz Ferdinand일 것이다. 물론 페르디난트는 자신의 영토에서 여행하고 있었지만, 유럽의 왕실 사람들은 대단한 외국 여행가들이었고, 그들 사이의 교유는 국가 간 유대의 가장 중요한 부분에 속했다. 유럽의 상층계급들 내에서도 국제결혼이 흔하지 않았던 반면, 왕실 간의 결혼은 여전히 외교관계를 위한 수단이었다. 빅토리아 여왕의 후손들은 대부분의 대륙 신교 국가 왕실 사람들과 결혼했다. 손녀 에나는 종교의 장벽을 깨고 에스파냐의 왕비가 되었다.[33]

28. 1801~1959. 독일의 출판인. 최초로 현대적인 여행 안내서를 펴냈다.—옮긴이

29. 현재 체코의 보헤미아 지방에 있는 온천도시. 체코어로 각각 카를로비바리(Karlovy Vary), 마리안스케라즈녜(Mariánské Lázně)라고 부른다.—옮긴이

30. 프랑스의 니스에서 이탈리아의 라스페치아에 이르는 지중해 휴양지.—옮긴이

31. 터키와 오스만제국에서 주로 공관으로 쓰였던 큰 집.—옮긴이

32. K. Baedeker, *Austria*, Leipzig, 1900, pp. 432~434

33. 빅토리아 여왕의 막내이자 다섯째 딸인 베아트리스와 바텐베르크 공 하인리히 모리츠 사이에서 난 에나(Victoria Eugenie Julia Ena). 에스파냐의 알폰소 13세의 왕비가 되었다. 현 국왕 후안 카를로스의 할머니다.—옮긴이

빅토리아의 손자들은 1914년에 영국과 독일의 왕위를 차지했다. 빅토리아의 자부 집안인 쇤데르보르-뤽스보르 가문[34]은 러시아의 황후와 그리스의 국왕, 덴마크 국왕을 배출했다. 유럽의 모든 왕이 사촌지간이라는 말은 대체로 사실이었다. 가장 오만한 군주국인 오스트리아의 합스부르크 왕가조차도 외부인과 피를 섞었다. 프랑스와 스위스를 제외한 유럽의 모든 국가가 군주국이었기에, 이러한 사실은 실로 매우 조밀한 국가 간 결합관계를 낳았다. 출생관계는 상징적 관계로 가지를 쳤다. 카이저는 영국 제1용기병연대 연대장이자 영국 해군의 장군이었고, 사촌인 조지 5세는 프로이센 제1근위용기병연대 연대장이었다. 오스트리아 황제는 영국의 제1근위용기병연대 연대장이었고, 오스트리아 연대의 외국인 연대장에는 스웨덴과 벨기에, 이탈리아, 에스파냐, 바이에른, 뷔르템베르크, 작센, 몬테네그로의 국왕과 러시아의 차르도 포함되었다.

그러나 외교문제에서 상징적 관계는 왕실의 사촌관계나 결혼을 통한 유대만큼이나 중요하지 않았다. 19세기 유럽은 국가 간 협력이나 외교적 중재의 확실한 수단을 전혀 만들어내지 못했다. 나폴레옹이 뜻하지 않게 창조해낸 '유럽협조체제Concert of Europe'는 쇠퇴했으며, 반혁명적 삼제동맹Dreikaiserbund[35]도 마찬가지였다. 1914년의 유럽이 적나라한 민족주의의 대륙이었다는 말은 진부하지만 여전히 사실이다. 가톨릭교회는 범유럽적 권위를 상실한 지 오래였다. 세속적 보편제국이라는 관념은 1804년에 신성로마제국이 몰락하면서 소멸했다. 국제법을 제정하여 결함을 보충하려는 노력이 일부 있었지만, 그 관념은 여전히 미약했다. 1648년 베스트팔렌 조약으로 확립된 가장 중요한 원리가 국가의 주권이었기 때문이다. 이 원리로 인해 각국은 사실상 국익의 판단 이외에 다른 어떤 것에도 구속되지 않았다. 국가들이 국익의 작용을 제한하는 데 합의했던 유일한 영역은 육지가 아니라 바다였다. 주요 국가들은 1856년 파리에서 바다는 중립이 존중되

34. 슬레스비-홀스텐-쇤데르보르-뤽스보르(Slesvig-Holsten-Sønderborg-Lyksborg). 올덴부르크 가의 한 계열로 덴마크의 크리스티안 3세(1503~1559)에서 시작한다.—옮긴이

35. 1872년에 독일, 오스트리아-헝가리, 러시아 사이에 체결된 협약. 서쪽의 자유주의 정부 국가들에 맞서는 것이 목적이었다.—옮긴이

고 개별적인 군사행동을 불법으로 금지해야 하는 공간이어야 한다는 데 동의했다. 1864년의 첫 번째 제네바 협정으로 의료진과 의료진의 보호를 받는 사람들은 공격하지 않는다는 원칙이 확립되었고, 1868년에 상트페테르부르크에서 무기의 파괴력을 제한하자는 협상이 이루어졌다. 그러나 제네바 협정은 일반적인 인도주의에 관한 것이었고, 게다가 상트페테르부르크 선언은 자동무기나 고성능 폭약 발사체의 개발을 제한하지 않았다.

그러므로 1899년 차르 니콜라이 2세가 군비 제한을 강화할 뿐만 아니라 국가 간 분쟁을 중재로 해결하기 위한 국제재판소를 설치할 목적으로 국제회의를 소집하기로 한 결정은 창조적 혁신이었다. 역사가들은 니콜라이 2세가 헤이그에 강대국들을 소집한 일을 러시아의 군사적 무력함을 인정한 것으로 인식했다. 러시아의 적을 도맡아 했던 독일과 오스트리아 사람들이 그랬듯이, 냉소적인 사람들은 당시에도 똑같이 말했다. 호의를 지닌 사람들도 많았는데 이들은 달리 생각했다. "속도를 더해가는 군비경쟁"은, 다시 말해서 한층 더 큰 군대와 대포와 전함을 만드는 것은 "무장평화를 견딜 수 없는 부담, 즉 모든 나라를 짓눌러서 오래 끌 경우 피하려 했던 대격변으로 이어질 부담으로 바꾸고 있다"라는 차르의 경고는 이들의 심금을 울렸다. 1899년의 헤이그 회의가 군비 제한, 특히 공중 폭격의 금지와 국제재판소의 창설을 승인한 것은 어느 정도 그러한 여론을 존중한 결과였다.

군인들의 유럽

국제재판소 규정의 결점은 재판소의 소집이 자발적이어야 한다는 것이다. 미국 대표는 회의에 관해 이렇게 썼다. "가장 중요한 것은 모든 나라가 중재 재판소를 …… 평화를 증진하고 여러 국가들을 그토록 심하게 억누르고 있는 공포, 즉 어느 때에라도 전쟁이 갑자기 발발할 수 있다는 공포를 제거하려는 진지한 바람으로 생각할 것이라는

36. G. Best, Humanity in Warfare, London, 1980, p. 140

사실이다." 독일 대표는 좀 더 현실적으로 재판소가 그 '자발적 성격' 때문에 '도덕적이든 아니면 다른 측면에서든 모든 국가를 조금도 강제하지' 않았다는 사실에 주목했다.[36] 세기 전환기에 유럽이 처한 상황의 진실은 미국의 판단보다는 독일의 판단에 있었다. 전쟁을 막연히 두려워했던 것은 분명하지만, 이 두려움은 현대의 전쟁이 취할 형태에 관한 견해만큼 모호했다. 전쟁의 도전에 대처하지 못할 경우 나타날 결과에 대한 두려움은 특히 모든 주요 국가의 정치권에서 단연 더 컸다. 영국, 프랑스, 독일, 러시아, 오스트리아-헝가리의 각 나라는 자신들의 지위가 이러저러한 방식으로 위협당하고 있다고 느꼈다. 유럽의 3대 제국인 독일과 오스트리아, 러시아는 소수민족들이 제기한 민족적 불만에 위협을 느꼈고, 이러한 사정은 독일인과 마자르인이 지배했지만 슬라브 민족들이 더 많이 거주하고 있는 오스트리아-헝가리에서 특히 심했다. 세 제국 모두 더 폭넓은 민주주의의 요구로—러시아의 경우 일말의 민주주의라도 허용하라는 요구로—난처했는데, 민족주의와 민주주의적 욕구가 한목소리를 내자 이러한 상황은 더욱 심각해졌다. 민주주의는 영국이나 프랑스에서는 문제가 되지 않았다. 성인 남성이 완전한 선거권을 누렸기 때문이다. 두 나라를 짓눌렀던 부담은 다른 종류의 제국이었기에 나타난 것으로, 엄청난 국민적 자부심의 원천이자 유럽의 이웃나라들에 공격적 시샘을 자극했던 아프리카와 인도, 아라비아, 동남아시아, 아메리카, 태평양의 거대한 해외 영토를 관리하는 문제였다. 영국은 러시아가 인도에 야심을 품었다고 믿었다. 러시아의 중앙아시아 영토가 인도와 인접했기 때문이다. 이러한 믿음은 십중팔구 오류였지만 그래도 지속되었다. 독일은 식민지가 부족한 상황에 분명하고도 크게 분개했으며, 아프리카와 태평양에서 획득한 작은 식민지를 확대하려 했고, 아직 유럽의 지배를 받지 않고 남아 있는 지역에 영향력을 행사하기 위해 특히 프랑스와 다툴 준비가 되어 있었다.

소수의 강대국이 거대한 종속 민족들을 통제하는 대륙, 그중 두 나라 영국과 프랑스가 나머지 세계의 많은 부분을 지배하는 그 대륙에서, 국가들 간의 반응은 불가피하게 의혹과 경쟁에 휩싸일 수밖에 없었다. 최악의 경쟁을 유발한 것은 1900년 제2차 함대법Das zweite Flottengesetze을 제정하여 영국 해군과 교전할 수 있는 함대를 건설하겠다는 독일의 결정이었다. 그때쯤이면 독일 상선대의 규모가 세계에서 두 번째로 컸는데도, 영국은 제2차 함대법의 제정을 100년에 걸친 영국의 해상 지배를 부당하게 위협하는 것으로 간주하고 적절히 대응했다. 이는 바른 판단이었다. 1906년이면 현대식 전함에서 독일을 능가하려는 노력은 영국의 공공 정책의 가장 중요하고도 인기가 가장 높은 요소였다. 대륙의 강대국들 사이에는 강력하고 보완적인 군사적 경쟁이 존재했다. 인구가 4,000만 명인 프랑스가 병력에서 인구가 6,000만 명인 독일의 힘에 필적해야 한다는 결정은 그러한 경쟁을 가장 혹독하게 보여주었다. 징집병의 복무기간을 연장하는 1913년의 '3년법'은 최소한 단기적으로는 그 목적을 달성할 듯했다. 다른 경쟁관계도 있었는데, 특히 영국과 프랑스는 1900년에 독일의 공격성 증대에 맞서 상호 동맹을 맺고 있었지만 아프리카에서 식민지상의 이익을 두고 다투었다.

이 모든 다툼의 한결같은 특징은 어느 나라도 1899년 헤이그의 논의에서 제시된 국제 중재 절차에 따르지 않았다는 사실이다. 북아프리카에서 프랑스의 영향력이 확대되는 데 독일이 분노하여 발생했던 프랑스-독일 관계의 1차 모로코 위기(1905)와 2차 모로코 위기(1911), 독일의 동맹국인 오스트리아에 유리한 결과를 냈던 1차 발칸전쟁(1912)과 2차 발칸전쟁(1913)처럼 충돌을 일으킬 수 있는 문제들이 나타났을 때, 관련된 강대국들은 헤이그의 국제적 중재 규정에 호소하려는 노력을 전혀 하지 않았으며 대신 전통적인 방식대로 임시 국제조약으로 사건을 해결했다. 각각의 경우에 적어도 일시적으로는 평화가 도

37. 중국 랴오둥 반도의 항구도시 뤼순(旅順)의 별칭.—옮긴이

38. 주로 정찰, 척후, 호위, 전초전의 역할을 수행한 부대. 예거(Jäger)는 경보병(light infantry)과 동등한 것으로 설명되는데, 번역하는 것이 나을 경우 '추격병'으로 옮겼으며 그 외에는 예거로 썼다. 프랑스군의 샤쇠(Chasseur)도 마찬가지로 옮겼다.—옮긴이

39. M. Howard, 'Men Against Fire', in P. Paret, *Makers of Modern Strategy*, Princeton, 1986, pp.510~526

출되었지만, 헤이그 회의가 제시했던 초국적 중재의 이상에 호소하는 일은 전혀 없었다.

20세기 초에 주로 유럽정책을 의미했던 국제정책의 지침은 실로 충돌을 피할 수 있는 안전한 수단의 모색이 아니라 군사적 우위의 보장이라는 오래된 목표의 추구였다. 그 결과, 차르 니콜라이 2세가 1899년에 헤이그에서 설득력 있게 경고했던 대로, 더 큰 육군과 해군이 창설되었고 더 강력한 중포가 더 많이 확보되었으며 전선의 요새는 더 넓은 지역에서 더 튼튼하게 건설되었다. 그러나 방어요새는 지적 측면에서 유럽의 앞선 군사사상가들의 생각에 어울리지 않았다. 이들은—1904년에서 1905년까지 지속된 러일전쟁 때 포트 아서Port Arthur[37]의 경우처럼—최근에 돌과 콘크리트로 된 건물을 중포로 공격해 성공한 것을 보고 대포가 결정적 이점을 지녔다고 생각했다. 이제 전력은 정적인 방어에서 기동력을 갖춘 공격으로, 특히 이동 야포의 지원을 받아 빠른 속도로 전장을 기동하는 대규모 보병의 공격으로 옮겨갔다고 생각되었다. 유럽의 군대에 많이 있었던 기병대도 아직 역할을 해야 한다고 생각되었다. 독일군은 1914년 이전에 13개의 기마추격병연대Jäger zu Pferde[38]를 전투서열에 추가했고, 프랑스와 오스트리아, 러시아의 군도 기병 부문을 확대했다. 그렇지만 장군들이 승리를 얻기 위해 의지한 것은 보병, 즉 새로운 연발소총으로 무장하고 밀집대형 전술을 훈련했으며 결판을 내기까지는 사상자가 많이 발생하리라는 점을 받아들이도록 교육받은 보병의 숫자였다.[39] 임시변통으로 만든 방어요새의 중요성은 주목을 받았지만 무시되었다(빠른 속도로 참호와 흙벽을 만들고 소총수가 지키는 전술은 보어전쟁 때 투겔라Tugela 강과 모데르Moder 강에서, 러일전쟁 중 만주에서, 2차 발칸전쟁 중 차탈자Çatalca 방어선에서 공격군에 엄청난 손실을 입힌 바 있다). 유럽의 군사이론가들은 보병을 잘 지도하고 이끈다면 어떤 참호 진지선도 장애가 되지 않는다고 믿었다.

그리하여 20세기 초에 유럽에서 번성한 다른 큰 사업은 병사 양성이었다. 징집병과 예비군으로 구성된 프로이센 군대가 1866년 오스트리아에, 1870년 프랑스에 승리한 이래로, 유럽의 주요 국가들은 전부 자국의 젊은이들에게 성년 초기에 군사훈련을 받도록 하고 일단 훈련받은 자들에게는 예비군으로서 장년기까지 국가가 자유로이 쓸 수 있어야 한다고 생각하게 되었다(바다로 둘러싸여 있고 세계 최대 해군의 보호를 받았던 영국은 예외였다). 그 결과, 현역 군인과 잠재적 군인의 막대한 육군이 출현했다. 다른 모든 나라의 모범이었던 독일군에서 징집병은 성인이 된 후 처음 2년 동안 사실상 막사에 갇힌 채 제복을 입고 복무했다. 지배자는 멀리 떨어진 곳의 장교들이었고 관리자는 너무도 가까운 곳의 하사관들이었다. 전역한 후 5년 동안은 연례 훈련을 위해 소속 연대의 예비군부대에 입소해야 했다. 그다음, 39세까지 2선 예비군인 국방대Landwehr에 등록되었고, 45세까지는 3선 예비군인 국민군Landstrum에 소속되었다. 프랑스와 오스트리아, 러시아에도 이와 대등한 군대가 존재했다. 결과적으로 유럽의 시민사회 내에는 평소에는 볼 수 없는 숨겨진 제2의 군대가 유지되었다. 수백만 명에 달하는 이 남자들은 하사관의 거칠게 쏟아내는 말들을 받아내며 명령에 복종하는 법을 배운 채 소총을 어깨에 메고 발맞추어 행진했다.

유럽의 민간행정지리의 표면 밑에는 군단과 사단 지구의 2차적인 군사지리도 숨어 있었다. 프랑스는 90개의 행정상의 도를 지닌 나라였다. 1공화국이 옛 왕국의 주를 대신하여 대체로 동등한 크기의 지역 단위로 설치한 도는 대부분 우아즈Oise, 솜, 엔Aisne, 마른Marne, 뫼즈 같은(1차 세계대전으로 우울한 명성을 얻게 되는 이름들이다) 지역 내 강 이름을 땄다. 이런 프랑스는 네댓 개의 도를 포함하는 20개의 군사지구로 나뉘었다. 각 군사 지구는 '현역군'군단의 평시 주둔지였고 전시에는 동등한 규모의 예비군사단 공급원이었다. 이를테면 제21군단의 주둔지는 프랑스령 북아프리카였다. 동원령이 내려지면 60만 명으로 구성된 42개의 현역군사단은 25개의 예비군사단과 보조예비군부대와 함께 출동하여, 전쟁에 투입되는 병력은 300만 명 이상으로 늘어난다. 1군단 지구(노르Nord 도와 파드칼레Pas-de-Calais 도)에서 18군단 지구(랑드Landes 도와 피레네Pyrénées 도)까지 프랑스의 군사지리는 모든 단계에서 시민적 지리를 모방했다. 독일도 마찬가지였다. 인구 규모가 더 컸기에 징집병과 예비군 모두 더 많았지만, 독일도 21개의 군단 지구로 나뉘었다.[40] 동프로이센의 1군단 지구는 보병 제1사단과 보병 제2사단의 평시 주둔지였지만, 전시에는 러시아의 공격에 맞서 프로이센 심장부의 방어를 전담할 제1예비군사단과 일군의 추가 국방대와 국민군의 주둔지이기도 했다. 러시아의 군사지리는 독일의 경우와 유사했다. 오스트리아-헝가리의 군사지리도 마찬가지로 독일의 사례와 비슷했다. 대공국, 왕국, 영방군주국, 후작령들로 이루어진 만화경 같은 이 다언어 국가의 군대는 이전의 지배자 오스만제국의 페즈 모자와 헐렁한 바지를 입은 헝가리 경기병, 티롤의 소총수, 보스니아의 보

40. German, French and Russian military district maps, *Times History of the War,* I, London, 1914

⬇ 1914년 8월, 베를린을 떠나는 공병대대와 이들을 배웅하는 인파

병으로 구성되어 유럽에서 가장 복잡한 양상을 보였다.[41]

유럽 군대의 구성단위가 얼마나 다양했든 간에—그 다양한 군대에는 터번을 쓰고 브레이드 달린 조끼를 입은 프랑스의 튀르코Turco,[42] 카프탄kaftan을 입고 아스트라한astrakhan 모자[43]를 쓴 러시아의 코사크 기병, 킬트kilt와 더블릿doublet을 입고 스포런sporran[44]을 찬 스코틀랜드 고지 사람들도 포함된다—조직은 통일되어 있었다. 통일성을 부여한 것은 핵심 전투조직인 사단이었다. 나폴레옹 시절 군사혁명의 창조물인 사단은 보통 12개 보병대대와 12개 포병중대, 소총 1만 2,000정과 대포 72문으로 구성되었다. 공격할 때의 화력은 굉장했다. 1개 사단이면 1분 만에 12만 발의 소화기 탄약과—24정의 기관총이 전투에 합류하면 더 많은 양도 가능했다—1,000발의 포탄을 발사할 수 있었다. 이는 과거의 전쟁이었다면 어떤 지휘관도 상상할 수 없었을 분량의 포화였다. 1914년 유럽에는 출동 태세를 갖춘 완전편성의 사단이 200개를 넘었다. 이론상으로는 몇 분간의 교전으로 서로를 완전히 괴멸시키기에 충분한 화력을 전개할 수 있었다. 당대의 공격력에 대한 믿음은 옳았다. 가용한 화력을 제일 먼저 효과적으로 사용하는 쪽이 승리할 가능성이 컸기 때문이다.

사람들이 인지하지 못한 것은 화력은 적절한 때에 정확하게 목표를 겨냥해야만 주효하다는 사실이었다. 그렇게 할 수 있으려면 통신이 필요했다. 관측병이 탄착점을 수정하지 못하고 표적의 이동을 지시하지 못하면, 명중을 알리지 못하고 실패를 끝내지 못하면, 보병의 활동과 포대의 지원을 조화롭게 하지 못하면, 그렇게 방향을 잡지 못한 화력은 노력의 낭비일 뿐이었다. 그러한 조정에 필요한 통신은 분명, 동시성까지는 아니어도, 관측과 대응 사이의 틈을 가능한 최소한으로 줄였어야 했다. 20세기 초 유럽 군대의 어떤 정교한 장비도 그러한 편의를 제공하지 못했다. 그 당시의 통신수단은 최악의 경우 입으로 전하는 말이었고, 기껏해야 전화와 전신이었다. 전화와 전신은

41. J. Lucas, *Fighting Troops of the Austro-Hungarian Empire*, N.Y., 1987, p. 84

42. 알제리인 저격병.—옮긴이

43. 카프탄은 터키인들이 입는 셔츠 모양의 긴 웃옷이고, 아스트라한은 러시아의 아스트라한 지방에서 나는 모직물의 이름이다.—옮긴이

44. 킬트는 짧은 치마, 더블릿은 꽉 끼는 웃옷, 스포런은 킬트 앞에 다는 모피 주머니를 말한다.—옮긴이

45. A. Gordon, *The Rules of the Game*, London, 1996, pp. 354~355

약한 전선에 의존했는데 이는 교전이 시작되자마자 끊기기 쉬웠으므로, 통신이 실패했을 때 비상수단은 말이 유일했고 지휘관들은 전쟁 초기부터 지체와 불확실성을 감내해야 했다.

당시에 무선전신으로 알려졌던 무선통신은 이론상으로는 그 어려움에 해결책을 제시했지만 실제로는 아니었다. 당시의 무선통신 수신기는 전함 밖에서는 군사적으로 유용하게 쓰기에 너무나 크고 무거운 에너지원에 의존했기에 야전에서 실용적인 지휘수단이 되지 못했다. 무선통신은 다가오는 전쟁의 초기에 작은 전략적 역할을 수행하게 되지만, 전쟁 중 어느 때에도, 심지어 전쟁 끝 무렵에도 전술적 의미를 입증할 수 없었다. 이러한 사정은 바다에서도 마찬가지였다. 해군이 전투 중에 또 적과 매우 근접해 있는 상황에서 신호를 전송할 때 무선통신의 보안을 확보하는 문제를 해결하지 못했기 때문이다.[45] 돌이켜보건대, 무선통신은 승리를 위해 싸우는 전투원들의 노력을 한층 더 효과적으로 만들어줄 것 같았지만, 막 등장하고 있는 단계여서 그 잠재력에 비해 기술적으로 한참 뒤처졌기에 성공할 수 없었다.

현대적 통신수단의 잠재력이 전쟁수행에 헌신한 자들의 기대를 저버렸다면, 평화를 지키는 데 전적으로 헌신한 자들은 얼마나 더 실망이 컸을까? 대전이라는 4년간의 비극으로 확대된 1914년 8월 전투가 발생하기 전 외교적 위기의 비극은 정치가들과 외교관들이 통제하고 저지해야 할 일련의 사건들에 연속적이고도 누적적으로 압도되었다는 사실에 있다. 7월 위기 때 강대국들의 총리청과 외무부 직원들은 훌륭하고 유능한 사람들이었지만 손으로 쓴 메모와 일상적인 암호작업, 전신 일람표의 수레바퀴에 매여 있었다. 통신의 장애를 극복할 수도 있었던 전화의 잠재력은 그 사람들의 상상력을 벗어났던 듯하다. 쓸 수는 있었지만 쓰이지는 않은 무선통신의 잠재력도 역시 그 사람들을 피해갔다. 결국, 유럽 국가들은 마치 죽음의 행군이나 청각장애인의 대화처럼 자신들의 대륙과 그 문명을 파괴하기 시작했다.

2 장

전쟁 계획

2 | 전쟁 계획

군대는 계획을 세운다. 알렉산드로스 대왕은 페르시아제국 침공 계획을 세웠으며, 그 계획 덕에 다리우스 황제Darius III[1]의 군대로 하여금 전투에 나서게 할 수 있었고 다리우스를 죽일 수 있었다.[2] 한니발은 2차 포에니 전쟁을 위한 계획을 수립했는데, 그 계획은 지중해를 장악하고 있는 로마의 해군을 피하여 카르타고 군대를 짧은 바닷길을 통해 에스파냐로 이동시키고 알프스를 넘어—한니발의 코끼리 얘기는 누구나 기억하고 있다—이탈리아 본토의 로마군과 대결하는 것이었다. 펠리페 2세는 1588년에 영국전쟁을 승리로 이끌 계획을 세웠다. 반란을 일으킨 네덜란드인 신민들과 싸우고 있던 군대를 무적함대에 태워 영국해협으로 보내 켄트Kent에 상륙시키는 것이었다. 1704년에 네덜란드를 구하려던 말보로 공1st Duke of Marlborough[3]의 계획은 프랑스군을 그 기지에서 멀리 떨어진 라인 강까지 끌고 내려와 승리가 예상되는 시점에 싸우는 것이었다. 나폴레옹은 전략적으로 중요한 시기에는 거의 언제나 계획을 세웠다. 1789년에는 이집트에서 유럽의 적들에 맞서 제2전선을 열기 위한 계획을 세웠고, 1800년에는 이탈리아에서 오스트리아를 물리치기 위한 계획을, 1806년에는 프로이센을 기습하는 계획, 1808년에는 에스파냐 정복 계획, 1812년에는 러시아를 궤멸시켜 계속되는 전쟁에서 끌어내려는 계획을 세웠다. 미합중국이 1861년에 세운 아나콘다 계획Anaconda Plan의 목적은 해안을 봉쇄하고 미시시피 강을 장악하여 남부 반란군의 목을 조르는 것이었다. 나폴레옹 3세도 1870년에 파국적이었던 프로이센 전쟁을 위해 신통찮은 계획을 세웠는데, 바로 남부 독일로 진격하여 프로이센 이외의 왕국들을 베를린에 맞서게 한다는 것이었다.[4]

그러나 이 모든 계획은 전쟁의 위협이 존재했거나 실제로 전쟁이

1. ?~BC 330. 페르시아 아케메네스 왕조의 마지막 왕.—옮긴이

2. J. Keegan, *The Mask of Command*, London, 1987, pp. 40~42

3. 1650~1722. 영국의 군인, 정치가. 에스파냐 왕위 계승 전쟁에서 국제적 명성을 얻었다.—옮긴이

4. G. Parker, Chapter 5, in W. Murray, M. Knox and A. Bernstein, *The Making of Strategy*, Cambridge, 1994

시작되었을 때 급박하게 수립되었다. 1870년경, 비록 나폴레옹 3세는 인식하지 못했지만, 군사 계획의 새로운 시대가 열렸다. 전쟁 계획을 이론적으로 수립하는 시대가 열린 것이다. 한가할 때 계획을 고안해 잘 간직했다가 가능성이 현실로 되었을 때 꺼내 쓰는 것이었다. 이러한 발전에는 각기 독립적이면서 서로 연관된 두 가지 기원이 있다. 첫 번째는 1830년대에 시작된 유럽 철도망의 건설이다. 병사들은 철도가 도보와 말을 이용했을 때보다 부대의 이동과 보충을 어쩌면 열 배까지도 더 빠르게 함으로써 전쟁을 혁명적으로 바꾸어놓으리라는 점을 재빨리 이해했으며, 그러한 이동은 신중하게 준비되어야 할 것이라는 점도 마찬가지로 빠르게 파악했다. 과거에는 먼 전역으로 종군하려면 미리 준비를 해야 했다. 고대나 중세의 군대가 아득히 먼 곳으로 질주한다는 생각은 낭만적인 환상이다. 알렉산드로스 대왕은 보급품을 실은 배로부터 75마일 이내에서 해안선을 따라 행진하거나, 간첩을 미리 보내 페르시아 관료에게 뇌물을 먹여 정보를 팔게 했다. 카롤루스 대제는 왕국의 백伯들의 영지 안에서 싸우게 될 때면 자신의 군대를 위해 목초지의 3분의 2를 남겨두라고 요구했다.[5] 3차 십자군 때 비참했던 첫 출발 이후 사자심왕 리처드가 병력을 충원하며 선택한 길은 지원함대와 늘 연락할 수 있는 길이었다.[6] 그럼에도 철도가 등장하기 이전의 병참은 언제나 무계획적이었다. 또한 동시에 융통성을 허용하기도 했다. 가축이나 운송용 짐승은 필요하지 않을 때는 언제나 길 밖에 세워두거나 식량으로 먹어치울 수 있었고, 과로로 죽은 짐승을 대신하여 산 짐승을 구입하거나 약탈할 수 있었기 때문이다. 철도는 이 중 어느 사항에도 해당되지 않았다. 철도 차량은 농가의 마당에서 주워올 수 있는 것이 아니었다. 보불전쟁 때 하차장에서 짐을 싣지 않은 화차들이 서로 얽혀 짐을 실은 화차들이 몇 마일이나 줄지어 서도록 방해한 일이 있었는데, 프랑스군은 이로부터 결코 잊지 못할 교훈을 배웠다.[7] 철도는 평시와 마찬가지로 전시에도 엄격한

5. P. Contamine, *War in the Middle Ages*, Oxford, 1984, p. 26

6. J. Thompson, *The Lifeblood of War*, London, 1991, Chapter 2

7. M. Howard, *The Franco-Prussian War*, London, 1981, pp. 26~27

운행표를 작성할 필요가 있다. 아니 평시보다 더 엄격해야 한다. 19세기 병사라면 알고 있었듯이, 병력을 동원하려면 월간 수천 명의 승객을 운송하기 위해 설계된 노선으로 며칠 만에 몇백만 명을 움직여야 했기 때문이다. 그러므로 열차 운행표의 작성은 평시에 해야 할 지극히 중대한 과제가 되었다.

이는 장교를 훈련시켜 일을 맡겨야 하는 과제였다. 다행히도 군의 참모대학에 적절한 교육장소가 있었다. 이론적인 전쟁 계획의 또 다른 기원이 바로 여기에 있다. 참모대학은 공업학교와 상업학교처럼 19세기의 발명품이었다. 나폴레옹의 부하들은 선임자로부터, 선임자와 함께 하면서 업무를 배웠다. 이들이 실무에 정통했던 까닭에 경쟁국가들은 전문지식을 체계화할 필요가 있음을 깨닫게 되었다. 1810년 베를린 대학교Universität zu Berlin가 설립된 바로 그날, 프로이센은 참모직을 맡을 장교들을 양성할 사관학교Preußische Krigsakademie를 세웠다.[8] 다른 나라에도, 그리고 프로이센 자체에도 이에 상응하는 기관이 더 일찍부터 존재했지만, 교습 내용은 참모활동을 협소하게 해석한 결과물이었다. 사무나 지도 제작, 자료의 도표화가 고작이었다. 그렇게 오래된 대학들이 내놓은 자들은 노예의 운명을 타고났다. 영국이 참모대학을 세운 지 55년이 지난 1854년에도, 크림 반도로 향한 영국군 지휘관들은 친구나 명사를 지명하는 오래된 방식으로 참모진을 구성했다.[9] 그때쯤이면 프로이센은 매우 지적인 헬무트 폰 몰트케Helmuth von Moltke[10]의 영향을 받아 참모대학을 진정한 군사학교로 전환하려던 참이었다. 미래의 졸업생들은 현실감 있는 전쟁게임을 수행하고 '참모실습staff ride'을 통해 구체적인 군사적 가능성을 현장에서 연구하며 국가적 전략 문제들에 대한 '해답'을 작성함으로써 마치 장군인 듯이 생각하라는 권고를 받았다. 프로이센이 1866년에 오스트리아와, 1870년에 프랑스와 싸운 전쟁에서 눈부신 승리를 얻은 후에, 두 나라뿐 아니라 다른 나라들도 기존 제도를 시급히 현대화했거나 새로운 '고등'교

8. J. Hittle, *The Military Staff*, Harrisburg, 1961, Chapter 2

9. C. Hibbert, *The Destruction of Lord Raglan*, London, 1984, pp. 15~16

10. 1800~1891. 1857년에서 1888년까지 프로이센군 참모총장을 역임했다. 1차 세계대전에서 독일군을 지휘한 동명의 조카와 구분하기 위해 대(大)몰트케라고 부른다.—옮긴이

육기관을 설립했다. 프랑스는 1880년에 사관학교Ecole de Guerre를, 1908년에 파리에 '육군원수 양성소'인 고등군사학연구소Centre des hautes études militaires를 세웠다.[11] 전쟁게임과 참모실습을 통한 교육방식은 프로이센을 모방했다. 독일어 교본이 번역되었고, 최근의 군사사를 분석했다. 경쟁 선발을 거친 후 군의 총참모부에 임명된 최우수 졸업생들은 동원 계획을 준비하고 열차 배차 시간표를 작성하며 국가의 안보에 영향을 미칠 수 있는 모든 우발적 사태에 대비하여 계획을, 종종 강한 공격적 성격의 계획을 수립하는 일을 떠맡았다. 뜻밖에도 외교 분야에는 이에 대등한 제도가 없었다. 18세기에 옥스포드 대학교에 미래의 외교관을 교육하기 위해 현대사Modern History 교수직이 설치되었지만, 영국 외무부는 1914년에도 여전히 명예 외교관이나 대사 친구의 아들, 혹은 라글란 경[12]을 따라 크림 반도로 갔던 명사들과 엇비슷한 자들 중에서 신입 외교관을 선택했다.

그러므로 외교는 여전히 대사관에서 교육받는 기술이었다. 외교는 호의적 소양이었다. 유럽의 외교관들은 1914년 이전에는 유럽 대륙에서 유일하게 진정으로 국제적인 계층으로서 서로 간에 사회적으로 친밀했고 공용어로 프랑스어를 사용했다. 이 외교관들은 국익에 헌신했지만 전쟁을 막는 것이 자신들의 역할이라는 믿음을 공유했다.

예를 들어, 에드워드 그레이Edward Grey[13] 경을 의장으로 1913년의 발칸 위기를 가라앉혔던 프랑스와 러시아, 독일, 오스트리아, 이탈리아의 대사들은 각각 위태롭고 심각한 국가 간 경쟁을 대표했다. 그러나 이들은 다른 이들의 성실함과 분별력을 완전하게 신뢰했으며 표준적인 직업적 행태를 공유했으며 전면적인 전란의 발생을 막고자 했다. 1차 세계대전으로 유럽이 파괴된 것은 …… 옛 외교의 …… 과실이 아니었다. …… 다른 비외교적 영향력과 이해관계들이 사건을 통제했다.[14]

11. D. Porch, *The March to the Marne*, Cambridge, 1981, p. 331

12. 라글란 남작(Baron Raglan). 크림전쟁의 영국군 사령관이었던 피츠로이 서머셋(FitzRoy Somerset)에게 1852년에 부여된 작위.—옮긴이

13. 1862~1933. 1905년부터 11년 동안 영국의 외무장관을 지냈다.—옮긴이

14. H. Nicolson, *The Evolution of Diplomatic Method*, London, 1954, p. 75

외교관의 아들로 자신도 구식 외교관이었던 해럴드 니콜슨Harold Nicolson[15]이 이렇게 얘기했다. 니콜슨이 인용한 비외교적 이해관계에는 당연히 직업군인들의 이해관계도 포함된다. 직업군인은 비록 동료 외교관들과 마찬가지로 전문적인 전쟁광이 아니었지만 외교관들과는 전혀 다른 기풍의 교육을 받았다. 이를테면 국제위기의 해결방법이 아니라 위기가 발생하면 어떻게 군사적 우세를 확보할 것인가를 배웠다. 직업군인의 의견을 결정한 것은 참모대학의 교과과정이었고, 직업군인의 의견은 다시 철도의 수송능력을 토대로 부대의 동원과 집결, 배치 명령을 결정했다. 앨런 테일러Alan Taylor[16]가 경박하게도 1914년 전쟁 발발의 특징을 '일정표에 따른 전쟁'이라고 한 것은 잘못이다. 정치가들은 서로 간에 친선했다면 직업군인들의 조언을 무시함으로써 언제라도 전쟁을 피할 수 있었을지도 모르기 때문이다. 그렇지만 테일러의 규정은 더 깊은 의미에서는 정확했다. 일정표는 프로이센이 1870년 프랑스에 승리를 거둘 때 너무나 명백하게 기여했던 까닭에 이후 불가피하게 유럽의 군사적 사고를 지배하게 되었다. 독일인들이 만들어낸 용어인 동원일M-Tag은 온 신경이 집중된 확정된 시간이었다. 그날을 기준으로 수립된 변경할 수 없는 계획에 따라, 선정된 국경지대로 얼마나 많은 병력을 얼마나 빠른 속도로 이동시킬 것인지, 어느 정도의 군수품을 보급하고 적군에 맞서 싸울 그 다음날 얼마나 넓은 전선에 군대를 배치해야 하는지가 결정되었다. 연립방정식을 풀어보면 적군의 보복능력이 드러났다. 그리하여 초기 전쟁 계획은 수학적 엄밀함을 띠었고, 참모장교들은 그러한 엄격함으로 무장하고 정치인들에 대항했다. 1914년 7월 프랑스군 참모총장 조세프 조프르Joseph Joffre[17]는 정부의 최고전쟁위원회Conseil Supérieur de la Guerre에 총동원의 선포가 하루 지연될 때마다, 마치 자연법칙에 의한 것처럼, 국토를 국경에서 25킬로미터씩 적에게 내어주게 되리라고 경고함으로써 자신의 의무를 이행했다고 생각했다. 실제로 기상학자들이 고기압대와 저기

15. 1886~1968. 아버지는 카녹 남작 작위를 받았던 아서 니콜슨(Arthur Nicolson, 1st Baron Carnock)이다.—옮긴이

16. 1906~1990. 영국의 유명한 역사가. 『제2차 세계대전의 기원(The Origins of the Second World War)』의 저자.—옮긴이

17. 1852~1931. 1914년에서 1916년까지 프랑스군 총사령관을 지냈다. 1914년에 퇴각하는 연합군을 재편하여 1차 마른 강 전투에서 독일군을 물리친 인물이다. 1916년에 베르됭과 솜 강에서 큰 손실을 입은 후 12월에 니벨로 대체되었다. 1919년에 은퇴했다.—옮긴이

압대의 이동을 설명하면서 가져다 쓴 '전선'이란 낱말은 1차 세계대전의 전략에 그 기원이 있으며, 대전 발발 이전 시기에 군사적 심성이 어떻게 작용했는지 더 잘 간파할 수 있게 해준다.[18]

1904년 유럽의 모든 군대에는 오랫동안 확립해두었던 군사 계획이 있었는데, 이 계획들의 대체적인 특성은 불가변성이었다. 어떤 군사 계획도 오늘날의 이른바 '국가안보정책'으로 통합되지 않았다. 정치인과 외교관, 정보부 책임자, 군 참모총장들이 국가의 사활이 걸린 이익에 이바지하기 위해 비밀회의를 통해 안보정책을 수립한다는 관념이 당시의 국가정책에는 존재하지 않았기 때문이다. 군사 계획은 가장 엄격한 군사 기밀로 유지되어야 했다. 계획을 수립한 자들만 아는 비밀로 평시에는 정부 내의 민간인 수장들에게도 누설되지 않았으며 종종 한 군부에서 다른 군부로도 전달되지 않았다.[19] 예를 들면 1915년에 이탈리아 해군 사령관은 오스트리아를 공격한다는 결정을 전쟁 당일에야 육군으로부터 전달받았다. 역으로, 오스트리아의 참모총장은 외무장관을 심히 위협한 나머지 1914년 7월에 러시아가 전쟁을 선포할 가능성에 관한 군사적 판단을 전달받지 못했다.[20] 1902년에 사령관들과 정보장교들은 물론 정치인과 공무원, 외교관으로 제국방위위원회Committee of Imperial Defence, CID[21]가 수립된 영국에서만 군사 계획이 공개적으로 논의되었다. 그러나 제국방위위원회조차도 육군이 지배했다. 영국의 주력군이자 넬슨의 후예인 해군이 또 하나의 트라팔가르 해전에서 승리를 거둔다는 계획을 자체적으로 갖고 있었고 그래서 고상하게도 위원회의 협의에 초연했기 때문이다.[22] 1889년에 육군과 카이저가 군사정책 수립에서 전쟁부와 의회를 모두 배제하는 데 성공했던 독일에서 전쟁 계획은 오로지 육군참모본부Großer Generalsstab에 속한 일이었다. 해군 장군들은 떡고물이나 받아먹었고, 총리인 베트만 홀베크Bethmann Hollweg[23]조차 이미 1905년부터 준비되어 있던 종합 전쟁 계획을 1912년 12월에 가서야 전해 들었다.

18. S. Kern, *The Culture of Time and Space*, Cambridge, Mass., 1983, pp. 270~273

19. B. Sullivan, 'The Strategy of the Decisive Weight: Italy, 1882~1922' in Murray, Knox and Bernstein, p. 332

20. N. Stone, 'Moltke and Conrad' in P. Kennedy, *The War Plans of the Great Powers*, London, 1979, p. 234

21. 방위 계획을 연구하고 조정했던 기구로 2차 보어전쟁 직후 설치되어 2차 세계대전 발발 때까지 존속했다.—옮긴이

22. J. McDermot, 'The Revolution in British Military Thinking from the Boer War to the Moroccan Crisis' in Kennedy, p. 105

23. 1856~1921. 1905년에서 1917년까지 총리를 지냈다.—옮긴이

그렇지만 수립자의 이름을 따서 '슐리펜 계획Schlieffen Plan'이라 불렸던 그 계획은 20세기 첫 10년 동안 여러 나라에서 작성된 정부 문서 중 가장 중요한 것이었다. 슐리펜 계획이 지난 100년간 가장 중요한 공식 문서로 입증될 수 있다는 주장도 가능하다. 그 계획으로 전장에서 벌어진 일과 그 계획 때문에 생겨나고 꺾인 희망의 귀결이 오늘날까지 지속되었기 때문이다. 종이 위의 계획이 사건의 전개에 미친 영향을 절대로 과장해서는 안 된다. 계획은 결과를 결정하지 않는다. 특정한 전투 계획으로 발생한 사건들은 엄밀한 의도의 결과인 경우는 드물며 본질적으로 예측이 불가능하고 수립자의 기대를 크게 벗어난다. 슐리펜 계획도 마찬가지일 수 있었다. 슐리펜 계획은 결코 1차 세계대전을 촉발시키지 않았다. 그 전쟁은 1914년 6월과 7월에 여러 사람들이 내렸거나 내리지 못한 결정의 결과지 몇 해 전에 독일 육군참모본부의 장교들이나 그중 단 한 사람이 내린 결정의 결과는 아니다. 슐리펜 계획의 실패도, 실패했기 때문에, 이후의 일들을 결정하지 못했다. 슐리펜 계획은 단기전의 신속한 승리를 위한 계획이었다. 실제로 전개된 장기전은 초기의 무력충돌이 유산된 이후 교전국들이 단호하게 중단하려는 의지를 보였다면 피할 수 있었을지도 모른다. 그러나 그렇다고 해도 슐리펜 계획은, 슐리펜이 선택한 전쟁 개시 장소와 독일 육군의 작전으로 판단하건대, 위기가 극에 달했을 때 일단 채택된 이후로는 전쟁의 초점이 놓일 곳을 결정했으며, 그 내재적인 결함 탓에 전쟁이 정치적으로 확대될 가능성이, 따라서 전쟁이 연장될 개연성이 있었다. 슐리펜 계획은 위험한 불확실성으로 가득한 계획이었다. 계획이 달성하고자 했던 신속한 승리가 불확실했으며, 애초에 의도한 목표를 달성하지 못할 경우 어떤 상황이 초래될지는 더욱 불확실했다.

슐리펜 계획은 특히 서랍 속에 묵혀두었던 계획이었다. 슐리펜은 1891년에 독일군 참모총장에 임명되었고 즉시 작금의 정치 상황

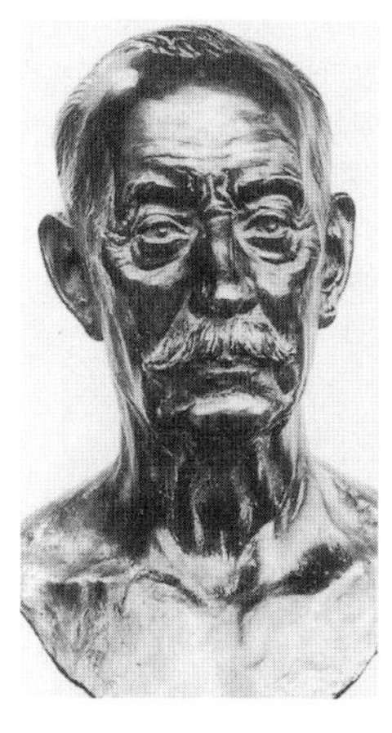

슐리펜

에서 조국의 안전을 보장할 최선의 방법을 이론적으로 고찰하는 데 착수했다. 선임자인 위대한 대몰트케와 알프레트 폰 발더제Alfred von Waldersee[24]로부터 물려받은 계획들은 1870년 패배로 알자스-로렌Alsace-Lorraine을 상실한 이래 독일에 뿌리 깊은 원한을 지녔던 프랑스와 프랑스의 오랜 우방 러시아 사이에 끼어 곤란한 처지에 놓인 독일의 상황을 출발점으로 삼았다. 이는 최악의 경우 2개의 전쟁을 치러야 하는 불길한 전조였다. 두 사람 모두 프랑스군에 맞서 승리를 거둘 가능성을 고려하지 않았다. 프랑스는 사슬처럼 이어진 긴 요새의 보호를 받았으며 많은 자금을 들여 군의 현대화를 진행하고 있었기 때문이다. 그래서 독일군은 서부에서는 프랑스의 공격에 대비해 라인Lyne 강을 방패로 삼아 방어적으로 싸워야 하고 주력부대는 동부에 배치해야 한다고 결론 내렸다. 그러나 동부에서도 목적은 러시아 국경 안쪽에서 방어선을 구축하는 데 제한되어야 했다. 몰트케는 1879년에 이렇게 썼다. (러시아령) 폴란드왕국에서 승리를 거둔 후 계속해서 "러시아의 내부로 진격하는 것에 우리는 전혀 관심이 없다." 몰트케는 나폴레옹의 모스크바 진격이 초래한 파멸을 기억했다.[25]

슐리펜도 그 점을 기억했다는 사실을 언급해야만 한다. 그러나 몰트케의 참모양성제도가 키워낸 학생인 슐리펜은 그 제도의 정신은 이해하지 못하고 교육내용만 이해했다. 몰트케는 군사적 분석의 엄밀함을 강조하면서도 자신의 전략적 사고를 국가의 외교 정신에 맞추기 위한 노력을 언제나 아끼지 않았다. 몰트케와 비스마르크는 정책에 대한 이견이 어떠했든 간에 서로에게 마음을 열어두었다. 그러나 슐리펜은 외교 문제에는 관심이 없었다. 슐리펜은 무력이 제일 중요하다고 믿었다. 비스마르크가 러시아와 맺은 '재보장' 조약은 독일이 프랑스를 공격하지 않는다면 러시아가 독일에 대해 중립을 지키고 러시아가 독일의 동맹국인 오스트리아-헝가리를 공격하지 않는다면 독일이 러시아에 대해 중립을 지킨다는 것이었는데, 1890년에 젊은 황제

24. 1832~1904. 1888년에서 1891년까지 육군참모총장을 지냈다.—옮긴이

25. L. Turner, 'The Significance of the Schlieffen Plan' in Kennedy, p. 200

가 분별없이 이 조약을 거부한 덕에[26] 슐리펜은 참모총장이 되자마자 무력에 대한 자신의 선입견을 자유로이 펼칠 수 있었다.[27] 슐리펜은 체스판에 정신을 빼앗겼다. 슐리펜이 확인한 말은 적었다. 프랑스는 독일보다 약했지만 요새로 방어되고 있었고 러시아도 독일보다 약했으나 엄청나게 넓은 지리적 공간으로 보호를 받았다. 동맹국 오스트리아는 허약했지만 러시아에 적대적이었고 그래서 주의를 돌리게 하는 방편으로 유용했으며 어쩌면 대항세력으로도 유용할 수 있었다. 이탈리아는 독일과 오스트리아와 동맹을 맺었지만 매우 약했기에 중요하지 않았다. 영국은 무시해도 괜찮았다. 슐리펜은 자신이 재임하는 동안 카이저의 총애를 점점 더 많이 받았던 독일 해군을 멸시할 만큼 해상 강국에는 아무런 관심도 두지 않았기 때문이다.[28]

26. 1888년 29세의 나이로 제위에 오른 빌헬름 2세는 1890년 비스마르크를 총리에서 해임하고 러시아와 맺은 재보장 조약의 갱신을 철회했다.—옮긴이

27. A. J. P. Taylor, *The Struggle for Mastery in Europe*, Oxford, 1954, p. 317

28. G. Ritter, *The Schlieffen Plan*, London, 1958, p. 71

무력의 상대적 격차는 정해졌고 이런 차이만이 슐리펜의 사고에 영향을 미쳤다. 따라서 슐리펜은 우발적으로 전쟁이 발발했을 때 독일군 전력의 8분의 7을 대대적인 프랑스 공격에 투입한다는 계획에 단계적으로 도달했다. 이는 실패할 경우 자국의 왕을 위험에 빠뜨릴 수 있는, 전부 아니면 전무의 끝장을 보자는 전쟁이었다. 그러나 슐리펜은 패배를 고려하지 않았다. 슐리펜은 이미 1892년 8월이면 몰트케와 발더제가 생각한 동쪽이 아니라 서쪽에 노력을 집중해야 한다는 결정을 내렸다. 1894년에는 프랑스와 독일 사이의 국경을 따라 늘어선 프랑스의 요새를 파괴할 계획을 수립하고 있었다. 1897년, 독일의 중포로 프랑스 요새에 충분한 손상을 입힐 수 없다는 점을 인정한 슐리펜은 "벨기에와 룩셈부르크의 중립을 해치는 것 때문에 공격이 위축되어서는 안된다"라고, 다시 말해서 프랑스 요새를 측면에서 에워싸 무력하게 만들어야 한다고 자신을 설득했다. 1899년에서 1904년 사이에 수립되어 전쟁게임과 참모실습에서 시험한 계획에는 육군의 3분의 2 이상을 룩셈부르크와 벨기에의 남쪽 끝을 통해 진격시킨다는 구상이 들어 있었다. 마침내 슐리펜은 군 최고위직에서 14년

● 벨기에 지명의 경우 플란데런 지역은 지역언어(네덜란드어)로 표기했으나, 왈론 지역은 왈론어 대신 국제적으로 익히 알려진 프랑스어로 표기했다. 단, 이프르는 네덜란드어권 지역으로 공식 명칭은 이퍼르(Ieper)이나 국내에서 익히 알려진 대로 옮긴다.—옮긴이

을 보낸 뒤 은퇴한 직후 완성된 1905년 12월의 이른바 '대비망록Great Memorandum'에서 온건함을 내던졌다. 1839년 이후 영국과 프랑스, 프로이센이 합동으로 보장했던 벨기에의 중립[29]은 살짝 침해하는 것이 아니라 전면적으로 파괴되어야 했다. 스위스 국경부터 북해 가까이 이어진 선을 따라 정렬한 독일 육군의 거의 전부를 먼저 벨기에를 통해 브뤼셀 북쪽의 우회로를 지난 다음 플란데런 평야를 가로지르는 거대한 회전 운동으로 진격시켜 동원한 지 22일 만에 프랑스 국경에 닿아야 했다. 31일째에 독일의 전선은 솜 강과 뫼즈 강을 따라 이어져야 했고, 그 지점부터 우익은 남쪽으로 방향을 틀어 서쪽에서부터 파리를 포위하고 알자스-로렌에서 진격하는 좌익을 향해 프랑스군을 몰

29. 벨기에는 1830년 네덜란드로부터 독립한 이후 1839년 런던회의에서 각국으로부터 영세중립국을 보장받았다.—옮긴이

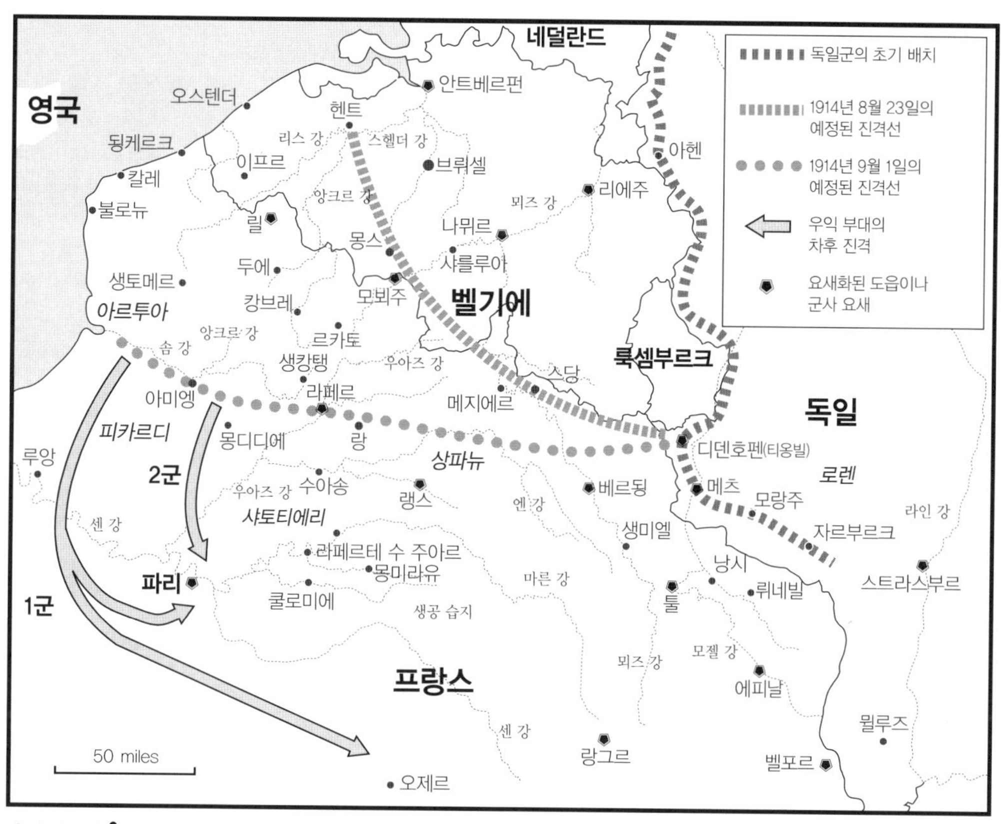

슐리펜 계획●

아가야 했다. 둘레가 400마일에 달하고 입구는 200마일 정도 벌어진 거대한 원형 집게가 프랑스군을 집어삼킬 것이었다. 옴짝달싹할 수 없는 곤경에 빠진 프랑스는 결정적인 전투에서 완전히 패하여 궤멸된다. 동원 후 42일이면 서부전선의 전쟁에서 승리를 거둔 독일군은 자유롭게 기차를 타고 되돌아가 독일을 지나 동부전선에 도달하여 러시아를 궤멸시킬 것이었다.[30]

슐리펜은 퇴역 후 1913년에 죽을 때까지 계속해서 자신의 계획을 조금씩 고쳐나갔다. 슐리펜은 다른 직업을 갖지 않았다. 취미도 없는 사람이었다. 참모총장이었을 당시 종종 한밤중까지 일하다가 딸들에게 군사사 책을 읽어주며 쉬곤 했다. 군사사는 전쟁 계획 수립 다음으로 좋아하던 분야였다. 슐리펜은 참모총장이 되기 전에 참모본부의 군사사가였지만 역사를 오로지 기술적으로 연구했다. 슐리펜의 관심을 끌었던 것은 병사들의 정신이나 병사들을 무력충돌로 이끌었던 정부들의 추론이 아니라 지도 위에 표시된 군대의 배치였다.[31] 슐리펜은 기원전 216년에 한니발이 로마의 군단들을 포위했던 칸나이Cannae 전투에 집착했다. 한니발의 결정적인 승리는 슐리펜이 1905년에 작성한 '대비망록'의 주된 원천이었다. 슐리펜은 칸나이 전투에서 정치나 병참, 기술, 전투의 심리학으로 오염되지 않은 지도력의 순수한 본질을 인식했다. 젊은 시절 근위창기병연대Garde-Ulanenregiment 장교로 복무했던 경험은 아무런 영향도 남기지 못했다. 슐리펜은 이미 1866년과 1870년의 전쟁에서 참모로 활약했다. 1884년이면 군사사 전문가가 되었고, 1891년 이후에는 지도가 펼쳐진 탁자 앞의 일상에 완전히 빠져들었다. 재직기간이 유례없이 길게 연장되면서 냉담하고 빈정대고 지적으로 오만하고 점점 더 거만해졌던 슐리펜은 이력이 끝날 무렵 전쟁을 군단들을 이곳저곳에 배치하는 순전히 이론적인 전쟁으로 축소시키는 데 성공했다. 적어도 슐리펜에게는 그것이 전쟁이었다. '대비망록'의 한 부분을 인용해보면 짐작해볼 수 있다.

30. G. Ritter, pp. 22~25, 27~48, Maps 1, 2, 3, 6

31. G. Craig, *The Politics of the Prussian Army*, Princeton, 1955, pp. 278~279

32. H. Herwig, 'Strategic Uncertainties of a nation state: Prussian Germany, 1871~1918', in Murray, Knox and Bernstein, p. 259

33. H. Herwig in Murray, Knox and Bernstein, p. 260

가능하다면, 독일군은 우익으로 포위하여 전투에서 승리할 것이다. 그러므로 우익을 최대한 강하게 해야 한다. 이 목적을 위해 8개 군단과 5개 기병사단이 리에주Liège 아래의 다섯 경로를 통해 뫼즈 강을 도하하고 브뤼셀-나뮈르Namur 방향으로 진격할 것이다. 아홉 번째 군단(제18군단)은 리에주 위쪽에서 뫼즈 강을 건넌 후 합류할 것이다. 이 군단은 뫼즈 강 도하 영역 내에 있는 위Huy 요새를 무력하게 만들어야 한다.

한층 더 기묘한 것은 슐리펜이 부대의 이동에 집착했으면서도 독일군의 규모를 확대하여 적을 압도할 수 있는 전력을 확보하는 데에는 관심이 없었다는 사실이다. 프로이센 참모부 내에는 병력을 확대하면 비정치적인 농촌 청년들의 군대가 대도시 출신의 사회주의자들에 의해 오염될 수 있다는 두려움이 널리 퍼져 있었는데, 홀저 허윅Holger Herwig이 최근에 주장했듯이, 슐리펜도 같은 생각이었다.[32] 슐리펜은 1905년에 33개 보병대대의 신설을 요구했지만, 이는 자신의 계획을 실패로 돌릴 수 있는 결점을 보완하려면 그 정도는 있어야 한다고 계산했기 때문이었다. 독일의 청년 인구가 많았고 계속 늘어나고 있었기에 쉽게 병력을 충원할 수 있었는데도, 슐리펜은 그 이상 원하지 않았다. 슐리펜이 스스로 설정하고 또 해결할 수 있다고 믿었던 지적 문제는 어떻게 가용한 재원으로 단기전을 승리로 이끌 수 있는가라는 문제였다. 슐리펜의 목표는 각각 7주와 6주가 걸렸던 1866년의 보오전쟁과 1870년의 보불전쟁에서 대몰트케가 거둔 승리를 재현하는 것이었다. 슐리펜은 특히 '소모전'을 피하고자 했다. 슐리펜은 이렇게 썼다. "수백만을 유지하느라 수십억을 쓴다면 소모 전략은 효과가 없다."[33]

슐리펜도 훗날의 히틀러처럼 화려한 공격 계획이 결함을 드러낼 경우 마치 불변의 반작용법칙에 의한 것처럼 소모전을 수반하리라는 점을 살아 있을 때 확인하지 못했다. 그러나 슐리펜이 당대의 상황에서 자신이 궁리해낸 공격에 투입할 병력을 제한한 것은 옳았다. 히틀러의 계획은 실패할 수밖에 없었다. 히틀러는 서부전선에서 순식간에 승리를 거둔 후 동부의 거대한 공간에서도 승리를 되풀이할 수 있다고 확신했기 때문이다. 슐리펜은 그 공간의 크기에 위축되었다. 슐리펜은 끝없이 넓은 스텝Steppe을 행군하면서 보병과 기병의 기동력이 소모되리라고 인식했다. 그래서 그는 심야에 잠도 자지 않고 플란데런과 일드프랑스Ill-de-France의 지도를 뚫어지게 쳐다보았으며, 한 곳에 군단을 두고 또 다른 곳에 측면 공격을 배치하며 어느 곳에는 강에 교량을 설치하고 어느 요새는 위장하기로 했다. 슐리펜이 밤새워 속임수를 꾸미며 설정한 목표는 독일군 병력을 프랑스가 전개할 부대의 병력이 아니라 정확히 벨기에와 프랑스의 도로망으로 이동할 수 있는 병력에 맞게 조정하는 것이었다. 그러한 계산은 참모대학 교육의 기본이었다. 학생들은 한 행렬의 길이를, 예를 들면 군단당 29킬로미터를 준비된 표에서 도로 지도로 옮기면서 일정한 구역에서 어느 정도의 병력을 어느 속도로 진격시켜야 하는지 결정할 수 있었다. 강행군을 해도 이동거리는 하루 32킬로미터가 한계였으므로 하나의 도로 위에서 1개 군단이 이동할 수 있는 거리는 그 정도였을 것이다. 그러나 행렬의 길이가 29킬로미터에 달했으므로 하루가 끝나도 후미는 출발점이나 그 근처에 머물러 있을 수밖에 없었다. 도로에 2열로 서서 이동할 수 있다면, 후미는 그 거리의 절반만큼 전진할 수 있을 것이며, 4열이면 4분의 3만큼 전진할 수 있을 것이었다. 이상적으로 말하면 한 군단의 부대는 종대가 아니라 횡대로 움직여야 부대 전원이 하루가 끝날 때 32킬로미터 앞에 도달할 수 있다. 슐리펜이 여러 수정안 중 하나에서 인정했듯이, 실제로는 1~2킬로미터 거리를 두고 두 도로가 나란히 이어지는 것이 최선이었다. 그러나 슐리펜의 거대한 회전 운동은 30개 군단으로 300킬로미터의 전선에서 휩쓸며 전진해야 했으므로, 각 군단은 진격 개시지점의 전선을 10킬로미터씩만

34. G. Ritter, p. 173

35. G. Ritter, p. 180

담당하면 되었고 그 10킬로미터의 폭에 잘하면 7개까지 도로가 나란히 늘어서 있었다. 그래도 하루가 끝날 때 후미가 선두를 따라잡기에는 역부족이었다. 이 결점은 그 자체로 중대했으며, 회전 운동의 반경 내에 더 많은 병력을 집중시키려는 시도를 조금도 허용하지 않았기에 더욱 중대했다. 더 많은 병력은 어울리지 않았다. 이유는 간단했다. 공간이 부족했던 것이다.[34]

그러므로 슐리펜이 자신이 가진 병력을 기본으로 삼기로 한 결정은 옳았다. 말하자면 계획은 수학적 현실에서 도출되었다. 슐리펜이 마지막 수정안에서 인정했듯이, 도로 위의 병력을 늘리려는 시도나 심지어는 기존의 병력으로 작업하려는 시도조차도 쓸데없는 교통체증을 유발할 것이었다. "사선 뒤에 불필요하게 대규모 병력을 배치하게 될 것이다."[35] 그러나 계획은, 독일인들에게는 불운하게도, 순수한 수학적 현실에서만 출발하지는 않았다. 계획의 근본적인 원천은 희망에 근거한 사고였다. 슐리펜은 1870년의 대승을 재현하려는 희망을 품었다. 다만 그때처럼 프랑스-독일 국경이 아니라 프랑스 내지 깊숙한 곳에서 승리하기를 기대했는데, 프랑스가 다시 한 번 독일 영토로 무모하게 돌진하여 독일에 '기꺼이 호의를' 베풀 가능성은 없다는 점을 깨달았기 때문이다. 그러나 프랑스는, 슐리펜이 여러 차례 강조했듯이, '거대한 요새'로서 국경과 내지가 요새화되어 있었고 특히 파리는 현대화된 방어시설로 둘러싸여 방비가 튼튼했다. 벨기에도 마찬가지로 방어시설을 구축했지만 프랑스 요새를 돌아갈 수 있는 우회로를 제공했다. 벨기에 군대는 시대를 막론하고 독일군을 막아내기에는 너무나 작았기 때문이다. 그러나 벨기에를 지나 파리로 가려면 진격 전선은 길어지고 좁아진다. 슐리펜이 도로망에 집착하고 플란데런을 지나 일드프랑스와 파리로 이어지는 통로를 찾았던 이유가 여기에 있다. 그 길을 따라가야 우익의 군단들은 신속히 움직여 동원일부터 6주라는 한정된 시간 안에 결정적 전장에 많은 병력을 투입할 수 있었다. 시간이 그보다 더 길어지면 러시아인들이 그 광대한 공간에서 모습을 드러내어 베를린 접근로를 봉쇄하라고 동부에 남겨둔 빈약한 병력을 괴멸시킬 것이었다.

이 꿈은 회오리바람이었다. 계산은 폭풍우가 사그라질 것임을 경고했다. 슐리펜은 1905년의 '대비망록'에서도 자신의 두려움을 언급했다. "그러므로 독일군의 우익이 최대한 신속하게 진격하는 것이 필수적이다." "군 지휘관들은 늘 경계하고 공격로를 적절히 분배해야 한다." 이는, 슐리펜이 인정한 바에 따르면, 훈련된 부대의 중간 정도 행군속도를 하루 20킬로미터로 잡을 때의 상황이었다.[36] 속도를 높이라거나 도로를 바꾸라고 명령해도 이 행군속도는 거의 변경할 수 없었다. 그다음은 주지하다시피 '공격력의 감퇴'로 이어졌다. "〔평시〕 현역병군단들은 전투에 대비하여 완전한 상태를 유지해야 하며 통신 선로 가설이나 공격용 참호 구축, 요새 공격의 임무에 투입되어서는 안 된다." 그렇지만 동시에 "군에 보급품을 공급하는 데 필요한 철도도 보호해야 한다.[37] 벨기에와 북서부 프랑스의 대도시들과 인구가 많은 지방을 점령해야 한다."[38] 그러한 임무들은 전투부대를 빨아들이는 스펀지와도 같았다. 그다음은 뜻하지 않은 사고가 이어졌다. "영국군이 상륙하여 진격한다면, 독일은 영국군을 저지하고 …… 물리칠 것이며 프랑스군에 대한 작전을 계속할 것이다." 그러한 지연 작전을 위한 시간 여유는 없었다. 그래서 이후의 수정안에는 1870년에 몰락한 후 심한 멸시를 받은 프랑스가 새로운 전투의지를 다질 위험이 있다는 지적이 들어 있다. "그자들은 공격 정신으로 충만해 있으므로 우리는 공격을 받지 않은 (프랑스군의) 일부가 공세적으로 진격하리라고 추정해야만 한다."[39] 이는 소모전, 다시 말해서 피와 철로써 싸워야 할 장기간의 전투라는 어두운 망령을 불러냈다. 어쨌든 그럴 위험은 존재했다. "만일 적이 거대한 회전 운동에 맞서 자기 땅을 사수한다면, 전 전선의 군단들은 포위 공격을 하듯이 곳곳에서 밤낮으로 적과 맞붙어 전

36. G. Ritter, p. 139

37. G. Ritter, p. 141

38. G. Ritter, p. 142

39. G. Ritter, p. 174

40. G. Ritter, p. 144

41. G. Ritter, p. 145

42. G. Ritter, p. 143

진하고 참호를 파고 또 전진하려 노력할 것이다." 그러한 전진이 가능하다고 해도, 독일군이 "극동의 전쟁에서(1904~1905년의 러일전쟁) 발생한 것과 같은 교착 상태"를 피한다고 해도, 프랑스는 '거대한 요새'로 더욱 깊숙이 웅거할지 모른다. "프랑스는" 그런 요새로 "보아 마땅하다."[40] "만일 프랑스가 우아즈 강과 엔 강을 포기하고 마른 강 뒤쪽이나 센Seine 강 뒤쪽으로 계속해서 후퇴한다면 …… 전쟁은 끝이 없을 것이다."[41]

'대비망록' 속의 절망적 언급은 이것으로 끝이 아니다. 다른 언급들도 존재한다. 슐리펜은 결정적인 지점에, 즉 거대한 회전 운동으로 벨기에와 북부 프랑스를 관통할 우익에 더 많은 군대를 배치하고자 했다. "한층 더 많은 병력을 조달해야 한다. 8개 군단은 마련해야 한다. …… 우리는 여전히 높은 인구밀도를 자랑하고 가용 인력은 막대하다. 그렇지만 이 인구로 낼 수 있는 최대한이 이미 훈련을 받았거나 무장하고 있다. …… 우익에 투입하거나 우익의 배후에 배치할 8개 군단이 가장 절실하다." 슐리펜은 육군 전력의 4분의 1에 해당하는 이 8개 군단을 예비군과 보충역Ersatz(훈련받지 않은 예비군)과 국방대(복무연한을 넘긴 예비군)로 창설하라고 재촉했다. 물론 슐리펜은 동료 장군들과 마찬가지로 신뢰할 수 없는 성분들을 모집하여 군대를 확대하는 것을 두려워했다. 절망적 언급의 강도는 더욱 심해졌다. "[8개 군단의] 얼마나 많은 병사들을 [우익으로] 보낼 수 있는지는 철도의 수용능력에 달렸다. …… [8개 군단은] 파리를 포위하는 데 필요하다. …… 이 군단들의 진격로와 진지 공격은 지도 3에 나타나 있다."[42]

'대비망록'을 주의 깊게 읽은 자라면 계획은 바로 이 점에서 실패로 돌아가리라는 사실을 깨달을 것이다. 지도 3에는 새로운 군단들이 진격하거나 슐리펜의 프랑스, '거대한 요새'의 중요한 거점인 파리를 공격할 방법이 전혀 보이지 않는다. 단순히 군단들이 보일 뿐, 파리와 그 외곽에 도달하는 경로는 전혀 표시되지 않았다. '철도의 수용능력'도 적절하지 않았다. 슐리펜 계획에서 철도는 벨기에와 프랑스에 면한 독일 국경까지만 공격군을 이동시키게 되어 있었기 때문이다. 이후로는 전방으로 이어진 도로망과 터벅터벅 걸음을 내딛는 보병의 군화가 진격속도를 결정하게 될 터였다. 슐리펜은 잘해야 하루 12마일 이동할 수 있으리라고 계산했다. 1914년 8월과 9월의 위기에서, 독일과 프랑스, 영국의 부대는 모두 그 속도를 뛰어넘었다. 때로는 그런 경우가 며칠 연이어 나타나기도 했다. 예를 들면 글로스터셔 연대Gloucestershire Regiment 1대대는 8월 24일에서 9월 5일까지 몽스Mons에서 마른 강까지 퇴각할 때 하루 평균 16.5마일을 이동했고 8월 27일과 28일에는 각각 23마일과 21마일을 주파했다. 슐리펜의 평균 이동거리도 그 성적에 크게 뒤처지지 않는다.[43] 거대한 회전 운동의 바깥 부분을 맡았던 알렉산더 폰 클루크Alexander Von Kluck[44] 부대는 1914년 8월 18일에서 9월 5일까지 하루 13마일 이상 걸어 260마일을 주파하는 성과를 냈다.[45] 계획의 성공을 매듭짓는 열쇠로 슐리펜에게 필요했던 '8개의 새로운 군단'이 결정적인 전투장소에 도달하기 위해서는 실상 더 빠르게, 더 많이 전진해야 했는데 그럴 가망성은 없었다. 게다가 기존의 군단이 이미 점령한 도로를 따라 행군해야 했기에 이는 완전히 불가능한 일이었다.

그러므로 '대비망록'의 저자가 원문에서 계획을 완수하기에는 "우리가 너무 약하다"라고 인정하고 수정안에서 "그렇게 연장된 전선에서 우리는 여전히 생각했던 것보다 더 많은 병력이 필요할 것이다"라고 인정해도 놀라운 일은 아니다.[46] 슐리펜은 논리적인 곤경에 처했다. 군대는 철도로 이동하여 거대한 회전 운동을 시작하고 벨기에와 프랑스의 도로를 따라 동원한 지 6주 만에 파리 근교에 도달할 예정이었다. 그러나 8개 군단 20만 명이 동반되지 않으면 결정적 전투를 승리로 이끌기에 필요한 병력을 확보하지 못할 상황인데, 그 군단들을 위한 공간이 존재하지 않았다. 번개같은 승리라는 슐리펜의 계획은

43. J. Edmonds, *Military Operations, France and Belgium, 1914,* Ⅰ, London, 1928, Appendix 31

44. 1846~1934. 개전 당시 제1군 사령관을 맡았다.—옮긴이

45. J. Edmonds, *1914,* Ⅰ, Sketch 5

46. G. Ritter, pp. 141, 178

본질적으로 결함을 지녔던 것이다.

그럼에도 이 계획은 훗날을 위해 보존되었다. 1866년과 1870년 전쟁을 승리로 이끈 자의 조카인 소小몰트케Moltke der Jüngere[47]는 1906년에 참모총장이 되었을 때 이 계획의 결점을 어설프게 수정했다. 슐리펜도 1913년 1월 4일에 죽기 전날까지도 수정을 계속했다. 두 사람 모두 내재적 난제를 해결하지 못했다. 몰트케는 흔히 슐리펜의 대규모 우익의 비율을 줄이고 독일군 배치 계획의 좌익을 강화함으로써 문제를 더욱 복잡하게 만들었다는 비난을 받지만, 이는 요점을 벗어난 얘기다. 몰트케의 참모부는 병력을 기차에 태워 국경의 배치지점까지 수송하는 데 필요한 시간을 지역에 따라 최소한 이틀에서 나흘까지 확실하게 단축했다.[48] 이 또한 전혀 요점이 아니었다. 철도에서는 계획을 세움으로써 수송속도를 빠르게 할 수 있었지만, 그 너머의 도로에서는 불가능했기 때문이다. 도로에서 행군속도는 하루 12마일이라는 불변의 평균값이 존재했다. 아무리 뛰어난 인사라도 그 이상을 계산해낼 수는 없었다. 몰트케와 참모부의 대응방법은 무시였다. 슐리펜 계획은 서류함에 보관되었다가 1914년 8월에 꺼내져 시행됨으로써 비참한 결과를 초래하게 된다.

그런데 1914년에 보관 중인 프랑스의 전쟁 계획인 제17계획Plan XVII이 독일을 '도와줄' 준비를 정확히 마쳤다. 슐리펜은 이를 예상하지 못했었다. 이 계획은 프랑스와 독일 사이의 국경을 정면으로 공격하여 로렌으로 진입하고 라인 강을 향해 진격하는 것이었다. 슐리펜의 평가에 따르면 프랑스로서는 가장 좋지 않은 계획이었다. 프랑스가 1880년대 이래로 그 영토를 보호한 요새들을 개선하고 연장하는 데 막대한 시간과 자금을 쏟아 부었듯이, 독일도 그러했기 때문이다. 1871년에 새로운 독일제국에 병합된 알자스와 로렌은 그 이전 200년 동안 프랑스가 튼튼한 요새로 만든 지역이었다. 독일제국의 통치를 받았을 때—알자스-로렌은 '제국' 영토로서 베를린이 직접 관할했다—프

47. 헬무트 요한 루트비히 폰 몰트케(Helmuth Johann Ludwig von Moltke). 1848~1916. 1906년에서 1914년까지 독일군 참모총장을 지냈다. 역시 참모총장을 지냈던 삼촌과 구분하기 위해 보통 소몰트케라고 부른다.—옮긴이

48. A. Bucholz, *Moltke, Schlieffen and Prussian War Planning*, N.Y., 1991, p. 267

랑스에서 독일로 들어가는 관문인 모젤Moselle 강가의 메츠Metz와 티옹빌Thionville 요새, 그리고 라인 강가의 스트라스부르Strassburg 요새는 많은 자금이 투입되어 현대화되었다. 슐리펜은 프랑스 최고사령부가 이 요새들을 공격하려는 계획을 그만두리라고 가정했다.

'대비망록'이 준비되던 시기에는 슐리펜의 짐작이 옳았다. 1898년에 완성된 프랑스의 제14계획은 독일과 전쟁을 벌일 경우 양국 사이의 국경선을 방어하겠다고 단언했다. 병력 불균형 때문에 프랑스가 공격하는 일은 불가능하다고 생각되었다. 4,000만 명에서 정체된 프랑스 인구는 이미 5,000만 명을 넘어 빠르게 증가하고 있는 독일 인구에 맞설 수 없었다. 게다가 독일은 위기가 발생할 때 예비군을 편입시켜 신속하게 군을 확대할 수 있는 능력을 증명했으므로, 프랑스 최고사령부는 위협을 느꼈다. 프랑스의 예비군 제도는 시간이 더 지나야 제대로 작동하게 된다. 제14계획에서 별도의 예비군에 부여된 역할은 없었으며, 1903년의 제15계획에서도 예비군은 종속적인 역할만 얻었다.

예비군 문제는 20세기의 첫 10년 내내 프랑스 군부를 괴롭혔다. 독일의 장군들이 어떻게 하면 선택한 전장으로 병력을 가장 빠르게 수송할 것인가라는 난제와 씨름했다면, 프랑스는 과연 충분한 병력을 모을 수 있는가라는 문제로 번민했다. 프랑스의 모든 젊은이에게 단 1명의 면제도 없이 2년간의 병역을 부과한 1905년의 징병법을 통해 '현역복무' 군대나 평시 군대의 규모를 확대함으로써 어려움을 덜 수 있었다. 징병법은 프랑스 군대의 평시 규모를 독일이 벨기에를 통해 전개하려던 병력보다 더 크게 만들었고, 이 때문에 예비군 문제가 다시 제기되었다. 평시 군대의 규모가 국경선의 독일군보다 훨씬 많다고 해도 전선이 확대될 경우 신속히 예비군을 편성해야 할 필요성은 여전히 남아 있었다. 1907년에 제15계획은 또다시 프랑스 병력을 남부 벨기에에 대면하여 집중시킬 것을 허용했으며, 2년 후 제16계획은 예비군의 편입에 의존하여 그 지역의 집결 병력을 확대했다. 그렇지만 최고사령부는 여전히 새로운 조치들로 예비군이 제대로 쓰일 것이라고는 믿지 못했다. 1911년, 대규모 예비군으로 보강된 독일군이 벨기에를 통해 대대적인 공격을 가하리라는 공포가 심해지고 있었으며, 새로운 프랑스군 참모총장 빅토르 미셸Victor Michel은 제14계획에서 제16계획까지의 전략에서 근본적으로 벗어나자고 제안했다. 모든 가용한 자원은 현역복무 부대에 융합되어야 했고, 군대는 동원되자마자 스위스에서 북해에 이르는 프랑스 국경 전체에 전개되어야 했다.[49]

미셸의 계획은, 비록 자신은 알지 못했지만, 슐리펜의 계획을 반영했다. 슐리펜의 '강력한 우익'을 정면으로 맞닥뜨릴 북부 벨기에 공격을 제안하기도 했다. 완전히 다른 계획이었던 1914년의 프랑스 전쟁계획으로 초래될 결과보다는 확실히 더 나쁘지 않았겠지만 어떤 결과가 초래될지 예상할 수 없었을 것이다. 불운하게도 미셸은 동료들이 좋아하는 정책을 갖지 못한 '공화파' 장군으로, 군부 내에서 고립된 인물이었다. 미셸은 곧 새로운 우파 정부에 의해 자리에서 쫓겨났다. 1913년 4월에 발효된 제17계획은 미셸의 계획을 뒤집었다. 예비군을 현역군부대에 통합하는 일은 무시되었다. 북쪽 바다를 향해 배치되는 병력은 삭감되었고, 북부 벨기에를 관통하여 진격하는 독일군의 위협을 남부 벨기에의 반대편 진지에서 상대하는 임무는 왼편의 제5군에 맡겼다. 가장 중요한 것은 국경에서 벌일 작전이 공격전으로 계획되었다는 사실이다. 제17계획은 이렇게 제시했다. "상황이 어떠하든 간에 최고사령관의 의도는 전력을 다해 독일군을 향해 진격하는 것이다." 이는 로렌 공격을 의미했다. 슐리펜은 프랑스가 그런 '도움'을 주리라고는 생각하지 않았었다.[50]

미셸의 후임자 조세프 조프르의 발상인 제17계획이 채택된 데는 몇 가지 이유가 있다. 하나는 정보부가 독일이 진정 위험을 무릅쓰고 북부 벨기에를 통한 공격처럼 전략적으로 문제가 많고 외교적으로 비난받을 만한 행동을 하리라고는 확신하지 못했기 때문이다. 당대

49. A. Gat, *The Development of Military Thought*, 2, Oxford, 1992, pp. 153~157

50. Etat-major de L'armée, Les armées françaises dans la grande guerre, Paris, 1922, 1, i, annexes, p. 21

의 모든 전쟁 계획은 엄격한 비밀이었으므로—그리고 프랑스 제2(정보)국이 편협하게도 단서들을 인정하지 않았기에—그러한 정보는 쉽사리 습득할 수 없었다.[51] 독일이 1905년에 제정된 프랑스의 2년법에 보인 반응으로 초래된 근심도 또 다른 이유였다. 독일은 1911년에서 1913년까지 징병법을 통과시켜 평시 군대의 규모를 크게 확대했다.[52] 예비군을 동원하여 배치할 수 있는 독일의 능력은 이미 알려진 것이고 거기에 이런 조치들이 더해짐으로써, 어느 쪽의 예비군이든 투입되기 전에 프랑스 평시 전력을 최대한 강력하게 이용해야 한다는 생각이 힘을 얻었다. 이는 공격, 다시 말해서 독일군이 방어를 해야만 하는 곳, 독일군을 쉽게 발견할 수 있는 곳에 대한 공격을 의미했다. 그런 지점은 양국 사이의 국경선 바로 너머였다. 게다가 프랑스는 독일의 1911~1913년 징병법에 대응하여 복무기간을 3년으로 연장하는 또 다른 법을 제정했다. 1913년의 3년법은 독일군이 프랑스군보다 점점 더 우월해지는 상황을 막을 수는 없었지만 프랑스의 평시 군대 규모를 늘린 것만은 분명하다. 동시에 당연하게도 예비군의 규모를 축소시켰으므로 전쟁이 발발했을 때 즉각 공격에 나서야 한다는 논거를 강화했다. 제17계획을 채택한 마지막 이유는 프랑스와 그 협력국가 사이의 관계 발전에 있었다. 1905년 이래로 영국과 프랑스의 참모부는 비밀협의를 진행했다. 1911년이면 벨기에의 중립을 보장한 1839년의 영국-프랑스-프로이센 조약을 독일이 위반하는 경우에 영국원정군을 프랑스의 좌측에 파견한다는 약속이 확고해졌다. '벨기에 문제'를 해결하지는 못했어도 완화한 약속이었다. 양국은 더 많은 것을 바랐다. 독일이 위협을 가하면 벨기에가 어느 한 나라나 두 나라 모두에 자국 영토에 군대를 진주하도록 허용하기를 원했던 것이다. 벨기에의 참모부는 두 나라를 모두 거부했지만—프랑스가 퇴짜를 맞은 것도 제17계획을 채택하게 된 추가 이유였다—프랑스는 영국의 지원 약속으로 위안을 얻었다. 두 나라는 공식적인 조약의 구속을 받

51. S. Williamson, 'Joffre Reshapes French Strategy' in Kennedy, p. 145

52. A. Gat, p. 155

53. S. Williamson in Kennedy, p. 147

54. S. Williamson in Kennedy, p. 147

지 않았지만, 프랑스 장군들은 "〔양국〕 참모부가 합의하면 조치가 뒤따른다"라는 사실을 알게 되었다.[53]

프랑스 장군들은 독일과 전쟁을 벌이게 될 경우, 초기에 러시아가 프랑스에 필요한 지원을 해줄 수만 있다면 공세적인 제17계획은 불가결하다고 믿었는데, 그 이유는 정확히 "(실상 동맹국인) 프랑스와 러시아의 전문가들이 하나의 계획에 동의하는 일이 흔한 경우는 아니었기" 때문이다.[54] 러시아의 전략적 난제는 프랑스의 난제와 비슷하면서도 달랐다. 러시아도 프랑스처럼 위기가 찾아왔을 때 독일보다 빠르게 예비군을 동원할 수 없었다. 그러므로 러시아의 초기 작전도 현역군부대로 개시해야 했다. 그러나 프랑스는 단순히 평시 군대에 예비군을 통합하는 계획을 만족스럽게 수립하지 못했을 뿐이지만, 러시아의 병력 증강에 내재한 문제는 조직적이기보다는 지리적인 것이었다. 그 난제는 러시아 내 인구 중심지들 사이의 거리가 멀고 또 그 중심지들에서 독일 국경에 이르는 거리가 멀다는 사실이었다. 그 때문에 전선에 병력을 배치하는 일이 지체되었다. 그러나 그 먼 거리는 러시아에 이롭게 작용하기도 했다. 공간의 크기는 전쟁의 급박한 상황에서 일종의 시간이었기 때문이다. 러시아를 동원 단계에서 눌러버릴 수는 없었다. 러시아는 초기의 영토 상실을 수용하면서 그동안 군대를 모집했는데, 이는 프랑스로서는 불가능한 일이었다. 프랑스는 그 점을 쓰라리게 인식하고 있었다. 그래서 제17계획은 정당성을 확보한다. 즉, 계획이 유발하기로 되어 있던 대규모 전투가 동부에서 시간을 벌어줄 것이기 때문이었다. 또한, 프랑스가 전쟁 초기에 그 전쟁이 생사를 건 투쟁이라는 점을 러시아에 납득시킬 필요가 있었기 때문이었다. 위기가 크고 빠를수록 프랑스에 다가오는 위험은 더 컸고 뒤이어 러시아에 위협이 가해지는 속도도 빨랐으며, 따라서 러시아가 신속히 진격하여 프랑스를 지원해야 할 필요성도 더욱 절박했다.

그러나 러시아는 꾸물거리기로 유명했다. 프랑스 장군들은 당연히 격분했다. 정식 동맹국이 아니었는데도 확신을 심어준 영국과는 대조적으로 러시아의 장군들은 무언가를 숨기고 능률적이지도 않았으며, 설상가상 확실한 언질을 주지 않았다. "1911년 이전에 러시아는 프랑스가 계속 압력을 가했는데도 구체적으로 날짜를 밝히지 않은 채 동원 20일째 되는 날까지 공격에 나서겠다고 할 뿐 그 이상은 약속하지 않았다. 1910년 말에 상트페테르부르크에서 러시아령 폴란드에 있던 몇몇 부대를 철수시키고, 포츠담에서 차르와 카이저가 만나면서, 이 최소한의 기대마저도 무너졌다." 깜짝 놀란 조프르는 1910년 8월에 새로운 참모부 회담을 요청하여 러시아의 전쟁장관 블라디미르 수호믈리노프Vladimir Sukhomlinov[55] 장군으로부터 러시아군이 "서부전선에 투입될 수도 있는 독일 군단을 적어도 대여섯 개 묶어두고자 16일째 되는 날에 모종의 공세를 취할" 것이라는 보장을 얻어냈다. 보장은 여전히 구두약속일 뿐이었다. 프랑스는 러시아가 언행일치를 보이리라는 보장을 문서로 받지 못했으며, 러시아가 취하려는 조치가 무엇인지에 관해서도 분명한 인상을 얻지 못했다.[56]

전적으로 러시아만 비난할 수는 없었다. 20세기의 첫 10년은 러시아로서는 국내에서 혁명을 겪고 극동에서 일본에 패한 시련의 시절이었다. 국가는 전쟁으로 가난해졌고 군대는 패배로 혼란스러웠다. 1906년에서 1909년 사이라면 슐리펜 계획이 유효했을 것이다. 충돌이 빚어졌다면 러시아는 기껏해야 전략적 방어자세를 고수하려 했을 것이고, 이런 태도는 프랑스에 아무런 도움도 주지 못했을 것이기 때문이다. 1909년이 되면 러시아는 동원계획 제18호를 수립할 만큼 회복되었다. 제18호는 비록 예비군을 집결시키고 주된 위협이 독일인지 아니면 오스트리아인지 확인한 다음의 일이었지만 적어도 공격한다는 조항은 담고 있었다. 1910년 6월, 러시아 참모부는 한층 더 적극적인 태도를 취했다. 동원계획 제19호는 독일이 주적이라는 점을 인정했다. 나아가 러시아령 폴란드의 대부분을 적에게 넘겨줄 작정이었다.

55. 1848~1926. 1908년에서 1909년까지 참모총장, 1915년까지 전쟁장관을 지냈다.—옮긴이

56. S. Williamson in Kennedy, p. 135

이에 오랫동안 오스트리아와 교전하는 역할을 떠맡았던 서부지구 사령관들은 격분했다. 참모본부 내에서는 작전상 가능한 것, 동남부유럽에서 러시아의 전통적인 방침을 유지할 경우 초래될 결과, 프랑스 동맹으로 치러야 할 대가의 상대적 중요성을 두고 토론이 계속되었다. 결과는 일종의 타협안으로 계획 제19호의 변형A와 변형B였다. A는 오스트리아를, B는 독일을 겨냥하여 주력을 투입하는 것이었다.[57]

변형A는, 만일 프랑스가 그 계획을 알았다면, 프랑스의 최악의 두려움을 확인시켰을 것이다. 다행스럽게도 프랑스는 러시아 참모본부가 계획 제19호의 두 가지 변형을 완성했던 1912년 8월에 러시아군 참모총장 야코브 질린스키Yakov Zhilinsky[58]로부터 러시아군이 'M+15 이후', 즉 동원일로부터 15일째 되는 날에 최소한 평시 전력의 절반인 80만 병력으로 독일을 공격하겠다는 약속을 끌어낼 수 있었다.[59] 1913년 9월의 러시아-프랑스 군사조약 제3조에 등장하는 그 약속은—M+15 '이후'가 아니라 '그날'—구체적이었다. 러시아가 이처럼 갑자기 동맹국에 성심껏 신의를 보여준 까닭에 대해서는 이제까지 여러 가지 설명이 나왔다. 한 가지는 1913년이면 러시아 군대가 일본에 패배하여 혼란에 빠졌던 상황에서 어느 정도 회복되었다는 것이다. 그래서 새로운 지출 계획인 수호믈리노프의 '거대한 계획'은 4년 내에 긍정적 개선과 실제적 팽창의 달성을 약속했다. 또 다른 이유로 정보의 오인이라는 견해가 있다. 1913년에 러시아는 '고정간첩'인 오스트리아 대령 알프레트 레들Alfred Redl[60]을 매수하여 군 동원 계획을 입수했는데, 이 계획은 변형A에서 예견될 수 있는 위험을 최소화하는 듯했다. "러시아의 행태를 설명하는 셋째 이유는 〔프랑스〕 동맹의 중요성이었다. …… 만일 프랑스가 쉽사리 독일에 무너진다면, 러시아가 독일과 오스트리아-헝가리의 연합세력에 맞서 싸울 수 있다고 자신하지 못할 것이다. …… 러시아와 프랑스는 흥하든 망하든 함께 할 것이며 …… 러시아는 M+15에 공격 작전에 나서는 것까지도 포함하여 의무를 최

57. L. Sayder, *The Ideology of the Offensive*, Ithaca, 1984, p. 182

58. 1853~1918. 1911년에서 1914년까지 참모총장을 지냈다.—옮긴이

59. B. Menning, *Bayonets Before Bullets: The Russian Imperial Army, 1861~1914*, Bloomington, 1992, p. 245

60. 1864~1913. 1903년에서 1913년까지 러시아의 첩자였다.—옮긴이

대한으로 이행하기 위해 분투해야 한다." 마지막으로 러시아의 장군들이 이기적이지만 안전한 방어전이 아니라 공격전이 초래할 위험을 갑자기 무시했다는 견해가 있다. 그러나 러시아가 독일이나 프랑스와 다른 점이 있다면, 단지 도박의 결정이 늦었다는 점뿐이다.[61]

러시아가 1906년에서 1914년 사이에 발빼과 지연으로 프랑스를 불안하게 했다면, 오스트리아도 동맹국 독일을 불안하게 만들었다. 독일에 중부유럽의 패권을 넘겨준 1866년 전쟁에서 서로 적이었던 두 나라는 1882년에 분쟁을 끝냈다.[62] 그러나 그때 체결된 동맹은 군사조약을 포함하지 않았다. 독일의 총리 비스마르크는 슬기롭게도 오스트리아의 잡다한 대내외적 곤경에 말려드는 위험을 피했다. 오스만튀르크제국과의 적대가 가장 오랜 난제였고, 상실한 베네치아를 두고 이탈리아와 다투었던 일은 최근에야 덮였으며, 소수민족들이 거주하고 있는 합스부르크왕국의 땅에서 세르비아와 루마니아의 의도는 더욱 강해지고 있었다. 그렇지만 양국 참모본부는 각각의 전략을 비공식적으로 탐구했다. 오스트리아는 이중전선의 전쟁이 발발할 경우 독일이 프랑스에 대해서는 방어하고 러시아를 공격할 작정이라는 것을 알았다. 독일은 오스트리아가 러시아령 폴란드를 공격하리라는 것을 알고 만족했다. 거기까지였다. 오스트리아 참모부는 새로이 집무를 시작하는 슐리펜이 '말이 없고' '전혀 도와주지 않는' 사람임을 깨달았다.[63] 슐리펜이 은퇴하고 난 뒤인 1909년 1월에야 생산적인 협상이 시작되었다.

독일군 참모총장 소몰트케는 자신이 무엇을 원하는지 알고 있었다. 슐리펜 계획은 서랍 속에 보관되어 있었다. 슐리펜 계획은 오스트리아에 러시아령 폴란드에 대해 최대한의 병력을 가장 신속하게 전개할 것을 요구했다. 그러나 회담의 주도권은 오스트리아의 콘라트 폰 회첸도르프Conrad von Hötzendorf[64]가 쥐고 있었다. 회첸도르프는 당시 러시아뿐만 아니라 피후견국인 세르비아와도 싸워야 할 전쟁의 위협에

61. B. Menning, pp. 247~248

62. 1882년에 독일, 오스트리아-헝가리, 이탈리아 사이의 삼국동맹이 성립되었다.—옮긴이

63. N. Stone in Kennedy, p. 224

64. 1852~1925. 오스트리아-헝가리의 군사전략가. 1906년과 1912년 두 차례에 걸쳐 참모총장을 지냈다.—옮긴이

🅰 콘라트 폰 회첸도르프

걱정하고 있었다. 다른 두려움도 존재했다. 이탈리아는 믿을 만한 동맹국이 아니었고 루마니아도 마찬가지였다. 회첸도르프는 같은 편의 조합과 우발적 사건들이 오스트리아에 유리하지 않다고 보았다. 가능성이 있는 최악의 우발적 사태는 세르비아가 오스트리아-헝가리에 맞서 전쟁을 도발하고 합스부르크왕국 군대가 주요 병력을 북쪽의 폴란드가 아니라 남쪽의 다뉴브 강이라는 잘못된 방향으로 배치한 뒤 러시아가 개입하는 것이었다. 회첸도르프가 제시한 해결책은 동원 국면에서 군대를 셋으로 분할하는 것이었다. 10개 사단으로 구성된 발칸 최소집단군Minimalgruppe Balkan으로 세르비아에 맞서게 하고, 30개 사단의 A제대Staffel-A는 폴란드 현장을 맡게 하고, 12개 사단의 B제대Staffel-B는 필요한 대로 양쪽을 강화할 '이동'군으로 사용할 작정이었다.

이 계획으로 아무것도 얻지 못한 몰트케는 1월 21일에 콘라트의 조건을 개선하기 위해 편지를 썼다. 몰트케는 오스트리아가 이탈리아나 루마니아의 어리석은 행태를 근심할 필요가 없다고 무시하면서 러시아의 총동원 전에 서쪽의 전쟁이 끝날 것이고 그러면 독일은 동쪽으로 많은 군대를 보낼 수 있으리라고 콘라트를 안심시켰다. 그러나 몰트케는 자신만의 이중전선 전쟁 계획을 지니고 있었기에 일정표를 제시하지는 않았고, 이 때문에 콘라트는 불안해했다. 1월 26일에 콘라트는 동원 후 50일이 지나기까지는 발칸 최소집단군의 폴란드 이동을 기대하지 말라고 몰트케에게 경고했다. 독일은 40일 안에 지원군을 파견한다고 보장할 수 있는가? 만일 그렇지 않다면 콘라트는 폴란드에서 방어를 고수하고 전면적인 공격으로 세르비아를 파괴하는 편이 더 나을 것이었다. 세르비아의 몰락은 콘라트가 진정 바라던 바였다. 많은 오스트리아 독일인처럼 콘라트도 작은 슬라브족 왕국을 몹시 싫어했다. 단지 세르비아가 발칸지역에 대한 오스트리아의 비공식적 통치권을 의당 존중하지 못했기 때문만이 아니라 합스부르크제국 내의 반체제 세르비아인들을 유인하는 자석이었기 때문이기도 했다.

세르비아에 대한 승리는 다른 슬라브인 소수민족들과 관계된 오스트리아의 전반적인 근심을 해결하는 가장 확실한 방법으로 보였다.

몰트케는 보장과 무시를 뒤섞어 답장했다. 프랑스는 독일군의 증강을 4주 이상 늦출 수 없을 것이며—오스트리아가 상세한 내용을 몰랐던 슐리펜 계획에는 6주로 계산되어 있었다—따라서 오스트리아가 폴란드에서 러시아를 공격하는 것은 필수적일 뿐만 아니라 아주 안전했다. 그리고 오스트리아가 세르비아 전쟁에 전념한다고 해도 독일이 오스트리아를 저버리는 일은 없을 것이었다. 세르비아에 관해서 말하자면, 문제는 "당연히 오스트리아에 이롭게 저절로 해결될 것이다." 콘라트는 이렇게 적었다. "물론 그렇다. 그러나 이미 세르비아에서 완전히 묶여버렸다면 나는 무엇을 해야 하는가?"[65] 오스트리아군은 세르비아군보다 6개에서 10개 사단 정도 수적으로 우세했다. 이는 보통 승리에 필요하다고 여겨진 차이보다도 두 배였다. 그랬기에 콘라트가 소심하다는 평가를 받았을 수도 있다. 콘라트가 발칸 최소집단군만 전투에 보낸다고 해도 세르비아가 오스트리아 군대를 물리칠 수는 없을 것이었다. 몰트케는 다른 무엇보다 러시아도 2개의 전선—독일이 일시적으로 약한 상태에 있을 폴란드 서부전선과 몰트케 자신이 오스트리아군이 강력히 공격하기를 바랐던 폴란드 남부전선—에서 싸워야만 하도록 상황을 꾸미고자 했기에, 콘라트의 발뺌에 초조했지만 이를 억누르고 거의 편지를 받자마자 오스트리아가 공격할 때 합세하겠다고 답장을 보냈다. "나는 오스트리아의 공세를 동시에 지원하기 위해 공격을 주저하지 않을 것이다."[66] 이는 몰트케가 해서는 안 될 약속이었고 분명 이행할 수도 없는 약속이었다. 실제로 슐리펜 계획은 서부전선에서 큰 전투가 벌어지는 동안 동프로이센에 남은 소수의 독일군이 방어 태세를 고수해야 한다고 규정했다. 그렇지만 몰트케는 선의로 약속을 했으며, 그 약속을 제시한 1909년 3월 19일자 편지는 이후 몇 년간 두 동맹국 사이의 협약이었다. 그 편지는

65. N. Stone in Kennedy, p. 228

66. N. Stone in Kennedy, p. 223

1910년 11월에 호전성 때문에 면직된 콘라트가 1년여 뒤 재임명될 때 서류철에 여전히 들어 있었다. 1914년 5월, 콘라트와 몰트케가 카를스바트 휴양지에서 전쟁 이전의 마지막 회담을 가졌을 때, 독일의 참모총장은 동부전선에서 추가 병력의 지원 약속을 요구하는 오스트리아에 모호한 보장으로 답했다. "나는 할 수 있는 일을 할 것이다. 우리는 프랑스보다 우세하지 않다."[67] 서랍 속에 들어 있던 슐리펜의 계획은, 북부 프랑스의 지도 위에 '강한 우익'을 그려놓았듯이, 다른 방법을 주장하고 있었지만, 몰트케는 오스트리아가 더욱 확고한 의지를 보여주고 러시아의 힘이 더 약해지리라 기대했다.

67. G. Tunstall, *Planning For War Against Russia and Serbia: Austro-Hungarian and German Military Strategies, 1871~1914*, N.Y., 1993, p. 138

몰트케가 예상하지 못한 것은 영국의 개입이었다. 슐리펜의 '대비망록'은 그 가능성을 넌지시 비추고 있다. 1906년 2월에 작성한 부록에서 영국군의 유입을 논의하고 있으나, 안트베르펀Antwerpen이나 독일의 북해 연안에 상륙하는 데 그칠 것이라고 추정했다. 영국군이 프랑스 전선에 투입되어 독일군의 벨기에 진격을 저지하리라는 판단은 존재하지 않았다. 1904년 4월 영불 화친협정Entente Cordiale[68] 체결로 열린 프랑스와 영국의 군사회담은 '대비망록'이 완성된 1905년 12월에 시작되었기 때문에, 슐리펜은 양국의 군사회담 징후를 알지 못했다. 게다가 영국은 프랑스와 회담을 진행하던 중에도 대륙 일에 간섭해야 할 경우 자국 군대로 무엇을 해야 하는지에 관하여 여전히 두 가지 생각을 갖고 있었다. 실제로 육군과 해군의 합동 작전 가능성이 있었다. 이 작전은 영국 해군으로 독일 대양함대Hochseeflotte를 자극하여 도전에 나서게 하는 방편으로 지지를 받았다.[69] 이 작전은 다른 한편으로는 '견제 전략'이었다. 군 내부의 일반적인 분위기는 결정적인 지점에 '집중하는 전략'을 요구했다. 결정적인 지점은 독일이 공격자인 전쟁이라면 프랑스가 될 것이었다. 또한 영국의 참모본부는 점진적인 단계를 거쳐 영국원정군을 파견하기로 프랑스와 합의했는데 그 파견장소도 프랑스에 있었다. 1906년 4월, 영국 제국방위위원회는 저지대 국가들

68. 영국과 프랑스의 오랜 적대관계를 청산한 협정. 아프리카에 있는 식민지에 대한 양국의 지배권을 인정했으며, 독일의 압력에 공동대응하기로 했다.—옮긴이

69. D. Herrmann, *The Arming of Europe and the Making of the First World War*, Princeton, 1996, p. 156

로 직접 군대를 파견하는 계획을 세웠다. 이후 5년의 시간이 흘렀다. 벨기에가 영국군의 진주를 받아들이려 하지 않았고 프랑스가 설득력 있는 전쟁 계획을 수립할 능력이 없었기 때문이다. 모든 것은 1911년에 조프르가 프랑스 참모총장에 임명되고 헨리 윌슨Henry Wilson[70]이 군사작전과장으로 임명되면서 바뀌었다. 조프르는 만만찮은 인물이었고 윌슨은 정력적이었다. 11월에 두 사람이 파리에서 처음 만났을 때, 조프르는 제17계획의 대강을 털어놓았다.[71] 윌슨은 이미 8월에 비록 작은 규모지만 영국원정군을 가장 잘 활용할 수 있는 방법을 제국방위위원회에 제시했다. 해군에 대한 투자와 징병의 지속적인 부결로 국내 육군이 겨우 6개 사단밖에 되지 않았기에 원정군의 규모는 작을 수밖에 없었다. 그 6개 사단을 독일의 우익에 맞선 작전에 투입하면 독일은 이를 상대하기 위해 전력의 일부를 돌릴 것이므로 상황이 바뀔지도 모를 일이었다. 윌슨은 이렇게 주장했다. "독일이 결정적인 지점에서 더 많은 병력을 떼어내 파견할수록 프랑스와 우리에게는 더 좋다." 윌슨은 원정군을 영국해협 건너편으로 가장 빠르고 효과적으로 수송할 수 있는 방법을 상세하게 수립하는 데 착수했다. 여기에는 해군의 적극적인 협력이 필요했다. 해군은 신속하게 작전을 지원한 후 독일 함대를 결정적인 전투로 유인해내는 데 집중할 수 있을 터였다. 그럼에도 영국은 신중했다. 윌슨은 열렬한 친프랑스 인사였지만 1914년 8월까지도 원정군이 어느 곳으로 출전할지 프랑스에 구체적인 정보를 제공하지 않았다. 반면 프랑스는 1912년 11월에야 외무장관 에드워드 그레이 경으로부터 공동 작전에 대한 언질을 얻었다.[72] 서한에는 이렇게 적혀 있었다. "양국의 어느 정부라도 제3국을 도발하지 않았는데 그로부터 공격받거나 전반적인 평화가 위협받을 수 있다고 예상할 만한 중대한 이유가 있는 경우, 그 정부는 공격을 예방하고 평화를 유지하기 위해 양국 정부가 어떻게 행동해야 하는지 그리고 어떤 공동조치를 취해야 하는지 다른 정부와 즉시 논의해야 한다.

70. 1864~1922. 프랑스군 연락장교로 전쟁에 참여했고, 1915년 12월에서 1916년까지 프랑스에서 제4군단을 지휘했다. 1918년 2월에 참모총장이 되었고 1919년에 원수로 진급했다. 1922년 런던에서 아일랜드공화국군(IRA) 암살범의 총탄에 사망했다.—옮긴이

71. J. Gooch, 'Italy During the First World War' in A. Millett and W. Murray, *Military Effectiveness*, Ⅰ, Boston, 1988, p. 294

72. D. Herrmann, p. 176

이런 방책에 공동행동이 포함된다면, 양국 참모본부의 계획이 동시에 고려될 것이며, 양국 정부는 그 계획들을 어떻게 시행할지 결정해야 한다." 경제력의 약화와 독일 해군력의 강화로 많은 위험이 초래되었는데도 영국은 여전히 찬란한 고립이라는 원칙에 기대어 동맹에 구속되기를 주저했다.

물론 영국은 호사스럽게도 대륙 국가들이 갖지 못했던 대안을, 즉 원하는 대로 "전쟁에 깊이 참여하거나 조금만 참여하는 것" 사이에서 선택할 수 있었다. 해상강국의 이점에 관한 프랜시스 베이컨의 대요[73]는 16세기나 20세기나 똑같이 진실이었다. 프랑스와 독일, 러시아와 오스트리아는 바다로 된 국경선에 의해 보호받는 혜택을 누리지 못했다. 기껏해야 강이나 산으로 갈라졌고 최악의 경우는 지도 위에 그어진 금 이외에는 사실상 아무것도 없었기에, 이 나라들의 안보는 육군에 맡겨졌다. 그래서 이들은 서로 껄끄러운 관계였다. 이러한 상황은 60년 뒤 핵무기 보유 강대국들을 얽어맸던 상황과 닮았다. "사용하라. 그렇지 않으면 잃어버릴 것이다." 이는 미사일 전략의 규범이 되었다. 위기에 사용하지 않은 미사일은 적의 첫 번째 타격에 산산이 부서질 것이기 때문이다. 시간이 허용할 때 공격하지 않은 군대는 동원 중에 괴멸될 수 있었다. 동원을 완료한 후라도 공격에 실패하면 계획이 탄로나고 그토록 고생하며 내놓은 전쟁 계획의 이점도 사라진다. 그런 위험을 가장 뼈저리게 느낀 나라는 독일이었다. 독일은 병력수송 열차가 하차지점에 병사들을 토해낸 즉시 공격에 나서지 못한다면 서부전선과 동부전선으로 병력을 불균등하게 분배한 일은 쓸데없는 짓이 되고 벨기에에 병력을 집중한 것은 더욱 헛된 일이 될 터였다. 슐리펜 계획의 실체가 드러날 것이고, 그러면 프랑스는 제17계획의 위험에서 벗어날 시간을 벌 것이며, 러시아는 압도적인 병력으로 동프로이센을 침공할 동기를 얻을 것이고, 오스트리아는 중부유럽의 안전을 보장한다는 원하지 않는 부담을 떠안게 될 것이었다.

73. "바다를 호령하는 자는 큰 행동의 자유를 얻으며 전쟁에 깊이 참여하든 전쟁에서 빠지든 원하는 대로 할 수 있다." 『수상록』 중에서 —옮긴이

유럽의 강국들 사이에 상설 협상 수단이 존재했다면 서랍 속에 보관되어 있던 전쟁 계획들이 당장에 사용될 수 있는 위험은 사라졌을 것이다. 60년 후 핵전쟁 계획은 자살 행위와도 같은 위험을 내포했기에 초강대국들은 비록 왕들과 황제들이 다스리던 유럽에서 전례를 찾을 수 없던 이데올로기적 차이로 분열되었어도 정기적인 정상회담을 개최하고 모스크바와 워싱턴 사이에 '긴급직통전화hotline'을 개설하는 등의 수단을 찾아야 했다. 1914년 이전에는 기술적 제약으로 즉각적이고 빈번하게 통신할 수 없었지만, 그러한 결여보다 더 중요했던 것은 방법을 찾으려는 마음의 부재였다. 그러한 분위기는 지난 시절의 품위 있는 행보를 고수했던 외교방식뿐만 아니라 정부 내에서도 찾아볼 수 없었다. 군의 사령관들과 외교관들, 정치인들이 함께 모인 영국 제국방위위원회는 유례없는 기구였지만 동시에 불완전했다. 상급기관임을 끈질기게 주장했던 해군이 자체의 협의기구를 두었기 때문이다. 프랑스 육군은 임시변통의 성격이 더 강한 최고전쟁위원회에서 똑같이 처신했다. 왕정국가인 독일과 러시아, 오스트리아에서는 군주가 명목상의 최고사령관인 동시에 실제로도 최고사령관이었으며 군 제도의 각 기관은 군주에 직접 책임을 졌기에 기관들 사이의 의사소통은 비밀과 시기로 봉쇄되었다. 이러한 체제는 불운하게도 독일에서 가장 극단적인 형태를 띠었다. 그곳에서는

> [계획과 정책의] 평가가 카이저 한 사람에게 집중되는 것을 …… 교정하는 정부 내 절차가 존재하지 않았다. 거의 50명이 카이저를 직접 대면했지만, 그 사람들의 견해를 토의하고 조정하거나 각자가 지닌 별개의 중요한 정보를 공유할 일상적인 통로는 없었다. 그 목적을 위해 설치된 정규 위원회도 없었다. 전쟁 계획에 관한 정보조차도 일급비밀이었고 알아야 할 필요가 있는 사람들에게만 제한되었다. 참모본부와 전쟁부, 군사 소내각, 해군본부, 해군 참모부, 외무부 사이에 정보가 교환되지 않았다.[74]

74. A. Bucholz, p. 309

⬆ 1915년 9월, 바르샤바에서 철십자훈장을 수여하는 카이저

마치 60년 후에 미국 전략공군사령부Strategic Air Command[75]가 국방부나 해군, 육군과 관계없이 자유롭게 대러시아 핵전쟁 계획을 수립하고 대통령에게 스스로 적절하다고 판단하는 대로 그 계획의 상세한 부분을 정부 내에 회람시킨 것과 같다. 그렇지만 노련한 정치가들 중에서 경쟁을 통해 선출된 대통령이라면 제도에 질서를 부여할 수 있었을 것이다. 하지만 1904년 이후 세세한 군사 문제에 점차 관심을 보이지 않았던 세습군주가 그렇게 할 가능성은 없었다.[76] 실제로 카이저는 그렇게 하지 못했다. 1914년의 위기에 카이저는 슐리펜 계획의 돌이킬 수 없는 진행을 제어할 수 있는 유일한 인물이었지만 자신이 통제해야 했던 기구를 이해하지 못한다는 사실만 깨닫고 공황에 빠져 종이 한 장이 사건을 결정하도록 내버려두었다.

75. 냉전기, 미국의 핵전략 정책을 주관한 부서. 소비에트연방의 해체 이후 1992년 6월 폐지되고, 현재는 미국 전략사령부에서 핵전략 정책을 담당하고 있다.—옮긴이

76. A. Bucholz, p. 285

3 장

1914년의 위기

THE FIRST WORLD WAR

3 | 1914년의 위기

1914년 유럽의 일반적인 상황에서 어떤 위기든 현명한 외교로 해결되지 않는다면 비밀 계획의 존재 때문에 전면전으로 이어질 수밖에 없었다. 앞선 위기들은, 특히 아프리카의 유리한 지점을 둘러싼 강대국들의 다툼과 1912~1913년의 발칸전쟁으로 초래된 불안은 현명한 외교를 통해 해결됐다. 그러나 그러한 위기들은 국가적 이익을 건드리기는 했어도 국민적 명예나 위신의 문제와 관계되지는 않았다. 1914년 6월, 오스트리아-헝가리는 유럽의 강국들 중에서 가장 약한 국가였기에 명예에 가장 민감했는데, 황위 계승자가 암살되고 암살범이 그 군주국을 파괴하고자 혈안이 되어 있는 인접 외국의 편으로 확인되자 그 명예는 철저하게 손상되었다. 5개의 주요 종교와 10여 개의 언어로 구성된 정체인 오스트리아-헝가리제국은 늘 소수민족들의 전복 행위를 두려워했다. 전복 행위의 주된 근원은 세르비아였다. 수백년에 걸친 반란 끝에 오스만튀르크제국의 이슬람교도로부터 독립을 쟁취한 이 기독교 왕국은 공격적이며 후진적이었고 내부적으로 격렬했다. 독립국 세르비아는 모든 세르비아인을 다 포괄하지 못했다. 많은 수의 세르비아인이 역사의 우연에 의해 소수민족으로 오스트리아의 신민이 되었다. 자유로운 세르비아인들이 오스만튀르크의 지배에 분개했던 것만큼이나 합스부르크제국의 세르비아인 민족주의자들은 제국의 지배에 분개했다. 이들 중 가장 극단적인 부류가 암살을 준비했다. 1914년 여름의 파멸적인 위기에 불을 붙였던 것은 이 집단의 한 사람이 합스부르크 왕가의 계승자를 암살한 사건이었다.

합스부르크제국 군대의 1914년 여름 기동훈련은 보스니아에서 열렸다. 보스니아는 이전에 오스만튀르크제국의 한 주였다가 1878년 오스트리아에 점령되어 1908년 제국에 병합되었다. 6월 25일에 프란츠 요제프Franz Josef[1] 황제의 조카이자 군 감찰감이었던 프란츠 페르디난트는 감독을 위해 보스니아에 도착했다. 기동훈련은 6월 27일에 끝났고, 페르디난트는 다음날 아침에 공식일정을 수행하기 위해 처와 함께 주의 수도인 사라예보로 향했다. 날짜 선정이 좋지 못했다. 6월 28일은 1389년에 세르비아가 튀르크에 패한 기념일인 비도브단Vidov Dan이었다.[2] 세르비아인이 외국인 압제자의 손에 고통받은 오랜 역사는 그날의 사건으로부터 시작한다.[3] 세르비아 민족주의자들에게는 오스만튀르크가 물러난 후 압제자의 역할을 합스부르크제국이 떠맡은 것으로 보였다. 주 행정당국은 페르디난트의 방문이 환영받지 못할 것이며 위험할 수 있다고 경고했지만 페르디난트는 경고를 무시했다. 광신자나 미치광이가 차르와 오스트리아의 황후, 미국의 대통령을 살해하는 시대에[4] 유명인에 대한 위협은 흔한 일이었기 때문이다. 이 경우에는 세르비아 청년 5명과 변장을 위해 이들이 끌어들인 보스니아의 이슬람교도 1명으로 암살단이 꾸려졌다. 모두 폭탄과 권총으로 무장했다.[5] 대공이 주지사의 저택으로 가던 중에 테러리스트 1명이 프란츠 페르디난트 부부가 타고 가던 차에 폭탄을 던졌으나 폭탄은 튕겨나갔고 뒤따르던 차 밑에서 폭발하면서 그 차에 타고 있던 장교가 부상했다. 황실의 모임은 계속 진행되었다. 그러나 45분 후 부상자를 방문하기 위해 병원으로 가던 중에 대공 부부의 운전사가 길을 잘못 들었고 후진하기 위해 일시정지했다. 그래서 자동차는 발각되지 않은 암살자의 맞은편에 서게 되었다. 연발권총으로 무장한 암살자 가브릴로 프린치프Gavrilo Princip는 앞으로 걸어 나와 총을 발사했다. 대공의 부인은 즉사했고, 대공은 10분 후 사망했다. 프린치프는 현장에서 체포되었다.[6]

신속한 조사 결과, 테러리스트들은 모두 오스트리아 신민이었지만 세르비아 민족주의 조직이 세르비아에서 무장시킨 뒤 오스트리아 국경을 넘어 밀입국시켰음이 밝혀졌다. 오스트리아의 조사관들은 그

1. 1830~1916. 프란츠 요제프 1세. 오스트리아의 황제도 카이저(Kaiser)이나 이 책에서는 독일 황제 빌헬름 2세만 카이저로 옮겼다.—옮긴이

2. 성 비투스(St. Vitus)의 날. 율리우스력으로 6월 15일, 그레고리우스력으로 6월 28일이다. 세르비아인과 발칸 주민들은 오랫동안 이날을 중요하게 여겼다. 세르비아인에게는 오스만튀르크에 패한 1389년 코소보 전투를 기념하는 날이다.—옮긴이

3. C. Macartney, *The Habsburg Empire 1790~1918*, London, 1968, p. 806

4. 차르 알렉산드르 2세는 1881년에 암살당했고, 프란츠 요제프의 부인 바이에른 공주 엘리자베트(일명 지지Sisi)는 1898년에 이탈리아 무정부주의자의 칼에 찔려 사망했다. 이 시기에 암살당한 미국 대통령은 1881년에 링컨에 뒤이어 두 번째로 암살당한 20대 대통령 제임스 가필드다.—옮긴이

5. V. Dedijer, *The Road to Sarajevo*, N.Y., 1996, pp. 374~375

6. C. Macartney, p. 806

조직이 보스니아의 오스트리아제국 병합에 반대하여 1908년에 설립된 나로드나 오드브라나Narodna Odbrana(민족 방어)로 확인했다. 나로드나 오드브라나는 보스니아가 역사적으로 세르비아에 속했다는 민족주의 신조였다. 실제로 책임이 있던 단체는 보통 흑수단黑手團으로 알려진 비밀단체 '통합 아니면 죽음'이었다.[7] 이러한 오인은 그다지 중요하지 않다. 두 조직은 회원을 공유했으며, 보스니아의 나로드나 오드브라나는 흑수단을 지원했기 때문이다.[8] 좀 더 악독했던 흑수단은 '세르비아 국가의 통합'을 목표로 삼았으며 신입회원에게 죽음의 맹세를 하게 했다. 더욱 중요했던 사실은 흑수단이 세르비아군 참모본부의 정보 분과를 지휘한 대령 '아피스Apis'의 통제를 받고 있었다는 것이다. 아피스는 그자가 스스로 붙인 암호명이었다.[9]

세르비아 정부가 사전에 이 음모를 얼마나 알고 있었는지는 정확하게 밝혀지지 않았다. 정보부란 지금처럼 그때도 모호한 세계였지만, 당시에는 드레퓌스 사건이 떠들썩하게 보여주었듯이 보통 무식한 조사관들이 차지하고 있었다.[10] 제대로 말하자면 드라구틴 디미트리예비치Dragutin Dimitrijević 대령이었던 아피스는 군인인 동시에 혁명가였으며—1903년에 오브레노비치Obrenović 왕조[11]를 잔인하게 무너뜨리는 데 참여했다—이중생활을 했다고 할 수도 있었다. 진실이 무엇이든, 7월 2일에 암살단의 3명이 완전히 자백했다. 자백에 따르면 그들은 세르비아 병기고의 무기를 공급받았으며 세르비아 국경수비대의 도움으로 국경을 넘었다. 그 정보는 세르비아의 적의에 대한 오스트리아의 뿌리 깊은 믿음을 확증하기에 충분했으며, 제국 내에서 질서를 어지럽힌 작은 왕국을 처벌하려는 오스트리아의 강한 욕망을 일깨우기에도 충분했다.

슬라브족 문제는 제국이 소수민족들로 인해 처한 여러 어려움 중에서 가장 중대했지만, 세르비아 문제는 그중에서도 실질적이고 점점 더 확대되는 위협이었다. 폴란드인 문제는 독일과 러시아와 더불어

7. 흑수단은 세르비아어로 츠르나 루카(Crna Ruka), 공식명칭인 '통합 아니면 죽음'은 우예디네네 일리 스므르트(Ujedinjenje ili smrt)다.—옮긴이

8. B. Jelavich, *History of the Balkans*, Ⅱ, Cambridge, 1983, pp. 111~112

9. C. Macartney, p. 807

10. 알프레드 드레퓌스 사건 당시 조사관들이 드레퓌스를 독일 간첩으로 지목한 이유는 정보 유출 문건에서 사용된 암호명 D가 드레퓌스라는 이름의 이니셜과 일치한다는 것이었다.—옮긴이

11. 19세기 세르비아의 왕가.—옮긴이

12. 1863~1942. 1912년부터 1915년 1월까지 외무장관을 지냈다.—옮긴이

옛 왕국을 분할함으로써 해소되었고, 체코인 문제는 그 도시들의 독일화가 크게 진척되면서 해결되었으며, 크로아티아인 문제는 가톨릭교로 사라졌지만, 세르비아인 문제는 폭력을 사용하지 않고는 해소할 수 없어 보였다. 세르비아인은 소수민족인 동시에 정교회를 믿어 종교적으로도 소수였고, 러시아가 정교를 보호한 까닭에 강한 자만심을 갖게 되었다. 또한 세르비아인은 유격전을 통해 튀르크의 지배에 오랫동안 저항했기에 완고하고 자신감에 넘쳤을 뿐만 아니라, 오스트리아가 보기에는 교활하고 신뢰할 수 없었다. 그리고 빈곤은 세르비아인의 호전적인 성격을 키웠다. 작은 세르비아왕국은 불같이 호전적이었다. 세르비아왕국은 1813년 자력으로 오스만튀르크로부터 독립을 쟁취했고 1912~1913년의 발칸전쟁에서 영예와 영토를 획득했다. 민족적 부활은 대大세르비아 이념을 불러일으켰다. 이 이념은 왕국 내부에서 강했으며 보스니아와 크로아티아에 거주하는 오스트리아의 세르비아인들에겐 횃불과도 같았다. 이 이념은 물리쳐야 했다. 세르비아인이 단지 그 지역의 여러 소수민족 중 하나였을 뿐만 아니라 굴복시킬 수도 없었기 때문이다. 전략적으로도 금해야 했지만, 제국 제도 자체도 그 이념을 허용하지 않았다. 제국의 제도는 민족의식이 정치사상으로서 갖는 가치를 부정함으로써 간신히 유지되었기 때문이다. 한 민족에 양보하는 것은 곧 다른 민족들에게도 양보해야 함을 뜻했고, 그런 식이라면 제국은 와해될 수밖에 없었다.

그러므로 7월 2일에 세르비아가 공식적이든 아니든 프란츠 페르디난트의 암살에 공모했다는, 음모자들의 자백으로 밝혀진 증거는 제국 정부의 여러 사람들에게 세르비아 전쟁이 불가피하다는 점을 납득시키기에 충분했다. 실제로 오스트리아-헝가리의 외무장관 레오폴트 그라프 베르히톨트Leopold Graf Berchtold[12] 백작은 암살 전 주간의 대부분을 세르비아에 대한 공격적 외교조치를 마련하면서 보냈다. 베르히톨트의 계획은 오스트리아가 1913년의 2차 발칸전쟁에서 세르비아

의 적이었던 불가리아와 터키와 동맹을 추구하고 이를 지지해달라고 독일을 설득하는 것이었다. 그렇게 되면 베오그라드 정부는 동쪽으로는 불가리아와 터키, 서쪽과 북쪽으로는 오스트리아-헝가리라는 적대국가들에 포위된다. 암살사건으로 베르히톨트의 외교는 화급해졌다. 7월 초, 오스트리아의 밀사가 문서를 갖고 베를린으로 파견되었다. 출발 전날인 7월 4일 베르히톨드는 그 문서에 근본적인 수정을 가했다. 이제 외교문서는 독일 정부에 제국과 세르비아 사이의 분쟁이 '화해할 수 없는' 것이라는 점을 인정하라고 요구했으며 "군주국〔오스트리아-헝가리〕이 적들이 그 머리 위에 던지려는 그물을 단호하게 파괴해야 할 …… 절박한 필요성"이 있음을 언명했다. 문서에 첨부된 설명서는 "사라예보 사건은 …… 면밀하게 준비된 음모의 결과로서 실마리를 찾아가면 베오그라드가 나올 것"이라고 단언했으며 "범슬라브주의 정책의 중심축('대세르비아'의 우두머리인 세르비아)을 더는 발칸 지역에서 힘의 요인이 되지 못하도록 제거해야 한다"라고 주장했다.[13] 베르히톨트는 밀사 호요스Hoyos 백작에게 독일에 경고할 수 있는 권한을 구두로 부여했다. 빈은 베오그라드에 향후 처신을 약속하라고 요구할 것이고 이를 거절하면 군사행동에 들어가겠다는 것이었다. 그러므로 오스트리아는 암살 후 엿새 만에 자국의 입장을 명확히 했다. 오스트리아는 카이저와 독일 정부의 지원 없이는 감히 행동에 나설 수 없었는데 독일의 지원 여부는 두고 보아야 했다.

오스트리아는 감히 그렇게 할 수 없었을 것이다. 돌이켜 보건대, 오스트리아가 분노에 차 즉각 타격을 가하여 왕조의 진노와 세르비아에 죄가 있다는 당연한 믿음을 널리 알렸다면, 유럽은 오스트리아가 적극적인 조치를 취하도록 내버려두었을지도 모른다. 슬라브인의 형제인 대국 러시아는 세르비아인을 동정했지만, 감정은 생사와 관련된 이해관계와는 다르며 분명 전쟁의 동기가 되지 못한다. 불가리아인도 슬라브족이었지만, 1913년에 러시아가 개입하여 구원하지 않았

13. W. Jannon, *The Lions of July*, Novato, 1995, pp. 18~19

기 때문에 패배와 굴욕을 맛보았다.[14] 게다가 세르비아인은 거친 발칸지역에서도 별난 존재였으니 개화된 유럽인의 눈에는 더욱 나쁘게 보였다. 1903년에 군대 장교들이 자국의 왕과 왕비를 죽이고, 그 시신을 왕궁의 창문 밖으로 내던지고 칼로 수족을 난도질했던 '아시아적' 행태는 도처에서 민감한 사람들에게 충격을 안겨주었다. 이탈리아는 '대大세르비아'가 열망했던 아드리아 해안을 똑같이 탐했으므로 삼국동맹의 한패가 베오그라드로 밀고 들어갔다면 분명히 방해하지 않았을 것이다. 세르비아에 무기를 공급했던 프랑스는 세르비아가 추가 지원을 받고자 했어도 그렇게 할 능력이 없었다. 영국은 발칸 문제에는 전혀 관여하지 않았다. 그러므로 오스트리아가 독일의 승인을 구하지 않고 즉각 움직였다면, 세르비아는 도덕적으로 고립되었을 뿐 아니라 전략적으로도 고립되었음을 깨닫고 오스트리아의 최후통첩에 항복할 수밖에 없었을지도 모른다. 아마도 필시 그랬을 것이다. 국지적 위기가 유럽 전체의 위기로 바뀐 이유는 오스트리아가 일방적으로 행동할 뜻이 없었기 때문이다. 그런 태도는 우발적 전쟁 계획의 시대에 유럽 정부들이 간직했던 예방적 사고방식에 기인한다고 설명할 수 있다.

서로 맞물린 상반된 이해와 상호지원의 조약—프랑스와 러시아가 독일의 공격을 받을 경우 양국은 다른 한 당사국 편으로 전쟁에 참여하고, 영국과 프랑스의 중대한 이익이 침해받을 경우 양국은 상호지원하며, 독일과 오스트리아-헝가리와 이탈리아(삼국동맹)는 어느 한 나라가 두 나라 이상의 열강에게 공격 받으면 함께 전쟁에 돌입한다—이 1914년에 '연합국'(프랑스, 러시아, 영국)을 '동맹국'(독일, 오스트리아-헝가리)과 교전하게 만든 구조였다는 것이 일반적인 설명이다. 법률적으로 보자면 이 주장을 부정할 수 없다. 그러나 사라예보 암살 사건 이후에 오스트리아가 베를린에 달려가 지도와 지원을 요구했던 것은 조약 때문이 아니라—조약은 전혀 거론되지 않았다—단독으로 행동

14. 1차 발칸전쟁에서 얻은 마케도니아 땅에 만족하지 못한 불가리아가 그리스에 추가로 영토를 요구하여 벌어진 2차 발칸전쟁을 말한다. 불가리아는 그리스와 세르비아가 조약을 체결하여 확정한 국경을 인정하지 않아 세르비아도 참전했고, 상황을 지켜본 루마니아와 터키가 불가리아에 선전했다.—옮긴이

할 경우 뒤따를 군사적 결말을 예상했기 때문이다. 단독으로 행동하면 최악의 경우, 러시아가 세르비아 적대 행위에 대한 경고로서 국경에서 오스트리아를 위협할 수도 있었다. 그렇게 되면 오스트리아는 독일의 지원을 기대할 것이고, 만약 독일이 지원하면 러시아가 받는 압력을 완화할 균형추로서 프랑스가 이 위기에 말려들게 된다. 프랑스와 러시아가 결합하면 삼국동맹이 (이탈리아가 참여하든지 참여하지 않든지) 작동할 환경이 만들어진다. 그 결과 전면적인 유럽 전쟁의 요인들이 완비된다. 요컨대, 추정된 군사적 대응에 대한 평가, 다시 말해서 한 가지 군사적 예방책에서 어떻게 또 하나의 예방책이 이어질 것인가에 관한 평가가 오스트리아로 하여금 처음부터 삼국동맹에서 위안을 찾도록 몰아댔던 것이지, 삼국동맹이 연쇄적인 군사적 사건을 촉발시킨 것이 아니었다.

잠재된 결말을 예측했던 오스트리아인은 베르히톨트도 참모총장도 아니었다. 온순하고 꾸물거리는 인물이었던 베르히톨트는 세르비아의 무례로 갑자기 대담해졌는데 너무나 대담해진 나머지 세르비아 자체와 세르비아 민족주의를 구분하지 않기로 결정했으며, 콘라트 폰 회첸도르프는 양자를 구분하기에는 너무나 오랫동안 세르비아 전쟁을 강력히 주장했던 인물이다. 회첸도르프는 그 전쟁을 우습게 보았다. 신중했던 사람은 1914년이 재위 66년째였던 늙은 황제 프란츠 요제프와 헝가리 수상 이슈트반 티서István Tisza[15] 백작이었다. 황제가 전쟁에 반대한 이유는 여러 가지였지만 궁극적으로는 전쟁이 변화를 가져와 그렇지 않아도 불안한 제국의 안정을 해친다고 판단했기 때문이었다. 황제의 판단은 옳았다. 티서도 전쟁이 가져올 변화를 두려워했다. 제국 내에서 헝가리가 오스트리아와 권력을 동등하게 나눈 상황은 헝가리 인구의 숫자로만 정당화할 수 없는 문제로서 제국의 제도가 정확히 있는 그대로 보존되어야 유지될 수 있었다. 전쟁에서 성공하지 못하면 슬라브족에 양보할 수밖에 없을 것이고, 그렇게 되면 오스트

15. 1861~1918. 1903년에서 1905년까지, 1913년에서 1917년까지 헝가리 수상을 지냈다.—옮긴이

16. W. Jannon, p. 31

17. 1861~1922. 1913년에서 1915년까지 프로이센 전쟁장관, 1914년에서 1916년까지 참모총장을 지냈다.—옮긴이

리아-헝가리 '이중왕국'이 해체되고 '삼중왕국'이 등장할지도 모를 일이었다. 제국 내부의 슬라브인들이 기여하여 전쟁에서 성공한다고 해도 '삼중왕국'이라는 결론에는 변함이 없을 것이었다. 세르비아에 즉각 조치를 취해야 한다는 주장은 바로 이 두 사람의 신중함으로 제어되었다. 그 신중함은 황제의 경우 침착함에서 비롯되었고 티서의 경우 당파성에 기인했다. 7월 2일 황제는 베르히톨트에게 티서와 협의하기 전에 움직여서는 안 된다고 단언했다. 같은 날 티서는 베르히톨트에게 황제가 시간을 갖고 헝가리가 제기한 반대이유를 숙고해야 한다고 말했다. 그리하여 독단적으로 신속하게 행동하려는 욕구가 좌절된 베르히톨트는 독일로부터 오스트리아를 지원한다는 확답을 구함으로써 러시아의 호전적인 전쟁 계획으로 초래된 위기에서 오스트리아가 고립되지는 않을까라는 황제의 걱정을 덜어주는 치명적인 결정을 내렸다.

7월 5일 베르히톨트의 밀사인 호요스 백작이 베를린에 도착하면서 전쟁 계획의 중요성을 평가하는 일은 독일 측으로 넘어갔다. 같은 날, 오스트리아 대사는 카이저에게 베르히톨트의 외교문서를 전달했다. 빌헬름 2세는 점심식사를 하면서 오스트리아 대사에게 오스트리아가 "독일의 전면 지원에 의지할" 수 있다는 점을 황제 프란츠 요제프에게 말해도 좋다고 허락했다.[16] 이 약속은 세르비아에 대한 행동만큼 불가리아와의 동맹 제안에도 적용되는 듯했다. 러시아의 개입 가능성은 논의는 했지만 무시했다. 대사가 그다음으로 카이저의 장관들과 군사 고문들을 만나 나눈 대화에서도 마찬가지였다. 전쟁장관 에리히 폰 팔켄하인Erich von Falkenhayn[17] 장군은 대비조치를 취해야 하는지 물었으나 답변을 듣지 못했다. 총리 베트만 홀베크는 외무부로부터 영국이 발칸의 위기에 관여하지 않을 것이며 러시아도 막상 위기가 터지면 손을 뗄 것이라는 별도의 조언을 받고 있었다. 이튿날인 7월 6일 월요일에 카이저는 러시아와 프랑스가 휩쓸리지 않을 것이며

따라서 대비조치는 필요하지 않다는 자신의 판단을 다수의 군 장교들에게 되풀이한 후 매년 해오던 노르웨이의 협만 항해를 위해 황제의 요트인 호엔촐레른Hohenzollern 호를 타고 출발했다. 카이저는 3주 동안 자리를 비울 예정이었다. 참모총장과 해군장관은 이미 휴가를 떠났고 카이저는 그들의 귀대 명령을 남기지 않았다.

그러나 카이저는 오스트리아 대사와 자신의 관료들에게 똑같이 한 가지만은 분명하게 강조했다. 오스트리아는 자국이 무엇을 원하는지 확실하게 결심해야 한다는 것이었다. 얼버무리기와 꾸물대기를 뒤섞은 오스트리아의 '칠칠치 못함Schlamperei'에 단호한 독일은 늘 짜증을 냈다. 신흥 제국은 강력한 추진력을 지닌 민족주의의 산물이요 실천했던 모든 일에서 늘 성급하게 재촉해왔던 터라, 시간이 모든 문제의 해결책이라고 생각한 늙은 제국을 참아내지 못했다. 그리하여 1914년 7월 첫 주에 기묘한 태도의 역전이 발생했다. 오스트리아는 처음으로 다급해졌다. 독일은 휴가 중이었다. 그러나 근본적으로 상황은 그대로였다. 카이저는 호엔촐레른 호 선상에서 흥겨운 잔치를 벌였으며 보트 경주를 열었고 군사사에 관한 강의를 들었다. 결정을 내려야 하는 압박에 시달렸던 오스트리아는 당황해서 어쩔 줄 몰랐다.[18]

제국 내각은 7월 7일 화요일에야 모였다. 이미 암살 후 열흘이 지났고 암살자들이 자백하고도 닷새가 지났다. 정당성과 시간이 똑같이 빠르게 사라지고 있음을 느낀 베르히톨트는 군사행동을 제안했다. 오스트리아는 근자에 이미 두 번이나 세르비아에 맞서 동원령을 내렸다. 1909년과 1912년에 한 차례씩이었는데 두 경우 모두 러시아의 대응은 없었다. 이번에는 독일의 보증으로 오스트리아가 더욱 강력해졌다. 티서는 끝까지 반대했다. 티서는 군사 조치의 이행에 앞서 요구조건을 담은 문서를 먼저 제시해야 하며 어느 조건도 세르비아가 받아들일 수 없을 정도로 지나치게 굴욕적이어서는 안 된다고 주장했다. 티서는 요구조건이 거부되는 경우에만 전쟁으로 이어질 최후통첩에

18. *The Annual Register, 1914*, London, 1915, p. 312

동의할 생각이었다. 티서에 반대했던 자들—독일계 오스트리아인 3명, 폴란드인 1명, 크로아티아인 1명—은 반대론을 폈지만 제국의 동등한 절반인 헝가리의 수상 티서를 제압할 수 없었다. 티서는 자신이 반대이유를 서면으로 준비하기 전에 베르히톨트가 황제에게 계획안을 제시해서는 안 된다는 양보를 얻어냈다. 여기에 또 하루가 필요했다. 그러므로 7월 9일 목요일까지는 어떤 결정도 내릴 수 없었다.

그다음, 프란츠 요제프는 티서가 원하던 대로 최후통첩 이전에 외교문서를 전달하는 데 동의했다. 바로 베르히톨트가 듣고 싶지 않았던 얘기였다. 베르히톨트의 견해는 꾸준히 강경해져 애초부터 전쟁을 원했던 육군원수 콘라트의 견해에 가까워졌다. 베르히톨트는 계속해서 압력을 가했고, 그 결과 7월 12일 일요일이면 티서도 필요할 경우 답변시한을 첨부한 외교문서를 보내는 대신 외교문서에 최후통첩을 덧붙인다는 데 동의할 각오가 되어 있었다. 그 차이는 낱말 선택에 내포된 것보다 더 큰 의미를 지녔다. 외교문서는 주권국가를 구속하지 않았지만 최후통첩은 구속했다. 7월 14일 화요일, 티서와 베르히톨트가 다시 만났을 때, 헝가리 수상은 최후통첩에 반대하는 논거를 펴 이겼지만 외교문서에 덧붙일 답변시한을 최소한으로 줄인다는 데 동의해야 했다. 시한은 외교문서가 전달된 후 48시간이었다. 외교문서의 조건들이 작성되었고, 문서를 최종적으로 승인할 각의 날짜도 정해졌다.

그러나 그날은 암살 후 21일째 되는 날인 7월 19일 일요일이었다. 설상가상 베르히톨트는 티서에게 그 이후 한 주 동안은 외교문서를 공식적으로 전달하지 않겠다고 말했다. 베르히톨트에게는 핑계가 있었다. 7월 16일에 러시아를 공식 방문하기 위해 출발할 레몽 푸앵카레Raymond Poincaré[19] 프랑스 대통령이 7월 25일까지는 러시아를 떠나지 않을 것으로 생각되었다. 각각 세르비아의 보호자요 주요 동맹국이었던 러시아와 프랑스의 국가수반이 긴밀히 접촉하고 있는 기간에 오

19. 1860~1934. 프랑스의 보수 정치인으로 다섯 차례 수상을 역임했으며, 1913년에서 1920년까지 대통령을 지냈다.—옮긴이

스트리아가 세르비아에 외교문서를 전달하면 두 나라를 외교적, 전략적 밀담에 밀어넣을 수 있었다. 그렇게 되면 분쟁을 국지화하고 세르비아를 고립시키려는 희망은—객관적으로 볼 때 시간이 지체된 탓에 그럴 가능성은 이미 크게 줄어들었고, 베르히톨트는 이 점을 인식했어야 했다—위험스러울 정도로 줄어들 수 있었다. 이것이 바로 오스트리아의 조치가 추가로 연기된 이유로서 베를린에 제시된 것이었다. 베르히톨트는 훈계했다. 독일은 절대적으로 "〔빈이〕 주저하거나 확신하지 못하는 것은 조금도 아님을 …… 믿어도" 된다고.

7월 19일 일요일에 최종적으로 합의된 오스트리아의 외교문서는 티서가 제기한 몇 가지 반대논거를 충족시켰다. 티서는 애초부터 제국 내의 슬라브인 숫자를 늘릴 수 있는 요구는 무엇이든 제시하지 말자고 주장했고, 그래서 외교문서에는 병합의 위협이 담기지 않았으며 콘라트가 원했던 분할의 위협도 포함되지 않았다. 세르비아는 오스트리아에 굴복하여 요구조건을 전부 수용하는 경우 그대로 존속할 수 있었다. 다른 한편으로 외교문서는 세르비아에 향후 처신을 약속하라고 요구해야 한다는 베르히톨트의 바람도 충족시켰다. 이를 위해 외교문서에는 우선 세르비아 정부가 정부신문의 1면에 제국 영토의 일부 분리를 주장하는 모든 선전을 비난하라는 요구가 담겼다. 그리고 세르비아의 국왕은 이 비난을 일일 훈령으로 세르비아 군대에 되풀이해야 했다. 외교문서는 그다음으로 열 가지 요구를 나열했는데, 그중 다섯 가지는 선전활동이나 파괴활동의 금지를 상세히 설명한 것이며 마지막 것은 나머지 요구들이 이행되고 있음을 통지하라는 요구였다. 이 다섯 가지 조항은 어느 것도 세르비아의 주권을 침해하지 않았지만, 5조와 6조, 7조, 8조는 침해하고 있었다. 암살에 연루된 세르비아 공무원들의 체포와 심문, 처벌에 대한 규정 이외에 오스트리아-헝가리 공무원들이 세르비아 땅에서 필요한 절차에 참여해야 한다고 요구했기 때문이다. 요컨대 세르비아는 그 범죄를 처리할 수 있다는 신뢰를 받을 수 없었다. 외교문서에 명시된 답변의 시한은 문서가 전달된 시각부터 48시간이었다. 전달시점은 7월 23일 목요일이 될 터였다. 베르히톨트는 그날 프랑스 대통령이 러시아를 떠날 것을 알고 있었다. 외교문서는 현지 시각으로 그날 오후 6시에 베오그라드에 도착할 것이고 시효는 7월 25일 토요일에 끝날 예정이었다.

그날은 암살사건이 발생하고 세르비아 정부가 통첩이 준비 중이라는 경고를 받은 후 25일째 되는 날이었다. 그런데도 세르비아 수상 니콜라스 파시치Nicholas Pasic는 수도를 떠나 시골로 향했고, 심지어는 오스트리아 대사가 외무부에 문서를 전달한다는 말을 듣고도 여행을 계속했다. 밤중이 되어서야 파시치는 돌아가기로 결심했고, 7월 24일 금요일 아침 10시에나 각료들을 만나 어떤 대답을 주어야 할지 논의했다. 러시아와 독일, 영국의 정부들은 이미 문서의 사본을 받았고, 프랑스도 대통령과 외무장관이 아직도 바다 위에 있어 대리인의 손에 있기는 했지만 마찬가지로 사본을 받았다. 그러나 베오그라드에서는 영국 공사는 건강이 나빴고 러시아 공사는 얼마 전에 사망하여 아직 대체되지 않았으며 신경쇠약에 걸린 프랑스 공사의 후임자는 이제 막 도착했다. 그리하여 세르비아 내각은 절대적으로 필요한 시점에서 높은 안목의 외교적 조언을 얻을 기회를 박탈당했다. 베오그라드는 외진 곳의 작은 도시였고, 세르비아 정부는 발칸전쟁의 임시변통 외교에는 능숙했지만 강대국들을 전부 끌어들일 수 있는 위기를 다룰 준비는 되어 있지 않았다. 게다가 세르비아의 장관들은 파시치가 부재한 가운데 오스트리아의 외교문서에 골몰하면서 겁을 집어먹었다. 파시치가 돌아오자, 처음부터 대담하게 전쟁을 말하는 자들이 있기는 했지만, 분위기는 신속히 묵묵히 따르자는 쪽으로 바뀌었다. 영국 외무장관 에드워드 그레이 경의 서한과 파리에서 보낸 서한이 도착했는데, 둘 다 오스트리아의 통첩을 최대한 많이 수용하라고 조언했다. 이튿날인 7월 25일 토요일 아침, 베오그라드에 있던 영국과 프랑스의 대표단은 제국 관료들이 조사를 감독하기 위해 세르비아 영토에 들어가야 한다는 오스트리아의 요구를 베오그라드가 수용할 것이라고 본국에 통보했다.

그러나 세르비아는 이렇게 곤란한 문제에서도 아직 결심을 하지 못했다. 그리하여 오스트리아는 암살사건 후 27일이나 지나서야 처음부터 세르비아를 향해 주권을 행사했다면 쉽게 얻을 수 있었을 결과에 도달한 것처럼 보였다. 세르비아가 자국 영토에서 수행되는 사법절차에 오스트리아 관료의 참여를 허용한다고 해도, 위신 문제만 아니라면 다른 강국들의 중대한 이익은 위협받지 않았다. 그 일은 세르비아에 굴욕이었고, 유럽국가들이 서로 간에 관계를 맺는 방식에 따르자면 주권 개념을 침해했다. 그렇지만 세르비아가 국제사회에서 불량배에 가까운 취급을 받았음을 생각하면 이 일이 다른 나라들에 원칙의 문제가 될 가능성은 적었다. 물론 구태여 원칙의 문제로 삼겠다면 그럴 수도 있었을 것이다. 그리하여 7월 25일 토요일 정오에도, 다시 말해서 오스트리아의 통첩에 정해진 시한이 종료되기까지 다섯 시간이 남았을 때에도, 사라예보의 범죄는 여전히 오스트리아-헝가리와 세르비아 사이의 문제였다. 외교적으로 그 상태에 머물렀을 뿐이다.

외교문서상에서는 그것이 엄정한 사실이었다. 그러나 실제 세계에서는 암살사건 이후 3주 6일이 경과하면서 두려움은 고통스럽게 악화되었고 징후들은 점차 뚜렷해졌으며 입장들은 대강 정해졌다. 세르비아 내각이 항복을 준비하고 있던 금요일 오후에 그레이는 이미 런던 주재 독일 대사 카를 막스 리히노프스키Karl Max Lichnowsky[20]와 오스트리아 대사인 멘스도르프Mensdorff[21] 백작에게 시한 연장을 고려해볼 것을 요청했다. 세르비아가 결국 머뭇거릴 가능성을 예상했기 때문이다. 그레이는 중재 문제를 거론하기도 했다. 오스트리아가 세르비아 문제에 어떤 간섭도 허용하지 않겠다고 분명히 밝혔는바, 그레이는 이를

20. 1860~1928. 1912년에서 1914년까지 런던 주재 독일 대사였다. 독일 외교관으로는 유일하게 영국군의 개입 가능성을 들어 독일이 오스트리아-세르비아 전쟁을 자극하지 말아야 한다고 주장했던 인물이었다.—옮긴이

21. 1861~1945. 중간에 잠시 휴지기가 있었지만 1904년부터 1914년 8월 13일까지 런던 주재 오스트리아 대사를 지냈다.—옮긴이

22. 썼던 내용을 지우고 다시 쓴 재활용 양피지 문서.—옮긴이

수용하면서도 러시아가 동원을 해도 프랑스, 이탈리아와 함께 독일이 오스트리아-러시아 사이를 중재할 수도 있다는 생각을 내놓았다. 러시아의 동원은 외교관 사회에서 충분히 발생할 수 있는 사태로 인정되었다. 러시아의 동원 때문에 다른 나라들이 군대를 동원하게 되리라고는 생각되지 않았으며 그것이 전쟁으로 번질 거라는 생각은 더욱 없었지만, 분명 모든 나라의 태도를 강경하게 몰아갈 것이었다. 그런데도 멘스도르프는 저녁에 외무부로 돌아와—그레이는 주말 낚시를 떠났다—통첩이 최후통첩은 아니며 오스트리아가 시한까지 만족스러운 답변을 받지 못해도 꼭 전쟁을 선포하지는 않을 것이라고 관료들을 안심시켰다.

그날 밤과 토요일 대부분은 세르비아가 어떻게 나올지 기다리는 시간이었다. 7월 25일 아침, 비록 마지못해 하는 일이었고 이따금 싸워보자는 말도 터져 나왔지만 세르비아는 여전히 항복을 감수하는 상황이었다. 그리고 오후에 차르의 궁정에 있던 세르비아 대사는 러시아의 분위기가 세르비아에 지극히 우호적이라는 말을 전했다. 차르는 아직 동원을 선포할 준비는 되지 않았지만 11시에 예비 '전쟁준비태세'를 선언했다. 이 소식을 들은 세르비아 내각은 모든 결정을 뒤집었다. 아침에 세르비아 내각은 몇 가지 단서를 달기는 했어도 오스트리아의 열 가지 요구를 전부 수용하기로 합의했었다. 이제 내각은 대담하게도 6조에 조건을 달았고 오스트리아 관료가 세르비아 영토에서 암살을 조사하는 데 참여하도록 허용해야 한다는 가장 중요한 조항을 단호히 거부했다. 다급하게 흘러간 시간 속에서 통첩에 대한 답변이 작성되었고 잉크로 몇 줄을 지우고 어구를 교정하는 수정이 되풀이되었다. 훗날 진주만공격 전날 밤에 워싱턴의 일본 대사관에서 그랬듯이, 타자수는 신경과민에 빠졌다. 완성된 최종문서는 수정과 추가로 덧칠해진 비외교적 팔림프세스트palimpsest[22]였다. 최종문서는 25분 만에 완성되었고 봉투에 담겨 수상 니콜라스 파시치가 직접 오

스트리아 대사에 전달했다. 수령 후 한 시간이 못 되어 공사 일행은 오스트리아 국경을 향해 열차를 타고 베오그라드를 떠났다.

뒤이어 이상한 이틀이 지났다. 7월 26일과 27일, 일요일과 월요일이다. 세르비아는 자국의 작은 군대를 동원했고, 러시아는 가장 젊은 예비군을 서쪽 군사 지구의 부대로 소집했으며, 빈에서는 대중이 세르비아의 답변을 무시한 정부에 열광하는 장면들이 연출되었고, 베를린을 포함한 독일의 도시들에서도 비슷한 광경을 볼 수 있었다. 그러나 일요일에 카이저는 여전히 바다 위에 있었고, 라 프랑스La France 호에 타고 있던 푸앵카레와 프랑스 외무장관 르네 비비아니René Viviani[23]는 그날 밤에 가서야 즉시 귀국하라고 재촉하는 신호를 받았다. 그동안 많은 이야기들이 오갔지만, 결정적이거나 호전적인 것이 아니라 반성적이고 기대를 품은 이야기였다. 베트만 홀베크는 런던과 파리 주재 독일 대사들에게 러시아가 취하고 있는 군사적 조치는 위협적인 것으로 판단될 수 있다고 경고하라는 지시를 내렸다. 상트페테르부르크의 독일 대사는 그 조치들이 중단되지 않는다면 독일은 불가피하게 동원할 수밖에 없고 이는 "전쟁을 의미한다"고 말하라는 전갈을 받았다. 베트만 홀베크는 러시아 대사의 답변을 통해 영국과 프랑스가 러시아를 자제시키려 노력하고 있으며 러시아 외무장관 세르게이 사조노프Sergei Sazonov[24]는 태도를 누그러뜨리고 있음을 알게 되었다. 카이저와 오스트리아 정부도 정보를 듣고 있었다. 영국 외무부는 자체적으로 수집한 정보에 입각하여 러시아가 영국과 프랑스, 독일, 이탈리아의 중재를 수용할 준비가 되어 있다는 희망적인 상황을 감지했다. 잠시 동안, 1909년과 1913년의 위기처럼 작금의 위기도 대화를 통해 해결할 수 있다는 예감이 유포되었다.

그러한 바람의 약점은 이론적인 전쟁 계획이 일단 시작되면 어떻게 작동할지를 정치인들과 외교관들이 몰랐고 이해하지 못했다는 데에 있었다. 상트페테르부르크의 영국 대사 조지 뷰캐넌George Buchanan[25]과

23. 1863~1925. 1914년 6월 13일에서 8월 3일까지 외무장관과 수상을 겸직했고, 1915년 10월까지 수상직을 유지했다.—옮긴이

24. 1860~1927. 1910년 9월에서 1916년 6월까지 외무장관을 지냈다.—옮긴이

25. 1854~1924. 1910년부터 1917년 혁명 때까지 러시아 주재 대사를 지냈다.—옮긴이

26. 1845~1935. 1907년부터 1차 세계대전 발발 때까지 독일 주재 대사를 지냈다.—옮긴이

27. B. Tuchman, *August 1914*, London, 1962, p. 115

베를린의 프랑스 대사 쥘 캉봉Jules Cambon[26]만이 한 나라가 다른 나라에 대해 동원을 선포하는 행위의 연쇄효과와 일단 부대 배치가 시작되면 일을 돌이킬 수 없다는 사실을 완전히 이해하고 있었다.[27] 뷰캐넌은, 외무부에 보고했듯이, 러시아가 동원하면 독일이 이에 대응하여 동원하고 전쟁을 선포할 수밖에 없음을 이미 러시아에 경고했다. 캉봉도 동일한 결론에 도달했다. 그렇지만 두 사람은 단지 대사일 뿐이었고 공식적이고 간접적인 통신의 시대에 고국에서 너무 멀리 떨어져 있었다. 그래서 두 사람의 의견은 중요하지 않았고, 설상가상 화급함을 전하지 못했다. 중요하게 받아들여진 이야기들은 막 결정을 내리려던 자들, 다시 말해서 파리와 빈, 런던에 있는 차르와 카이저의 측근들의 말이었다. 게다가 이 사람들—각 수도의 소수 장관들과 고위관료들, 군인들—은 많지 않았는데도 가용한 정보를 똑같이 나누지 못했으며, 공유한 정보를 동일하게 이해하지도 않았고, 각 수도 안에서도 견해가 일치되지 않았다. 정보는 일정하지 않게, 때로는 많이 때로는 적게 들어왔고 언제나 불완전했다. 현대의 위기관리센터에는 정보들 사이의 연관성을 따지고 정보를 공개하는 방법이 존재하지만, 당시에는 그런 것이 없었다. 설령 그런 방법이 있었더라도, 1914년의 위기를 실제보다 더 잘 관리했으리라고 확신할 수 없다. 현대의 통신 체계는 이를 통해 정보를 얻으려는 자들에게 과도한 부담을 주고 그래서 생각에 필요한 시간을 빼앗을지 모른다. 반면 1914년에는 부담은 적었지만 사람들이 주어진 사실들 사이의 차이를 메우느라 당혹스러웠기에 시간이 소모되었다. 모든 위기에서 일반적으로 시간은 해결책을 구하는 데 꼭 필요하지만 존재하지 않는 요소다. 시간을 얻는 최선의 방법은 일시 중단하자는 협정을 맺는 것이다.

오늘날에는 지역안보회의나 국제연합처럼 협상을 통해 일시 중단을 얻어낼 기구가 존재한다. 1914년에는 그런 것이 전혀 없었다. 일시 중단이 가능했다면, 이는 선의를 지닌 사람들이 마련해야 했을 것이다.

영국 외무장관 그레이가 그러한 인물이었다. 그레이는 7월 26일 일요일에 4국회의를 제안했으며 월요일 하루를 회의를 소집하려 애쓰며 보냈다. 이것이 유일하게 회람된 제안이었다면, 그레이는 성공했을지도 모른다. 그러나 다른 제안들도 발의되었고 이 때문에 주의가 분산되었다. 월요일에 러시아는 세르비아에 제시된 요구를 완화하는 문제를 두고 오스트리아에 직접 대화를 제안했으며, 동시에 베오그라드의 강대국 대사들에게 반대 방향에서 세르비아의 저항을 약화시키기 위해 압력을 행사하자고 제안했다. 주의 산만에 의도적인 혼란이 덧붙여졌다. 독일 외무부의 고위관료 고틀리프 폰 야고프Gottlieb von Jagow[28]는 영국 대사와 프랑스 대사에게 구두로 독일은 평화를 유지하기를 열망한다고 안심시켰으나, 폭넓은 중재보다는 러시아와 오스트리아 사이의 직접 대화를 선호했다. 그러면서 독일은 오스트리아가 러시아와 대화하도록 하려는 어떤 조치도 취하지 않았다. 독일의 목적은 영국과 프랑스를—프랑스는 월요일 오후에 그레이가 제안한 4국회의에 참여하기로 동의했다—움직이지 못하게 만들 외교 절차를 유지하면서 러시아의 동원을 지연시키는 것이었다. 마지막으로, 방해 행위가 있었다. 빈의 베르히톨트는 그레이의 회담 제안을 알았을 때 그날로 독일 대사에게 "모든 중재 시도를 무산시키기 위해 내일, 늦어도 그 다음날에 전쟁을 공식적으로 선포"할 작정이라고 알렸다.[29]

결국 오스트리아-헝가리는 7월 28일 화요일 세르비아에 전쟁을 선포했다. 이제 서둘렀던 사람은 콘라트보다는 베르히톨트였다. 세르비아 군대와 오스트리아 군대 사이에는 이미 교전이 있었고—오스트리아 국경에 너무 가까운 곳으로 길을 잘못 든 세르비아인들에게 오스트리아가 일제 사격을 가한 일방적인 전투였다—베르히톨트는 이를 전쟁 행위로 간주하기로 했다. 이제 전쟁은 베르히톨트가 암살사건 직후 며칠 동안 생각하던 조건에 따라 원한 것, 다시 말해서 세르비아를 직접 공격하되 더 큰 분쟁으로 복잡해지지 않는 전쟁이 되었다.

28. 1863~1935. 1913년에서 1916년까지 외무장관을 지냈다.—옮긴이

29. L. Albertini, *The Origins of the War of 1914*, Ⅱ, London, 1953, p. 456

한 달간의 지연으로 그러한 단순함이 위협을 받았지만, 베르히톨트는 세르비아와 묵은 원한을 푸는 동안 외교적 활동이 다른 나라들의 돌이킬 수 없는 결정을 지연시키기를 원했다.

베르히톨트는 오스트리아의 전쟁 계획이 신속한 해결을 방해한다는 사실이 밝혀지자 행동에 돌입할 것을 더욱 재촉했다.[30] 콘라트의 병력 삼분 계획—발칸 전선에 '최소' 병력 투입, 폴란드의 러시아에 맞서 주력군 투입, '이동' 병력으로 두 전선을 강화—에 따르면 러시아가 동원하지 않는다는 보장이 없으면 세르비아를 즉각 공격할 수 없었기 때문이다. 육군원수는 베르히톨트에게 이 점을 경고했다. 세르비아 군대는 겨우 16개의 허약한 사단으로 구성된 작은 군대였지만 오스트리아의 '최소' 병력보다는 수적으로 우세했다. 그러므로 세르비아 전쟁을 신속히 끝내버리려면 '이동' 병력의 참여가 작전상 신중한 처신이었다. 그러나 '이동' 병력이 남쪽으로 내려가면, 북쪽의 폴란드에 면한 국경은 위험에 노출될 수밖에 없었다. 따라서 모든 것은 러시아의 다음 조치에 달렸다.

러시아는 이미 많은 일을 했다. 자신들이 세르비아를 단호히 지지한다는 소식에 베오그라드 정부가 태도를 바꾸어 오스트리아의 통첩을 거부한 앞선 토요일, 러시아는 '전쟁준비태세'로 알려진 군사적 조치를 시작했다. 이 절차는 유럽러시아에 주둔한 평시 군대의 작전 준비를 뜻하므로 예방적 조처였을 뿐 다른 강국의 동원을 자극할 의도는 없는 것이었다. 이에 준하는 조처가 독일에서는 '전쟁위험상태 Kriegsgefahrzustand', 프랑스에서는 '방어태세 la couverture'로 국경 배후의 방어 작전을 말한다. 세르비아가 동원했고 같은 날 오스트리아가 세르비아만을 겨냥하여 부분동원령을 내렸으므로 러시아의 조치는 정당하다고 할 수 있다. 프랑스는 이 조치에 대해 통보받았고—프랑스-러시아 조약에 따르면 러시아는 동원 전에 동맹국과 의논해야 했다—러시아 궁의 독일 군사 사절은 "오스트리아를 겨냥한 동원 준비 일

30. G. Tunstall, *Planning for War Against Russia and Serbia: Austro-Hungarian and German Military Strategies, 1871~1914*, N.Y., 1993, p. 83

체가 진행되고 있다는 인상"을 받았다고 베를린에 보고했다.[31] 실제로는 더 많은 일들이 진행되었다. '전쟁준비태세' 밑에서 은밀하게 키예프와 오데사, 모스크바, 카잔—유럽러시아의 절반—의 군사 지구들에 동원 명령이 전달되었고, 이는 7월 27일 월요일에 카프카스, 투르키스탄, 옴스크, 이르쿠츠크까지 확대되었다.

그러므로 훗날 평화의 마지막 주간으로 판명된 한 주가 시작될 때, 비록 러시아군의 절반은 독일에 인접한 폴란드와 백러시아, 발트지역의 군사 지구에 주둔하지는 않았지만, 나머지 절반은 전시 편제에 돌입하고 있었다. 프랑스는 통보를 받았고 승인했다. 실제로 전쟁장관 아돌프 메시미Adolphe Messimy[32]와 참모총장 조프르는 러시아에 최상의 준비태세를 갖추라고 압박하고 있었다.[33] 러시아의 장군들은 어쨌거나 재촉할 필요가 없었다. 러시아의 장군들은 최악의 상황에 대비할 책임이 있다고 생각했으며, 이는 1914년 7월에 어느 나라의 장군이든 마찬가지였다. 러시아 장군들에게 최악의 상황이란 오스트리아를 세르비아에서 전쟁하지 못하도록 저지하려는 자신들의 준비태세에 독일이 자극받아 총동원에 돌입하는 것이었다. 그러한 상황은 이미 진행 중인 자신들의 부분동원이 오스트리아의 총동원을 유발하면 발생할 수 있었다. 러시아로서는 오스트리아가 총동원하면 독일도 총동원할 수밖에 없다고 믿을 만한 충분한 이유가 있었다. 그리하여 7월 28일 화요일에 러시아 참모총장 니콜라이 야누시케비치Nikolai Yanushkevich[34]는 이제 '전쟁준비기간'을 정식 동원 선언으로 대체해야 한다는 데 병참감과 동원참모, 수송참모와 의견을 같이했다.[35] 이들은 개인적으로 전면전을 피할 수 없으리라는 점을 받아들였다. 사건의 연쇄는 이랬다. 러시아의 대오스트리아 부분동원, 오스트리아의 총동원, 독일의 총동원. 그다음, 전쟁은 이 나라들에 엄연한 현실이었다. 이들은 공개적으로는 부분동원만 선포하기로 결정했지만, 부분동원의 명령과 더불어 총동원 명령을 준비하고 있었다. 두 명령서는

31. G. Tunstall, p. 122

32. 1869~1935. 1911년에서 1912년까지, 1914년에 잠시 전쟁장관을 지냈다.—옮긴이

33. L. Albertini, Ⅱ, p. 308

34. 1868~1918. 1914년 3월에서 1915년 9월까지 참모총장을 지냈다.—옮긴이

35. L. Turner in Kennedy, pp. 263~264

36. 1859~1944. 1914년에 러시아 주재 대사를 지냈다.—옮긴이

37. 1871~1941. 이탈리아의 유명한 반파시스트 기자. 3권짜리 『1914년 전쟁의 기원(Le origini della guerra del 1914)』을 저술했다.—옮긴이

38. L. Turner in Kennedy, p. 264

39. L. Albertini, Ⅱ, p. 538

40. L. Turner in Kennedy, p. 264

차르 앞에 동시에 제시되어 서명을 기다렸다.

사조노프는 그 화요일에 오스트리아가 세르비아에 전쟁을 선포했다는 말을 듣고 오후에 프랑스 대사 모리스 팔레올로그Maurice Paléologue[36]와 의논한 후—이 전쟁의 기원을 연구한 위대한 역사가 루이지 알베르티니Luigi Albertini[37]는 팔레올로그가 "이제 분명히 〔부분동원〕 결정을 승인하고 프랑스의 연대를 약속했을 것이다"라고 결론 내렸다—(베를린을 제외하고) 빈과 파리, 런던, 로마에 전보를 보내 이 소식을 전하며 "러시아는 독일을 공격할 의도가 없다는 점을 강조하여" 독일 정부에 이를 알려야 한다고 요구함으로써 이 전쟁 선포가 불가피하게 야기할 공포를 완화하려 했다.[38] 그랬는데도 그날 저녁 야누시케비치는 모든 군사 지구에 "7월 30일이 우리의 총동원 첫날로 선포될 것"이라고 통지했으며, 이튿날 사조노프를 면담한 뒤 차르를 알현하여 부분동원은 물론 총동원 명령서에도 서명을 받아냈다.[39] 오후에 동원참모는 유관 장관들의 서명을 확보했고—매우 독실한 정교회 신자였던 내무장관은 성호를 그은 다음에야 서명했다—, 저녁에 병참감은 상트페테르부르크 중앙전신국에서 명령서를 전송했으며 파병을 준비했다.

이 총동원 명령의 결정은 "아마도 제정 러시아 역사에서 …… 가장 중요한 결정일 것이며 유럽의 대전을 회피할 가능성을 사실상 산산이 부수어버렸다."[40] 이는 또한 불필요한 결정이기도 했다. 사조노프는 7월 29일 밤에 다뉴브 강가에서 오스트리아 포함이 베오그라드를 포격한다는 사실을 알고 병력을 지원한 것 같다. 공격은 매우 어려웠다. 다뉴브 강과 사바Sava 강이 합류하는 지점의 베오그라드 고지대 꼭대기를 차지하고 있는 터키 요새 칼레메그단Kalemegdan은 중포만 아니라면 그 어느 공격에도 끄떡없는 것으로, 오늘날까지 상처를 입지 않았다. 넓은 전선에서 오스트리아가 동원했다고 해서 러시아의 안전이 위협받지는 않았다. 실제로 오스트리아의 세르비아 전쟁 계획

은 오스트리아가 다른 곳에서 더 큰 전쟁을 수행할 가능성을 배제했다. 세르비아 군대는 비록 작았지만 이미 입증된 전투력은 말할 것도 없고 그 규모로 보아도 이들에 대적하려면 오스트리아의 계산으로도 오스트리아 가용 전력의 절반 이상이 필요했다. 오스트리아의 '최소' 병력과 '이동' 병력을 합하면 28개 사단이었고, 나머지 20개 사단은 러시아령 폴란드를 공격하기에는 너무나 적었다. 게다가 세르비아의 내지는 전투하기에 어려운 땅으로 산이 많고 도로가 거의 없으며 숲이 짙은 지역이어서 신속한 결판을 바라는 공격군을 크게 지연시킬 가능성이 높았다. 그런 상황은 정확히 1915년의 한 사례에서 증명된다. 그때 독일과 오스트리아, 불가리아가 여러 방향에서 세르비아를 공격했지만 전투를 끝내는 데 두 달이 걸렸다.[41]

그러므로 7월 29일에 러시아는 안보나 전반적인 평화를 위협당하지 않고 세르비아를 포기하지도 않으면서 자국 영토 안 깊숙한 곳에서 부분적인 동원에 그칠 수도 있었을 것이다. 독일 접경 군사 지구에서의 동원을 포함하는 총동원은 전면전을 의미했다. 그 끔찍한 가능성은 이제 유럽의 모든 수도에서 구체화되고 있었다. 타국의 군사적 준비태세를 가장 크게 두려워했던 자들, 즉 야누시케비치와 몰트케, 콘라트, 조프르는 불의의 일격을 당하지 않기 위해 자국의 준비태세를 살폈다. 전쟁을 이보다 약간 덜 두려워했던 자들은 미봉책을 찾느라 헤맸다. 독일 총리 베트만 홀베크 같은 사람이 그랬다. 홀베크는 이미 상트페테르부르크의 독일 대사에게 "러시아가 동원 조치를 내리면 우리도 동원할 수밖에 없을 것이며, 그렇게 되면 유럽의 전쟁은 거의 피할 수 없다"고 사조노프에 경고하라는 지시를 내렸다.[42] 카이저도 이 부류였다. 7월 29일 오후, 카이저는 사촌인 차르에게 영어로 전보를 보내 "발생할 수 있는 난제를 원만히 수습하라"고 열심히 설득했다. 차르는 답신에서 애처롭게 암시했다. "오스트리아-헝가리 문제를 헤이그 회의에 넘기는 것이 옳을 것이다." 차르의 발상으로 태

41. L. Turner in Kennedy, p. 265

42. J. Edmonds, *A Short History of World War One*, Oxford, 1951, pp. 130~133

43. L. Albertini, Ⅱ, p. 491

44. L. Albertini, Ⅱ, p. 555

45. 1848~1930. 1897년에서 1916년까지 해군장관을 지냈다.—옮긴이

어난 무력한 헤이그 회의는 1915년에야 다시 소집될 예정이었다.[43] 그 날 저녁 늦게 카이저가 보낸 두 번째 전보가 차르에게 전달되었다. 카이저는 "러시아가 오스트리아와 세르비아 사이의 분쟁에서 구경꾼으로 남음으로써 유럽을 역사상 가장 잔혹한 전쟁에 끌어들이지 않는 것은 실로 가능하다"라고 얘기했으며 또다시 자신을 중재자로 표현하며 끝을 맺었다. 차르는 이 전보를 받자마자 전쟁장관에 전화를 걸어 총동원을 취소하라고 명령했다. 결국 부분동원의 명령만 내려졌다. 차르가 적시에 개입한 것이다. 7월 29일 저녁 9시 30분 러시아 병참감은 실제로 상트페테르부르크 중앙전신국에서 타자수가 전보 양식에 명령을 입력할 때 지켜보고 있었다.[44]

이 취소는 평화 모색 노력이 요구했던 일시 중단을 가져왔어야 했다. 이튿날인 7월 30일 목요일이 시작될 때, 영국은—유럽의 전면전에 개입할 것인지 아닌지 밝히기를 거부했지만—여전히 중재안을 마련하려 애쓰고 있었고, 프랑스는 실질적인 경계 조치를 취하지 않았으며, 오스트리아의 동원된 부대는 세르비아를 향해서만 진격했고, 독일은 부대를 전혀 동원하지 않았다. 그럼에도 독일 군대의 지휘관들은 크게 불안해하고 있었다. 전쟁장관 폰 팔켄하인 장군이 볼 때, 러시아의 부분동원은 총동원과 마찬가지로 위협적이었다. 러시아는 부분동원령을 내림으로써 슐리펜 계획의 아슬아슬한 시간 균형을 무너뜨리는 데 착수했다. 폰 팔켄하인은 즉시 동원을 원했지만, 베트만 홀베크는 그렇지 않았다. 홀베크는 여전히 베르히톨트가 러시아를 직접 상대하여 세르비아 공격을 국지전으로 받아들이도록 설득하기를 바라고 있었다. 참모총장 몰트케는 덜 호전적이었지만 최소한 러시아의 준비에 맞설 '전쟁위험상태'의 선포는 원했다. 몰트케는 자신이 원하는 대로 하기 위해 베트만이 1시에 소집한 회의에 팔켄하인과 해군장관 알프레트 폰 티르피츠Alfred von Tirpitz[45] 제독과 함께 참석하고자 했다. 몰트케는 원하는 것을 얻는 데 실패했지만, 그 직후 알아낸 사실

에 너무나 놀란 나머지 어떤 수단을 써서라도 즉시 총동원을 얻어내야 한다고 결심했다. 참모본부에 파견된 오스트리아 연락장교는 몰트케에게 오스트리아의 현재 작전 계획을 대강 전달했고 몰트케는 전쟁이 발발할 경우 이 계획이 독일의 동부전선을 절망적인 상태에 내던지리라는 사실을 그 즉시 간파했다. "그 사람에게 필요한 병력은 (오스트리아령 폴란드에) 공격 준비를 갖춘 오스트리아-헝가리 사단 40개였지만, 얻은 것은 방어 태세에 있는 25개 사단뿐이었다."[46] 몰트케는 그 자리에서 오스트리아 무관에게 극도의 불안을 드러냈고, 그날 저녁 늦게 참모총장으로서 다른 참모총장인 빈의 콘라트에게 전보를 보냈다. "러시아의 동원에 강력하게 맞서라. 오스트리아-헝가리는 틀림없이 보호받을 것이다. 러시아에 맞서 즉각 동원령을 내려야 한다. 독일이 동원할 것이다."

그로써 몰트케는 군국주의적인 독일에서도 자신의 권한을 크게 넘어섰다. 총리와 카이저가 여전히 오스트리아를 설득하여 전쟁을 세르비아에 국한하고 그 목표를 제한하도록 애쓰고 있었기에 몰트케의 참견은 한층 더 비난받을 만했다. '베오그라드에서 멈추라'가 당시의 경구였다. 베르히톨트가 이튿날인 7월 31일 아침에 전보를 보고 놀라움을 표한 것은 이해할 만했다. "이 얼마나 이상한 일인가! 누가 정부를 움직이는가? 몰트케인가 베트만인가?" 그런데도 베르히톨트는 몰트케를 따랐다. 베르히톨트는 콘라트에게 "나는 독일이 손을 떼고 있다는 인상을 받았다. 그러나 지금 나는 책임 있는 군부로부터 최고로 안심이 되는 견해를 전달받았다"라고 말하면서 총동원 명령서를 마련하여 오전 늦게 황제 프란츠 요제프 앞에 제시했다.[47] 명령서는 정오 직후 서명과 함께 되돌아왔고 즉각 공포되었다.

그 선언은 분명 차르로 하여금 총동원을 취소한다는 7월 29일 저녁의 결정을 재고하게 했을 것이다. 실제로 그 결정은 이미 재고되었다. 7월 30일 화요일 내내 외무장관 사조노프, 전쟁장관 수호믈리노

46. L. Albertini, Ⅱ, p. 557

47. W. Jannon, p. 220

프, 참모총장 야누시케비치는 차르에게 자신들의 걱정을 지겹도록 얘기했다. 차르는 발트 해 연안의 여름 별장에 머물며 수영하고 테니스를 치고 혈우병을 앓고 있는 아들의 출혈을 걱정하며 평화의 희망을 버리지 않았고 사촌 카이저의 선의를 신뢰했다. 선량했으나 짜증스러울 정도로 일을 피하는 인물인 차르는 오전 내내 이들의 논거를 물리쳤다. 오후에 사조노프는 차르와 대면하기 위해 기차를 타고 페테르호프Peterhof[48]로 떠났다. 사조노프는 매우 흥분한 상태였다. 사조노프가 앞서 만났던 프랑스 대사 팔레올로그는 사조노프가 위기를 심화시키는 것을 막는 데 아무런 도움도 되지 못했다. 듣기 거북할 정도로 애국심을 들먹거린 인사였던 팔레올로그는 이미 전쟁이 불가피하리라고 믿고 전쟁이 발발했을 때 러시아의 확실한 참여만을 원했던 것 같다.[49] 사조노프는 결코 전쟁을 원하지 않았지만 흥분하기 쉽고 민감한 성격의 소유자였기에 불리한 처지에 놓일 수 있다는 장군들의 경고에 긴장했다. 게다가 사조노프는 발칸지역을 장악해야 한다는 러시아의 강박관념을 강하게 갖고 있었고, 따라서 적대국이 지중해와 더 넓은 세계로 이어지는 러시아의 흑해 출구인 보스포루스Bosporus 해협을 지배하는 것을 두려워했다. 7월 30일 목요일 오후 3시에서 4시 사이에 사조노프는 자신의 근심을 차르에게 자세히 설명했다. 이야기를 들은 차르는 창백해졌고 긴장했으며 이따금 그답지 않게 초조함을 내비쳤다. 카이저에게 보냈던 차르의 개인 사절 타티스체프Tatistchev도 배석했는데 한순간 이렇게 말했다. "결정하기가 어렵습니다." 차르는 거칠고 불쾌한 어조로 대답했다. "나는 결정할 것이다."[50] 곧 차르는 결정을 내렸다. 사조노프는 접견실을 떠나 야누시케비치에게 전화를 걸어 총동원을 선포하라는 명령을 전했다. 사조노프는 이렇게 말하며 전화를 끊었다. "이제 당신은 전화통을 박살내도 좋다." 앞서 야누시케비치는 총동원 명령을 다시 한 번 받는다면 전화통을 깨부수고 취소할 수 없을 정도로 동원이 진척될 때까지 숨어버리겠다

48. 핀란드 만의 해변 마을. 표트르 대제의 명령으로 여러 궁전과 정원이 건설되었다.—옮긴이

49. L. Albertini, Ⅱ, p. 674

50. W. Jannon, p. 239

고 위협했었다.

51. L. Albertini, Ⅱ, p. 572

시간이 왔다. 그날 저녁, 상트페테르부르크와 러시아의 모든 도시에 동원을 고지하는 벽보가 나붙었다. 예비군들은 이튿날인 7월 31일 금요일부터 소속된 보충대에 입소해야 했다. 러시아 사람이라면 누구나 알고 있던 내용은 그날 저녁 늦게까지 런던과 파리에 공식적으로 전달되지 못했다. 그 이유는 한 번도 제대로 해명된 적이 없다. 이를테면 영국 대사는 전보를 타전하면서 꾸물거렸고, 팔레올로그의 전보는 납득할 수 없는 이유로 지연되었다. 독일은 그 정도로 정보가 부족하지 않았다. 독일은 금요일 아침에 이미 알고 있었다. 10시 20분에 상트페테르부르크에 있는 대사 푸르탈레스Pourtalès가 보낸 전보 '7월 31일, 동원 첫날'이 도착했다.[51] 바로 몰트케가 듣고 싶었던 얘기였다. 이제 몰트케는 자신이 필수적이라고 여겼던 군사적 대비 조치를 취할 허가를 받아낼 것이었다. 이는 베트만 홀베크가 듣고 싶지 않았던 얘기였다. 홀베크는 전보가 도착하는 순간까지 오스트리아를 러시아와 직접 협상하도록 만들 수 있으며 러시아로 하여금 세르비아 전쟁을 국지전이요 제한적 전쟁으로 받아들이게 할 수 있다는 희망을 버리지 않았다. 이제 홀베크는 불가피한 것으로 드러난 상황을 수용해야만 했다. 12시 30분에 오스트리아의 총동원 소식이 전해졌다. 독일은 그 후 30분 뒤에 '전쟁위험상태'를 선언했다.

'전쟁위험상태'는 동원을 수반하지 않은 국내적 조치였다. 그렇지만 독일은, 오스트리아와 러시아가 동원하는 상황에서, 러시아가 총동원을 번복하지 않는다면 자신들도 동원해야 한다고 결론 내렸다. 그런 취지의 최후통첩이 7월 31일 오후 3시가 지난 직후 상트페테르부르크와 파리에 전달되었다. 이 문제에 관련된 문장은 각각 이와 같았다. "러시아가 우리와 오스트리아-헝가리를 겨냥한 전쟁 조치를 전부 중단하지 않는다면 〔독일의〕 동원이 뒤따를 것이다." 최후통첩은 러시아에 12시간 이내에 "그러한 취지의 확실한 보장"을 요구했고

52. L. Albertini, Ⅲ, p. 31

프랑스에 보낸 최후통첩은 "동원은 필연적으로 전쟁을 의미한다"는 경고를 담았고 "18시간 이내에 …… 러시아-독일 전쟁에서" 중립을 선언하라고 요구했다.[52]

그리하여 34일 전에 사라예보 암살사건으로 시작된 위기는 7월 31일 오후에 중대한 시점에 이르렀다. 실제 위기가 지속된 기간은 이보다 훨씬 더 짧았다. 6월 28일의 암살사건부터 7월 2일에 오스트리아의 사법 조사가 종결되고 음모자들이 자백하기까지가 닷새였다. 오스트리아가 일방적인 행동을 결정하고 세르비아의 보호자인 러시아의 개입을 유발할 가능성이 크지 않은 상태에서 결정을 실행에 옮길 수 있었던 때는 그 직후의 기간이었다. 그러나 오스트리아는 그 대신 독일의 지원 보장을 구했고 7월 5일에 약속받았다. 암살사건으로부터 8일이 경과되었다. 이후 이어진 19일간의 휴지기에 오스트리아는 프랑스 대통령의 공식방문이 끝나는 7월 24일까지 기다렸다. 그러므로 위기는 7월 24일 오스트리아의 (48시간) '시한이 첨부된 통첩'이 전달된 시점부터 진짜 시작되었다고 할 수 있다. 외교적 대치가 돌연 전쟁의 위기로 급변한 때는 시한이 종료된 후, 암살사건이 발생한 지 28일째 되는 날인 7월 25일 토요일이었다. 관계자들은 이 위기를 예상하지 못했다. 오스트리아는 단순히 (비록 단독으로 행동할 용기가 없었지만) 세르비아를 처벌하고자 했을 뿐이었다. 독일은 외교적 승리를 거두어 동맹국인 오스트리아가 유럽인들의 눈에 더욱 강하게 남기를 바랐다. 전쟁을 원하지 않았던 것이다. 러시아도 분명코 전쟁을 원하지 않았지만 세르비아에 대한 지원이 전쟁의 위험을 조금씩 강화시키리라는 점도 똑같이 계산하지 못했다. 암살사건 후 33일째인 7월 30일, 오스트리아는 세르비아와 전쟁 중이었지만 아직 아무 일도 하지 않았으며 총동원을 해놓고도 러시아에 맞서 부대를 집결시키지도 않았다. 러시아는 부분동원령을 선포했지만 어느 나라를 향해서도 병력을 배치하지 않았다. 독일의 참모총장은 그때쯤이면 동원을 희망했지만, 독일의 카이저와 총리는 여전히 오스트리아와 러시아를 협상으로 이끌어 동원을 번복하게 할 수 있다고 믿었다. 프랑스는 아직 동원하지 않았으나 독일이 자국을 겨냥하여 동원하리라는 두려움은 점점 더 커지고 있었다. 7월 25일 토요일에야 위기의 진정한 위험성을 자각한 영국은 7월 30일 목요일에도 여전히 러시아가 세르비아를 처벌하려는 오스트리아를 용인하기를 희망하는 한편, 프랑스를 궁지에 빠뜨리지 않겠다고 결심했다.

그러므로 위기를 전쟁과 평화의 양자택일 문제로 만든 것은 러시아가 총동원령을 내렸다는 소식이 널리 퍼지고 독일이 러시아와 프랑스에 최후통첩을 보낸 7월 31일의 사건이었다. 이튿날, 암살사건 후 35일째 되던 8월 1일, 독일이 러시아에 보낸 최후통첩을 철회하거나 러시아가 독일의 최후통첩을 수용하지 않는다면, 독일은 러시아에 맞서 동원할 것이고 따라서 프랑스에 보낸 독일의 최후통첩의 문구를 빌리자면 "전쟁은 불가피"하게 되어 있었다. 그렇지만 독일이 최후통첩을 철회하거나 러시아가 최후통첩을 수용하는 것은 강국의 지위에 걸맞지 않은 일이었다. 1892년 프랑스-러시아 조약의 조건에 따르면 독일이 동원하면 양국도 동원해야 했고, 어느 한 나라가 독일의 공격을 받는다면 양국이 합동으로 독일과 전쟁에 돌입하게 되어 있었다. 7월 31일 러시아의 답변시한인 12시간과 프랑스에 주었던 18시간이 다 흐르자, 잠재적 교전국들은 거의 맞부딪칠 찰나에 있었다. 그러나 아직도 희망은 있었다. 1892년의 프랑스-러시아 조약을 엄격하게 해석하면, 독일이 둘 중 어느 한 나라를 실제로 공격해야 양국은 독일에 맞서 전쟁할 수 있었다. 독일이 동원하면 양국도 동원만 할 수 있었다. 독일이 전쟁을 선포해도 군사적 조치가 뒤따르지 않는다면, 조약은 발효되지 않을 것이었다. 그런데도 독일은 자국의 동원은 곧 러시아에 대한 전쟁을 뜻한다고 프랑스에 경고했으며, 강대국들 사이의 전쟁 발발에 전투가 뒤따르지 않는 것은 20세기 초 유럽에서 있을 수

53. L. Albertini, Ⅲ, p. 40

54. L. Albertini, Ⅲ, pp. 73~74

없는 일이었다. 독일이 러시아에 최후통첩 수용 시한으로 주었던 12시간은 합리적인 판단으로 보건대 마지막 12시간의 평화였다. 그 12시간은 프랑스에서는 부정확했다. 러시아에 최후통첩을 보냈다는 소식을 전하게 된 파리 주재 독일 대사인 빌헬름 프라이헤어 쇤Wilhelm Freiherr Schoen은 7월 31일 오후 6시에 프랑스 외무부에 도착했는데 12시간의 시작과 끝이 어디인지 정확히 알지 못했지만—자정부터 이튿날 정오까지였다—그때쯤이면 정확한 시각이란 무의미했다. 전쟁은 이미 반나절이나 지나갔다.[53]

7월 31일에 프랑스 군대의 견해는 분명 그러했다. 진실이든 과장이든 독일이 군사적 준비태세에 들어갔다는 소식에 '침착함의 표본'이었던 조프르조차도 근심에 휩싸였다. 7월 29일에 야누시케비치를 괴롭히고 7월 30일에 몰트케를 괴롭혔던 만큼이나 뼈아프게 조프르를 괴롭혔던 것은 우세를 빼앗긴다는 두려움이었다. 조프르는 병사들이 아직도 막사에 있는 동안 독일군 부대가 은밀히 자국 병사들이 배치된 지점까지 접근할 것이고 자국 예비군들이 여전히 집에 있을 때 독일의 예비군들은 집결부대에서 장비를 갖출 것이라고 예견했다. 7월 31일 금요일 오후에 조프르는 전쟁장관 메시미에게 짧은 메모를 전달했는데, 이는 당대의 군사 전문가들이 지녔던 정신 상태를 1914년 7월 위기의 그 어느 문서보다도 더 잘 요약하고 있다.

오늘 저녁부터 시작하여 우리의 예비군들을 소집하고 방어 작전을 지시하는 명령을 내보내는 데 24시간 이상 지체가 있다면 하루 지연에 15킬로미터에서 25킬로미터까지 집결지에서 후퇴하는 결과가 초래된다는 점을, 달리 말하자면 그만큼 우리 영토를 포기해야 한다는 사실을 정부가 이해하는 것이 절대적으로 필요하다. 최고사령관은 이러한 책임의 수용을 거부해야만 한다.[54]

그날 저녁 조프르는 대통령에게 즉시 총동원령을 내릴 것을 정식으로 요청했다. 이튿날 오전 내각은 조프르의 요청을 논의했고, 그날 오후 4시에 8월 2일을 동원 첫날로 선포했다.

프랑스는 도발하는 듯한 인상을 피하기 위해 독일이 동원을 선언할 때까지 동원 선포를 늦추려 했다. 실제로 프랑스의 명령이 독일의 명령보다 앞섰지만 겨우 한 시간 차이밖에 나지 않았으므로 그러한 인상은 주지 않았다. 게다가 두 시간 후 상트페테르부르크의 독일 대사는 사조노프에게 전쟁 선포를 통고했다. 현지 시각으로 8월 1일 토요일 저녁 7시가 지난 직후였다. 감정이 격앙된 상태에서 언쟁이 오갔다. 상호 간에 비난이 오갔으며, 후회, 포옹, 눈물이 이어졌다. 독일 대사는 사조노프의 방에서 "비틀거리는 발걸음으로" 떠났다.[55]

그러나 돌이킬 수 없는 상황은 아직 아니었던 것 같다. 차르는 독일 국경을 침범하지 말아줄 것을 간곡히 청하는 카이저의 전보에 힘입어 여전히 전쟁을 막을 수 있다고 기대했다. 반면 카이저는 프랑스가 공격 받지 않는다면 영국은 중립을 지킬 것이라는 믿음을 확고히 간직했고 몰트케에게 슐리펜 계획을 취소하고 군대를 동쪽으로 돌리라고 명령했다. 기겁한 몰트케는 문서 작업에만 1년이 걸린다고 설명했으나 슐리펜 계획의 필수 예비단계인 룩셈부르크 침공을 취소하라는 명령을 받았다.[56] 8월 1일 토요일 런던에서 프랑스 대사 폴 캉봉 Paul Cambon[57]은 입장 표명을 거부하는 영국에 절망했다. 영국은 위기 내내 이전에도 흔히 그랬듯이 관계 당사국들이 직접 대화를 통해 난제를 해결한다는 이상을 추구했다. 영국은 어느 나라와도 조약으로 구속되지 않은 따로 떨어진 강국으로서 프랑스를 포함하여 모든 나라에 자국의 의도를 숨겨왔다. 이제 프랑스는 양국 간의 협약에 효력을 부여해야 한다고 요구했다. 영국은 공공연히 프랑스를 지원한다고 선언할 것인가? 만일 그렇다면 어떤 문제에 관해서 언제 지원하겠다고 선언할 것인가? 영국인들도 몰랐다. 토요일과 8월 2일 일요일까지 내각은 행동의 진로를 논의했다. 벨기에의 중립을 보장하는 1839

55. L. Albertini, Ⅲ, pp. 69~70

56. L. Albertini, Ⅲ, p. 183

57. 1843~1924. 1898년부터 1920년까지 런던 주재 대사를 지냈다. 대전이 발발할 때 독일 주재 대사였던 쥘 마르탱 캉봉의 형이다.—옮긴이

년의 조약은 영국에 행동에 나서라고 강요했지만, 그 중립은 아직 지켜지고 있었다. 영국은 7월 29일까지 명확히 해달라고 요구했던 독일에 그랬듯이 프랑스에 확고한 답변을 할 수 없었다. 준비 조치는 이미 취해왔다. 함대는 주요 전쟁 항구로 파견되었고, 프랑스는 매우 은밀하게 영국 해군이 영국해협 해안을 보호할 것이라는 보장을 받았다. 그러나 내각은 그 이상 나아가려 하지 않았다. 그다음, 8월 2일에 독일은 이번에는 벨기에에 프랑스에 대한 작전에서 그 영토를 이용해야겠다고 요구하고 만일 거절할 경우 적으로 취급하겠다고 위협하는 마지막 최후통첩을 전달했다. 이 최후통첩의 시한은 24시간으로 8월 3일 월요일에 종료되었다. 그날은 독일이 프랑스 항공기가 자국 영토를 침범했다고 주장하며 프랑스에 전쟁을 선포하기로 결정한 날이었다. 영국 내각이 마침내 벨기에에 대한 최후통첩은 전쟁의 이유라는 결정을 내렸기에, 이 통첩의 종료는 돌이킬 수 없는 사건으로 판명되었다. 8월 4일 화요일, 영국은 이미 시작된 벨기에에 대한 독일의 군사 작전을 자정까지 중단하라고 요구하는 자체의 최후통첩을 전달했다. 중단하겠다는 답변은 오지 않았다. 그리하여 영국은 프랑스, 러시아와 함께 자정을 기해 독일과 전쟁에 돌입했다.

1차 세계대전은 아직도 확실하게 시작되지 않았다. 오스트리아는 8월 5일까지 러시아에 전쟁을 선포하지 않을 수 있었고 한 주 뒤에도 여전히 영국, 프랑스와 교전하지 않았다. 8월 12일 이 두 나라가 전쟁을 선언하면서 오스트리아도 태도를 결정하게 되었다. 삼국동맹에서 오스트리아-헝가리와 독일의 동맹국인 이탈리아는 조약의 엄격한 조건에 따라 중립을 선언했다. 최초 위기의 원인 제공자인 세르비아는 잊혔다. 전쟁은 이후 14개월이 지나는 동안 그 작은 왕국에 찾아오지 않았다.

4 장

국경과 마른 강의 전투

THE FIRST WORLD WAR

4 | 국경과 마른 강의 전투

전쟁의 발발로 정치인들은 불길한 예감에 휩싸였지만, 모든 교전국 수도에서 대중은 엄청난 열기로 전쟁의 선포를 환영했다. 거리를 메운 군중은 소리치고 환호하며 애국적인 노래를 불러댔다. 상트페테르부르크에서 프랑스 대사 모리스 팔레올로그는 겨울궁전 광장을 찾아가느라 애를 써야 했다. "그곳에는 엄청난 군중이 차르를 표현한 깃발과 휘장, 조상, 초상을 들고 집결해 있었다. 황제가 발코니에 나타났다. 전 군중은 즉시 무릎을 꿇고 러시아 국가를 불렀다. 그 순간 무릎을 꿇은 수천 명의 사람들에게 차르는 진정 신이 임명한 전제군주였으며 민족의 군사적, 정치적, 종교적 지도자였고 그 신체와 영혼의 절대적인 주인이었다."[1] 그날은 8월 2일이었다. 8월 1일에 독일의 왕국 바이에른의 수도인 뮌헨의 오데온 광장Odeonsplatz에는 동원 선포를 듣기 위해 똑같이 군중이 모여 있었다. 그중에는 아돌프 히틀러도 있었는데 히틀러는 "나는 그 순간의 열광에 넋을 빼앗겼다는 사실을 인식하고도 부끄럽지 않았다. …… 맥없이 무릎을 꿇었으며 그러한 순간을 경험할 수 있도록 은총을 베풀어준 데 대해 가슴 속 깊은 곳에서부터 하늘에 감사했다."[2] 베를린에서 카이저는 격앙된 군중에 연설하기 위해 암회색 제복을 입고 왕궁의 발코니에 등장했다. "독일은 중대한 시점을 맞이했다. 사방의 질시하는 민족들이 우리로 하여금 정당방위에 나서도록 압박하고 있다. 우리는 어쩔 수 없이 검을 들고 있다. …… 그리고 이제 나는 그대들 모두에게 교회에 가서 하느님 앞에 무릎을 꿇고 우리의 용감한 군대를 도와주십사 기도할 것을 명한다." 베를린 성당에서 카이저의 목사는 거대한 회중을 인도하여 시편 130편을 낭송했고 오라니엔슈트라세Oranienstrasse 회당에서 랍비는 승리를 위한 기도회를 이끌었다.[3]

1. M. Paléologue, *An Ambassador's Memoirs*, Ⅰ, London, 1923, p. 52

2. A. Bullock, *Hitler*, p. 45

3. L. Moyer, *Victory Must Be Ours*, London, 1995, pp. 72~73

4. 프랑스의 국가.—옮긴이

5. 짧은 챙이 달린 원통 모양의 프랑스군 모자.—옮긴이

6. A. Grasser, *Vingt jours de guerre aux temps héroïques*, Paris, 1918, pp. 35~36

7. R. Cobb, 'France and the Coming of War' in Evans and Strandmann, p. 133

런던에서도 8월 5일에 비슷한 장면이 연출될 예정이었다. 파리에서 군중을 불러 모은 것은 동원 소집된 파리의 연대들이 동부역Gare de l'Est에서 북부역Gare du Nord으로 출발한 이동이었다. 어느 보병 장교는 이렇게 전했다. "아침 6시에

> 아무런 신호도 없이, 기차는 서서히 증기를 내뿜으며 역을 빠져나갔다. 그 순간, 매우 자연스럽게, 마치 연기를 뿜다가 갑자기 화염으로 타오르는 불처럼 거대한 함성소리가 터져 나오며 수천 명의 입에서 라마르세예즈La Marseillaise[4]가 울려 퍼졌다. 모든 병사들이 기차의 창가에 서서 케피képi 모자[5]를 벗어 흔들었다. 통로와 승강장, 옆 객차에서 군중이 손을 흔들어 화답했다. …… 군중은 모든 역에, 모든 차단봉 뒤에, 도로가의 모든 창문에 모여 있었다. 사람들이 손수건과 모자를 흔드는 동안, 어디서나 '프랑스 만세! 군대 만세!'의 외침을 들을 수 있었다. 여인들은 키스를 보냈고 수송열차 위에는 꽃이 가득 쌓였다. 젊은이들은 이렇게 외쳤다. '안녕! 다시 만납시다!'"[6]

대부분의 젊은이에게 소집 통보는 너무나 갑작스러웠다. 아직 소집되지 않은 예비군들은 이미 자신들의 일을 정리하고 있었다. 대부분의 조직에서 규정된 입소 신고일 전날은 가족과 고용주에게 작별을 고하는 '자유일'이었다. 탁월한 프랑스사가 리처드 콥Richard Cobb은 이렇게 기록했다. "마치 파리 사람들이 돌연 〔이상한 나라의〕 앨리스에 나오는 트럼프, 요일, 새로운 종류의 달력의 날짜가 된 것처럼, 서로 완전히 모르는 사람들이 기괴한 방식으로 말을 거는 것을 들을 수 있었다. '당신은 무슨 요일인가?' 다른 사람이 답변을 하기도 전에 말을 이었다. '나는 첫날이오.'(마치 '쳐부숴라'라고 암시하는 듯하다.) '나는 아홉째 날이오.'('운이 나쁘군, 당신은 재미를 못 볼 거야. 그때쯤이면 다 끝날 테니까.') '나는 세 번째. 너무 오래 기다릴 필요는 없겠지.' '나는 열한 번째.'('그런 순서라면 베를린에 닿지도 못할걸.')"[7] 독일의 어느 사

관 후보 예비군은 이런 절차를 통해서 어떻게 개인들이 모였는지 좀 더 단조롭게 설명하고 있다. 이 남자는 복무 서류에 따르면

> 동원 이틀째에 가장 가까운 야전포병연대에 입소신고를 해야 했다. …… 내가 8월 3일에 브레멘Bremen에 도착했을 때, 나의 가족은 정신이 나가 있었다. 식구들은 내가 벨기에인들에게 체포되어 총살당했다고 생각했다. …… 8월 4일 나는 군대에 예비군으로 입소했고 제18예비군 야전포병연대 소속이라는 말을 들었다. 이 연대는 약 75마일 〔떨어진〕 함부르크 근처의 베렌펠트Behrenfeld에 포진하고 있었다. 친척들은 우리가 집결해야 하는 건물 근처에 올 수 없었다. 나는 틈이 보이자 곧 내 가족이 알 수 있도록 작은 소년 편에 전갈을 보냈다. …… 친척들은 기차 승강장에도 올 수 없었고, 적십자사 직원들만이 나타나서 우리에게 무료로 엽궐련과 담배, 사탕을 나누어주었다. 군용열차에 올라탄 나는 보트 클럽과 테니스 클럽에서 잘 알던 친구들을 만나 기뻤다. …… 8월 6일 나는 이전에 입어본 적이 없던 암회색 군복을 지급받았다. 회녹색 군복에는 빛깔이 선명하지 못한 단추가 달려 있었고, 철모는 장신구들이 햇빛에 번쩍이지 않도록 회색 천으로 뒤집어 쌌으며, 높이 올라오는 갈색 승마화는 매우 무거웠다. …… 사병 전체와 대다수의 장교는 예비군이었지만 지휘관은 정규군이었다. …… 하사관은 대부분 정규군이었다. 말도 예비 말이었다. 말 주인들—운동선수, 사업가, 농부—은 소유한 말을 정기적으로 등록해야 했고 군은 이 말들이 어디에 있는지 언제나 파악하고 있었다.[8]

사람처럼 말도 8월 첫 주에 유럽 전역에서 수십만 마리가 소집되었다. 규모가 작은 영국 육군도 기병이 탈 것과 대포를 견인할 짐승, 연대의 수송마차용으로 16만 5,000마리를 끌어모았다. 오스트리아군은 60만 마리, 독일은 71만 5,000마리, 24개 기병사단을 보유한 러시아는 100만 마리 이상을 동원했다.[9] 1914년의 군대는 말에 의존했다는 점에서

8. F. Nagel, *Fritz*, Huntington, 1981, pp. 15~19

9. A, Bucholz, p. 163

10. 독일군 보병 12연대(Grenadier-Regiment Prinz Karl von Preußen). 제2브란덴부르크 연대.—옮긴이

11. 1868~1951. 독일의 작가. 다수의 소설과 희곡 외에 참전 경험을 담은 회고록을 썼다.—옮긴이

12. 쾰른의 다리.—옮긴이

13. A. Bucholz, p. 278

14. Chemin de Fer du Nord, Chemin de Fer du l'Est, Chemin de Fer du l'Ouest, Companie des chemins de fer de Paris à Lyon et à la Méditerranée(PLM), Chemin de Fer de Paris à Orléans et du Midi(POM)—옮긴이

15. R. Cobb in Evans and Strandmann, p. 136

여전히 나폴레옹시대의 군대였다. 참모장교들은 말과 병력의 비율을 1 대 3으로 계산했다. 제12브란덴부르크 척탄병연대[10]의 예비군 장교였던 발터 블룀Walter Bloem[11]은 슈투트가르트에서 동원되었을 때 두 마리 말을 위해 자기 짐만큼이나 많은 짐을 꾸렸다. "내 여행가방, 갈색 군용배낭, 마구 상자 두 짝에 …… '전쟁 수화물, 직송'이라는 붉은색 특별 꼬리표를 달아" 기차에 실어 프랑스 국경의 메츠Metz로 먼저 보냈다.

기차는 1914년에 전쟁터로 떠난 모든 사람들의 기억을 가득 채우게 된다. 독일 참모본부의 철도 담당 부서는 동원 시기에 1만 1,000량의 이동 예정표를 작성했으며, 8월 2일에서 18일 사이에만 최소한 2,150량의 수송열차가 호엔촐레른 교Hohenzollernbrücke[12]를 지나 라인 강을 건넜다.[13] 프랑스의 주요 철도회사인 북철, 동철, 서철, 파리-리용-지중해 철도, 파리-오를레앙-르미디 철도[14]는 1912년 5월 이래로 동원시 7,000량을 모으는 계획을 하고 있었다. 전쟁 시작 전에 이미 많은 차량이 병력을 태울 역사 근처로 이동했다.

믈룅Melun에서 〔파리로〕 들어오는 여행객들은 텅 빈 채 정차해 있는 열차들에 관해 기이한 설명을 했다. 기관차가 없고 출발지와 회사가 서로 다른 객차들이 한 줄로 연결되어 있었다. 상당수가 측면에 분필로 표시를 한 객차들은 호위 트럭과 뒤섞여 …… 센에마른Seine-et-Marne의 도청소재지에서 리옹 역 가까운 곳까지 죽 측선에서 대기하고 있었다. 북부역으로 들어오는 여행객들의 보고도 똑같이 기괴했다. 크레유Creil의 광대한 측선을 따라 수백 량의 차량이 연기도 내뿜지 않고 정차해 있었다.[15]

이 열차들은 오래 정차하지 않았다. 제 갈 길을 가는 수십만 명의 젊은이들을 가득 태우고 시속 10마일에서 20마일로 국경 바로 앞의 하차지점까지 이동했다. 이따금 설명도 없이 오래 기다리기도 했다.

오래전에 준비된 국경의 역사들은 조용한 촌락에 있었다. 평시 승객 숫자가 아주 적었으므로 4분의 3마일이나 되는 승강장은 역에 어울리지 않았다. 이 여행은 1914년 8월의 첫 두 주의 기억들 중에서도 가장 강한 인상을 남겼다. 이를테면 무개화차의 측면에 분필로 '파리 소풍', '베를린으로'라고 휘갈겨 쓴 낙서와, 황갈색, 암회색, 황록색, 암청색의 새 군복을 입고 옷깃을 열어젖힌 채 창가에 모인 청년들의 열정적인 얼굴을 들 수 있다. 청년들은 수확 철의 빛나는 태양에 붉게 달아오른 얼굴로 미소를 지었고 손을 들어올렸으며 들리지는 않았지만 얼굴을 찡그리며 소리쳤다. 이해할 수 없는 휴가 분위기와 일상에서 해방되었다는 느낌을 주었다. 출발은 어디서나 휴가를 떠나는 것 같았다. 허리를 높인 호블스커트[16]를 입은 아내와 연인들이 바깥쪽 줄에서 팔짱을 낀 채 도로를 따라 역까지 걸었다. 독일군은 소총의 총구나 야전 상의의 맨 위 단춧구멍에 꽃을 꽂고 전장으로 향했다. 프랑스군은 엄청난 무게의 군장에 눌려 등이 굽은 채 좁은 간격으로 열을 지어 포장도로에 넘치는 군중을 헤치며 행진했다. 그 8월 첫 주에 파리를 찍은 어느 사진은 전진하는 소대 앞에서 뒤를 보고 행진하는 어느 하사관을 보여준다. 하사관은 마치 관현악단 지휘자처럼 자갈포장길 위를 내딛는 소대원들의 주기적 발걸음 소리를 지휘했으며, 소대원들은 동원 명령에 따라 다급하게 출발하고 있었다.[17] 눈에 보이지 않는 악단이 '상브르-뫼즈 연대Le Régiment de Sambre et Meuse'[18]나 '출정가'를 연주하고 있는 것 같았다. 러시아 병사들은 군목의 축복을 받기 위해 연대의 성상聖像을 앞세우고 행진했으며, 오스트리아 병사들은 삐걱거리는 제국의 많은 민족들을 통합하는 상징이었던 프란츠 요제프에게 소리쳐 충성을 맹세했다. 어느 나라의 경우든 동원에는 시민사회를 무장국민으로 전환시키는 엄청난 격변이 수반되었다. 영국군은 모두 상비군이었으므로 전쟁에 가장 잘 대비되어 있었다. 예비군은 소집되자마자 바로 배치 준비가 되었다. 콜체스터의 제1소

16. 무릎 아래를 좁힌 긴 치마.—옮긴이

17. P. Vansittart, *Voices from the Great War*, London, 1981, p. 25

18. 1871년에 프랑스 작곡가 장 로베르 플랑케트(Jean Robert Planquette)가 폴 세자노(Paul Cezano)가 지은 시에 곡을 붙였고, 1879년에 롤스키(P. Raulski)가 군행진곡으로 편곡했다. 내용은 프랑스 대혁명 때 최초의 징병제로 구성된 혁명군이 용감하게 적에 맞서 싸운다는 이야기다.—옮긴이

▲ 작별을 고하는 러시아 예비군
▶ 전선으로 떠나는 프랑스 보병

19. 1스톤은 보통 14파운드다. 18스톤을 환산하면 대략 114킬로그램이 된다.—옮긴이

20. L. Macdonald, *1914: The Days of Hope*, London, 1987, p. 54

총여단 악단병인 H. V. 소여Sawyer는 8월 5일에 이렇게 썼다. "막사는 예비군으로 가득했고—상당수는 여전히 민간인 복장을 하고 있었다—기차마다 떼를 지어 몰려들었다. 예비군에게 군복과 군화, 군장을 갖추게 하는 일은 신속히 진행되었지만, 몇몇 경우에는 쉬운 일이 아니었다. 특히 몸무게가 18스톤[19]이나 나갔던 사람이 기억에 남는다. …… 좋은 직장과 편안한 집을 떠나 다시 조악한 군복을 입고 무거운 군화를 신는다는 것이 예비군에게는 힘든 일이었다."[20]

악단병 소여는 평시의 정복을 포장하여 철도 편에 집으로 보냈다. "나중에 알게 되었듯이, 구태여 그럴 필요가 없었다. 그러나 그 멋진

암녹색의 열병식 튜닉을 내 생애 마지막으로 포장하리라고는 생각도 못했다."[21] 파리에서 영국군에서 프랑스군으로 소속이 바뀐 제11경기병연대의 에드워드 스피어스Edward Spears 중위가 카키색 군복으로 갈아입는 모습을 보고, "전쟁부의 다른 곳보다 한층 더 어두운 입구로 나를 들였던 여자 수위가 이렇게 말했다. '우스꽝스럽군요. 먼지투성이 카나리아로 위장한 것 같아요.' 실망스러운 말이었지만, 오랫동안 프랑스인들은 깃이 달린 옷에 넥타이를 매고 전쟁터에 나가는 것을 〔영국 장교들은 옷깃이 양쪽으로 펼쳐진 튜닉을 입었다〕 상황의 중대함에 전혀 어울리지 않는 경솔한 태도라고 생각했다."[22] 영국은 보어전쟁의 결과로 일종의 복식 혁명을 단행했는데 이는 프랑스에서는 불가능한 일이었다. 많은 실험과 토론이 있었지만, 프랑스군은 1870년에도 그랬듯이 거의 나폴레옹 시절의 전쟁 복장을 입었다. 중기병은 긴 말총을 단 놋쇠 헬멧을 썼고, 경기병은 장식 단추를 단 윗도리와 주홍색 바지를 입었다. 몇몇 중기병은 워털루 전투 이래로 형태가 바뀌지 않은 무거운 가슴보호대를 착용했다. 아프리카군Armée d'Afrique[23]의 경기병은 하늘색 튜닉을 입었으며, 스파이Spahi[24]는 길게 늘어진 붉은색 외투를, 주아브Zouave[25]는 붉은색의 불룩한 승마바지와 터키식 조끼를 착용했다. 숫자가 많았기에 가장 두드러졌던 것은 본국 군대의 보병이었다. 긴 푸른색 외투 밑으로 두 다리가 송아지 다리만 한 길이의 장화 속에 밀려들어간 진홍색 바지에 싸여 있었다.[26] 전부 무거운 양모 제품이었다. 질식할 것만 같은 구식 제복의 무게는 강렬한 햇볕이 내리쬐이던 1914년 여름에 전투를 고되게 만들었던 또 하나의 시련이었다.

오스트리아 기병은 프랑스군만큼이나 오래된 군복을 입고 전쟁에 참여했다. 보병만이 회색으로 군복을 바꿨다. 러시아군은 예상 밖으로 현대적이었다. 러시아군의 군복은 육상선수의 튜닉을 기본으로 한 카키색의 헐거운 오버셔츠인 김나스티르카gymnastirka였다. 그러

21. L. Macdonald, p. 55

22. E. Spears, *Liaison 1914*, London, 1968, p. 14

23. 1830년부터 알제리 전쟁이 끝나는 1962년까지 프랑스령 북아프리카 출신으로 구성하여 그 지역에 주둔시킨 프랑스 군대의 비공식적 명칭.—옮긴이

24. 오스만제국 기병대인 시파히(Sipahi)에서 유래한 말. 알제리 주둔 프랑스군의 아프리카 원주민 부대.—옮긴이

25. 프랑스군의 일부 보병연대에 붙여진 이름.—옮긴이

26. *Je serais soldat*, Paris, 1900

나 경기병이 쓴 아스트라한 모자 같은 이국적 예외도 있었다. 독일군만 영국군처럼 모조리 바꿔버렸다. 육군의 군복 색깔은 암회색이었다. 그러나 전통을 존중하는 의미에서 각 군은 연병장의 화려한 옷을 기본으로 만든 위장복을 지급받았다. 창기병은 더블 튜닉을 입었고, 경기병은 장식 단추를 단 암회색 옷을 입었으며, 중기병과 용기병, 보병은 꼭지에 뾰족한 쇠붙이를 붙인 피켈하우베pickelhaube를 암회색 덮개로 위장했다. 거의 모든 군대에서 각 연대는 작은 부착물의 색깔과 브레이드, 레이스로 구분되었다. 오스트리아군은 옷깃에 부착하는 기장을 붉은색 열 가지와 녹색 여섯 가지, 노란색 세 가지로 지나치게 세심히 구분했다. 붉은색에는 진홍, 체리색, 담홍, 자주, 양홍, 선홍, 주홍, 암홍이 포함된다. 프란츠 요제프 군대의 헝가리 연대는 바지에 매듭 브레이드를 달았으며, 보스니아-헤르체고비나 보병은 발칸지역의 붉은 페즈 모자를 쓰고 불룩한 승마바지를 입었다. 발터 블룀 대위가 처음 대면했을 때 '회갈색 골프 옷'을 입고 있다고 설명한 영국군조차도[27] 로우랜드 여단과 하이랜드 여단[28]에는 획일적인 카키색 군복을 입히지 않았고, 격자무늬 모직 바지와 스포런, 킬트를 유지했다.

군복을 어떻게 입었든 간에 모든 군대의 보병은 엄청난 무게의 군장으로 고생했다. 일반적인 군장 1벌은 10파운드 무게의 소총, 총검, 참호 파는 도구, 100발 이상을 꽂은 탄띠, 물통, 여분의 양말과 셔츠를 싼 커다란 꾸러미, 그리고 비상식량과 응급치료용품을 담은 배낭이었다. 보어전쟁 때 아프리카의 초원을 오래 행군한 경험이 있었던 영국군은 '과학적인' 슬레이드-월러스Slade-Wallace 군장을 채택했다. 캔버스 끈으로 잇는 방식의 이 군장의 목적은 하중을 최대한 몸 전체에 고루 분배하는 것이었다.[29] 그렇지만 이 군장도 어깨와 허리에 부담을 주었다. 독일군은 가죽을 고수했다. 무두질하지 않은 방수 가죽으로 만든 딱딱한 배낭 위로 외투를 둘렀다. 프랑스군은 모든 것을 차곡차곡 쌓아 마치 산처럼 뾰족한 피라미드 모양의 '전투군장chargement

27. W. Bloem, *The Advance from Mons*, London, 1930, p. 56

28. 스코틀랜드 여단들. 1914년에 로우랜드(Lowland) 여단에 4개 연대, 하이랜드(Highland) 여단에 6개 연대가 있었다.—옮긴이

29. 보어전쟁 때 이용된 1888년식 군장을 흔히 슬레이드-월러스 군장이라고 하며 위의 설명은 이를 개량한 1908년식을 말한다.—옮긴이

de campagne'을 만들고 그 꼭대기에 개인 냄비를 매달았다. 그해 8월 프랑스 국경에서 롬멜Rommel 중위는 햇빛에 그 냄비가 번쩍거린 덕에 높이 자란 옥수수밭 속의 프랑스 군인들을 알아보고 죽일 수 있었다.[30] 러시아군은 소지품과 외투 등 모든 것을 소시지처럼 만들어 어깨 위에 둘러멨고 팔에 또 하나를 걸었다. 어떤 식으로 꾸렸든, 보병의 군장은 최소한 60파운드를 넘었으며, 못을 박아 만든 딱딱하고 볼품없는 군화—독일군은 '주사위통', 프랑스군은 브로드캥brodequins, 영국군은 블루처bluchers—를 신고 하루 20마일로 예정된 거리를 터벅터벅 걸어서 전진해야 했다. 이러한 고통은 결국 발 모양이 망가질 때까지 계속되었다.

1914년 8월에 발은 말의 발이든 보병의 발이든 기병과 보병이 집결지에 하차하고 행군 선에 전개된 후에는 열차만큼이나 중요했다. 이는 독일군에게 서쪽과 남쪽으로 며칠 동안 행군해야 함을 뜻했다. 그 여러 날 동안 인간의 발은 피를 흘리고 말발굽이 떨어져 나가게 될 터였다. 징이 느슨해져 규칙적으로 나는 쩽하는 금속소리는 기병에게 다음날 대열에서 뒤처지지 않으려면 편자를 박는 대장장이를 찾아야 한다고 경고하는 소리였다. 포대의 선임 마부는 똑같은 소리에 마구를 채운 여섯 마리 짐승의 이동능력을 걱정했다. 1914년에 1개 보병사단에는 말 5,000마리가 있었고, 기병사단은 그보다 더 많이 있었다. 일정표에 따라 하루 20마일을 주파하고 보병을 먹이며 정찰 보고서를 받고 우연히 적과 대면할 경우 대포 사격의 지원을 받아 소화기 전투를 벌이려면, 모든 말은 발굽에 편자를 박아 건강하게 유지해야 했다. 14마일의 도로가 행군하는 1개 보병사단으로 가득했고, 군의 진격에서 말의 인내심은—포병여단의 탄약 마차를 끄는 말은 물론 행군 중 요리에 쓸 바퀴 달린 야전취사장을 끄는 말의 인내심도—보병의 인내심과 더불어 중요했다.[31]

진격로는 세 갈래였다. 프랑스는 1870년 국경의 후방에 있는 스당

30. E. Rommel, *Infantry Attacks*, London, 1990, p. 11

31. P. Haythornthwaite, *The World War One Sourcebook*, London, 1996, pp. 100~101

32. 1821~1903. 네덜란드 태생의 벨기에군 엔지니어.—옮긴이

Sedan과 몽메디Montmédy, 툴Toul, 낭시Nancy, 벨포르Belfort의 하차지점에서 북동쪽으로 이동했다. 영국원정군은 8월 14일부터 불로뉴Boulogne에 상륙하여 벨기에 국경 바로 앞의 르카토le Câteau를 향해 남동진했다. 이 둘은 짧은 행군이었다. 독일이 계획한 행군은 길었는데, 먼저 서쪽으로 진행한 다음 남쪽으로 방향을 틀어 샬롱Châlons과 에페르네Eperney, 콩피에뉴Compiègne, 아브빌Abbeville, 파리를 향했다. 우익에 포진한 클루크 장군의 제1군이 하차지점인 아헨Aachen에서 프랑스의 수도까지 가야할 거리는 200마일이었다.

그러나 파리에 도달하기 전에 리에주와 나뮈르, 여타 벨기에 강가의 요새들은 독일군이 프랑스로 쉽게 진입할 수 없게 방해했다. 벨기에는 작은 국가였지만 크기에 비해 부유한 나라였다. 이른 공업화와 콩고 식민지를 통해 축적한 부를 기반으로 자국의 중립을 보호하기 위해 요새 건설에 많이 투자했다. 뫼즈 강 도하지점을 지키는 리에주와 나뮈르의 요새는 유럽에서 가장 현대적인 요새였다. 1888년에서 1892년 사이에 헨리 브리알몬트Henri Brialmont[32] 장군의 설계로 건설된 두 요새는 당시에 가장 컸던 210밀리(8.4인치) 중포의 공격을 견딜 수 있었다. 두 요새는 둘레 25마일의 원 형태로 배치된 독립적인 요새들로 이루어졌다. 독립적인 요새들은 도시를 보호하기에 충분할 만큼 먼 거리에 설치되었고 자체에 장착한 포로 서로 보호했다. 리에주 요새에는 구경이 최대 6인치에 달하는 포 400기가 12개 요새에 배치되었고, 전부 철근 콘크리트와 장갑판으로 보호받았다. 4만 명의 수비대가 포병과 '차단부대'로 근무했다. 차단부대의 역할은 공격의 위협이 있을 때 요새와 요새 사이에 참호를 파고 틈새로 침투하려는 적 보병을 궁지에 몰아넣는 것이었다.

벨기에 요새들의 견고함은 슐리펜과 후임 참모총장들에게 큰 근심을 안겨주었다. 그 요새들은 실제로 엄청나게 강력했다. 일체를 갖춘 지하요새였으며, 둘레에는 30피트 깊이의 해자를 팠다. 보병으로

공격한다면 실패할 수밖에 없었다. 뫼즈 강 도하지점에서 지체한다면 슐리펜 계획의 순조로운 진행이 위태롭게 될 것이므로 대포를 조준 사격하여 신속하게 두꺼운 바깥벽을 뚫어야만 했다. 슐리펜이 은퇴하던 1906년에는 그런 역할을 담당할 만한 중포가 없었다. 그러나 1909년에 크루프Krupp 사는 벨기에의 콘크리트 요새를 관통할 만큼 강력한 420밀리(16.8인치) 곡사포의 원형을 생산했고, 이듬해에는 오스트리아의 스코다Skoda 사가 만들고 있던 305밀리(12.2인치) 모델이 완성되었다. 스코다 포의 장점은 포신과 포가로 분해하면 자동차가 끄는 짐차에 실어 도로를 통해 운송할 수 있다는 것이었다. 반면에, 크루프 곡사포의 원형은 철도로 운반하여 특별히 부설한 지선의 끝에 콘크리트 포좌를 만들고 그 위에 설치하여 발사 준비를 해야 했다. 도로로 운송할 수 있는 모델이 완성되기 전까지 오스트리아는 자국의 305밀리 포를 독일에 몇 문 대여해줬다. 1914년 8월까지 크루프 사가 완성한 것은 철도 포 5문과 도로로 운송할 수 있는 새로운 포 2문뿐이었다.[33]

그렇지만 리에주는 점령해야만 했다. 리에주의 점령은 매우 필수적이었고 다급한 일이었기에 독일의 전쟁 계획에 따르면 그 과제를 완수하기 위해 제2군에서 일부 병력이 차출되어 특별임무에 파견된다. 오토 폰 에미히Otto von Emmich[34] 장군이 지휘하는 파견대의 출발선은 네덜란드와 룩셈부르크 사이에 놓인 벨기에 땅의 좁은 회랑 북쪽, 아헨과 오이펜Eupen[35] 사이에 있었다. 룩셈부르크는 독립국이자 중립국이었지만 에미히 장군의 특수기동대가 타격을 가하고 며칠 후 독일군의 거대한 진격에 괴멸되어야 했다. 이 임무에 허용된 시간은 48시간이었다. 독일은 벨기에가 그 중립 영토의 공격에 저항하지 않거나, 저항한다고 해도 재빨리 극복할 수 있다고 생각했다.

두 가지 기대 모두 그릇된 것으로 판명된다. 벨기에 주권자는 왕위를 계승할 때 서약한 맹세의 한 구절로 국가의 중립을 보호할 의무

33. B. Tuchman, *August 1914*, London, 1962, pp. 166~167

34. 1848~1915. 1866년에 프로이센군에 입대하여 1909년에 장군이 되어 하노버의 제10군단을 지휘했다. 사실상 1차 세계대전의 첫 교전지인 리에주를 점령했다.—옮긴이

35. 벨기에 왈론 지역의 도시. 왈론 지역의 다른 도시가 국제적으로는 프랑스어 명칭으로 알려진 반면 이 지역은 독일어권 공동체이므로 독일어 지명으로 알려져 있다. 리에주와 아헨 사이에 있으며 아헨에서 남서쪽으로 15킬로미터 떨어져 있다.—옮긴이

36. R. Keyes, *Outrageous Fortune*, London, 1984, p. 7

37. S. Williamson, 'Joffre Reshapes French Strategy, 1911~1913' in P. Kennedy, *The War Plans of the Great Powers, 1880~1914*, London, 1979, p. 137

를 졌으며, 동시에 헌법 68조에 따라 전시의 최고사령관에 임명되었다. 국왕은 또한 헌법에 의하여 각료회의의 의장이었으며 따라서 정부의 수반으로서 민주주의 체제에서는 예외적인 행정권을 보유했다. 벨기에 국왕 알베르트 1세는 자신의 책임을 진지하게 받아들이는 인물이었다. 의지가 강하고 고상한 지식인이었던 알베르트는 사생활이 반듯했으며 훌륭한 공적 지도자의 모범이었다. 알베르트는 연로한 숙부 레오폴드 2세가 1904년에 카이저에게 괴롭힘을 당했던 사실을 알고 있었다. "당신은 우리에 찬성하든지 반대하든지 선택해야만 할 것이다." 알베르트 자신도 1913년에 포츠담에서 똑같은 대접을 받았다. 그때 대사관의 무관은 전쟁이 "불가피하고 곧 터질" 것이며 "약자는 어쩔 수 없이 강자 편에 서야 한다"는 경고를 받았다.[36] 알베르트는 1839년 조약에는 벨기에의 중립 권리에 어떤 나라에든 아무런 약속도 하지 않는다는 조건이 포함되어 있다고 올바르게 해석했고 어느 편에도 서지 않기로 결심했다.[37] 벨기에 정부가 독일이 침공할 경우 지원하겠다는 1912년의 영국의 제안을 단호히 거부한 이유도 여기에 있다. 그 제안을 받아들였다면 벨기에는 국제적으로 독립을 보장받지 못했을 것이다.

그러나 영국의 제안을 막고, 프랑스가 같은 제안을 반복하지 못하도록 한 것이 치밀한 외교 덕이었다는 인식은 벨기에 참모본부로 하여금 국방의 현실에 직면하도록 만들었다. 영국이나 프랑스의 개입은 저항을 불러일으키겠지만 우호적이었을 것이며, 장기적으로나 단기적으로도 벨기에의 독립을 위협하지 않았을 것이다. 이와는 대조적으로 독일의 개입은 더 큰 공격을 위해 벨기에 영토를 선점하는 것뿐만 아니라 독일의 전쟁수행노력을 위해 벨기에 자원을 징발하고 교전이 지속되는 동안 벨기에를 독일 군사정부에 종속시킬 목적도 지녔을 것이다. 그러므로 1911년 이래로 벨기에의 정치 지도부와 군 지도부는 벨기에 정책을 크게 재평가했다. 특히 세 가지 문제가 브뤼셀을 고심하게 했다. 벨기에의 파괴를 제한할 군사 전략을 어떻게 고안해낼 것인가. 영세중립을 보장했던 국가가 전쟁에 개입할 의사가 없는 벨기에에 전쟁을 강요하지 못할 확실한 방법은 무엇인가. 불러들인 강국이 떠나기를 거부하면 어떻게 떠나도록 할 수 있는가. 몇 달간 많은 토론을 거친 뒤 해답이 서서히 드러났다. 벨기에 참모본부는 군사적으로는 벨기에를 침해하는 모든 행위에 대항하기로 했다. 동시에 모든 전투는 작은 지역, 가능하면 벨기에의 뤽상부르 주로 제한하기를 희망했다. 간단하게 말하면, 벨기에는 저항할 것이나 통합이나 중립의 상실을 피하고자 할 것이었다.[38]

38. S. Williamson in Kennedy, pp. 143~144

말은 쉽지만 행동은 어렵다. 벨기에는 1912년에야 전략적 재검토에 따라 의무복무 원칙을 채택했고 이는 1914년에야 발효되었다. 벨기에 군대는 유럽에서 가장 구식에 속했다. 기병은 여전히 진홍색 바지, 버즈비busby 털모자, 폴란드 창기병 모자와 같은 19세기 초 군복을 입었다. 보병은 검푸른 군복에 방수 샤코shako 모자, 깃털 꽂은 스코틀랜드 모자나 척탄병의 곰가죽 모자를 썼다. 많지 않았던 기관총은 관광객의 사진 속에 흔히 등장하는 플란데런의 우유 수레처럼 여러 마리의 개들이 끌고 갔다. 대부분의 포는 리에주와 나뮈르의 요새와 안트베르펀의 오래된 방어시설에 할당되었다. 육군은 30년전쟁 시절부터 이어진 도시시민군Garde Civique보다 수가 적었다. 벨기에 병사들은 애국심이 강했고 무엇보다 용맹함을 입증할 수도 있었지만, 자국 영토를 지키기 위한 전투를 동쪽 구석에 제한하겠다는 것은 망상이었다.

그러나 벨기에는 애초에 대담하게도 참모본부 전략을 수립하려 했다. 독일은 프랑스가 벨기에 영토를 침범하려 한다는 거짓 핑계로 자신들이 먼저 벨기에를 침공할 권리를 지녔다고 주장하며 8월 2일 일요일 저녁에 12시간 시한의 최후통첩을 전달했다. 국무회의 의장인 알베르트 국왕은 두 시간 후 최후통첩에 대해 논의했다. 회의는 다음

39. L. Albertini, Ⅲ, p. 462

40. L. Albertini, Ⅲ, p. 469

41. B. Tuchman, p. 105

날 아침까지 계속되었다. 의견이 나뉘었다. 참모총장 안토닌 드 셀리에르Antonin de Selliers는 군의 무력함을 자인하며 브뤼셀 밖 벨페Velpe 강으로 후퇴하자고 했고, 참모차장 드 뤼켈de Ryckel 장군은 독일을 공격하여 결판내자고 주장했다. "그자들을 원래 있던 곳으로 돌려보내자." 이 환상은 거부되었다. 셀리에르의 패배주의도 마찬가지로 거부되었다. 국왕의 가장 큰 관심은 영국과 프랑스가 자국의 독립을 존중하겠다고 거듭 단언하지 않는다면 두 나라에 어떤 호소도 하지 말아야 한다는 데 있었다. 두 나라의 지원은 확실한 상황이었다. 결국, 절충이 이루어졌다. 벨기에는 자국 영토가 물리적으로 침범당한 후에야 프랑스나 영국에 지원을 요청할 것이나, 동시에 독일의 최후통첩은 거부하기로 했다. 루이지 알베르티니가 "위기로 태어난 모든 문서 중 가장 고귀한" 것이라고 설명했던 벨기에의 답변은 "〔벨기에의〕 권리를 침해하는 모든 행위를, 모든 수단을 강구하여 격퇴한다"는 결의로 끝맺고 있다.[39]

답변은 8월 3일 아침 7시 독일 대표단에 전달되었고 베를린은 정오 직후에 받았다. 그런데도 독일은 벨기에가 단지 중립을 과시하는 무력시위를 할 뿐 곧 자신들을 통과시킬 것이라고 믿었다. 카이저는 그날 저녁 늦게 호엔촐레른-지그마링겐Hohenzollern-Sigmaringen 가문의 일원으로 먼 친척이었던 알베르트에게 사사로이 호소의 글을 보내 자신의 '최선의 의도'를 거듭 언급하고 이제 막 시작되려던 침공의 핑계로 '시간 부족'을 들었다.[40] 벨기에 국왕은 이 글을 읽자마자 분노를 터뜨렸다. 이틀 동안 신경이 곤두섰지만 처음 터진 첫 번째 분노였다. "그자는 나를 무엇으로 보는가?" 국왕은 즉시 리에주에 있는 뫼즈 강의 교량과 뤽상부르 국경의 철교와 터널을 폭파하라고 명령했다.[41] 국왕은 또 리에주 요새 사령관인 제라르 르망Gérard Leman에게 이렇게 지시했다. "위임받은 방어지점을 그대의 사단으로 끝까지 사수하라."

국왕의 개인 군사 교관을 지냈던 르망은 19세기 전통의 장기 복무

직업군인이었다. 르망은 벨기에 전쟁대학에서 30년을 보냈다. 르망은 명예로운 사람이었고 늙었지만 용기가 있었으며 의무감이 강했다. 르망이 지켜야 할 뫼즈 강은 거대한 강이었다. '상브르-뫼즈 연대'는 프랑스군의 전통적인 행진곡이었다. 상브르 강과 뫼즈 강이 1792년에 혁명군이 적들에 맞서 지켰던 장벽이었기 때문이다. 뫼즈 강은 리에주에서 450피트 깊이의 협곡을 이룬다. 누군가 지키자고 결심하면 도하가 불가능하다. 에미히도 그 점을 깨달았다. 에미히의 부대는 8월 4일 아침 일찍 정찰대를 보내 공격 의도가 없음을 알리는 전단을 뿌리며 벨기에에 진입했다. 에미히의 부대는 곧 벨기에 기병과 오토바이 부대원들의 사격을 받았는데 이들은 적의 진격을 막겠다는 단호함을 보여주었다. 리에주를 압박하던 에미히 부대는 교량의 폭파를 '적대 행위'로 간주하겠다고 경고했는데도 도시 아래위의 교량들이 이미 파괴된 것을 발견했다. 독일군은 경고했던 대로 대응했다. 1870년에 프랑스로 진입하던 프로이센 군대에 비정규군이 무차별 사격을 가했던 기억은 생생했고 공식적인 비난으로 강화되었다. 1813~1814년에는 나폴레옹에 맞서 프로이센 해방전쟁을 수행했던 프라이슈츠Freischütz[42]가 영웅적인 지위를 부여받은 일도 있었지만, 독일의 공식적인 국제법 해석은 점령군에게는 민간인의 저항을 반란으로 취급하여 즉결처형과 집단보복으로 처벌할 권리가 있다는 것이었다.[43] 훗날의 조사에 따르면 1914년에 벨기에에는 의용대franc-tireurs가 없었다. 벨기에인은 정신에서나 육체에서나 전쟁할 준비가 되지 않은 비군사적 국민이었다. 왕정 정부는 무력한 방법들을 가지고 정당하게 방어하고자 굳게 결심하긴 했지만, 처음부터 시민들이 쓸데없이 위험하게 독일군의 침공에 맞서지 않도록 만류했다. 정부는 "유혈극이나 무고한 주민에 대한 약탈, 혹은 대량학살로 귀결될 억압조치들에 어떤 구실"도 주지 말라고 설득하는 현수막을 내걸었다.[44] 정부는 또한 시민들에게 총기를 당국에 맡겨놓으라고 조언했다. 몇몇 지역에서는 시민군이 경고를 너

42. 마음먹은 대로 쏠 수 있는 사람이라는 뜻.—옮긴이

43. M. Howard et al, *The Laws of War*, New Haven, 1994, p. 10

44. H. Gibson, *A Journal from Our Legation in Belgium*, N.Y., 1917, p. 91

무나 심각하게 받아들여 자체의 정부 무기를 지역의 읍사무소에 보관했다.[45]

그러나 무저항은 침략군을 전혀 달래지 못했다. 거의 첫 시간부터 무고한 민간인들이 총에 맞았고 마을이 불탔다. 그 소식이—뒤이어 충실하게 입증되었다—중립적인 신문들에 실리자마자 독일군은 그런 무도한 행위를 강하게 부인했다. 사제들도 총에 맞았는데, 아마도 1793년에 브르타뉴Bretagne의 가톨릭교도들을 이끌고 프랑스 혁명군에 저항한 자들이 사제였다는 사실을 독일군 장교들이 기억했기 때문일 것이다. '벨기에 강간Rape of Belgium'[46]은 하등의 군사적 목적에 기여하지 않았으며, 특히 미국에서 독일에 말할 수 없이 큰 해를 끼쳤다. 미국에서 카이저와 그 정부의 평판은 대량학살과 문화적 약탈에 관한 보도 때문에 처음부터 나빴다. 독일군의 명성도 더럽혀졌다. 에미히 부대가 뫼즈 강 요새를 급습한 첫날인 8월 4일에 와르사주Warsage[47]에서 6명의 인질이 사살되었고 바티스Battice[48] 마을이 불에 타 사라졌다. 8월 5일 몰트케는 이렇게 썼다. "우리의 벨기에 진격은 확실히 잔인하다. 그러나 우리는 우리의 생명을 위해 싸우고 있고 우리의 길을 방해하는 자는 누구든 결과를 감수해야 한다."[49] 결과는 더 악화될 터였다. 첫 3주 안에 안덴Andenne, 세예Seilles, 타민Tamines, 디낭Dinant[50]의 작은 벨기에 마을들에서 민간인의 대규모 학살이 벌어졌다. 안덴에서는 211명이 사망했고, 타민에서는 384명, 디낭에서는 612명이 죽었다. 희생자들 중에는 남자들뿐만 아니라 아이들과 여성도 포함되었으며, 학살은 체계적이었다. 타민에서는 총살집행반이 광장에 인질들을 모아 놓고 사살했으며 생존자는 대검으로 찔러 죽였다. 총살집행반은 히틀러의 홀로코스트에서 활약한 '특별기동대'처럼 특별히 모집한 킬러가 아니라 보통의 독일군 병사들이었다. 실제로 안덴에서 학살을 자행한 자들은 프로이센 군대에서 가장 출중한 연대였던 근위보병연대Garde-Regiment zu Fuß의 예비군들이었다.[51]

45. P. Haythornthwaite, p. 150

46. 주로 8월 4일부터 9월 내내 1차 세계대전의 시작과 함께 독일군이 벨기에에서 벌인 일련의 전쟁범죄들을 말한다.—옮긴이

47. 리에주에서 북쪽의 마스트리히트(Maastricht)로 이어지는 간선도로의 중간쯤에서 동쪽으로 약간 빠진 곳에 있다.—옮긴이

48. 아헨과 리에주를 잇는 간선도로의 중간쯤에 있다.—옮긴이

49. B. Tuchman, p. 173

50. 안덴은 나뮈르와 위 사이 중간쯤에 있다. 세예는 안덴에서 북쪽으로 뫼즈 강을 건너면 바로 있다. 타민은 나뮈르와 샤를루아 사이에 있는 상브르빌(Sambreville)의 한 마을이다. 디낭은 나뮈르 남쪽에 있다.—옮긴이

51. Intelligence Staff, American Expeditionary Force, *Histories of Two Hundred and Fifty-One German Divisions Which Participated in the War, 1914~1918*, Washington, 1920, p. 23

최악의 만행은 8월 25일 뢰번에서 시작되었다. '벨기에의 옥스포드'인 이 작은 대학도시는 고딕시대와 르네상스시대 플란데런의 건축과 회화, 필사본, 도서의 보고였다. 1만 명 병력의 점령군은, 전하는 바에 따르면 자기 부대의 야간 이동을 오인해놓고, 당황해서 '저격병이다'라고 외치고는 의용대가 활동하는 장소로 의심되는 거리와 건물에 사격을 가했다. 사흘간의 방화와 약탈이 끝나자 23만 권을 소장한 도서관이 전소되었으며 1,100개의 건물들이 파괴되었고 209명의 민간인이 살해되었으며 4만 2,000명의 주민이 강제로 소개되었다.[52] 독일이 '문화'에 전개한 전쟁은 전 세계의 비난을 받았지만 독일에는 그 소식이 전해지지 않았다. 독일의 대학인들과 지식인들은 전위에 서서 애국심을 호소했으며 전쟁을 야만인과 필리스틴 사람,[53] 퇴폐적 인간들—각각 러시아, 영국, 프랑스를 가리킨다—이 독일의 숭고한 문명을 공격하는 것으로 설명했다. 8월 11일 베를린의 왕립도서관장 아돌프 폰 하르나크Adolf von Harnack[54] 교수는 "몽골족의 모스크바 문명[55]은 18세기의 빛을 견딜 수 없었으니 하물며 19세기의 빛은 말할 필요도

▲ 1914년 8월 20일, 뢰번에서 침략군을 기다리는 벨기에 보병

52. M. Derez, 'The Flames of Louvain', in H. Cecil and P. Liddle, *Facing Armageddon*, London, 1996, pp. 619–20

53. 고대에 팔레스타인 남부에 거주하던 민족인데, 19세기에 교양이 부족한 반지성적 인간을 지칭하는 비유로 쓰였다.—옮긴이

54. 1851~1930. 독일의 신학자이자 저명한 교회사가.—옮긴이

55. 러시아의 아시아적 성격을 강조하기 위해 몽골-타타르의 지배를 받은 역사를 언급하고 있다.—옮긴이

없다. 그러나 이제 20세기에 들어서 속박에서 벗어나 우리를 위협하고 있다"라고 경고했다.[56] '빛'은 독일인이 소중히 여긴 관념이었다. 레싱Lessing과 칸트, 임종하면서 '더 많은 빛'을 외쳤던 괴테의 18세기 계몽사상은 유럽의 지적 세계로 들어가는 독일의 자격증이나 다름없었다. 계몽사상은 독일이 19세기 동안 철학과 고전학과 역사학에 엄청나게 기여하게 된 원천이었다. 책을 불태우는 독일인의 모습은 교양 있는 독일이라는 이미지에 깊은 상처를 입혔다. 학문과 연구의 위대한 중심지들이 드러낸 혐오감은 훨씬 더 심했다. 유럽뿐만 아니라 미국의 대학들도 그 잔학 행위를 비난했으며, 뢰번 대학교 도서관의 복구를 위해 25개국에서 위원회가 구성되어 자금을 모으고 도서를 수집했다.[57] 독일의 학자들과 작가들은 「문화세계에 고함Aufruf an die Kulturwelt」으로 대응했다. 막스 플랑크Max Planck[58]와 빌헬름 뢴트겐Wilhelm Röntgen[59] 같은 저명한 과학자들이 서명한 이 문서[60]는 "의용대가 존재했다는 가정과 보복할 권리를 지지했으며, 독일의 병사들이 없었더라면 독일 문화는 오래전에 소멸했을 것이라고 주장했다."[61]

이 외침은 무시되었다. 파괴는 이미 저질러진 일이었다. 기묘하게도 이 파괴 행위는 공격에 뒤늦게 참여한 제17예비군사단과 제18예비군사단이 저질렀다. 이 병력은 영국이 북해 연안으로 양면 공격을 가할 가능성에 대비하여 고향인 슐레스비히-홀스타인 지구에 3주 동안 주둔했었다.[62] 전투 현장에서 멀리 떨어져 있던 이 사단들은 벨기에 군대가 예상과는 달리 뫼즈 요새들을 완강하게 방어했다는 사실 그대로의 기사는 물론이고 의용대에 관한 신문의 선전까지도 온전히 받아들였다. 이제 와서 어느 것이 독일인들을 더 격노하게 했는지 판단하기는 어렵다. 아마도 후자가 아닌가 싶다. 지붕 꼭대기와 산울타리에 숨은 의용대라는 신화는 풍문으로 떠돌아 마음을 불안하게 했고, 실제로 저항이 일어난 현실은 벨기에인들이 저항하지 않으리라는 허구적 믿음을 깨뜨렸을 뿐만 아니라 서부전선에서 가장 결정적인 시점

---

56. M. Eksteins, *Rites of Spring: The Great War and the Birth of the Modern Age*, London, 1989, p. 93

57. M. Derez in Cecil and Liddle, p. 622

58. 1858~1947. 양자론의 창시자로 간주되는 독일의 물리학자. 20세기의 뛰어난 물리학자의 한 사람으로 1918년에 노벨물리학상을 받았다.—옮긴이

59. 1845~1923. 특정 파장 영역에서 전자기 복사 현상을 발견한 독일의 물리학자. 이는 오늘날 X선으로 불린다. 1901년에 노벨물리학상을 받았다.—옮긴이

60. 1914년 9월에 작가 루트비히 풀다(Ludwig Fulda)가 작성한 문서로 전쟁 초기 독일군의 군사적 조치를 지지하는 내용이다. 지식인 93명이 서명했다고 해서 93인 선언(Manifesto der 93)이라고 한다.—옮긴이

61. M. Derez in Cecil and Liddle, p. 622

62. *251 Divisions*, pp. 280~290

에 독일군의 순조로운 전개를 위협했다.

에미히의 특별기동대는 본 사단에서 특별히 파견된 제11, 14, 24, 28, 38, 43여단에 제2, 4, 9기병사단, 그리고 5개 엘리트추격병(경보병) 대대로 구성되었다. 전부 평시 군대에서 차출되었으나 이 작전을 위해 보강되었다. 특별기동대는 8월 4일에 벨기에 국경을 넘었고, 오늘날 아헨-브뤼셀 간 국제고속도로로 알려진 진로를 따라 서쪽으로 20마일 떨어진 리에주를 향해 곧장 진격했다. 특별기동대에는 210밀리(8.4인치) 곡사포 중대 2개가 따라붙었다. 이 포는 오스트리아와 크루프 사의 괴물이 등장할 때까지는 최고의 중포였다. 8월 5일 아침, 얼마 전까지 브뤼셀의 독일 대사관 소속 무관이었던 브링크만Brinckman 대위가 리에주에 나타나 제라르 르망에게 항복을 요구했다.[63] 브링크만은 꺼지라는 대답을 들었고, 잠시 후 독일군은 동쪽 요새들에 포격을 가했다. 보병과 기병이 전진하려 했지만 길이 막혀 있었다. 다리가 파괴된 까닭에 제43여단은 배다리로 뫼즈 강을 건너야 했다. 요새의 수비대는 끈질기게 응사했고, 동시에 성급히 판 참호에 배치된 제3사단의 '저지부대'는 방어선을 뚫으려는 독일군 선봉대에 맞서 전력을 다해 싸웠다. 8월 5일에서 6일로 넘어가는 밤에 독일군의 사상자는 계속 늘어났다. 사상자는 특히 바르숑Barchon[64] 요새에서 속출했는데, 공격군은 "거의 어깨와 어깨가 맞닿을 듯 줄지어 접근하여 우리가 사격을 가하면 쓰러진 자들이 아래위로 쌓이면서 사망자와 부상자가 끔찍한 방책을 이루었다."[65] 그날 밤의 지리멸렬하고 혹독한 전투는, 아직 전쟁에 휩쓸리지는 않았지만 훗날 비미Vimy와 베르됭, 티발Thiepval의 여러 곳에서 뒤따를 일들의 희미한 전조였다.

그러나 서부전선의 가시철망과 끝없이 이어진 참호선의 방해에도 독일군은 지도력을 통해 성공의 발판을 마련했다. 8월 6일 이른 아침, 제2군과 에미히 사령부를 연결하는 연락장교 에리히 루덴도르프Erich Ludendorff 장군은 제14여단장이 전사했음을 알고 크게 당황했다. 즉석

63. S. Tyng, *The Campaign of the Marne*, Oxford, 1935, p. 53

64. 리에주에서 북동쪽으로 뫼즈 강 건너편 우안에 있다.—옮긴이

65. B. Tuchman, p. 173

대철십자 훈장을 단 루덴도르프

에서 사령관직을 떠맡은 루덴도르프는 공격지점에 야포 사격을 가하라고 명령한 후 새로운 부대를 이끌고 크드부아Queue-de-Bois[66]의 한적한 마을을 지나 뫼즈 강과 2개의 파괴되지 않은 다리 건너편으로 리에주를 내려다볼 수 있는 고지로 올라갔다. 6,000명의 독일군은 벨기에군도, 루덴도르프와 연락이 끊긴 독일군 최고사령부도 모르게 르망의 원형 방어선을 뚫고 그 안으로 침입했다. 유리한 조건을 차지한 루덴도르프는 한 무리에 전투 중지 깃발을 들려 보내 르망의 항복을 요구했지만, 또다시 거절당했다. 이어 급습한 특공대가 르망 사령부의 문 앞에서 사살되었지만,[67] 루덴도르프의 대담한 돌격은 르망으로 하여금 도시를 떠나 바깥 원의 서쪽에 있는 롱생Loncin 요새로 피신하게 만들었다. 르망은 보병 제3사단과 지원군인 제15여단을 브뤼셀 외곽의 헤터Gete 강가에 있는 야전군으로 되돌려 보낸다는 결정도 내렸다. 이 부대가 독일군 5개 군단과 대적해 전투를 벌인다면 괴멸당하리라고 믿었기 때문이다. 이것은 르망의 오판이었다. 독일군의 여단들은 단지 원래 소속된 5개 군단을 대표했을 따름이었다. 그러나 결국 르망의 결정은 옳았다. 이 결정으로 벨기에 군대의 6분의 1을 아껴 안트베르펀의 방어에 투입할 수 있었다. 국왕 알베르트는 이미 벨기에 최후의 저항거점으로 안트베르펀을 선택했다.

잠시 균형이 유지되었다. 루덴도르프는 원형 방어선 안에 있었지만 항복을 받아낼 만큼 충분한 병력이 없었다. 에미히 부대의 대부분은 원형 방어선 밖에 있었다. 요새들은 실제로 멀쩡하게 남아 있었고, 르망은 그런 상태가 유지되는 한 결연히 저항을 지속할 작정이었다. 알베르트의 지원 요청을 받은 프랑스 정부는 소르데Sordet 장군의 기병군단을 파견하여 정찰 임무에만 투입하겠다고 했다. 원정군 6개 사단을 벨기에에 배치하기로 했던 영국은 이제 2개 사단은 국내에 존속시키기로 결정했다. 조프르는 군대의 주력을 북쪽으로 전개하기를 거부했다. 그렇게 하면 라인 강 쪽 방어 계획이 차질을 빚을 것이기

66. 리에주에서 동쪽으로 뫼즈 강을 건넌 곳에 있다.—옮긴이

67. S. Tyng, p. 54

때문이었다. 조프르는 실제로 알베르트가 브뤼셀에서 벨기에 군대를 이끌고 안트베르펜에서 멀리 떨어진 곳까지 내려와 자신의 좌익에 합류하기를 원했다. 상황도를 보면 프랑스 군대는 로렌을 향해 정렬했고, 독일군은 아직 벨기에 국경과 프랑스 국경을 넘지 못했으며, 영국 군대는 여전히 출항 준비 중이었고, 벨기에 군대는 자국의 중심부에 집결했으며, 리에주에서는 독일군의 작은 타격부대가 길목을 지키고 있는 벨기에의 소수 요새 수비대에 막혀 있었다. 서부전선에서 벌어진 군사적 사건들의 미래는 이 요새들의 점령 여부로 결정된다.

균형은 루덴도르프가 깨뜨렸다. 큰 체구에 호방한 성격인데다, 정신적으로도 육체적으로도 두려움이 전혀 없었고, 상관이 내놓는 좋은 견해까지도 대수롭지 않게 생각하는, 별로 호감이 가지 않는 둔감한 인물이었던 루덴도르프는—다가오는 전쟁에서 2명의 의붓아들이 죽지만 조금도 주저하지 않고 최고지휘권을 행사했다—8월 7일 아침에 제14여단을 리에주 중심부로 진격시키고 대항군이 나올지 운명을 시험해보기로 했다. 루덴도르프에 맞서는 부대는 없었다. 옛 성채의 입구로 밀고 들어간 루덴도르프는 칼자루 끝으로 문을 두들겼고 안으로 인도되었다.[68] 수비대가 항복하면서 루덴도르프는 도시를 점령했다. 그리고 대담한 돌격으로 교량을 손에 넣었다. 그는 서둘러 아헨으로 돌아가 제2군의 진격을 재촉하여 자신의 성공을 완결시키고자 했다.

루덴도르프가 떠나 있는 동안, 에미히의 특별기동대는 비록 계획에 따라 함락시켰다기보다는 운이 좋았을 뿐이었지만 바르숑과 에베네Evegnée[69] 요새의 저항을 분쇄했다. 이 일은 루덴도르프의 고집에 따라 카를 폰 뷜로우Karl von Bülow[70] 장군이 8월 10일에 보낸 괴물 곡사포의 등장을 기다려야 했다.[71] 도로로 운반할 수 있는 최초의 포인 크루프 420은 분해 후 운반되어 결국 8월 12일에 퐁티스Pontisse 요새가 사거리에 드는 지점에 도착했다. 대포가 설치된 후 포격이 시작되었

68. D. Goodspeed, *Ludendorff*, London, 1966, p. 45

69. 바르숑 남쪽, 크드부아 서쪽에 있다.—옮긴이

70. 1846~1921. 1차 세계대전 기간에 제2군 사령관을 지냈다.—옮긴이

71. C. Duffy, in *Prunell's History of the First World War,* Ⅰ, London, 1970, p. 137

다. 대포가 강력하게 발사되는 동안 300야드 떨어진 거리에서 머리에 덮개를 쓴 포병들은 엎드려 있었다. "60초—포탄이 4,000미터의 탄도를 가로지르는 데 필요한 시간—가 째깍거리며 지나갔고, 모든 사람은 포격 당한 요새에서 1,500미터 떨어진 관측소의 포대 지휘부로 오는 확인 전화를 경청했으며, 근거리에서는 하늘까지 치솟은 연기와 흙과 화염의 기둥을 볼 수 있었다."[72] 지연 신관을 달아 요새의 보호벽을 관통한 이후에야 폭발하도록 된 포탄의 첫 번째는 목표에 못 미쳤다. 6분 후, 두 번째 포탄이 발사되었고 이어 5발이 더 발사되었다. 각각의 포탄은 고각의 수정이 이루어지면서 표적에 "조금씩 다가갔다." 가차없이 다가오는 폭발음은 무력해진 수비대에게 다가올 참화를 예고했다. 여덟 번째 포탄이 명중했다. 그다음 대포는 밤 동안 잠잠했으나, 이튿날 아침 에센Essen에서 출발한 대포가 도착해 합세하면서 포격이 재개되었다. 사거리가 확인되었고, 곧 2,000파운드의 포탄이 "장갑판과 콘크리트 블록에서 빠져나와 쿵 소리와 함께 호를 그리며 공중을 무거운 갈색 연무로 더럽혔다."[73] 12시 30분경, 퐁티스 요새는 파괴되었고, 물리적으로 무력해진 수비대는 항복했다. 그다음으로 포격을 받은 앙부르Embourg[74] 요새는 17시 30분에 항복했다. 쇼드퐁텐Chaudfontaine[75] 요새는 9시에 탄약고가 폭발하여 파괴되었다. 8월 14일 9시 40분에 리에르Liers[76] 요새와 9시 45분에 플레롱Fléron[77] 요새가 차례로 무너졌다. 마지막으로 8월 15일에, 이제 리에주 중앙 광장에 설치되었던 곡사포들이 7시 30분에 봉셀Boncelle[78] 요새를, 12시 30분에 랑탱Lantin[79] 요새를 진압했고, 이어 9일 전에 르망 장군이 사령부를 옮겼던 롱생 요새로 총구를 돌렸다. 140분간 포격이 이어진 후 탄약고가 뚫렸고 이어진 폭발로 요새는 파괴되었다.

점령지를 취하기 위해 진격했던 독일군 선봉대는 "파편이 산속 개울의 자갈처럼 사방으로 흩어진 축소형 알프스 풍경"을 발견했다. "……중포와 탄약이 여기저기 널려 있었다. 회전 포탑 하나가 제자리에서

72. C. Duffy, *Purnell's*, p. 138

73. C. Duffy, *Purnell's*, p. 138

74. 리에주 남쪽 뫼즈 강 건너편 우안에 있다.—옮긴이

75. 앙부르에서 동쪽으로 조금 더 떨어진 곳에 있다.—옮긴이

76. 독일 쪽에서 봤을 때 뫼즈 강 건너편 좌안 리에주 북쪽에 있다.—옮긴이

77. 크드부아 남쪽, 앙부르 동북쪽에 있다.—옮긴이

78. 앙부르에서 서쪽으로 뫼즈 강의 지류인 우르트(Ourthe) 강을 건너 더 나아간 지점으로 리에주의 남쪽이다.—옮긴이

79. 리에르에서 서쪽으로 더 나아간 지점에 있다.—옮긴이

떨어져 나가 …… 바닥에 처박혔다. 마치 뒤집힌 거북이처럼 기괴했다." 폐허의 한가운데에 르망 장군이 의식을 잃고 누워 있었다. 체포자들은 르망을 들것 위에 눕혔고, 르망은 그곳에서 몇 년 전 기동훈련에서 만났던 에미히에게 이렇게 말했다. "나를 발견했을 때 내가 의식을 잃은 상태였다는 사실을 증언해주시오."[80]

올로뉴Hollogne와 플레말Flémalle의 마지막 두 요새[81]는 8월 16일에 더 이상의 전투 없이 항복했다. 크루프 사와 스코다 사의 대포는 포좌에서 분해되어 나뮈르의 요새들로 돌아가, 8월 21일 그곳에 도착하여 사흘간 포격한 뒤 8월 24일에 리에주의 승리를 되풀이했다. 드레드노트Dreadnought[82]에 탑재된 그 어느 것보다도 큰 중포가 철근콘크리트 표적을 박살 낸 이 두 차례의 '육상에서 벌어진 해전'은, 요새는 지원 기동부대의 적극적인 개입 없이도 진격하는 적군을 막아낼 수 있다는 300년 된 군사적 확신을 끝내버렸다. 그 믿음은 어쨌든 조건부였을 따름이었다. 요새시대인 18세기의 탁월한 장군 중 한 사람인 드 리뉴de Ligne[83] 공은 이렇게 썼다. "나는 더 많이 보고 읽을수록 최고의 요새는 군대이며 최고의 성벽은 병사의 성벽임을 더욱 강하게 확신한다."[84] 요새들—모뵈주Maubeuge, 프셰미실Przemyśl, 리비프Lviv, 베르됭의 요새들—은 1914년과 1915년, 1916년에 맹렬한 전투의 중심이었지만, 일정한 충돌지점이었을 뿐 결정적인 전투는 그 주변에서 유동적인 병사들과 이동 가능한 무기들로 수행되었다. 실제로 1차 세계대전의 전선은 강철이나 콘크리트가 아닌 인간 보루가 형성했다.

에미히의 특별기동대가 리에주와 나뮈르를 타격하여 산산조각 내던 동안에도 뫼즈 강 도하지점의 남쪽 먼 곳에서 바로 그러한 보루가 건설되고 있었다. 독일의 계획에서 에미히 부대가 대담했다면, 전쟁 개시에 대비한 프랑스의 계획은 다른 차원에서 더욱 대담했다. 그 계획은 바로 1871년의 국경을 넘어 독일에 병합된 알자스-로렌으로 무모하게 공격하는 것이었다. 제17계획은 이러했다. "상황이 어떠하든

80. D. Goodspeed, p. 47

81. 올로뉴 요새는 리에주의 서쪽, 롱생 요새 밑에 있고, 플레말 요새는 봉셀에서 서쪽으로 더 나아가 뫼즈 강 아래에 있다.—옮긴이

82. 증기 터빈 추진력과 중포를 갖춘 20세기형 전함. 전함을 드레드노트 이전과 이후로 구분할 정도로 큰 의미를 지녔다.—옮긴이

83. 1735~1814. 벨기에 태생의 군인. 합스부르크왕국의 요제프 2세와 러시아의 예카테리나 2세와 일했다.—옮긴이

84. C. Duffy, *Frederick the Great*, London, 1985, p. 154

간에, 최고사령관의 의중은 적 독일군을 공격하기 위해 전군을 연합하여 진격하는 것이다."[85] 프랑스는 독일군이 1870년에 그랬던 것처럼 룩셈부르크와 스위스 사이의 양국 국경에 전개하기를 기대했다. 조프르의 작전 계획은 5개 군을 두 집단으로 나누어 투입하는 것이었다. 제5군과 3군은 좌측에, 제2군과 1군은 우측에 전개하고, 제4군은 두 집단군 사이의 틈을 맡기 위해 약간 후방에 포진할 것이었다. 프랑스는 지세와 요새로 볼 때 독일군이 성공적으로 진격한다면 바로 그 사이로 모이게 되리라고 계산했다.

그러나 독일은 오랫동안 완전히 다른 계획에 전념하여 프랑스의 병력 배치를 부적절하고 위험스러운 것으로 만들어버렸다. 만약 그렇지 않았다면, 제17계획은 그다지 나쁜 착상은 아니었다. 제17계획은 동부 프랑스의 자연지리와 인공지리에 적합한 계획이었다. 독일은 1871년에 프랑스로부터 스트라스부르와 뮐루즈Mulhouse[86] 사이의 라인 강을 포함하는 긴 '자연' 국경지대를 빼앗아 병합했다. 그렇지만 베르됭과 툴 사이의 고지대 코트드뫼즈Côte de Meuse와, 남으로 더 내려가서, 낭시와 에피날Epinal 위쪽 보주Vosge 산맥의 산마루 같은 방어거점이 프랑스 소유로 남았다.[87] 방어 진지를 쌓지 않은 그 사이의 개구부는 트루에드샤름Trouée de Charmes이라는 덫이었는데, 프랑스는 독일군을 그 안으로 유인하려 했다. 여하튼 좌우의 벽—뫼즈 고지대와 보주 산맥—은 도로와 철도로 잘 연결되어 있었고 방어 공사가 잘 되어 있었기에 두 집단군이 모젤 강과 라인 강 유역으로 급습하는 출발점으로서 안성맞춤이었다. 제5군과 제3군 그리고 제2군과 제1군이 각기 개시하는 두 방면의 공격이 제17계획의 핵심이었다.

그러나 조프르는 두 방면의 공격을 시작하기 전에, 에미히가 벨기에로 진입할 때 했던 것처럼, 뒤이을 더 큰 공세를 준비하기 위한 목적으로 예비 공격을 개시했다. 8월 7일 브장송Besançon에 주둔한 보노Bonneau 장군의 제7군단은 알자스의 뮐루즈를 점령하기 위해 진격했고

85. Etat-major de l'armée, *Les armées françaises dans la grande guerre*, Paris, 1922~1939, Ⅰ, i, annexes, 8

86. 보불전쟁 이후 알자스-로렌의 일부로 독일제국에 병합되었다. 두 대전 시기에 번갈아 양국의 지배를 받다가 2차 세계대전 종전 후 최종적으로 프랑스의 영토가 되었다.—옮긴이

87. D. Johnson, *Battlefields of the World War*, N.Y., 1921, pp. 425~429

그 지역을 부추겨 독일에 맞서게 하려 했다. 보노는 내키지 않아 했고 실제로도 주저했다. 보노는 이틀에 걸쳐 15마일을 이동하여 뮐루즈에 닿았는데 독일군이 반격하자 24시간이 못 되어 퇴각했다. 더 나빴던 것은 보노가 그 후 스위스 국경의 벨포르까지 퇴각했다는 사실이다. 벨포르는 보불전쟁 내내 유일하게 독일군에 끝까지 저항했던 요새였다. 조프르는 실질적이면서 상징적인 이 굴욕에 격분했다. 조프르는 보노와, 작전에 참여했던 제8기병사단장 오비에Aubier를 즉각 해임했다. 이는 향후 더 큰 숙청이 다가오리라는 경고였다. 조프르는 1913년 기동 작전 후 눈에 띄게 무능한 장군 2명을 제거했으며 동원 기간과 방어태세 기간에 꾸물대거나 적임자가 아니었음을 드러낸 사단장 7명을 이미 쫓아냈다.[88] 8월 말, 조프르는 군사령관 1명, 21명의 군단장 중 3명, 103명의 사단장 중 31명을 해임한다. 그리고 9월에 추가로 38명의 사단장을, 10월에 11명, 11월에 12명을 해임한다.[89] 나머지는 상비사단에서 향토사단으로 이임되거나 강등되었다. 몇몇 사단에서는 장군들이 자신의 역량을 내보이기 위한 시간이 겨우 한 달밖에 안 되었고 심지어는 그보다 더 적은 경우도 있었다. 부적절하게 장군 호칭을 받은 쉬페르비Superbie와 바타유Bataille는 제41사단장을 각각 5주와 열흘 동안 역임했다. 바타유의 후임자인 볼제르Bolgert는 겨우 9일 일하고 예비군사단으로 좌천되었는데, 분명 완전히 옷을 벗지 않아서 다행이라고 생각했을 것이다. 평시 보병사단장 48명 중에서 1915년 1월까지 자리를 지키고 있던 사람은 겨우 7명뿐이었다. 그중 한 사람인 식민지군 제3사단의 라프네Raffenet는 전사했고, 식민지군 제20사단의 보에Boë는 심한 부상을 입었다. 델리니Deligny, 아슈Hache, 움베르Humbert 같은 소수의 사람들은 승진하여 군단을 지휘했는데, 전쟁이 시작할 때 여단장에 불과했던 필리프 페탱Philippe Pétain[90]도 그중 하나였다. 나머지는 영원히 사라졌다. 조프르는 훗날 이렇게 썼다. "내 정신은 온통 이 문제에 쏠렸다. 나는 무능한 장군들을 제거하고 더 젊고 더

88. D. Porch, *The March to the Marne*, Cambridge, 1981, p. 178

89. *Les armées*, 10, **ii**, passim.

90. 1856~1951. 1차 세계대전의 영웅이었으나 1940년에서 1944년까지 비시 프랑스의 국가수반을 지내 반역죄로 사형선고를 받았다. 드골이 무기징역으로 감형했다.—옮긴이

91. D. Porch, *March*, p. 177

정력적인 장군들로 대체할 것이다." 정의는 조프르의 편이었다. 프랑스 장군들은 너무 늙었거나—1903년에 평균 연령이 61세였는데 이에 반해 독일의 경우는 54세였다—젊다고 해도 적임자가 아닌 경우가 많았다.[91] 조프르도 분명 모범은 아니었다. 지나친 과체중의 조프르는 식사에 몰두했으며 1914년에 위기가 극으로 치닫는 중에도 점심식사를 방해하는 것은 허용하지 않았다. 조프르는 그런 결점도 있었지만 빈틈없고 침착하며 예리한 판단력을 지닌 인물이었다. 위기가 심화되면서 다가오는 전쟁을 통해 프랑스 군대는 이러한 자질을 경험하게 된다.

국경의 전투

동원의 격변과 연이은 병력 집결지 이동에 뒤이어 이상하게도 평온한 휴지기가 나타났다. 프랑스군과 독일군 사단의 역사는 병력이 국

⬇ 맨 앞이 페탱이고 그 뒤로 왼쪽부터 조프르, 포슈, 헤이그, 퍼싱이 서있다.

경 앞에 하차한 후 교전이 개시될 때까지 한 주에서 열흘의 막간을 기록하고 있다. 그 기간은 보급품을 분배하고 서둘러 훈련을 하며 병사들을 도보로 국경에 전개하는 데 쓰였다. 양측의 몇몇 최고참 장교들과 사단의 역사를 읽은 적이 있던 자들은 그러한 준비 과정에 어느 정도 익숙했다. 이는 44년 전 보불전쟁의 처음 며칠간 이루어진 준비 과정과 비슷했으며, 모든 것이 더 효율적으로 진행되고 있다는 점만이 달랐다. 병력 수송 열차도, 말과 병사들의 발과 대포의 긴 행렬도, 프랑스의 경우 군복도, 양측 모두 무기도 이전과 똑같아 보였다. 속사 대포와 연발총의 혁명적인 힘은 아직 등장하지 않았다.

프랑스 최고사령부가 선택한 전선도 그 구역 대부분에서 거의 정확히 일치했다. 1870년에는 프랑스와 룩셈부르크 국경이 만나는 지점 북쪽으로는 작전이 없었다. 반면 1914년에 프랑스의 제3군, 4군, 5군이 전개한 지역은 그곳부터 벨기에 쪽으로 뻗어 있었다. 그러나 로렌의 제1군 병사들은 자신의 조부가 나폴레옹 3세의 지휘를 받으며 걷던 길을 지나고 있었다. 출발선은 서쪽으로 더 치우쳤다. 1871년 패배의 대가로 독일에 넘겨준 영토 때문에 위치가 바뀌었기 때문이다. 그렇지만 행군했던 대로는 동일했고 목표지점도 똑같았다. 자르 강 방어선과 자르브뤼켄Saarbrücken, 그 너머 지방을 따라 라인 강에 이르는 길이었다. 이 진로는 조프르가 8월 8일에 내린 일반명령 1호에 제시되어 있었다.[92]

로렌 공세는 8월 14일에 개시되었다. 오귀스트 뒤바유Auguste Dubail의 제1군은 왼쪽에 포진한 드 카스텔노de Castelnau의 제2군과 함께 국경을 넘어 사르부르Sarrebourg[93]로 진격했다. 보노가 뮐루즈에서 퇴각했던 일은 잊은 듯했다. 프랑스는 해방군이자 점령군으로서 악단이 연주하고 깃발을 휘날리며 진입했다. 프랑스 최고사령부는 자신들이 잃어버린 지역—독일에게는 '제국 영토'—에서 독일군이 승리를 거두기 위한 나름의 계획이 있을 수 있다는 생각은 조금도 하지 못한 것 같

92. *Les armées*, I, i, pp. 156~157

93. 독일 영토인 북쪽의 자르브뤼켄, 자르부르크와 다른 곳이다.—옮긴이

94. S. Tyng, pp. 68~69

95. 1862~1953. 대전 이전에는 바이에른군 참모총장을 지냈고, 제국군에서는 1915년에 창설된 정예 산악사단 알펜코르를 지휘했다.—옮긴이

다. 프랑스군 정보부는 독일의 능력을 과소평가했고, 독일군이 방어 태세를 취하리라고 판단했다. 실제로 바이에른 왕세자 루프레히트 Rupprecht와 전직 프로이센 전쟁장관이었던 요지아스 폰 헤링겐Josias von Heeringen 장군이 지휘하는 독일의 제6군과 7군은 6개 군단이 아닌 8개 군단으로 구성되었으며 프랑스군이 지나치게 깊이 들어온 순간 즉시 강력히 반격할 준비를 하고 있었다.

독일군은 머지않아 그렇게 했다. 독일군은 나흘 동안 프랑스군에 강하게 맞서지 않고 적당히 싸우면서 곳에 따라 제국 영토 안으로 25마일까지 후퇴했다. 독일군은 연대 깃발을 하나 빼앗겼으며, 이는 총사령부Grand Quartier Général, GQG가 설치된 비트리르프랑수아Vitry-le-François의 조프르에게 선물로 보내졌다. 샤토살랭Château-Salins, 그다음 디외즈Dieuze, 그리고 8월 18일에 마침내 사르부르가 점령되었다. 전부 17세기에 루이 14세가 합스부르크왕국과 싸운 이래로 프랑스 땅이었던 곳이다. 그다음부터 전선은 흡수성을 잃었다. 프랑스 보병은 독일군의 저항이 거세다는 사실을 깨달았다. 제1군의 우측에서 집요하게 밀고 들어간 소규모의 알자스 부대는 이튿날 뮐루즈를 탈환했으나, 그 성공은 뒤바유의 진지와 멀리 떨어져 있었기에 아무런 지원도 되지 못했다. 프랑스군 사이에 벌어진 틈은 이뿐만이 아니었다. 제1군은 제2군과 확실하게 연락을 유지하지 못했다. 자르 강 유역 서쪽에 있던 뒤바유와 카스텔노 사이에는 작전상의 접촉이 전혀 없었다. 약점을 의식하고 있었던 뒤바유는 8월 20일에 공격에 착수하여 상황을 개선하려 했다. 공격의 목표는 연락을 재개하고 코노Conneau의 기병군단(제2, 6, 10사단)이 적의 배후로 진출하여 측면을 포위할 수 있도록 길을 트는 것이었다. 그러나 뒤바유가 8월 19일에서 20일로 넘어가는 밤에 공격을 개시했을 때에도, 독일군은 계획대로 반격할 준비를 하고 있었다.[94]

루프레히트와 헤링겐의 부대는 일시적으로 크라프트 폰 델멘징겐 Krafft von Delmensingen[95] 장군이 이끄는 단일 참모부에 속해 있었다. 그리

하여 프랑스의 제1군과 2군이 이따금 전화로 작전을 조정하는 동안, 독일의 제6군과 7군은 단일한 부대처럼 싸웠다. 여기서 기존의 통신 체계로 통제할 수 있는 최대한의 대형을 만들어낼 새로운 경향의 지휘를 예견할 수 있었다. 8월 20일에 그 가치는 신속히 증명되었다. 뒤바유의 야간 공격은 시작하자마자 반격당했다. 그 후퇴에 뒤이어 독일의 8개 군단이 전선 전역에서 프랑스의 6개 군단을 동시에 공격했다. 사르부르에서 자르 강에 닿았던 프랑스 제8군단은 괴멸되었다. 대포는 독일의 더 큰 중포에 파괴되었고, 독일의 보병은 포격의 지원을 받아 프랑스군을 한 진지에서 다음 진지로 연이어 쫓아냈다.

중포는 특히 제2군에 한층 더 심한 타격을 입혔다. 8월 20일 날이 밝자마자 전선 전역에서 집중포격을 당했기 때문이다. 제15군단과 16군단은 뒤이어 보병의 공격을 받고 진지를 포기했다. 좌익 맨 끝에 포진했던 제20군단만이 자리를 고수했다. 제20군단은 홈그라운드에서 싸웠고, 특별한 재능과 결단력을 지닌 페르디낭 포슈 장군이 지휘하고 있었다. 포슈의 병사들이 자리를 지키고 있는 동안, 제2군의 나머지는 교전을 그만두고 바로 6일 전에 진격을 시작한 지점인 뫼르트Meurthe 강 너머로 퇴각하라는 카스텔노의 명령을 받았다. 제2군은 양측면의 매우 가까운 곳까지 포위당했는데, 이는 프랑스군 전체에 돌이킬 수 없는 재앙을 가져오게 된다. 또 제1군과 2군 사이의 연락이 완전히 끊겼기에, 뒤바유는 어쩔 수 없이 전투에서 이탈했다. 8월 23일 제2군은 뫼르트 강으로 돌아와 강을 방어할 준비를 했으며, 방어는 포슈가 낭시의 그랑쿠론Grand Couronné[96] 고지대에 구축한 거점의 수호에 달려 있었다. 그곳에서 제1군과 2군은 참호를 파고 독일군의 추격 공격을 기다렸다. 슐리펜은 프랑스의 로렌 공격 뒤에 승리를 얻는다면—슐리펜은 이를 제대로 예상했다—추격 공격을 시도해서는 안 된다고 경고했었다. 그렇지만 승리를 활용하고 싶은 유혹은 너무나 강하여 억제하기 힘들었다. 폰 몰트케는 루프레흐트와 델멘징겐의 요

96. 낭시 인근의 인공 요새.—옮긴이

97. S. Tyng, pp. 72~73

98. 1849~1931. 대전이 발발했을 때 제4군 사령관으로 제3군의 뤼피와 함께 아르덴 공격 임무를 맡았다. 아르덴 전투에서 패하고 이듬해 2차 샹파뉴 전투에서도 패했으나 1915년 12월에 드 카스텔노의 후임으로 중부집단군 사령관을 맡았다. 1916년에 베르됭을 방어하지 못하여 해임되었다.—옮긴이

99. 1851~1932. 대전이 발발했을 때 제3군을 지휘했으나 아르덴 전투에서 패하여 베르됭으로 후퇴한 뒤 모리스 사라유로 대체되었다.—옮긴이

100. S. Tyng, p. 79

101. *Les armées*, I, i, p. 357

구에 굴복하여 공격 재개를 승인했다. 이 공격은 프랑스군이 뫼르트 강을 따라 뜻하지 않게 구축한 견고한 방어선으로 8월 25일에서 9월 7일 사이에 갑자기 밀려왔다.[97]

프랑스가 그 거대한 전선의 우익에서 회복된 것의 의미는 시간이 더 지나야 분명해진다. 다른 곳에서는 참사가 지속되었다. 제1군과 2군의 바로 위쪽에 포진한 제3군과 4군은 조프르로부터 아르덴 Ardennes의 숲지대를 관통하여 남부 벨기에의 아를롱Arlon과 뇌프샤토 Neufchâteau를 향해 공격하라는 임무를 받았다. 제3군과 4군의 공격 전선은 길이 25마일에 통과해야 할 숲의 너비가 8마일이었다. 조프르의 공격 명령에 반대하는 논거는 두 가지였다. 하나는 아르덴의 지세가 빽빽한 숲, 가파른 사면, 축축한 계곡으로 이루어져 부대가 이동할 도로가 많지 않으므로 군의 기동이 방해를 받는다는 것이었고, 두 번째는 동쪽에서 뷔르템베르크Würtemberg 왕이 지휘하는 독일의 제4군과 독일의 황태자가 지휘하는 제5군이 공격하기 위해 병력을 전개했는데, 그 진로에서 진격하는 프랑스군과 충돌이 예상된다는 점이었다. 양 군대는 8개 군단 대 8개 군단으로 정확히 동등한 병력이 될 것이었다. 그러나 조프르의 사령부는 병력이 대등하다는 점을 전혀 알지 못했다. 프랑스의 주력 정찰대인 소르데의 기병군단은 8월 6일에서 15일 사이에 적의 존재를 감지하지 못한 채 아르덴 지역을 종횡으로 교차했다. 맨발로 말에 올라탄 기병대는—프랑스 기병은 행진 중에는 말에서 내리지 않는 나쁜 습관을 지녔다—적이라고는 개미새끼 한 마리도 보지 못했다. 그 결과 총사령부는 8월 22일에 드 랑글 드 카리de Langle de Cary[98]의 제4군과 피에르 뤼피Pierre Ruffey[99]의 제3군에 "중대한 대항을 조금도 예상할 필요가 없다"는 확신을 주었다.[100] 프랑스의 비행사들도 그 전 주 내내 이 완전히 그릇된 판단을 확인했다.[101]

독일군의 정보는 프랑스군의 정보보다 정확했다. 독일의 비행사들은 제4군 앞쪽에서 적의 중요한 움직임이 포착된다고 보고했으며, 비

🅾 프랑스 보병연대의 기관총분대

록 실제로 목격한 것은 뫼즈 강을 향해 북으로 행군한 샤를 랑르자크Charles Lanrezac[102]의 제5군에 속한 부대들이었지만, 이 오해는 독일군에게 조프르의 실제 의도에 관해 경고했다.[103] 8월 20일 황태자의 부대는 몽메디와 롱위Longwy의 프랑스 국경 요새에—둘 다 오래되고 방비가 허술했다—중포 포격을 퍼부으며 제자리를 지키다 8월 22일 아침에 제4군과 함께 진격했다.[104] 제4군은 특히 측면을 공격받을까봐 걱정했으며, 양 군의 사령부는 좌익의 군단들에 인접 군단들과 연락을 유지하는 데 각별히 유의하라고 명령했다.[105]

사실 분리될 위험에 처한 것은 독일군이 아니라 프랑스군이었다. 프랑스군의 배치는 '사다리꼴'로 마치 동쪽으로 내려가는 얕은 계단처럼 북쪽에서 남쪽으로 이어졌다. 그래서 각 군단의 왼쪽 측면이 드러났다. 만약 독일군이 프랑스 전선의 꼭대기를 맹공하면, 프랑스 전선의 계단들이 연속적으로 분리되어 제4군과 3군 전체가 괴멸될 수 있었다. 이는 8월 22일에 벌어진 일과 정확히 일치한다. 실제로 먼저 무너진 것은 제3군이었다. 동틀 녘에 진격한 제3군의 선봉대는 예기

102. 1852~1925. 대전이 발발했을 때 제5군 사령관으로서 독일이 벨기에를 관통하여 파리를 크게 포위하리라고 예측하고 경고했으나 조프르가 이를 무시했다. 랑르자크가 샤를루아 전투 이후 퇴각한 것은 프랑스군을 결정적인 패배에서 구하고 슐리펜 계획의 전개를 무산시켰다. 상관들을 거침없이 비판한 탓에 1차 마른 강 전투 직후 프랑셰 데스페레로 대체되었다.—옮긴이

103. Peichsarchiv, *Der Weltkrieg*, Berlin, 1925~1939, Ⅰ, p. 310

▲ 1914년 9월 13일, 바레드에서 75밀리 포로 교전 중인 프랑스 포대원

치 못한 독일군의 저항에 부딪혔고, 적의 갑작스러운 포격으로 지원 포대가 파괴되면서 보병은 혼비백산하여 패주했다. 중앙에 커다란 구멍이 뚫린 제3군의 나머지는 가던 길을 멈추고 자리를 사수하기 위해 고되게 싸워야 했다. 그리하여 남쪽에서 지원을 받지 못한 제4군도 진격에 실패했다. 식민지군Troupes Cololniales이 배치된 중앙부만 예외였다. 프랑스군에서 유일한 진짜 정규군인 식민지군은 평시에 북아프리카와 서아프리카, 인도차이나에서 제국을 수비했던 백인 연대들로 구성되었다. 식민지군 병사들은 많은 경험으로 단련된 정예군이었다. 식민지군은 바로 이 때문에 파멸하게 된다. 식민지군은 본국 군대의 잡다한 징집병들은 따라올 수 없는 단호함으로 밀고 들어가는 바람에 더 많은 독일군 속에 빠르게 묻혀버렸다. 600야드 너비의 전선에서 차례로 진격했던 5개 대대는 총검을 꽂고 짙은 숲을 헤치며 거듭 공격했으나 소총과 기관총의 집중포화를 받고 패퇴했다. 강하게 밀어붙일수록 사상자 수는 더 많이 늘어났다. 8월 22일 저녁, 식민지군 제3사단은 1만 5,000명 병력 중에서 1만 1,000명의 사상자를 냈다.

104. *Weltkrieg,* I, pp. 303~304

105. *Weltkrieg,* I, p. 314

국경 전투에서 프랑스 대형이 입은 최악의 손실이었다.[106] 식민지군이 사실상 전멸함으로써 전방의 땅을 취하려던 제4군의 노력은 물거품이 되었다. 제3군이 제5군단의 몰락으로 더 남쪽으로 진격하지 못하게 된 것과 마찬가지였다.

그러므로 제17계획은 지베Givet에서 베르됭 사이의 75마일에 이르는 결정적인 전선에서 중단되었다. 조프르는 처음에는 결과를 믿지 않으려 했다. 8월 23일 아침, 조프르는 드랑글에게 이렇게 전문을 보냈다. "〔당신〕 앞에는 …… 〔적군〕 3개 군단뿐이다. 따라서 최대한 빨리 공세를 재개해야 한다."[107] 드랑글은 고분고분하게 명령받은 대로 하려 했으나, 더 후퇴했을 뿐이었다. 제3군과 이제 막 소집된 로렌군l'Armée de Lorraine도 마찬가지로 실패했다. 8월 24일 제4군은 뫼즈 강의 보호를 받아 퇴각했고 제3군이 곧 뒤따랐다. 그동안 미셸-조세프 모누리Michel-Joseph Maunoury[108]의 로렌군은 대부분 아미앵Amiens으로 후퇴했고, 그곳에서 남은 예비군사단들을 중심으로 새로운 부대인 제6군이 창설되었다.

106. S. Tyng, p. 86

107. *Les armées*, I, i, p. 425

108. 1847~1923. 전역했나가 대전이 발발하자 67세의 나이로 복귀하여 보불전쟁 때 독일에 빼앗긴 로렌을 되찾는 임무를 맡은 '로렌군'을 지휘했다. 1915년 3월에 전선을 시찰하다 총탄에 맞아 부분 실명하여 군 생활을 마감했다.—옮긴이

상브르 강 전투

프랑스 국경의 두 구역 알자스-로렌과 아르덴에서 독일군은 전쟁이 시작되고 3주가 끝나가는 시점에 의미 있는 승리를 거두었다. 이제 전투 무대는 아직 주요 작전에 포함되지 않은 유일한 구역인 벨기에 국경으로 옮겨간다. 슐리펜의 6주 전쟁이라는 꿈이 실현되려면 독일의 공격 계획이 반드시 성공해야 하는 전선이다. 리에주의 점령이 토대가 되었다. 뒤이어 벨기에 야전군이 안트베르펜으로 퇴각하여 참호를 파고 포진함으로써 길이 열렸고, 8월 24일 나뮈르의 함락이 임박하면서 주된 방해물들이 완전히 일소된다. 가장 중요했던 것은 프랑스 총사령부가 독일군의 동부 벨기에 침공으로 심각한 경고를 받았을 텐데도 다가오는 위험을 계속해서 분명하고도 완강하게 무시했

다는 사실이다. 전선의 북쪽 끝에 배치된 제5군 사령관 랑르자크는 전쟁이 선포되기도 전에 이미 자기 부대의 좌익(북쪽)이 벨기에로 진격하는 독일군에 포위당할까 두렵다고 총사령부에 통고했다. 자신이 이끌 독일 공격에만 골몰했던 조프르는 이러한 염려를 무시해버렸다. 랑르자크가 파리 동쪽 마른 강가의 비트리르프랑수아에 있는 총사령부에 걱정을 전했던 8월 14일까지도 총사령관은 여전히 독일군이 뫼즈 강 북쪽의 벨기에 땅으로는 주력부대를 배치하지 않을 것이라고 주장했다. 이제 곧 총사령부도 대포소리가 들릴 거리에 놓일 것이었다.

이후 6일에 걸쳐 조프르는 재고하기 시작했고, 먼저 예방책으로서 랑르자크의 제5군을 뫼즈 강과 상브르 강 사이의 구역으로 돌리는 명령을 내렸다. 이어 랑르자크에게 독일 전선의 좌익에 맞서 작전 중인 영국원정군에 합류하라고 지시했다. 벨기에에 대군으로 등장한 독일군의 존재를 더는 부정할 수 없었기 때문이다.[109] 그날, 폰 클루크와 폰 뷜로우, 막스 폰 하우젠Max von Hausen[110] 군대와 부딪친 전투—프랑스군에게는 상브르 강 전투, 영국군에게는 몽스 전투—는 이미 시작 직전이었다. 이 전투들은 군사 이론가들이 '조우전battle of encounter'이라고 부르는 시작 단계에 있었는데, 전투의 성격은 위에서 내린 명령보다는 교전부대의 행동이 결정했다. 실제로 명령은 교전을 만류했다. 랑르자크는 8월 21일 오후 쉬메Chimay에서 열린 회의에서 예하 군단들의 참모부에 제5군이 상브르 강 남안의 고지대를 지키는 것이 계획이라고 말했다.[111] 랑르자크는 병사들을 샤를루아와 나뮈르 사이의 강가에 죽 늘어서 있는 작은 건물들의 조밀한 공업지대인 보리나주Borinage에 투입할 경우 부대는 소규모 시가전에 말려들고 자신의 통제를 벗어날 것이라고 걱정했다. 독일군도 폰 뷜로우로부터 유사한 명령을 받았다. 폰 뷜로우는 자신의 제2군은 물론 제1군과 3군의 이동도 조정했다. 물론 각 군이 이동하는 이유는 서로 달랐다. 8월 20일 몰

109. S. Tyng, p. 101

110. 1846~1922. 대전이 발발했을 때 제3군 사령관을 맡았다. 국경 전투에서 주로 디낭과 샤를루아에서 싸웠다. 폰 하우젠의 부대는 1914년 9월 랭스의 파괴에 책임이 있다. 엔 강에서 전선이 고착된 뒤 카를 폰 아이넴(Karl von Einem)으로 대체되었다.—옮긴이

111. S. Tyng, pp. 102~103

트케는 뷜로우에게 프랑스군 병력이 앞에 있으며 영국군은 오른쪽에 있으나 정확한 위치는 모르기 때문에 제2군과 3군이 협공할 수 있을 때에만 상브르 강을 건너 공격해야 한다고 경고했다. 그리하여 8월 21일 아침, 뷜로우는 자신이 제2군의 진격을 미루고 있다고 폰 하우젠에게 타전했다. 이는 제3군도 멈춰야 한다는 뜻이었다.

그다음은 아래 단계의 사건들에 주도권이 넘어갔다. 강은 폭이 넓은 경우를 제외하면 언제나 방어하기가 어려웠다. 사행천의 굴곡에 의해 움푹 들어가는 부분에는 병사들이 몰렸고, 담당 구역이 어디서 시작하고 끝나는지 인접부대 간에 오해를 불러일으켰다. 교량은 특별한 골칫거리였다. 부대 간의 경계를 표시하는 교량은 어느 구역에 속하는가? 건물과 수목은 복합적이었다. 조준선을 가렸을 뿐만 아니라 신속한 병력 증강을 요하는 국지적인 위기가 발생했을 때 강을 따라 측선으로 쉽게 이동할 수 없었다. 병사들은 오랜 경험을 통해 강을 등지고 방어하는 것보다 건너편에서 방어하는 것이 더 쉬우며 가까운 쪽의 강둑을 방어해야 한다면 물가보다는 강에서 떨어진 배후지에서 방어하는 것이 더 쉽다는 사실을 배웠다.[112] 이러한 진리는 8월 21일 상브르 강에서 전개된 전투에서 다시 증명된다.

완벽한 정통파인 랑르자크는 교량은 전초로서만 지키라고 명령했고, 제5군의 대부분은 고지대에서 대기했다. 그곳에서부터 진격하여 독일군의 도하를 물리치거나 공격을 개시하여 다리 너머 벨기에로 들어갈 수 있었기 때문이었다. 그러나 교량의 전초들은 진퇴양난에 빠졌다. 예를 들면 샤를루아와 나뮈르 사이의 오블레Auvelais에 있는 전초들은 멀리 있는 강둑에서도 건너다볼 수 있었으므로 다리를 건너게 하든지 아니면 퇴각하게 해달라고 요청했다. 랑르자크의 명령을 따라야 했던 그들의 연대장은 이를 거절했고 대신 추가병력을 보내 지원하게 했다. 증원부대는 명령받은 것보다 지켜야 할 교량이 더 많음을 알게 되었다. 증원부대가 자리를 잡는 동안, 반대편에 나타난

112. A. Horne, *To Lose a Battle*, London, 1969, p. 57

113. 타민(Tamines)을 지나는 거리의 이름이 뤼드 테르녜(rue de Tergnée)인 것으로 보아 타민을 말하는 듯하다.—옮긴이

독일 제2군의 정찰대는 기회를 포착하고 군단 사령부에 교량을 한 번 건너보겠다고 허가를 청했다. 그 전갈이 도착했을 때 루덴도르프가 우연히 방문했던 곳이 바로 근위군단Gardekorps의 사령부였다. 15일 전에 리에주에서 똑같이 먼저 주도권을 잡았던 적이 있었던 루덴도르프는 책임을 지고 모험을 승인했다. 제2근위사단Garde-Infanterie-Division이 공격을 가했을 때 교량에는 방비가 없었고—프랑스 군대가 하나밖에 없을 것이라고 생각했던 구역에 8개의 교량이 있었다—거점을 마련했다. 오블레 서쪽의 테르녜Tergné[113]에서 독일군 제19사단의 정찰대는 방비가 없는 교량 하나를 추가로 발견했고, 이번에는 명령을 요청하지도 않고 다리를 건넜다. 사단장은 기회를 놓치지 않고 전 연대에 뒤따를 것을 명령하고 방어하는 프랑스군을 쫓아냈다. 그리하여 8월 21일 오후가 되면, 상브르 강의 커다란 만곡부 두 곳이 독일군의 수중에 떨어졌고 강 쪽 전선에 너비 4마일의 틈이 생겼다.

그 결과는 조우전다운 귀결이었으며 독일군 전방부대와 그 현지 지휘관들에게 큰 영예가 되었다. 랑르자크가 상브르 강 남쪽의 고지대를 주요 거점으로 삼는 원래의 계획을 고수했더라면 상황을 만회할 수 있었을 것이다. 그러나 제3군단과 제10군단을 지휘하는 부하 둘이 반격을 가하여 이미 상실한 상브르 강의 만곡부를 탈환하기로 결정했고, 랑르자크는 납득할 수 없는 이유로 이 결정을 묵묵히 따랐다. 두 군단장은 반격을 개시했으나 8월 22일 아침에 큰 손실을 보고 퇴각했다.

프랑스 보병은 용감한 쇼를 보여주었다. 깃발을 펄럭이고 나팔로 날카로운 '돌격' 소리를 울리며 벨기에의 사탕무 밭을 가로질러 진격했다. 대열이 독일군 전선에 가까워졌을 때 …… 담벼락과 작은 둔덕, 가옥의 창문에서 소총과 기관총이 불을 뿜었다. 죽음의 속사포였다. 그 앞에서 공격은 시들었다. 프랑스군은 뛰고 넘어지고 포복하며 할 수 있는 만큼 엄폐하려 했고, 공격은

독일군 수비대를 논란의 여지없는 전장의 승리자로 만들고 끝이 났다.[114]

그날 밤, 두 군단은 랑르자크가 선호한 최초지점에 포진했다. 아침에 보여줬던 대범한 시도가 필요없는 곳이었지만 사상자는 더 많았다. 그것도 너무 많았다. 전투에 투입된 연대들은 각각 약 2,500명의 병력으로 시작했는데, 제24연대는 800명, 셰르부르 연대인 제25연대는 1,200명, 제25연대(캉)는 1,000명, 제49연대(보르도)는 700명, 제74연대(루앙)는 800명, 제129연대(르아브르)는 650명을 잃었다.[115] 전략적으로 보자면 결과는 더욱 초라했다. 프랑스군 9개 사단이 독일군 3개 사단에 패배하여 7마일을 퇴각했고, 뫼즈 강가의 제4군과 연락이 끊겼으며, 몽스의 영국원정군과도 연락이 되지 않았다. 또한 독일군이 상브르 강을 따라 프랑스군을 덮치기 전에 먼저 독일군을 발견해야 하는 임무를 맡았으나 완전히 실패한 소르데의 기병군단은 제5군의 거점을 지나 돌아왔다. 대원들은 지쳤고 말들도 기진맥진했다. 8월 23일에도 상황은 좋아지지 않았다. 제5군의 일부가 공격을 재개하려 했지만, 근거지를 마련한 것은 독일군이었다. 특히 오른쪽에서, 그때 이후로 프랑스군에서도 가장 사나운 전사의 한 사람으로 알려진 샤를 망쟁Charles Mangin[116] 장군의 반격이 있었는데도, 상당한 독일군 병력이 장애물인 상브르 강과 뫼즈 강의 합류지점을 건넜다. 자정 한 시간 전, 랑르자크는 패배를 인정하고 조프르에게 이렇게 타전했다. "적이 뫼즈 강에서 우리의 우익을 위협하고 있다. …… 지베도 위험에 처했으며, 나뮈르는 점령당했다. …… 나는 내일 군을 철수시키기로 결정했다."[117]

몽스 전투

랑르자크는 동맹군인 영국군이 자신의 왼쪽에서 8월 23일 내내 독일군과 싸우느라 붙들려 있었는데도 그 상황을 전혀 언급하지 않았다. 영국군은 상브르 강에서 랑르자크의 부대가 했던 것보다 강 장애물(몽

114. S. Tyng, p. 108

115. H. Contamine, *La revanche, 1871~1914*, Paris, 1957, p. 261

116. 1866~1925. 끝장을 볼 때까지 싸우는 전투의 신봉자로 별명이 '도살자'였다.—옮긴이

117. S. Tyng, p. 117

118. 1852~1925. 영국원정군 초대 사령관으로 1915년 12월에 더글러스 헤이그로 대체되었다. 귀국해서 국내군(British Home Forces)의 총사령관에 임명되었고 1916년에 아일랜드 봉기의 진압을 감독했다.—옮긴이

스-콩데Mons-Condé 운하)을 훨씬 더 효과적으로 방어했다. 기병사단 1개와 보병사단 4개로 구성된 영국원정군은 11일 전에 르아브르와 불로뉴, 루앙에 상륙했고, 8월 22일 운하에 도착했다. 8월 23일 아침, 20마일의 전선에서 제2군단은 서쪽에, 더글러스 헤이그Douglas Haig 장군이 지휘하는 제1군단은 동쪽에 산개했다. 폰 클루크가 지휘하는 14개 사단 병력의 제1군 전체가 북쪽에서부터 영국원정군을 압박하고 있었다. 영국원정군 사령관 존 프렌치John French[118] 경은 랑르자크와 보조를 맞추어 벨기에로 진격할 것을 기대했다. 랑르자크가 상브르 강에서 패배했다는 소식에 그 희망은 무산되었지만, 8월 22일 자정 직전에 프

1915년 12월 23일, 샹티이의 프랑스 총사령부에서 조프르와 헤이그

랑스 제5군 사령부로부터 지원을 요청하는 전갈이 도착하자 프렌치 경은 24시간 동안 운하를 방어하기로 동의했다. 그 요청은 사실상 폰 클루크의 측면을 공격해달라는 것이었기에 프랑스군이 독일군의 공세가 지닌 성격을 얼마나 잘못 파악했는지 보여주는 증거였다. 폰 클루크의 측면은 이미 제5군과 영국원정군의 근거지를 지나쳐 확장된 상태였다. 영국군은 비록 잠시 동안이었을지라도 결정적인 지점에서 슐리펜 계획의 개념과 실체—전하는 바에 따르면 "우익을 강하게 하라"는 것이 슐리펜의 마지막 말이었다—둘 다 막아내는 역할을 떠맡아야 했다.

영국원정군은 그 임무에 적합했다. 영국군은 유럽 군대 중에서 유일하게 직업군인으로 구성된 완전한 정규군으로, 제국의 소규모 전쟁들로 인하여 전투의 현실에 단련되어 있었다. 상당수는 15년 전 보어 전쟁에서 참호를 파고 위치를 지킨 사수들에 맞서 싸웠기에 기관총의 효력과 기관총을 피하기 위해서는 참호를 깊이 파야 할 필요가 있음을 알고 있었다. 일본과 전쟁을 했던 러시아의 선임병들도 그 교훈을 기억했다. 영국군은 서유럽에서 유일하게 그 교훈을 기억한 병사들이었다. 몽스-콩데 운하를 사수하라는 명령을 받은 영국군은 즉시 참호를 파기 시작했고 8월 23일 아침이면 전 구간에서 확실하게 참호에 몸을 숨기고 있었다. 광산지역 한가운데에서 운하는 방어하기에 훌륭한 곳이었으며 광산 건물은 좋은 방어거점을 제공했고, 파낸 흙으로 관측점을 쌓아 지원포대에 진격하는 적의 방향을 알려줄 수 있었다.[119]

6개 사단 대 4개 사단으로 병력에서 영국원정군을 능가했던 독일군은 병사들을 휩쓸어버릴 빗발치는 사격에 대비하지 못했다. 미숙한 프랑스군이나 서투른 벨기에군보다 훨씬 더 깊게 파낸 진지의 흙보루 뒤로 숨은 "보이지 않는 적에 대적하고 있다는 것이 독일군이 받은 지배적인 인상이었다."[120] 스피온코프Spion Kop[121]의 투겔라 강과

119. J. Edmonds, *Military Operations, France and Belgium 1914*, Ⅰ, London, 1928, pp. 65~66

120. J. Terraine, *Mons*, London, 1960, p. 90

121. 2차 보어전쟁 때 보어인들이 지키던 고지.—옮긴이

122. R. Kipling, 'On Greenhow Hill' in *Life's Handicap*, London, 1987, pp. 79~96

123. W. Bloem, p. 56

124. W. Bloem, p. 80

125. W. Bloem, p. 58

모데르 강에서 보어인들은 영국 보병에게 깊숙한 흙 보루 속의 숙련된 소총수를 공격하려면 어떤 대가를 치러야 하는지 가르쳤으며, 8월 23일에 영국원정군은 그 교훈을 실습할 기회를 가졌다. 10발 탄창을 장착한 영국군의 리엔필드Lee-Enfield 소총은 독일군의 마우저Mauser 소총보다 우수했으며, 영국 병사들이 더 뛰어난 사수였다. '1분에 15발'이 표어였지만, 이는 모든 영국군 보병이 충족시킬 수 있는 표준이었다. 사격술 향상을 위해 특별 급여가 뒤따랐고, 여가시간에는 기장을 딸 수 있도록 탄약을 넉넉히 지급했다.[122] 제12브란덴부르크 척탄병연대의 어느 독일인 장교는 사거리가 길고 조준이 잘되는 소총의 효력을 처음으로 경험한 자들 중 한 사람이었다. "〔내 중대 거점〕 앞에 습지처럼 보이는 지극히 길고 평탄한 초지가 펼쳐져 있었다. 왼편에는 드문드문 건물과 헛간이 서 있었고, 오른편에는 좁고 긴 모양의 숲이 있었다. 직선거리로 약 1,500야드 밖인 먼 쪽의 끝에는 더 많은 건물이 산재했다. 가까운 쪽과 먼 쪽의 건물들 사이에 소 떼가 평화롭게 풀을 뜯고 있었다."[123] 목가적인 풍경의 평화는 환영이었다. 이튿날 블룀 대위는 영국군이 어떻게 "모든 주택과 벽을 작은 요새로 바꾸었는지" 알게 된다. "분명 노병들이 여러 차례의 식민지 전쟁에서 얻은 경험이었다."[124] 몽스의 아침, 블룀의 중대가 텅 빈 공간으로 발걸음을 내디딜 때, 트인 전망이 간직한 위험은 갑자기 현실이 되었다. "우리가 숲의 가장자리를 벗어나자마자 일제히 발사된 총탄이 소리를 내며 코앞을 지나쳐 뒤에 있는 나무들에 박혔다. 내 옆에서 대여섯 번의 비명소리가 들렸고, 중대원 대여섯 명이 풀밭에 쓰러졌다. …… 사거리는 길어 보였고 총탄은 사거리의 절반쯤 날아온 듯했다. …… 마치 날카로운 망치소리 앞에서 …… 연병장을 행진하는 것 같았다. 잠시 조용해졌다가, 다시 더 빠른 망치소리가 들렸다. 기관총이었다!"[125]

브란덴부르크 척탄병연대 반대편의 병사들은 퀸즈웨스트켄트 연대Queen's Own Royal West Kent Regiment 1대대 소속이었고, 사상자들은 대대에 2정뿐이었던 기관총이 아니라 소총들에 나가떨어졌다. 그날이 끝날 때, 블룀의 연대는 "산산조각났다." 교전 중에 다수의 병사들과 장교들 사이에 연락이 끊겼고, 양자는 저녁에야 부끄러운 얼굴에 온갖 변명을 안고 합류했다. 500명이 죽거나 다쳤는데, 그중에는 대대의 중대장 4명 중 3명도 포함되었다. 블룀은 다행스럽게도 다치지 않았다. 다른 부대들도 결과는 똑같았다. 영국의 모든 대대가 위치를 사수했고, 제48포대와 108포대[126]의 60파운드 포를 포함한 지원 대포가 교전 내내 지속적으로 지원 포격을 가했기 때문이다. 영국의 사상자는 전사자와 부상자, 행방불명자를 포함하여 모두 1,600명이었다. 독일군의 사상자는 완전히 밝혀지지는 않았지만 틀림없이 5,000명에 육박했을 것이다. 브레멘 출신 보병들로 구성된 제75연대는 로열스콧츠 연대Royal Scots[127]와 킹즈로열라이플 연대King's Royal Rifle Corps[128]를 공격하면서 381명을 잃었지만 그 방어선에 아무런 충격도 주지 못했다.

그날 저녁, 폰 클루크의 독일군은 하루종일 운하를 건너려다 지친 채 북쪽 제방에 쓰러져 잠들었고 이튿날 그 짓을 되풀이하여 겨우 진지 하나를 점령했다. 마찬가지로 지친 영국군도 운하 남쪽으로 약간 후퇴할 준비를 했다. 영국군은 전투를 잘 해냈다는 감격에 얼굴이 상기되었으며, "몽스 전투는 영국군의 패배로 끝났다"라는 독일 공식 사가의 판단은 영국군에게는 진실이 아니었다.[129] 영국군은 다음날에도 연합국의 좌측면을 계속 방어할 작정이었다. 그러나 야간 위치로 돌아갈 즈음 새로운 명령이 도달했다. 퇴각하라는 명령이었다.

8월 23일 저녁 늦은 시간에, 프랑스 제5군의 영국군 연락장교인 에드워드 스피어스 중위가 존 프렌치 장군의 사령부에 놀라운 소식을 갖고 도착했다. 랑르자크 장군은 상브르 강에서 독일군이 거둔 성공 때문에 제5군에 이튿날 남쪽으로 퇴각할 것을 명령했다고 조프르에게 통고했다. 겨우 몇 시간 전에 "나는 지금 있는 자리를 …… 고수

126. 제48포대는 야전포대(Royal Field Artillery) 제36여단 소속으로 영국원정군 제2사단에 배속되었고, 제108포대는 야전포대 제23여단 소속으로 영국원정군 제3사단에 배속되었다.—옮긴이

127. 로디언 연대(Lothian Regiment). 2대대가 영국원정군 제3사단 8보병연대에 배속된 후 연대 전체가 영국원정군에 참여했다.—옮긴이

128. 1대대가 영국원정군 제2사단 6보병여단에, 2대대가 제1사단 2보병여단에 배속되었다.—옮긴이

129. *Weltkrieg*, Ⅰ, p. 500

130. S. Tyng, p. 117

131. E. Spears, *Liaison*, p. 192

할 것이다"라고, 또 "밤중에 가능한 모든 수단을 동원하여" 진지를 강화해야 한다고 선언했던 프렌치는 동맹군의 후퇴 결정에 자신들도 따라야 한다는 사실을 인정할 수밖에 없었다.[130] 8월 24일 아침, 영국 원정군은 전면적인 후퇴를 시작했다. 9시 35분, 조프르는 전쟁장관에게 보내는 전언을 통해 전선 전체에서 퇴각해야 하는 이유가 무엇인지 설명했다.

북쪽에서, 상브르 강과 뫼즈 강, 그리고 영국군 사이에서 작전하던 우리 군은 반격당한 듯하다. 나는 아직도 그 반격이 어느 정도인지 알지 못하지만 그 때문에 퇴각할 수밖에 없다. …… 현실을 직시해야 한다. …… 우리 군의 군단들은 …… 전장에서 우리가 바라던 공격능력을 보여주지 못했다. …… 그러므로 우리는 부득불 방어태세에 들어가야 하며, 우리의 요새와 거대한 지형 장애물을 이용해서 가능한 적은 땅을 내어주어야 한다. 우리의 목표는 오래 버텨 적을 피로하게 하고 때가 오면 공세를 재개하는 것이어야 한다.[131]

대퇴각

대퇴각은 시작되었다. 이후 14일 동안 프랑스군과 그 왼편의 영국 원정군은 파리 외곽까지 물러갔다. 비트리르프랑수아의 조프르 사령부인 총사령부는 8월 21일에 포기되며, 바르쉬르오브Bar-sur-Aube에 임시로 자리를 잡았다가 9월 5일에 파리가 위치한 강인 센 강가의 샤틸롱쉬르센Châtillon-sur-Seine으로 옮겼다. 조프르의 전문은, 전쟁장관 메시미는 틀림없이 우울하게 읽었겠지만, 지금까지도 1차 세계대전의 중요한 문서로 남아 있다. 전문의 문장은 그리 많지 않았지만 만회의 계획을, 나아가 최종적인 승리의 계획을 그려냈다. 베르됭을 필두로 큰 요새들은 아직 프랑스의 수중에 있었다. 동쪽에서 독일의 프랑스 진입을 방해하는 지형인 보주 산맥과 센 강 수계의 운하는 침범당하지 않았다. 평시에도 분별없이 광적인 공격을 공언할 정도로 드높았던 프랑스군의 사기는 전쟁으로도 깨지지 않았다. 군대가 수도로 퇴각할 때에도 단결을 유지할 수만 있다면 반격의 기회는 남아 있었다. 독일군은 한 걸음 전진할 때마다 라인 강가와 그 너머의 지원 기지에서 멀어졌지만, 프랑스군에게 그 거리는 점점 더 짧아졌으며 연결은 강화되었다. 조프르는 8월 25일의 일반명령 2호에서 이렇게 썼다. "향후 작전의 목표는 우리의 좌익에서 공격을 재개할 수 있는 병력을 재구성하는 것이다. 이 병력은 제4군과 5군, 영국군에 동부전선에서 모집한 새로운 부대로 구성될 것이며, 그동안 나머지 군대는 적을 최대한 저지할 것이다."[132]

132. E. Spears, *Liaison*, pp. 526~527

조프르가 '새로운 공격부대'(모누리 장군의 제6군과 포슈 장군의 제9군을 포함한다)의 위치로 지정한 곳은 몽스에서 남서쪽으로 75마일 떨어진 아미앵 근처의 솜 강 방어선이었다. 그러므로 이미 조프르는 병력을 재배치하여 공격을 재개할 수 있기까지 후퇴가 길 것이라고 예견했다. 프랑스군의 상황에 대한 조프르의 평가에는 냉혹한 현실주의가 엿보인다. 프랑스군이 최악의 후퇴를 경험한 로렌에서도 30마일은 그때까지 퇴각한 거리 중 가장 길었다. 뒤이어 계속될 퇴각은 조프르의 예상보다 훨씬 더 모진 퇴각이 된다. 우익의 독일군 보병은 12일간 벨기에를 관통하며 전투했지만 아직도 원기왕성했다. 독일군 보병은 이미 거둔 승리로 사기가 올랐으며 며칠 간 도로에서 단련되었고 곧 최종적인 승리를 거두리라는 기대로 마음이 들떠 있었기에 프랑스군을 물리치는 것이 거리 문제라면 발이 쓰린 것도 잊고 턱끈을 조이며 기꺼이 발걸음을 내디딜 준비가 되어 있었다. 블룀은 몽스 전투 이후 7일째 되는 날 대대장으로부터 이런 말을 들었다. "이 노도와 같은 끝없는 돌격은 절대적으로 필요하다. …… 그대의 모든 힘을 다하여 어떤 대가를 치르더라도 사기를 유지하라. 전 전선에서 적을 완전히 물리칠 때까지 적에게 어떤 휴식도 허용하지 않아야 한다는 점을 분명히 하라. 땀은 피를 아낀다는 사실을 말해주라." 블룀의 브란덴부르크 척탄병들에게는 격려가 필요하지 않았다. "발뒤꿈치와 발바닥, 발가락이 부어오르고 …… 피부 전체가 까져 생살이 드러났지만" 중대원들은 20세기에서 가장 뜨거웠던 그해 여름의 이글거리는 태양 밑에서 매일같이 속도를 유지했다.[133] 예를 들면, 독일군에 앞서 후퇴했던 글로스터셔 연대 1대대[134]는 단 하루 휴식하고(8월 29일) 8월 27일과 28일에 연속하여 20마일 이상 행군한 것을 포함하여 13일 동안 244마일을 이동했다고 기록했다.[135] 영국군과 프랑스군이 견뎌낸 거리를 독일군도 마찬가지로 참아냈다.

양측은 행군했을 뿐만 아니라 전투를 벌이기도 했다. 프랑스군과 영국군은 독일의 진격을 늦추거나 위험에서 벗어나기 위해 싸웠고 독일군은 저항을 뚫고 나아가기 위해 싸웠다. 영국군 제1군단은 8월 26일에 랑드레시Landrecies와 마루아유Maroilles에서 싸워야 했으나, 몽스에서 거의 손실을 보지 않았기에 손쉽게 전투를 중단하고 다시 퇴각했다. 몽스에서 맹공을 받았던 제2군단은 달아나기 위해 같은 날 르카토에서 훨씬 더 큰 규모의 전투를 벌여야 했다. 제2군단장 스미스-도리언Smith-Dorrien[136] 장군은 휘하에 보병사단 3개를 두었고 기병사단의 지원을 받았다. 스미스-도리언의 지친 병사들은 8월 26일 아침에 독일군 3개 보병사단과 3개 기병사단의 공격을 받았고, 낮 동안에 독일군 2개 보병사단이 증강되어 대결은 8 대 4였다. 그러한 병력의 불균형으로 독일군은 영국 방어선의 끝을 덮칠 기회가 생겼고, 낮시간이 지나며 실제로 그 일을 완수했다. 전선은 르카토와 캉브레Cambrai 사이의 고대 로마 도로를 따라 이어졌다. 그곳은 3년 3개월 뒤 영국군이 당시로서는 발명은커녕 상상도 못했던 전쟁 무기인 전차를 처음으로 앞세우고 집중공격을 전개하게 되는 지점이다. 영국군 보병은 우선 여느 때처럼 야전포대의 일제사격 지원을 받아 소총으로 조준사격을 퍼부었다. 그러나 오후 들어 적의 수가 늘어나자 측면이 무너지기 시작했으며, 적군의 집중포격에 부대들은 와해되고 포대는 포병들을 잃

133. W. Bloem, p. 110

134. 영국원정군 제1사단 3보병여단에 배속되었다.—옮긴이

135. J. Edmonds, *1914*, Ⅰ, p. 494

136. 1858~1930. 대전이 발발했을 때 국내방위군(Home Defense Army)의 지휘권을 맡았으나, 제임스 그리슨(James Grierson) 장군이 갑자기 죽는 바람에 영국원정군 제2군단장을 맡았다. 르카토 전투, 1차 마른 강 전투, 1차 엔 강 전투, 1차 이프르 전투에 참여했으며, 1915년 4월 2차 이프르 전투에서 독일군이 독가스를 사용하여 사상자가 속출하면서 안전한 장소로 철수할 것을 요청하자 존 프렌치가 해임했다.—옮긴이

었다. 저녁이 다가오면서, 제2군단은 눈앞에서 병력의 상실을 목도했다. 제2군단은, 독일군의 실수 때문이기도 했지만, 다른 경우와 마찬가지로 소르데 기병군단의 개입 덕분에 살아남았다. 소르데의 기병군단은 벨기에 진격 당시 독일군을 발견하지 못한 실수로 잃었던 명성을 르카토에서 회복했다. 제2군단의 생존은 또한 멸시를 받았던 프랑스의 어느 향토사단 덕이기도 했다. 징병 연령을 넘긴 예비군들은 캉브레 외곽에서 용감하게 싸워 독일군 제2군단의 도착을 지연시켰다. 전투 중에 사망자와 부상자, 행방불명자를 포함하여 8,000명을 잃은(워털루에서 웰링턴 부대가 잃은 숫자보다 많다) 제2군단은 해 질 무렵에 남은 병력을 모아 조용히 빠져나가 퇴각을 재개했다.[137] 그렇지만 포병사단의 절반에 해당하는 38문의 대포는 필사적인 구원 노력에도 결국 빼앗겨버렸다. 제122포대[138]에서 어느 용감한 포병 장교와 포대원들의 장비를 구하려던 노력은 '놀라운 장면'을 남겼다. "질주하다 넘어지는 말들, 방치된 대포 4문, 주변에 흩어진 소수의 포차들, 수직으로 세워진 채 지평선에 누워 있는 포, 그리고 도처에 널려 있는 사람과 말의 시체들."[139]

르카토에서 전투가 벌어지던 날, 조프르는 생캉탱St Quentin에서 영국원정군 사령관인 존 프렌치 경을 만났다. 랑르자크와 영국원정군의 좌측에서 예상 밖으로 잘 싸운 향토사단장 다마드d'Amade 장군이 동석했다. 즐거운 만남은 아니었다. 랑르자크와 프렌치는 열흘 전 처음 만난 이후로 사이가 나빴으며, 조프르는 오랫동안 자신의 부하였던 제5군 사령관의 자질을 이미 의심하고 있던 터였다. 한 가정집의 어두운 방에서 열린 회의 분위기는 거북했다. 프렌치는 반격을 지시하는 조프르의 일반명령 2호를 받지 못했다고 부인했다. 프렌치가 말할 수 있는 것은 자신이 처한 어려움과, 넌지시 말해야 했지만, 랑르자크가 자신을 지원하지 못했다는 것이 전부였다. 랑르자크는 영국원정군이 지원군이라기보다는 골칫거리였다는 태도를 보였다. 말이 통

137. S. Tyng, pp. 144~145

138. 야전포대(Royal Field Artillery) 제122포대는 제28포병여단 소속으로 영국원정군 제5사단에 배속되었다.—옮긴이

139. J. Edmonds, *1914*, Ⅰ, p. 163

140. E. Spears, *Liaison*, pp. 228~232

141. 1856~1942. 군단장으로 샤를루아 전투에서 공을 세워 1차 마른 강 전투 전에 제5군 사령관으로 승진했다. 1916년에 동부집단군 사령관, 1917년에 북부집단군 사령관이 되었으나, 1918년 5월에 슈맹데담 전투에서 크게 패한 후 서부전선에서 이탈했고 살로니카의 연합군 사령관에 임명되었다.—옮긴이

하지 않는 어려움도 있었다. 프랑스인들은 영어를 말하지 못했고, 프렌치도 프랑스어를 거의 못했으므로, 영국 참모차장 헨리 윌슨 장군이 통역을 맡았다. 성격의 차이도 있었다. 금 단추를 단 검푸른 군복을 입은 거구의 조프르와 랑르자크는 역장처럼 보였고, 여우 같은 윌슨과 신랄한 프렌치는 능직으로 만든 반바지에 번쩍이는 승마 장화 차림이어서 폭스하운드 조련사 같았다. 영국원정군 사령관이 육군원수field marshall라는 사실도 프랑스인들에게는 혼란스러웠다. 프랑스 군대에서 원수maréchal는 계급이 아니라 승리자에 수여하는 '명예 지위'였기 때문이다. 장군보다 높은 계급에 오르지 못하는 공화국의 군인들은 남아프리카의 농부들과 싸워 승리한 이름뿐인 상관을 삐딱하게 보았다.

회의는 명확한 결정을 보지 못하고 끝났으며, 랑르자크는 프렌치와 점심을 같이 하기를 거부했다.[140] 그러나 조프르는 프렌치와 점심을 같이 하고, 프렌치가 돌아간 뒤 랑르자크의 등골을 서늘하게 할 의도를 안고 총사령부로 돌아왔다. 조프르는 패배한 영국원정군이 교전에서 손을 떼고 안전을 위해 영국해협의 항구로 돌아갈 위험을 인식했기 때문에 영국군에 숨 돌릴 여유가 필요하다고 생각했다. 그는 랑르자크에게 이튿날인 8월 27일에 퇴각하지 말고 파리를 향하는 자신을 바짝 따라오는 독일군 제2군에 반격을 가할 것을 지시했다. 랑르자크는 불평했지만 명령에 따랐다. 랑르자크는 뷜로우의 사단들이 목표지점에 도달하려면 건너야 하는 우아즈 강의 상류를 따라 전개하라고 제5군에 명령했다. 제10군단과 제3군단은 북쪽을 향해 방어하게 했고, 제18군단은 우아즈 강이 파리 위쪽 퐁투아즈Pontoise에서 센 강에 합류하기 전에 남으로 휘는 지점인 서쪽을 공격하게 했다. 네 번째 군단인 제1군단은 매우 단호한 인물인 프랑셰 데스페레Franchet d'Esperey[141]가 지휘했는데 제5군의 두 진영이 만드는 직각의 뒤편에서 대기하기로 되어 있었다. 전투는—프랑스 측에는 기즈Guise 전투,

독일 측에는 생캉탱 전투로 알려졌다—8월 29일 아침 짙은 안갯속에서 시작되었다. 근위군단과 제10군단은 단호하게 전진했다. 35마일 떨어진 엔 강에 이를 때까지는 프랑스군의 심한 저항을 예상하지 못했기 때문이다. 독일군은 대항하는 제10군단과 제3군단의 힘에 놀랐고, 많은 사상자가 나왔다. 근위군단 사령관인 플레텐베르크Plettenberg는 전투에서 아들을 잃었으며, 카이저의 둘째 아들인 아이텔 프리드리히Eitel Friedrich가 독일군의 제1연대인 제1근위보병연대의 선두에 서서 북을 치며 부대를 이끌어야 했다.[142]

그러나 그날 근위군단 병사들과 제10군단의 하노버인들은 약 3마일을 전진했고, 저녁이 가까워지자 앞서 확보한 근거지를 굳게 지킬 준비를 했다. 그 순간, 전투의 성격이 변했다. 프랑셰 데스페레는 정오 직후 전투에 참여해 지원할 것을 지시받았고, 6시까지 화력의 효과를 최대로 높일 수 있는 지점에 포진을 설치하느라 시간을 보내다가 직접 전투에 참여했다. 밤색 군마에 올라탄 데스페레는 군단의 대포소리가 머리 위에서 천둥처럼 울리는 가운데 시끄럽게 울리는 악단의 관악기 소리에 깃발을 휘날리며 전진하는 연대의 선두에서 병사들을 이끌고 반격에 나섰다. 그 효과로 제3군단과 10군단이 활기를 되찾아 합류했으며, 어둠이 내렸을 때는 아침에 잃었던 마을들을 되찾았다. 승리한 프랑스군은 유리한 거점을 확보했으며 그곳에서 이튿날 반격을 재개할 생각이었다. 제3군단과 10군단은 드마스 라트리de Mas Latrie의 제18군단이 생캉탱을 공격하여 영국군이 받는 압력을 덜어주는 동안 단지 자리를 사수하라는 명령을 받았던 터라 그 승리는 더욱 놀라웠다. 드마스 라트리는 8월 29일에 자신의 전선에서 실망스러운 성과를 거두어 곧 해임된다. 반면 프랑셰 데스페레는 기즈에서 명성을 얻었다. 영국인들로부터 '필사적인 프랭키desperate Frankie'라는 세례명을 얻은 싸움꾼 데스페레는 곧 랑르자크의 뒤를 이어 제5군 사령관에 취임했다. 정당한 보상이었을 것이다. 데스페레의 눈부신 개

142. S. Tyng, p. 156

143. 이 서술에서 오른쪽과 왼쪽은 독일군의 눈으로 본 방향이다.—옮긴이

144. G. Ritter, p. 141

입으로 독일군은 그 자리에서 멈추어 섰고 프랑스군은 하루하고도 반나절을 더 벌어 반격 장소를 확보할 수 있었다. 조프르는 반격의 결의를 여전히 굳게 다지고 있었다.

이제 조프르의 반격 가능성은 프랑스군보다는 독일군의 이동에 달렸다. 독일군이 파리의 오른쪽을 지나기 위해 계속해서 남서진한다면, 대규모 공격군을 구성하여 독일군의 측면을 공격하려던 조프르의 계획은 거리와 병참상의 어려움 때문에 실패할 것이었다. 반대로 파리의 왼쪽으로 남동진한다면 독일군은 프랑스에 슐리펜이 다른 맥락에서 '자발적인 호의'라고 부른 호의를 베풀게 될 터였다.[143] '대비망록'에 따르면 슐리펜은 어떤 결정이 내려지든 프랑스에 유리할 것이라고 두려워했다. 파리를 오른쪽으로 지나치려 하면 독일군의 외곽이 파리 요새지대의 강력한 수비대가 내지르는 공격에 노출될 것이며, 파리를 왼쪽으로 지나치려 하면 독일군의 외곽과 본대 사이에 커다란 틈이 벌어지게 된다. 파리가 마치 방파제처럼 독일의 공격을 둘로 쪼개어 전열에 틈을 만들고 독일군의 후방이 맞은편인 파리에서 나오는 다른 공격에 노출되기 때문이다. 이 '파리 문제' 때문에 슐리펜은 "우리는 이 방향에서 작전을 지속하기에는 너무나 약하다는 결론"에 도달했다.[144] 슐리펜이 독일 참모본부를 연구하면서 인식했던 발상의 오류는 이제 부대가 남쪽으로 이동하면서 야전에서 발견되고 있었고, 반면 참모들은 군의 최종 행선지를 정하지 못하고 망설였다.

선택의 어려움은 카이저와 참모본부—전쟁 중에는 최고사령부 Oberste Heersleitung, OHL가 된다—가 8월 17일에 베를린에서 라인 강가의 코블렌츠Coblenz로(그다음에는 룩셈부르크로 옮겼고 최종 위치는 벨기에의 작은 휴양도시 스파Spa였다) 옮긴 직후 드러났다. 제2군의 폰 뷜로우에게 제1군과 제3군의 작전을 감독하도록 허용한 몰트케의 결정은 벨기에를 궤멸시키는 것이 최고로 필요할 때인 전쟁 초기에는 이해할 만했지만 참모본부의 코블렌츠 이동이 완료된 직후 불행한 결과를 낳

기 시작했다. 뷜로우가 우익 부대들이 상호 간에 확실하게 지원할 수 있기를 염원한 까닭에, 제3군의 하우젠은 8월 24일 상브르 전투를 끝내면서 랑르자크의 배후를 타격할 기회를 놓쳤다. 그다음 전선이 솜 강으로 내려가자, 몰트케는 러시아에 맞서 동프로이센을 방어하던 제8군의 곤경을 걱정한 나머지 서부전선의 더 크고 더 결정적인 작전에 대한 통제를 왜곡시켰다. 몰트케는 나뮈르의 함락에서 병력을 절약할 기회를 보았던 터라 그로써 자유롭게 된 부대를 본대가 아닌 독일 건너편 동부전선으로 돌리기로 결정했다.[145]

145. D. Showalter, *Tannenberg*, Hamden, 1991, pp. 294~295

제8군은 신임 참모장 루덴도르프가 8월 28일 최고사령부에 말했듯이 근위예비군사단Garde-Reserve-Division과 제11군단의 증원을 원하지 않았다. 그래도 증원군은 파견되었다. 동시에 제3예비군군단이 참호를 파고 버티고 있는 벨기에 군대를 봉쇄하러 안트베르펀으로 떠나고 제4예비군군단이 브뤼셀을 수비하러 파견되었으며 제7예비군군단은 대규모 프랑스 수비대가 전선 너머에서 용감하게 저항하고 있는 상브르 강의 모뵈주를 포위 공격하러 떠났기에 전진하는 군은 더욱 약해졌다. 교전 중인 전선에서 5개 군단—서부전선 병력의 7분의 1—이 빠져나감으로써 몰트케가 직면했던 병참상의 어려움은 실제로 줄어들었다. 군이 독일에서 멀어질수록, 그리고 혼잡한 도로망을 통해 파리에 접근하면서 서로 간에 더욱 가까워질수록 병참의 어려움은 커졌기 때문이다. 그렇지만 결정적인 시점에서 병력의 우세는 승리의 열쇠였으며, 몰트케가 시행한 군의 분산으로 우세를 잡을 가능성은 줄어들었다. 게다가 8월 27일 몰트케는 외곽 부대인 폰 클루크의 제1군과 폰 뷜로우의 제2군에 산개 명령을 내림으로써 우수한 병력을 집중시킬 기회를 더욱 축소시켰다. 제1군은 파리 서쪽을 통과할 예정이었고 제2군은 요새화된 도시를 직접 겨냥했다. 반면 제3군은 파리 동쪽을 지날 예정이었고 여전히 뫼즈 강 하류를 수비하는 프랑스군과 전투 중이었던 제4군과 5군은 서쪽으로 압박하여 제3군에 합류할 예정이었다. 프랑스군이 전쟁을 시작하며 공격을 개시했던 전선에서 작전 중이었던 제6군과 7군은 모젤 강에 도달하여 도하를 시도하기로 되어 있었다.

슐리펜은 파리 서쪽을 통과하는 작전은 독일군이 '너무 약해서' 실행될 수 없을 것으로 보았다. 시도했다면 그 예상이 맞았을 테지만, 몰트케가 내린 명령의 실행 가능성은 시험 되지 않았다. 명령이 내려진 다음날인 8월 28일에 폰 클루크는 독단적으로 진격 노선을 남동쪽으로 변경하여 파리로 들어가기로 결정했다. 폰 클루크가 내세운 이유는 영국원정군은 외관상 르카토의 패배로 무력해져 아무런 위협도 되지 못할 것이며, 제5군의 측면을 공격하여 완전히 격파하는 것이 바람직하다는 것이었다. 몰트케는 8월 27일에 클루크에게 파리 서쪽으로 갈 것을 매우 정확하게 명령했으면서도 이를 묵인했으며, 9월 2일에는 한 걸음 더 나아가 룩셈부르크에 임시로 설치된 최고사령부의 본부에서 제1군과 2군에 무선으로 전문을 보내 이렇게 알렸다. "프랑스군을 남동 방면으로 밀어붙여 **파리와 분리시키는 것**이(강조는 저자) 최고사령부의 의도다. 제1군은 제대를 이루어 제2군을 뒤따를 것이며 군의 우익을 방어할 것이다." 이는 결정을 내렸다기보다 벌어진 일을 받아들인 것이다. 제2군은 전투와 오랜 행군의 영향에서 벗어나는 중이었으나 회복은 중단되었고, 그 결과 제1군이 제2군과 나란히 제대를 편성하는 일도 역시 중단되었다. 그동안 프랑스의 제5군은 동쪽으로 슬며시 빠져나가 좌측면에서 공격받을 위험을 줄였으며 그 과정에서 파리에서 멀어졌다. 영국원정군은 무력해진 것이 아니라 단지 개전 초기의 몇 주 동안 진격하는 독일군이 프랑스군의 방해를 받지 않았듯이 독일군의 방해를 받지 않고 시골로 사라졌던 것이다. 그동안 파리 안팎에 점점 더 많은 수로 모인 조프르의 새로운 타격군도 적에 전혀 발각되지 않았다.[146]

한편, 진격하는 독일군은 이글거리는 늦여름의 열기 속에 하루 15

146. S. Tyng, p.172

마일에서 20마일씩 터벅터벅 걸어 전진했다. 블룀은 이렇게 기록했다. "우리는 곧 마지막 다리를 건너 마른 강 유역으로 넘어가고 있었다. 또 뜨겁고 지치게 하는 하루였다. 불타는 태양 아래 언덕을 올라갔다 계곡으로 내려가기를 반복하며 25마일을 걸었다. 왼쪽에서 뷜로우 부대의 대포소리가 들렸다. 뷜로우 부대에 다시 가까워진 것 같다." 전투의 섬광이 번득였다. 전위대와 후미 수비대 사이에 벌어진 짧고 혹독한 교전들이었다. 예를 들면 9월 1일에 네리Néry에서는 영국군 제1기병여단Cavarly Brigade과 기마포병연대의 L포대L-Battery[147]가 아침 동안 독일군 제4기병사단의 전진을 저지했다. L포대의 포병들은 그 대등하지 못한 싸움에서 3개의 빅토리아 십자훈장Victoria Cross을 얻었다. 어느 독일 역사가에 따르면, 그 전투는 "독일군 기병에 단연 불리하게" 끝났다.[148] 군이 파리 분지의 여러 지류로 갈라진 수계를 통과하면서 교량의 폭파와 재건이 무수히 되풀이되었다. 장애물에 막혀 지연되었고, 포격을 주고받았으며, 정찰대가 전초로서 침입하거나 후퇴하는 대열의 후미가 추격군에 따라잡히면서 산발적으로 총격전이 오갔다. 이 모든 일이 무수히 반복되었다. 그러나 양 진영의 대다수에게 8월 마지막 주와 9월 첫 주는 해 뜰 때부터 해 질 때까지 하루 온종일 행군해야 하는 고된 시련의 시기였다. 제4근위용기병연대Dragoon Guards 소속 병사인 벤 클라우팅Ben Clouting은 자신의 연대가 9월 1일과 2일에는 오전 4시 30분에 기상했고 3일과 5일에는 오전 4시 20분에, 6일에는 오전 5시에 기상했다고 기록했다. 용기병들은 종종 말의 부담을 줄이기 위해 말 옆에서 걷고는 했는데, 클라우팅은 이렇게 회상했다. 말들은 "곧 머리를 늘어뜨리고 평소처럼 머리를 흔들지 못했다. …… 말들은 선 채 잠들었으며 다리는 뒤틀렸다. 비틀거리며 걸을 때 …… 완전히 균형이 무너져 앞으로 꼬꾸라졌고 무릎이 까졌다." 병사들에게 "가장 큰 부담은 …… 그 어떤 신체적 불편함이나 배고픔보다도 더 큰 것으로 …… 피로였다. 고통은 참으면 되고, 음식은 훔치면 되었지만,

147. 제1기마포병연대(Royal Horse Artillery)의 전술 포대.—옮긴이

148. General von Kuhl, *Der Marnefeldzug*, Berlin, 1921, p. 121

쉬고 싶은 욕망은 끝이 없었다. …… 나는 말에서 여러 번 떨어졌으며, 다른 병사들이 떨어지는 것도 보았다. 멍한 상태로 거의 의식 없이 말의 목을 움켜쥐고는 서서히 상체가 앞으로 구부러지다 떨어졌다. 조금이라도 멈추면 병사들은 그 즉시 잠에 빠져들었다."[149]

149. R. Van Emden, Tickled to Death to Go, Staplehurst, 1996, pp. 59~60

말에 올라탈 기회를 갖지 못했던 보병들은 수십 명씩 행렬 뒤에 쓰러졌으며, 이 낙오자들은 "불굴의 의지로 …… 한 사람 혹은 두 사람씩 절뚝거리며 걸었고 …… 소속 부대에서 낙오하지 않으려고 필사적으로 노력했다. …… 군수군단이 배급한 식량은 단지 비스킷 몇 상자와 쇠고기 통조림 몇 통뿐이었다. …… 아주 가끔, 특별한 연대에는 분필 표시가 된 식량이 전달되기도 했지만, 우리는 주머니에 넣을 수 있는 것이라면 무엇이든 채워 넣어 스스로 해결하는 것이 보통이었다."[150] 조프르는 8월 30일 군을 시찰하러 나왔다가 후퇴하는 대열을 목격했다. "퇴각하는 행렬 …… 붉은 바지는 색이 바래 엷은 벽돌 색깔로 변했고, 외투는 해지고 찢어졌으며, 군화는 덩어리진 진흙으로 뒤덮였고, 두 눈은 피로로 무뎌진 얼굴 속으로 움푹 들어갔으며 여러 날 동안 자란 수염으로 어두웠다. 병사들은 20일간의 전쟁으로 몇 년은 더 늙은 것 같았다." 프랑스군과 영국군은 비록 매일의 행군이 길었지만 어쨌든 보급선을 향해 후퇴하고 있었다. 독일군은 보급선에 앞서 진격했으며, 영국군과 마찬가지로 식량보다는 휴식이 더 절실했지만, 먹지 못하고 행군하는 경우도 많았다. 한 프랑스 병사는 공격군의 어느 부대가 자신들의 야간 숙영지에 접근했던 9월 3일에 목격한 일을 이렇게 기록했다. "적군은 멍한 상태에서 '40킬로미터! 40킬로미터!'라고 투덜거리며 지쳐 쓰러졌다. 그자들이 내뱉을 수 있는 말은 그것이 전부였다."[151]

150. R. Van Emden, pp. 60~61

151. B. Tuchman, p. 375

9월 3일 폰 클루크의 사령부는 콩피에뉴에 있는 루이 15세의 성에 설치되었다. 폰 클루크는 바로 그곳에서 자신의 제1군을 이끌고 남동 방면으로 '제대'를 이루어 뷜로우의 제2군을 따르라는 몰트케의 9

월 2일 무선 전문을 받았다. 목적은 프랑스군과 파리를 분리하는 것이었다.[152] 클루크는 이 명령을 문자 그대로 해석했다. 그는 동쪽으로 더 틀어 계속해서 랑르자크의 제5군을 추격하고, 마른 강을 건너며, 결정적인 전투를 개시할 재량권을 부여받은 것으로 생각했다. 전투의 개시는 실제로 몰트케가 뫼즈 강에서 서진하는 중앙군에 맡기기로 했던 것이었다. 비록 몰트케도 클루크도 알아차리지 못했지만, 독일군의 전략적 노력은 실패하고 있었다. 어느 프랑스 역사가의 논평을 들어보자. "몰트케는 대규모 부대의 기동 가능성을 …… 결코 자신의 삼촌[대몰트케]만큼 크게 믿지는 않았다. 몰트케는 각각의 군 사령관에게 폭넓게 재량권을 부여할 필요가 있다고 생각했다."[153] 사실 1870년에는 통제가 느슨해도 문제가 되지 않았다. 당시는 전선이 좁았으므로 군이 중대한 공격 축에서 벗어날 가능성이 적었기 때문이다. 소몰트케는 훨씬 더 넓은 1914년의 전선을 비교적 엄격하지 않게 지배했는데, 그 결과 다른 모든 부대의 중심이었던 몰트케의 우익은 먼저 남서쪽으로 진행하고 있어야 할 때 남쪽으로 슬며시 들어갔으며 그다음으로 애초의 전쟁 계획에 따르면 승리를 얻기 위해서 반드시 유지해야 하는 방향에서 정확히 직각 방향인 남동쪽으로 진로를 틀었다.

훗날 비판자들은 우익이 취할 진로를 결정하지 못한 슐리펜의 무능력을 지적했고, 그의 옹호자들은 클루크가 랑르자크의 뒤꽁무니를 쫓아간 것은 옳은 선택이었다고 주장한다. 진실을 말하자면 클루크는 조프르에게 놀아났다. 클루크가 일단 우아즈 강을 건너 마른 강으로 향한 이상, 제5군을 추격하여 더 깊이 들어간 한 걸음 한 걸음이 조프르의 의도에 말려들어간 꼴이 되고 말았다. 조프르가 원했던 전선은 상황도가 바뀌고 8월에서 9월로 달이 넘어가고 적을 무력하게 만들 타격의 기회가 상대적으로 개선되면서 솜 강에서 남쪽으로 후퇴하여 우아즈 강, 마른 강으로 내려갔는지도 모른다. 왜냐하면

152. S. Tyng, p. 172

153. P. Contamine, *Revanche*, p. 261

154. *Les armées*, 10, ii, pp. 608ff

클루크가 서쪽에서부터 랑르자크를 포위할 수 있을 만한 결정적인 공간을 확보하지 못한 채 군대와 그 오른쪽 파리 사이의 틈을 넓히면 넓힐수록, 조프르가 독일군의 측면을 겨냥하여 '대규모 기동군'을 배치할 공간이 더 크게 형성되었기 때문이다. 그 대규모 군은 기존의 파리수비대와 함께, 클루크가 자신들에게 가하려는 것보다 훨씬 더 맹렬하게 클루크를 타격하겠다고 위협했다.

이 '대규모 기동군'의 창설은 조프르가 8월 25일에 내린 일반명령 2호에 벌써 암시되어 있었다. 그때 조프르는 대규모 기동군이 제7군단과 4개의 예비군사단, 그리고 또 하나의 상비군단으로 구성될 것이라고 말했었다. 이 부대는 기차를 타고 서쪽으로 이동할 예정이었다. 9월 1일 제1군과 제3군에서 차출된 제7군단과 4군단, 그리고 모누리 장군의 지휘로 제6군을 구성한 제55, 56, 61, 62예비군사단으로 대규모 기동군이 구성되었다. 여기에 파리수비대가 참여했으며, 알제리의 제45사단과 제83, 85, 86, 89, 92향토사단, 스파이 1개 여단, 해병대Fusiliers-marins 1개 여단이 포함되었다.[154] 이 부대들이 함께 파리군을 이루었고 총지휘권은 갈리에니Gallieni 장군이 맡았다. 전쟁을 두루 겪은 역전의 용사 갈리에니는 1914년에 65세였고, 모누리는 67세였다. 늙은 장군들의 전쟁에서도—몰트케는 66세, 조프르는 62세였다—갈리에니와 모누리는 전장에 배치된 역사상 최대의 군대에 맞서 반격을 지휘하기에는 지나치게 늙어보였을 것이다. 그러나 모누리와 갈리에니는 활력을 지닌 사람들이었고, 특히 갈리에니는 그 점에서 이례적이었다. 갈리에니는 제대했으나 8월 25일에 다시 소집되어 무능한 모누리 장군을 대신해서 파리 군정장관Gouverneur militaire de Paris에 임명되었고, 그 즉시 전쟁장관인 메시미에게 적이 12일 이내에 문 앞에 다다라 수도에 버텨낼 수 없는 포위 공격을 가할 것이라고 경고했다. 갈리에니는 병력 증강을 요구했다. 그런데 병력 증강은 조프르를 통해야 가능했고 조프르는 다른 곳에서 병력을 빼낼 뜻이 없었다. 조프르는 전쟁수행 권한을 지닌 최고사령관이었기에 장관은 물론 대통령도 그의 뜻을 따라야 했다. 갈리에니의 요구는 정부의 위기를 초래했다. 메시미는 갈리에니가 경고한 위험의 책임이 자신에게 있음을 알고 자신이 해임되어야 한다고 주장했다. 재임용을 받아들이면 내각 전체가 사퇴하는 일이 벌어지기 때문이었다. 메시미는 강인하고 입이 무거운 알렉산드르 밀랑Alexandre Millerand[155]으로 대체되었고, 예비역 소령으로 전선의 부대에 합류하기 위해 떠났다.[156]

조프르의 냉정함은 군의 퇴각에서도 그랬듯이 정치적 격변으로도 흔들리지 않았다. 조프르는 여전히 긴 점심과 훌륭한 저녁, 규칙적인 취침시간을 고수했다. 그렇지만 조프르는, 교전 현장에서 멀리 떨어진 룩셈부르크의 사령부에 은거했던 몰트케와는 달리, 거의 매일 예하 지휘관들과 부대를 방문했다. 조프르는 8월 26일, 28일, 29일에 랑르자크를 만났으며, 8월 30일에는 제3군 사령관과 제4군 사령관을 방문했고, 9월 3일에 다시 랑르자크를 찾았다. 조프르는 8월 26일과 9월 3일에 존 프렌치 경을 보기도 했다. 영국군은 근심의 원인이었다. 프렌치는 몽스에서 격렬하게 싸우다 타격을 받았으며 르카토 전투 때는 타격이 더 컸던 터라 자신의 군대는 며칠간 휴식한 후에야 전선에 다시 투입될 수 있다고 굳게 믿었다. 퇴각이 길어지자 프렌치와 휘하 참모장교들은 기지로 후퇴할 가능성을, 다시 말해서 부대가 프랑스를 완전히 떠나 영국에서 휴식하고 재정비한 후에 돌아올 가능성을 고려하기 시작했다. 프렌치는 좌우의 프랑스군이 경고 없이 퇴각하여 자신들이 전진하는 독일군의 공격에 노출되었다고 믿었다. 프렌치는 이어 센 강 하류로 퇴각하겠다는 의중을 밝혔다. 영국해협의 루앙과 르아브르에서 대서양 연안의 생나제르St Nazaire나 더 내려가 라로셸La Rochelle까지 8일 동안 편히 행군하고 보급품을 옮기겠다는 것이었다. 영국 전쟁장관 허버트 키치너Herbert Kitchener[157]는 일련의 전문을 보내 해명을 요구했다. 아무런 답신이 오지 않자, 키치너는 구축함을 타고

155. 1859~1943. 사회주의자 정치인. 몇 차례 장관직과 1920년에는 수상을 역임했다. 1920년 9월에서 1924년 6월까지 대통령을 지냈다.—옮긴이

156. B. Tuchman, pp. 339~343

157. 1850~1916. 영국군 원수, 외교관, 정치인. 이집트와 수단에서 행정관을 지냈으며 2차 보어전쟁에 참전했다. 장기전을 예상하고 병력의 충원을 강조하여 대대적인 모병 활동을 추진하여 이른바 '신군'을 탄생시켰다. 1916년에 장갑순양함 햄프셔 호를 타고 러시아를 방문하던 중 오크니 떼섬 서쪽에서 U-보트가 설치한 기뢰에 군함이 침몰하면서 사망했다.—옮긴이

158. J. Edmonds, *1914*, Ⅰ, pp. 473~477

159. E. Spears, *Liaison*, pp. 366~367

프랑스로 건너가 프렌치를 파리의 영국 대사관으로 소환했고 부대에 극도의 위험이 닥쳐도 조프르와 협력하는 것이 그 임무임을 확인시켰다.[158]

이는 '대규모 기동군'에서 그 자리를 지키라는 의미였다. '대규모 기동군'은 9월 3일이면 파리의 북서쪽과 서쪽에 집결했는데, 새로이 창설된 제6군과 파리수비대, 영국원정군, 제5군, 그리고 역시 새로이 창설되어 페르디낭 포슈 장군의 지휘를 받은 우측의 제9군으로 구성되었다. 제20군단장에서 승진한 포슈는 떠오르는 별이었다. 9월 3일 랑르자크의 별은 졌다. 조프르는 그날 차를 타고 세잔Sézanne에 있는 랑르자크의 사령부로 가서 사령관이 프랑셰 데스페레로 대체되었음을 통보했다. 괴로운 만남이었다. 두 사람은 친구였고, 랑르자크는 조프르의 부하이기도 했다. 랑르자크는 독일이 벨기에를 통해 공격할 위험을 예측한 유일한 인물이었는데, 이제는 그 위험에 맞서는 짐을 졌다가 지쳐버린 사람이 되었다. 두 장군은 제5군 사령부가 설치된 학교의 운동장을 걸었고, 조프르는 자신의 부하가 결단력을 잃은 것으로 판단했다고 설명했다. 그리고 랑르자크는 떠났고 다시는 제복을 입지 못했다. 뒤따르는 자는 하사관 1명뿐이었다.[159]

마찬가지로 떠오르는 별이었던 갈리에니는 방어태세를 갖추게 하기 위한 명령을 내려 파리 시를 공포에 몰아넣었다. 9월 2일 정부는 1870년에 그랬듯이 보르도Bordeaux로 옮겨갔다. 조프르는 8월 31일 자신이 전권을 쥐고 통치한 군사 지구에 수도를 통합했다. 그리하여 헌법에 따른 권한을 지닌 군정장관은 에펠탑 파괴를 준비하고(에펠탑은 참모본부의 무선통신 중계국이었다) 파리의 모든 교량 밑에 폭약을 설치하며 적이 사용할 수 있는 철도 차량을 전부 파리의 철도망 밖으로 내보내고 2,924문의 요새 대포에 포탄을 공급하며 대포 사계에서 나무와 주택을 제거하고 이 작업을 위해 노동자를 징발하라는 명령을 내렸다. 1914년에 파리는 여전히 성벽과 환상環狀 요새로 둘러싸인 도시였다. 또한 갈리에니의 명령에 따라 참호로 에워싼 주둔지가 되었다. 게다가 임시 방어시설이 시 외곽의 시골까지 뻗어 있어 슐리펜이 계획을 고안하던 오랜 세월 동안 골칫거리로 남아 있었던 '장애물 파리'의 가치를 한층 더 높였다.

그러나 파리는 이미 그 역할을 다했다. 9월 3일 클루크의 제1군이 대표하는 슐리펜의 '강력한 우익'은 파리에서 동쪽으로 40마일 떨어진 곳을 지나 남쪽을 향해 정렬했다. 제6군과 파리수비대는 뒤편에 있었고 영국원정군은 우측에, 제5군은 전면에 포진했으며, 포슈의 제9군은 좌측을 위협하며 제1군과 뷜로우의 제2군 사이에 벌어진 틈으로 침입하려 했다. 파리의 존재와 랑르자크의 도피 작전으로 나타난 결과였다.

그동안 프랑스의 철도망은 조프르가 계획했던 반격에 투입될 병력을 전선으로 급히 수송했다. 철도망은 파리에 중심을 두었기에, 점차 안정되고 있는 동부 지구로부터 결정적인 지점으로 병력을 신속히 이동시킬 수 있었다. 9월 5일이면 제6군이 소르데의 기병군단과 제45(알제리)사단 이외에 알자스의 제7군단과 로렌의 제55, 56예비군사단으로 구성되었다. 제4군에서 4군단이 오는 중이었다. 원래 포슈 파견대로서 조직된 제9군에는 제4군에서 이관된 제9군단과 11군단에 제52, 60예비군사단, 9기병사단, 제3군의 42기병사단, 제3군의 18사단이 포함되었다. 그리하여 조프르는 참호 주둔지와 마른 강 사이에, 바로 그 강의 이름을 따 부르게 될 대전투의 서막에, 영국에서 새로이 도착한 4개 여단으로 강화된 영국원정군을 포함하여 36개 사단을 배치했고, 반면 이에 맞서는 독일의 제1군, 2군, 3군, 4군, 5군은 전부 합해서 30개 사단에 못 미쳤다. 슐리펜의 '강력한 우익'은 이제 병력에서 적군에 압도되었고, 이는 몰트케가 부하들을 통제하지 못하고 조프르가 초기 패배에 주눅이 들지 않은 결과였다. 그 밖에 많은 요인이 이 불균등에 기여했다. 특히 독일의 보급선이 길어지면서 병참의

160. *Weltkrieg* Ⅱ, p. 279

161. G. Ritter, p. 189; A. Bucholz, p. 210

162. S. Tyng, pp. 381~383

어려움이 가중되었고, 반대로 프랑스는 중심부로 후퇴하면서 병력 증강과 보급의 문제를 덜어낼 수 있었다. 그렇지만 마른 전투의 초기 상황은 독일 장군들의 지도력 부족을 드러냈다. 프랑스 장군들의 지도력이 패배의 위기에서 승리를 낚아챌지 그러지 못할지는 아직 두고 보아야 했다.

마른 강 전투

카이저는 9월 4일 룩셈부르크의 사령부로 보내는 장관 대표단에게 크게 기뻐하며 이렇게 말했다. "35일째 되는 날이다. 우리는 랭스Rheims를 포위하고 있으며, 파리까지는 30마일 남았다."[160] 35일째 날이란 1914년의 독일 참모본부에는 중대한 의미를 지녔다. 슐리펜이 그린 지도에서 솜 강에서 준비를 마친 독일군이 파리로 진격을 시작하는 31일째 되는 날과, 슐리펜이 결정적인 전투가 벌어지리라고 예측한 40일째 되는 날의 중간이었기 때문이다.[161] 그 전투의 결과가 운명의 갈림길이었다. 슐리펜과 후임자들은 러시아의 철도망에 결함이 많으므로 차르의 군대가 동부에서 충분한 병력을 동원하여 공세를 시작하려면 40일이 지나야 할 것이라고 계산했다. 그러므로 35일부터 40일 사이에 전쟁의 결과가 나와야 했다.

9월 4일과 5일에 사령관들은 교전 개시 명령을 내렸다. 폰 몰트케는 9월 5일 이렇게 인정했다. "적은 제1군과 제2군의 포위 공격을 교묘히 빠져나갔고 일부 병력으로 파리와 연락하는 데 성공했다."[162] 그러므로 제1군과 제2군은 파리 외곽에서 방어 태세를 갖추고 제3군은 센 강 상류를 향해 진격하며 제4군과 제5군은 남동쪽으로 공격하여 제6군과 제7군이 모젤 강을 건너 적을 완전히 포위할 수 있도록 길을 열어주어야 했다. 이는 슐리펜의 의도와는 정반대였다. 슐리펜의 계획은 제1군과 제2군이 프랑스군을 공격하여 좌익 안으로 모는 것이었다. 9월 4일 조프르가 발포한 일반명령 6호는 몰트케가 자신의 곤경을 인식하고 있음을 정확히 예견하고 이를 역이용할 방법을 제안했다. "드러난 독일군 제1군의 위치를 이용하여 연합군의 〔대항〕 병력을 제1군에 집중하는 것이 바람직하다."[163] 따라서 외곽 끝에 있던 제6군은 마른 강의 지류인 우르크Ourcq 강을 건너 독일군의 측면을 돌아 진격하고 영국원정군, 제5군, 포슈의 제9군은 북쪽으로 전투하며 전진해야 했다. 명령의 실행일은 9월 6일이었다. 물려는 놈이 되레 물릴 판이었다. 프랑스군이 아니라 독일군이 포위의 표적이 될 것이었다.

163. S. Tyng, p. 219

명령의 개념과 실현 사이에는 물의 장벽이 놓여 있었다. 그러나 그 장벽은 마른 강 자체가 아니라 그 지류로 모누리의 제6군 진격선을 가로질러 북에서 남으로 흐르는 우르크 강과 동쪽에서 서쪽으로 흘러 영국원정군과 제6군, 제9군의 전면을 가로지르는 모랭Morin 강(큰 모랭 강, 작은 모랭 강)이었다. 수계의 일부를 이루는 생공 습지Marsh of St Gond는 후자가 기동할 여지를 추가로 제한했다. 어느 물길도 심각한 장애물은 아니었지만 전투가 이루어져야 할 전선이었으며 신중한 공격 준비를 요구했다. 나중에 증명되었듯이, 그런 필요성은 프랑스군이 아니라 독일군에 유리할 수 있었다. 결정적인 현장에서 전술적으로 신속하게 판단할 수 있는 지휘관의 능력에서 독일군이 뛰어났기 때문이다. 그런 능력을 지녔던 사람은 제4예비군군단의 포병 장교인 폰 그로나우von Gronau 장군이었다. 폰 그로나우 부대는 그때까지 전투에서 별다른 역할을 하지 못했고, 실제로 부대의 일부가 제1군 본대의 측면 수비를 위해 파견됨으로써 크게 약화되었다. 그럼에도 폰 그로나우는 책임을 다하는 데 빈틈이 없었다. 폰 그로나우의 군단은 크게 에워싸며 공격하는 독일군의 바깥쪽 끝에 위치했으므로 공격받기 쉬운 곳에 있었을 뿐만 아니라 전 공격진의 우측을 보호해야 했다. 9월 5일 아침, 모누리의 제6군이 이튿날 공격하기 좋은 지점을 차지하기 위해 깊이 들어왔을 때, 폰 그로나우는 예하 기병사단의 보

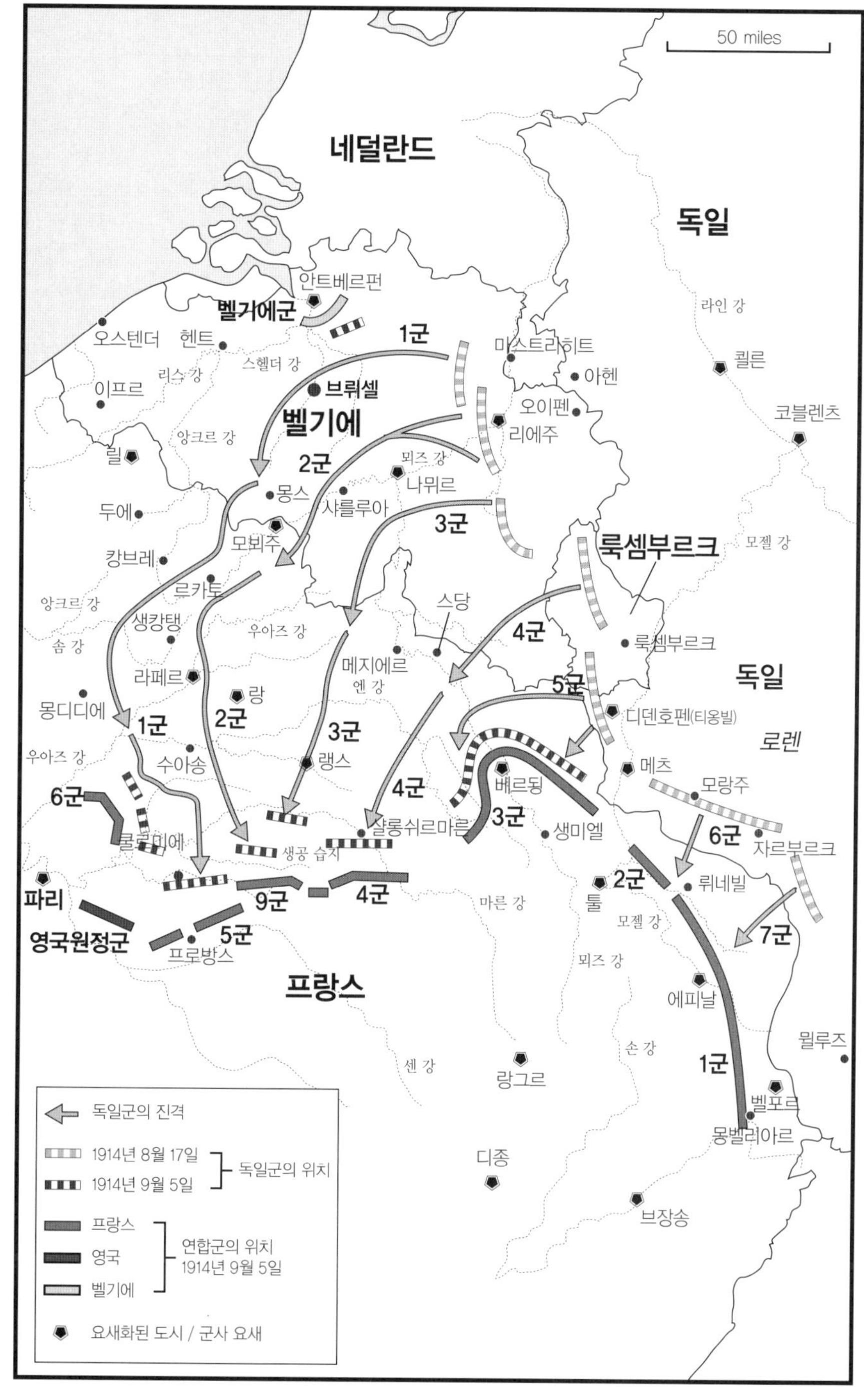

1914년
독일군의 진격

고를 받고 불안에 사로잡혔다. 정찰대는 전선 전역에서 전진하는 프랑스군을 발견했다. 제4예비군군단이 폰 클루크가 지휘하는 제1군의 정면과 배후에서 직각으로 정렬했으므로, 이는 적군이 제1군의 측면을 습격하여 전체를 포위하는 작전을 수행 중이라는 뜻이었다. 폰 그로나우는 즉각 용감하게 대응해 공격을 결정했다.

모누리의 전위대인 제55, 56예비군사단과 모로코 여단은 9월 5일 오전 우르크 강을 향해 밀고 나갔다. 아무도 없을 것으로 생각하고 전진했지만, 그곳을 점거하고 있던 독일군이 갑자기 소총과 기관총, 대포 세례를 쏟아 부었다. 프랑스군은 몸을 숨겼고, 그날이 끝날 때까지 맹렬한 총격전이 지속되었다. 어둠이 지자, 폰 그로나우는 현명하게도 제1군을 기습에서 구하는 데 필요한 시간을 벌었다고 판단해 전투를 그만두고 프랑스군이 9월 6일에 공격하려던 선으로 슬며시 철수했다. 환한 달빛 아래 프랑스군은 추격했고 독일군이 이미 포기한 진지를 공격했다.

그러므로 마른 강 전투는 조프르의 의도보다 하루 더 일찍 적이 정한 조건에 따라 시작되었다. 폰 그로나우의 독립적인 활동 덕에 포위당할 뻔했던 노출된 측면은 방어되었고, 폰 클루크는 위험이 고조되기 전에 본진에서 우익으로 서둘러 병력을 증강하라는 경고를 받았다. 클루크는 부대를 이끌고 정력적이고 단호하게 대응했다. 패배한 랑르자크의 뒤를 좇아 반사적으로 동쪽으로 움직였던 며칠간에는 볼 수 없었던 모습이었다. 9월 6일 아침, 폰 클루크는 제2군단을 마른 강 남쪽에서 우르크 강 서쪽으로 이동시켜 폰 그로나우 진지의 북쪽에서 전선을 구축했고, 연이어 9월 7일에 제4군단, 9월 8일에 제3군단, 9월 9일에 제9군단을 북쪽으로 이동시키려 했다. 전략가들이 '내선작전interior lines'[164]이라 불렀던 것이 이제는 폰 클루크에 유리했다. 이는 8월 마지막 주와 9월 첫 주에는 조프르가 알자스와 로렌을 지키고 있는 부대의 일부를 전선 뒤로 끌어와 제6군과 제9군을 창설하

164. 일정한 영역 내부의 동선이 외부의 동선보다 짧다는 개념을 기초로 하는 전략. 이 전략에 따르면 포위당한 측이 포위하는 측에 일련의 기습을 가할 수 있고 기습은 신속하고 예측할 수 없기 때문에 포위한 측이 후퇴할 수밖에 없다.—옮긴이

165. S. Tyng, p. 239

면서 선택했던 작전이었다.

이런 차이가 있었고 이것이 결정적이었다. 조프르의 병력 이동으로도 동쪽 전선의 전략적 상황에는 변화가 없었다. 프랑스군이 공격을 중단하고 뫼즈 강과 모젤 강 뒤에서 강력한 방어 진지를 발견하자마자 동쪽 전선은 안정되었다. 이와는 대조적으로 클루크의 철수는 주 전선의 약화를 초래했다. 그곳은 전쟁을 승리로 이끌 결정적인 타격을 가해야 했던 지점이었고, 때는 승리를 가져오리라고 예상되었던 40일이 거의 끝나가는 시기였다. 오히려 프랑스군이 반격을 가하기 위해 그곳으로 집결하고 있었다. 실제로 40일째 되던 날인 9월 6일에 슐리펜이 그린 미래의 도구이자 희망이었던 독일군 제1군은 마른 강에 도달하지 못했고 오히려 전체가 우르크 강으로 퇴각했다. 그곳에서 제1군이 대면한 것은 대중의 상상 속에서 이 전쟁의 목표였던 파리도 아니고 전략적 표적이었던 프랑스의 대군도 아닌 모누리의 기동부대였다. 독일군의 제1군과 제2군 사이에는 너비 35마일의 엄청난 공간이 열렸다. 독일군은 이 사실을 무시했는데, 그 이유는 맞은편의 적군인 영국원정군이 병력도 부족하고 침투를 꺼리고 있음을 드러내 보였다고 믿었기 때문이었다.[165]

영국원정군 최고사령부는, 비록 그 용감한 병사들은 아니었지만, 폰 몰트케와 클루크, 뷜로우에게 그렇게 믿을 만한 근거를 주었다. 단호하고 혈색이 좋으며 다혈질인 '작은 육군원수' 존 프렌치 경은 영국군이 치러온 작은 전쟁들에서 용감한 기병 지휘관임을 입증했다. 그때까지 영국군이 말려든 전쟁 중 최대의 전쟁에서 조국의 유일한 야전군을 지휘했던 존 프렌치는 점차 신경과민 증세를 보였다. 몽스의 패배로 동요했으며, 훨씬 더 큰 손실을 입었던 르카토의 패배로 굳은 결의는 완전히 부서졌다. 존 프렌치는 영국원정군이 휴식과 재충전을 위한 유예기간을 얻지 못하면 궤멸될 것으로 보고 이를 두려워했다. 프렌치는 랑르자크가 통고 없이 상브르 강에서 퇴각하여 영국원정군이 불가피하게 그 퇴각을 엄호하게 만들었다고 확신했다. 이러한 믿음으로 프렌치의 근심은 더욱 커졌다. 8월이 다 가기 전에, 프렌치는 랑르자크를 증오하고 프랑스군 전체를 불신하게 되었다. 프렌치는 조프르에 대해서는 개인적으로 존경심을 갖고 있었지만, 8월 30일에 키치너에게 이렇게 말했다. "이 전쟁을 성공적으로 마무리할 프랑스군 지휘관들의 능력에 대한 나의 신뢰는 급속히 약해지고 있다."[166] 이후 며칠 동안 프렌치는 영국원정군의 기지를 영국해협의 항구들에서 브르타뉴로 옮기고 영국원정군을 "적어도 열흘 동안은 전선에 투입하도록" 허용할 수 없으며 그리고 "적으로부터 상당히 떨어진 거리에서 …… 약 8일 동안 행군하여" 센 강 뒤편으로 퇴각하겠다고 말했다.[167] 이러한 패배주의를 물리치는 데에는 9월 2일 키치너의 파리 방문이 필요했지만, 프렌치는 여전히 전투에 다시 합류하기를 꺼렸다. 9월 5일 조프르가 일반명령 6호로 지시한 반격이 성공하려면 영국원정군의 참여가 필수적이라는 사실이 프렌치에게도 분명했지만, 그때까지도 조프르는 얼버무려 넘기려 했다. 조프르가 시간을 얻어, 이 급박한 위기에 프렌치의 사령부를 방문하고 사사로이 호소하고 난 뒤에야 프렌치는 병력을 보강했다. 프렌치는 다감한 사람이었다. 조프르가 두 손을 부여잡고 '프랑스'의 이름으로 애원하자 프렌치의 볼에 눈물이 흘러내렸다. 프렌치는 동맹국의 언어를 말해보려다 혀가 꼬였고 결국 프랑스어를 더 잘하는 어느 참모장교에게 말을 꺼냈다. "제기랄, 설명할 수가 없어. 전우들이 하고자 하는 것을 우리도 전부 할 수 있다고 말해."[168]

그래도 어려움은 남았다. 영국원정군은 배후로 너무 멀리 떨어져 있었기에 제6군과 제5군의 전면적인 공세에 즉시 합류할 수 없었다. 협력했던 모든 영국군으로부터 칭찬을 받았던 제5군의 신임 사령관 '필사적인 프랭키'는 동맹국의 노골적인 비협력적 처사에 격노했다. 프랑스 제6군은 독일군의 배후로 들어가지 않기 위해 제대를 이루어

166. R. Holmes, *The Little Field Marshal*, London, 1981, p. 230

167. R. Holmes, p. 229

168. E. Spears, *Liaison*, p. 415

169. 1856~1924. 1916년에 페탱 밑에 있다가 페탱이 중부집단군 사령관으로 승진하자 제2군 사령관이 되었다.—옮긴이

170. S. Tyng, p. 241

진군했으나 점차 클루크 부대 전체에 막혔고 연이은 반격에 멈칫거렸다. 그렇지 않았다면 오히려 놀라운 일이었을 것이다. 어쨌거나 제6군은 즉흥적으로 만든 부대였기에, 그 휘하 부대들—예비군사단 넷, 둘뿐인 상비사단, 기병과 북아프리카 상비사단에서 차출된 병력들—은 클루크의 제1군에 맞설 만한 전투력과 병력을 갖추지 못했다. 클루크의 제1군은 예비군과 기병부대 이외에도 8개 상비사단을 포함했던 것이다. 접근하는 독일군 사단들이 주파해야 할 거리는 제6군이 동쪽 국경에서 주파한 거리에 비하면 매우 짧았다. 9월 9일 오전 모누리의 좌측면 맞은편에 나타난 독일군 제9군단이 가장 길게 행군했지만, 그 거리는 겨우 40마일이었다. 제9군단은 아무런 손상도 입지 않고 기운차게 포진했다. 일찍 도착한 제9군단은 근거지를 확보하려는 모누리의 시도를 모조리 무산시켰고, 지속적으로 반격을 가했다. 프랑스군은 훗날 프랑스군의 사령관이 되는 로베르 니벨Robert Nivelle[169] 대령이 이끄는 제45사단 포병연대의 화려한 개입으로 위급한 상황을 한 번 넘겼으며, 징발한 택시를 타고 도착한 파리수비대의 일부가 또 한 번 위급한 상황을 구했다. 그럼에도 9월 5일에서 8일 사이의 우르크 전투는 확실히 클루크가 더 유리했다. 9월 8일 저녁, 클루크는 부하들에게 확신에 차서 이렇게 알렸다. "내일 포위 공격으로 모든 것이 결정될 것이다." 요컨대 결국 슐리펜 계획이 실현될 순간이 왔는지도 모를 일이었다.[170]

지리적으로는 다른 이야기가 가능했다. 클루크의 군대가 모누리의 군대에 맞서 보여준 공격성은 실제로 클루크의 부대와 제2군 사이에 벌어진 틈을 더욱 확대시켰으며, 그 틈이 너무 넓어 유일하게 어느 전투에도 참여하지 않았던 독일군 부대인 제2기병사단과 제9기병사단도 메울 수 없었다. 게다가 두 사단 모두, 이 틈이 드러내 보인 독일군 전선의 취약함을 이용하기 위해 전진하는 프랑스군을 상대하기에는 너무 허약했다. 육군원수 프렌치는 마지못해 약속한 대로 9월 6일에

영국원정군 전체를 출발시켰고, 비록 조프르가 예정한 출발지점에 도달하려면 10마일을 더 가야 했지만 8월 21일 프랑스에서 창설한 제3군단의 일부를 함께 이끌고 곧 그 거리를 주파했다. 영국군이 개입하여 로주아Rozoy에서 격렬한 조우전을 펼치자 폰 클루크는 깜작 놀랐다. 폰 뷜로우는 클루크보다 더 많이 놀랐다. 폰 뷜로우의 제2군은 그날 하루종일 새로운 사령관 프랑셰 데스페레의 지도력에 원기를 회복한 프랑스 제5군에 맞서 힘든 전투를 벌였기 때문이다. 9월 7일 뷜로우는 최고사령부에 전문을 보내 안전을 위해 영국원정군이 진격해 들어오고 있는 벌어진 틈의 동쪽에서 작은 모랭 강 후방으로 10마일 이상 부대를 철수시키고 있다고 알렸다. 설상가상, 폰 뷜로우는 낮 동안 압박을 받아 자기 부대의 우익을 북쪽으로 돌려야만 했는데, 그로써 폰 클루크 부대까지 벌어진 틈은 더욱 넓어졌고 연합군의 전면적인 마른 강 진격에 길을 내주었다.

이제 독일군의 우익은 사실상 세 부분으로 나뉘었다. 마른 강 북쪽으로 클루크의 제1군이 하나요, 마른 강 남쪽에 있던 폰 뷜로우의 제2군 우익은 큰 모랭 강과 작은 모랭 강의 물길을 건너 마른 강까지 후퇴했고, 폰 하우젠의 제3군에 간신히 연결되어 있던 제2군의 좌익은 작은 모랭 강과 그 강의 발원지인 생공 습지에 주둔하고 있었다. 그 지역 전체는 "커다랗게 열린 시골이었다. 경작지가 많고 점점이 숲과 마을이 박혀 있었지만 〔남쪽 숲을〕 제외하면 큰 삼림은 없었다. 동쪽에서 서쪽으로 큰 모랭 강, 작은 모랭 강, 마른 강, 우르크 강의 상류, 베즐Vesle 강, 엔 강, 엘레트Ailette 강의 깊은 계곡이 거의 협곡을 이루며 이어졌다." 생공 습지는 이례적인 지형이다. "넓은 띠 모양의 습지로 …… 동쪽에서 서쪽으로 19킬로미터 〔이어졌고〕 평균 너비는 3킬로미터에 달한다. …… 북쪽에서 남쪽으로 작은 길 5개, 오솔길 3개가 〔습지를〕 가로지르지만, 달리 통과할 길은 없으며 따라서 습지는 제일 중요한 군사적 장애물이다."[171] 폰 뷜로우의 좌익과 폰 하우

171. J. Edmonds, *1914*, Ⅰ, p. 272

172. G. Aston, *Foch*, London, 1929, p. 122

젠이 이끄는 제3군의 우익은 9월 6일에 생공 습지의 북쪽 끝에 견고하게 웅거하고 있었고 그 맞은편에는 신설된 포슈의 제9군이 포진했다. 조프르가 포슈에게 맡긴 임무는 제5군의 측면을 보호하고 폰 뷜로우를 마른 강 너머로 밀어내는 것이었다. 그 명령을 공세로 해석한 것은 포슈다운 일이었다. 포슈는 중앙군과 우익이 강하게 버티고 있는 동안 좌익인 제42사단에 진격 명령을 내리고 모로코 여단과 제9군단의 일부로 지원했다. 9월 6일과 7일 이틀 동안, 포슈의 좌익은 습지의 서쪽 모서리를 돌아 전진하려 용감하게 싸웠으며, 그동안 제9군의 나머지 병력과 반대편의 독일군은 습지의 축축한 땅을 두고 포격전을 벌였다.

습지의 전투는 동쪽 국경의 전투처럼 교착 상태에 빠질 위험이 있었다. 그때 폰 하우젠이 그답지 않은 대담한 행동으로 상황을 바꾸었다. 이 작센 부대의 장군은 그 오른편에 있던 프로이센의 클루크와 뷜로우의 바람을 지나치게 존중하고, 왼편에서 지휘하던 황태자를 과도하게 두려워했기에 자기 군대를 조종하면서 솔직한 결정을 내릴 수 없었다고 묘사되어왔다. 9월 7일 폰 하우젠은 양자의 판단에 어긋나는 자주적 결단을 보여주었다. 폰 하우젠은 앞선 이틀간의 전투가 혹독했기에 적의 경계가 무뎌졌으리라고 확신하고 야간에 기습하기로 결정했다. 9월 8일 초저녁 달빛에 작센의 제32, 23예비군사단과 제1, 2근위사단이 습지를 관통하고 동쪽으로 더 나아가 건조지대를 건너 총검으로 프랑스군을 습격하여 3마일 뒤로 밀어냈다. 이는 국지적인 승리였지만 포슈의 제9군이 지녔던 확신을 흔들었다. 제9군은 그날 우익에서 추가로 근거지를 잃었으며 좌익에서만 간신히 위치를 사수하고 있었다.

9월 8일의 사건들 때문에 포슈는 훗날 전설이 된 전문을 작성하게 되었다. "나의 중앙은 무너지고 있고, 나의 우익은 퇴각 중이다. 형세가 좋다. 나는 공격한다."[172] 이 전문은 필시 전파되지 않았을 것이다.

그럼에도 장군의 행동에는 그 말의 정신이 배어 있었다. 9월 9일 포슈는 프랑셰 데스페레가 지원한 증원군을 이용하여, 그리고 로렌에서 출발한 제21군단의 도착을 기대하며, 하우젠의 계속되는 공격으로 열린 전선의 모든 틈을 다시 메우는 데 성공했으며 그날이 끝날 때쯤이면 실제로 제9군의 우익 끝 위치에서 반격을 해냈다. 포슈는 단지 자기 전선을 지켰을 뿐이지만 일종의 승리를 획득한 셈이다.

한편, 우르크 강에서 9월 9일은 위기의 날이기도 했다. 클루크의 제1군은 이제 뷜로우의 제2군에서 40마일 떨어져 독립적인 부대로 싸웠고, 영국원정군은 벌어진 틈 안으로 아무런 저항도 받지 않고 마른 강을 향해 북진했다. 그러나 제1군은 여전히 무섭도록 강력했으며 계속해서 공격하고 있었다. 4개 군단을 전선에 배치한 제1군은 여전히 모누리의 제6군보다 병력에서 우세했고, 프랑스군의 측면을 북쪽과 남쪽에서 덮쳤으며, 포위 공격 전투를 승리로 이끌 기회가 있었으므로 점점 더 위험해지는 우익의 중대한 상황을 역전시킬 기회도 여전히 있었다. 클루크가 배치한 병력의 힘은 북쪽에 있었다. 폰 크바스트von Quast의 제9군단이 폰 아르님von Arnim의 제4군단[173]의 지원을 받아 프랑스의 제61예비군사단을 급습하고 그 측면을 돌아 파리수비대의 배후로 돌진할 준비를 하고 있었다. 9월 9일 아침 폰 크바스트는 공격을 시작했고 처음에는 프랑스의 제1기병사단과 제3기병사단의 허약한 포대만이 대항했다. 폰 크바스트의 부대는 제61예비군사단이 대적하자 프랑스 보병을 패주시켰고 그래서 이른 오후에 방비가 없는 영역을 휩쓸고 지나갈 태세를 갖추었다. 마른 강에서 우세의 저울은 한 번 더 독일 쪽으로 기운 것처럼 보였다.

173. 원서에는 제3군단으로 되어 있지만, 아르님은 제4군단장이었고 제1군에 배속되어 서부전선 전투에 투입된 군단도 제4군단이다.—옮긴이

헨치 중령의 임무

그것은 국지적인 현실이었다. 폰 크바스트는 자기 전선에서 아무런 저항도 감지하지 못했다. 병사들은 성공으로 들떠 있었다. 파리가 겨

174. W. Müller, *Die Sendung von Oberstleutnants Hentsch*, Berlin, 1922, p. 13

우 30마일 앞에서 손짓하고 있었다. 프랑스의 수도로 가는 길은 뻥 뚫린 듯했고 따라서 승리는 약속된 듯했다. 그때, 오후 2시에 크바스트는 클루크의 사령부에서 걸려온 전화를 받았다. 공세를 중단해야 했다. 퇴각 명령이 전달되었다. 제1군은 북쪽으로 마른 강을 향해 후퇴해야 했다. 제1군만이 아니라 우익 전체가 퇴각해야 했다. 국지적인 현실은 더 큰 현실 안에 용해되었다. 거대한 진격, 벨기에와 북부 프랑스를 관통한 압승, 40일이 지나기 전에 서부전선의 전쟁을 끝내야 할 멋진 일격은 실패했다. 슐리펜이 그렸던 환상은 전투의 열기 속에 증발해버렸다.

전투의 열기만이 아니었다. 한 군사 전문가의 냉정한 평가에 따르면 독일군의 제1군, 2군, 3군이 자리한 위치는 지킬 수 없는 곳이었다. 그 전문가는 참모본부의 중간급 장교인 리하르트 헨치Richard Hentsch 중령으로 평시에 참모본부의 작전과장이었고 동원 이후에는 최고사령부의 정보과장을 맡고 있었다. 종전 후 연합국의 역사가들은 슐리펜의 거대한 계획을 폐기할 권위가 그런 하급 장교에게 넘어가야 했다는 사실에 놀라움을 표했다. 독일군 최고사령부는 1917년에 헨치의 요청에 따라 헨치의 개입이 성실함의 발로인지 조사할 공식 청문회를 가졌다. 지금에 와서 보아도 헨치에게 위임된 권한의 범위는 놀랍도록 넓어 보이며, 헨치가 프로이센 사람들이 지배하는 군대에서 프로이센 장교가 아니라 작센 출신이었기에 그 정도는 더욱 심하게 느껴진다. 게다가 그는 작전과가 정보과를 하녀로 취급하는 참모본부에서 작전장교가 아니라 정보장교였다. 그럼에도 헨치는 유력한 인물이었다. 헨치는 사관학교 시절 출중한 학생이었으며, 동기생과 선배들로부터 높은 평가를 받았고, 몰트케, 뷜로우와 친밀하게 지냈다.[174] 그러므로 헨치는 최고사령부와 우익 사이의 거리가 150마일로 늘어났을 때 양자 사이의 중개자로 눈에 확 띄는 인물이었다. 몰트케는 시간을 낭비하게 될지도 모를 여행을 자신이 직접 할 수는 없다고 생각했다.

또한 신호통신이 만족스럽지 못할뿐더러 안전하지도 않다고 판단했다. 몰트케의 박식한 정보과장은 그 간격을 메우는 데 가장 적합했다. 몰트케는 헨치가 자신의 전권을 위임받았음을 증명하는 실질적인 조치 없이 구두명령만으로 헨치를 파견했다. 이는 불행한 일이었고 계속해서 그렇게 비치게 된다.[175]

헨치는 9월 8일 오전 11시에 룩셈부르크에서 자동차를 타고 출발했다. 쾨펜Köppen 대위와 코히프Kochip 대위를 대동했으며, 제5군, 4군, 3군의 사령부를 연이어 방문했다. 헨치는 각 군 사령부와 그 위치에 관해 논했으며 전선에서 퇴각할 필요가 없다고 결론 내렸다. 가능한 예외는 제3군의 우익이었다. 그런데도 헨치는 "상황과 전망은 제3군에 전적으로 유리하다"라는 전문을 룩셈부르크로 보냈다.[176] 저녁에 헨치는 제2군 사령부에 도착했는데 뷜로우는 일시 부재중이었다. 뷜로우가 돌아왔을 때, 뷜로우와 주요 참모장교 2명, 그리고 헨치 일행은 상황을 검토해보기로 했다. 논의의 결과는 서부전선의 전투 결과에 결정적인 영향을 미칠 수밖에 없었다. 논의를 지배한 자는 뷜로우였다. 뷜로우는 적이 자기 부대의 곤경을 두 가지 방식으로 이용할 수 있다고 주장했다. 자기 부대의 우익을 돌아가거나 제1군의 좌익 쪽으로 대군을 집결시키는 것이었다. 프랑스군과 영국군은 제1군과 제2군 사이의 틈을 장악했으므로 운신의 폭이 넓었고 이 점을 이용하여 '파국적' 결말을 낼 수 있었다. 뷜로우는 '자발적인 구심 퇴각'으로 재앙을 모면하자고 제안했다.[177] 이는 독일군의 공세가 파리를 위협했던 지점으로부터 마른 강 너머의 더 안전한 방어 전선으로 퇴각하는 것을 뜻했다. 이 문안을 두고 자정께 회의는 해산했다. 이튿날인 9월 9일 아침, 헨치는 뷜로우 장군은 참석하지 않았지만 참모장교들과 다시 협의했고, 자신이 제1군의 클루크를 방문하여 퇴각을 조언한다는 데 합의했다. 퇴각만이 골칫거리인 양 군 사이의 틈을 메울 수 있었기 때문이다. 헨치는 즉시 떠났다. 헨치가 50마일을 주파하여 제1군

175. W. Müller, p. 14

176. W. Müller, p. 19

177. W. Müller, p. 22

178. W. Müller, p. 21

179. S. Tyng, p. 327

사령부로 가는 동안, 뷜로우는 부하들이 도달한 결론에 의거하여 움직이기로 결심했다. 뷜로우는 클루크와 하우젠에게 "비행사가 마른 강을 향해 4줄의 긴 행렬이 전진하고 있다고 보고한다"(비행사는 베르톨트Berthold 중위, 행렬은 영국원정군이었다), 뒤이어 "제2군은 퇴각을 시작한다"라는 전문을 보냈다.[178]

이어진 퇴각은 질서정연했지만 다급했다. 제2군이 일단 움직이자, 제1군과 제3군은 서로 맞물린 부분의 작동 때문에 따를 수밖에 없었다. 제4군과 제5군, 제6군은 기계적으로 후퇴에 참여했다. 거의 250마일에 달하는 전선을 따라 독일군 보병은 지난 2주 동안 혹독한 전투 끝에 얻어낸 근거지로부터 왔던 길을 되돌아갔다. 몰트케는 좌익의 후퇴를 직접 명령했다. 9월 10일 오후 2시 마침내 헨치가 전선의 상황에 대한 최초의 포괄적 설명을 듣고 최고사령부에 돌아와 지난 이틀간 몰트케가 자신과 뷜로우에게서 받은 몇 가지 간략한 전문을 상세히 부연하자, 참모총장은 우선 할 수 있는 것을 하고 군 사령관들을 몸소 찾아가기로 결심했다. 9월 11일 아침, 몰트케는 룩셈부르크를 출발하여 도로를 통해 먼저 제5군 사령부를 찾아 황태자를 만났고 다음으로 제3군을 향해 이질에 걸려 있는 하우젠을 만났으며 그다음에는 제4군을 찾았다. 몰트케는 그곳에서 제3군이 프랑스군의 새로운 공격으로 또 다른 위험에 처했다는 뷜로우의 전갈을 받고 제4군과 제5군이 퇴각 중인 제3군, 2군, 1군을 뒤따라야 한다고 결정했다. 몰트케가 지시한 장소는 마른 강 상류의 수계와 엔 강과 그 지류들의 수계에 있는 진지였다. 몰트케는 이렇게 명시했다. "그렇게 도착한 전선에 요새를 쌓고 방어할 것이다."[179]

이 명령이 몰트케가 독일군에 내린 마지막 일반명령이었다. 9월 14일 몰트케는 지휘권을 빼앗기고 전쟁장관인 에리히 폰 팔켄하인 장군으로 대체되었기 때문이다. 이 명령은 총동원 명령 이후로, 또 4년 2개월 후 정전 개시 명령이 내려질 때까지 독일군이 받은 가장 중대

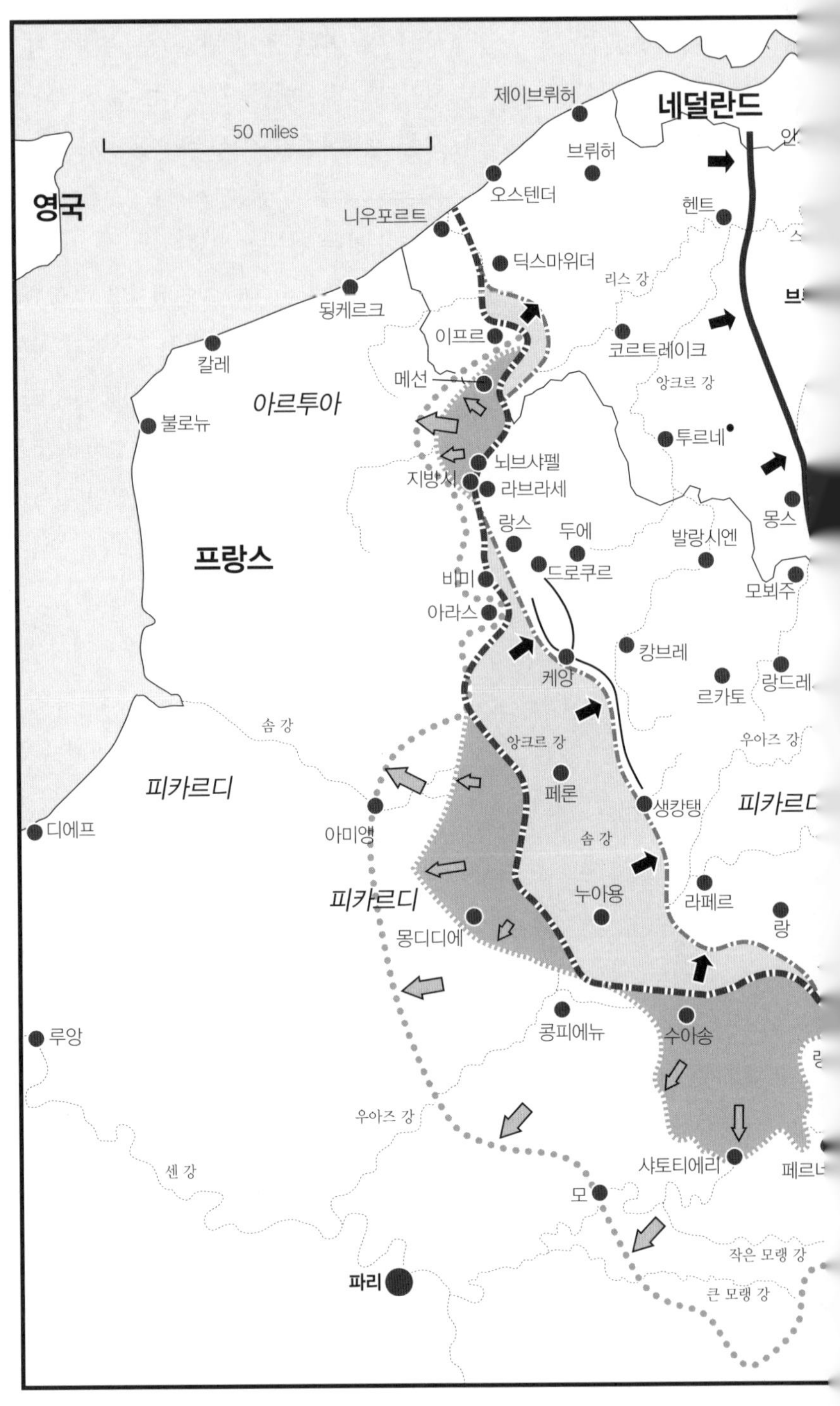
제이브뤼허
네덜란드
50 miles
브뤼허
오스텐더
영국
니우포르트
헨트
딕스마위더
리스 강
됭케르크
이프르
코르트레이크
칼레
메선
앙크르 강
아르투아
불로뉴
투르네
뇌브샤펠
지방시
라브라세
몽스
랑스
두에
발랑시엔
프랑스
드로쿠르
모뵈주
비미
아라스
캉브레
케앙
르카토
솜 강
앙크르 강
우아즈 강
피카르디
페론
생캉탱
디에프
아미앵
솜 강
피카르디
누아용
라페르
몽디디에
랑
콩피에뉴
수아송
루앙
우아즈 강
사토티에리
센 강
모
작은 모랭 강
파리
큰 모랭 강

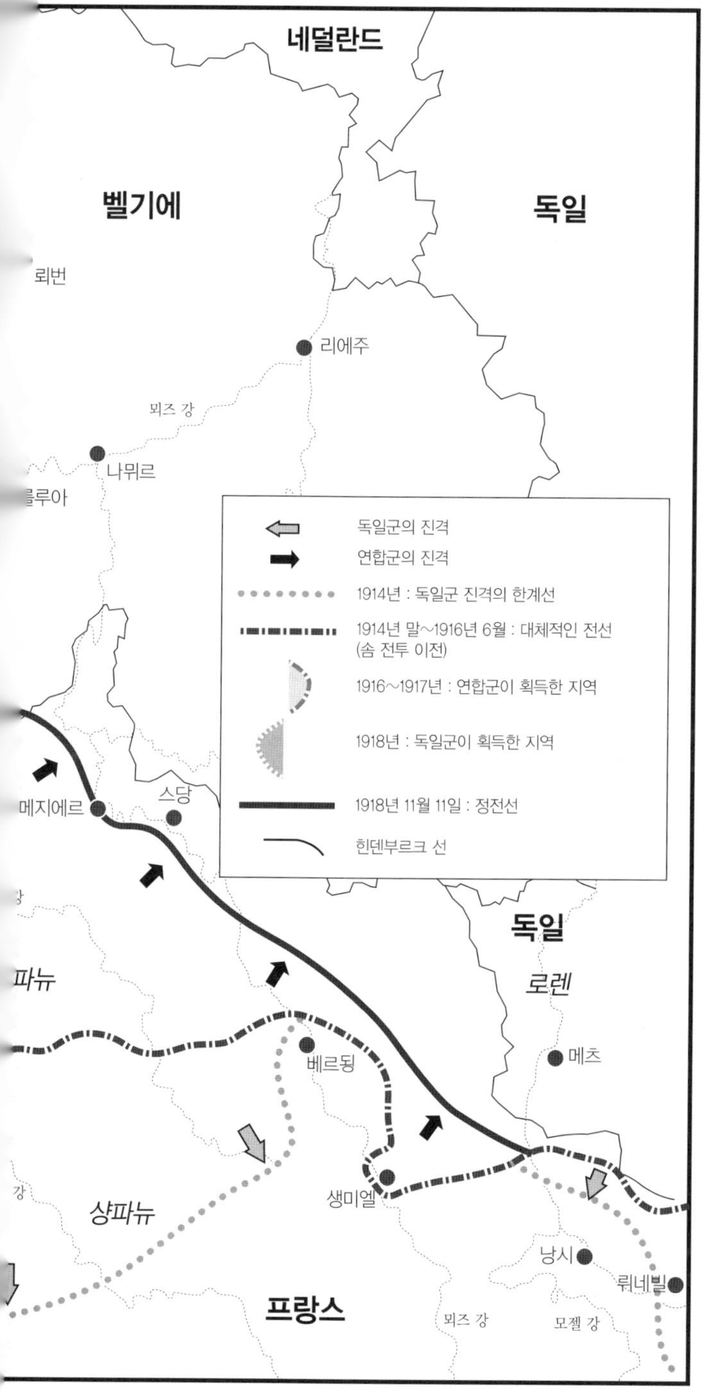

1914~1918년 서부전선의 개요

한 명령이기도 했다. 독일군 제1군과 제2군이 9월 14일에 도착한 엔 강에서 '요새화와 방어'로 참호전이 시작되었던 것이다. 1914년에는 기술적 요인들로 독일군이 철도로 연결되는 곳으로부터 멀리 떨어진 지점에서 융통성 있게 기동할 수 없었지만—부족한 자동차, 전화선과 전신선을 따라 작동하는 통신망의 경직성—독일군의 땅파기 능력을 제약하는 것은 없었다. 독일군은 유럽의 어느 군대보다도 야전공병대를 잘 갖추었으며—프랑스에 26개 대대가 있었던 데 반해 독일에는 36개 대대가 있었다—신속하게 참호를 파는 훈련이 잘 되어 있었다.[180] 1914년이면 참호를 파는 도구는 모든 부대의 보병에게 군장의 일부였다. 영국 기병대는 참호파기 훈련을 하지 않는 데 자부심을 느꼈고 프랑스군은 '가장 힘든 엄폐물'을 무시했던 반면, 독일군 병사들은 늦어도 1904년 이후로는 기동훈련에 삽을 써야만 했다. "1906년부터 〔독일 기동훈련의〕 외국인 참관인들은 독일군의 수비 진지에서 교통호로 연결되고 종종 앞에 가시철조망을 친 참호선이 몇 줄씩 연속되어 있는 것을 주목했다." 독일군은 보어전쟁과 러일전쟁에서 참호의 중요성을 알아챘을 뿐만 아니라 타국 군대와는 달리 교훈도 이끌어냈다.[181]

그리하여 적을 추격하던 프랑스와 영국의 부대는 9월 둘째 주가 끝날 무렵 독일군이 멈춰선 진지에 대면했을 때 엔 강 너머 고지대 산마루를 따라 끝없이 이어진 참호와 누아용Noyon과 랭스 사이의 지류인 베즐 강 때문에 자신들의 반격이 중단되었음을 알았다. 참호는 그 너머로 이어져 베르됭에서 남서쪽으로 방향을 틀고 뫼르트 강을 따라 이어지다가 가파른 보주 산맥을 관통하여 바젤Basel 근처에서 스위스 국경과 만났다. 그러나 랭스 너머의 대적하던 부대들—독일군 제5군과 6군, 프랑스군 제1군과 2군—은 서부전선의 중요한 구역을 보강하기 위한 전투와 철수로 너무 약해진 상태여서 활발한 작전을 펼치기는 거의 어려운 상태였다. 엔 강은 이제 결정적인 전선이 되었

180. D. Porch, *March*, p. 202

181. D. Herrmann, p. 90

고, 그곳에서 9월 13일에서 27일 사이에 양측은 병력이 되는 대로 연속해서 공격을 가했다. 연합군은 더 멀리 추격하기를 바랐고, 독일군은 방어선을 사수하고 나아가 공세로 전환한다는 희망을 품었다. 연합군은 낙관적인 분위기로 시작했다. 영국군 참모차장 헨리 윌슨은 엔 강을 향해 진격하던 중에 프랑스군에서 자신과 같은 지위에 있던 앙리 베르틀로Henri Berthelot[182]와 자신들의 부대가 벨기에와 독일 사이의 국경에 얼마나 빨리 도달할 것인지 얘기를 나누었다. 윌슨은 한 달, 베르틀로는 3주로 예상했다. 두 사람은 곧 '야전野戰'의 시절이 끝났음을 깨닫게 된다.[183]

엔 강은 다리를 놓아야만 건널 수 있는 깊고 넓은 강이다. 전투 초기에 모든 교량이 다 파괴되지는 않았고 임시로 가설되던 교량도 있었다. 그렇지만 독일군 대포의 사정거리 내에 있으면 어느 것도 안전하지 않았다. 엔 강 너머의 대지는 강 유역에서 약 500피트 상승하여 긴 땅덩이를 이룬다. 절벽 사이로 푹 들어간 지형 때문에 들쭉날쭉하고 곳에 따라 숲이 우거졌다. 이러한 지형은, 길이가 약 25마일 정도였는데, 훌륭한 관측점이자 우세한 사격지점이었고, 동시에 루이 15세의 딸을 위해 놓인 도로이자 그 땅덩이를 관통하는 '슈맹데담Chemin des Dames'[184]은 왼쪽에서 오른쪽으로 이어져 손쉬운 측면 교통을 제공했다.[185] 영국 부대인 제11보병여단은 제일 먼저 공격을 시도했다. 제11보병여단은 베니젤Venizel에서 무너지지 않은 다리를 발견했고, 9월 12일 폭우가 쏟아지는 가운데 30마일을 접근하여 산마루에 안착하는 데 성공했다.[186] 그 후 어려운 문제들이 늘어났다. 프랑스의 제6군은 9월 13일 콩피에뉴 근처에서 슈맹데담 능선을 옆으로 우회하려 했으나 전선 전체에서 독일군의 저항에 부딪혔다. 영국원정군도 그날 슈맹데담 중앙부 아래에서 막혔다. 우측에서만 유일하게 성공을 거두었는데, 그곳에서는 프랑스의 제5군이 폰 클루크와 폰 뷜로우 사이에 아직도 틈이 존재하는 것을 발견하고는 엔 강의 북쪽 하안에 있

182. 1863~1931. 대전이 발발하면서 조프르의 참모장이 되었고, 제53사단장과 33군단장, 제5군 사령관, 다뉴브군 사령관을 역임했다.—옮긴이

183. J. Terraine, *Mons*, p. 217

184. '귀부인의 길'. D18도로의 일부로 엔 도를 동서로 가로지른다. '프랑스의 여인(Dames de France)'으로 알려진 루이 15세의 두 딸 아델라이드와 빅투아르가 파리에서 부콩빌-보클레르 근처의 라보브 성을 오갈 때 이용한 길이라고 그런 이름을 얻었다.—옮긴이

185. D. Johnson, pp. 292~293

186. J. Edmonds, *1914*, Ⅰ, p. 326

는 베리오바크Berry-au-Bac에 도달했다.

그렇지만 그 틈은 마침내 9월 8일 모뵈주에서 용감한 프랑스 수비대로부터 요새를 빼앗은 뒤 서둘러 내려온 부대와 알자스와 로렌에서 도착하여 제1군과 제2군 사이에 새로이 제7군을 형성한 다른 부대들이 빠르게 메우고 있었다. 게다가 독일군이 맹렬하게 참호를 파고 있었기에—독일에서 서부전선으로 보내진 최초의 '참호 보급품'은 9월 14일에 배달되었다—적군의 방어선은 거의 매시간 두터워졌다.[187] 한편, 프랑스군은 9월 12일 재탈환했다가 이후 며칠간 파괴적인 포격을 받았던 랭스를 지키느라 예비군을 소집하는 데 어려움을 겪었다. 건물 밖에 잔다르크의 조상이 서 있는 랭스의 유명한 성당[188]도 손상되었는데, 이는 한 달 전 뢰번의 약탈만큼이나 침략군의 평판을 해친 원인이 된다. 조프르는 가용한 부대로 외곽 쪽에 새로운 제2군을 만들어 드 카스텔노 장군에게 지휘를 맡겼다. 새로운 제2군은 처음에는 제6군과 제1군 그리고 이전의 제2군에서 차출한 군단들로 구성되었다. 대부분은 로렌과 알자스의 전선이 안정되면서 빠져나올 수 있었던 부대였다.

조프르의 목적은, 아직 완전하게 명백해지지는 않았지만, 점점 더 두터워지는 독일군의 슈맹데담 방어선의 배후로 병력을 전개하여 8월에 프랑스가 잃어버렸던 북쪽 도들을 다시 차지하는 것이었다. 그 지역은 농업과 공업이 번창한 곳이다. 존 프렌치 경은 9월 14일부터 엔 강 위쪽에서 점령한 곳에는 무조건 참호를 파라고 부대에 명령을 내리고 있었던 반면, 조프르는 이 새로운 기동 작전의 방법을 찾고 있었다. 9월 17일 조프르는 "계속해서 적에 공격의 위협을 가하여 전투를 회피하거나 병력의 일부를 다른 지점으로 옮기지 못하도록 하라"고 군에 지시했다.[189] 3일 전, 독일군의 새 참모총장으로 임명된 팔켄하인은 유사한 목적으로 전 전선에서 반격하라고 명령했다. 두 사령관은 모두 서부전선 전쟁의 호기는 이제 교전 중인 전선의 북쪽에 있

187. J. Edmonds, *1914*, Ⅰ, p. 378

188. 랭스 대성당. 전통적으로 프랑스 왕들의 대관식이 거행되던 곳으로, 잔다르크는 영국군으로부터 랭스를 탈환해 샤를 7세가 이곳에서 대관식을 올릴 수 있도록 했다.—옮긴이

189. D. Mason, *Purnell's*, Ⅰ, p. 296

190. C. Duffy, *Purnell's*, Ⅰ, pp. 377~378

191. 1857~1921. 제10군 사령관을 역임했다가 1916년에 제15군단장으로 좌천되었다. 1918년 봄 독일군의 공세 때 엔 강을 방어하지 못하여 해임되었으나 11월에 해방된 메츠의 군정장관에 임명되었다.—옮긴이

다고 이해했다. 북쪽 전선은 엔 강과 바다 사이의 100마일에 이르는 영역으로 군대가 없는 곳이었다. 어느 쪽이든 참호지대를 계속 통제하면서도 그곳에서 작전할 군대를 찾는 쪽이 선수를 잡아 승리할 수 있었다.

그 지역에 군대가 있기는 했다. 안트베르펀에서 참호를 파고 웅거하여 불굴의 의지로 '국민의 요새'를 고수하고 있는 벨기에 군대였다. 벨기에군은 8월 셋째 주에 그곳으로 퇴각했었다. 총사령관직을 맡고 있던 알베르트 국왕은 적의 배후에서 작전하여 침략군의 전략적 위치에 타격을 가할 수 있음을 민감하게 인식하고 있었고 8월 24일에 안트베르펀에서 메헬런Mechelen을 향해 대규모 출격을 감행했다. 독일군 최고사령부가 벨기에군을 저지하도록 급조하여 남겨둔 제3예비군군단과 해군사단은 벨기에군의 진격을 봉쇄하고 3일째 되는 날에는 역공까지 할 정도로 강력했다. 9월 9일 알베르트는 다시 시도했으며 벨기에군 병사들은 요새의 외곽선에서 10마일 떨어진 필보르더Vilvoorde까지 진격하고 그곳에서 막혔다.[190] 9월 27일 세 번째 공격 시도가 있었지만 똑같이 성과가 없었다. 그날은 엔 강에서 연합군과 독일군 사이에 활발한 작전이 이루어진 마지막 날이기도 했다. 그 후 안트베르펀을 포위했던 독일군은 병력이 증원된 덕에 요새를 계획적으로 함락시킬 수 있었으며, 그동안 엔 강과 바다 사이에서 벌어졌던 전쟁은 연합군과 독일군이 연이어 '무방비한 측면'을 미친 듯이 찾는 수색의 성격을 띠었다.

이 국면은 '바다로 가는 경주Race to the Sea'라는 이름을 얻게 되었다. 그러나 이 경쟁은 바다를 얻기 위한 것이 아니라 바다와 엔 강 진지 사이의 벌어진 틈을 상대편이 이용하기 전에 먼저 발견하려는 싸움이었다. 양측은 전선 전역이 안정된 상태였기에 급격히 늘어나는 참호에서 병력을 아껴 북쪽으로 보낼 수 있었다. 최대 대형은 드모뒤de Maud'huy[191] 장군이 지휘하는 프랑스의 새로운 제10군으로, 제10군단과

제16군단으로 구성되었다. 새로운 제10군은 9월 25일부터 솜 강 너머 엔 강의 가파른 시골 위에서 북쪽으로 거대하게 내뻗은 탁 트인 백악토 고지대에 포진했다. 제10군은 제때에 도착했다. 그 근처의 유일한 프랑스 부대는 소수의 향토사단과 기병뿐이었기 때문이다. 그러나 제10군이 남동쪽으로 독일군 전선을 밀고 나가려는 의도로 전개했을 때, 동등한 규모의 독일군이 이에 맞서기 위해 전진하고 있었다. 그 독일군 부대는 제4군단과 근위군단, 제1바이에른 예비군군단의 3개 군단으로 새로운 제6군을 구성하게 되는데, 일부는 엔 강에서 들판을 가로질러 전진했고 나머지는 이에 앞서 열차 편으로 벨기에에 도착했다.[192] 뷜로우의 동의를 받은 팔켄하인의 계획은 제6군을 이용하여 서쪽으로 영국해협을 향해 공격하고, 그동안 독일군의 11개 기병사단 중 8개로 플란데런의 해안을 휩쓸며, 안트베르펀을 포위하고 있는 부대로 벨기에의 저항을 최종적으로 끝장내는 것이었다. 팔켄하인이 뜻한 과정은 북부 프랑스를 꿰뚫는 새로운 맹공격이었다. 이 공격으로 독일군은 솜 강 상류의 모든 지역을 점령하고 그리하여 엔 강과 스위스 사이에 있는 프랑스군 참호지대의 측면에서 파리를 향해 진군해 내려갈 수 있는 위치를 차지할 것이었다.

팔켄하인 계획은 부분적으로는 성공했다. 안트베르펀에서, 공학을 전공한 독일의 한스 폰 베젤러Hans von Beseler[193] 장군은 9월 27일 3열의 방어시설을 갖춘 참호 주둔지를 효과적으로 파괴할 계획을 고안해냈다. 폰 베젤러는 리에주와 나뮈르를 굴복시켰던 초중포의 공성 포열이 자신의 관할로 이관되자 먼저 가장 나중에 구축된 바깥쪽 끝의 참호를 포격했고 그다음 10월 3일에 차지한 빈틈으로 보병을 진격시켰다. 프랑스군은 영국군의 개입으로 일시적으로 위기를 모면했다. 9월 19일 됭케르크에 상륙하여 그동안 서부 벨기에를 배회했던 영국 해군사단Royal Naval Division[194]의 선봉대가 10월 4일에 기차로 안트베르펀에 도착했다.[195] 이에 따라, 전투와 영광을 갈망했던 해군장관 윈스턴 처칠

192. J. Edmonds, *1914*, Ⅰ, p. 404

193. 1850~1921. 안트베르펀 요새를 장악한 후 동부전선으로 파견되어 정복지 폴란드의 군정장관이 되었다. 1918년 1월에 장군으로 진급했고, 휴전협정이 체결된 다음날 폴란드를 떠나 독일로 은거하여 보수 민족주의자들의 비판을 받았다.—옮긴이

194. 1차 세계대전이 발발하자 해군장관 윈스턴 처칠이 해군의 잉여 예비군으로 구성한 부대. 안트베르펀과 갈리폴리 전역에 투입되었고, 1916년 6월에 제63향토사단이 해체되면서 제63사단으로 개칭되었다.—옮긴이

195. C. Duffy, *Purnell's*, Ⅰ, pp. 380~381

이 등장했다. 영국 해병대Royal Marines와 해군사단의 수병들이 독일의 진격을 일시적으로 중단시켰다. 그러나 10월 5일 밤, 베젤러의 병사들은 두 번째 방어선을 방비가 없는 지점으로 돌파하여 1859년에 구축된 낡은 요새들의 차단선인 첫 번째 방어선으로 진격하는 데 성공했다. 독일군 포대는 신속히 벨기에의 노후한 석조 건축물을 파괴하기 시작했다. 그리하여 영국 해군사단과 남아 있던 벨기에 야전군은 어쩔 수 없이 에이저르IJzer 강가[196]의 벨기에 서쪽 끝을 향해 철수해야 했다. 10월 10일 안트베르펀의 영웅인 벨기에 사령관 빅토르 드기즈Victor Deguise[197] 장군은 어느 독일군 대령에게 자신의 검을 넘겨주었다. 드기즈 장군은 상사 1명과 사병 1명을 대동했고, 수비대의 나머지 전부는 여전히 드기즈의 지휘를 받고 있었다.[198]

팔켄하인 계획의 다른 두 요소는 실패했다. 10월 1일에서 6일 사이에, 솜 강과 플란데런 사이에서 "약해지고 있는 적의 저항을 분쇄"하는 임무를 맡았던 새로 신설된 제6군의 공세는 프랑스의 제10군에 의해 저지되어 실패했다. 결정적인 전선에서 조프르의 대리로 활동해왔던 포슈가 "퇴각은 없다. 모두 나가 싸우라"라는 유명한 명령을 내린 것이 바로 그때 그곳이었다.[199] 마지막으로, 서유럽에서 전무후무한 최대 규모의 기병대였던 8개 독일 기병사단의 압승은 프랑스의 제21군단과 지원 기병대가 릴Lille 서쪽에 출현함으로써 급속하게 무뎌지고 말았다.

196. 프랑스에서 이제르(Yser) 강이다.—옮긴이

197. 1855~1922. 공병대 초급장교로 군복무를 시작하여 벨기에 육군사관학교의 요새학 교수에 임명되었다. 대전이 발발했을 때 안트베르펀의 군정장관이 되었으나 수비에 실패했고 종전 때까지 네덜란드에 억류되었다.—옮긴이

198. C. Duffy, *Purnell's*, Ⅰ, p. 380

199. J. Edmonds, *1914*, Ⅰ, p. 380

1차 이프르 전투

그래서 10월 둘째 주가 끝날 때, 어느 한 편이 결정적인 공격을 개시할 수 있었던 서부전선의 벌어진 틈은 벨기에의 플란데런에 남은 좁은 회랑지대로 축소되었다. 그곳은 서유럽에서도 가장 황량한 풍경에 속한다. 넓은 들판과 초지, 경작지가 울타리도 없이 뒤섞인 습한 평원에 삽 몇 번 뜰 정도보다 조금 더 깊은 구덩이로 지하수가 넘쳐

흘렀고, 촌락들과 고립된 농장들, 고대의 성채도시 이프르의 뒤쪽 먼 곳에 어렴풋이 나타나는 툭 삐져나온 고지 사이에 작은 숲들이 있다. 그러나 강한 인상을 주는 것은 먼 곳까지 탁 트인 시계다. 전망이라고 하기에 지나치게 애처로운 풍경은 그 지역의 많고 잦은 비만 약속할 뿐인 사방의 멀고 흐릿한 지평선으로 이어진다. 이따금 나타나는 교회의 첨탑만이 시계를 방해한다.

10월 8일에서 19일까지 바로 이곳에 이제는 영국원정군도 포함한 5개 군단이 연합군의 방어를 지원하기 위해 열차와 도로로 도착했다. 영국원정군의 북쪽에는 안트베르펀에서 간신히 도망쳐 나온 벨기에군의 잔여부대가 에이저르 강 어귀의 니우포르트Nieuwpoort로 이어지는 해변을 따라 전진했다. 에이저르 강은 그곳에서 바다로 흘러들어간다. 영국 해군사단의 수병들은 대부분 오스텐더Oostende로 이미 떠났고, 앞서 상륙한 영국군 제7사단은 그곳에서 교두보를 장악하고 있다가 10월 14일에 이프르 근처에서 영국원정군의 본대에 합류했다.[200] 좁지만 제방을 쌓은 강으로 해안의 침수지대에서 주된 군사 장애물이었던 에이저르 강의 강가에서, 벨기에군은 재빨리 방책을 치고 강 방어선이 깨질 경우 주변의 시골을 침수시킬 계획을 수립했다. 벨기에군은 비록 안트베르펀에서 올 때 패잔병이었지만 빠르게 회복했고, 에이저르 강에서 보여준 저항은 연합군의 칭찬과 독일군의 경탄을 받게 된다. 벨기에군의 6개 사단은 6만 명 병력으로 축소되었지만, 완전히 평탄하고 특색 없는 10마일의 지역을 수비하는 데 성공했으며 또 알베르트 국왕이 추가로 2만 명을 잃은 뒤 10월 27일에 에이저르 강 어귀의 수문을 열고 바닷물을 끌어들여 그 지역을 침수시키기로 결정할 때까지 대부분의 진지를 사수하는 데 성공했다. 이때의 침수로 니우포르트와 딕스마위더Diksmuide 사이의 길이 10마일 지역은 통과할 수 없게 되었다.[201]

딕스마위더 남쪽의 에이저르 강 방어선과 이프르 운하는 건장한

200. L. Sellers, *The Hood Battalion*, London, 1995, pp. 24~25

201. C. Cruttwell, *A History of the Great War*, Oxford, 1936, p. 100

정규 해병대원인 프랑스 해군여단이 지켰으며, 멀리 이프르 교외 랑에마르크Langemark까지는 향토사단과 기병대가 지켰다. 랑에마르크에서 남쪽으로는 도착한 영국군이 말뚝을 박아 전초선을 설치했는데, 이 선은 이프르 둘레로 원을 그리며 패션데일Passchendaele[202] 고지대의 낮은 능선을 향해 달려가다 다시 남쪽으로 리스Lys 강을 건너 라바세La Bassée 운하로 이어졌다. 존 프렌치 경은 35마일에 달하는 이 방어선을 지키는 데 6개 보병사단을 쓸 수 있었고 사단 하나를 예비로 남겨두었으며, 대포와 기관총 장비의 수준이 낮았기에 방어 작전에 적합하지는 않았지만 3개 기병사단도 쓸 수 있었다. 프렌치가 의존할 수 있었던 유일한 증원군은 제8보병사단, 약간의 정규군 기병대와 기마의용대, 그리고 인도에서 오는 중이었던 인도군[203] 4개 보병사단과 2개 기병사단의 선봉대였다. 영국인 부대와 인도인 부대가 1 대 3의 비율로 뒤섞인 이 선봉대는, 비록 강인한 구르카Gurkha족[204]의 비율이 높았지만, 유럽의 겨울 기후에서 독일군에 맞서 전투를 벌이기에는 전혀 적합하지 않았다.[205] 포대가 약했고 강도 높은 작전 경험이 없었던 부대였기에 이들이 도착해도 영국원정군의 공격능력이 향상될 가망은 없었다.

그렇지만, 1차 이프르 전투로 전화될 사건의 시초에—이 전투에서 인도군 부대는 공수에서 용감하고도 효과적으로 싸운다—육군원수 프렌치는 공격 개시의 희망을 여전히 버리지 못했다. 공격을 통해 연합군은, 프랑스군을 동반하여, 릴의 공업 중심지와 이어 브뤼셀까지 갈 수 있으리라고 보았다.[206] 포슈도 프렌치의 희망을 공유했다. 이제 프랑스군의 북쪽 진영을 지휘하고 있는 포슈는 여전히 해안 평야지대가 무방비 전선이라고 믿었으며 적에게는 그 지역을 지킬 힘이 없다고 확신했다. 두 사람 다 착각이었다. 최고사령부의 새로운 수장인 팔켄하인은 11개 정규군 사단을 지닌 제6군과 안트베르펜을 점령했던 베젤러의 제3예비군군단을 재배치했을 뿐만 아니라 전쟁으로 완

202. 오늘날 파센달러(Passendale)인데 영국군은 그 옛 이름인 'Passchendaele'을 영어로 읽었다.—옮긴이

203. 영국이 통치하던 시기인 1858년에서 1947년까지 존재했던 영국인도군(British Indian Army)을 말한다.—옮긴이

204. 용맹하고 강인하기로 유명한 네팔인. 명칭은 11~12세기 요가 수행자 고라크샤나트(Gorakshanath)에서 유래한다.—옮긴이

205. S. Menezes, *Fidelity and Honour*, New Delhi, 1993, p. 247

206. J. Edmonds, *1914*, Ⅱ, p. 268

전히 새롭게 편성된 8개 사단 병력도 배치했다.

이 부대들은 군사 훈련을 받은 경험이 없는 자원병들로 구성된 6개 예비군군단인 제22군단에서 제27군단까지 속했다. 독일은 징병 연령에 든 연간 대상자의 50퍼센트만 징집하면 평시 군 병력을 채울 수 있었으므로(프랑스는 86퍼센트를 징집했다), 20세에서 45세 사이의 500만 명의 자원을 전쟁에 쓸 수 있었다.[207] 그중 최고의 자원은 학업에 종사하는 동안 병역을 면제받았던 학생들이었다. 엄청난 숫자의 학생들이 전쟁이 발발하자 자원을 했다. 여기에 대학교 진학을 준비하던 고등학생들과 조건이 충족되지 않아 징병 대상에서 제외된 다른 젊은이들이 가세했다. 훗날 유명해지는 작가 에른스트 윙거Ernst Jünger[208]는 막 졸업시험 합격증을 받은 상태였는데 2급 판정을 받았다. 뮌헨에 거주하던 오스트리아 시민 아돌프 히틀러는 3급 판정을 받았다. 윙거는 징병소에서 사흘을 기다린 후 제44예비군사단에 들어갈 수 있었다.[209] 히틀러는 바이에른 왕에게 사사로이 편지를 써 호소했는데 결국 제6바이에른 예비군사단에 입대했다.[210] 신병은 대부분 군에 소환된 교사 출신의 하사관들 밑에서 두 달 동안 훈련을 받은 후 전선으로 떠났다.[211] 새로 편성된 13개 사단 중 둘은 러시아로, 하나는 로렌 전선으로, 열은 플란데런으로 향했다. 10월 셋째 주에 랑에마르크와 이프르 사이에서 영국원정군을 공격한 것이 바로 이 사단들이었다.

뒤이은 전투는 영국군과 프랑스군이 여전히 독일군의 측면이라고 생각한 곳을 공격하려던 10월 초부터 양 진영 모두 겨울이 시작되고 있고 자신들이 지쳤다는 사실을 받아들였던 11월 말까지 거의 끊임없이 모질게 지속되었다. 지리적으로 보면 전투는 네 곳으로 나뉘었다. 해안에서는 베젤러의 군단이 벨기에군을 다시 공격했으나 침수로 무산되었다. 포슈가 지휘하는 프랑스군은 이프르 북쪽에서 벨기에 내지 깊숙한 곳의 헨트Ghent를 향해 밀고 내려가려 했지만 이 과도하게

207. M. Geyer, *Deutsche Rüstungspolitik*, Frankfurt, 1984, pp. 83ff

208. 1895~1998. 서부전선에 참여했던 보수적인 우파 작가로 히틀러의 민족사회주의 운동에 참여하지는 않았지만 바이마르 공화국 체제와 민주주의를 거세게 비판했다. 대표작은 참호전 경험을 써낸 『강철 뇌우 속에서: 어느 돌격대 지휘관의 일기에서(In Stahlgewittern: Aus dem Tagebuch eines Stoßtruppführers)』다.—옮긴이

209. T. Nevin, *Ernst Jünger and Germany*, London, 1997, p. 43

210. A. Bullock, p. 48

211. J. Edmonds, *1914*, Ⅱ, p. 124

낙관적인 계획은 독일군의 공세로 저지되었다. 그리고 영국원정군과 독일군 자원병들 간의 이프르 전투가 있었고, 남쪽에서는 영국원정군의 우익이 독일군 제6군의 정규군 사단들에 맞서 방어전을 수행하고 있었다. 해안의 전투를 제외한 나머지는 사실상 하나의 전투로 융합되었는데 너무나 혼란스러웠고 독일군은 무척이나 무자비하게 싸웠다. 영국군 생존자들은 기꺼이 '1차 이프르 전투'에 참여했다고 말했다. '1차 이프르 전투'는 옛 정규군의 결정적인 승리이자 전멸을 동시에 의미하는 명예로운 전투였기 때문이다.

엔 강 쪽에서 10월 10일과 10월 13일에 차례로 도착한 영국원정군 제2군단과 3군단은 이프르의 동쪽에서 약 5마일 밖으로 솟아오른 능선을 향해 공격을 시작했다. 그 낮은 구릉의 이름—패션데일, 브로드세인더Broodseinde, 헬뤼벨트Gheluvelt, 메신Messines(메선Mesen)—은, 최초의 공격부대는 그럴 줄 몰랐겠지만, 이어진 4년간의 전쟁 내내 거듭 생각나고 위협적으로 울려 퍼지게 된다. 영국군이 도착하자, 갓 편성된 독일군 군단들도 영국군을 맞이하기 위해 도착했다. 10월 15일에 제14군단이 도착했고 뒤이어 제7군단과 19군단, 그리고 10월 19일에 제13군단이 도착했다. 영국군은 압박을 받고 후퇴했다. 제7사단과 제3기병사단으로 구성된 영국군 제4군단은 이프르의 오래된 요새 가까운 곳까지 밀려났다. 더글러스 헤이그 장군이 지휘하는 제1군단이 10월 20일에 도착하여 이프르를 구했으나, 그 때문에 군의 전투력이 소진되었다. 인도군을 포함하여 본국에서 올 증원군은 약속된 것이 전부였으며, 그나마 아직 오고 있는 중이었다. 10월 20일이 되자 남쪽의 라바세 운하에서 북쪽의 에이저르 강 어귀까지 전선 전역에서 독일군의 전면적인 공세가 시작되었다. 독일군은 24개 사단이었고 영국군은 부쩍 약해진 벨기에군 6개 사단을 포함하고도 19개 사단이었다. 진정한 싸움은 14개 독일군 보병사단 대 영국군 7개 사단, 보병으로 싸우는 영국군 3개 기병사단, 영국군과 해안의 벨기에군 사이의 강 방어선을 지키고 있는 프랑스군 수병과 향토사단, 기병대의 싸움이었다.

전선은 영국군이 소총의 속사에서 우세한 덕에 유지되었다. 영국군은 대포에서는 2 대 1, 중포에서는 10 대 1로 열세였다. 대대에 2정씩 있었던 기관총은 적과 대등했다. 여전히 예스럽게 '머스킷'이라고 불렀던 소총에서는 영국원정군이 시종일관 우세했다. 1분에 15발을 조준 사격할 수 있도록 훈련받은 영국 소총수들은, 보병이든 기병이든 똑같이, 공격해 들어오는 독일군의 대응사격을 쉽게 압도할 수 있었다. 독일군은 다수가 좁게 정렬하여 접근했으므로 놓칠 수 없는 표적이었다.[212] 영국군이 방어하고 독일군이 공격했다는 사실에서 10월과 11월의 이프르를 둘러싼 전투 당시 사상자의 엄청난 불균형—영국군 전사자는 2만 5,000명, 독일군 전사자는 5만 명—이 설명될 듯하지만, 실제로 그렇지 않다. 영국원정군의 참호는 서둘러 판 3피트 깊이의 구덩이에 불과했고 최악의 경우 들판의 도랑이었는데 어느 경우나 빗물이나 지하수로 무릎까지 잠기는 것이 보통이었으며 아직 가시철조망으로 보호받지 못했다. 매우 습한 곳에서는 방어군이 모래주머니로 쌓은 둔덕이나 잔가지로 만든 방책 뒤에 웅크렸다. 적을 멀리 떼어놓을 수 있는 튼튼한 물리적 장벽이 없는데도 공격을 분쇄하고 살아남은 공격군을 완전히 제압하거나 출발선으로 기어 돌아가게 했던 것은 밀도 높은 소총의 탄막이었다. 독일군은 이를 종종 기관총 사격으로 오인했다. 독일의 공식 역사가는 이렇게 적었다. "모든 덤불과 산울타리, 부서진 담벼락 위로 엷은 연기가 피어올라 층을 이루었다. 드르륵 소리를 내며 총탄을 쏟아내는 기관총이 있다는 얘기다." 오해였다.[213] 연기는 영국군 병사들이 각자 사격하고 있다는 표시였다.

10월 말, 독일군의 대규모 공격은 막대한 희생을 남긴 채 실패로 돌아갔다. 특히 독일의 자원병 군단이 큰 손실을 입었다. 오늘날 랑에마르크의 독일군 묘지에는 온갖 독일 대학교의 기장으로 장식되어

212. J. Edmonds, *1914*, Ⅱ, p. 259

213. Reichsarchiv, *Ypern*, Oldenburg, 1922, p. 133

있는 출입구 너머에 학도병 2만 5,000명의 시신이 집단으로 매장되어 있다. 나머지는 '자원병 슈미트와 소총수 브라운'이라고 새겨진 묘비 아래에 서너 명씩 누워 있다. 무수한 죽음을 내려다보고 있는 것은 자식을 잃고 슬퍼하는 어머니와 아버지를 그린 케터 콜비츠Käthe Kollwitz[214]의 조각이다. 콜비츠도 1914년에 자식을 빼앗긴 어머니였다.[215] 이 전사자들은 그 단계의 전투, 즉 '이페른의 영아 살해Kindermord bei Ypern'[216]로 인하여 전쟁은 단기간에 적은 희생을 치르고 영광스럽게 끝날 것이라는 잘못된 믿음에서 벗어나고 소모전과 대량살상, 멀어져 가는 승리의 희망이라는 현실을 깨닫게 된 수만 명의 독일 부르주아를 대표했다.

이 잔인한 환멸은 마지막 토미 앳킨스들[217]의 작품이었다. 노동계급 출신으로 장기복무 중인 정규군들로 태생이 미천하고 교육을 제대로 받지 못한 이 보통의 영국군 병사들에게는 적 독일군과 같은 불가사의한 애국심이 전혀 없었다. 독일군은 "강의실과 학교의 벤치를 떠나 정신이 무엇인가에 크게 고취된 집단 속으로 녹아들어갔으며 …… 특별한 것과 큰 위험을 〔열망했고〕 …… 마취제라도 맞은 듯 〔전쟁에〕 빠져들었다."[218] 영국군의 애국심은 연대의 본고장인 작은 고향을 향했고, 그 제일의 충절은 막사의 전우를 향했다. 로열퓨질리어연대Royal Fusiliers[219]의 윌리엄 홀브룩William Holbrook 상병은 혼란스러운 전투 중에 소대에서 이탈했던 순간을 이렇게 회상했다. "잠시 후, 나는 전우 몇 명과 장교 1명과 조우했다. …… 우리가 함께 모여 어떻게 할지 결정하고 있는데, 한 독일군 장교가 덤불숲에서 기어 나왔다. 우리를 보더니 '난 부상당했소'라고 말했다. 완벽한 영어였다. …… 〔우리 장교는〕 독일군 장교에게 말했다. '당신들은 그렇게 지독한 전투를 벌이지 말아야 했다. 그랬다면 부상을 입지 않았을 것 아닌가.' 그 말에 우리는 웃었다. 어쨌거나 우리는 그자의 상처를 붕대로 감아주고 그곳에서 기다렸는데 조금 후 〔우리 장교가〕 날아온 유탄에 맞아 사

214. 1867~1945. 독일의 화가, 판화가, 조각가.—옮긴이

215. Several personal visits

216. 독일군이 1차 이프르 전투에 붙인 이름. 이프르는 독일어로 이페른(Ypern)이다. 표현 자체는 신약성서 마태복음 2장에 나오는 것으로, 유대왕 헤롯이 베들레햄의 모든 영아를 살해하라는 명령을 내린 데서 따왔다.—옮긴이

217. 토미 앳킨스(Tommy Atkins)는 19세기부터 영국군의 보통 병사들을 지칭하는 말이었으나 특히 1차 세계대전에 참전한 영국 병사들을 이른다. 간단히 토미라고 부르기도 한다.—옮긴이

218. T. Nevin, p. 44

219. 퓨질리어(Fusiliers)라는 명칭의 연대는 부싯돌 식 발사장치를 갖춘 이른바 수발총을 쓰는 병사들로 구성된 연대라는 뜻이고 라이플즈(Rifles)라는 명칭의 연대는 강선을 갖춘 소총을 쓰는 병사들의 연대라는 뜻이다. 퓨질리어라는 명칭은 사용하는 화기가 바뀐 뒤에도 옛 이름이 유지되었다. 이 연대는 2006년 3월까지 존재했다. 본문에서는 대체로 퓨질리어로 옮기되 경우에 따라 수발총이라는 표현을 썼다.—옮긴이

망했다. 그래서 우리에겐 장교가 없었다. 들리는 것이라고는 사격소리뿐이었지만, 제기랄, 나는 정말로 내가 어디에 있는지 몰랐다." 홀브룩은 한 전우를 발견했다. "카이니치Cainici라는 이름의 친구는 이탈리아계로 런던에 살았는데 진짜 코크니Cockney[220]였고, 나는 원래 코크니를 좋아했다." 윌리엄 홀브룩은 카이니치와 함께 포격을 피했고, 그 전우가 유탄에 맞자 그 무릎에서 탄알을 파낸 뒤 후미로 밀었고, 다음 포복하여 '더 좋은 장소'를 찾았다. 죽어가는 독일군을 발견하여 돌보다가 그자의 임종을 지켜보기도 했다. "낙엽과 잔가지로, 그리고 내가 그곳에서 긁어모을 수 있는 것은 무엇이든 가져와 시신을 덮었다." 그러다 마침내 홀브룩은 "어디서 사격하고 있는지 들을 수 있었고 〔그리고〕 어느 방향으로 〔가야 할지〕 알았으며 포복하여 다시" 소대에 합류했다.[221] 코크니에 대한 홀브룩의 무미건조한 이야기는—퓨질리어 연대는 런던 연대였다—옛 영국원정군의 정신을 요약하고 있다. 영국원정군 병사 수천 명이 이프르에서 전사했던 것은, 자기희생이라는 이상 때문이 아니라 죽음이 요구되었고 어쨌거나 다른 대안이 없었기 때문이다.

10월 31일 팔켄하인은 독일군이 점령한 고지대에서 메넌Menen[222]에서 이프르로 이어지는 도로를 가로막고 협소한 전선을 다시 공격했다. 공격을 시작한 부대는 특별히 소집된 부대로 지휘관의 이름을 따라 파베크Fabeck 부대라고 불렀다. 파베크 부대는 정규군과 예비군의 혼성 군단으로 전부 6개 사단으로 구성되었다. 독일군은 나무들이 사라진 지 한참 지난 후에도 영국군이 계속해서 '숲'이라고 불렀던 초목지대—폴리곤Polygone, 슈루즈베리Shrewsbury, 수녀의 숲Nun's Wood[223]—를 관통하여 저지대로 밀고 내려와 도처에서 땅을 확보했고, 공세가 절정에 이르렀을 때 헬뤼벨트까지 돌파했다. 독일군의 공격은 흩어지고 지친 부대들, 즉 우스터 연대, 글로스터셔 연대, 웨일즈 연대, 퀸즈 연대,[224] 60라이플 연대,[225] 로열 연대,[226] 서식스 연대, 노샘프턴셔 연대,

220. 런던의 이스트엔드에 사는 노동계급 토박이를 말한다.—옮긴이

221. L. Macdonald, p. 418

222. 프랑스어로 메냉(Menin)이다.—옮긴이

223. 현지인들이 부르는 이름 노넨보스현(Nonnenboschen)도 같은 뜻이다.—옮긴이

224. The Queen's Royal West Surrey Regiment.—옮긴이

225. The King's Royal Rifle Corps.—옮긴이

226. The Loyal North Lancashire Regiment.—옮긴이

227. *Ypern*, p. 204

228. *Ypern*, p. 206

229. J. Edmonds, *1914*, Ⅱ, p. 324

고든 하이랜더즈, 옥스포드셔앤버킹엄셔 경보병연대의 잔여 병력과 보병으로서 싸우는 용기병연대 일부를 급조하여 만든 부대가 격퇴했다. 독일 역사는 "적의 예비군이 너무나 강력"했으며 영국군이 "2개의 새로운 사단을 이끌고 왔다"라고 적고 있다.[227] 실제 그 영국군은 리엔필드 소총에 새 탄창을 쑤셔 넣고 다가오는 암회색의 적군 병사들에게 '미친 듯이 쏘아대며' 방어선의 벌어진 틈을 메웠던 작은 무리의 지친 병사들이었다. 프랑스군이 포슈에 간청하여 도착한 약간의 프랑스군 부대가 방어선을 두텁게 했지만, 중대한 구역은 영국의 소총수들이 지켰다.

독일군은 11월 11일에 공격을 재개했다. 독일군의 계산으로는 22일째 계속된 전투로, "죽음은 편한 동무가 되었다."[228] 압박을 가할 지점은 메넌 도로 바로 북쪽에 있으며 이프르에서 겨우 4마일 떨어진 수녀의 숲이었다. 유서 깊은 직물 도시의 웅장한 고딕양식 건물들과 직물회관, 성 마르턴 성당St Maartenskathedraal, 상인 직공들의 집은 이미 독일군의 중포 포격을 견디지 못하고 폐허로 변했다. 외곽의 시골도 마맛자국이 난 듯이 군데군데 비어 있었다. 이 황폐한 풍경은 이후 몇 년간 그 전망의 특징이 된다. 촌락과 농장은 포화로 파괴되었으며, 플란데런 귀족의 작은 성들은 이미 지붕이 날아간 채 버려졌다. 이프르에서 2마일 떨어진 후허Hooge의 성에는 10월 31일에 직격탄이 떨어져 영국군 제1사단과 제2사단의 참모 다수가 사망했다.[229] 후허는 11월 11일 독일군 근위군단과 제4사단의 합동 공격의 표적이었는데, 전투는 그날 온종일 격렬하게 진행되었다. 독일군의 제1연대인 제1근위보병연대가 가한 최초의 공격은 영국 공병군단 제5야전중대의 취사병과 당번병들이 저지했다. 그 후 수십 명 규모의 옥스포드셔앤버킹엄셔 경보병연대 제2대대가 반격을 가했고 제1근위보병연대와 제3근위보병연대를 왔던 곳으로 쫓아 보냈다.

이프르를 둘러싼 전투는 11월 20일까지 지속되다 진정되었다. 공식 역사가들은 그날을 1차 이프르 전투가 종결되는 날로 정했다. 영국원정군에서 부상당하지 않은 자들은 프랑스로 파견된 16만 명의 절반에 못 미쳤는데, 생존자들은 그때쯤이면 지난 5주간 적군에 맞서 필사적으로 저항하며 확고히 굳힌 전선을 더욱 견고히 하기 위해 몸이 무감해질 정도로 땅을 파고 둑을 쌓았다. 프랑스군도 이프르의 남북에서 싸워 얻은 땅을 안전하게 지키기 위해 참호를 팠다. 그렇지만 참호선은 기껏해야 동쪽으로 5마일 남짓 이동했고 다른 곳에서는 이동거리가 이에 훨씬 못 미쳤다. 어디서나 독일군은 고지대를 점령하여 영국군이 '돌출부Salient'라고 부르던 초승달 모양의 얕은 참호를 위압적으로 내려다보았다. 영국군은 이후의 공격전과 방어전에서 대체로 그 지역을 방어하게 된다.

이프르를 확보하는 데에는 영국군은 물론 프랑스군의 목숨도 이루 헤아릴 수 없이 많이 희생되었다. 독일군의 희생은 훨씬 더 극심했다. "독일군 선봉대는 플란데런의 평원에서 삶의 의미를 최후로 깨달았다."[230] 적어도 4만 1,000명의 독일군 자원병들이, 즉 이프르의 무고한 자들이 성벽 밖으로 떨어졌다.

이 전사자들은 국경 전투와 대大퇴각 전투, 마른 강 전투, 엔 강 전투, '바다로 가는 경주'의 전투, 1차 이프르 전투의 모든 전사자 중 단지 일부였을 뿐이다. 200만 명의 병력을 동원한 프랑스군은 그때까지 최악의 상처를 입었다. 9월의 손실은 사망자와 부상자, 행방불명자, 포로를 포함하여 20만 명이 넘었고, 10월에는 8만 명, 11월에는 7만 명이 넘었다. 8월의 손실은 공식적으로 집계되지 않았지만 16만 명을 초과했을 것이다. 총 사망자 수는 놀랍게도 30만 6,000명에 이르렀는데, 20세에서 30세 사이의 보통 사망률의 열 배에 달했다. 20세 이하로는 4만 5,000명이 사망했고, 20세에서 24세까지가 9만 2,000명, 25세에서 29세까지는 7만 명이 사망했다.[231] 30대의 사망자 수는 8만 명이 넘었다. 모든 사망자는 2,000만 명의 남성 인구, 특히 1,000만 명

230. *Ypern*, p. 216

231. J. Edmonds, *A Short History of World War* Ⅰ, London, 1951, p. 75; G. Petrocini, *Histoire Militaire de la France*, Ⅲ, Paris, 1991, p. 289; R. Wall and J. Winter, *The Upheaval of War*, London, 1988, pp. 16~18

의 징집 연령대에 속했다. 독일군 사망자는 3,200만 명의 남성 인구 중 24만 1,000명으로 20세에서 24세 사이가 9만 9,000명이었다.[232] 한편, 벨기에는 180만 명에 달하는 징집 연령대에서 3만 명의 사망자를 냈는데, 3만이라는 수치는 전쟁이 계속되는 동안 해마다 소름끼치도록 한결같이 반복된다.[233] 총 사망자 수는 영국의 경우와 같은데, 영국의 사망자가 거의 모두 정규군과 병역을 마쳤으나 자원하여 입대한 예비군에 속했다는 점이 달랐다. 말하자면 사망자 중 이에 속하지 않는 병사들, 즉 전투가 끝나기 전에 이프르에 도착했던 런던스코틀랜드 연대 같은 소수 향토군 연대의 시민 병사들, 라호르Lahore 사단과 메루트Meerut 사단[234]의 인도 병사들의 사망자 수는 적었다.[235] 그러나 이 부대의 사상자 수는 곧 비통하리만큼 증가한다. 다가오는 겨울 내내 인도 병사들은 긴 방어선을 사수했기에 몇몇 대대에서는 사상자가 1915년이 가기 전에 100퍼센트에 이르기도 했다. 또한 영국군이 프랑스에서 계속 제 몫을 다하고, 조프르가 서부전선의 아르투아와 샹파뉴 작전지구 공세에 참여할 수 있었던 것은 1915년에 도착한 향토군 덕분이었다.[236]

연합군의 공세든 독일군의 공세든 공격의 전망은 1914년 말 겨울로 접어들면서 사라진 듯했다. 475마일에 달하는 참호선이 북해에서 중립국 스위스의 국경 산악지대까지 끝없이 이어졌다. 그 뒤에는 서로 대적하는 전투원들이 누구의 땅도 아닌 좁은 무인지대를 사이에 두고 웅크린 채 대치하고 있었다. 양쪽 모두 병력 손실로 똑같이 지쳤고, 똑같이 군수품을 보충받지 못한 상태였다. 평시에 비축해 놓은 군수품은 앞선 넉 달 동안의 엄청나게 격렬했던 전투에서 완전히 소모되었다. 양 진영이 적군의 취약한 측면에 결정적인 공격을 가하기 위해 모색했던 기동의 여지는 사라졌다. 참호 구축과 침수로 측면이 잠식되었기 때문이다. 정면 공격에서 승리할 가망성도 일시적으로 소멸했다. 프랑스군이 8월에 알자스와 로렌에서, 영국군이 9월에 엔 강에서,

232. R. Wall and J. Winter, p. 27

233. R. Wall and J. Winter, p. 25

234. 각각 영국인도군의 제3사단과 7사단. 1차 세계대전 때 인도군의 A원정군에 포함되어 파견되었다.—옮긴이

235. J. Edmonds, *1914*, Ⅱ, p. 223

236. P. Mason, *A Matter of Honour*, London, 1974, p. 417

독일군이 10월과 11월에 플란데런에서 겪은 경험으로 가장 호전적인 사령관들조차도 압도적인 포격의 지원을 받지 못하면 공격은 성공하지 못할 것이라고 확신했다. 그리고 모든 군의 포병부대에는 대포가 부족했고 탄약도 거의 없었다. 1차 이프르 전투가 끝날 때 영국군 포대는 하루에 대포 1문당 6발밖에 발사하지 못했다. 상대편 참호의 흙벽을 부수기에도 충분하지 않았으며 빗발치는 기관총탄을 뚫고 진격하는 보병을 지원하기에는 전혀 적합하지 않았다.[237] 일종의 평화가 지배했다.

237. J. Edmonds, *1914*, Ⅱ, p. 406

서부전선의 전쟁은 한 바퀴 돌아 제자리로 왔다. 동원에서 전선의 고착까지 넉 달 동안 교전 없는 전쟁에서 모두 죽은 듯한 전쟁으로 변했으며, 그 사이에는 맹렬한 공격이 오갔다. 이제 와서 보면 1914년의 전쟁과 1870년의 전쟁이 비슷하다는 느낌을 강하게 받는다. 두 전쟁 모두 프랑스가 라인 강을 향해 로렌을 공격하며 시작되었고, 독일의 반격으로 발전되어 프랑스의 쓰라린 패배로 끝났다. 두 전쟁 모두 독일의 파리 외곽 공격으로 지속되었고, 독일은 되살아난 프랑스의 저항에 막혀 승리를 얻는 데 실패했다. 두 전쟁에서 양 진영은 기습으로 빼앗기에는 너무나 강력한 참호를 구축하기에 이르렀고 공격군은 방어군이 사태의 전개에 굴복할 때까지 기다리기로 결정했다. 그렇지만 이러한 비교는 중요한 점을 간과하고 있다. 1870년에 독일군은 수도를 포위하는 데 성공했고 통합되지 못한 프랑스의 내지 야전군은 되는 대로 국지적 작전을 수행할 수밖에 없었다. 1914년에 프랑스군은 야전의 패배를 극복했으며 응집력을 유지했고 수도 주변에서 침략군을 몰아냈으며 깜짝 놀랄 만한 방어전의 승리를 얻어냈고 자국의 한가운데가 아니라 영토의 주변부에서 참호전을 전개할 수 있었다. 1870년에 독일군은 프랑스의 북부와 중부, 서부를 마음껏 유린했다. 1914년 말에 프랑스군은 여전히 공화국의 90개 도 중 77개를 통제하고 있었고, 의기가 강했으며 물리적인 힘의 잠재력도 컸고, 침략군이 패배할 때까지 동맹 전쟁의 호된 시련을 버티기로 단호히 결심한 대해상제국의 지원을 받았다. 이것이 바로 독일이 43년 전에 얻었던 신속하고 손쉬운 승리를 분명코 또다시 누리지 못하게 된 조건이었다.

5 장

동부전선의 승리와 패배

THE FIRST WORLD WAR

5 | 동부전선의 승리와 패배

1800년에 웰링턴은 이렇게 썼다. "군사 작전에서는 시간이 전부다." 그리고 웰링턴이 거둔 여러 차례의 승리 중 살라망카Salamanca[1]와 워털루의 승리에서 덕을 본 것이 바로 이 타이밍에 대한 완벽한 판단이었다.[2] 시간은 슐리펜도 무겁게 짓눌렀다. 이를테면 동원할 시간, 집결할 시간, 전개할 시간, 결정적인 목표지점으로 행군할 시간 등이다. 슐리펜과 슐리펜 사후 그 계획을 물려받은 자들이 독일군 전체를 서부전선으로 돌리고 동부전선에서는 프랑스에 대한 승리를 기다리도록 설득한 것은 슐리펜이 예측한 타이밍이었다. 슐리펜과 그 후계자인 몰트케는 이미 러시아의 약점을 알고 있었으므로, 차르 군대가 독일의 동부 국경에 병력을 이끌고 나타나기까지 40일이 경과할 것이며 그 안에 승리를 얻을 수 있다고 확신했다.

전쟁을 수행할 때 고려해야 할 유일한 차원이 시간만은 아니다. 공간도 전략적으로 중요했다. 공간은 과거 러시아에, 특히 나폴레옹이 대군을 이끌고 모스크바로 긴 행군을 했던 1812년에 유리하게 작용했다. 그러나 슐리펜과 참모본부의 장교들은 논의 끝에 20세기의 첫 10년에 동쪽의 공간이 자신들에게 이롭다고 믿었다. 러시아제국 내부의 엄청난 거리, 특히 필시 예비군 동원의 장소일 인구 중심지들 사이의 먼 거리와 그 중심지들에서 국경까지 상대적으로 철도 연결이 부족하다는 사실 때문에 독일과 오스트리아의 군사 전문가들은 자신들이 며칠 만에 수립할 일정표를 러시아의 전문가들은 몇 주나 걸려야 완성할 것이라고 생각했다.[3]

공간은 국경 안쪽에서도 독일에 유리한 것처럼 보였다. 독일과 오스트리아, 러시아의 세 제국은 100년 전 폴란드를 분할했는데, 그 영토 분할은 겉으로 보기에 전쟁이 나면 러시아에 유리했다. 바르샤바

1. 살라망카 전투. 1812년 반도전쟁에서 영국군과 포르투갈 연합군이 프랑스군을 물리친 전투. 웰링턴이 본진에서 떨어진 프랑스의 좌익을 공격한 것이 승리에 결정적이었다.—옮긴이

2. Wellington's *Despatches*, 30th June 1800

3. G. Tunstall, Chapter 4; A. Bucholz, pp. 167, 176

를 중심으로 한 러시아령 폴란드는 오스트리아 남쪽의 카르파티아 산맥Carpathian Mountains[4]과 북쪽 동프로이센 사이의 거대한 돌출부 안으로 내밀었고, 그래서 비스와Visła 강이나 러시아의 심장부를 침략으로부터 보호했던 프리피야트 습지Pripyatskie Bolota[5] 같은 큰 장애물의 방해 없이 독일의 슐레지엔을 위협할 수 있었기 때문이다. 그러나 폴란드 돌출부는 그 양쪽 측면이 다루기 어려운 지형과 겹쳤기 때문에 공격 기회를 제공할 뿐만 아니라 작전상 노출지역이 될 수도 있었다. 카르파티아 산맥은 방어벽일 뿐만 아니라 북서쪽에서 들어오는 침략군에 맞서 출격할 수 있는 일련의 전망 좋은 거점이기도 하다. 한편, 동프로이센은 전체로 보면 평평하지만 호수들과 숲이 난잡하게 뒤섞여 있어서 공격하는 군대는 대형을 유지하고 단위부대들 사이에 통신하기가 쉽지 않았다. 경쾌한 춤곡 마주르카Mazurka의 고장인 마주렌Masuren[6] 호수지대는 작은 지역사회들이 모인 지역으로 대체로 외부 세계에서 고립되어 있었고 외부로 연결되는 유일한 통로는 군대의 전진을 달팽이 걸음으로 만들어버리는 모랫길뿐이었다. 게다가 마주렌을 넘어서면 비스와 강가의 토른Thorn, 그라우덴츠Graudenz, 마리엔부르크Marienburg에 동프로이센의 주민밀집지역을 보호하는 독일 요새들이 사슬처럼 이어져 크라쿠프Kraków, 프셰미실, 렘베르크Lemberg[7]에 있는 오스트리아의 카르파티아 요새들과 짝을 이루었다.[8] 러시아 최고사령부는 폴란드 돌출부가 지닌 이런 전략적 양면성을 오랫동안 인식하고 있었다. 대담한 공격은 베를린을 위협할 수 있겠지만 적이 배후에서 협공하면 파국적인 결말을 맞을 위험이 있었다. 따라서 러시아 최고사령부는 그 지역에서 적의 역공에 도움이 될 수 있는 철도와 도로를 건설하지 않았다. 그리고 신중하게 서부 전략을 수립했는데, 강력한 군대를 밀어 넣는 A계획과 남겨 두는 G계획 두 가지였다.

러시아 최고사령부는 프랑스로부터 강한 압력을 받아, 그리고 서방 동맹국으로서 공동의 적인 독일에 맞서 최선을 다하려는 진정한

4. 대략 1,500킬로미터에 걸쳐 호 모양으로 중부유럽과 동유럽을 가로지르는 유럽 최대의 산맥. 체코 공화국에서 시작하여 북서쪽으로 슬로바키아, 폴란드, 우크라이나, 동쪽으로 루마니아, 남쪽으로 루마니아와 세르비아 사이에 놓인 다뉴브 강 계곡의 철문(Iron Gate)에 이른다.—옮긴이

5. 프리피야트 강과 그 지류를 따라 벨라루스의 브레스트(Brest)에서 모길료프(Mogilëv)와 키예프까지 펼쳐진 습지. 핀스크 습지(Pinskie Bolota)라고도 한다.—옮긴이

6. 동프로이센에 속했으나 1945년에 폴란드에 이양된다. 폴란드어로 마주리(Mazury), 영어로 마주리아(Masuria)라고 한다.—옮긴이

7. 앞의 세 곳은 현재 폴란드의 영토로 각각 토룬(Toruń), 그루드지옹츠(Grudziądz), 말보르크(Malbork)다. 렘베르크는 폴란드어로 르부프(Lwów)이며 현재 우크라이나의 리비프(Lviv)다.—옮긴이

8. J. Edmonds, *Short History*, map 2

열망에서 1914년에 A계획에 전념했다. 어쨌거나 평시 군의 5분의 2가 중요한 군사 중심지인 바르샤바 주변에 주둔했는데, 바르샤바는 동프로이센과 카르파티아 산맥을 향해 병력을 전략적으로 배치하기가 용이하고 후방에서 예비군을 동원하여 증원하기도 쉬운 곳이었다.[9] 상식적으로 보나 수집된 첩보로 보나 러시아의 서부군 대부분은 남쪽 카르파티아 산맥을 향할 것으로 생각되었다. 오스트리아-헝가리는 독일과는 달리 단일 전선에서 전쟁을 수행할 수 있었고—세르비아 군대는 전쟁 초기에는 조금도 중요하게 생각되지 않았다—그래서 주력을 그곳에 배치할 수 있었기 때문이었다. 그럼에도, 독일의 동부 전력이 약할 것으로 예상한 러시아 참모부는 오스트리아를 꼼짝 못하게 만든 채 충분한 병력으로 동프로이센을 공격함으로써 가까운 배후에서 베를린을 확실하게 위기로 몰아넣을 수 있다고 판단했다. 그 가까운 배후는 독일 장교단의 역사적 고장이었으므로, 비록 엘베강 동쪽 지주들이 지배하기는 했어도, 마주렌을 지나 쾨니히스베르크Königsberg[10]와 튜턴 기사단의 발생지인 다른 근거지를 향한 공격은 틀림없이 독일군 최고사령부에 물리적으로나 심리적으로 뼈아픈 근심을 던져줄 터였다.

독일은 실제로 서부대공세Aufsmarsch를 취하느라 프로이센의 심장부를 지킬 만한 자원을 조금도 남기지 못했다. 독일의 전쟁 계획에 따르면 동부전선에 할당된 군은 8개 군 중 제8군 단 하나뿐이었다. 프로이센 사람 중에서도 진짜 프로이센 사람인 막시밀리안 폰 프리트비츠Maximilian von Prittwitz[11] 장군이 지휘했던 제8군은 제1군단, 제17군단, 제20군단, 제1예비군군단, 제1기병사단으로 구성되었다. 전부 프로이센에 주둔했는데, 제1군단과 제1예비군군단은 튜턴 기사단의 중심지였던 쾨니히스베르크, 제17군단은 단치히Danzig, 제20군단은 알렌슈타인Allenstein, 제1기병사단은 쾨니히스베르크와 인스터부르크Insterburg와 도이치-아일라우Deutsche-Eylau에 주둔했다.[12] 제8군에는 일단의 예비군

9. N. Stone, *The Eastern Front 1914~1917*, London, 1975, p. 48

10. 중세 말부터 동프로이센의 수도였던 도시. 1945년에 붉은군대에 점령당했고 전후 포츠담 협정에 따라 소련에 병합되어 칼리닌그라드(Kaliningrad)가 되었다.—옮긴이

11. 1848~1917. 슐레지엔 귀족 가문 출신으로 아버지도 프로이센 장군이었다. 보오전쟁과 보불전쟁에 참전했으며 1차 세계대전 발발로 제8군 사령관에 임명되어 동프로이센의 방어를 책임졌으나 8월 말에 힌덴부르크로 대체되었다.—옮긴이

12. 단치히와 알렌슈타인, 도이치-아일라우는 현재 폴란드의 그단스크(Gdańsk)와 올슈틴(Olsztyn), 이와바(Iława)이고, 인스터부르크는 현재 러시아 칼리닌그라드 주의 체르냐홉스크(Chernyakhovsk)다.—옮긴이

이 동원되어 합류했는데, 어린 예비군과 나이 많은 예비군으로 구성된 이 국방대와 국민군 부대는 제8군에 1개 군단 병력을 더했다. 제8군의 병사들은 다수가 위기에 처한 지역 출신의 신병이거나 예비군이었기에 누군가 자신들의 고장을 공격한다고 하면 완강하게 맞서 싸우리라고 기대할 수 있었다.

그렇지만 독일군은 러시아 최고사령부가 동프로이센 작전 수행에 배치한 병력, 즉 북서전선군의 제1군과 제2군에 숫자에서 밀렸다. 9개 군단이 프리트비츠의 4개 군단에 맞서고 있었고, 2개 근위기병사단을 포함한 7개 기병사단이 프리트비츠의 1개 기병사단과 대적했다. 게다가 제1군 사령관 파벨 폰 렌넨캄프Pavel von Rennenkampf[13]와 제2군 사령관 알렉산드르 삼소노프Alexandre Samsonov[14]는 둘 다 러일전쟁에 참여하여 사단을 지휘했던 역전의 용사였지만, 프리트비츠는 전쟁 경험이 전혀 없는 인물이었다. 러시아군의 진형은 매우 큰 규모였다. 12개가 아니라 16개 대대로 편성되었고, 분명히 대체로 훈련받지 않은 자들이었지만 병력 손실을 보충할 수 있는 대군이었다.[15] 대적해야 할 독일군에 비해 포, 특히 중포에서는 열세였지만, 러시아군이 포탄을 훨씬 적게 공급받았다는 것은 사실이 아니다. 현대전에 필요한 비용을 심히 저평가한 것은 양측이 동일했고, 포 1문당 700발을 공급받았던 러시아군의 형편이 마른 강에서 싸웠던 프랑스군보다 더 나빴다고 할 수 없었다.[16] 더욱이, 러시아의 군수산업은 전쟁의 요구에 놀랍도록 성공적으로 부응한다. 그렇지만 러시아군은 중대한 결점들로 고생했다. 다른 어느 나라의 군보다도 훨씬 더 높은 비율을 차지했던 기병은 가뜩이나 독일군에 비해 열악했던 수송부에 사료 운반의 부담을 지웠다. 기병의 가치를 고려하더라도 받아들일 수 없는 정도였다. 1개 기병사단의 4,000명과 1개 보병사단의 1만 4,000명에 공급하기 위해서는 기차가 40량이 필요했다.[17]

사람의 결점도 있었다. 러시아에서 연대에 배속된 장교들은 자명하

13. 1854~1918. 발트 독일인 출신으로 19세에 러시아군에 입대하여 사관학교를 졸업했다. 러일전쟁에 참전했고 1차 세계대전 때 제1군 사령관으로 동프로이센 공격 책임을 맡았다. 마주렌 호수와 우치 전투에서 실패하여 사직했다. 1917년 2월혁명 후 체포되어 투옥되었다가 10월혁명 후 석방되었다. 은둔 중에 볼셰비키에 발각되어 붉은군대 사령관을 제안받았으나 거부하여 처형되었다.—옮긴이

14. 1859~1914. 18세에 러시아군에 입대하여 사관학교를 졸업하고 의화단의 난과 러일전쟁에서 기병부대를 지휘했다. 1차 세계대전 발발로 제2군 사령관에 임명되어 동프로이센을 공격했으나 탄넨베르크 전투에서 패한 후 자살했다.—옮긴이

15. D. Showalter, p. 536

16. N. Stone, p. 49

17. N. Stone, p. 44

게도 부자가 아니었으며 교육을 잘 받지 못한 경우가 많았다. 부모에게서 비용을 지원받을 수 있는 야심적인 젊은 장교들은 참모대학으로 갔으며, 그렇게 해서 꼭 참모 업무에 유능하게 된다는 보장은 없었지만 어쨌든 연대 근무를 면제받았다. 보로디노Borodino에 관한 톨스토이의 잊을 수 없는 설명[18]에 잘 묘사되었듯이, 러시아 장교단은 서로 거의 모르는 두 계급의 결합이었다. 중대와 대대의 많은 지휘관들은 소수의 귀족적인 고위 장교들의 명령을 받았다.[19] 용감하고 충성스러우며 복종심이 강한 농민 병사들의 품성은 전통적으로 상관들의 실수와 태만을 상쇄했지만, 문맹이 사라진 나라들의 군대와 대면했을 때 러시아의 보병은 점점 더 불리한 처지에 놓이게 되었다. 러시아에서는 문맹이 전혀 사라지지 않았기 때문이다. 러시아의 보병은 특히 상대방의 우월한 포격에 후퇴하면서 쉽게 용기를 잃었으며, 자신이 버려졌거나 배반당했다고 느끼면 수치심도 없이 쉽게 집단으로 항복하고는 했다.[20] 차르와 교회와 조국의 삼위일체는 여전히 무모한 용기를 불러낼 힘을 지녔지만, 패배와 음주는 연대의 깃발과 표식에 대한 애착을 빠르게 무너뜨렸다.

그래도, 러시아군은 훌륭한 연대들—제16보병사단의 블라디미르Vlamidir 연대, 수즈달Suzdal 연대, 우글리치Uglich 연대, 카잔Kazan 연대, 제3근위사단의 리투아니아 연대, 볼린Volyn 연대, 척탄병연대, 그리고 근위창기병연대와 근위경기병연대—로 8월 중순에는 걷거나 말을 타고 동프로이센으로 진격했다. 연대 악단병들이 대열의 선두에 섰고 후미에는 연대의 취사 마차가 뒤따랐다.[21] 전쟁은 눈물을 빼내는 렌치였다. 행군하는 병사들 중 자신들이 왜 서쪽으로 가야하는지 이해했던 자는 거의 없었으나, 연대는 일종의 촌락이었고 장교는 일종의 향신이었다. 차르의 병사들은 식사시간과 일요일 미사에 보드카를 마실 기회와 사교 모임 등 관대한 대접을 받으면서—솔제니친의 『1914년 8월August 1914』[22]은 러시아군 동원의 분위기를 놀랍도록 잘 포착하고 있다—

18. 1812년 9월 7일, 나폴레옹의 러시아 침공 중에 모자이스크(Mozhaysk) 서쪽의 작은 마을 보로디노에서 벌어진, 이른바 보로디노 전투를 말한다. 25만 명 이상이 참여하여 7만 명이 넘는 사상자를 낸 큰 유혈극이었다. 톨스토이의 『전쟁과 평화』에서 주인공의 한 사람인 피에르가 전투를 구경하러 왔다가 탄약 운반을 거들면서 전쟁의 참상을 경험한다.—옮긴이

19. D. Jones, 'Imperial Russia's Forces at War' in A. Millett and W. Murray, *Military Effectiveness*, Ⅰ, Boston, 1988, p. 275

20. V. Buldakov et al, 'A Nation at War: the Russian Experience' in Cecil and Liddle, p. 542

21. B. Menning, p. 228

22. 알렉산드르 솔제니친(Alexandre Solzhenitsyn)의 1971년작. 탄넨베르크 전투에서 입은 재앙 같은 손실과 군 지도부의 어리석음을 주로 묘사하고 있다.—옮긴이

포화의 위협을 향해 기꺼이 움직였다.[23]

러시아군의 확신이 무리는 아니었다. 러시아군이 엄청나게 많았기에—98개 보병사단, 37개 기병사단—러시아군 최고사령부인 스탑카Stavka는, 심지어 남쪽의 40개 오스트리아-헝가리 사단에 대적하기 위한 조치가 이루어진 후에도, 독일군 제8군에 대해 압도적 우세를 보장받았을 것이다.[24] 다시 말하자면, 렌넨캄프와 삼소노프가 함께 움직이고 협력할 수 있었다면 그랬을 것이다. 각각 서쪽의 쾨니히스베르크와 북쪽의 그라우덴츠를 향해 정렬하고 있던 두 장군의 부대는 적절히 조종되었다면 능숙하게 두 요새도시 안으로 들어가 협공을 완수하여 제8군을 포위하고 전멸시키거나 후방으로 성급히 도주하게 만들었을 것이다. 그리하여 러시아는 서프로이센과 슐레지엔의 더 깊숙한 곳까지 침공할 수 있었을 것이다.

러시아는 지리 탓에 합동 공격을 순조롭게 진행하지 못했다. 게다가 소심함과 무능력이 때맞춰 방해했다. 여기에는 변명의 여지가 있을 수 없었다. 요컨대 러시아군은 이전에 숫자에서 이론의 여지없이 명확하게 우세했던 군대들이 종종 저지른 실수를, 예를 들면 레욱트라의 스파르타인,[25] 가우가멜라의 다리우스,[26] 챈슬러즈빌의 후커[27]가 패배할 때 보였던 실수를 되풀이했다. 다시 말하면, 자신보다 더 약한 적이 먼저 우군의 어느 한 부분에 집중하고 그다음 나머지 부분에 집중하여 둘 다 쳐부술 수 있게 허용했다. 지리가 독일군의 세세한 성취에 어떻게 이로웠는지 설명하기는 더 쉽다. 동프로이센의 동부지역이 러시아로부터 들어오는 공격군에 상대적으로 평탄한 진격로를 제공했지만, 앙게라프Angerapp 강[28]의 젖줄이었던 일련의 호수들은 중요한 장벽이었다. 관통하는 길이 특히 뢰첸Lötzen[29]에 있었지만, 그곳은 1914년에 요새가 되었다. 결과적으로, 북에서 남으로 거의 50마일 이어진 물의 장벽이 제1군과 제2군의 중심을 막아서 이 군대를 흩어버릴 수 있었던 것이다. 전략적으로 볼 때 앙게라프 강 진지를 정

23. D. Jones in Millet and Murray, p. 273

24. N. Stone, p. 55

25. 기원전 371년에 보이오티아의 레욱트라에서 벌어진 테베와 스파르타 사이의 전투. 스파르타는 전투에서 패하여 펠로폰네소스 전쟁 이래 유지했던 영향력을 상실했다.—옮긴이

26. 기원전 331년에 알렉산드로스와 페르시아의 다리우스 3세가 가우가멜라 평원에서 벌인 전투.—옮긴이

27. 1863년 4월 30일에서 5월 6일까지 버지니아 챈슬러즈빌에서 벌어진 미국 남북전쟁의 주요 전투. 후커 장군의 포토맥 군은 병력이 절반도 안 되는 리 장군의 북버지니아 연방군에 패배했다.—옮긴이

28. 현재 폴란드 북동부와 러시아의 칼리닌그라드 주를 흐르는 강. 러시아어로 안그라파(Angrapa), 폴란드어로 벵고라파(Węgorapa)다.—옮긴이

29. 현재 폴란드 북동부의 기지츠코(Giżycko)를 말한다.—옮긴이

면으로 뚫고 지나가는 것보다 그 남쪽과 북쪽으로 우회하는 것이 손쉬운 선택이었으며, 북서전선군 사령관 질린스키 장군도 렌넨캄프와 삼소노프에게 바로 그 방법을 지시했다.[30]

질린스키는 군이 분리됐을 때 독일군이 기회를 포착할 수 있음을 의식하고 두 부대의 측면을 보호하는 데 유의했다. 그러나 질린스키가 취한 조치가 더 위험했다. 그는 렌넨캄프에게는 위험하지 않은 발트 해안의 측면을 강화하게 하고 삼소노프에게는 역시 아무런 위협을 받지 않은 바르샤바 연결로를 보호하기 위해 부대를 파견하게 허용하면서 제2군의 1개 군단으로 제1군과의 틈새를 지키게 했기 때문이다. 이러한 배치의 결과, 전력 분산으로 두 군은 상당히 약화되어 주 임무를 수행하기 어려워졌다.[31] 렌넨캄프와 삼소노프는 19개 사단 대 9개 사단으로 애초에 우세한 병력을 배치했지만, 실제로는 16개 사단으로 진격했다.

결정적으로 더 나빴던 것은 두 부대가 닷새의 시차를 두고 출발선에 도착했다는 사실이다. 제1군은 8월 15일에 동프로이센 국경을 넘었다. 그때 프랑스군과 독일군이 서부전선에서 여전히 집결 중이었음을 생각하면 매우 훌륭한 성취였다. 그렇지만 제2군은 8월 20일에야 국경을 넘었다. 두 부대가 공간에서는 50마일에 달하는 호수지대로 분리되어 있었고 진군 시간에서는 사흘의 차이가 있었으므로, 골칫거리가 생길 경우 어느 부대도 다른 부대를 신속하게 지원할 수 없었다. 렌넨캄프도 삼소노프도 전혀 모르는 사이에 상황은 어려움으로 치닫고 있었다.

독일군이 러시아군보다 정보수집 능력에서 우월했다는 점은 결정적이었다. 러시아군은 숫자에서 독일군을 능가한다는 사실을 알고 있었지만 적의 위치를 확인하는 수단에는 결함이 있었다. 러시아군 기병대는 숫자가 많았는데도 적진 깊숙이 침투하려 하지 않았고, 저항에 부딪히면 말에서 내려 사선射線을 이루기를 좋아했다. 그리고 항

30. N. Stone, pp. 58~59

31. N. Stone, p. 59

• 도시 명칭은 독일어, 폴란드어, 우크라이나어, 러시아어가 혼용되고 있다. 현재의 소속 국가에 따라 명칭이 바뀌는 것은 아래와 같다. 레발(탈린), 리바우(리예파야), 드빈스크(다우가프필스), 코브노(코우너스), 쾨니히스베르크(칼리닌그라드), 단치히(그단스크), 빌나(빌뉴스), 탄넨베르크(스텡바르크), 브레스트-리톱스크(브레스트), 로브노(리브네), 렘베르크(리비프), 타르노폴(테르노필). 스타니슬라우는 우크라이나어로 스타니슬라비브(Stanislaviv)였으나 1962년에 이바노-프란킵스크(Ivano-Frankivsk)로 바뀌었다.-옮긴이

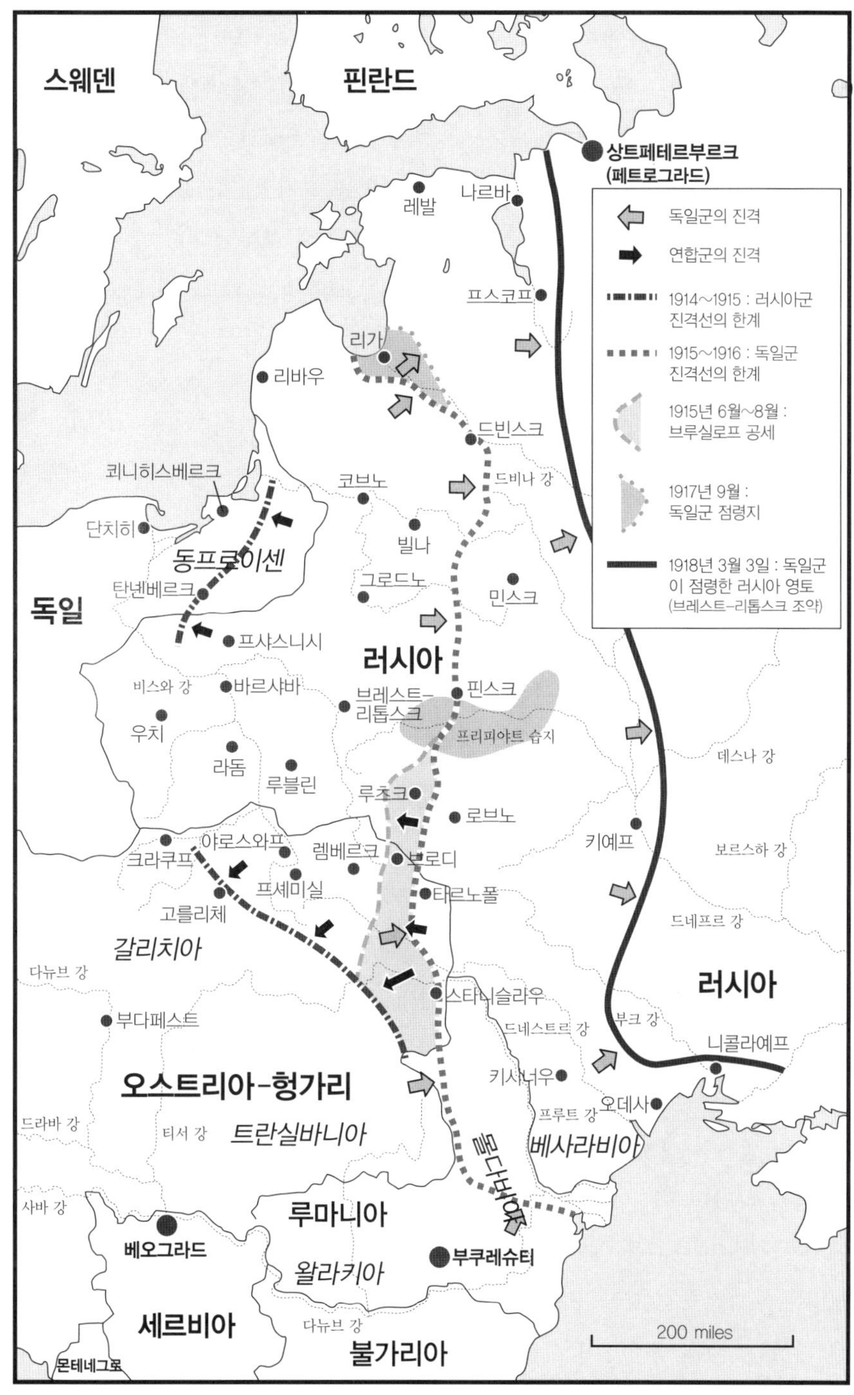

1914~1918년
동부전선의 개요

공기 244대를 갖춘 러시아군 항공대는 유럽에서 규모로 치면 두 번째였지만, 항공 정찰로 독일군의 이동을 탐지하는 데 완전히 실패했다.[32] 그러나 독일군 제2항공대대와 포젠Posen[33]과 쾨니히스베르크에 기지를 둔 2대의 비행선은 일찍이 러시아군이 국경을 넘기 한 주 전인 8월 9일부터 러시아군 행렬의 규모와 진행방향에 관해 보고했다.[34] 항공기와 비행선은 전쟁 내내 계속해서 지극히 중요한 정보를 제공하게 된다.[35]

그러나 결정적이었던 것은 최초의 첩보였다. 렌넨캄프가 삼소노프를 며칠 앞서고 있다는 정보—삼소노프가 조그만 땅뙈기와 비스와 강에 합류하는 많은 작은 지류들을 건너기 위해 분투하느라 일정이 늦어지면서 이 차이는 늘어난다—로 무장한 프리트비츠는 큰 걱정 없이 제8군의 대부분을 마주렌 호수지대의 북쪽에 전개하기로 결정할 수 있었다. 러시아군은 8월 17일에 스탈루푀넨Stallupönen[36]을 시험 삼아 공격하며 공세를 전개했지만 밀려났다. 사흘 뒤, 러시아군의 주력군이 굼빈넨Gumbinnen에 도착하자, 독일군 제1군단은 실제로 어둠을 틈타 러시아군을 공격했다. 위그노 출신의 독일 장교들 중 한 사람인 사령관 헤르만 폰 프랑수아Hermann von François[37]는 보기에도 그랬듯이 공격적이었으며, 부대도 사령관의 기백을 이어받았다. 이 병사들은 프로이센 연대들 중에서 가장 유명한 축에 드는 제1연대, 제3연대, 제4척탄병연대, 제33퓌질리어Füsilier 연대 소속이었으며, 반대편에 출현하는 러시아군에 맹공을 가했다. 그러나 적군은 야간 참호를 준비했으며 농장 건물과 주택을 요새로 삼았다. 독일군은 전진하면 할수록 더 많은 사상자가 나왔다. 전통적으로 차르 군대에서 훈련 상태가 가장 나았던 러시아군의 포대는 좋은 위치에 포진했고 근사거리에서 포격하며 주검을 더했다. 게다가 독일군 제2사단의 포대가 아군 보병에 효과적으로 오인 포격을 가하여 이 대량살상에 또 다른 학살을 더했다. 많은 병사들이 서둘러 퇴각하여 이 포격을 피하려 했으

32. D. Showalter, p. 147

33. 현재 폴란드의 포즈난(Poznań).—옮긴이

34. D. Jones in Millett and Murray, p. 261; D. Showalter, p. 170

35. D. Showalter, p. 153

36. 현재 러시아의 네스테로프(Nesterov). 동프로이센의 도시로 나치 정권이 1938년에 에벤로데(Ebenrode)로 개명했다. 2차 세계대전 때 붉은군대에 점령당했고 1945년에 소련에 이양되어 칼리닌그라드 주에 속했다.—옮긴이

37. 1856~1933. 1914년 독일군이 동부전선에서 거둔 승리에 중요한 역할을 했다. 1915년 7월에 서부전선으로 옮긴 뒤에는 별다른 활약을 하지 못했다. 종전 후 몇 권의 책을 썼는데 『마른 강 전투와 탄넨베르크 전투(Marneschlacht und Tannenberg)』가 유명하다.—옮긴이

며, 결국 다시 집결하기는 했지만 너무나 동요가 심하여 사선으로 돌아갈 수 없었다. 오후 중간쯤 독일군 제1군단은 정지했다. 인접한 제17군단은 근위경기병연대의 그 유명한 아우구스트 폰 마켄젠August von Mackensen[38]이 맡았는데, 마켄젠은 공격에 성공했다는 초기의 보고에 고무되었던 터라 그동안 북동쪽으로 러시아군의 측면을 공격하고 있었다. 제17군단은 폰 프랑수아의 경우와 마찬가지로 자신들의 전면에 러시아군이 참호를 파고 기다리고 있다는 첩보를 받지 못하고 공격에 들어갔다. 진지 안의 러시아군은 전진하는 독일군 보병에 강력하게 총알 세례를 퍼부었으며, 독일군 보병은 아군 포대의 오인 포격까지 겹쳐 패주했다. 오후 늦게, 제17군단 전선의 상황은 제1군단 전선의 상황보다 훨씬 더 열악했으며, 굼빈넨 전투는 전술적 실패에서 전략적 파국으로 치달을 찰나에 있었다. 제17군단의 오른쪽에서 오토 폰 벨로우Otto von Below[39]의 제1예비군군단이 마켄젠의 측면을 보호하기 위해 러시아군의 전진에 반격을 가했다. 그러나 그 성공의 소식조차도 제8군 사령부의 공포를 막지 못했다. 사령부의 프리트비츠는 동프로이센을 포기하고 전군이 비스와 강 너머로 퇴각해야 한다는 확신에 굴복하고 있었다.

제8군이 갑작스럽게 궁지에 몰렸다는 소식을 들은 최고사령부의 몰트케는 소름이 끼쳤다. 제8군의 곤경은 서부전선에서 승리를 거둘 동안 동부전선의 위기를 늦출 수 있다는 믿음을 통째로 흔들었기 때문이다. 사활이 걸린 40일 중 겨우 20일이 지났을 뿐이지만, 슐리펜의 일정표는 최고사령부가 똑똑히 보는 앞에서 무산될 위기에 처했다. 게다가 동프로이센의 명백한 재앙은 최고사령부에서 사사로운 근심을 일으켰다. 군의 핵심부가 바로 그 작은 영지 출신이었으며, 프리트비츠가 용기를 잃은 것은 국가 전체는 물론 장교들의 부인과 자식들, 오랜 시간을 같이했던 가신들까지 적군의 처분에 내맡기는 것과 마찬가지였다. 프리트비츠의 참모장교인 막스 호프만Max Hoffmann[40]

38. 1849~1945. 1869년에 프로이센의 제2근위경기병연대(Leib-Husaren-Regiment)에서 자원병으로 군 경력을 시작했으며, 1893년에서 1898년까지 제1근위경기병연대장을, 1901년에서 1903년까지 근위경기병여단(Leib-Husaren-Brigade)을 지휘했다.—옮긴이

39. 1857~1944. 프로이센 장군. 굼빈넨, 탄넨베르크, 마주렌 호수 전투에서 싸웠으며 마케도니아와 이탈리아에서도 싸웠다.—옮긴이

40. 1869~1927. 1887년에 프로이센 사관학교를 졸업하고 프로이센군에 입대했다. 1차 세계대전이 발발했을 때 동프로이센에 주둔한 제8군의 부참모장이었다. 힌덴부르크가 프리트비츠를 대신하여 사령관이 된 후 삼소노프와 렌넨캄프를 몰아낸 탄넨베르크와 마주렌 호수 전투의 전략을 고안했다. 힌덴부르크와 루덴도르프가 두 전투의 공을 독차지한 것에 분개했다.—옮긴이

과 발더제Waldersee가 8월 21일에 프리트비츠의 기를 조금은 살려주었다. 그러나 몰트케는 이제 프리트비츠를 신뢰하지 못했다. 몰트케는 우선 일급의 작전 지휘자를 즉시 동부전선으로 보내 책임을 맡게 해야 한다고 결정했다. 몰트케는 벨기에에서 두 번이나 화려하게 위기를 해결한 루덴도르프를 선택했다. 그다음, 프리트비츠가 비록 나중에 재고하기는 했지만 비스와 강 너머로 퇴각하겠다고 공개적으로 밝힌 것을 의지가 꺾였다는 증거로 판단하고 프리트비츠를 제거하기로 결심했다. 몰트케는 그 자리에 뛰어난 지성은 갖추지 못했어도 흔들림 없는 성격은 주목할 만했던 퇴역 장교 파울 폰 힌덴부르크Paul von Hindenburg[41]를 승진시켰다. 1866년 당시 제3근위보병연대의 중위였던 힌덴부르크는 쾨니히그레츠Königgrätz[42]에서 부상을 당했으며 보불전쟁에도 참전했다. 힌덴부르크는 북방십자군에서 이교도로부터 동프로이센을 획득했던 튜턴 기사단의 후손이라고 주장했고, 참모본부에서 근무했으며, 결국 군단장이 되었다. 그는 1911년에 64세의 나이로 제대했으나 전쟁이 발발하자 복직을 신청했다. 몰트케의 부름을 받았을 때, 너무 오랫동안 군무를 떠나 있었기에 암회색 군복이 나오기 전의 푸른 제복을 입고 보고를 해야 했다. 힌덴부르크와 루덴도르프는 한 사람은 뛰어난 지휘관이고 다른 한 사람은 부르주아 전문 관료로 서로 달랐지만 처음부터 협력했고, 이를 두고 힌덴부르크는 '행복한 결혼'이라고 불렀다.[43] 두 사람의 특성은, 다시 말해서 힌덴부르크의 타고난 권위와 루덴도르프의 무자비한 지성은 서로 완벽하게 보완했으며 역사상 가장 효과적인 군사적 협력관계를 낳게 된다.

그랬는데도, 8월 23일 두 사람이 제8군에 도착했을 때 힌덴부르크는 루덴도르프의 주도를 기대했다. 제8군 사령부는 그 전날에 예로부터 튜턴 기사단의 영지였던 마리엔부르크에서 훗날 히틀러의 '늑대의 보루'가 자리하는 라스텐부르크Rastenburg[44]로 옮겨갔다. 8월 24일 두 장군은 삼소노프의 제2군에 맞서 제20군단을 지휘하고 있는 프리

41. 1847~1934. 프로이센 군대에서 1911년에 전역했으나 1차 세계대전이 발발하여 재소집되었고 66세에 탄넨베르크 전투의 승리로 주목을 받았다. 1916년부터 참모총장으로서 부관 루덴도르프와 함께 대중의 존경을 받았다. 1919년에 은퇴했으나 1925년에 바이마르 공화국 대통령에 당선되면서 정치 무대에 등장했다. 1932년에 재선되어 나치당의 권력 장악을 막기 위해 애썼으나 결국 1933년 1월에 히틀러를 총리로 임명하고 3월에 수권법에 서명했다.—옮긴이

42. 체코의 흐라데츠 크랄로베(Hradec Králové).—옮긴이

43. R. Asprey, *The German High Command at War*, London, 1991, p. 63

44. 오늘날 폴란드의 켕트신(Kętrzyn). 늑대의 보루(Wolfschanze)는 라스텐부르크의 동쪽 숲에 있었던 히틀러의 전시사령부를 말한다.—옮긴이

🅘 오스트리아 군복을 입은 힌덴부르크

드리히 폰 숄츠Friedrich von Scholtz[45]와 협의하러 갔다. 삼소노프의 제2군은 측면으로 오래 행군한 후 접전을 위해 진격하고 있었지만 아직 교전에 들어가지는 않았다. 숄츠는 적군의 총력 공격을 기다리고 있었지만 자기 부대의 저항능력을 의심하며 불안해했다. 숄츠는 철수를 원했지만 루덴도르프는 숄츠가 위치를 사수해야 한다고 강경하게 주장했다. 지원 병력이 도착하겠지만 숄츠가 퇴각한다면 오지 않을 것이었다. 숄츠는 버티고 싸워야 했다.

오는 도중이었던 지원 병력은 힌덴부르크나 루덴도르프가 아니라 경질된 프리트비츠가 출발시켰다. 굼빈넨의 충격에서 회복된 프리트비츠는 프랑수아가 비록 8,000명을 잃었지만 렌넨캄프를 저지하여 다른 곳에 병력을 투입할 수 있게 됐다는 점을 이해했다. 프리트비츠 세대의 장교들은 슐리펜도 수행했던 적이 있는 옛 전쟁게임으로부터 동프로이센 전선을 지키는 올바른 전략은 호수지대의 한쪽 측면에서 러시아군의 한 부대를 물리치고 그다음 북에서 남으로 이어진 철도를 이용하여 다른 측면의 러시아군 배후로 병력을 보내 그 과정을 되풀이하는 것이라고 배웠다. 참모장교 막스 호프만으로부터 커다란 정신적 격려와 현명한 조언을 받은 프리트비츠는 렌넨캄프를 물리치거나 최소한 저지할 수 있다고 판단하고 힌덴부르크가 도착하기 전에 이미 남쪽 전선에서 삼소노프에 대적하기 위해 제1군단과 제17군단의 이동을 시작했다. 그러므로 루덴도르프는, 이미 프리트비츠와 동일한 결론에 도달했지만, 계획을 고안할 필요가 없었고 단지 벌써 실행 중인 계획을 승인하기만 하면 되었다.

러시아 진영으로 말하자면, 렌넨캄프는 자기 앞의 독일군이 약해지고 있다고 인식했다. 이는 옳았다. 렌넨캄프는 프랑수아와 마켄젠이 발트 해안의 쾨니히스베르크 요새로 철수하고 있다고 추론했다. 그렇지만 독일군이 프랑수아의 이전 진지를 사수하기 위해 기병대와 현지의 국방대로 소수 방어군만을 남긴 채 무개화차에 병력을 태

---

45. 1851~1927. 프로이센군 장군. 제21사단장을 역임했고 힌덴부르크의 제8군에서 제20군단을 지휘하여 탄넨베르크 전투에서 중대한 역할을 수행했으며 1915년 3월에서 8월까지 제8군 사령관을 지냈다.—옮긴이

워 서둘러 떠났다고는 짐작하지 못했다. 렌넨캄프는 쾨니히스베르크를 계획적으로 공격해야 하는 짐을 떠안았다고 믿었다. 이는 많은 보병과 중포대의 보강을 요했는데 모두 시간이 걸리는 일이었다. 렌넨캄프와 북서전선군 사령부의 질린스키는 호수지대 남쪽에서 독일군과 접전을 벌이기 위해 난관을 헤치며 따라오는 삼소노프가 그 긴박한 임무를 맡아야 한다고 결론 내렸다. 비스와 강 하류를 건너 도피하는 독일군을 삼소노프가 막아야 한다는 것이었다. 필요한 포위 작전을 확실히 전개하기 위해 삼소노프에게 좌익을 렌넨캄프로부터 한층 더 멀리 떨어져 회전시키라는 명령을 내렸다. 그동안 렌넨캄프는 기병대로 천천히 수색하며 전진하면서 쾨니히스베르크의 계획적인 포위 명령을 무선으로 전송하고 있었다.[46]

46. N. Stone, p. 62

탄넨베르크를 앞에 두고 산개 대형으로 전진하는 독일군 보병 147연대. 훗날 '폰 힌덴베르크 연대'로 불리는 이 연대는 현지 부대였다.

47. 이반 곤차로프(Ivan Goncharov)의 소설 『오블로모프(Oblomov)』의 주인공 오블로모프는 우유부단하고 의미 있는 일을 하지 못하는 젊은 귀족으로 쓸모없는 인간의 극단적인 사례로 제시된다.—옮긴이

48. D. Showalter, p. 170

49. D. Showalter, p. 230

이후 일련의 전투는 탄넨베르크 전투라는 이름을 얻었는데, 러시아 무선통신의 불안정은 이 전투의 전설이 되었다. 가장 선정적인 형태의 이야기는 렌넨캄프와 삼소노프 사령부의 통신대가 서로 간에 두 군대의 이동과 목적에 관한 상세한 보고를 암호가 아닌 보통 말로 교신했으며 그리하여 상대편 독일군이 통신을 가로채 치명적인 결과를 낳았다는 것이다. 러시아군이 보통 말로 교신한 사례는 매우 많지만, 이 점에서는 독일군도 마찬가지였다. 러시아 측의 문제는 오블로모프[47] 같은 나태함이 아니라 암호집을 배포하는 어려움에 있었고, 독일 측의 문제는 시간 부족이었다. 독일의 통신병은 과중한 업무에 시달렸으며 자신들의 암호 청취병이 러시아의 교신을 많이 놓쳤듯이 적의 청취병도 자신들의 교신을 잡아내지 못하리라고 계산하고 종종 암호화되지 않은 전문을 송신했다. “장비도 통신병도 텅 빈 허공을 조사할 여력은 없었다.” 그리고 암호 해독병도 부족했다.[48] 그러므로 1914년 8월 말에 동프로이센의 창공은 어느 편도 이용할 수 없는 전문들로 가득했다.

그러나 8월 25일 오전, 힌덴부르크는 요행수를 얻었다. 힌덴부르크는 제8군 사령부를 떠나기 직전에 쾨니히스베르크를 포위 공격하기 위해 진격하라는 러시아 제1군 명령의 온전한 번역문을 건네받았는데, 이는 러시아 제1군이 8월 26일 쾨니히스베르크에서 얼마간 떨어진 지점에서 멈추리라는 점을 누설했다. 그곳은 힌덴부르크가 계획한 전투 상에서 러시아 제1군이 제2군을 지원할 수 있는 위치로부터 한참 떨어진 지점이었다.[49] 힌덴부르크는 이러한 확신을 안고 폰 프랑수아를 만났다. 프랑수아 군단들은 삼소노프의 측면에 막 도착하던 참이었다. 거리는, 다시 말해서 삼소노프 부대와 렌넨캄프 부대 사이의 거리는 힌덴부르크에게 유리하게 작용했고, 이제는 시간도, 즉 렌넨캄프가 스스로 원한 진격의 지연도 마찬가지로 힌덴부르크에 유리했다. 렌넨캄프의 진격이 강행되었더라면, 제1군은 남쪽으로 진행하

여 삼소노프를 지원할 수 있는 호수지대 뒤편 지점으로 이동했을 것이다.

그때 완고한 공격성 때문에 고집스럽게도 비협력적이었던 프랑수아는 계획의 순조로운 전개를 방해했다. 계획대로라면 프랑수아의 제1군단과 제17군단, 제20군단은 연이어 삼소노프의 측면에 포진했을 것이지만, 프랑수아는 자신의 포대가 열차로 도착하길 기다리고 있다고 주장하며 8월 25일에 공격 신호를 늦추었고 이튿날 또 늦추었다. 루덴도르프가 도착하여 공격에 강한 활력을 불어넣었다. 그런데 그동안 프랑수아가 주저했던 것이 예기치 않게 바람직한 결말을 얻었다. 전면에서 적군의 저항을 받지 않은 삼소노프는 독일군을 비스와 강으로 밀어붙이고자 했으므로 비스와 강을 향하여 중앙군을 깊숙이 전진시킨 바람에 길게 늘어진 부대의 측면을 남쪽에 있는 프랑수아와 북쪽에서 제17군단과 제20군단을 이끌고 내려오는 마켄젠과 숄츠에 동시에 노출시켰다. 8월 27일 프랑수아는 먹잇감을 다시 발견했고 병사들을 다그쳤다. 배후의 위험을 무시했던 삼소노프도 맹렬히 밀고 들어왔다. 8월 28일 삼소노프의 선봉대는 앞길에 나타난 잡다한 독일군 부대를 사납게 짓밟았고 비스와 강을 지나쳐 탁 트인 시골까지 뚫고 나갔다. 둔감한 외모에 어울리지 않게 짜증에 사로잡힌 루덴도르프는 프랑수아에게 1개 사단을 파견하여 와해된 부대를 지원하라고 명령했다. 창조적으로 비협력적이었던 프랑수아는 이번에도 복종하지 않았지만 가용한 모든 대대를 전속력으로 동진시켰다. 삼소노프의 주력군이 여러 경로를 통해 서진하고 있었으므로, 프랑수아 부대에 대적할 러시아군은 거의 없었다. 8월 29일 오전, 프랑수아의 보병 선봉대가 러시아 땅에서 동프로이센으로 넘어오면 바로 있는 빌렌베르크Willenberg[50]에 닿았고, 다른 길에서 도착한 독일군 부대를 만났다. 이 부대는 마켄젠의 제17군단에 속한 병사들로 마주렌 호수지대의 남쪽에서 싸웠던 용사들이었는데 전날부터 남쪽으로 공격하고

50. 오늘날 폴란드의 바르미아-마주리 주에 있는 비엘바르크(Wielbark). 포모르제 주에도 동명의 마을이 있다.—옮긴이

있었다. 집게의 두 발—제1군단의 제151에름란트Ermland 보병연대와 제17군단의 제5블뤼허Blücher 경기병연대—이 만나면서 삼소노프는 포위되었다.[51]

'큰 솥' 전투[52]는 2차 세계대전 때 특히 동부전선의 전투에서 되풀이된 특징이다. 1941년에 동부전선에서 독일군은 수십만 병력으로 여러 차례 러시아군을 포위했다. 포위 작전의 승리는 1차 세계대전에서는 거의 이루지 못했다. 탄넨베르크 전투—힌덴부르크는 1914년 전장의 한 장소에서 1410년에 튜턴 기사단이 슬라브인들에게 입은 패배[53]를 변호하며 이 전투를 탄넨베르크 전투로 부르기로 했다—가 특별한 이유가 바로 여기에 있다. 독일군은 적군에 5만 명의 사상자를 냈고 9만 2,000명을 포로로 사로잡았다. 사상자는 서부전선에서 이미 나온 사상자보다 훨씬 더 많았지만 이후 전투를 기준으로 보면 놀랍지도 않다. 사로잡힌 포로로 말하자면, 전쟁 중 이에 비교할 만한 다른 전투에서 이보다 많거나 비슷한 숫자의 포로가 나오지 않았다. 결과적으로, 탄넨베르크 전투는 독일군의 현저한 승리였다. 우선 독일군은 프로이센의 심장부를 적이 점령하지 못하도록 구해냈다(독일의 선전활동가들은 러시아를 점차 '야만스럽다'고 묘사했는데, 이는 매우 부당했다. 러시아 지휘관들은 다수가 발트지역 독일인들로 동프로이센에 친족이 있었기 때문이다). 그리고 독일군이 탄넨베르크에서 승리함으로써 공업지대인 슐레지엔과 베를린 쪽으로 더 깊숙이 공격받을 위험이 사라졌다.[54] 탄넨베르크는 구출 작전이었고 그렇게 축하 되었다. 전쟁이 끝난 후, 그곳에서 싸웠던 연대들의 깃발은 스톤헨지를 표본 삼아 세운 대규모의 탄넨베르크 기념관[55]에 전시되었다. 힌덴부르크는 대통령으로 사망한 뒤 기념관 안에 안장되었다. 러시아가 막강한 힘으로 동프로이센에 다시 나타났던 1945년에 힌덴부르크의 시신은 다시 파내졌고 기념관은 파괴되었다. 탄넨베르크 연대들의 깃발은 지금 함부르크 사관학교에 걸려 있으며, 힌덴부르크의 시신은 황실의 영지였던

51. D. Showalter, p. 289

52. Kesselschlacht(Cauldron battle). 우세한 병력으로 신속하게 적군을 포위하여 섬멸하는 전투.—옮긴이

53. 1410년 7월 15일, 폴란드 왕국과 리투아니아 대공국이 튜턴 기사단에 맞서 싸운 전투. 전투에서 패한 튜턴 기사단은 이전의 힘을 회복하지 못했다.—옮긴이

54. D. Showalter, p. 324

55. 바이마르 공화국이 1927년 동프로이센의 호엔슈타인(오늘날 폴란드의 올슈티네크)에 건축했다.—옮긴이

호엔촐레른 성[56]에서 최후의 안식처를 찾았다.[57]

탄넨베르크 전투는 그 상징적 의미와는 다른 군사적 중요성을 지녔고, 이 점이 훨씬 더 중요하다. 탄넨베르크의 승리는 독일군 전쟁 계획의 일정을 뒤바꿔놓았다. 탄넨베르크에서 승리하기 전에는 승리란 서부전선에서나 기대했던 것이었고, 동부전선은 최선을 다해 지켜야 했다. 탄넨베르크 전투 이후, 동부전선에서 재난의 위협이 없어졌지만 서부전선의 승리는 한 주 두 주 계속해서 늦어졌다. 탄넨베르크 전투로 러시아군은 일시적으로 완전히 파괴되었다. 파국에 압도된 불쌍한 삼소노프는 포위 전투에서 간신히 목숨만 건졌다. 삼소노프는 오래 끌지 않았다. 참모장교들과 말을 타고 가면서 거듭 절망을 표현했다. "황제는 나를 신뢰했다. 어떻게 다시 황제를 볼 수 있겠는가?"[58] 잠시 동안 혼자 있을 방법을 찾던 삼소노프는 총으로 자살했다. 그의 시신은 훗날 수습되어 가족의 영지에 묻혔다. 이는 삼소노프의 수많은 병사들이 맞이했던 운명보다는 따뜻한 결말이었다. 그의 병사들은 프로이센 숲의 덤불 속에서 세상에 알려지지 않은 채 임종을 지키는 이도 없이 죽어갔고, 시신도 수습되지 않았다. 그 병사들의 유골은 지금까지 그곳에 묻혀 있으며, 가족들에게는 죽었다는 소식만 전해져 희망마저 없애버렸다. 탄넨베르크는 차르 군대의 고뇌가 시작되는 곳이었고, 이 고뇌는 오랫동안 지속되어 결국 1917년에 그 몰락으로 귀결된다.

그러나 지휘관들이 무능하고 전투수단이 부족했어도, 러시아군은 1915년과 1916년의 전쟁에서 거듭 드러났듯이 회복능력이 있었다. 러시아군은 1914년에 즉시 회복되었음을 증명했다. 삼소노프가 무너졌지만, 렌넨캄프는 탄넨베르크 전투 이후 패배를 인정하지 않았다. 힌덴부르크가 이제 서쪽에서 도착한 제9군단과 근위예비군군단으로 강화된 제8군 전체로 다시 공격하자, 렌넨캄프는 기민하게 부대를 지휘했다. 후방에서 러시아 제10군이 도착했지만 이제 병력에서 열세를

56. Schloss Hohenzollern. Burg Hohenzollern. 호엔촐레른 가문의 고향으로 여겨지는 곳. 슈투트가르트 남쪽 호엔촐레른 산의 정상에 있다.—옮긴이

57. Personal visit

58. R. Asprey, p. 80

보인 쪽은 렌넨캄프의 군대였다. 힌덴부르크의 표적이었던 제1군은 여전히 9개 사단이었던 반면에 독일군은 18개 사단이었던 것이다. 그러나 렌넨캄프의 제1군은 마른 강 전투 개시일과 같은 날인 9월 7일에 시작된 이른바 마주렌 호수 전투에서 포위 공격하려는 힌덴부르크의 시도를 물리쳤다. 전투의 첫 단계를 지휘했던 프랑수아는 호수지대 한복판의 뢰첸에서 일부 러시아군 부대를 고립시키는 데 성공했지만, 그 후 렌넨캄프는 호수지대 안과 밖에서 필요에 따라 양 측면으로 부대를 이동시키며 퇴각 전투를 벌였다. 9월 13일 렌넨캄프는 자신의 군 전체를 구하고 배후에 독일군을 끌어들이며 러시아 영토로 되돌아왔다. 9월 25일 교전이 지연된 덕에 렌넨캄프는 마침내 자신의 부대와 제10군으로 반격을 준비할 여유를 얻었으며, 그날 바로 반격을 개시하여 독일군을 진지에서 몰아냈고 잃어버린 땅을 대부분 되찾았으며, 곳에 따라서는 8월 공격 때 도달했던 앙게라프 강가의 전선까지 되돌아갔다.

갈리치아와 세르비아

그러나 마주렌 호수지대에서의 반격의 요점은 전략적 성공이 아니라 전술적 성공이었다. 러시아군의 극소수만 참여했기 때문이다. 대다수의 러시아군 병력은 카르파티아 산맥의 능선을 주된 저지선으로 삼고 있는 오스트리아군에 맞서 폴란드 돌출부의 남쪽에 포진했다. 카르파티아 산맥의 전략적 요충지를 넘어서면 헝가리 평원과 다뉴브강에 도달했고 오스트리아의 심장부로 나아갈 수 있었다. 이는 오스트리아와 러시아의 국경이 중립국 루마니아의 국경과 만나는 지점부터 오스트리아령 폴란드의 크라쿠프까지 300마일에 걸쳐 이어진 엄청난 전선이었고, 근자에 현대화된 렘베르크(리비프)와 프셰미실 같은 거대한 요새들이 방어하고 있었다. 러시아의 전쟁 계획에 따르면 이 구역에 제3군, 4군, 5군, 8군의 4개 군이 집결해야 했다. 이 군들은 동원시점에 니콜라이 이바노프Nikolai Ivanov[59] 장군이 지휘하는 남서 전선군을 구성하고 있었다. 러시아군은 전개를 완료하면 바로 공격할 심산이었다. 오스트리아군도 동원이 끝나자마자 공격할 생각이었다. 그러나 오스트리아군은 갈리치아Galicia[60] 전선과 세르비아 전선 사이에서 어느 것을 선택해야 할지 망설이다가 러시아군에 맞서 병력을 집결시키기로 계획했던 시간을 지체했고, 반면 러시아군은 독일과 오스트리아 참모부가 어떤 평가를 내리든 상관 않고 더 빠르게 움직였다. 다시 말하자면, 러시아의 적들은 러시아군 평시 전력의 5분의 2가 폴란드 돌출부에 주둔했다는 사실이나 스탑카가 총동원이 완료되기 이전에 폴란드에 주둔한 군대를 출발시키는 우발적 사태를 고려하지 못했다. 이는 결정적인 태도의 차이였다. 튜턴족의 참모본부는 지난 40년간 전쟁을 해본 적이 없었기 때문에 전쟁 계획에 명기된 모든 것이 준비되기 전에 대규모 작전을 시작한다는 것은 상상할 수 없었다. 러시아군은 러일전쟁이 끝난 지 얼마 지나지 않은 데다 중앙아시아에서 수십 년간 국경전투를 벌인 경험이 있었기에 예정표에 덜 얽매였고 훨씬 더 쉽게 임시방편에 의존할 수 있었다. 그 결과, 8월 말이면 러시아군은 오스트리아 전선에 53개 보병사단과 18개 기병사단을 배치했으며, 반면 오스트리아군은 37개 보병사단과 10개 기병사단으로 러시아에 맞섰다. 게다가 러시아군의 대형은 오스트리아군보다 규모가 더 컸다. 그리고 러시아는 작전을 개시하여 독일군을 서부전선에서 동부전선으로 끌어들이라는 압력을 프랑스로부터 받았지만, 독일은 오스트리아에 숫자에서 열세인 동프로이센의 독일 제8군을 구원하라고 훨씬 더 강한 압박을 가했다.

그러나 오스트리아의 전쟁 목적은 합리적이기보다는 감정적이었고, 여전히 세르비아의 처벌에 있었다. 세르비아가 사라예보 암살사건에 연루되어 7월 위기를 재촉했기 때문이다. 오스트리아는 분별력이 있었더라면 전 병력을 카르파티아로 전개하여 세르비아의 보호자이자

59. 1851~1919. 1차 세계대전이 발발할 때 키예프의 부대를 지휘하고 있었다. 이어 남서전선군의 지휘를 맡아 갈리치아 전역에서 오스트리아-헝가리군을 카르파티아 산맥 쪽으로 밀어내고 프셰미실을 포위하여 적에 타격을 입혔다. 1915년에 면직되어 브루실로프로 대체되었다. 혁명 후 내전에서 백군 편에 서서 붉은군대와 싸우다 1919년에 전사했다.—옮긴이

60. 오늘날 폴란드 남부와 우크라이나 중서부에 걸친 지역. 우크라이나어로 할리치나(Halychyna), 폴란드어로 갈리차(Galicja)다.—옮긴이

슬라브족의 맏형인 러시아군과 싸울 준비를 했을 것이다. 모욕과 수십 년에 걸친 도발은 베오그라드 정부와 등장한 지 얼마 되지 않은 카라조르제비치Karađorđević 왕조[61]의 몰락을 요구했다. 오스트리아군 참모총장인 콘라트 폰 회첸도르프는 오랫동안 세르비아만 상대하는 계획을 준비했다. 이 상황은 '전쟁 가능성 B'로 알려졌다. 그러나 1912년에서 1913년 중에 세르비아 위기가 러시아 전쟁을 촉발할 가능성이 점점 더 많이 고려되었다. 이 '전쟁 가능성 R'에 의하면 발칸 군대를 줄이고 갈리치아 군대를 강화해야 했다.[62] 참모본부는 군을 세 부분으로 분산하여 배치할 것을 생각했다. 하나는 러시아와 전쟁을 할 경우 갈리치아로 보낼 'A제대', 또 하나는 세르비아를 공격할 '발칸집단군', 나머지 하나는 러시아의 동원이 얼마나 신속한가에 따라 두 전쟁 중 한 곳에 참여할 'B제대'였다. 열차계획부는 이 가정에 따라 시간표를 준비했다.

그 결과, 오스트리아군은 갈피를 잡지 못했다. 세르비아를 거의 병적으로 증오했던 콘라트는 동원이 시작될 때 러시아의 군사적 의도는 분명하지 않으며 B제대를 발칸집단군에 합류시켜도 안전하다고 주장했고 실제로 그렇게 했다. 러시아가 갈리치아에서 공격할 예정이라는 점이 분명해지자 콘라트는 의당 그래야 했듯이 B제대를 북으로 보내야 한다고—이는 오스트리아의 전략이었을 뿐만 아니라 독일에 다해야 할 숭고한 의무였다—결정했다. 그러나 B제대는 이미 남쪽으로 가는 중이었고 시간표를 다시 작성하기에는 어려움이 있었다. 결국, 콘라트는 8월 1일 B제대에 갈리치아 전선으로 돌아가기 전에 계속 진행하여 세르비아 공격에 참여하도록 허용했다. B제대의 임무는 오스트리아를 공격하는 주축에서 세르비아군을 멀리 유인해내는 '양동 작전'이었다.

양동 작전이라는 관념은 오스트리아군이 세르비아의 군사적 능력을 얼마나 잘못 이해했는지 보여준다. 빈에서는 세르비아를 거의 절

61. 오스만제국에 맞서 세르비아인의 봉기를 지휘하여 성공한 조르제 페트로비치(Đorđe Petrović)가 1811년에 통치자로 인정되고 그 가문이 왕위상속권을 얻으면서 성립한 왕조. 조르제 페트로비치가 밀로시 오브레노비치(Miloš Obrenović)에게 살해된 후 두 가문 사이의 싸움이 지속되다가 1903년에 흑수단이 국왕 알렉산다르 오브레노비치 부부를 살해한 후 조르제 페트로비치의 손자인 페타르가 왕위에 올랐다.—옮긴이

62. G. Tunstall, pp. 95~96

반은 야만인인 뒤처진 인간들이라고 생각했다. 오스트리아군은 1903년에 세르비아 장교단이 오브레노비치 국왕 부부를 살해하고 시신을 절단한 일을 알고 있었고 발칸전쟁에서 시체를 절단하는 관행이 만연했다는 이야기를 흔히 들었기에 발칸의 전쟁이 영국과 프랑스가 아프리카나 아시아의 식민지에서 전쟁할 때만큼이나 어렵지 않을 것으로 생각했다. 세르비아인이 1912년에 터키를 성공적으로 물리칠 때 참여한 것은 사실이지만, 터키 역시 후진적인 야만인으로 간주되었다. 오스트리아군은 세르비아 지형이 깊은 강 유역으로 잘린 높고 울창한 산악지대로 도로가 적고 철도는 거의 없어 통행이 어렵다는 사실을 잘 알고 있었는데도 낙승을 기대했다.

사실 세르비아인은, 전쟁을 수행할 때 보여준 잔혹함으로 치면 야만스러웠지만, 군사적으로는 전혀 후진적이지 않았다. 세르비아의 징병제도는 비록 비공식적 수단을 거쳤어도 유럽의 다른 어느 나라보다도 높은 비율로 남성을 동원했으며, 병사들은 소년부터 노인까지 맹렬한 애국자임은 물론 타고난 전사였다. 세르비아군은 또한 검소하고 강인했다. 무기는 가지각색이었다. 그러나 모든 병사가 무기를 하나씩 지니고 있었으며, 최전선의 부대는 현대식 무기를 거의 다 보유했다. 발칸전쟁 때 획득한 이 무기에는 수백 문의 포와 1개 사단당 4정씩 보유했던 기관총도 포함된다. 세르비아는 40세에서 45세 사이의 3선 예비군과 "'삼촌들'이라고 다정하게 불렸던 60세에서 70세 사이의 능력 있는 병사들"이 1선, 2선(포지브poziv)에 합류하여 40만 명을 전장으로 보낼 수 있었다. 이는 제6군, 5군, 2군으로 구성된 오스트리아 B제대와 맞먹는 숫자였다.[63]

시작은 오스트리아군이 유리했다. 세르비아군 사령관(보이보데voivode) 라도미르 푸트니크Radomir Putnik[64]가 오스트리아군이 헝가리 북쪽에서 다뉴브 강을 건너 베오그라드로 공격해 들어오리라고 예상했기 때문이다. 콘라트의 계획은 그 대신 서쪽 보스니아에서 드리나

63. J. Clinton Adams, *Flight in the Winter*, Princeton, 1942, pp. 13~14

64. 1847~1917. 발칸전쟁과 1차 세계대전에서 세르비아의 육군원수이자 참모총장으로 활약했다.—옮긴이

Drina 강과 사바 강[65]으로 둘러싸인 세르비아 영토의 돌출부로 공격해 들어가는 것이었다. 세르비아의 돌출부는 세르비아 전역에서 몇 군데 없는 평탄한 지형을 가진 곳이었기에 이 계획은 이치에 맞았으며, 8월 12일에 시작된 공격은 오스트리아가 사바 강 건너편에서 남쪽으로, 드리나 강 건너편에서 동쪽으로 집중공격할 수 있었기에 처음에는 잘 진행되었다. 푸트니크가 서둘러 부대를 전진시켰다면 세르비아군은 포위되어 덫에 걸렸을 것이다. 그렇지만 이 신중한 베테랑은—보이보데는 승리를 거둔 장군에게만 주어지는 명예였고, 푸트니크는 튀르크에 맞서 눈부신 승리를 거두었다—그런 위험을 피했다. 대신 푸트니크는 주요 저지선을 평원 뒤쪽 바르다르Vardar 강[66]과 그 너머의 고지대를 따라 설정했다. 방어군은 48시간 동안 60마일을 강행군하여 8월 14일 밤에야 도착했지만 일단 자리를 잡은 후에는 근사거리에서 공격군에 맹렬하게 사격을 퍼부었다. 오스트리아군 사령관 오스카 포티오레크Oskar Potiorek는 압박에서 벗어나기 위해 콘라트에 전문을 보내 R계획과 B계획의 '이동' 편대인 제2군의 개입을 요청했다. 콘라트는 전투가 '무섭도록 격렬하다'는 포티오레크의 보고를 받고도 지원 요청을 거절했다.[67] 포티오레크는 싸움이 격화되던 8월 16일에 다시 한 번 호소했고, 8월 17일에 세 번째로 요청했다. 그때야 '이동' 편대의 갈리치아를 향한 출발이 지연되지 않는다는 조건으로 요청이 받아들여졌다. 이제 드리나 강과 사바 강의 전투는 오스트리아의 제5군, 6군과 제2군의 일부, 그리고 세르비아군 전체가 관여했다. 세르비아군은 오스트리아군의 대포 공격에 후퇴와 전진을 반복했지만 반드시 공격을 재개했고 오스트리아군은 그 집요함에 점차 밀려났다. 8월 19일 오스트리아 제5군 사령관은 사바 강 건너편으로 철수 명령을 내렸다. 제2군은 8월 20일에 마지막으로 개입했으나 효과를 보지 못하고 갈리치아의 A제대에 합류하기 위해 출발했다. 애초에는 전투 초기에 그렇게 하기로 되어 있었다. 제6군은 제대로 싸워보지도 못한

65. 사바 강은 베오그라드에서 본류에 합류하는 다뉴브 강의 지류이며 드리나 강은 사바 강의 지류다. 베오그라드의 서북서 방향에서 흘러내려오는 사바 강은 슬로베니아, 크로아티아, 보스니아헤르체고비나, 세르비아를 흐르며, 베오그라드 서쪽에서 사바 강에 합류하는 드리나 강은 남에서 북으로 흐르며 보스니아헤르체고비나와 세르비아 사이의 경계를 이룬다.—옮긴이

66. 마케도니아와 그리스를 흐르는 강. 그리스어로는 악시오스(Axios) 강이다.—옮긴이

67. J. Adams, p. 19

채 총퇴각에 합류했다. 8월 24일이면 세르비아군은 자국 영토 전역에서 적군을 몰아냈다.

1914년 세르비아 전투는 이것으로 끝이 아니었다. 9월 6일 세르비아군은 승리의 여세를 몰아 오스트리아 영토로 넘어갔다. 이는 현명하지 못한 작전이었다. 세르비아군은 거의 5,000명의 사상자를 내고 사바 강 너머로 철수해야 했다. 그러나 세르비아군은 그달 늦게 드리나 강의 포티오레크 방어선에서 약한 고리를 찾아냈고 보스니아로 건너가 사라예보를 향해 질주했다. 그곳의 당황한 교도관들은 가브릴로 프린치프와 공모자들을 보헤미아의 테레지엔슈타트Theresienstadt 요새[68]로 이감했다. 대공의 살해자는 1918년 4월에 테레지엔슈타트에서 결핵으로 사망했다. 테레지엔슈타트는 2차 세계대전 때 삶의 터전을 빼앗긴 늙은 독일 유대인의 '모범 게토'로 악명을 떨치기도 했는데, 그 유대인들은 결국 최종해결에서 절멸을 맞이한다. 세르비아군의 동부 보스니아 점령은 겨우 40일간 지속되었다. 11월 6일 포티오레크는—프란츠 페르디난트가 사라예보를 방문한 목적은 바로 포티오레크의 평시 부대를 시찰하는 것이었다—뒤에 중포를 준비한 채 강력한 증원군으로 전면적인 공세를 개시했고 집중공격을 가하여 세르비아군을 보스니아 국경에서 80마일 떨어진 북서 세르비아 전선의 모라바Morava 강[69]까지 차례로 밀어냈다. 푸트니크는 두 차례 전면적인 전투 중단과 퇴각을 명령했다. 겨울의 추위가 심해져 언덕이 3피트 깊이의 눈에 덮였기 때문이다. 12월 2일 수도 베오그라드가 함락되었고, 국왕 페타르는 병사들의 충성 맹세를 해제하여 누구든 원하기만 하면 불명예를 안지 않고 집으로 돌아갈 수 있었다.[70] 국왕 페타르는 전투를 계속할 생각임을 밝혔고 소총을 들고 전선에 나타났다. 국왕이 보인 모범이 전환점이었을지도 모른다. 푸트니크는 오스트리아군이 지나치게 들어왔다고 판단하고 12월 3일 새로운 공격에 착수하여 오스트리아 전선을 무너뜨렸으며 12일간 전투를 벌여 세르비아 땅에서 적

68. 현재 체코의 테레진(Terezín). 18세기 말 합스부르크 왕가가 라베 강(엘베 강)과 오흐루제 강(에거 강)이 합류하는 지점에 요새를 건설하고 황후 마리아 테레지아의 이름을 따 불렀다. 19세기 후반부터 감옥으로 쓰였다.—옮긴이

69. 남에서 북으로 흘러 베오그라드 남동쪽 스메데레보(Smederevo) 시에서 동북으로 약간 떨어진 곳에서 다뉴브 강에 합류한다.—옮긴이

70. J. Adams, p. 27

을 몰아냈다. 11월 이후 세르비아는 공격에 참여한 20만 명 중 4만 명이 사망했다. 세르비아인들은 오스트리아인과 독일인을 경멸하며 시바바Shvaba[71]라고 불렀는데, 시바바는 1915년 가을이 되어야 세르비아 왕국을 정복하려는 시도를 재개하게 된다. 그때 세르비아의 서사시는 더 냉혹해진다.

렘베르크 전투

그러나 세르비아 출정은 오스트리아가 그 북쪽 러시아령 폴란드와 접한 국경에서 벌인 대전투에 부수된 지엽적 사건에 불과했다. 그곳의 군사행동은 조우전으로 시작되었다. 전쟁 이전에 오스트리아군과 러시아군은 모두 병력 배치가 완료되자마자 공격한다는 계획을 하고 있었다. 양측은 공격에 나섰고 결과는 제각각이었다. 콘라트의 계획은 좌익을 강화하고 바르샤바 남쪽의 거대한 폴란드 평원에서 러시아의 측면을 포위 공격하는 동시에 렘베르크와 프셰미실의 큰 요새를 이용할 수 있는 오른쪽 동부 갈리치아에서는 '적극적으로 방어'한다는 것이었다. 러시아의 계획도 서부 갈리치아에서 포위 공격에 나서는 것이었지만 동쪽에서는 단지 적극적으로 방어하는 데에서 그치지 않았다. 러시아 진영의 의견은 나뉘었다. 남서전선군 참모장 미하일 알렉세예프Mikhail Alexeyev[72]는 서부 갈리치아에 노력을 집중하고자 했고, 스탑카의 길잡이였던 유리 다닐로프Yuri Danilov[73]는 동부 갈리치아를 선호했다. 일종의 타협으로 '두 방향 포위' 계획이 도출되었지만, 러시아군은 오스트리아군보다 강하기는 했어도 두 구역을 똑같이 압박할 힘은 없었다. 결과적으로 갈리치아 전투의 초기 국면은 혼란스럽고 분명하지 못한 전투가 되고 만다.

그렇지만 물리적 환경은 러시아군에 유리했다. 지형은 강행군하는 보병과 많은 기병으로 구성된 러시아군의 엄청난 진형에 적합했다. 전투지역의 경계를 이룬 지리적 특징도 마찬가지였다. 카르파티아 산

---

71. 슈바벤 사람이라는 뜻.—옮긴이

72. 1857~1918. 대전이 발발하자 남서전선군 참모장에 임명되었다. 1915년 3월에 서부전선군 사령관이 되었고, 8월부터 1917년 3월까지 스탑카 참모장을 지냈다. 2월혁명 후 케렌스키 밑에서 스탑카 참모장을 지내며 코르닐로프의 기도를 무산시켰다. 10월혁명 후 의용대를 조직했으나 심장질환으로 사망했다.—옮긴이

73. 1866~1937. 러시아의 제19계획 입안자. 참모차장으로 당시 군 서열 3위였다. 1915년 8월 차르가 니콜라이 대공을 대신하여 총사령관 직을 떠맡았을 때 같이 해임된 후 동부전선의 제5군 사령관을 맡았다. 2월혁명 후 은퇴하여 이듬해 프랑스로 망명했다.—옮긴이

맥 전방 사면에 자리 잡은 오스트리아 진지는 돌출한 모양이었다. 왼쪽의 비스와 강과 지류인 산San 강, 그리고 오른쪽의 드네스트르 강 사이로 튀어나온 형태였다. 북으로 흐르는 비스와 강은 오스트리아군을 왼쪽에 가두었고, 남동쪽으로 흐르는 드네스트르 강은 러시아가 오른쪽에서 카르파티아 산맥 돌출부를 공격할 때 강력히 지원했다. 그러므로 지리 때문에 오스트리아군은 에워싸인 곳으로 들어갈 수밖에 없었고, 러시아군은 두 방면에서 우세를 점하면서 나머지 한 편은 무시할 수 있었다.

오스트리아군이 떠안은 또 하나의 주요한 약점은 군의 일부가 믿을 만하지 못하다는 점이었다. 이는 큰 논란거리로 전쟁 이후 이에 대한 견해는 계속 바뀌었다. 전쟁 중에, 연합군의 선전담당자들은 프란츠 요제프가 슬라브족 병사들에 품은 불만과 이 병사들이 반대편의 러시아인들에 느끼는 형제애를 중요하게 생각했다. 일부 슬라브족 분견대, 특히 체코인과 오스트리아에 속한 세르비아인이 자유의사로 항복할 준비가 되어 있다는 사실은 널리 알려진 이야기였으며, 1918년 말에 오스트리아군이 무너진 것도 제국이 내재적으로 불안정하다는 연합군의 선전이 진실임을 확인시키는 증거였다. 그러다가 전후에는, 탈영은 예외였으며 군은 전체적으로 놀랍도록 황제에 충성했다는 수정된 견해들이 등장했다. 근거는 있는 얘기다. 오스트리아가 패한 이유를 대규모 불충에 돌릴 수는 없기 때문이다. 오늘날의 판단은 중간으로 옮겨간 듯하다. 오스트리아 군대는 9개 언어집단으로 구성되었는데, 44퍼센트가 슬라브인(체코, 슬로바키아, 크로아티아, 세르비아, 슬로베니아, 루테니아,[74] 폴란드, 보스니아의 이슬람교도), 28퍼센트가 독일인, 18퍼센트가 헝가리인, 8퍼센트가 루마니아인, 2퍼센트가 이탈리아인이었다. 그중 독일인은 비록 일부는 전적으로 열정적이었다고는 할 수 없었지만 늘 의지할 만했으며, 슬라브인이 아니고 동등한 특권집단이었던 헝가리인은 종국에 패배가 눈앞에 닥치기 전까

74. 루테니아(Ruthenia)는 슬라브족들이 거주하던 옛 키예프 루시의 영역을 말하는데, 오늘날 러시아와 우크라이나, 벨라루스, 그리고 체코와 폴란드의 일부를 포함한다. 말하는 사람에 따라 뜻이 다양한데, 여기서는 현재의 우크라이나를 말하는 듯하다.—옮긴이

75. G. Wawro, 'Morale in the Austro-Hungarian Army', in Cecil and Liddle, p. 400

76. J. Lucas, passim

지는 계속 믿을 만했다. 가톨릭교도인 크로아티아인은 오랫동안 제국에 충성한 역사를 지녔으며 많은 사람이 여전히 그 상태를 유지하고 있었다. 러시아를 혐오하고 독일을 불신한 폴란드인들은 합스부르크제국에서 선거상의 특권과 사회적 특권을 크게 누리고 있었기에 황제에 충성했다. 특별 연대로 격리 편성된 보스니아의 이슬람교도는 믿을 수 있었다. 이탈리아인과 나머지 슬라브인들, 특히 체코인과 세르비아인은 동원의 열의를 급속히 상실했다.[75] 전쟁이 짧은 모험의 단계를 넘어서자, 이들에게 군대는 독일인 상관들이 어디서나 간수처럼 행동하는 '민족의 감옥'이었다.

이는 프란츠 요제프가 재위하던 동안 대체로 성공적이었고 나아가 인기 많은 다민족 조직이기도 했던 군대에는 불운한 상황이었다. 자신들의 언어로 지휘를 받고, 카이저 군대의 혹독한 규율을 면제받았으며, 복잡한 정보는 알 필요도 없었고, 잘 먹었으며, 터키가 빈 너머까지 엄습했던 17세기부터 이어지는 전통과 명예를 안은 제국 군대의 연대들—티롤 소총연대, 헝가리 경기병연대, 달마티아 경기병연대—은 제국의 다양성을 만화경처럼 펼쳐보였고, 젊은이들에게 3년간의 징집 생활은 작업장이나 경작지의 일상에서 벗어나 기분을 전환하는 유쾌한 일이었다. 매년 실시되는 기동훈련은 즐거운 여름휴가였다.[76] 연대의 창설기념일은 즐거운 축제였다. 악단이 음악을 연주했고 포도주가 넘쳐났으며 명예 연대장인 대공이나 황태자가 방문하거나 때로는 황제가 직접 방문하기도 했다. 복무기한이 만료되어 집으로 돌아오면 더 많은 축하를 받았고 성인으로 존중받았다. 전쟁의 현실은 가능성이 적은 우발적 상황일 뿐이었다.

1914년 8월, 현실은 카르파티아 전선에 급속하고도 잔혹하게 밀고 들어왔다. 첫 번째 조우전에서는 오스트리아군이 우세했다. 오스트리아의 37개 보병사단은 250마일에 달하는 전선에서 왼쪽부터 오른쪽으로 제1군, 4군, 3군을 전개하고 양 측면에 분견대를 배치했으며 전면에는 10개 기병사단으로 막을 쳤다. 반대편에서 호 대형으로 전진하는 러시아군은 제4군과 5군, 3군, 8군을 전개했다. 전부 다해서 보병사단 53개와 기병사단 18개였다. 병력에서는 러시아가 우세했지만, 콘라트의 첫 번째 공격이 성공했다. 콘라트의 좌익은 8월 23일에 산 강을 건너 러시아 땅으로 들어가면 바로 만나는 크라시니크Kraśnik의 러시아 우익으로 뛰어들어 공격을 가했다.[77] 오스트리아의 선봉대는 제1군으로, 대체로 프레스부르크Pressburg(브라티슬라바Bratislava) 출신의 슬로바키아인과 크라쿠프 출신의 폴란드인으로 구성되었다. 아직 정치화되지 않은 슬로바키아인과 러시아에 반대한 폴란드인은 모두 가톨릭교도였기에 사흘간의 전투에서 가톨릭교도 황제를 위해 맹렬하게 싸웠다. 대적한 러시아군은 예비군을 기다리지 못하고 전진한 러시아 제4군이었다.[78] 러시아군 참모본부는 이렇게 기록했다. 전투가 개시되자 "제18사단이 적군의 거센 사격에 쓰러졌다. 그래서 랴잔Ryazan 연대와 랴이스크Riaysk 연대는 퇴각할 수밖에 없었고 …… 그동안 제5경보병연대는 거의 포위당했다."[79] 상황은 더 악화되었다. 8월 26일 러시아군은 루블린Lublin(1945년에 스탈린이 폴란드 괴뢰정부를 세우는 곳이다) 쪽으로 20마일을 후퇴했다. 같은 날, 오스트리아의 제4군은 부크 강 직전의 코마로프Komarov에서 전진하는 러시아 제3군과 조우했다. 적군의 종족 구성은 러시아군에 또다시 불운하게 작용했다. 오스트리아 제2군단은 빈의 연대들로 구성되었다. 그중에는 언제나 황제가 연대장이었던 수도의 호흐운트도이치마이스터 연대Hoch und Deutschmeister Regiment가 포함되었다. 이 명칭은 황실이 튜턴 기사단의 기사단장과 관계가 있음을 존중하여 붙인 이름이다.[80] 제9군단은 수데텐란트Sudetenland의 독일인들로 이루어졌고, 제16군단은 헝가리의 마자르인들로 구성되었다. 오스트리아가 승리하는 데 이보다 더 견고한 제국적 토대를 찾기는 어려우며, 한 주간의 전투 이후 승리를 얻었다. 결론적으로 러시아군은 거의 포위되었다.

77. B. Menning, p. 230

78. E. Glaise-Horstenau, *Österreich-Ungarns Letzter Krieg 1914~1918*, Vienna, 1930, I, p. 74

79. Relation de l'état-major russe, *La Grande Guerre*, Paris, 1926, (tr. E. Chapouilly), p. 139

80. 튜턴 기사단의 우두머리를 호흐마이스터(Hochmeister)라고 불렀다. 독일 일부 지역의 영지를 관장하던 이를 도이치마이스터(Deutschmeister)라고 불렀는데, 황제 카를 5세 때 두 명칭이 결합되었다. 호흐운트도이치마이스터 연대는 빈 소총연대(Jägerregiment Wien)의 별칭이다.—옮긴이

81. 현재 우크라이나에는 부크 강이 둘이다. 하나는 우크라이나만 관통하여 흑해로 흘러들어가는 부크 강(남부크; Pivdenny Buh)이고 다른 하나는 비스와 강의 지류인 부크 강(서부크; Zakhidnyy Buh)이다. 여기서는 비스와 강의 지류인 부크 강을 말하는 것으로 보인다.—옮긴이

82. 드네스트르 강의 지류로 즈워타 리파(Złota Lipa) 강과 그니와 리파(Gniła Lipa) 강을 말한다. 현재 우크라이나의 졸로타 리파(Zolota Lypa) 강과 흐닐라 리파(Hnyla Lypa) 강이다.—옮긴이

83. 티롤 소총연대. 카이저예거라는 명칭은 나중에 부가되었다.—옮긴이

84. 산악보병 예비군대대. 카이저슈첸(Kaiserschützen)이라는 명칭은 1917년부터 사용되었다.—옮긴이

85. 1851~1941. 군인이었던 아버지 루돌프 요한(Rudolf Johann)과 똑같이 루돌프 리터 폰 브루더만(Rudolf Ritter von Brudermann)으로 불린다. 기병대 지휘관으로서 기관총 같은 신기술을 무시하여 한직으로 옮겼다가 1차 세계대전이 발발하자 참모총장 회첸도르프가 다시 제3군 사령관을 맡겼다. 8월에 렘베르크 전투에서 패하여 면직되었고 11월에 은퇴했다.—옮긴이

86. 오늘날 우크라이나의 테르노필(Ternopil).—옮긴이

87. *Letzter Krieg*, Ⅰ, Beilage 10

그때 오스트리아 진지의 지리적 불안정성이 효력을 발하기 시작했다. 러시아와 맞닿은 국경은 코마로프 동쪽에서 남동쪽으로 급격하게 휘어 중립국인 루마니아의 접경으로 이어진다. 겉으로 보기에 이 측면은 쉽게 방어할 수 있었다. 그 뒤쪽에 부크 강,[81] 드네스트르 강과 그 지류들, 2개의 리파 강,[82] 베레시차Wereszyca 강이 20마일에서 30마일 간격으로 연이어 방어선을 만들고 있었기 때문이다. 게다가 부크 강의 수원은 렘베르크(리비프)의 거대한 요새가 보호하고 있고 배후의 멀지 않은 프셰미실에 훨씬 더 강력한 요새가 또 하나 버티고 있다. 그러한 지형에서 오스트리아의 제3군이 러시아군에 강력히 저항하는 것은 손쉬운 일이었을 것이다. 세르비아에 있던 제2군이 발칸집단군에 배속되었던 사단들을 되돌려 보내고 있었고, 제3군의 핵심은 티롤의 카이저예거Kaiserjäger 연대[83] 4개와 카이저 국방대Landesschützen[84] 예비군대대를 포함하는 그 유명한 제14인스브루크Innsbruck 군단이었기 때문이다. 독수리 깃털을 꽂고 다니는 이 산악추격병들은 가장 믿을 만한 자들로 4개 연대의 명예 연대장인 황제에게 각별한 충성심을 보였다.

그러나 제3군은 콘라트가 '적극적인 방어'라는 역할을 맡기기로 결정하여 냉대를 받았고, 반면 제1군과 4군은 서부 갈리치아에서 러시아군의 측면을 포위하려 했다. 그 결과, 제3군은 국경에서 약 60마일 떨어진 오스트리아 영토 안쪽 깊숙한 곳 그니와 리파 강가에 포진했다. 제3군은 그곳에서 꼼짝 않고 머물렀다면 안전했을 것이다. 그러나 8월 25일 제3군 사령관 루돌프 브루더만Rudolf Brudermann[85]은 '대여섯 개 러시아 사단'이 타르노폴Tarnopol[86]에서 서진한다는 사실을 알고 공세로 전환하기로 하고 전진했다.[87] 게다가 그날은 브루더만이 제14군단을 잃은 날이었다. 제14군단은 제2군으로 소환되어 북쪽으로 올라갔다. 부대 편성의 틀 내에서 병력 재편을 통해 구성된 브루더만의 군대는 대체로 루마니아인(제12군단), 슬로베니아인과 이탈리아인(제

3군단), 루테니아어[88]로 말하는 현지의 우크라이나인(제11군단)으로 구성되었다. 우크라이나인은 합스부르크제국 내의 그 어느 민족보다도 러시아인에 가까웠다.[89] 제3군은 종족 구성으로 볼 때 프란츠 요제프의 군대에서 황제에 대한 충성심이 가장 약했을 뿐만 아니라 대적해야 할 러시아 제3군에 비해 수적으로 크게 열세였다. 두 진영이 조우했을 때, 100개가 채 안 되는 오스트리아 보병대대가 대포 300문의 지원을 받으며 곧바로 치받은 러시아군은 거의 200개에 가까운 보병대대에 대포는 685문이나 되었다.[90] 오스트리아군은 2개의 리파 강 사이에 자리한 벽촌에서 사흘 동안 싸우면서 맨 먼저 타르노폴에서 25마일 떨어진 즐로초프Zlotchow[91]에서 패했고 그 후 혼란에 빠져, 때로는 공황 상태에서 퇴각했다. 패배한 오스트리아군의 일부는 멀리 렘베르크까지 달아났다.

러시아군이 승리의 여세를 몰아 추격했더라면, 위험에 처한 오스트리아군의 일익은 궤멸되었을 것이다. 책임을 맡고 있던 니콜라이 루스키Nikolai Ruzski[92] 장군은 추격하지 않았고, 브루더만의 제3군은 살아남았다. 그 전후의 전쟁에서 비슷한 사례가 없지는 않지만, 기이한 상황이었다. 어느 쪽도 자체의 성취가 어느 정도인지 제대로 판단하지 못했다. 루스키는 단지 '훌륭한 방어전의 성공'이었다고 믿었고 부대를 재편하지 않았다.[93] 콘라트는 전투지역의 다른 한 편에서 대승을 거두었다고 믿었고, 제3군 전선의 실패는 국지적이고 일시적인 실패이며 따라서 브루더만을 지원한다면 자신이 세운 전쟁 계획의 토대였던 두 방향 포위를 더욱 진전시킬 수 있다고 생각했다. 8월 30일 콘라트는 루스키 반대편의 오스트리아군을 대포 828문의 지원을 받는 150개 대대로 확대했다. 발칸집단군의 대부분이 제2군으로 돌아온 결과였다. 루스키가 전진하지 않았으므로, 콘라트는 제2군을 제3군의 오른쪽에 투입하여 공세를 재개할 때가 무르익었다고 판단했다. 그렇게 되면 두 군은 성공을 거둔 제2군 사령관 에두아르트 폰 뵘에

88. 루테니아가 말하는 자들에 따라 다양한 의미를 지니는 만큼, 루테니아어도 고대 동슬라브어, 우크라이나어, 벨라루스어를 뜻하거나 러시아어를 포함하여 이 모든 언어의 조상격인 언어를 말한다.—옮긴이

89. *Letzter Krieg*, Ⅰ, pp. 71~73

90. N. Stone, p. 88

91. 폴란드 땅으로 주키예프(Żółkiew)였으나 지금은 우크라이나 리비프 주의 조브크바(Zhovkva)다.—옮긴이

92. 1854~1918. 1차 세계대전 중에 북서전선군과 제6군 사령관을 맡았다. 1914년 11월 우치의 방어에서 큰 공을 세웠다. 2월혁명 후 캅카스에서 활동하다 10월혁명 후 체포되어 처형되었다.—옮긴이

93. N. Stone, p. 88

어몰리Eduard von Böhm-Ermolli[94]의 지휘 아래 하나의 집단군을 형성하여 활력을 띠게 될 것이었다. 제2군은 8월 29일에 콘라트의 명령에 따라 두 리파 강 사이를 공격했지만, 결과는 첫 전투 때보다 훨씬 더 참혹했다. 반대편의 러시아군은 이제 350개 대대가 넘었고 대포 1,304문의 지원을 받았다. 뒤이은 큰 혼란 속에서 오스트리아군 2만 명이 포로가 되었으며 사상자는 수천 명에 달했다.

콘라트는 이 모든 증거를 보고도 여전히 승리하고 있다고 믿었다. 좌익에서 국지적으로 승리를 거두고 우익에서 러시아군이 꾸물거렸기에, 콘라트는 제3군과 제2군을 렘베르크 뒤까지 깊숙이 퇴각시켜 러시아군을 끌어들인 다음 북쪽에서 제4군을 내려보내 적군의 측면을 공격할 수 있다고 확신했다. 주 저지선은 드네스트르 강의 지류로 렘베르크와 프셰미실 사이에서 남쪽으로 흐르는 베레시차 강이었다. 콘라트가 이 불운했던 계획에 이끌린 것은 부분적으로는 힌덴부르크와 루덴도르프가 동프로이센에서 거둔 성공과 독일군이 서부전선에서 거둔 확실한 성공을 흉내 내고 싶은 욕망 때문이었다. 다시 말하자면, 렘베르크 작전의 결정은 마른 강 전투가 개시되기 전에 내려졌다. 콘라트는 제 역할을 다하지 못하는 오스트리아에 인내심을 잃고 있는 동맹국의 초조함에도 영향을 받았다. 카이저 빌헬름은 9월 초에 최고사령부에 파견된 콘라트의 대리인에게 다음과 같이 언짢게 말했다. "동프로이센에 있는 우리의 작은 부대는 12개 군단과 대적하여 절반은 파괴하고 절반과 교전 중이다. …… 그 이상 바랄 수 없다." 카이저가 과장했지만, 콘라트가 기껏 15개 군단과 대적하고 있었으므로, 뼈아픈 조롱이었다. 콘라트는 호되게 당하여 지친 군대를 계속 다그치며 승리를 구하려 했다.[95]

결과적으로, 계획은 거의 들어맞았다. 러시아군은 버려진 렘베르크까지 따라오는 데 시간이 걸렸다. 러시아군이 9월 3일에야 렘베르크에 들어왔기에 오스트리아의 제4군은 비록 패배에 지치고 피로했

94. 1856~1941. 오스트리아 육군원수. 대전이 발발하자 제2군 사령관에 임명되어 러시아 전선에서 독일군을 지원했다. 종전 후 고향인 트로파우(오파바Opava)에 정착했는데 그곳이 1919년에 체코슬로바키아 국민이 되었다가 1938년에 나치 독일이 수데텐란트를 점령하면서 독일군의 명예 육군원수가 되었다.—옮긴이

95. M. von Piettrich, *1914*, Vienna, 1934, p. 208

지만 러시아 제3군의 전선을 넘어 렘베르크로 진격할 시간을 벌었다. 오스트리아의 제3군과 제2군은 베레시차 진지에서 어느 정도 성공을 거두었고, 이는 러시아군이 오스트리아군의 중심을 포위하는 것을—그 임박한 위험은 더욱 명확해지고 있었다—며칠 지연시켰다. 러시아군이 적군의 의도를 눈치 챘다. 9월 5일 알렉세예프는 다닐로프에게 전갈을 보냈다. "오스트리아가 [렘베르크 북쪽에] 배치된 우리 부대를 깨뜨리려 애쓰고 있는데, 이는 쓸데없는 짓으로 보아도 된다. 우리는 곧 반격을 선언할 것이다."[96] 그러나 콘라트는 그런 위협을 계속 무시했다. 제4군은 계속 전진하다가 9월 6일에 렘베르크 북쪽으로 30마일 거리에 있는 라바 루스카Rava Ruska[97]에서 러시아 제3군의 주력과 혹독한 전투를 치르고 멈춰 섰다.

콘라트는 자기 군대의 측면을 공격하려는 강한 군대의 측면을 약한 군대로 공격하려 했는데, 이제 이런 노력은 파국의 징후를 보였다. 여전히 북쪽에서 러시아군과 싸우고 있는 콘라트의 제1군과 렘베르

96. Relation de l'état-major russe (cited as *Relation*), p. 249

97. 현재 우크라이나 서부 리비프 주에 있는 도시.—옮긴이

1914년 9월, 도로를 통해 프셰미실로 이동하는 러시아군

크 뒤쪽의 전투에 물려 있는 나머지 3개 군 사이에 거대한 공간이 열렸다. 콘라트에게는 자체의 예비군이 없었으며, 지원을 위해 파견된 독일의 3선 예비군은 심하게 난타당한 상황이었다. 러시아군은 바르샤바 부근에서 소집한 제9군을 포함해 날마다 증원부대를 보강하고 있었으며, 턱을 벌린 채 오스트리아의 제4군, 3군, 2군을 집어삼킬 준비를 하고 있었다. 16개 러시아 사단에 맞선 오스트리아군은 11개 사단으로, 대부분은 적군이 양 측면을 지배하고 있는 좁은 고립지역에 모여 있었다. 게다가 제1군은 북쪽에서 고립된 채 호되게 당하고 있었고, 산악부대 제14군단이 오스트리아 전선에서 둘로 나뉜 콘라트의 군대를 이어주는 연결 대형으로 싸우며 노력했지만 공격을 버텨내지 못했다. 콘라트는 독일에 도움을 요청했다. 카이저는 이렇게 대답했다. "당신은 그들〔힌덴부르크와 루덴도르프〕에게 이미 달성한 것보다 더 많이 요구할 수 없다."[98] 콘라트는 제2군과 3군에 베레시차에서 공세를 재개할 것을 명령했다. 그러나 이것이 실패로 돌아가고 러시아군 기병이 저지선의 벌어진 틈을 통해 오스트리아의 후방으로 침입했을 때, 콘라트는 총퇴각을 명령하는 수밖에 없었다. 먼저 산 강으로, 그다음에는 합스부르크제국 영토의 폴란드 수도이자 빈과 바르샤바 사이 동유럽에서 가톨릭 도시로는 가장 컸던 크라쿠프에서 겨우 30마일 떨어진 비스와 강의 지류 두나예츠Dunajec 강으로 퇴각했다. 폴란드 평원으로 흘러들어가는 산 강과 드네스트르 강의 발원지인 카르파티아 산맥의 골짜기를 지키는 거대한 요새 프셰미실은 포기되었고, 15만 명의 수비대는 러시아 전선 뒤에 포위된 채 남겨졌다. 150마일에 이르는 오스트리아 영토가 적에 넘어갔다. 합스부르크제국의 황제는 180만 명의 동원 병력 중에서 30만 명의 포로를 포함하여 40만 명을 잃었다.[99] 가장 많은 사상자를 낸 부대는 5만 명을 잃은 제14티롤 군단이었다. 프란츠 요제프가 소중히 여긴 4개 카이저예거 연대, 그 예비군인 카이저쉬첸, 제6기마소총연대, 그리고 군단의 산악포대

98. N. Stone, p. 90

99. G. Rothenburg, *The Army of Franz Joseph*, West Lafayette, 1976, p. 176

로 구성된 부대였다.[100] 사상자는 최소한 4만 명이었는데, 이 손실로 오스트리아군은 가장 용감한 최정예 병사들을 잃었으며 다시는 충원하지 못했다.[101] 이들은 시간이 갈수록 격해졌던 렘베르크 전투에서 콘라트의 특수임무부대로서 전선을 사수하기 위해 힘들게 노력한 대가를 치렀다.

동부전선의 전쟁

동부전선에서 벌어진 이 엄청난 전투들의 성격을 인간적인 차원이나 개인적인 차원에서 설명하기는 어렵다. 러시아군은 러시아 농민의 대다수가 여전히 문맹이었던 시절에 농민이 80퍼센트를 차지했기에 서부전선의 군대와 비교할 수 있는 문헌을 전혀 남기지 않았다. "사사로운 회고록은 매우 드물다. 누구도 기억을 정리하지 않았다." 러시아의 농민 병사들은 서기가 없었다면 후대에 목소리를 남길 수 없었을 것이다.[102] 이들보다 교육을 더 잘 받은 오스트리아 병사들도 똑같이 복무기간에 관한 회상을 남기지 않았다. 필시 개인의 경험에서 전쟁의 참화는 합스부르크제국의 몰락이라는 훨씬 더 큰 격변에 눌렸을 것이다. 비트겐슈타인,[103] 릴케,[104] 코코슈카Kokoschka[105]와 같은 지식인과 예술가들은 편지와 일기를 남겼으며, 하셰크Hašek의 『훌륭한 병사 슈베이크』[106]는 합스부르크제국의 모든 병사들의 태도를 대표한다고 간주할 수는 없지만 고전적인 소설이라고 할 수 있다. 그렇지만 이 기록들은 고립된 기억이다. 제국 군대의 호된 시련이 지닌 몇 가지 의미는 빈의 교회들에 붙어 있는 칙칙한 연대 명판에서 포착할 수 있다. 이 명판은 아직도 연대 창설기념일이면 리본과 화환으로 장식이 된다. 그러나 차르 군대와 오스트리아 황제 군대가 1914년에 겪은 엄청난 이동 전쟁의 경험은 대부분 기억에서 사라져버렸다. 그 기억을 재구성할 수 있을까?

사진은 전쟁 이전의 기동을 찍은 것이라도 큰 도움이 된다. 전시의

100. *Letzter Krieg,* Ⅰ, p. 74

101. N. Stone, p. 90

102. V. Buldakov in Cecil and Liddle, p. 540

103. 오스트리아의 철학자. 전쟁 발발과 함께 자원하여 러시아 전선에서 싸웠으며 남부 티롤에서 포로가 되었다.—옮긴이

104. 독일 시인. 1916년 초에 소집되어 기본적인 군사훈련을 받았으나 영향력 있는 친구 덕에 군무를 면제받았다.—옮긴이

105. 오스트리아의 화가, 시인, 극작가. 표현주의의 대표적 예술가. 오스트리아군으로 전쟁에 참여하여 부상을 당했다.—옮긴이

106. 체코 작가 야로슬라프 하셰크가 전쟁 전인 1912년에 발표한 소설로 원제는 '훌륭한 병사 슈베이크와 이상한 이야기들'이다.—옮긴이

107. H. Dollinger, *Der Erste Weltkrieg, Munich*, 1924, pp. 98~99

108. B. Menning, pp. 228, 260

109. G. Rothenburg, p. 143

사진은 더 드물어서 한층 더 가치가 있다.[107] 모든 사진에는 집단 속에 종종 어깨를 맞대고 정렬해 있는 남자들이 있다. 필시 그들은 독일 말로 '옷감의 감촉'이라 했던 것을 희구했을 것이다. 이는 병사들이 총탄이 빗발치는 가운데 용기를 찾는 한 가지 방법이었다. 소총에는 긴 총검이 부착되었고, 탄대와 군장은 움직임을 방해했으며, 두꺼운 옷은 몸을 커보이게 했다. 의복이 총탄을 막아주지는 못한다. 몇 달 안에 대부분의 군대는 철모를 채택했다. 17세기에 사라진 갑주가 그 후 처음으로 다시 쓰이게 된 역전 현상이었다. 1차 세계대전 개전 초 몇 달간의 특징은 200년에 걸친 보병전투 방식의 종결이었다. 종전의 방식은 날아오는 탄환을 막는 데에는 발사 무기가 얼마나 개선되든 간에 훈련과 규율이 최선이라고 가르쳤는데, 그 논리는 점점 더 약해졌다. 모든 군대는 산개의 원칙을 전술 규정으로 정해두었는데, 사진들은 이 전술 규정이 대규모로 위반되고 있음을 보여준다. 러시아군의 1912년 규정에 따르면 최소 단위부대인 50명 편제의 소대는 100보 이상의 거리에 전개해야, 다시 말해서 병사들은 서로 간에 1야드의 간격을 두고 산개해야 했다.[108] 동시에 이 규정은 한 대대의 공격 전선을 500야드로 정했다. 이는 지휘관이 대대를 한 열에 4개 소대씩 4열로 정렬시켜야 한다는 뜻이었다. 이러면 앞에 선 소대들이 뒤에 선 소대들의 사격을 가리게 되므로 그런 규정들을 폐기하고 대대 전체가 앞에 밀집하게 된 사정은 이해할 만하다. 그러한 관행은 규정의 문구는 아니었겠지만 그 정신만은 따랐다고 하겠다. 규정에 따르면 공격하는 보병은 전초선을 전진시켜 '화력의 우세'를 점해야 했고, 그러면 나머지 병력이 100야드 남짓한 거리에서 적을 향해 돌진해야 했다. 오스트리아군도 비슷한 방침을 채택했다.[109] 1911년의 규정에 따르면 보병부대의 소총수는 "병력에서 열세에 있더라도 강인하고 용맹하다면 다른 병과의 지원 없이도 승리를 획득"할 수 있어야 했다. 이는 관념적으로 '공격 정신'을 가장 강력하게 옹호했던 프랑스군은 물론 독일군, 오스트리아군, 러시아군 등 모든 대륙 군대에 공통된 견해였으며, 최근의 전투, 특히 러일전쟁 전투의 특성을 분석한 결과물이었다. 화력 수준이 높으면 사상률도 높을 수밖에 없었다. 그렇지만 여전히 많은 사상자가 나는 상황을 단호히 받아들여야만 승리를 얻을 수 있다고 생각되었다.[110]

그러므로 탄넨베르크와 렘베르크의 상황은 이렇게 추정해야 한다. 사선 뒤 개활지의 근사거리에 포진한 야전포대가 일제사격을 통해 직접 지원하는 가운데, 밀집한 집단을 이룬 보병들이 마찬가지로 밀집한 보병이 지키는 적군 진지를 공격하기 위해 이동했다. 러시아군의 1912년 규정은 "진격하는 보병들의 머리 위로 야포를 발사하여 짧고 빠르게 집중포격하라라고 지시했다."[111] 어떤 군대에도 표적을 수정하는 절차는 없었으며, 그렇게 하려 해도 장비가 없었다. 전화기는 거의 없었고(삼소노프의 전군에 겨우 25대였다.) 전화선은 전투가 시작되자마자 거의 자동으로 끊어졌다. 통신은 깃발이나 수신호로, 아니면 떠도는 소문으로 이루어졌다. 포 발사는 대체로 사람의 시야가 확보되는 선에 따라 인도되었다.[112]

그러므로 1914년 동부전선의 전투는 100년 전 나폴레옹이 수행한 전투들과 매우 비슷했다. 마른 강 전투도 마찬가지였다. 차이가 있다면 보병이 서지 않고 엎드려서 사격했고 교전하는 전선이 100배 더 넓게 확장되었다는 사실이었다. 전투가 지속되는 시간도 하루에서 한 주 이상으로 늘어났다. 그런데도 결과는 소름끼치도록 유사했다. 사상자는 절대적인 수치에서 매우 많았고 교전에 참여한 병력에서 매우 높은 비율을 차지했으며, 결말이 극적이었다. 전례를 찾기 어려울 정도로 길고 격렬했던 1812년 보로디노 전투 이후, 나폴레옹은 모스크바까지 100마일을 전진했다. 렘베르크 전투 이후 콘라트는 크라쿠프 외곽으로 150마일을 퇴각했다.

110. M. Howard, 'Men Against Fire', in Paret, p. 519

111. B. Menning, pp. 264~265

112. B. Menning, p. 250

113. 각각 오늘날 폴란드의 브로츠와프(Wrocław)와 포즈난(Posnań).—옮긴이

114. 1853~1926. 1914년 7월에 남서전선군의 일부인 제8군 사령관에 임명되었다. 1916년 3월에 남서전선군 사령관이 되었고 새로운 공격 전술을 선보여 유명해졌다. 2월혁명 후 임시정부에서 육군 총사령관을 맡았으며 강한 규율로 군대의 와해를 막아야 한다고 주장했다가 해임되었다. 보수적인 인사였으나 붉은군대가 외적의 침입에 맞서 싸우는 상황에서 고민하다 1920년에 붉은군대에 들어갔다가 1924년에 은퇴했다. 볼셰비키의 권력 장악을 좋지 않게 보았으나 그것이 러시아가 다시 강국으로 가는 길이라고 생각한 애국자였다.—옮긴이

바르샤바 쟁탈전

카르파티아 산맥 전선에서 오스트리아군이 무너지면서 대전 초기의 심각한 전략적 위기 중 하나가 촉발되었다. 산맥 너머에 있는 오스트리아제국의 헝가리 쪽 절반이 침공의 위협을 받았을 뿐만 아니라—러시아 장군들은 의기양양하여 자기들끼리 헝가리 수도인 부다페스트의 점령을 논의하기도 했다—독일 심장부의 영토가 갑자기 러시아군의 공격을 받을 수 있었다. 러시아군이 슐레지엔으로 밀고 들어오면 대도시 브레슬라우Breslau와 포젠Posen[113]이 위험했다. 동프로이센은 위험에서 벗어나지 못했고, 전선의 남쪽 끝에서는 가장 뛰어난 러시아 장군 중 한 사람인 알렉세이 브루실로프Alexei Brusilov[114]가 카르파티아 산맥의 고갯길을 위협하고 있었다. 몰트케 역시, 슐리펜 계획의 명백한 실패에 기운을 잃었음에도, 엔 강 전투에서 동부전선으로 주의를 돌렸으며, 8월 15일 팔켄하인으로 교체되기 전 참모총장으로 근무한 마지막 날에 루덴도르프에게 전화를 걸어 새로운 '남부'군의 편성을 명령했다. '남부'군인 까닭은 이 병력이 동프로이센의 남쪽에 집결하여 승리한 제8군과 괴멸된 오스트리아군 사이의 틈을 메워야 했기 때문이다. 상황 악화에 몰트케만큼이나 깜짝 놀랐던 루덴도르프는 새로운 군이 제8군의 대부분을 통합해야 한다는 역제안을 내놓았다. 그러나 이는 몰트케가 이행하기에는 힘에 부치는 조치였다. 몰트케의 후임자는 주저하지 않았다. 겉보기에 당당했던 만큼 날카로운 지성의 소유자였던 팔켄하인은 9월 16일에 제8군 대부분이 동프로이센을 떠나 새로운 군에 합류한다고 발표했다. 새로운 군은 9번을 받았고 루덴도르프가 참모장, 힌덴부르크가 사령관을 맡았다. 탄넨베르크 전투 중 작전관이었던 호프만은 이번에도 작전관으로 합류했다. 9월 18일 루덴도르프는 자동차를 타고 콘라트를 만나러 가서 오스트리아 전선의 위험을 피하기 위한 새로운 계획에 합의했다. 제9군은 러시아군의 슐레지엔 공격을 기다리며 대기하는 대신 비스와 강

상류를 건너 공격하여 폴란드 전선에서 러시아군의 작전 중심지인 바르샤바를 향해 돌진할 예정이었다.[115]

그러나 러시아군도 나름의 계획을 세워두고 있었다. 사실 9월 중에 러시아군의 계획은 너무 많았다. 최고사령부인 스탑카의 작전이 하나요, 남서전선군과 북서전선군에는 또 다른 계획이 있었다. 러시아군 참모본부의 보고서는 "[그 사이에] 다른 명령을 낳는 의견 차이"가 있다고 적고 있다.[116] 루스키의 판단에 따르면 자신이 지휘하는 북서전선군은 동프로이센에서 독일군이 거둔 성공으로 위험에 노출되었으며 멀리, 어쩌면 마주렌 호수지대 동쪽으로 100마일 떨어진 니에멘Niemen강[117]까지 퇴각해야 했다. 필요하다면 바르샤바도 포기해야 했다. 이와 대조적으로, 남서전선군은 오스트리아군에 거둔 승리를 발판 삼아 서쪽으로 크라쿠프를 향해 추격하기를 원했다. 스탑카는 과격한 대안을 갖고 있었다. 동부전선의 러시아군 주력을 빼내 비스와 강 상류의 바르샤바와 거대한 요새 이반고로드Ivangorod[118] 주위에 집결시킨 다음 슐레지엔을 향해 합동공격을 가하여 전쟁을 독일 안으로 곧장 끌고 들어가는 것이었다.

이 모든 계획은, 특히 루스키와 스탑카의 계획은 병력이 아니라 공간을 전략의 수단으로 이용하는 러시아 특유의 전쟁수행 방식을 보여준다. 프랑스 장군이었다면 군사적 이점을 얻고자 자국의 소중한 땅을 내어주자고 제안할 수는 없었을 것이다. 동프로이센의 독일 장군들은 전선의 방어를 신성한 의무로 여겼다. 반면에, 서부 폴란드의 경작지에서 베링 해협의 빙원까지 거의 6,000마일에 걸쳐 뻗어 있는 제국의 주민인 러시아인에게 여기저기의 100마일쯤은 군사작전에서 하찮고 작은 땅덩이에 불과했다. 튀르크, 스웨덴, 특히 나폴레옹과 전쟁하면서 그 지역 전체를 잃은 적도 있었지만, 거리와 농민 병사의 강인함 덕분에 침략자들이 패하면서 결국 되찾았다. 1812년에 그랬듯이 1914년에도 땅을 내어주는 것은 잠시 후 되찾기 위한 조치였고

브루실로프

115. D. Goodspeed, pp. 99~102

116. *Relation*, p. 290

117. 벨라루스에서 발원하여 리투아니아를 거쳐 클라이페다에서 발트 해로 흘러드는 강. 니에멘은 폴란드어이며, 독일어로 메멜(Memel) 강, 벨라루스에서 뇨만(Nëman) 강, 리투아니아에서 네무나스(Nemunas) 강이다.—옮긴이

118. 러시아령 폴란드의 요새 도시. 바르샤바 남동쪽 비에프시(Wieprz) 강과 비스와 강이 합류하는 지점의 뎅블린(Dęblin)이다.—옮긴이

119. 1812년 9월 7일의 보로디노 전투 후 러시아군이 퇴각했으나 철수에는 병력 손실만이 아니라 전략적 고려도 작용했다. 철수로 보존된 전투력은 나폴레옹을 물리치는 데 중요했다.—옮긴이

120. 1856~1929. 차르 니콜라이 1세의 손자.—옮긴이

결국 적에게 불리했다.[119] 9월 23일 스탑카는 독일군 제9군이 슐레지엔에 집결하여 바르샤바를 향해 진격하고 있다는 확실한 정보를 입수했다. 따라서 스탑카를 통제하고 있던 니콜라이 니콜라예비치 로마노프Nikolai Nikolaevich Romanov[120] 대공은 접전을 피하도록 대부분의 병력을 철수시키고 독일군의 진격을 기다리기로 결정했다. 동시에 브루실로프는 동부 카르파티아 산맥에서 위협을 가하고 제10군은 동프로이센에 파견되어 새로이 공격을 가할 것이었다. 힌덴부르크와 루덴도르프의 제9군이 중앙에 나타나면, 러시아의 제4군과 9군이 바르샤바에서 나와 맞설 것이고, 스탑카 전략의 남은 부대인 제2군과 5군, 1군은 그 측면을 급습할 것이었다.

이는 엄청난 규모의 전쟁이었다. 숫자는 서부전선에 참여한 병력만큼 많았고, 이동의 공간과 깊이도 비교적 압축된 공간에서 벌어진 서부전선의 그 어느 작전보다도 훨씬 더 컸다. 러시아군은 먼 시베리아 군사 지구에서 상당한 원군을 받아 9월 말이면 카르파티아에서 교전하고 있는 부대 대부분을 적에게 발각되지 않고 바르샤바 지역으로 이동시키는 데 성공했다. 오스트리아군은 전선이 옮어졌음을 알아채고 뒤쫓았으나 결국 손실만 입었다. 오스트리아군이 추격을 통해 얻은 것은 10월 9일에 프셰미실 수비대를 구할 기회가 전부였는데, 이들은 곧 다시 포위되어 루덴도르프의 좋지 못한 바르샤바 공격에 합류했던 대가를 치르고 만다. 스탑카는 동프로이센 국경 전투에서 돌아오는 러시아 제10군을 만족스럽게 지켜보았다. 비록 아우구스투프Augustów 전투에서(9월 29일~10월 5일) 공격이 저지당했지만, 제10군의 개입으로 힌덴부르크와 루덴도르프는 크게 놀랐다. 탄넨베르크의 영광 이후 자신만만했던 제8군은 참호를 파는 수고를 하지 않았고, 그래서 러시아군은 저지당하기 전에 약간의 손쉬운 전술적 성공을 맛보았다.

10월 초 동부전선에는 분명히 4개의 전선이 존재했다. 북쪽에서 남

쪽으로 차례로 보면 이렇다. 동프로이센 동부 국경의 독일-러시아 전선, 비스와 강의 오스트리아-독일-러시아 전선, 산 강의 러시아-오스트리아 전선, 카르파티아 산맥 동쪽의 러시아-오스트리아 전선이었다. 발트 해에서 루마니아 국경까지 전체 범위는, 바르샤바와 동프로이센 사이 전선의 북쪽에 기병대가 막을 치고 있는 100마일의 틈이 있기는 했지만, 거의 500마일에 달했다. 그러나 아우스터리츠Austerlitz 전투[121] 이래 유럽의 어느 전투보다도 더 큰 진정한 기동전의 드라마가 전개된 곳은 비스와 강이 이반고로드에서 북으로 흘러 바르샤바에 닿는 중앙부였다. 그곳에서 두 번의 보충적인 측면 공격이 진행 중이었다. 힌덴부르크와 루덴도르프는 바르샤바 근처의 러시아군이 강하지 않으므로 북쪽에서 쉽게 포위할 수 있다고 믿었고, 그래서 비스와 강의 서안을 따라 제9군을 내려보냈다. 러시아군은 오스트리아군이 경솔하게 진격해오던 이반고로드 아래에서 비스와 강을 건너 바르샤바 위쪽으로 올라가 힌덴부르크와 루덴도르프의 측면을 공격할 준비를 하고 있었다.

독일군이 병사들과 말의 발보다 더 나은 이동수단을 가졌더라면 작전을 잘 해냈을지도 모른다. 25년 후 히틀러의 동부전선 원수들이라면 그 상황이 기갑부대의 포위 작전에 이상적이었다고 생각했을 것이다. 그러나 카이저의 장군들에게는 그런 수단이 없었다. 설상가상, 러시아군은 병력에서도 우세했다. 러시아군은 바르샤바에서 프셰미실까지 55개 사단을 배치했지만 오스트리아군은 31개, 독일군은 13개 사단뿐이었다.[122] 10월 18일 루덴도르프는 제9군을 바르샤바 쪽으로 투입하면 곧 패배하고 말리라는 사실을 인식하고 철수를 결정했다. 콘라트는 루덴도르프보다 신중하지 못했다. 프셰미실에서 산 강으로 일부러 퇴각한 러시아군을 따라갔기 때문이다. 콘라트는 10월 22일에 이반고로드를 향해 공격하려 했으나 패배했고 10월 26일에 후퇴할 수밖에 없었다. 15만 명의 수비대가 주둔했던 프셰미실은 두 번째

121. 오늘날 체코의 슬라프코프 우 브르나(Slavkof u Brna). 1805년 12월 2일 나폴레옹이 차르 알렉산드르 1세가 지휘하는 러시아와 오스트리아의 연합군을 물리친 전투. 나폴레옹이 거둔 대승의 하나로 이로 인해 3차 대불동맹이 해체되었다.—옮긴이

122. *Letzter Krieg*, Ⅰ, Beilage 15

123. *Relation*, p. 436

124. *Relation*, pp. 446~447

로 포위되어 러시아군의 바다에 떠 있는 오스트리아군의 작은 섬이 되었으며, 콘라트의 제1군에서는 4만 명에 달하는 병사가 전사하고 부상당했거나 포로로 잡혔다. 오스트리아군은 8월에 갈리치아 전투에서 패배한 뒤 밀려났던 크라쿠프 근처에서 멈췄고, 독일군은 슐레지엔의 브레슬라우에서 겨우 50마일 떨어진 곳, 바르샤바 진격의 출발점 근처로 밀려났다.

갈리치아와 카르파티아 산맥의 겨울전투

바르샤바 전투는 의심의 여지없이 러시아의 승리였다. 비록 스탑카가 원했던 포위로 귀결되지는 않았지만 기동전과 현혹 전략에서 러시아가 우월함을 증명했다. 통신 가로채기에서는 독일군이 유리하다고 추정되었지만 정작 놀란 자는 루덴도르프였다. 러시아군이 이반고로드에서 바르샤바까지 비스와 강을 따라 신속하고도 은밀하게 병력을 이동 배치했기 때문이다. 러시아군에도 의문은 남았다. 그다음에는 어떻게 할 것인가? 스탑카는 망설이지 않았다. 독일 제9군의 바르샤바 돌격으로 지연된 공세를 계획대로 재개할 생각이었고, 11월 2일에 필요한 명령을 내렸다.[123] 시베리아와 중앙아시아, 캅카스에서 계속해서 원군이 도착하여 필요한 병력을 공급했다. 배치가 끝나면 제2군과 제5군으로 구성된 중앙군이 브레슬라우와 포젠을 지나 베를린으로 밀고 들어갈 예정이었다. 그동안 남쪽 부대도 갈리치아와 카르파티아 산맥에 있는 오스트리아군의 파괴를 '완료'한다는 목표로 크라쿠프와 프셰미실 사이에서 공세에 나설 작정이었다.[124]

이 계획에는 두 가지 장애물이 있었는데, 특히 중앙 공세에 영향을 주었다. 첫째, 러시아군이 적과 조우할 지점까지 필요한 속도로 부대를 이동시킬 능력을 갖추었는지가 의심스러웠다. 다수의 러시아군을 바르샤바와 이반고로드로 훌륭하게 수송한 10월의 기동 작전에서 스탑카는 비교적 광범위하게 펼쳐진 중부 폴란드의 철도망을 이용할 수 있었다. 그러나 서부 폴란드는 방어 조치의 일환으로서 계획적으로 철도를 박탈당했다. 동서를 가로지르는 노선은 넷뿐이었고 비스와 강을 넘는 철도는 둘뿐이었다.[125] 두 번째 장애물은 부정적이라기보다는 긍정적이었다. 루덴도르프는 공격을 재개할 계획을 세우고 있었는데, 이번에는 출발점이 10월의 경우보다 후방으로 더 들어간 기지였지만, 서부 폴란드 평원에서 러시아군의 측면을 공격하여 바르샤바 기지와 연락하지 못하게 고립시킨다는 목적은 동일했다. 루덴도르프는 슐레지엔에서, 비스와 강이 서프로이센의 독일 영토로 들어가는 지점의 강가에 서 있는 오래된 요새 토른으로 이어지는 손상되지 않은 철도를 이용하여 11월 10일까지 제9군 전체를 그쪽에 재배치했다. 11개 사단으로 구성된 제9군은 11월 1일에 동부전선 총사령관이 된 힌덴부르크의 요구에 따라 서부전선에서 긴급히 이동한 원군을 포함했다.[126]

독일 제9군은 11월 11일에 요새화되지 않은 진지로 지나치게 넓게 전개한 제5시베리아 군단에 대규모 포격을 가하면서 공격을 개시했다. 시베리아 군단이 소속된 제2군의 나머지 부대는 이미 독일 전선을 향해 어느 정도 전진한 상태라, 양자 사이에 곧 30마일의 틈이 벌어졌다.[127] 이 전선의 독일군은 24개 사단 대 15개 사단으로 숫자로는 러시아군에 열세였지만 선수를 잡았고 맹렬히 공격했다. 독일군의 공격이 나흘째 계속될 때에야 스탑카는 위기에 처했음을 깨달았다. 이 공격은 때로 2차 바르샤바 전투라고 불린다. 다행스럽게도 스탑카는 재빨리 퇴각해야만 상황에서 벗어날 수 있다는 사실도 깨달았다. 스탑카는 교전 중지를 명령했고, 명령은 매우 효과적으로 이행되었다. 러시아 제2군은 이틀간의 강행군 끝에 보급품으로 가득 찬 철도교통의 중심지이자 면직공업이 발달한 우치Łódź[128]로 퇴각했다. 이번에는 독일군의 형편이 나빠질 차례였다. 러시아군이 북쪽과 남쪽에서 나타나 측면을 공격하여 독일군 예비군사단들이 한동안 포위되었다.[129]

125. *Relation*, p. 462

126. *Relation*, p. 463

127. N. Stone, p. 104

128. 현재 폴란드에서 인구로 보아 세 번째로 큰 도시로 폴란드의 중앙부에 있다. 여러 개의 강제수용소와 절멸수용소가 있던 곳으로 유명하다.—옮긴이

129. N. Stone, p. 107

130. Personal visit, 1989

131. 동부전선 독일군 최고사령부(Oberbefehlshaber der gesamten deutschen Streitkräfte im Osten)라는 뜻이다.—옮긴이

이들은 가까스로 구출되었다. 스탑카가 이들을 장악할 수 있다고 너무나 확신한 나머지 이 병사들을 포로로 잡아갈 기차를 우치로 보내기도 했다.

우치 전투는 11월 23일에 러시아의 패배도 아니고 독일의 승리도 아닌 것으로 끝났다. 그런데도 루덴도르프는 우치 전투를 승리로 포장하는 데 성공했고 그래서 팔켄하인으로부터 제2군단과 제3예비군군단, 제12군단, 제21예비군군단을 동부로 빼내 북쪽 작전구역에서 제10군으로 쓸 수 있었다. 프랑스에서 온 제24예비군군단은 남쪽 구역의 오스트리아군에 합류했다. 북쪽에 배치된 증원군은 혹사당했다. 12월에 그들은 일련의 정면 공격에 투입되었는데, 이 공격은 12월 6일에 우치를 함락시켰지만 그 후 바르샤바 남서쪽 비스와 강의 작은 지류인 라프카Rawka 강과 브주라Bzura 강까지 약 30마일을 전진한 뒤 중단되었다. 그곳의 지형은 역공하기에 아주 좋았다. 막힌 곳이 없는 넓은 농지였던 그곳은 1939년에 폴란드군이 히틀러의 전격전Blitzkrieg에 맞서 유일하게 반격에 성공하는 장소다.[130] 또한 참호를 파고 방어하기에도 좋은 곳이어서 러시아군은 훌륭한 참호를 만들어놓았다. 러시아군의 참호에 막힌 독일군은 자기들도 참호를 팠다. 그래서 겨울이 오자 동부전선의 중앙부는 완전히 고정되었고, 이듬해 여름까지 물리적으로는 물론 군사적으로도 얼어붙었다.

남쪽에서는 독일군 증원군, 특히 제24예비군군단 소속 제47예비군사단의 도착이 매우 다른 결과를 낳는다. 오스트리아군은 앞서 퇴각을 경험하고 그로 인해 끔찍한 손실을 입었는데도 11월에 다시 집결했고 크라쿠프 주변에서 일련의 반격을 개시했다. 오스트리아군은 승진한 힌덴부르크를(힌덴부르크와 루덴도르프의 전역 사령부는 오버오스트OberOst[131]로 알려졌다.) 대신하여 마켄젠이 지휘하는 독일군 제9군의 우익이 합세하고 카르파티아에서 올라온 뵘에어몰리의 제2군으로 강화된 덕에, 혼란스러운 전투에서 큰 희생을 치르기는 했지만 크라

쿠프와 폴란드 민족의 성스러운 도시인 쳉스토호바Częstochowa 사이 비스와 강 북쪽의 땅을 얻는 데 성공했다. 그렇지만 러시아 남서전선군—제2군, 5군, 4군, 9군, 3군, 11군—은 전력이 더 강했고 증원군을 끌어올 수 있었다. 콘라트는 11월 16일부터 열흘간 이어진 전투 끝에 패배를 인정하고 애초 출발했던 곳보다 독일 국경에 더 가까운 지점으로 부대를 철수시켜야 했다. 크라쿠프 남쪽에서는 결말이 더 나빴다. 크라쿠프-쳉스토호바 공세 때문에 카르파티아 산맥 전선에서 병력이 줄어들었고, 그 탓에 산맥을 넘는 5개 주요 고갯길이 러시아의 공격에 노출되었다. 브루실로프는 11월 20일에 웁쿠프Łupków 고개[132]를 장악했고, 11월 29일에 브루실로프를 상대했던 오스트리아 지휘관 스베토자르 보로에비치Svetozar Boroević[133]는 적군의 부다페스트 공격 가능성에 직면했다.

그때 오스트리아의 운명은 뜻밖의 일로 좋게 역전되었다. 구체적인 환경이 적군에 비해 현저히 불리할 때 잘 판단하여 선수를 잡은 결과였다. 러시아군 최고사령부가 쉽게 빠져들었던 우유부단함은 오스트리아가 선수를 잡는 데 더욱 큰 도움이 되었다. 11월 29일 니콜라이 대공은 두 전선군의 사령관인 루스키와 이바노프를 시에들체Siedlce[134]에 있는 스탑카 본부로 소환하여 향후 작전에 대하여 논의했다. 전에도 종종 그랬듯이 합의는 도출되지 않았다. 루스키는 우치에서 입은 손실 때문에 북서전선군을 바르샤바로 철수시키고자 했다. 이바노프는 반대로 크라쿠프-쳉스토호바 전선에서 오스트리아군을 퇴각시킨 성취에서 기회를 감지했기에 군대를 재편성하여 다시 공세에 나서기를 원했다. 이바노프는 이렇게 주장했다. "베를린으로 가는 길은 오스트리아-헝가리를 지난다."[135] 이바노프는 원하는 것을 얻었다. 그렇지만 이바노프의 행동의 자유는 대공의 허락이 아니라 보급품과 증원군을 얻을 가능성에 달려 있었다. 10월에서 11월 사이에 140만 명의 신병이 들어왔으므로 병력 보강은 충분했지만, 신병들은

132. 슬로바키아어로는 룹코프(Lupkov)다. 폴란드와 슬로바키아 국경에 있는 고개. 고개 밑으로 642미터의 철도 터널이 지나는데 두 대전 중에 수차례 파괴와 재건이 반복되었다.—옮긴이

133. 1856~1920. 대전이 발발했을 때 동부전선의 제6군단장을 맡고 있었다. 9월 초에 제3군 사령관이 되고 10월 초에 일시적으로 프셰미실 요새를 해방한다. 1915년 5월에 제3군의 일부를 이끌고 이탈리아 전선으로 가서 제5군 사령관으로서 열한 차례의 이탈리아군 공격을 막아내 '이손초 강의 기사'라는 별명을 얻었다. 1917년 8월에 '보로에비치 집단군'이라는 별칭을 얻은 남서전선군 사령관이 되었고 이듬해 2월에 육군원수에 올랐다.—옮긴이

134. 동부 폴란드의 도시.—옮긴이

135. *Letzter Krieg*, Ⅰ, pp. 595~598

136. 리마노바와 와파누프 모두 남부 폴란드 마워폴스카(Małoposka) 주의 작은 마을이다.—옮긴이

훈련을 받지 않은 상태였고 상당수가 무기도 갖지 못했다. 탄약도 심히 부족했다. 러시아의 공장들은 아직 1915년의 생산 수준을 달성하지 못했으며, 백해가 결빙으로 닫혀 있고 발트 해와 흑해는 적의 해군에 막혀 있었기에 수입도 불가능했다. 포대는 하루에 10발씩 포탄을 배급받았다.

이런 상황이 계속되는 동안 콘라트가 타격을 가했다. 콘라트는 크라쿠프 남쪽 러시아 제3군과 카르파티아의 브루실로프 제8군이 만나는 접점에 약한 고리가 있음을 알아챘다. 리마노바Limanowa와 와파누프Łapanów[136] 사이에 거의 20마일에 가까운 틈이 벌어져 있었던 것이다. 콘라트는 반대편에 가능한 대로 최고의 부대를 모았다. 독일군 제43사단과 오스트리아군 제14군단이었다. 독일군 사단은 새로운 사단이었지만, 오스트리아군 제14군단은 그렇지 않았다. 9월에 렘베르크 인근 전투에서 제14군단의 티롤 소총연대 병사 다수가 전사했고, 손실을 보충할 예비군은 찾기 어려웠다. 그렇지만 특별임무를 맡은 부대는 12월 3일에 공격을 개시했다. 나흘간의 전투에서 러시아군은 40마일을 밀려났다. 그 후 적의 증원부대가 나타나기 시작했으며 12월 10일에 콘라트의 공격은 중단되었다. 그렇지만 이 공격으로 보로에비치는 카르파티아 산맥에서 공세로 전환할 수 있었으며 전방 산사면에 더 강력한 새 진지들을 확보할 수 있었다. 그 결과, 리마노바-와파누프 전투는 크라쿠프를 지나 독일로 밀고 들어가려던 이바노프의 계획을 봉쇄했을 뿐만 아니라 부다페스트를 공격한다는 러시아의 희망도 깨버렸다. 그러므로 전투는 효과 면에서 이중의 승리였다. 독일 영토를 직접 침공하고 오스트리아-헝가리를 물리쳐 독일에 간접적으로 승리를 거둔다는 러시아의 두 가지 전략을 모두 무산시켰던 것이다.

오스트리아군이 리마노바-와파누프 전투에서 비록 승리를 거두기는 했지만 전투를 지배한 것은 그것이 마지막이었다. 오스트리아군

은 오스트리아군 사령관이 자신의 것으로 주장할 수 있는 결정적인 작전을 다시는 단독으로 시작하거나 결단할 수 없게 된다. 그 후 오스트리아군은 러시아와 싸운 전투에서든 아니면 훗날 이탈리아와 싸우는 전쟁—고를리체Gorlice, 카포레토Caporetto—에서든 독일의 지원과 지휘를 받아야 승리를 얻을 수 있었다. 사실 오스트리아군이 리마노바에서 거둔 승리 역시 독일군이 군대를 빌려준 데 크게 힘입었다. 이때 이후로 오스트리아군은 언제나 독일군의 하급 협력자로, 그것도 점점 더 약해지는 협력자로 싸우게 된다. 이는 대체로 오스트리아군이 대규모 전쟁을 수행하는 데에는 부족한 병력으로 분쟁에 참여하고 게다가 심한 손실을 입은 탓이었다. 12월이면 모든 교전국 군대는 1914년 7월이라면 상상할 수 없었을 만큼 많은 병력을 잃었다. 러시아 야전군은 동원 시기에 350만 명이었는데 이제 200만 명으로 축소되었다. 그러나 러시아군은 아직 징집되지 않은, 소집 가능한 남자가 1,000만 명은 되었을 것이다.[137] 반면, 오스트리아군은 335만 명을 동원하여 126만 8,000명을 잃었는데, 잠재적인 보충병은 러시아와 비교했을 때 3분의 1이 채 못 되었다. 그 공식 수치는 191만 6,000명이었다.[138] 게다가 많은 사람이 마지못해 제국에 봉사하는 자들이었고 전쟁이 길어지면서 그러한 상황은 더욱 명확해졌다. 티롤과 포어아를베르크Vorarlberg[139] 산악지대의 용감한 남자들은 1914년이 지나기 전에 모든 것을 다 바쳤다. 오스트리아 본토의 독일인들도 심하게 고생했고, 헝가리왕국의 호전적인 마자르인들도 마찬가지였다. 황제의 슬라브인들이 제공할 수 있는 병력은 점점 더 확실하지 않았다. 세르비아에서 최초에 후퇴한 책임은 제7군단, 특히 거의 전부가 체코인이었던 제7군단의 21사단에 돌아갔다. 제9군단의 체코인들은 러시아군과 싸우던 중에 대규모로 적진으로 탈주했다는 의심을 받았다. 전쟁 초에 정규군 장교들과 장기복무 하사관들의 손실이 매우 컸기에 군대의 확고부동함은 더욱 심각하게 훼손되었다. 오스트리아군은, 오스트리아

137. D. Jones in Millet and Murray, pp. 278~279

138. *Letzter Krieg*, I, Beilage 1

139. 오스트리아 서쪽 끝의 주. 티롤 주와만 붙어 있다.—옮긴이

140. 폴란드와 슬로바키아 사이에 있는 카르파티아 산맥의 한 부분. 폴란드어로 베스키트 니스키(Beskid Niski), 슬로바키아어로 니스케 베스키디(Nízke Beskydy)라고 한다.—옮긴이

141. 우크라이나 이바노-프란킵스크 주 프루트 강가의 도시. 콜로메아는 독일어 표기이고, 우크라이나어로 콜로미야(Kolomyia), 폴란드어로 코워미아(Kołomjia)다.—옮긴이

142. 현재 우크라이나의 체르니브치(Chernivtsi).—옮긴이

143. G. Rothenburg, p. 84

144. *Letzter Krieg*, Ⅰ, pp. 141~142

공식 사가의 말을 빌리면, '국방대Landstrum(2선 예비군)와 의용군'이 되어가고 있었다.

이러한 상황의 전조는 콘라트가 리마노바-와파누프 전투 후 한 달이 지나서 카르파티아 산맥의 동쪽으로 더 나아간 지점에서 승리를 반복하려 했을 때 드러났다. 콘라트는 독일군과 협조했다. 독일군은 콘라트가 움직이는 동안 마주렌에서 공세를 준비하여 동프로이센을 위협하지 못하도록 러시아군을 완전히 진압하려 했으며, 콘라트에 제3근위사단, 제48예비군사단, 제5기병사단의 3개 사단으로 지원했다. 계획은 아래 베스키디Lower Beskids 산맥[140]에서 공격하는 것이었다. 독일군이 그곳을 돌파한 후 측면의 오스트리아 사단들의 지원을 받아 양 방향에서 바깥쪽으로 돌아나갈 작정이었다. 베스키디 산맥은 8,000피트로 솟아 있고 길이 거의 없으며 겨울에는 많은 눈으로 뒤덮인다. 게다가 독일군은 산악 작전을 수행할 장비가 부족했다. 1월 23일에 시작된 공격에 거의 진척이 없었던 것은 놀랍지 않다. 정작 놀라운 일은 오스트리아군이 거둔 초기의 성공이었다. 오스트리아군은 콜로메아Kolomea[141] 전투에서 러시아군을 카르파티아 산맥 동쪽 사면까지 쫓아버렸고 오스트리아와 러시아, 루마니아 국경이 만나는 체르노비츠Czernowitz[142]에 도달했다. 그러나 영토 획득은 미미한 것이었으며, 2월 27일에 재개된 공격은 곧 러시아의 저항에 막혔다. 오스트리아군은 이 작전에서 9만 명을 잃었지만 러시아군 병력에 해를 입히지 못했다.[143] 3월 중에 러시아군은 기회만 주어지면 어디에서나 가혹한 자연과 성과 없는 노력에 지쳐버린 적군에 반격을 가했다. 오스트리아 제10군단 참모장인 폰 크랄로비츠von Kralowitz 장군은 이렇게 보고했다. "부대는 이미 박살 났고 방어능력을 상실했다. …… 매일 수백 명이 얼어 죽는다. 제 몸을 끌 수 없는 부상자들은 곧 죽을 것이다. …… 병사들은 자신들을 옥죄는 무감각과 무관심을 떨치려는 시도조차 못한다."[144]

이와 같이 카르파티아의 겨울 반격이 실패로 돌아가면서 10월부터 두 번째로 포위되어 있던 프셰미실의 엄청난 오스트리아 수비대의 사기는 땅에 떨어졌다. 프셰미실 수비대의 구출은 1월 작전의 주된 목표였다. 1월 공격과 2월에 재개된 공격이 실패하자, 요새 사령관은 돌파를 시도했지만—러시아군에 배속된 어느 영국군 장교는 이를 '벌레스크'[145]라고 묘사했다—러시아군의 포격을 견디고 남은 요새 대부분이 파괴되고 포와 탄약이 파손되고 보급품이 불타버린 후 3월 22일에 항복했다.[146] 2,500명의 장교와 11만 7,000명의 병사들이 러시아의 포로가 되었다.[147] 영국군 참관인이 '부유한 집안에서 잘 먹고 자란' 얼굴이라고 기술했던 장교들은 처음에는 별로 고생하지 않았다. 《일러스트레이티드 런던 뉴스Illustrated London News》의 어느 화가는 정복자와 함께 시내 카페에 앉아 있는 오스트리아 장교들을 그렸다. 장교들은 별도의 탁자에 앉았지만 마치 18세기 전쟁 규범을 따르듯이 들어오고 나갈 때 경례를 교환했다.[148]

마주렌에서는 러시아군도 독일군도 예의를 지킬 분위기가 아니었다. 그곳의 러시아 제10군은 9월 말에 아우구스투프 전투에서 얻은 동프로이센의 좁고 긴 땅을 여전히 점령하고 있었고, 독일군은 이를 기어코 되찾으려 했다. 그렇지만 독일군의 계획에는 국지적인 성공의 희망 이상이 담겨 있었다. 그 노력은 두 가지 큰 목적을 지녔다. 하나는 마주렌과 마지막으로 남은 유럽의 원시적 황무지인 아우구스투프 삼림 사이에 있는 러시아 제10군을 포위하는 것이었다. 두 번째 목적은 오스트리아군의 카르파티아 공격과 공동으로 폴란드 내 러시아군 전체를 더 넓게 포위하는 것이었다. 팔켄하인은 어느 작전도 원하지 않았다. 두 작전 모두 증원부대가 필요했는데 팔켄하인은 서부전선을 위해 증원부대를 아껴두려 했기 때문이다. 그러나 비록 부하였지만 탄넨베르크 승리 이후 카이저를 직접 알현할 수 있었던 힌덴부르크가 팔켄하인을 눌렀다. 부대는 찾을 수 있었다. 독일군은 기존의 구조에

145. 풍자 희가극. 진지한 주제를 시시하게 다루거나 시시한 주제를 진지하게 다루는 부조화가 특징이다.—옮긴이

146. N. Stone, p. 114

147. G. Rothenburg, p. 185

148. *Illustrated London News*, April 21, 1915

149. *251 Divisions*, p. 541ff

150. N. Stone, p. 118

151. N. Stone, p. 117

서 새로운 대형을 만들어내는 데 뛰어난 능력을 지녔기 때문이다. 러시아군과 오스트리아군이 종종 제대로 훈련받지 못한 신병들로 그저 손실을 최대한 줄이는 데 급급했다면, 독일군은 1선의 사단들을 분할하고 2선 대형을 승격시키며 예비군과 새로이 입대한 징집병으로 새로운 사단을 조직했다. 이런 식으로 독일군은 1914년 11월에 여러 군사 지구의 대대들을 재배치하여 75번에서 82번까지 8개 사단을 새로 만들어 동부전선에 배치했다. 이 새로운 사단들은 비록 표준적인 12개가 아니라 9개의 보병대대 병력을 보유했지만 포대에서는 이전 사단과 동일한 전력을 보유했으며 실제로 전쟁 후반에 전군의 규범이 되는 9개 대대 편제를 예고했다.[149]

'마주렌 겨울전투'는 1915년 2월 9일에 제75, 76, 77, 78, 79, 80사단을 선봉에 세우고 시작했다. 탄넨베르크 전투를 승리로 이끈 옛 제8군과 새로운 제10군이 호수지대의 북쪽과 남쪽에서 공격했고, 눈, 안개, 혹독한 추위의 끔찍한 날씨를 헤치고 신속히 러시아군을 포위하려 했다. 러시아군 보병은 유치한 참호를 파고 있었고, 흔히 그렇듯이 전선의 '짐승 같은 인간들'을 지원하기보다는 자신들의 포를 구하는 데 더 관심이 많았던 포대 지휘관들로부터 지원을 받지 못한 탓에 힘차게 저항했지만 점차 포위되었다.[150] 러시아군은 정보력이 빈약했고 독일군의 전력을 시종일관 얕보았다. 고립된 제10군에 예비군을 공급하지 못했던 최고사령부는 군단장 시에베르스Sievers에게 남쪽 먼 곳의 제12군이 문제를 해결해줄 것이라고 안심시켰다. 시에베르스는 공격당하기 전에 이렇게 경고했다. "〔우리 부대가〕 9월에 〔렌넨캄프가 맞이했던〕 운명과 동일한 운명에 처하는 것을 무엇도 막을 수 없다."[151] 시에베르스의 상관들은 전혀 주의를 기울이지 않았고, 그래서 2월 16일에 실제로 또 하나의 탄넨베르크 전투가 임박했다. 불가코프Bulgakov의 제20군단은 아우구스투프 숲의 작은 구역에 갇혀버렸고 적은 맹렬히 공격하여 점점 좁혀 들어왔다. 유럽의 마지막 야생 들소인 오록스의 남은 무리가 주된 희생자가 될 정도였다.[152] 독일군의 협공은 2월 21일에 불가코프가 1만 2,000명의 부대원과 함께 항복하면서 끝났다. 독일군은 9만 명이 넘는다고 주장했지만, 전투 중에 죽거나 부상당하지 않은 제10군의 대다수는 실제로 숲으로 도망갔다. 또 다른 탄넨베르크 전투는 없었지만, 동프로이센은 러시아의 침공 위협에서, 최소한 이 전쟁에서는 영원히 벗어났다.

카르파티아 산맥의 겨울전투는 그처럼 명쾌한 결말을 낳을 가능성이 없었다. 그곳에서는 오스트리아군과 파견된 독일군이 12월에 리마노바에서 그리고 1월에 베스키디 산맥에서 했던 노력을 지속하여 2월에 공격을 재개했지만 러시아군의 예상치 못한 강력한 대응을 맞이했을 뿐이다. 오스트리아군 참모총장 콘라트는 첫째 포위된 프셰미실 수비대에 가해지는 압박을 덜고, 둘째 오스트리아의 후퇴에 점차 대담해져 연합군 편으로 전쟁에 참여하려는 이탈리아를 지연시킨다는 두 가지 목적에서 공격을 시작했다. 카르파티아 산맥의 지형과 기후는 콘라트의 병사들에게 패배와 끔찍한 고통을 안겼다. 병사들은 험준한 계곡과 숲속에서 얼어 죽고 굶어 죽었다. 필시 유럽에서 가장 강인했을 핀족 병사들의 군단을 포함했을 러시아군 대형은 영향을 덜 받았다. 러시아군은 3월 말 콘라트의 공격 시도에 역공을 가했고, 독일군 제4사단, 제28예비군사단, 제35예비군사단이 오스트리아군을 지원하기 위해 도착했는데도 강하게 밀고 나갔다. 4월 초 러시아군은 카르파티아 전선을 지배했으며, 전쟁 발발 이후 전군에 걸쳐 거의 200만 명의 손실을 보았지만 날씨가 좋아지자마자 또다시 산마루를 돌파하여 헝가리 평원으로 진격할 것을 신중히 고려했다. 동부 전역 전체에 결정적인 영향을 미칠 결과를 얻기 위함이었다. 1914년에 이미 120만 명의 사상자를 냈던 오스트리아군은 1915년 첫 석 달 동안 추가로 80만 명을 더 잃어 임종을 눈앞에 두고 있었다.[153] 합스부르크제국은 정치적 종속과 국가적 위신의 측면에서 어떤 대가

152. S. Schama, *Landscape and Memory*, N.Y., 1996, pp. 65~66

153. *Letzter Krieg*, Ⅱ, pp. 270~271

를 지불하든 독일의 대규모 지원을 끌어내야 했으나 이를 얻지 못하여 최후의 위기에 직면했다.

6 장

교착 상태

THE FIRST WORLD WAR

6 | 교착 상태

1914년 겨울에 모든 교전국 군대의 공격력은 완전히 소모되었다. 서부전선보다 동부전선에서 약간 더 늦었을 뿐이다. 그리하여 1915년 봄에 유럽은 새로운 국경을 맞이했다. 새 국경은 전쟁 이전의 여유로운 국경, 드물게 서 있는 세관에서 여권도 없이, 다른 곳에서도 이렇다 할 절차 없이 쉽게 지날 수 있는 옛 국경과는 매우 다른 성격을 지녔다. 새로운 국경은 거대한 군사 제국과 바깥 세계를 분리하는 고대 로마의 흙으로 쌓은 방벽인 리메스[1]와 유사했다. 실제로 로마시대 이래로 이와 비슷한 것은 볼 수 없었고—카롤루스 대제나 루이 14세, 나폴레옹 시대에도 없었다—이후로도 30년이 지나 냉전이 시작될 때까지 다시 볼 수 없었다.

그러나 새로운 국경은 리메스나 철의 장막과 달리 사회적 경계나 이데올로기적 경계를 표시하지는 않았다. 이는 단순히 교전국들을 분리하는 요새로, 방어적인 만큼이나 공격적이기도 했다. 그러한 요새는 이전에도 있었다. 특히 남북전쟁 때 버지니아와 메릴랜드에서, 반도전쟁 중에 웰링턴이 포르투갈에서, 발칸전쟁 때 이스탄불 외곽 차탈자에서, 17세기와 18세기에 차르가 스텝지역에서(체르타 방벽Cherta line)[2] 만들었다. 그러나 길이와 깊이, 들인 노고에서 어느 것도 1915년 유럽의 새로운 국경에 비할 수 없다. 흙을 쌓아 만든 이 보루는 발트 해의 메멜Memel[3]에서 카르파티아 산맥의 체르노비츠까지, 벨기에의 니우포르트에서 프라이부르크Freiburg 근처의 스위스 국경까지 거의 1,300마일에 걸쳐 이어졌다. 1870년대에 미국의 소 키우는 사람들이 발명한 가시철망이 출현하여 봄이면 서로 대적하는 참호들 사이에 긴 띠를 이루었다. 영국 사람들이 '더그아웃dugout'이라고 했던 지하 대피호와 전선 배후의 지원부대도 마찬가지로 줄지어 늘어섰다. 그

1. 로마시대의 국경 방어 요새. 리메스 브리타니쿠스(Limes Britannicus), 리메스 게르마니쿠스(Limes Germanicus), 리메스 아라비쿠스(Limes Arabicus)를 예로 들 수 있다.—옮긴이

2. 자세츠나야 체르타(Zasechnaya Cherta). 모스크바 대공국이 크림의 타타르인들을 막기 위해 세운 방벽.—옮긴이

3. 현재 리투아니아의 클라이페다(Klaipėda).—옮긴이

러나 새로운 국경은 본질적으로 구덩이였다. 구덩이는 사람이 숨기에 충분할 만큼 깊었고, 위에서 떨어지는 포탄에 쉽게 맞지 않을 정도로 좁게 팼으며, 폭발의 충격이나 파편, 유산탄을 방산시키고 참호에 들어온 공격군에게 소총을 사격할 시간을 길게 주지 않도록 일정한 간격을 두고 지그재그로 구부러진 '엄폐호traverse'가 있었다. 젖은 땅이나 돌이 많은 땅의 참호는 깊지 않았고 전면에 보통 주머니에 흙을 담아 높이 쌓았다. 땅이 건조하거나 작업하기에 더 편한 곳일수록 참호 내부의 벽을 따라 가로장이나 욋가지로 버팀벽을 댈 필요가 적었고 지하대피호는 더 깊었다. 그리하여 애초에 날아오는 포탄으로부터 입구를 보호하기 위해 적군에 가장 가까운 참호의 측면을 '파내 만든 구덩이'로 시작된 이 대피호는, 계단으로 내려가야 하는 깊숙한 지하대피호로 매우 빠르게 발전했다. 종국에 독일군이 아르투아와 솜 강의

참호에서 보초를 서고 있는 근위척탄병연대 병사

백악토 지대에 파낸 30피트 남짓의 '갱도stollen'는 맹렬한 포격을 잘 견뎌내게 된다.

그러나 참호 체계에 표준은 없었다. 곳에 따라, 전선에 따라 유형은 다양했으며, 설계는 지형의 성격, 공간과 부대의 비율—서부전선에서는 높았고, 동부전선에서는 낮았다—, 전술적 원칙, 참호선을 이끌었던 전투의 진행과정에 좌우되었다. 1915년 봄에 넓은 동유럽 전선에서 교전국의 전선을 가르는 공간인 중간지대는 너비가 3,000야드에서 4,000야드 정도였을 것이다. 오스트리아군과 독일군의 대규모 돌파 작전이 벌어질 무대인 고를리체와 크라쿠프 남쪽 타르누프Tarnów 사이에는 "앞에 겨우 한두 가닥의 가시철망을 친, 잘 연결되지 않은 좁은 참호밖에 없었고, 배후의 교통호도 종종 개활지로 이어졌다. …… 예비진지도 거의 없었다."[4] 이와 대조적으로 서부전선의 중간지대는 너비가 보통 200에서 300야드 정도이거나 종종 그에 못 미쳤고 때로는 25마일밖에 되지 않는 곳도 있었다. 격렬한 참호전의 결과 양측이 다 손을 본 '국제적' 가시철망 장벽이 만들어지기도 했다. 1915년 봄이면 가시철망은 아주 많았다. 그렇지만 나무말뚝, 나중에는 시끄럽게 망치소리를 내지 않고도 고정시킬 수 있는 나사말뚝screw picket에 묶은 철조망의 폭은 여전히 매우 좁았다. 폭이 50야드에 달하는 밀집한 가시철망 지대는 나중에야 나타났다. 영국군은 최전선의 배후에 습관적으로 '지원참호'선을 구축했다. 이 참호선은 제1선에서 200야드 정도 떨어져 있었고, 보통 후방으로 400야드 더 떨어진 지점에 완성도가 떨어지는 '예비참호'선이 구축되었다. 이 참호들을 연결하고 종종 엄폐호로 꺾여 들어간 '교통호'는 후방에서 보충병들과 급양대가 엄호를 받아 전선에 도착할 수 있게 했다. 도식적으로 보면, 이러한 배치는 18세기 공성무기 제작자라면 매우 친숙했을 것이다. 대호로 연결된 평행호[5]와 비슷했기 때문이다.[6] 그러나 참호에 물이 넘치거나 참호가 적의 관측에 드러나면서 아니면 전투 중에 참호를 적에 빼앗기

4. N. Stone, p. 135

5. 성곽을 향해 지그재그로 대호를 파면서 접근하다가 대호와 수직이 되고 성벽과는 평행을 이루는 평행호를 판 후 보병을 투입해 공격하는 것이 18세기에 유행했던 공성법이었다.—옮긴이

6. C. Duffy, *The Fortress in the Age of Vauban*, London, 1985, p. 42

7. J. Keegan, *The Face of Battle*, London, 1976, p. 208

8. E. Solano, *Field Entrenchments*, London, 1915, p. 209

면서 도식상의 정돈된 모양은 급속하게 사라졌다. 방어선을 '보수'하기 위해서, 다시 말하자면 전투 중에 망실된 참호의 연속선을 좋게 만들기 위해서 늘 새로운 참호를 파고 있었다. 예를 들면 이전의 지원 참호나 교통호가 새로운 제1선이 되고는 했으며, 전진에 성공하면 전 참호 체계가 뒤로 남았지만 국지적인 우세의 균형이 역전되면 다시 되돌아왔다. 얼마 지나지 않아 최초의 항공사진에 드러나듯이, 서부 전선은 끝이 막힌 복제된 참호들의 미로로 빠르게 바뀌어갔다. 그 안에서 병사들은 쉽사리 길을 잃었다. 때로는 부대 전체가 길을 잃기도 했다. 어느 대대가 전선의 할당된 구역의 끝에서 다른 대대의 참호로 들어갔을 경우, 참호의 지리를 알고 있는 정찰병들은 구출반의 필수 성분이었다. 상대적으로 더 견고한 참호로 가는 길과 폐허가 된 주택의 잔해로 가는 길을 가리키는 표지판도 필수 성분이었다. 1914년에서 1915년으로 넘어가는 겨울에 이프르의 돌출부에는 '토미'들이 트램 카 코티지Tram Car Cottage, 배터시 팜Battersea Farm, 베거즈 레스트Beggar's Rest, 애플 빌라Apple Villa, 화이트 호스 셀러즈White Horse Cellars, 캔자스 크로스Kansas Cross, 돌즈 하우스Doll's House라고 불렀던 건물들의 잔해가 여전히 남아 있었다.[7]

1914년 10월에 서부전선의 벌어진 공간을 막기 위해 서둘렀던 영국군은 어디서든 최선을 다해 지하로 들어갔다. 한 사람이 3분에 1입방피트의 흙을 파내 만들 수 있고 30분 동안 숨어 있기에 충분했던 대피호를 서로 연결하면 참호가 되었다.[8] 최초의 대피호는 흔히 기존의 도랑이나 밭의 배수로였다. 이미 만들어져 있던 이 은신처는 좀 더 깊이 파거나 비가 내리면 물로 가득 차서, 큰 노고를 들이지 않으면 결코 들어앉아 있을 수 없었다. 예를 들면 1914년 10월에 로열웰치 퓨질리어(웨일즈 수발총병) 연대Royal Welch Fusiliers 2대대는 이프르 남쪽에서 그런 상황을 발견했다. "도로와 많은 밭들의 둘레에 깊은 구덩이가 파여 있다. …… 흙은 대체로 진흙이고, 간혹 모래도 있다. ……

중대장들은 대원들에게 〔반대편의 독일군으로부터 전선을 지키고 있는〕 엄호부대 뒤에서 땅을 파게 했다. …… C〔중대〕와 D〔중대〕는 구간마다 엄폐호가 딸려 있는 표준적인 참호를 팠다. A〔중대〕는 소대별로 팠다. …… B중대는 지원참호를 팠고 …… 1개 소대를 그곳에 배치했다. 나머지 3개 소대는 셀러 팜Cellar Farm 뒤쪽 마른 도랑이 버들가지처럼 어지럽게 널린 곳으로 가서 …… 참호 파는 도구로 보수했다."[9] 12월, 인근에서 이 대대는 유사한 구역을 점령했다. "24시간 동안 '비, 비, 비'만 내렸다. 겨울의 홍수였고, 도랑은 시내로 변해 강으로 흘러들었다. 그 도랑은 물이 많이 빠진 이 저지대의 주요 배수로 중 하나였다. 좌우의 버팀벽이 무너졌고, 도랑이자 참호인 구덩이는 급류가 흐른 까닭에 낮에는 포기해야 했다." 공병대Royal Engineer의 도움을 받고 현지 제재소로부터 목재를 지원받아 결국 참호에 수면 위까지 버팀벽을 세웠다. "적이 들을 수 있는 짧은 거리에서 …… 사람이 2피트 깊이의 물속에 들어가 …… 흘러내리는 진흙더미로 〔목재〕를 끌어들여야 했다. …… 보름간의 고된 수고 끝에 밑바닥이 보통의 만수위 위로 올라가는 마른 참호가 만들어졌다. …… 1917년에도 그 참호는 구역 내에서 가장 잘 마른 참호였다."[10]

이 참호의 수명은 이례적으로 길었다. 서부전선이 비록 정적인 전선이 되지만, 1914년부터 1917년까지 원상태를 유지한 참호선은 거의 없었다. 1915년 1월에 이프르 남쪽 리스 강 인근의 진지에서 이 수발총대대가 겪은 경험이 그 이유를 말해준다.

> 리스 강의 수위는 여전히 높아지고 있었다. 그래서 참호는 내버려두고 버팀벽을 세우기로 결정했다. 작업은 오늘〔1월 25일〕 시작되었다. …… 수면이 지면에 너무 가까운 땅에서는 종종 모래 포대에 채울 수 있는 단단한 흙을 찾기가 어려웠고, 그래서 이후 몇 주 동안 대대는 흘러내리는 진흙으로 버팀벽 세우기 작업을 하느라 고생했다. 버팀벽의 목재 틀에 쓸 부품들은 공병대가

9. J. Dunn, *The War the Infantry Knew*, London, 1987, p. 77

10. J. Dunn, pp. 97~98

만들었다. 작은 나뭇가지를 엮어 만든 커다란 바자, 주름진 철판, 수없이 많은 모래 포대의 부품들은 야간 운반조가 날라야 할 짐이었다. …… 대대 전선의 좌측에는 골이 나 있어 그곳 참호의 대부분에서 물을 빼고 점거할 수 있었다. …… 버팀벽과 참호를 만드는 동안, 중대의 가설반은 경쟁하듯 일했다. …… 조만간 말뚝에 고정되어 펼쳐진 가시철조망이 전 전선에 몇 야드에 걸쳐 띠를 이루었다. 참호선이 완료되기까지 계속된 이 작업에는 몇 주가 걸렸다. 1개 중대를 앞으로 끌어오기 위해서는, 독일군 저격병들의 총격을 받으며 속보로 아니 날아다니듯 부리나케 부품들을 운반해야 했다. 그해 처음 몇 달간 발생한 사상자의 대부분이 독일군 저격병들에 쓰러졌다.[11]

로열웰치퓨질리어 연대 2대대 같은 대대들은 전선의 영국군 구역을 조금씩 그럭저럭 머물 만한 방어선으로 바꾸어놓았다. 마른 강에서 퇴각하기로 결정했던 덕에 훤히 내려다보이는 습한 저지대를 적에게 넘겨주고 좋은 장소를 선택할 수 있었던 독일군은 더 안정적이었다. 마른 강에서 독일군의 뒤를 추격하다가 차례로 멈춰선 프랑스 대형의 지휘관이 전한 바에 따르면, 독일군의 전략은 의도적인 참호 구축 전략이었다. 9월 13일 프랑셰 데스페레는 최고사령부의 조프르에게 보내는 저녁 보고에서 제5군이 새로운 상황에 직면했다고 타전했다. 랭스 너머 도시의 양 측면으로 이어진 정돈된 참호 체계를 선봉대가 뚫을 수도 우회할 수도 없었다는 것이다. 이후 며칠간, 다른 군 사령관들도 각각 비슷한 정보를 전송했다. 9월 15일 제9군의 포슈는 제5군의 측면에서 동쪽으로 뻗은 참호선에 막혔다고 보고했다. 9월 16일 제3군의 모리스 사라유Maurice Sarrail[12]는 "그물처럼 참호를 펼쳐 베르됭을 둘러싼" 적군과 계속해서 마주치고 있으며 자신은 보병 공격으로 베르됭을 함락시킬 수 없다고 타전했다. 사라유의 우측에 있던 카스텔노는 같은 날 자신이 지휘하는 제6군이 끝없이 이어진 참호선에 막혀 적군의 측면을 공격할 수 없음을 깨달았고, 9월 17일에는 제

---

11. J. Dunn, pp. 111~112

12. 1856~1929. 보수파와 왕당파가 지배한 프랑스군에서 기이하게도 사회주의에 공감했던 장군. 1914년에 아르덴에서 제3군을 지휘했으나 큰 손실을 입어 해임되었다. 동방원정군 사령관으로 1915년 10월에 살로니카로 파견되었다. 1916년 1월에서 1917년 12월까지 마케도니아 전역에서 연합군 사령관을 역임했다.—옮긴이

1군의 뒤바유가 독일군이 현지 주민들을 징용하여 서둘러 구축한 끝없는 참호선이 전선을 가로막고 있다고 보고했다.[13] 그러므로 독일군은 랭스에서 스위스 국경까지는 마른 강에서 후퇴하여 도달한 지점에서 "참호를 파고 지키라"는 몰트케의 9월 10일자 명령을 이행하는 데 이미 성공했으며, 동시에 엔 강 이북에서는 일련의 단기 측면 공격이 차례로 무산되면서 영국해협을 향해 조금씩 참호를 파가고 있었다. '바다로 가는 경주'의 이 단계들 중 마지막은 웨일즈 수발총병연대 2대대의 장교들이 설명한 바에 따르면 구덩이 파기, 긁어내기, 헤집기,

13. J. Keegan, *Purnell's*, Ⅱ, London, 1970, p. 579

1916년, 베르됭의 304고지에 있는 참호 속의 프랑스군 6사단 87연대 병사들

14. G. C. Wynne, *If Germany Attacks*, London, 1940, p. 15

물 퍼내기, 조악한 야전 목공일의 에피소드로 끝났다. 이 모든 일은 이프르와 주변 지역을 내려다보는 동쪽 산등성이의 더 건조한 땅에서 더 깊게 참호를 파고 들어앉아 있는 독일군의 사격을 받으며 진행되었다.

영국군은 얼마 전에 남아프리카의 모데르 강과 투겔라 강에서 보어인들로부터 참호 체계를 복잡하게 만드는 것이 유용하다는 중요한 교훈을 배웠다. 그래서 영국군은 플란데런에서 자신들의 진지가 적군에 내려다보이는 결점을 이중, 삼중으로 참호를 구축하여 메웠다. 독일군은 1871년에 파리 주변에서 마지막으로 참호 구축 작업을 했었고 그 밖에는 러일전쟁을 연구하여 간접적으로 참호전에 대한 지식을 얻었는데, 다른 원칙을 갖고 있었다. 팔켄하인은 1915년 1월 7일과 25일에 내린 두 명령으로 서부전선의 군대는 우세한 군대의 공격에 맞서 소규모 병력으로 오랫동안 버틸 수 있을 만큼 강력하게 전선을 요새화하라고 지시했다.[14] 팔켄하인이 이 점을 역설한 이유는 프랑스와 벨기에에서 동부전선 전쟁을 지원할 증원군을 빼낼 필요가 절실했기 때문이다. 동부전선에서는 마주렌과 비스와 강 전투에서의 수요와 갈리치아의 오스트리아군을 보강해줄 필요성 때문에 자원이 점차 고갈되었다. 팔켄하인은 이미 그곳에 13개 사단을 보냈고, 현지에서 편성한 제대를 빼고도 추가로 7개 사단이 동부전선의 위기가 지나가기 전에 출발할 예정이었다. 게다가 그렇게 이동한 병력은 팔켄하인 휘하의 최정예 부대로 제3근위사단과 기타 6개 상비사단, 제1근위예비군사단을 포함하는 4개의 1선 예비군사단이었다. 이 병력은 팔켄하인의 서부전선 병력의 10분의 1에 해당했으며 프로이센 평시 편제의 3분의 1에 해당했다. 대체로 공격능력에서 기대를 받았던 부대들이었다.

동부전선의 군대는 점차 가공할 타격부대로 바뀌고 있었다. 그러므로 서부전선에 남은 군대는 여전히 정예군을 포함했어도 프로이센 이외 지역의 병력이 다수를 차지했다. 바이에른, 작센, 헤센 출신들로 구성된 허약한 예비군과 전쟁으로 소집되어 훈련이 부족한 사단들이 주였다. 이런 상황에서 팔켄하인이 내린 방어의 원칙이 엄격했다는 사실은 놀랍지 않다. 전선은 주된 저지선이어야 했다. 총력으로 구축하고 어떤 희생을 치르고라도 사수해야 했으며 빼앗기면 즉시 반격하여 되찾아야 했다. 2차 저지선은 오로지 예방책으로서만 구축해야 했다. 플란데런에서 영국군에 맞서 제6군을 지휘하던 루프레흐트 대공 외 몇몇 독일 장군들은 최전선의 부대가 후방에 의지할 수 있는 참호선이 있다는 사실을 알면 단호한 의지가 줄어들 것이라고 판단하고 두 번째 저지선을 구축하는 데 반대했다. 1915년 5월 6일에 가서야 독일군 전 전선을 배후로 2,000야드에서 3,000야드 떨어진 지점에 제2참호선을 구축하여 강화하라는 최고사령부의 구속력 있는 명령이 하달되었다.[15] 그러나 그때쯤이면 주 저지선은 가공할 요새로 변모하고 있었다. 아르투아와 솜 강의 백악토 지대에서, 엔 강과 뫼즈 강의 고지대에서, 독일군 보병은 지표면 아래 깊숙이 파고들어 포탄을 견뎌낼 수 있는 대피호를 만들었다. 참호 뒤편에 콘크리트로 만든 기관총 사대는 주석과 쇠로 두텁게 덮었다. 버팀벽은 두껍고 높았으며, 참호 내부에는 나무로 보도를 깔았다. 군사적으로 독일군 전선은 한 주 두 주 지나면서 더욱 강해졌다. 안을 들여다보면 참호는 안락해지기도 했다. 깊숙이 자리 잡은 지하대피호에는 전깃불이 등장했고 고정된 침상과 나무바닥을 갖추었으며, 벽에는 널판을 덧댔고, 심지어 양탄자도 깔리고 그림도 걸려 있었다. 지하 지휘소 후방으로는 지원 포대로 이어지는 전화선이 깔려 있었다. 독일군은 오래 머물 작정을 하고 자리를 잡았던 것이다.

프랑스군은 그렇게 안락하게 지낼 수 없었다. 적이 점령한 프랑스 지역은—노르, 파드칼레, 솜, 우아즈, 엔, 마른, 아르덴, 뫼즈, 뫼르트에모젤, 보주는 1914년 10월에 일부 혹은 전부가 적의 수중에 있었다—

15. G. C. Wynne, p. 17

최대한 빠르게 회복해야 할 점령지였다. 게다가 점령은 단순한 침범보다 나빴다. 전쟁의 직접적인 영향을 받지 않은 프랑스의 80개 도는 대체로 농업지역이었고, 독일군이 점령한 10개 도에는 프랑스 제조업의 상당 부분과 프랑스 석탄과 철광지대 대부분이 포함되었다. 전쟁을 수행하기 위해서라도 그 지역의 회복은 절실했다. 그리하여 조프르는 독일식의 침투 불가능한 전선을 경시했다. 자기 병사들이 지키고 있는 진지를 기지로 삼아 중간지대로 결정적인 공세를 가하고자 했기 때문이다. 그러나 조프르는 어떤 의미에서는 팔켄하인과 매한가지로 병력을 경제적으로 사용해야 했다. 독일군의 지휘관이 서부전선 전체를 수비 구역으로 만들려 했던 반면, 조프르는 전선을 방어 구역과 공세 구역으로 나누어 방어 구역 병력의 일부를 공세 구역으로 돌리고자 했다. 구역의 분할은 지리가 결정했다. 북쪽의 플란데런, 남쪽의 뫼즈 강 고지대와 보주 산맥 같은 습한 구릉지가 방어 구역이 되어야 했다. 공세 구역은 그 사이의 지역, 특히 아라스의 솜 강 백악토 지대와 랭스 근처의 샹파뉴에서 독일군의 거대한 돌출부를 떠받치고 있는 지역이어야 했다.

12월에 그 구역에서 전개된 두 차례의 공세는 시기상조였음이 밝혀졌다. 12월 14일에서 24일까지 지속된 1차 아르투아 전투는 아무런 성과 없이 끝났다. 12월 20일에 시작된 샹파뉴 겨울전투는 오랫동안 중단되었다가 3월 17일까지 길게 늘어졌는데, 프랑스군은 9만 명의 사상자를 내고도 조금의 영토도 얻지 못했다. 남쪽으로 더 내려간 지점의 아르곤Argonne, 베르됭 인근, 생미엘 돌출부, 보주 산맥의 하트만즈바일러코프Hartmannsweilerkopf[16]에서는 결론이 나지 않는 국지적 전투들이 있었다. 하트만즈바일러코프는 우뚝 솟은 돌출지형으로 양 진영은 이곳에 산악특수부대인 예거연대와 샤쇠알팽Chasseurs Alpins을 보내 서로 공격하게 했지만 아무런 성과도 없었다. 프랑스군이 '비에유 아르망le vieil Armand'이라고 부른 하트만즈바일러코프는 프랑스 최정

16. 남부 보주 산맥의 암석으로 된 봉우리. 프랑스 북동부 오랭(Haut-Rhin) 도의 아르망비에유(Hartmannsweiler) 인근에 있다. 여러 차례 격렬한 전투가 벌어졌다. 전쟁 중에 약 3만 명이 사망한 것으로 전해지는데, 대부분이 프랑스 병사였다. 현재 그곳 참호에서 벌어진 전투를 기리는 프랑스의 국가 유적이 서 있다.—옮긴이

에 병사들 다수가 묻히는 묘지가 된다. 결정적인 성과를 얻기에는 프랑스군이 아직도 준비가 매우 부실하고 독일군 참호는 너무 강력하다는 사실을 알게 된 조프르는 계획을 변경했다. 1월에 조프르는 두 차례에 걸쳐 전선의 조직 방식을 규정하는 명령을 내렸다. 먼저 공격 구역은 전면과 측면을 사격으로 엄호할 수 있는 위치의 거점으로 구성하라고 명령했다. 그 사이의 방어 구역은 망루를 갖추고 철조망을 빽빽이 설치하여 방어해야 했으나 동시에 공격 구역에서 사격하여 지켜야 했다. 공격 구역과 방어 구역의 전 전선에 걸쳐 약 10야드 폭으로 두 줄의 철조망을 설치하되 중간에 정찰대가 지날 수 있도록 약 20야드 정도의 간격을 두어야 했다. 거점선의 배후에는 반격을 준비하고 있는 중대들을 위해 포탄을 막을 수 있는 대피호를 갖춘 2차 진지선이 구축되어야 했다.[17] 프랑스 8개 군의 전선을 조사한 결과 조프르가 요구했던 작업은 이미 대부분 완료되었다. 그리하여 조프르는 1월 2일자 서한에서 국지적인 돌파의 위험에 대비하여 후방으로 약 2마일 떨어진 지점에 1차 참호선과 유사한 2차 참호선을 만들어 전선을 보강하라고 썼다. 그러한 작업은 베르됭과 랭스 구역에서는 이미 완료되었다. 조프르는 병력을 효과적으로 사용하고 사상자가 나는 것을 막기 위해 전선을 최대한 좁게 유지하되 각 지휘관들은 전초를 적군 진지에 너무 가깝게 내보내면 안 된다는 일반적인 지시를 더했다. 조프르는 이를 인명의 낭비라고 보았다.

이는 정확히 영국군이 전개하던 작전의 정반대였다. 영국군의 방침은 적군 참호에 조금씩 더 가깝게 참호를 다시 파고 빈번히 공격을 가하여 '중간지대를 지배한다'는 것이었다. 첫 번째 참호 습격은 1914년 11월 9일에서 10일로 넘어가는 밤에 인도군단의 제39가르왈 소총연대Garwhal Rifles[18]가 이프르 근처에서 실시한 듯하다.[19] 야음을 틈타 적 진지로 맹렬하게 침입하는 것은 인도인의 변경 전투에서 볼 수 있는 전통적인 특징이었고, 지독했던 이 첫 번째 작은 전투는 부족 간

17. J. Keegan, *Purnell's*, Ⅱ, p. 584

18. 영국인도군 제7메루트 사단 소속이다.—옮긴이

19. C. Messenger, *Trench Fighting*, London, 1972, p. 37

의 전투 방식을 서양 군대의 '문명화된' 전쟁에 소개한 대표적인 사례였을 것이다. 이 사건은 영국군이 습관처럼 반복하고 독일군도 모방하는 선례를 남겼다. 프랑스군은 북아프리카에서 오랫동안 부족 전투를 경험했는데도 질풍같이 치고 들어오는 이 야만적인 방식에 다른 군에서 보인 것과 비슷한 열의를 보이지 않았다. 예비군군단에 영국군이나 독일군보다 더 많은 야포를 배치한 프랑스군은 방어 전선을 먼 곳에서 포 사격으로 지배하기를 더 좋아했다. 1914년에서 1915년으로 넘어가는 겨울에는 포탄이 부족했지만 문제가 해결된 후에는 충분히 공급되었기 때문이다.

11월에 고착된 참호선을 따라 서부전선을 지키는 이 세 가지 다른 방식은 이듬해 봄에 상공을 날며 관측하던 시선에는 그만큼 명확해 보이지는 않았을 것이다. 공중에서 볼 때 서부전선은 단조로울 정도로 한결같은 모양을 하고 있었다. 파헤쳐진 흙과 황폐해진 초목, 폐허가 된 건물들이 약 4마일에 걸쳐 띠를 이루고 있었다. 훗날 대포의 화력이 강화되고 국지적인 보병 전투가 어느 한 편의 우세로 이어지면서, 파괴지대는 더 넓어진다. 이후 27개월간 좀처럼 변하지 않는 것은 참호선의 길이나 그 뒤로 이어진 지리적 자취였다. 이는 명백히 1917년 3월에 독일군이 자진하여 솜 강 중앙구역을 포기하고 후방 20마일 지점에 미리 준비했던 더 짧고 더 강력한 방어선으로 퇴각할 때까지 어느 측 군대의 노력으로도 변경할 수 없었다. 그때까지 서부전선은 달이 바뀌어도 늘 똑같았다. 북해에서 스위스 국경까지 475마일에 걸쳐 뒤집힌 S자 모양으로 이어진 서부전선은 매 야드가 한결같았다. 이 전선은 벨기에의 니우포르트에서 출발했다. 니우포르트는 폭 30야드의 에이저르 강이 높은 콘크리트 제방 사이를 지나 완만하게 바다로 흘러가는 곳이다. 동쪽 강둑은 독일군이, 서쪽 강둑은 프랑스군이 차지하고 있었다. 이 요지는 벨기에 땅이었지만 조프르는 방어를 벨기에군에만 맡길 수 없었다. 니우포르트 갑문 지구 아래에서, 1914

년에 포격의 교환으로 일찍 금이 가고 무너진, 해안 사구에 면한 휴가지 호텔의 높은 성벽 뒤에서, 전선은 에이저르 강을 따라 남쪽으로 흘러 완전히 평평한 비트 밭과 관개 수로의 풍경을 지난다. 그 위의 방죽 길을 따라 플란데런 산마루의 약간 높은 땅덩이가 바다 쪽으로 튀어나온 딕스마위더까지 도로가 이어진다. 1914년 11월 이후, 이 지역의 대부분은 수면 아래 잠겼다. 이 침수로 인해서 동쪽에서 버팀벽을 댄 참호를 구축하고 있던 독일 해군이 더 이상 통과할 수 없는 장벽이 만들어졌다.

딕스마위더 아래에서 참호선은 다시 해수면보다 약간 높은 고도로 이프르까지 이어지고, 이프르 주위를 넓은 호—'돌출부Salient'—를 그리며 돌았다. 이 구간은 1914년 11월부터 1918년 10월까지 패션데일과 헬뤼벨트의 고지대에 있는 독일군 참호에서 내려다보였다. 중세에 모직물 교역으로 부유해진 이프르는 멋진 성당과 웅장한 직물회관을 과시했다. 두 건물 모두 1915년 봄이면 도시 뒤편의 17세기 성벽과 19세기 막사와 함께 크게 파괴된다. 이 폐허들을 지나 수천 명의 영국군이 참호를 오가는 길에 포격으로부터 가장 잘 보호받을 수 있다고 판단되는 길을 따라 남으로 행군하게 된다. 이프르 배후에서 지면은 상승하여 '플란데런의 스위스', 케멀Kemmel, 카설Cassel, 카츠베르흐Katsberg[20]로 올라간다. 영국군 장군들은 이곳에 사령부를 설치했고, 전선 근무에서 해방된 부대는 일명 '포프Pop'로 불렸던 포페링어Poperinge와 바일뢸Bailleul이라는 작은 읍에서 휴식을 취했다. '포프'는 영국원정군에게 여러 가지 매력이 뒤섞인 장소가 되었다. 목사 터비 클레이튼Tubby Clayton이, 자신의 고집에 따라, 일단 문 안으로 들어오면 계급장을 벗어던질 준비가 된 고결하고 교회를 소중히 여기는 자들을 위해 운영한 유명한 탤벗 하우스Talbot House, 즉 토크 에이치Toc H[21]가 있었고, 좋은 식사와 자유분방한 여성들을 원하는 장교들을 위한 평판 나쁜 스킨들즈Skindles가 있었다. 오늘날 스킨들즈는 거의 확인되지

20. 프랑스어로 몽데카츠(Mont des Cats)다.—옮긴이

21. 1915년에 젊은 군목 터비 클레이튼이 친구 길버트 탤벗(Gilbert W. L. Talbot) 중위를 기념하여 포페링어(Poperinge)에 세운 휴게소. 당시 영국군이 사용하던 음성기호로 T를 토크(Toc)라고 했다.—옮긴이

않지만, 토크 에이치는 남아 있다. 그 다락방 예배소인 '윗방Upper Room'이 20세기 초 전쟁이라는 지옥으로 앞뒤 가리지 않고 뛰어들었던 교외 자원병 병사들의 깊은 국교회 신앙심을 전하고 있다. 처마 밑의 흐릿하고 적막한 예배소는 서부전선 깊숙한 곳으로 떠나는 순례 여행의 중간 기착지다.

이프르의 남쪽으로 내려가면, 오베르Aubers 능선과 메선Mesen 능선에서 그리고 랑스Lens[22] 주변의 탄전지대에서 독일군이 누린 지리적 이점은 더욱 명확해졌다. 두 능선은 빈번히 영국군의 표적이 되었으며, 랑스의 폐석더미는 포격에 파괴되기 전까지 유리한 위치와 갱구를 제공했다. 인근의 라바세에서 참호선은 프랑스로 들어가 아르투아의 백악토 지대로 내려간다. 이곳에서 초기 수력공학자들은 지표면 깊숙한 곳의 대수층을 찾다가 최초로 지하수(아르투아의 우물artesian well)를 개발했고, 이곳의 흙은 서부전선에서 독일군이 찾을 수 있는 방어 진

22. 벨기에의 몽스 인근에도 랑스(Lens; Linse)가 있으나 여기서는 프랑스 파드칼레 도의 랑스를 말한다.—옮긴이

⬇ 1916년 6월, 솜의 보몽아멜에서 교통호 속의 랭커셔퓨질리어 연대 1대대

지에 최상의 조건을 제공했다. 백악토 지대는 남쪽으로 확장되어 솜 강을 지나 상파뉴로 들어가는데, 독일군이 적을 가장 잘 지배한 곳은 비미다. 비미 동쪽 능선의 산사면은 갑자기 가파르게 떨어져 두에Douai의 평원으로 내려간다. 그런 다음 남북으로 릴과 메츠를 연결하는 전략적으로 중요한 철도 '전선평행선ligne de rocade'을 향해 달려간다. 비미에서 고지대와 평원은 너무나 철저하게 구분되기 때문에, 이곳은 독일군이 사수해야 했고 실제로 1917년에 캐나다군의 영웅적인 공격에 빼앗길 때까지 거듭된 연합군의 공격에 맞서 사수하게 되는 지형이었다.

비미 아래에서 참호선은 아라스를 동쪽으로 살짝 비껴 지나 솜 강의 비탈진 초지로 이어진다. 아라스는 중세에 모직물 공업이 번성하여 부유해진 곳으로 또 다른 건축물의 보고였고 전쟁 중에 완전히 파괴되었으나 지금은 수만 명의 연합군 병사들을 보호했던 지하실부터 시작하여 전부 복구되었다. 솜 강은 늪이 많은 사행천으로 매력 없는 강이지만, 강 주변의 시골은 솔즈베리 평원Salisbury Plain이나 서식스 다운즈Sussex Downs를 연상시키는 초록빛의 긴 구릉과 분지로 솟아올랐다가 내려가 영국군의 눈에는 친숙하고 따뜻하게 보였다. 영국군은 이곳을 잘 알게 된다. 1916년에 병력이 늘면서 남쪽으로 점차 확장된 영국군의 참호선이 페론Péronne에서 솜 강 유역에 거의 닿았기 때문이다. 이곳은 전쟁의 나머지 기간에 영국군과 프랑스군의 새로운 경계를 이루게 된다.

프랑스군이 담당한 참호선은 솜 강 북쪽의 일부를 영국군에 넘긴 후에도 언제나 더 길었다. 솜 강 바로 아래에서 전선은 강의 북쪽보다 숲이 더 우거진 시골에 더 가깝게 지나 우아즈 강가의 누아용에 닿는다. 누아용은 참호선에서 파리까지 이르는 거리가 겨우 55마일로 가장 가까운 곳이다. 전쟁 기간 대부분에 걸쳐 과격한 거물 정치인 조르주 클레망소George Clemenceau[23]가 편집한 신문의 발행인란에는 "독

23. 1841~1929. 1906년에서 1909년, 1917년에서 1920년에 수상을 지냈다. 베르사유 조약에 영향력을 행사했던 주요 인사의 한 사람이다.—옮긴이

24. 9장을 보라.—옮긴이

일인들이 누아용에 있다Les allemands sont à Noyon"라는 문구가 실려 있었다. 그곳에서 참호선은 갑자기 동쪽으로 휘어 엔 강과 엘레트 강 사이의 능선 사면을, 다시 말해서 루이 15세의 딸들을 위해 산마루에 건설된 유람길의 이름을 따 슈맹데담이라고 부른 능선의 사면을 따라간다. 이곳은 독일군이 마른 강 전투 이후 제일 먼저 참호를 구축한 구간이며, 그러므로 최초의 서부전선이라고 하겠다.

슈맹데담의 동쪽에서—1917년에 이에 대한 공격이 실패로 끝난 일은 프랑스군의 '폭동'을 재촉하게 된다[24]—참호선은 랭스 위쪽의 고지대를 따라 이어진다. 이 구간은 전쟁이 계속되는 대부분의 시기에 걸쳐 독일군 포의 사거리 안에 들게 된다. 다시 앞으로 나가면, 참호선은 계속 동쪽으로 이어져 얄궂게도 평시 프랑스군의 최대 훈련지역의 하나였던 돌투성이의 건조한 고원 샹파뉴 황무지Champagne pouilleuse를 지났다. 그곳은 산울타리나 수목이 없었기에 전쟁 이전에 기동전을 연습할 때 대규모 부대의 기동훈련과 포 사격연습에 적합했다. 서부전선의 형성은 그러한 연습을 완전히 헛되게 만들었다.

샹파뉴의 동쪽 끝 생트 므느우Ste Menehould 근처에서 전선은 아르곤의 숲속으로 들어간다. 수목과 시내와 작은 구릉들이 뒤얽힌 이 황무지에서 어느 쪽도 전면적인 작전을 개시할 수 없었지만 양측은 끊임없이 교전했다. 아르곤 위로는 뫼즈 강 고지대가 솟아 있다. 베르됭 요새들이 서 있고 동쪽으로 독일군 참호들에 둘러싸인 이 고지대는 이어 와브르Woëvre 평야로 떨어진다. 와브르 평야는 대요새 메츠에 쉽게 도달할 수 있는 통로였기에 독일군에 무척이나 중요한 곳이었고, 독일군은 1914년에 개전하면서 와브르 평야를 되찾기 위해 격렬하게 싸웠다. 9월 말, 독일군은 실제로 뫼즈 강 건너편 생미엘에서 발판을 마련하는 이점을 차지했다. 이 돌출부는 서부전선에서 가장 중요한 장애물이었던 강 너머에 교두보를 제공했고 프랑스군을 끝없이 괴롭혔다. 생미엘 돌출부는 독일군의 수중에 남아 있다가 1918년 9월에 미군이 되찾는다.

생미엘 아래에서는 프랑스군이 유리했다. 국경 전투 중에 프랑스군은 낭시Nancy 시와 사방으로 전망이 트인 발롱달자스Ballon d'Alsace 산 같은 인근의 고지대를 보유하는 데 성공했다. 프랑스군은 보주 산맥 능선과 이 산맥을 흐르는 뫼즈 강 수로를 손에 넣음으로써 서부전선 동쪽 끝의 안전을 확보했다.[25] 50마일 남짓한 마지막 전선은 대체로 독일 영토 안에서 이어진다. 1871년 이전에는 프랑스 영토였던 보주 산맥 고지대와 벨포르 협곡Trouée de Belfort[26]을 지나 봉폴Bonfol 마을 근처에서 스위스 국경에 닿았다. 그곳 중립국의 영토에서 스위스의 시민군은 전쟁에 대비한 완전동원 상태로 반대편 참호선의 종점을 감시했다.[27]

25. D. Johnson, p. 470

26. 라인 강과 론 강 사이에 있는 전략적으로 중요한 자연 통로. 부르고뉴 문(Porte de Bourgogne)이라고도 한다.—옮긴이

27. J. Keegan, *Purnell's*, Ⅱ, pp. 576~587

서부전선의 전략

서부전선의 전략지리strategic geography는 참호전 초기와 그 이후에 양측이 세운 계획의 대부분을 결정했으며 그때나 지금이나 이해하기 어렵지 않다. 전선은 양측이 구상했던 주요 작전 방식에 대체로 적합하지 않았다. 그 방식은 포의 힘으로 길을 내어 대규모 보병이 공격하고 이어 기병이 무방비 상태의 땅으로 밀고 들어가는 것이었기 때문이다. 전선의 한 구간이었던 보주 산맥도 프랑스군이나 독일군 모두 부적합한 곳으로 인정했다. 양측은 2급 사단들로 그곳을 지켰고 증원된 산악보병이 이따금 고지를 두고 적과 싸웠다. 실제로 베르됭 남쪽에서는 1914년 9월에서 1918년 9월까지 어느 측도 중요한 노력을 기울이지 않았고, 160마일에 달하는 이 구간은 '휴전'지역이 된다. 다른 곳, 이를테면 아르곤은 이유는 달랐지만 플란데런 해안지대처럼 공격에 적합하지 않은 것으로 판명되었다. 공격이 성공적인 결과를 얻기 위해서는 장애물이 없는 마른 전진로가 필요했지만, 아르곤은 지나치게 길이 나쁘고 시냇물에 가로막히거나 수목이 울창했으며,

플란데런 해안지대는 매우 심한 침수지역이었다. 아르곤의 삼림지대는 포격을 받아 망가진 밀림으로 변했으며, 플란데런의 해수면 늪지에서 포격을 받은 땅은 빠르게 진창으로 바뀌었다. 중앙부의 엔 강과 뫼즈 강 고지대는 대규모 전투로 쟁탈전이 벌어진 곳이었지만 방어군의 공격 노력에 크게 이로웠다. 그러므로 공격이 결정적인 성공의 가능성을 안았던 곳은 솜 강의 건조한 백악토 지대와 샹파뉴뿐이었다. 솜 강의 백악토 지대는 축축한 플란데런 아래에 있었고, 샹파뉴는 뫼르트에모젤의 산악 숲지대 위에 있었다. 두 지역 사이에 엔 강과 뫼즈 강의 고지대가 들어서 있어, 두 지역은 이 튀어나온 지형 앞에서 그 양 어깨 모양을 하고 있었다. 그러므로 군사적 논리에 따르자면 공격군이 전력을 기울이고 방어군이 최선의 방어 준비를 해야 할 곳은 바로 두 어깨 부분이었다.

누가 공격하고 누가 방어할 것인가? 1914년 8월에 공격한 쪽은 독일군이었다. '31일째 되는 날의 전선'을 보여주는 슐리펜의 지도는 초기의 서부전선과 섬뜩할 정도로 일치한다. 9월에 프랑스군이 반격했다. '바다로 가는 경주' 동안에 벌어진 교전도 마찬가지로 아르투아와 피카르디, 플란데런의 안정된 전선을 정확하게 따른다. 철도망을 추적하면 왜 이런 결과가 나왔는지 설명할 수 있다. 1914년 전쟁 초기에 독일군은 정복한 지역에서 메츠와 릴을 남북으로 잇는 철도를 보유했다. 반면, 프랑스군은 이에 맞서 낭시, 파리, 아라스로 이어지는 철도를 보유했다. 전자보다 후자가 교전 전선에 더 가까웠고, 그 근접성 덕에 프랑스군이 결정적인 지점에 때맞춰 예비군을 수송할 수 있는 능력에서 적군보다 뛰어나 전투를 연이어 승리로 이끌 수 있었던 것이다.

그러므로 '바다로 가는 경주'는, 평행을 이룬 치명적인 두 철도가 사다리를 만들고, 사다리의 연이은 가로장을 따라 교착 상태에서 벌어진 일련의 충돌로 보면 가장 잘 이해한 것이다. 철도 지도를 일별하면 알 수 있듯이, '바다로 가는 경주'의 주요 전투들이 벌어진 곳의 주변 도시 아미앵과 아라스, 릴은 전부 남북으로 이어진 2개의 긴 노선을 연결하는 횡단선에 자리를 잡았다. 전투 중에도 자연지리와 인문지리가 변경되지 않았으므로, 전술적인 이점은 독일군이 가졌지만 전략적 이점은 마지막 접전지점에서 유리한 위치를 차지한 프랑스군에 있었다.[28]

28. J. Keegan, *Purnell's*, Ⅱ, p. 583

전략지리가 전략적 선택의 주요 결정 요인이었기에, 지리적 이점을 누렸던 프랑스군이 공격할 수 있었다. 그러나 지리는 그러한 결정에서나 서부전선에서 공격을 기다리기로 한 독일군의 상보적 결정에서도 유일한 논거는 아니었다. 진짜 이유는 매우 달랐다. 1914년 8월 독일의 공격에 희생된 프랑스와 전투에서 영토를 상실한 주요 국가들은 공격하지 않을 수 없었다. 국민적 자존심과 국민경제적 필요성은 공격을 요구했다. 대조적으로 독일은 수세를 취해야 했다. 이중전선에서 전쟁을 치르며 동부전선에서 좌절을 겪었고 그 지역의 공세를 위해 프랑스에서 폴란드로 병력을 보내야 했기 때문이다. 제국의 안전이 위태로웠다. 동맹국 오스트리아의 생존도 마찬가지로 위험했다. 합스부르크제국 군대는 갈리치아와 카르파티아 산맥 전투에서 심한 손실을 보았고, 민족적 안정이 혼란에 빠졌으며, 인적 자원과 물적 자원도 거의 고갈되었다. 러시아의 노력이 재개된다면 오스트리아는 벼랑 끝에 내몰릴 수도 있었다. 1914년의 실제적인 결과는 슐리펜 계획의 실패가 아니라 동유럽의 동맹국 진지가 붕괴할 위험성이었다.

일찍이 8월 마지막 주에, 탄넨베르크 위기의 결과로 제3근위사단과 제38사단이 나뮈르에서 동프로이센으로 이동하면서 이 위험에 대비한 조정이 서서히 이루어졌다. 뒤이어 9월에서 12월 사이에 10개 사단이 추가로 이동했다. 몰트케는 어느 부대의 이동도 원하지 않았다. 후임자인 팔켄하인 역시 병력의 이동에 매번 분개했다. 그는 주력을 서부전선에 배치해야 전쟁에서 이길 수 있다고 믿었다. 서부전선에서

29. 1907년의 향토예비군법(Territorial and Reserve Forces Act)으로 수립된 영국군 자원병 부대. 1920년에 향토군(Territorial Army)으로 바뀐다.—옮긴이

프랑스군은 개전 초기의 패배에서 회복하고 있었고—33개 사단이 새로 구성되고 있었다—프랑스 산업은 물자 전쟁의 준비를 갖추고 있었다. 영국군은 평시 민병대인 향토대Territorial Force를 훈련시켜 현역으로 복무하게 하면서 완전히 새로운 자원병들의 군대를 만들고 있었다.[29] 이로써 거의 60개 사단이 만들어지며, 모국을 지원하기 위해 대서양과 태평양을 서둘러 건넌 캐나다군과 오스트레일리아군이 여기에 합류했다. 이러한 수치에 관하여 팔켄하인은 정확한 정보를 얻지 못했으나 엄청난 증원이 이루어지고 있다는 점은 매우 정확하게 감지했다. 그리하여 서부전선에서 독일군에 대적하는 병력은 곧 두 배로 늘어나며, 반면 독일군은 잠재적인 인력으로 팽창 가능한 한계에 이미 도달하고 있었다. 사단의 수는 각 사단의 보병 규모를 줄이고 이로 인한 화력의 감소를 포와 기관총에 의존하여 보충함으로써 늘릴 수 있었는데, 이는 이미 시행된 조치였다. 그럼에도 부대 획득 가능성의 절대적 한계는 벌써 시야에 들어왔다.

이런 상황에서 팔켄하인은 1915년이 서부전선에서는 공격의 해, 동부전선에서는 러시아와 단독 강화를 맺는다는 폭넓은 정책을 기조로 삼아 방어하는 해가 되어야 한다고 확신했다. 그러나 팔켄하인에게는 주장을 관철시킬 권위가 부족했다. 팔켄하인은 1915년 1월에 전쟁장관직을 포기했을 때 군 최고지도자인 카이저에 의해 참모총장에 임명되면서 자신이 옳았음을 확인받았지만, 진정한 직책의 위신은 탄넨베르크의 승자인 힌덴부르크와 동부전선 최고사령부(오버오스트)에서 힌덴부르크의 참모였던 루덴도르프에 돌아갔음을 뼈아프게 인식했다. 두 사람이 원하지 않는 것을 팔켄하인은 고집할 수 없었다. 역으로, 두 사람이 원하는 것을 팔켄하인은 점차 인정해야만 했다. 게다가 루덴도르프는 어쨌거나 독일 제도에 따르면 명확히 규정되지 않은 팔켄하인의 우위를 잠식하기 위해 활발하게 운동을 벌였다. 조프르가 군대 내에서 통치권을 행사하고, 전쟁이 발발할 때 전쟁장관

에 임명된 키치너가 사실상 총사령관으로 활동했던 반면, 팔켄하인은 총사령관도 그 바로 밑의 부하도 아니었다. 총사령관의 위엄은 카이저에 속했고, 팔켄하인과 빌헬름 2세 사이에는 행정권은 갖지 못했지만 영향력은 충분했던 기구인 군사 소내각이 존재했기 때문이다.[30] 루덴도르프는 바로 이 군사 소내각을 통해 술책을 꾸몄다. 루덴도르프는 힌덴부르크에 대한 독일 국민의 찬사를 온전히 공유한 총리 베트만 홀베크의 지원을 받았다. 1915년 1월 중에, 총리는 팔켄하인을 힌덴부르크로 대체하여 동부전선에서 주된 공세를 펼칠 수 있도록 해야 한다는 제안을 군사 소내각에 제시했다. 군사 소내각의 고위 장교들이 카이저가 젊은 시절 친구인 팔켄하인을 좋아하고 신뢰하지만 루덴도르프는 야심이 많아서 싫어한다고 지적하자, 총리는 제안을 철회했다. 그러나 그 직후 홀베크는 최고사령부 안에 있던 루덴도르프의 첩자 폰 헤프텐von Haeften 소령과 접촉했고, 폰 헤프텐은 카이저에게 직접 접근하라고 제안했다. 베트만 홀베크는 그렇게 했을 뿐만 아니라 힌덴부르크와 루덴도르프의 동부전선 전략에 우호적인 주장을 펼치는 데 황후와 황태자의 도움도 구했다. 팔켄하인은 반격했다. 비록 독일의 여론을 생각할 때 불가능한 일이었지만 힌덴부르크에게 사임을 요구했고, 뒤이어 루덴도르프를 동부전선 최고사령부에서 갈리치아의 오스트리아-독일연합군 사령부로 전출시켰다.

힌덴부르크는 카이저에게 루덴도르프의 복귀를 간청했으나 자신이 너무 지나쳤다는 사실을 깨달았다. 빌헬름 2세는 당대의 영웅이 최고지휘권의 권위에 도전하고 있다고 판단했지만 자신의 뜻을 강요할 수는 없었다. 빌헬름 2세는 아내와 아들, 총리, 심지어 경질된 폰 몰트케로부터도 압력을 받으면서도 팔켄하인에 집착했다. 한편으로는, 힌덴부르크를 그대로 두고 힌덴부르크가 원하는 것을 대부분 허용해야 한다는 사실도 알고 있었다. 결과는 타협이었다. 팔켄하인은 비록 모욕을 당했지만 자신의 전략이 방해받은 것을 사퇴의 쟁점으

30. A. Bucholz, pp. 285~286

31. R. Asprey, pp. 151~155

32. R. Holmes, p. 264

로 만들지 않기로 결심하고 힌덴부르크와 사사로이 화해했다. 또 루덴도르프의 오버오스트 본부 복귀를 묵인했다. 힌덴부르크는 팔켄하인을 제거할 수 없음을 이해하고, 서부 병력이 동부로 이동하는 징후에, 그리고 그로써 러시아군과 싸워 또 다른 승리를 추구할 수 있는 행동의 자유를 얻은 데 만족했다. 힌덴부르크는 자신의 공격 주장을 설득력 있게 증명하여 러시아군을 무력하게 만들고 여전히 유동적인 동부전선에 안정을 가져온다면 더 많은 부대를 빼낼 수 있으리라는 희망을 품었다. 이러한 희망에서 크라쿠프 동쪽에서 전투를 재개한다는 계획이 싹텄다. 이는 다가오는 5월에 고를리체-타르누프에서 큰 성공을 낳게 된다. 그동안 독일군의 '서부전선론자'와 '동부전선론자' 사이의 논쟁은 해결을 보지 못하고 시끄럽기만 했다.[31]

연합군 측에서는 아직 그러한 의견 분열이 없었다. 2차 세계대전 중에 영-미 전략을 매우 성공리에 조정했던 연합참모회의Combined Chiefs of Staff Committee와 유사한 초국적 지휘조직이 부재했는데도, 영국군 참모부와 프랑스군 참모부 사이의 비공식적 의사소통은 잘 작동했다. 러시아의 견해도 프랑스군 사령부와 영국군 사령부에 파견된 연락장교를 통해 개진되었다. 육군원수 프렌치는 어떠한 경우에도 조프르와 한마음이었다. 조프르에게는 침략자를 조국의 영토에서 몰아낸다는 단 한 가지 생각밖에 없었다. 프렌치도 같은 생각을 지녔다. 물론 프렌치의 이유는 같은 편 사령관이 지닌 이유보다 애국심에서 덜 강렬했고 전략적으로 좀 더 타산적이었다. 기이하게도 프렌치는 힌덴부르크처럼 전쟁이 동부전선에서 결판나리라고 믿었다. 그랬으면서도 프렌치는 "러시아인들이 일을 끝마칠 〔수 있을〕 때까지" 영국군의 올바른 정책은 가용한 모든 병력을 서부전선의 작전에 투입하는 것이라고 확신했다.[32] 가용 병력은 급속하게 증가했다. 1915년 초, 영국원정군은 제1군과 제2군의 2개 군으로 나눌 수 있을 만큼 커졌으며, 향토대가 완전 편제로 프랑스에 도착하고 있었고, 자원병으로 구성된 키치너 신군新軍의 첫 번째 사단도 모습을 드러내고 있었다. 영국군은 곧 동맹군으로부터 전선의 일부 구간을 넘겨받고, 타격부대를 마련하여 자신들의 주도로 공세를 개시할 수 있게 된다.

문제는 공격지점이었다. 영국 해군의 지원을 받는 영국-벨기에연합군으로 벨기에 해안에 큰 힘을 쏟는다는 초기의 계획은 해군부가 해군의 경량 선박이 독일 해안포를 견딜 수 없으며 전함을 감히 그렇게 막힌 수역에 투입할 수 없다고 경고함에 따라 무산되었다.[33] 오스트리아군에 맞서 싸운다는 계획도 똑같이 비현실적으로 보였다. 오스트리아-헝가리는 군사적으로는 약했지만 지리적으로는 해상강국이라 해도 거의 접근할 수 없는 나라였다. 아드리아 해는 오스트리아의 호수나 마찬가지인 곳으로 오스트리아 잠수함과 최근에 건조된 드레드노트 때문에 영국 해군이나 프랑스 해군이 들어갈 수 없었다. 용감한 세르비아는 불가리아나 그리스를 지나야만 지원할 수 있었는데, 불가리아는 아직 교전국은 아니었지만 적이었고 그리스는 신중하게 중립을 지키고 있었다. 이탈리아가 연합국 편으로 전쟁에 참여할 가능성이 점점 높아 보였고 그렇게 되면 오스트리아가 더 큰 압박을 받겠지만, 세르비아를 직접 지원하는 것은 아니었고 아드리아 해가 개방되지도 않을 것이었다. 이탈리아의 드레드노트 기지가 지중해에 있었기 때문이다. 연합국에 우호적인 루마니아는 러시아가 동부전선에서 우세를 점하지 못하면 감히 전쟁에 참여할 수 없었다. 그러므로 서부전선 밖에서 영국이 점점 커지는 힘을 독립적으로 사용할 수 있는 유일한 지역은 터키였다. 터키는 10월 31일에 동맹 교전국으로 독일과 오스트리아에 합류했다. 그러나 터키가 열어놓은 단 하나의 전선은 러시아에 맞선 캅카스 전선이었다. 이 전선은 영국군이 개입을 생각하기에는 군대의 중심지에서 너무 멀었다. 게다가 영국 정부는 아직 프랑스에서 다른 곳으로 군대를 돌릴 의사가 없었다. 물론 해군의 배치를 고려할 준비는 되어 있었지만, 영국 해군이 북해에서

33. J. Edmonds, *1915*, Ⅰ, p. 15

34. J. Edmonds, *1915*, Ⅰ, pp. 59~65

차지하는 우세가 손상되지 않아야 했고, 해군을 유망한 곳에 쓸 수 있어야 했다. 1월에 영국 전쟁위원회War Council는 터키의 다르다넬스Dardanelles 해협에 해군을 파견하는 일을 고려하기 시작했다. 목적은 러시아의 흑해 항구로 가는 길을 여는 것이었다. 그러나 이 임무는 순전히 해군의 작전이어야 했다. 영국은 모든 면에서 여전히 프랑스에 전념했던 것이다.[34]

그러나 서부전선은 군사적으로 또 지리적으로 전략의 수수께끼였다. 참호선을 어떻게 뚫을 것인가라는 원초적인 난제가 있었다. 그다음으로 독일군의 대규모 퇴각을 초래할 공격선을 선택하는 어려움이 도사리고 있었다. 1월 중, 이제 파리 근교의 거대한 경마 중심지 샹티이Chantilly로 옮긴 프랑스군 총사령부의 작전참모부는 그 문제를 분석하기 시작했다. 문제의 핵심은 야전에서 독일군을 지원한 철도 교통망이었다. 라인 강을 건너 독일로 이어지는 철도선은 3개였다. 최남단의 노선은 짧고 방어하기가 쉬웠다. 남은 것은 독일군이 플란데런과 베르됭 사이의 거대한 돌출부를 장악하도록 도왔던 두 노선이다. 둘 중 하나를 자른다면(둘 다 자르면 더욱 좋겠지만), 돌출부 내의 독일군은 퇴각할 수밖에 없을 것이고, 그리하여 필시 다시 한 번, 유일하게 결정적인 승리의 기회를 제공한다고 믿어졌던 '야전'의 조건이 만들어질 것이었다. 그리하여 1월 중에 샹티이의 프랑스 총사령부와 생토메르St Omer의 영국군 총사령부는 1915년의 올바른 전략은 돌출부의 '어깨'에서, 즉 북쪽에서는 연합군과 그 뒤쪽 두에 평원의 독일 철도 사이에 있는 오베르-비미 능선을 향해, 남쪽에서는 메지에르-이르송Mezières-Hirson 노선을 보호하는 샹파뉴 고지대를 향해 공격을 개시하는 것이었다. 이론상 공격은 한 지점으로 수렴하도록 되어 있었고 그래서 거대한 돌출부의 독일군을 포위할 뿐만 아니라 그 보급선도 파괴할 것이었다.

프랑스군과 영국군은 그렇게 의견의 일치를 보았다. 봄이 오면 플란데런과 아르투아에서는 영국군과 프랑스군이 합동으로, 샹파뉴에서는 프랑스군이 단독으로 공세를 개시할 예정이었다.[35] 실제로 이 최초의 합의는 연합군이 전쟁 내내 서부전선에서 보인 노력의 대체적인 유형을 결정하게 된다. 그 유형은 다가오는 가을과 1917년에 되풀이되고 마지막으로 1918년에는 성공을 거둔다. 1916년에만 연합군은 독일군의 거대한 돌출부 중앙을 공격하여 다른 시도를 한다. 이는 훗날 솜 강 전투로 알려진다.

35. J. Edmonds, *1915*, Ⅰ, pp. 68~69

그러나 이러한 계획은 1915년 봄 공세의 실패를 예견하게 하는 것이었다. 그런데 그 실패의 이유는 비극적이게도 프랑스군과 영국군이 매번 노력을 기울일 때마다 더 익숙해진다. 실제로 봄 공세가 개시되기 전인 3월에 영국군이 뇌브샤펠Neuve Chapelle에서 작은 예비 공격에 실패하면서 잘못되리라는 경고가 있었다. 전쟁이 지속된 대부분의 기간에서 참호전의 승리를 괴롭히게 될 기능적이고 구조적인 모든 요인들이 다 있었다. 기능적인 요인들은 조만간 제거되지만, 구조적인 요인들은 1917년에 전차가 발전하여 대규모로 배치된 이후에도 지속되었다. 기능적인 요인으로는 포격 지원의 부족, 융통성 없는 계획, 예비군의 배치 오류, 지휘권 위임의 부족을 들 수 있다. 구조적 요인으로는 전진하는 보병이 기동성을 결여했고 적의 사격에 완전히 노출되었다는 사실과, 전선과 후방 사이, 보병과 포대와 인근 부대 상호간 의사를 교환할 신속한 통신수단이 없었다는 점을 들 수 있다. 뇌브샤펠에서 전개된 작전은 마치 군사 실험실 안의 상황처럼 이 모든 요인들의 작동을 보여준다.

1915년 서부전선 전투

뇌브샤펠의 공격 개시 이유는 한편으로 영국원정군이 프랑스군 구역을 더 많이 넘겨받아 다가오는 아르투아 공세의 준비를 도와야 한다는 조프르의 요청에 존 프렌치 경이 응할 수 없었기 때문이며, 다

36. J. Edmonds, *1915* I, p. 74

른 한편으로는 비록 언급된 적은 없는 것 같지만 이 육군원수가 12월에 프랑스군이 보는 앞에서 전투를 승리로 이끌지 못하여 실추된 자기 군대의 평판을 회복하고 싶었기 때문이다. 계획은 간단했다. 뇌브샤펠은 이프르 남쪽 20마일 지점의 폐허가 된 마을로 아르투아 구역에 있었는데, 그곳에서 영국군은 겨울에 새로운 부대가 프랑스에 도착하면서 진지를 확장하고 있었다. 3월 10일에 영국군 제7사단과 제8사단, 그리고 인도군단의 메루트-라호르 사단이 공격할 예정이었다. 공격 전선은 약 8,000야드였고, 그 뒤에는 500문의 포가 포진하여 적진 참호로 발사할 포탄을, 대체로 구경은 작았지만, 20만 발이나 쌓아두고 있었다. 가시철조망이 전선을 보호했고 배후에는 방어거점도 있었다.[36] 또한 일단 공격이 개시되면 독일군 증원군이 타격을 입은 동료들에게 결합하지 못하도록 공격선과 평행으로 놓인 독일 참호선 배후에 유탄의 '바라주barage'—프랑스어로 둑이나 장벽을 뜻한다—를 칠 작정이었다. 전진하는 영국군과 인도군은 목표지점 너머까지 장악하려 진격하는 예비군의 지원을 받을 것이었다. 그렇지만 이는 제1군의 더글러스 헤이그 장군이 내린 명령이 휘하 군단과 사단, 여단, 대대의 본부들을 통해 도착한 후에야 가능했다.

아침 7시에 시작된 포격에 독일군은 깜짝 놀랐다. 이 성과는 이후에 좀처럼 되풀이되지 않는다. 더 큰 성과는 제1군이 공격군의 첨병인 6,000명의 병력을 이끌고 적군에서 100야드 이내의 거리까지 몰래 접근하는 데 성공했다는 사실이다. 이 또한 좀처럼 거듭되지 않는 일이다. 2개 보병연대와 1개 예거대대로 이루어진 방어군은 공격군의 7분의 1 정도 병력으로 완패했다. 여러 군데에서 통신선로가 끊어졌고, 전선의 참호가 파괴되었다. 8시 5분에 공격한 영국군 보병은 아무런 저항도 받지 않았고, 20분 만에 독일군 전선에 너비 1,600야드의 틈이 벌어졌다. 국지적이었지만 의미 있는 승리였다.

그다음 실패를 초래한 기능적인 요인들이 작동하기 시작했다. 영국군의 계획에 따르면 첫 번째 목표였던 독일군 철조망 안쪽 200야드까지 장악하면 보병은 15분간 휴식하고 그동안 포대가 전면의 폐허가 된 뇌브샤펠 촌락을 포격하기로 되어 있었다. 그곳에 남아 기다리고 있을 방어군을 무력하게 만들 작정이었다. 최초의 포격을 피한 자들은 서둘러 배후의 방어거점들로 퇴각했다. 그 방어거점은 바로 막 들이온 영국군의 그런 침입을 저지하기 위해 세워놓은 것들이었다. 이 두 번째 포격 이후 영국군은 포격지대 너머의 개활지로 빠르게 추격했고 승기를 잡았다. 그러나 영국군은 명령에 따라 두 번째로 대기해야 했다. 중앙의 대대인 라이플 브리게이드 연대[37] 2대대 지휘관은 명령을 무시하고 계속 진격하도록 허락해줄 것을 요구하는 전갈을 보냈다. 놀랍게도—전화선은 없었고 때는 무선통신 이전의 시대였다—전갈이 전달되었다. 더욱 놀라웠던 것은 여단 본부에서 돌려보낸 답신이 상황에 영향을 완전히 나쁜 쪽으로 미칠 만큼 빠르게 도착했다는 사실이다. 전진 요청은 거부되었다.

이제 9시 30분쯤 되었고, 독일군은 정신을 차리고 있었다. 팔켄하인이 1월 25일에 내린 지령에 따르면 적이 급습할 경우 갈라진 틈의 측면을 지키고 즉각 보강하는 동시에 신속히 예비군을 투입하여 구멍을 메워야 했다. 이제 그 일이 막 시작되고 있었다. 독일군 진지의 포격으로도 손상되지 않았던 영국군의 좌측에 제11추격병대대의 기관총 2정이 전투에 투입되어 스코틀랜드 소총연대 2대대와 미들섹스 연대 2대대 병사 수백 명이 전사했다. 오른쪽에서는 공격군이 길을 잃어 방향을 찾느라 멈춰 섰다. 엉망이 되어버린 참호지대에서 길을 잃는 것은 매우 흔한 일이었다. 공격군이 지체하는 동안, 그곳의 독일군은 서둘러 측면의 방어를 준비했다. 한편, 계획에 따라 새로운 영국군 대대들이 선두의 물결을 따라 벌어진 틈 안으로 밀고 들어왔다. 10시쯤이면 "대략 9,000명이 뇌브샤펠 마을과 애초에 영국군이 만든 버팀벽 사이의 좁은 공간으로 [몰려들었다.] 그곳에서 영국군은 마치

37. 정식 명칭은 프린스 컨서트 오운 라이플 브리게이드(Prince Consort's Own Rifle Brigade)다. 1800년에 제95보병연대로 창설되어 1816년에 라이플 브리게이드가 되었고, 1823년에 상기의 명칭을 부여받았다.—옮긴이

38. 아일랜드 골웨이 만의 항구 도시.—옮긴이

39. G. C. Wynne, p. 29

40. G. C. Wynne, p. 28

골웨이Galway[38]의 교량 물웅덩이에 갇힌 연어들처럼 끈기 있게 전진을 기다리며 진흙 속에서 헛되이 누워 있거나 앉아 있거나 서 있었다." 다행스럽게도 사거리 내에 있던 독일군 포대에는 가용한 탄약이 없었다.[39]

영국군 포대는 탄약은 충분히 보유했지만 상황이 악화되고 있다는 정보를 빨리 입수할 수 없었다. 이는 실패에 기여한 구조적 요인의 하나였다. 무선통신이 없었으므로 통신은 손깃발이나 명령수발병을 써야 했다. 손깃발은 대체로 모호했고, 명령수발병은 더딘데다 공격받기 쉽다는 약점이 있었다. 11시 30분에 제11추격병대대의 기관총 진지를 포격했고, 장교 1명과 사병 63명이 약 1,000명의 영국군 병사를 죽인 후 항복했다. 독일군 기관총 진지와 기타 방어 진지에 대한 정확하고 시의적절한 포격은 포병 사수들이 정보를 얻지 못했기 때문에 시도할 수 없었다. 그러는 동안 하급 장교였으나 의지가 단호했고 훈련을 잘 받은 현지 독일군 지휘관들은 예비군을 자전거를 이용하거나 도보로 신속히 측면에 배치했다. 이와는 반대로, 영국군 하급 장교들은 계획에 정해진 대로 지휘계통을 통해 현지 상황에 대한 관측 보고를 올려 보내 엄격한 계획의 변경을 요청하고 승인을 기다렸다. 전투지역을 벗어나면 전화선으로 통신 속도가 빨라졌으나 이 또한 끔찍하게, 실로 치명적일 정도로 느렸다. "군단장들은 전투 현장에서 5마일 이상 떨어진 곳의 방 안에서 근거가 매우 희박하거나 때로 그릇된 정보에 의존하여 결정을 내려야 했으며, 그다음으로 필요한 명령은 같은 지휘계통을 따라 전달되었고 각 단계(사단본부, 여단본부, 대대본부)마다 숙고를 거친 뒤 한층 더 상세히 작성되어 마지막으로 최전선의 중대에 도달했다."[40] 이 특수한 참호전에서 계획된 일정표가 아닌 실제의 시간표에서 이 모든 일은 아침 9시에 독일군 참호선이 붕괴되고 전방이 무방비 상태에 놓였을 때부터 10시에서 오후 3시까지 성공을 활용하라는 확실한 명령이 작성될 때까지 여섯 시간이 경과했음을 의미했다. 서면 명령서의 핵심이 전화와 명령수발병을 통해 전달될 때까지 추가로 세 시간이 허비되었다. 그 현장에서 진격이 재개된 것은 5시 30분에서 6시 사이였다.[41]

어둠이 내리고 있었고 독일군 예비군도 다가오고 있었다. 공격받은 지점의 측면은 정오 전에 안전하게 되었다. 후방 지원선 대대에서 서둘러 급파한 새로운 독일군 부대가 해 질 녘에 벌어진 틈을 메우고 그 측면을 전방으로 밀어올려 빼앗기지 않은 가장자리의 진지에 결합시켰다. 이튿날 아침 영국군은 공세를 재개했지만 짙은 안개 탓에 포대는 표적을 확인할 수 없었고 공격은 곧 중단되었다. 이제 독일군이 구조적 결함 때문에 잘 짜인 계획의 작동이 방해받을 수 있다는 사실을 깨달을 차례였다. 최초의 공격이 있던 3월 10일에, 새로운 사단인 바이에른 제6예비군사단Königlich Bayerische Reserve-Division은(아돌프 히틀러가 이 부대에서 대대 명령수발병으로 복무하고 있었다) 3월 11일 오전 일찍 반격을 가하라는 명령을 받았다. 그러나 독일군 부대는 어두운 밤에 들을 가로질러 가야 했기에 계획한 공격개시지점에 도착할 수 있을 만큼 빨리 걷지 못했다. 그리하여 뇌브샤펠이 있던 구역을 담당한 제6군 사령관 루프레흐트 황태자가 직접 상황을 살펴본 뒤 명령을 내려 공격은 하루 연기되었다. 공격은 3월 12일 오전에 개시되었지만 큰 손해를 보고 곧 중단되었다. 영국군 전선의 지휘관들은 전날 안개로 인한 중단을 이용하여 기지를 강화했고 유리한 위치에 기관총 20정을 배치했던 것이다.

그 결과, 뇌프샤펠에서 오늘날 용어로 사상자의 '교환율exchange rate'은 거의 동등했다. 전사자와 부상자, 행방불명자, 포로를 포함하여 영국군은 1만 1,652명이었고 독일군은 8,600명이었다.[42] 이는 전쟁 내내 크고 작은 참호전 공세에서 최초의 공격에 적군의 반격이 뒤이은 경우라면 언제든 흔히 보게 되는 결과였다. 돌이켜 보건대, 그 이유를 확인하기란 쉽다. 어느 정도 비밀을 유지할 수 있다면 처음에는 공

41. G. C. Wynne, pp. 30~31

42. G. C. Wynne, p. 40

격군이 유리했다. 전쟁이 길어지고 생존이 감시와 경계에 얼마나 크게 의존하고 있는지 방어군이 인식하면서 이럴 가능성은 줄어들었다. 그러나 공격군이 적진에 들어가는 즉시, 우세는 방어군 쪽으로 넘어가는 경향이 있었다. 방어군은 공격군이 알지 못했던 지리에 훤했고 예비진지를 마련해 두었으며 운이 좋다면 훼손되지 않은 전화선을 따라 포대의 위치로 퇴각했기 때문이다. 공격군은 정확히 정반대의 상황에 처했다. 잘 알지 못하는 혼란스러운 환경 속으로 들어갔으며 전진하면 할수록 지원포대에서 멀리 떨어졌고, 따라서 전화선이 끊기거나 전화선을 가져오지 않은 경우에는 점차 포대와 연락할 수 없게 되었다. 그때 방어군이 반격하면 전세가 역전되었다. 공격군은 빼앗은 땅에 익숙해졌고 체계적으로 방어를 준비했으며 포대로 연결되는 전화선을 다시 가설했다. 이는 적을 당황하게 만들었다. 이런 식의 일진일퇴에서 기능적 결함과 구조적 결함은 어느 한 편을 불리하게 했다가 그다음 다른 편을 불리한 처지에 놓이게 했고, 결국 탁 트인 들판을 뚫고 나가려 하거나 원래의 방어선으로 급히 퇴각하려는 모든 시도가 다 실패로 돌아가고 말았다. 공격과 반격의 물리적 결과는 점점 더 얇아지고 점점 더 지리멸렬해진 참호선이었다. 참호선은 실패한 외과수술 자리의 조금씩 뜯겨 염증이 난 상처투성이 조직을 닮았다.

그럼에도 영국군은 뇌브샤펠 전투를 부분적인 성공이라고 판정했다. 이유는 단 하나, 그 전투로 프랑스군이 보는 앞에서 영국군의 전투 평판을 회복했다는 것이었다. 영국군의 전투력이 의심을 받는 것은 부당했다. 문제는 영국군 병사들의 투쟁심이 아니라 여전히 식민지시대의 사고방식을 지니고 있는 그 지휘관들이었다. 지휘관들은 비교적 소규모의 전력으로 결정적인 성과를 기대했으며 사상자 수에 주눅이 들었다. 영국과는 다른 전통을 지닌 프랑스군 장군들은 많은 사상자를 예상했다. 프랑스 병사들은 여전히 애국적 숙명론으로 이를 감당할 준비가 되어 있었다. 영국군 병사들은 정규군이든 향토대 병사든 전시 자원병이든 유사하게 극기를 배우고 있었으나, 지휘관들은 최대한 체계적으로 준비하여 작전에 돌입해야만 새로운 참호전 상황에서 승리를 얻을 수 있음을 받아들이고 있었다. 100년 동안 산악지대와 사막에서 승리를 가져다준 돌격과 즉흥적 조치라는 속성은 프랑스 땅에서 쓸모가 없었다. 이 새롭고 더 거친 분위기에 반대한 유일한 집단은 인도군이었다. 인도군에게 뇌브샤펠은 서부전선에서 최후의 업적을 표시했다. 인도군은 나중에 페스튀베르Festubert와 루스 전투에서 다시 싸우게 되지만 타격부대로 싸우지는 않았다. 이미 입은 손실만으로도 여러 대대가 무력하게 되었고, 유럽과는 매우 다른 전통의 전사 의식으로 양성된 세포이들은 부상자들이 참호 복귀를 면제받지 못하는 것을 이해할 수 없었다. 뇌브샤펠 전투가 있고 다음 주에 어느 시크교도 병사는 아버지에게 보내는 편지에 이렇게 썼다. "우리는 화덕에 두 번 내던져진 낟알 같으며, 그 안에서 생명은 나오지 않습니다." 부상당한 어느 라지푸트족 병사는 그보다 조금 더 전에 집으로 이렇게 써 보냈다. "이것은 전쟁이 아니다. 세상의 종말이다."[43] 그해가 끝날 때, 2개 인도군 보병사단은 프랑스에서 메소포타미아로 이동해, 그곳 사막에서 터키에 맞서 싸우며 좀 더 친숙한 전쟁수행 방식을 재발견했다.

뇌브샤펠 전투는 가을에 아르투아와 샹파뉴에서 되풀이될 전투를 예견했을 뿐만 아니라 아르투아 봄 공세의 예비전투로서 봄 공세가 보일 성격과 과정도 소규모로 미리 보여주었다는 점에서 중요하다. 실제로 뇌브샤펠 전투 중 잠시 동안이었지만 영국군과 인도군의 선봉대는 오베르 능선의 산마루로 열린 길을 희미하게 보았다. 그것은 영국군이 아르투아 공격에 참여했던 기간에 목표로 삼게 되는 곳이다. 그러나 영국군은 그 공세에 착수하기 전에 반대 방향인 플란데런에서 공격을 수행했다. 이 공격이 2차 이프르 전투다. 1914년 말에 '돌

43. D. Omissi, *The Sepoy and the Raj*, London, 1994, pp. 117~118

44. Ⅰ. Hogg, *Purnell's*, Ⅱ, pp. 609~611

45. 1861~1935. 독일의 화학자, 기업가. 이게파르벤으로 결합한 주요 회사의 하나인 프리드리히 바이에르(Friedr. Bayer & Co)의 염색 공장에서 회사 생활을 시작하여 연구소장을 거쳐 최고경영자가 되었다. 이게파르벤의 탄생을 적극적으로 주장했다.—옮긴이

46. 1868~1934. 카이저빌헬름연구소는 카이저빌헬름협회(Kaiser Wilhelm Gesellschaft) 산하의 여러 연구소를 말한다. 프리츠 하버는 1911년에 베를린-달렘(Berlin-Dahlem)에 설립된 카이저빌헬름물리화학전기화학연구소(KWI für physikalische Chemie und Elektrochemie)의 소장이었다. 이 연구소는 현재 막스플랑크협회 프리츠하버연구소(Fritz-Haber-Institut der Max-Planck-Gesellschaft)다.—옮긴이

출부'를 확보했던 1차 이프르 전투는 12월에 대체로 프랑스군이 수행한 혼란스럽고 비효율적이었던 전투에서 점차 지워졌다. 그러나 4월 초에 팔켄하인은 한편으로는 고를리체-타르누프 공세를 위해 동부전선으로 병력을 이동시킨 것을 위장하기 위해서, 다른 한편으로 새로운 가스 무기를 실험하기 위해서 이프르를 다시 압박하기로 결정했다. 공격은 제한적 공세가 될 터였다. 서부전선에서 결판을 내겠다는 팔켄하인의 희망은 힌덴부르크와 루덴도르프가 효과적으로 전략 예비군의 전개를 동부전선으로 돌릴 수 있을 때까지 연기되어야 했기 때문이다. 팔켄하인 자신도 이 점을 알고 있었지만, 영국해협 해안에서 발판을 마련하고 좀 더 유리한 진지를 확보하고자 했다.

독일군은 이미 1월 3일에 동부전선의 볼리모프Bolimov에서 가스를 사용한 적이 있다. 그때 바르샤바 서쪽의 라브카Rawka 강가의 러시아 진지 안으로 가스탄을 발사했다. 독일군에게 테슈토프T-stoff(브롬화 크실릴)로 알려진 이 화학약품은 치명적인 가스가 아니라 최루가스(눈물을 흘리게 하는 가스)였다. 이는 러시아군을 조금도 괴롭히지 못한 듯했다. 당시 기온이 너무 낮아 화학약품은 증발하지 못하고 얼어버렸던 것이다.[44] 그러나 4월이 되자 독일군은 염소 형태의 살인가스를 다량 보유했다. 폐에서 분비액의 과잉생산을 자극하고 결국 폐를 유체에 잠기게 함으로써 죽음을 유발하는 '수포성 독가스'인 이 물질은 이게파르벤IG Farben이 지배했던 독일 염료산업의 부산물이었다. 이게파르벤은 사실상 그 생산품을 전 세계적으로 독점했다. 이게파르벤의 수장인 카를 뒤스베르크Carl Duisberg[45]는 이미 질산염을 합성하는 데 성공하여 무너져가는 독일의 전쟁수행노력을 구한 적이 있다. 질산염은 고성능 폭약의 필수 성분으로서 원래는 연합국이 통제하고 있는 원료로만 얻을 수 있었다. 동시에 뒤스베르크는 독일의 선도적인 공업화학자이며 베를린의 카이저빌헬름연구소 소장인 프리츠 하버Fritz Haber[46]와 협력하여 적의 참호에 염소를 대량으로 투하할 방법

을 고안하고 있었다. 가스를 충전한 포탄의 실험은 실패했다(그렇지만 다른 내용물을 충전한 가스탄은 훗날 널리 이용된다). 고압 실린더의 염소를 순풍에 띄워 직접 투하하는 것이 더 유망했다. 4월 22일 160톤의 가스를 담은 실린더 6,000개가 이프르 북쪽 랑에마르크 반대편에 투하되었다. 그곳 참호는 프랑스 제87향토사단과 제45사단이 지키고 있었다. 제45사단은 알제리의 백인 주아브 연대들과 아프리카 경보병연대(백인 형벌대), 알제리 원주민 소총수들로 구성되었다. 그 옆에 영제국 군대로는 서부전선에 제일 먼저 도착한 캐나다 사단이 있었고, 이프르 돌출부의 나머지는 영국군 정규사단인 제5사단, 27사단, 28사단이 지켰다.

4월 22일 오후, 날씨는 맑았고 동쪽에서 서쪽으로 가벼운 남실바람이 불었다. 5시에 거센 포격에 뒤이어 독일군 참호에서 프랑스군 참호 쪽으로 회녹색 연무가 밀려들었고, 곧 수천 명의 주아브와 알제리 소총수들이 숨통을 부여잡고 기침을 하며 비틀거리고 얼굴이 창백해진 채 후방으로 내달렸다. 한 시간 안에 전선은 포기되었고 이프르 방어선에 너비 약 8,000야드의 틈이 벌어졌다. 가스의 일부는 캐나다군 진지로 흘러들었으나, 그쪽 전선은 사수되었고 독일군 보병의 진격을 저지할 증원군이 있었다. 독일군 보병은 여러 곳에서 밀어붙이는 대신 참호를 파고 들어앉았다. 이튿날, 연합군은 서둘러 임시방편을 마련했다. 가스가 무엇인지 신속히 확인했고, 염소는 물에 녹기 쉬웠으므로 제28사단의 퍼거슨Ferguson 중령은 방독 수단으로 물에 적신 천을 입에 두르자고 제안했다. 4월 24일에 독일군은 가스로 캐나다군을 공격했지만 효과는 첫날보다 적었으며 증원군도 더 많았다. 프랑스군과 영국군 모두 반격하려 했다. 5월 1일 영국군에 60고지Hill 60, 덤프Dump, 캐터필러Caterpillar로 알려진 이프르 남쪽의 엉망진창인 땅에 또 한 번의 가스 공격이 있었다. 그곳에서 길을 뚫느라 질리베커Zillibeke 인근의 산을 깎아내고 남은 폐석더미 사이로 철도선이 지난다.

47. W. Aggett, *The Bloody Eleventh*, Ⅲ, London, 1995, p. 121

48. J. Edmonds, *1915*, Ⅰ, p. 289

이 작은 전투지역에 남은 구덩이와 둔덕은 지금까지도 섬뜩한 분위기를, 서부전선의 유적 중에서도 특히 기분 나쁜 인상을 풍긴다. 5월 1일 가스가 목구멍을 덮치고 독일군 보병이 중간지대 너머에서 맹렬히 사격하자 도르셋 연대Dorset Regiment 1대대 병사들은 참호의 사대 발판을 붙들었다. 그 장면은 지금의 땅이 보여주듯이 틀림없이 지옥에 가까웠을 것이다. 상황을 구한 이는 어느 젊은 장교였다. 케스텔-코니시Kestell-Cornish 소위는 독일군을 저지하기 위해 소총을 꽉 부여잡고 40명 중 4명 남은 소대원과 함께 자욱한 가스 연무 속으로 사격을 가했다.[47] 가스를 마신 자들을 돌보는 데 전념했던 다른 장교는 이렇게 보고했다. "200명 정도가 내 손을 거쳐 갔다. …… 몇몇 병사들은 내가 임종을 지켰고, 나머지는 죽어가고 있었다. …… 나는 많은 병사들을 붙들고 살았는지 죽었는지 확인해야 했다." 실제로, "가스를 마시고 참호에서 죽은 병사가 90명이고, 가장 가까운 〔구호〕소로 후송된 207명 중 46명이 거의 도착 즉시 사망했고 12명은 오랜 고통 끝에 죽었다."[48]

사정이 이러했는데도, 도르셋 연대가 거의 인간의 힘이라고 볼 수 없을 정도로 헌신적으로 임무를 수행하여 전선은 사수되었으며, 이프르 돌출부는 비록 도시에서 2마일 안쪽까지 밀려들어 갔지만 그 이후 더 깎여나가지는 않았다. 전쟁 내내 다양한 형태의 가스와 치사력이 더 강한 질식제 포스겐, 수포성 '겨자'가 계속 사용되며, 염소는 5월 독일군의 바르샤바 서쪽 공세에서 수천 명의 러시아군 병사들을 죽인다. 그러나 가스는 바람의 방향에 의존했기 때문에 무기로서 내재적인 한계를 안고 있었고 효과적인 방독면이 급속히 발전했기에 결정적인 무기는 아니었다. 2차 이프르 전투에서 독일군이 대규모 예비군을 확보하여 최초 기습의 효과를 이용할 수 있었다면, 가스가 결정적이었을지도 모른다.

연합군은 1915년에 서부전선의 두 차례 공세에서 쓸 깜짝 놀랄 만한 기술을 확보하지 못했으며, 두 공세 모두 적은 땅만 얻거나 아니면 전혀 얻지 못한 채 큰 인명 손실만 내고 실패했다. 5월에 프랑스군과 영국군은 아르투아에서 공격했다. 목표지점은 독일군이 자신들의 진지를 내려다보는 고지였는데, 영국군은 5월 9일에 오베르 능선을 공격했고 프랑스군은 한 주 후에 비미 능선을 공격했다. 프랑스군은 포와 탄약을 충분히—포 1,200문, 탄약 20만 발—갖고 있었고 영국군은 그렇지 못했지만, 성과의 차이는 미미했다. 헤이그의 제1군은 즉시 저지되었다. 페탱의 제33군단이 선봉에 선 프랑스군은 비미 능선의 정상을 장악하여 적군의 지극히 중요한 철도가 이어지는 두에 평원을 내려다보았으나, 후방 6마일 거리에 있는 자신들의 예비군이 합류하기 전에 먼저 정상에 도착한 독일 예비군의 결정적인 반격을 받았다. 이는 참호전의 실패를 초래한 구조적 요인의 또 다른 실례였다.[49]

49. A. Bristow, *A Serious Disappointment*, 1995, p. 163

9월에는 아르투아는 물론 샹파뉴에서도 공세가 재개되었는데, 양쪽에 배치된 사단의 수는 봄보다 상당히 더 많았지만 결과는 별반 다르지 않았다. 프랑스군에서는 병력 재편으로 12개 사단이(120사단에서 132사단까지) 만들어져 사단 수가 증가했고, 영국군에서는 향토사단이 추가로 도착하여 사단이 늘었다. 영국군에서는 전시 자원병들로 구성된 '신군', 즉 '키치너' 사단들이 처음으로 모습을 드러냈다. 6월 4일에 조프르가 존 프렌치 경에게 공격 계획을 제시했다. 계획에 따르면 영국군이 프랑스 구역을 좀 더 떠맡아 페탱이 사령관으로 임명된 제2군이 샹파뉴 공세에 참여할 수 있어야 했다. 헤이그는 이미 5월에 플란데런에서 프랑스 전선의 일부를 인계받았다. 영국의 새로운 제3군은 조프르의 요청에 응하여 페탱 부대를 풀어주기 위해 남쪽 솜 강으로 이동했다. 이제 영국군은, 프랑스의 제10군이 조프르의 계획을 위한 준비가 완료되자마자 공격을 개시할 지점인 비미 근처의 짧은 구간만 남긴 채, 이프르에서 솜 강에 이르는 전선 대부분을 담당했다.

준비하는 데에는 시간이 걸렸다. 의지는 있었지만—7월 7일 샹티이

50. 1863~1945. 로이드 조지는 1차 세계대전 중에 군수품의 생산과 보급을 감독하고 조정하기 위해 신설한 직책인 군수장관(Minister of Munitions)을 처음으로 맡았다.—옮긴이

51. 1878~1932. 1916년 12월 12일에 군수장관(Ministre de l'Armement)이 되었으므로 이 시기에는 포대·군수담당 차관(sous-secrétaire d'Etat de l'Artillerie et des Munitions à l'équipement militaire)이었다.—옮긴이

52. G. C. Wynne, p. 63

에서 열린 첫 번째 연합군 전쟁회의에서 프랑스군과 영국군, 벨기에군, 세르비아군, 러시아군, 그리고 5월에 동맹에 합류한 이탈리아군은 행동을 같이하기로 서약했다—수단이 없었다. 6월 말, 프랑스와 영국의 군수장관들이 만났고, 그때 데이비드 로이드 조지David Lloyd George[50]는 상대인 알베르 토마스Albert Thomas[51]에게 영국원정군이 프랑스에서 큰 노력을 하기에는 포와 포탄이 모두 부족하다고 말했다. 로이드 조지는 이듬해 봄까지 합동 공격을 연기하기를 원했다. 조프르는 저항했다. 조프르는 독일군을 계속 압박하고 병력이 다른 전역으로 전환되는 것을 막기 위해서 긴급한 행동을 원했다. 5월 26일에 보수당과 자유당이 합세하여 성립한 영국의 연립정부는 가을 공세가 시금석이 되리라고 인정하고 반대를 철회했다. 그럼에도 실질적인 난제들은 사라지지 않았다. 영국군이 솜 강 구역을 넘겨받는 데 시간이 걸렸다. 샹파뉴 전장의 준비에도 시간이 들었다. 두 동맹국은 참호에 대한 대규모 공격이 즉흥적으로 시작될 수 없다는 사실을 배우고 있었다. 도로를 건설해야 했으며 필요한 물자를 비축해야 했고 포 진지를 파야 했다. 2차 샹파뉴 전투라고 부르게 될 전투의 개시일은 8월 말에서 9월 8일로, 그다음 페탱이 장기간 포격할 시간을 요구하면서 9월 25일까지 연기되었다.

독일군은 이 지연으로부터 이득을 보았다. 공격이 임박했다는 감출 수 없는 신호였기에 공격받을 곳으로 확인된 참호선 구간을 강화했다. 팔켄하인은 1월에 제1선 배후에 제2선 진지를 구축하고 그 사이에는 콘크리트로 기관총 초소를 설치하라고 지시했다. 이 체계는, 엄청난 노력이 수반되었지만, 가을이면 완성되어 최대 3마일에 이르는 깊은 방어지대가 형성되었다.[52] 적군의 사격에 맞서 3마일을 전진 이동하는 것은 전투군장의 무게에 눌린 병사로 말하자면 정신력은 말할 것도 없고 신체적 능력까지도 극한까지 시험한다는 사실은 경험을 통해 이미 증명된 일이므로, 서부전선의 독일군 진지는 분명 난

공불락이 되어가고 있었다. 더군다나 첫날에 돌파의 성공을 예상한 공세로는 결코 뚫을 수 없었다. 공격군에 더욱 나빴던 것은, 독일군이 점령한 고지대의 배후 사면에—독일군은 1914년에 퇴각하면서 신중히 선택하여 고지대를 점령했다—방어 지침에 따라 제2선 진지를 구축했다는 사실이다. 그렇게 하면 제2선 진지는 연합군이 포격해도 보호받을 수 있었기 때문이다. 반대로, 독일군 포대의 역할은 참호를 포격하는 것이 아니라 집결해 있는 적군 보병을 공격하고 이 부대가 전진할 경우 중간지대에 일제사격을 가하는 것이었다. 일제사격의 포화를 뚫은 자들 앞에는 기관총 사수들이 기다리고 있었다. 경험이 말해주듯이, 기관총 사수들은 200야드 이내의 사거리에서 공격을 저지할 수 있었다.[53]

독일의 대비가 유효했음은 1915년 9월 25일에 영국원정군의 아르투아 공세지점인 루스에서, 프랑스군이 비미 능선에 대한 공격을 재개한 인근의 수셰즈Souchez에서, 프랑스군이 단독으로 공격했던 먼 샹파뉴의 타위르Tahure, 라폴리la Folie, 라맹드마시주la Main de Massige에서 너무나 고통스럽게 증명되었다. 두 구역에서 공세에 앞서 염소가스가 살포되었다. 루스에서 가스는 중간지대에 머물러 있거나 심지어 영국군 참호로 되밀려 와 전진을 돕기는커녕 오히려 방해했다. 어쨌든, 전투에 참여한 영국군 6개 사단—제1사단과 2사단, 7사단의 3개 정규군 사단, 제9스코틀랜드 사단과 제15스코틀랜드 사단의 2개 '신군' 사단,[54] 향토사단인 제47사단—은 곧 기관총에 저지되었다. 모두 신군이었던 2개 예비군사단 제21사단과 제24사단이 지원하기 위해 출발했지만 그 위치가 후방으로 너무 멀리 떨어져 있어 어두워질 때까지 영국군의 원래 전선에도 도달하지 못했다. 이 두 사단은 이튿날 아침에 계속 전진하라는 명령을 받았지만 공격을 위해 집합하느라 아침나절을 다 보냈다. 오후 일찍 10열 종대로 전진했다. "각 열에 약 1,000명씩 늘어서 마치 열병 연습을 하듯이 전진했다." 방어하는 독일군은

53. G. C. Wynne, p. 64

54. 9th (Highland) Infantry Division, 15th (Scottish) Infantry Division.—옮긴이

"전 전선이 적군 보병으로 뒤덮인" 광경을 보고 크게 놀랐다. 독일군은 일어서서, 몇몇은 참호의 흉벽 위에 올라서서, 탁 트인 풀밭을 지나 전진하는 병사 집단에 의기양양하게 사격을 가했다. 기관총 사수들은 1,500야드 떨어진 지점에서 발사했다. "기관총이 그처럼 간단한 일을 맡은 적은 없었다. …… 뜨겁게 달궈진 총열은 기름에 젖었고, 기관총은 적진을 이리저리로 가로질렀다. 그날 오후에 기관총 1정이 쏟아낸 총알이 1만 2,500발이었다. 효과는 굉장했다. 적군이 말 그대로 수백 명씩 쓰러지는 것을 볼 수 있었다. 그러나 적군은 중단 없이 순조롭게 전진을 계속했다." 그리고 마침내 독일군 제2선 진지의 훼손되지 않은 철조망에 도달했다. "난공불락의 이 장애물에 막혀 생존자들은 뒤로 돌아 퇴각하기 시작했다."

전진했던 병사들의 절반만이 간신히 살아남았다. 제21사단과 24사단의 1만 5,000명 중에 8,000명 이상이 죽거나 부상당했다. 적 독일군은 '시체가 널린 루스 벌판'의 비참한 광경에 구역질이 났고 영국군이 방향을 돌려 후퇴하자 사격을 중지했다. "그런 승리를 거두었지만 동정과 연민의 감정은 너무도 컸다."[55] 루스 전투는 독일군의 승리였다. 영국군은 이후 3주 동안 공격을 지속했지만 얻은 것이라곤 폭 2마일의 좁은 돌출부뿐이었다. 그 안에서 1만 6,000명의 영국군 병사들이 목숨을 잃었으며, 거의 2만 5,000명이 부상을 입었다. 루스 전투는 신군의 병사들에게는 첫 전투였는데 끔찍하고 기를 꺾는 것이었다. 그렇지만 특히 제9사단과 제15사단의 스코틀랜드 병사들은 많은 사상자를 낸 충격에서 벗어났고 패배를 공격 재개의 자극제로 간주했다. 9대대 블랙워치Black Watch[56]의 소령 존 스튜어트John Stewart는 전투 후 아내에게 이렇게 썼다. "제일 중요한 것은 아군의 손실을 최대한 줄이면서 많은 훈족을[57] 죽이는 것이다. 이는 큰 승부이고 우리의 동맹군은 이를 아주 잘 수행하고 있다."[58] 존 스튜어트의 말이 전부가 아니다. 새로운 영국군 자원병 사단들은 군인다운 자질을 입증해 보이기

55. F. Forstner, *Das Reserve Infanterie Regiment 15*, Berlin, 1929, pp. 226~232

56. 제15스코틀랜드 사단 44여단에 배속된 대대의 별칭. 1915년 1월부터 1918년 2월까지 활동했다. 이 시기에 블랙워치라는 별칭을 사용한 대대들이 더 있다.—옮긴이

57. 훈족은 독일군을 말한다.—옮긴이

58. E. Spiers, 'The Scottish Soldier at War', in Cecil and Liddle, p. 326

를 간절히 바랐으며, 프랑스군의 애국심은 여전히 거세게 불타올랐다. 어느 군대에서든 병사들의 열의가 무의미한 손실의 범람으로 식기까지는 한 해 이상 지나야 했다.

그러나 루스 전투는 전략적으로 볼 때 무의미했으며, 페탱의 제2군과 드랑글의 제4군이 같은 날 시작한 샹파뉴 공세에서 보인 노력도 마찬가지였다. 샹파뉴에서는 20개 사단이 나란히 서서 루스에서 살포된 것과 유사한 가스 구름 뒤에서 중포 1,000문의 지원을 받아 20마일의 전선을 공격했다. 결과는 똑같이 무용지물이었다. 몇몇 프랑스 연대는 전방 참호에서 깃발을 펄럭이고 악단의 관악기와 북을 울리며 공격했다. 나머지 연대들은 공격이 지지부진했을 때 전진하라는 고위 장교들의 강요를 받았다. 그중 한 사람인 유명한 식민지 장군 샤를 망쟁은 공격을 준비하다가 가슴에 관통상을 입었는데, 열흘 후에 군무에 복귀했다. 망쟁 같은 사람들이 많이 노력했지만, 그리고 보통의 프랑스 병사들이 계속해서 용맹하게 싸웠지만, 샹파뉴 고지대 공격으로 얻은 땅은 겨우 2마일밖에 되지 않았다. 독일군의 제2선 참호는 돌파당하지 않았다. 10월 31일에 전투가 끝났을 때, 독일군의 진지는 무사했던 반면 프랑스군의 사상자는 14만 3,567명이었다.[59]

1915년은 서부전선에서 연합군에게 쓸쓸한 한 해였다. 많은 피를 흘렸지만 성과는 적었고 성공의 가망성은 1916년까지 미루어졌다. 독일군은 참호 전선을 방어하는 방법에 관하여 많이 배웠음을 보여주었고, 연합군은 참호 전선을 돌파할 수단에 관하여 아무것도 배우지 못했음을 보여주었다. 프랑스군에게는 쓰라린 교훈이었다. 확대되는 전쟁에서 동맹군이 자국 영토에 적군의 주력을 남겨둔 채 다른 곳에서 해결책을 구하기로 결심한 듯했기에 더욱 쓰라렸다. 그러나 프랑스 땅 밖에서 승리를 거두어 적을 물리칠 가능성은 라인 강을 향해 돌파할 가능성만큼이나 어려운 일이었다. 독일군의 개입으로 오스트리아군이 와해 직전에서 구출된 러시아에서, 5월에 열린 새로운 이탈

59. J. Edmonds, *1915*, Ⅰ, p. 143

리아 전선에서, 발칸 반도에서, 터키의 전장에서, 사태의 추이는 적군에 유리했다. 오로지 바다와 멀리 떨어진 독일의 식민지에서만 연합군은 우세를 확립했지만, 연합군 스스로 알고 있었듯이 해상 전역이나 식민지 전역에서도 성공이 승리를 보장하지는 않았다.

7 장

서부전선 너머의 전쟁

7 | 서부전선 너머의 전쟁

1915년 말이면 최초의 교전국 어느 나라도 원하거나 기대했던 전쟁을 하고 있지 않았다. 신속한 승리의 희망은 꺾였으며, 새로운 적들이 출현했고, 새로운 전선이 열렸다. 프랑스는 참모본부가 평시에 평가한 전략적 가능성에 가장 가깝게 일치하는 전쟁을, 다시 말해서 북동쪽 국경에서 독일에 맞선 전쟁을 수행하고 있었다. 그러나 일정표와 비용 모두 비참할 정도로 잘못되었으며, 프랑스는 1914년 11월에 터키가 예기치 않게 개입한 결과로 발칸 반도와 동부 지중해 지역에서 부차적인 전쟁에 돌연히 휘말렸다. 터키의 참전은 독일군와 오스트리아군만 상대하면 되리라는 러시아의 계산도 엉망으로 만들어 버렸다. 러시아군은 이제 캅카스에서도 치열하게 어려운 전쟁을 하고 있었다. 독일은 두 단계의 단일전선 전쟁을 예상했다. 첫 단계는 동부전선에 형식적인 병력만 배치한 채 프랑스와 싸우고, 그다음으로 러시아와 싸워 승리를 거두는 것이었다. 그렇지만 독일은 서부전선과 동부전선에서 모두 힘들게 교전했으며, 동부전선에서는 동맹국인 합스부르크제국을 보강하기 위해 오스트리아 영토에 대규모 병력을 유지했다. 오스트리아는 전쟁을 세르비아에 대한 처벌 원정으로 국한할 생각이었지만, 그 어리석은 생각의 대가를 혹독히 치렀으며, 러시아뿐만 아니라 이탈리아와도 싸우느라 옴짝달싹할 수 없었다. 세르비아는 비타협적 태도를 취한 데 대한 벌을 톡톡히 받았으며 한 나라로서 소멸했다. 영국은 애초에 플란데런의 프랑스 좌측 전선을 확충하는 데 필요한 원정군의 파견만 약속했지만 서부전선에서 점점 더 긴 구간을 책임져야 했고 동시에 갈리폴리Gallipoli[1]와 이집트, 메소포타미아에서 터키와 싸우고 세르비아군을 지원하며 독일의 아프리카 식민지에 주둔한 수비대를 약화시키기 위해 병사들을 모집했다. 독

1. 터키어로 겔리볼루(Gelibolu)이나 익히 알려진 갈리폴리로 옮겼다.—옮긴이

일 최고함대가 북해에 들어오는 것을 막고 지중해를 지배하며 적군의 상선위장전함surface commerce raider을 추적하여 파괴하고 U-보트U-Boot로부터 상선을 보호할 전함의 수병을 충원하는 데에도 인력이 필요했다. 사람들이 벌써 대전이라고 부르고 있던 이 전쟁은 세계 전쟁이 되어가고 있었으며, 그 범위는 달이 바뀔 때마다 더 넓어지고 있었다.

독일 식민지에서 벌어진 전쟁

독일은 유럽의 강대국에 합류하여 제국을 위한 경쟁에 참여하기 전에 먼저 제국이 되어야만 했다. 제2제국은 1871년 1월 베르사유의 거울의 방La Galerie des Glaces에서 선포되었다. 강대국들이 광대한 영역을 정복했기에 새로운 국가에 남은 것은 없었다. 북아프리카는 당시 프랑스가 차지했으며, 중앙아시아와 시베리아는 러시아, 인도는 영국이 가졌다. 독일 민족주의의 공론가인 하인리히 폰 트라이츠케Heinrich von Treitschke[2]는 "식민지 확보는 생사의 문제다"라고 선언했다.[3] 그랬는데도 식민지 획득에 대한 대중적 열의는 그다지 크지 않았다. 필시 개발할 수 있는 곳으로 남은 유일한 지역이 아프리카에서도 선호도가 낮은 곳이었기 때문일 것이다. 아프리카 대륙에 들어가고자 하는 욕구를 제공한 것은 독일의 상인들이었다. 1884년에서 1914년 사이에 독일 상인들은 아프리카 서안의 카메룬과 토고, 남서아프리카(나미비아), 그리고 동안에서는 지금의 탄자니아에 상업거점을 확보했고, 제국 정부가 이 거점들을 강화했다. 동시에 매입(에스파냐로부터)과 제국을 확립하려는 의도적인 노력으로 태평양의 남부와 중부에서 파푸아, 사모아, 캐롤라인 제도, 마셜 제도, 솔로몬 제도, 마리아나 제도, 비스마르크 제도를 얻었다. 1897년에는 중국으로부터 자오저우膠州 해안지역과 칭다오青島 항구를 강탈했다.

전쟁이 발발하자 영국과 프랑스는 즉시 독일 식민지에 있는 수비대를 제압하기 위한 조치에 들어갔다. 1911년의 영일조약에 따른 의무

2. 1834~1896. 민족주의자 역사가, 정치인. 《역사학보(Historische Zeitschrift)》 편집장이었으며 제국의회 의원이었다. 독일 국력 강화에 해가 되는 견해에는 격하게 반대했다. 식민지 확대를 열렬히 옹호했고 영제국을 철천지원수로 생각했다.—옮긴이

3. G. Craig, *Germany 1866~1945*, Oxford, 1981, p. 119

를 엄밀하게 해석하여 전쟁에 돌입했지만(8월 23일) 실제로는 태평양에서 독일을 희생시켜 자국의 전략적 지위를 향상시키려 했던 일본도 마찬가지로 칭다오와 태평양 중부의 섬들을 향해 이동했다. 일본은 10월 중에 마리아나 떼섬, 마셜 떼섬, 캐롤라인 떼섬을 점령했다. 1918년 이후 일본의 위임통치령이 된 이 섬들은 25년 후 일본이 미국과 싸울 때에 섬으로 이루어진 그 본거지의 바깥쪽 한계를 이루게 된다. 사모아는 8월 29일에 뉴질랜드군에 무너졌다. 독일령 뉴기니(파푸아)는 9월 17일에 솔로몬 떼섬과 비스마르크 떼섬과 함께 오스트레일리아 원정대에 무조건 항복했다. 칭다오를 정복하는 데에는 시간이 좀 더 오래 걸렸다. 튼튼한 요새였고 3,000명의 독일 해병대가 지키던 칭다오는 어떤 공격군도 쉽게 넘기 어려운 대단한 군사적 장애물이었다. 요행을 바라지 않았던 일본은 5만 명을 상륙시켜 계획적인 포위공격을 시작했다. 나중에 영국의 조차 항구인 톈진天津에 주둔하고 있던 사우스웨일즈 국경수비연대South Wales Borderers 2대대와 시크 연대Sikh Regiment[4] 36대대가 합류했다.[5] 독일군은 3중 방어선으로 공격군에 맞섰는데 두 방어선은 저항 없이 넘겨주었다. 제3방어선에 대면한 일본군은 표준 공성 방식으로 평행호를 팠고 10년 전에 인근의 뤼순에서 러시아의 요새를 정복할 때처럼 11인치 곡사포로 포격을 개시했다. 11월 6일에서 7일로 넘어가는 밤에 폭이 300야드로 줄어든 중간지대를 건너 보병이 공격했고, 이튿날 아침, 총독으로 근무하던 해군장교 알프레트 마이어 발데크Alfred Meyer Waldeck 대령은 부대를 포기했다. 발데크의 해병대는 200명이 전사했고, 일본군은 1,455명이라는 엄청난 사상자를 냈다. 순전히 상징적이었지만 용감한 저항이었다.

아프리카에서, 영국령 황금해안Gold Coast(지금의 가나)과 프랑스령 다오메Dahomey(지금의 베넹) 사이에 끼인 작은 땅 토고는 서아프리카 소총연대와 세네갈 저격병대가 신속히 제압했다(8월 27일). 광대한 영토였던 카메룬Kamerun(지금은 Cameroon)은 면적이 독일과 프랑스를 합친

4. 영국인도군에 속한 연대.—옮긴이

5. T. Wise, *Purnell's*, Ⅰ, pp. 321~329

6. 카메룬 북서부의 도읍.—옮긴이

7. 카메룬 최대 도시이자 최대 항구.—옮긴이

8. 현재 카메룬의 수도 야운데(Yaounde).—옮긴이

9. L. Gann and P. Duignan, *The Rulers of German Africa*, London, 1977, p. 217

10. B. Farwell, *The Great War in Africa*, London, 1987, p. 71

것에 맞먹어 정복하기가 더 어려웠다. 카메룬 수비대의 병력은 유럽인 약 1,000명에 아프리카인 3,000명이었다. 연합군에는 영국이 지휘하는 나이지리아 연대, 황금해안 연대, 시에라리온 연대와 프랑스의 아프리카 보병, 콩고에서 온 벨기에 파견대가 포함되었다. 연합군은 아프리카의 밀림이나 오지에서 싸울 때 필수 지원 병력인 수만 명의 운반부까지 합쳐 2만 5,000명에 이르러 숫자에서 압도했는데도 초기의 노력은 거리와 기후, 지형 때문에 효과를 보지 못했다. 8월 말, 영국군이 세 대열로 나이지리아 국경을 넘어 이동했다. 각 대열은 도로가 없는 지역에서 서로 250마일 떨어져 움직였다. 한 대열은 차드 호 근처에서 프랑스가 최근에야 정복한 중앙아프리카의 오래된 노예 무역로를 따라 모라Mora[6]로 진격하고 있었고, 또 한 열은 해안에서 500마일 떨어진 야루아Yarua에 다가가고 있었으며, 나머지는 해안 근처에서 은사나캉Nsanakang을 향했다. 세 대열 모두 거센 저항에 부딪혔으며 큰 손실을 보고 돌아섰다. 프랑스는 해안의 교두보를 장악하고 차드 호 바로 남쪽의 쿠세리Kusseri에서 작은 전투를 승리로 이끌어 더 나은 성과를 보였다. 그 후 영국군은 증원군이 도착하면서 우세를 차지했고, 영국과 프랑스 순양함 4척과 소함대의 지원을 받아 9월 27일에 해안을 확보하고 식민지 수도이자 무선전신국이 있는 두알라Douala[7]를 점령했으며, 강과 2개의 짧은 식민지 철도를 따라 내륙으로 출발했다. 목표지점은 내륙으로 140마일 떨어진 야운다Yaounda[8]였다. 야운다는 적군의 병기고였다. 독일군은 폭우가 쏟아지는 우기에 훌륭하게 저항하여 1915년 10월까지 진격의 재개를 지연시켰다. 그 사이에 아프리카의 병사들은 밭을 일구어 이따금 끊기는 식량 공급을 보충했다.[9] 마침내 11월에 건기가 시작되자, 연합군은 중앙 산악지대로 밀고 들어왔고, 대부분의 독일군은 에스파냐령 기니의 중립지대의 수용소로 갈 수밖에 없었다. 독일군의 마지막 기지로 18개월 일찍 전투가 시작된 훨씬 더 북쪽의 모라는 1916년 2월에 항복했다.[10]

카메룬 전쟁의 성격은 영국과 프랑스가 최초 정복 시기에 전사부족들을 진압할 때 했던 전쟁과 거의 다르지 않았다. 1914년 9월에 독일령 남서아프리카에서 시작된 전쟁은 전혀 달랐다. 지금의 나미비아인 '독일령 남서아프리카'는 잉글랜드의 여섯 배가 되는 엄청난 크기의 영토로 당시 거주하던 아프리카인이 겨우 8,000명뿐이었던 건조한 불모지였다. 주민의 대부분은 1904년에 반란을 일으켰다가 훗날의 제국원수 헤르만 괴링Reichsmarschal Herman Göring의 아버지인 총독에 의해 잔혹하게 진압당한 헤레로Herero 부족[11]이었는데, 3,000명의 독일군 수비대와 7,000명의 독일인 남성 거주자의 엄격한 통제를 받았다. 다른 아프리카 식민지에서도 마찬가지였지만 독일 정부는 '남서아프리카'에서 충돌을 피할 수 있기를 원했다. 독일 정부는 전쟁 이전에 식민 강국들이 아프리카에서 중립을 지키자고 했던 모호한 약속을 믿었다. 그러나 영국은 다르게 하기로 결심했다. 전쟁이 발발했을 때 인접한 남아프리카연방[12]에서 영국군 수비대를 철수시켜 1899~1902년의 보어전쟁에서 적군이었던 자들이 대부분을 차지하고 있는 방위군[13]에 의존할 수밖에 없는 상황이었지만, 영국은 즉시 독일 식민지에 대한 해상, 육상 원정에 착수했다. 가용 병력은 약 6만 명이었다. 소수의 남아프리카 상비군은 정규군으로 영국에 온전히 충성했으며 다수가 영국 출신이었다. 시민군Citizen Force[14]은 나뉘었다. 더번 경보병연대Durban Light Infantry와 제국 경기병연대Imperial Light Horse는 앵글로-사우스아프리칸[15]으로서, 참전을 위해 동아프리카에서 도착한 백인 로디지아인 파견대처럼(그중 한 사람이 훗날의 공군원수 '폭격수' 해리스'Bomber' Harris[16]다) 영국 정부에 충성했다. 나머지는 까다로운 상대였다. 보어전쟁의 주요 지휘관의 한 사람이었지만 이제 영국군에 복무 중인 루이스 보타Louis Botha[17] 장군은 화해했고 변하지 않을 것이었다. 보타는 가장 용감했던 보어 장군이었지만 지금은 연방의 수상인 얀 스뮈츠Jan Smuts[18]에 사사로이 헌신했다. 보어의 영웅이었던 흐리스티안 더 벳

11. 반투족에 속하는 일족으로 대다수는 나미비아에 거주하고 보츠와나와 앙골라에 소수가 있다.—옮긴이

12. 지금의 남아프리카 공화국.—옮긴이

13. 남아프리카 방위군(South African Defense Force). 남아프리카 연방의 군대다.—옮긴이

14. 현역병 출신 예비군으로 남아프리카 방위군의 일부를 구성한다.—옮긴이

15. 오늘날 대체로 사하라 사막 이남에 거주하며 영어를 제1언어로 말하는 사람들. 대부분이 영국계로 남아프리카 공화국에 산다.—옮긴이

16. 1892~1984. 영국 공군 폭격사령부의 최고사령관이었으며 2차 세계대전 후반부에 공군원수가 되었다. 독일 도시 폭격의 기획자로 언론으로부터 '폭격수' 해리스라는 별명을 얻었고 공군 내에서는 '학살자(Butcher)' 해리스라고도 불렸다.—옮긴이

Christiaan de Wet[19]과 방위군의 사령관인 흐리스티안 베이어르스Christiaan Beyers는 적극적으로 반항했다. 얀 켐프Jan Kemp 장군과 솔로만 마리트Soloman Maritz 대령도 마찬가지였다. 켐프는 임무를 포기했고, 마리트는 명령 이행을 거부했다. 그러므로 영국은 시초부터 적 독일군에 맞선 식민지 전쟁뿐만 아니라 보어인의 반란에도 말려들었다.[20]

영국군에겐 다행스럽게도 반란은 불타오르지 않았다. 약 1만 1,000명의 아프리카너Afrikaner[21]가 합류했지만 3만 명의 보어인과 영국인 충성파에 밀려 1915년 1월이면 항복할 수밖에 없었고 일부는 독일 영토로 피신해야 했다. 그런 뒤에야 본격적인 대독일 전쟁이 시작되었다. 군은 5개 진으로 편성되었다. 주로 기병이었고, 다수가 보어 '시민'으로서 일부는 1881년에 마주바Majuba에서 영국군과 싸운 경험이 있던 이 군대는[22] 해안과 오린지 강Orange River, 그리고 남아프리카연방 북쪽의 엄청난 크기의 보호령(지금의 보츠와나)인 베추아날랜드Bechuanaland로부터 독일군 저항의 중심지로 집결했다. 목표지점은 독일 식민지 수도인 빈트후크Windhoek였다. 독일군은 교전하며 그곳으로 후퇴했다. 1915년 5월 12일에 그곳이 점령된 후에도 저항은 계속되었다. 독일군에겐 희망이 없었다. 숫자에서 몇 분의 1에 불과했고 세계에서 가장 황량한 지역의 한 곳에서 외부로부터 보급받을 전망도 없이 싸워야 했던 독일군은 결국 1915년 7월 9일에 무조건 항복했다. 독일군 장교들에게는 계속 검을 가지고 있도록 허용했고, 독일인 거주민 예비군들에게는 자신과 가족, 재산을 보호하도록 무기와 탄약을 갖고 농장으로 돌아가게 허용했다.[23] 빈트후크는 오늘날 남반구에서 유일하게 독일적 특징이 명백한 도시로 남아 있다.

1916년경, 식민지제국에서 영국과 프랑스에 맞서 저항하는 독일의 마지막 중심지는 '독일령 동아프리카Deutsch-Ostafrika', 오늘날의 탄자니아에 있었다. 크기가 거의 정확히 프랑스의 두 배인 그 광대한 식민지에서 전쟁은 영국의 순양함 아스트라이아 호HMS Astraea가 식민지

17. 1862~1919. 2차 보어전쟁에서 싸웠으며 트란스발 총사령관이 되었다. 1902년에 평화협상 대표로 나섰고 1907년에 자치가 허용된 이후 조각을 의뢰받아 초대 수상이 되었다. 같은 해에 런던을 방문하여 트란스발의 영제국 가맹을 선언했다.—옮긴이

18. 1870~1950. 2차 보어전쟁에서 트란스발을 위해 의용군을 이끌었다. 1차 세계대전에 참전했고, 2차 세계대전 때에는 육군 원수였다. 남아프리카연방의 수상을 지냈다.—옮긴이

19. 1854~1922. 보어전쟁에서 활약한 뛰어난 게릴라전 지도자. 1914년 반란을 지휘했으나 보타 장군에 패하여 6년형을 선고받았다. 1년 후 석방되었으나 정치에 관여하지 않았다.—옮긴이

20. B. Farwell, pp. 81~84

21. 17세기 네덜란드어를 기원으로 하는 인도유럽어 아프리칸스(Afrikaans)를 말하는 남아프리카 주민들.—옮긴이

22. 1881년 2월 27일, 현재 남아프리카공화국 폭스러스트(Volksrust) 인근의 마주바 고원 발치에서 영국군이 보어군에 대승을 거두었다.—옮긴이

23. B. Farwell, p. 102

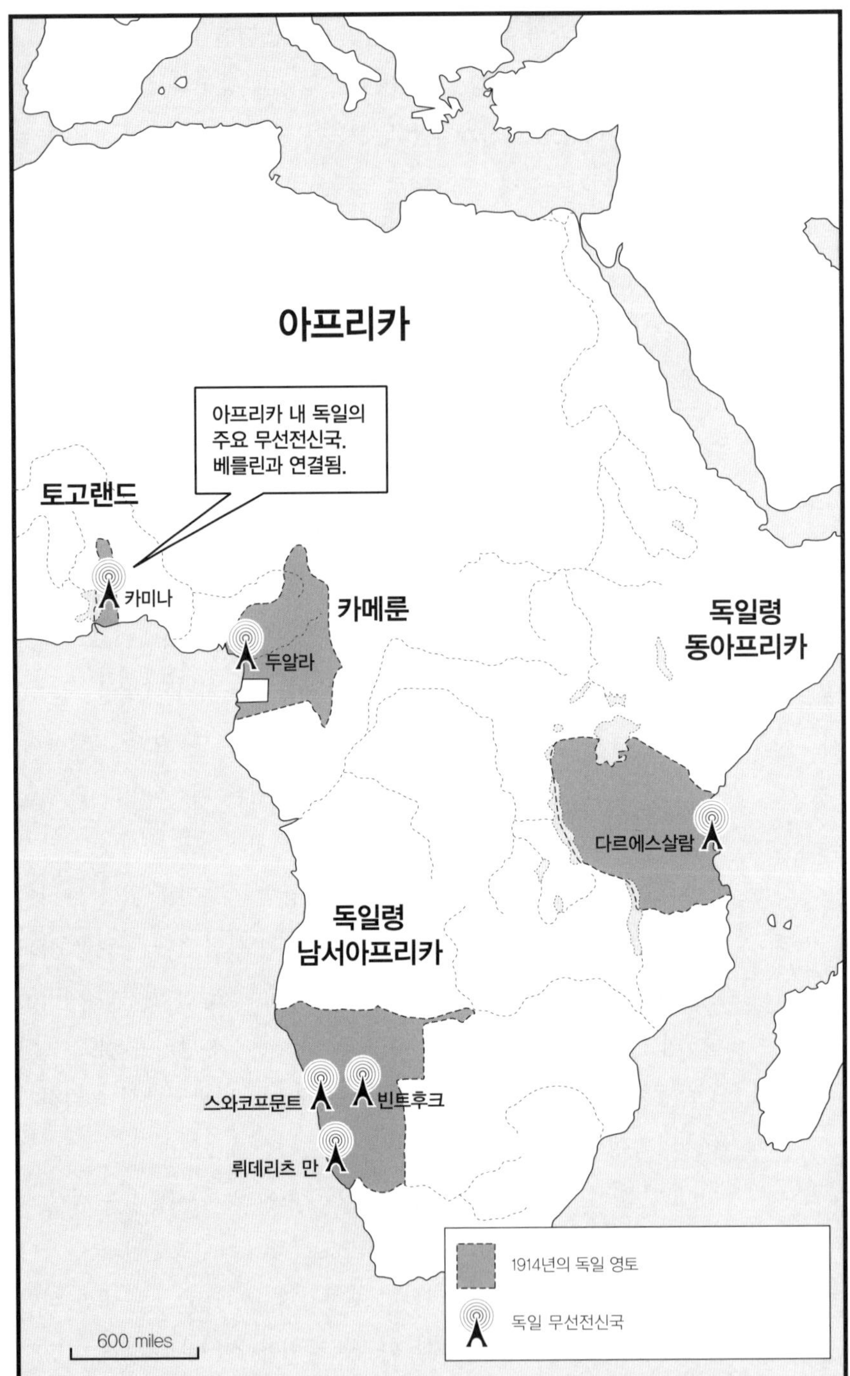

독일의 아프리카 영토

1914년에 다르에스살람을 떠나 독일로 향하는 제아들러호. 전면에 식민지방어군의 악단이 있다.

항구 다르에스살람Dar-es-Salaam을 포격했던 8월 8일에 시작되었다. 그 후 교전이 중단되었다가 재개되어 1918년 11월 유럽에서 정전협상이 시작된 이후까지 지속되었다. 이는 식민지방어군Schutztrupp[24] 사령관인 파울 폰 레토프-포어베크Paul von Lettow-Vorbeck[25] 대령의 놀라운 완강함과 용감한 지도력의 증거였다. 1914년에 44세였던 레토프-포어베크는 제국의 노련한 군인이었다. 레토프-포어베크는 이전에 중국의 의화단의 난을 진압하라고 파견된 독일 부대와 독일령 남서아프리카에서 근무했다. 독일령 동아프리카에 배치된 것은 그 사람의 지위를 말해준다. 『아웃 오브 아프리카Out of Africa』의 저자로 레토프-포어베크와 함께 배를 탔던 카렌 블릭센Karen Blixen[26] 남작부인은 "독일제국이 무엇인지, 무엇을 대표하는지에 관하여 그토록 강한 인상을" 준 독일인은 없었다고 기억했다.[27] 이 식민지는 실제로 제2제국이 해외에 보유한 영토

24. 19세기 말부터 1918년에 패망하여 식민지를 잃을 때까지 독일이 보유했던 식민지 군대.—옮긴이

25. 1870~1964. 1차 세계대전 중 식민지에서 벌어진 전쟁에서 독일이 유일하게 패배하지 않은 독일령 동아프리카 사령관.—옮긴이

26. 1885~1962. 이삭 디네센(Isac Dinesen)이라는 필명으로 작품을 썼던 덴마크인 작가. 『아웃 오브 아프리카』는 케냐 생활을 바탕으로 쓴 소설이다.—옮긴이

27. L. Gann and P. Duignan, p. 105

의 진주였다. 토고는 하찮은 땅이었고, 카메룬은 사람은 없고 열병만 극성인 곳이었으며, '남서아프리카'는 아름다웠지만 텅 빈 사막이었다. 독일령 동아프리카는 북쪽으로 영국령 우간다와 케냐, 서쪽으로 벨기에령 콩고와 로디지아, 남쪽으로 영국령 니아살랜드Nyasaland[28]와 포르투갈령 모잠비크와 경계를 이루었고 아프리카 대륙에서 가장 낭만적이고 생산 잠재력이 큰 대호수지대Great Lakes region에 걸쳐 있었다. 빅토리아 호와 탕가니카 호, 니아사 호가 그 경계를 가로지르거나 경계를 이루었고, 영역 안에는 킬리만자로 산이 서 있다.

처음에는 블랙 아프리카[29]를 전쟁에서 제외하자는 강대국들 사이의 전쟁 이전 협약이 유지될 것 같았다. 독일 총독 슈네Schnee는 공격행위를 금했으며, 영국령 케냐의 총독은 자기 식민지는 "작금의 전쟁에 아무런 이해관계가 없다"라고 선포했다. 게다가 어떤 총독도 전투 병력을 배치하지 않았다. 그러나 총독들은 양측 젊은이들의 공격성을 간과했다. 레토프-포어베크는 슈네를 무시했고 비록 소수였지만 약 2,500명의 아스카리askari[30]와 200명의 백인 장교로 병력을 소집했다. 그동안 케냐의 수도인 나이로비Nairobi는 호전적인 청년과 백인 사냥꾼들로 채워지고 있었다. 전부 무기를 소지했고 제복과 임무를 요구했다. 1861년 4월 남부연합Confederate의 멋쟁이 열혈남아들처럼 이국풍의 명칭—바우커즈 기병대Bowker's Horse, 국경주민군단Legion of frontiersmen—을 붙여 자신들만의 부대를 구성했고 첫 발을 내딛는 레토프-포어베크를 격퇴하기 위해 행진했다. 총독들의 바람은 어떠했든, 9월에 전쟁은 진행 중이었다.

본국 정부들도 전쟁을 원했다. 독일 순양함 쾨니히스베르크 호가 전쟁이 시작되기 전에 동아프리카 외해에서 작전 중이었고 영국 전함 페가수스 호HMS Pegasus를 격침시키면서 교전을 시작했다. 남아프리카 기지를 지휘하던 제독은 비록 작은 전함이었지만 페가수스 호가 침몰하자 그곳 전력의 전부인 3척의 순양함을 집결시켜 쾨니히스베

폰 레토프-포어베크

28. 오늘날의 말라위.—옮긴이

29. 사하라 사막 이남의 아프리카를 일컫는다.—옮긴이

30. 아랍어, 터키어, 스와힐리어로 '군인'이라는 뜻. 유럽의 식민지 군대에서 복무한 동아프리카와 중동 원주민 부대 병사들을 말한다.—옮긴이

31. 탄자니아의 해안도시.—옮긴이

32. 영국령 케냐와 독일령 동아프리카 접경에 있었다.—옮긴이

르크 호에 대적하게 했다. 쾨니히스베르크 호는 곧 수렁이 깊은 루피지Rufiji 강으로 몰렸다. 그곳에서 함장은 255일 동안 계속해서 훌륭한 탈출 작전을 벌였다. 해군본부가 궁지에 몰린 쾨니히스베르크 호를 강타하기 위해 영국에서 흘수가 얕은 모니터함 세번Severn 호와 머지Mersey 호를 파견했고, 쾨니히스베르크 호는 마침내 침몰했다. 그러나 쾨니히스베르크 호는 폐선이 되어서도 전쟁에 계속 기여했다. 쾨니히스베르크 호의 선원들이 해안으로 빠져나와 레토프-포어베크의 아스카리로 근무했고, 일부 함포는 해체되어 야포로 이용되었던 것이다.

그때쯤이면 레토프의 공격성에 영국군은 전면적인 군사 원정을 준비하게 된다. 레토프는 우간다와 케냐를 급습하여 킬리만자로 산 아래 영국 영토에 독일 국기를 꽂았을 뿐만 아니라 대호수지대에서 내륙 해상 작전도 수행했다. 결국 이 호수지대를 다시 통제하기 위해 영국에서 미리 조립한 포함이 도착했다. 그러나 가장 중요한 증원군은 인도에서 온 2개 여단의 영국인 부대와 인도인 부대였다. 인도군 연대들은 2급 부대였지만, 영국군 정규군이 약점을 보충할 것으로 기대되었다. 그렇지만 현실은 그러지 못했다. 1914년 11월 2일 원정대의 첫 번째 탕가Tanga[31] 상륙은 굴욕으로 끝을 맺었다. 인도 병사들은 도망갔고, 영국 병사들은 어찌할 바를 몰랐다. 독일군은 8 대 1로 숫자에서 열세였지만 적군을 해변으로 손쉽게 되몰았고, 그곳에서 적군은 11월 5일에 기관총 16정, 소총 수백 정, 탄약 60만 발을 남긴 채 다시 배에 올랐다.

이 군수품은 1915년 내내 폰 레토프의 전쟁을 지탱하는 데 도움이 된다. 이 한가한 시기 동안 영국군은 군비를 증강했고 레토프는 앞으로 싸워야 할 전쟁의 본질적인 요소를 모조리 배웠다. 더 나은 영국군 부대가 도착했고, 레토프는 야신Jassin[32]에서 작은 승리를 거두었다. 그곳에서 잃은 독일군의 인명과 탄약은—독일군 아스카리는 20만 발을 발사했다—레토프에게 교훈을 남겼다. "우리는 장기전을 끝까지

수행하기 위해 힘을 경제적으로 사용해야 했다. …… 게릴라전에 국한해야 할 필요성이 절실하다는 것은 분명하다." 그 후 게릴라전은 레토프의 전략이 된다.[33] 1916년 3월, 얀 스뮈츠가 독일령 남서아프리카를 정복하여 임무에서 벗어난 방위군 병력을 이끌고 남아프리카로부터 도착했다. 스뮈츠는 내륙에 있는 레토프의 작은 군대를 궤멸시키기 위해 케냐와 니아살랜드, 벨기에령 콩고, 포르투갈령 모잠비크로부터 포위하는 공격 계획을 수립했다. 레토프는 사로잡힐 생각이 없었다. 최대한 강력하게 영국군에 저항하고 매복했다가 갑자기 잔혹하게 공격할 생각이었으며, 그다음 적이 압도적인 숫자로 밀고 들어오기 전에 가치 있는 것은 무엇이든 파괴하며 살그머니 빠져나가려 했다. 레토프의 병사들은 땅에 의존하여 생활할 수 있었고 적에게서 노획한 탄약을 재차 공급받았기에, 수풀로 뒤덮인 광대한 공간에서 패배를 무한정 피할 수 있었다. 레토프는 1916년과 1917년, 1918년 내내 그럴 수 있음을 증명하게 된다.

33. B. Farwell, p. 204

순양함 전쟁

아직도 국경을 넘으려 전초전을 수행하고 있던 레토프가 아프리카 내륙의 광활한 땅으로 그 놀라운 모험을 떠나기 전에, 대서양과 태평양의 한바다에서는 독일 해군의 해외 소함대가 또 하나의 짧지만 극적인 전투를 시작했다. 영국의 지배적인 해상 지위를 '위태롭게 만들기' 위해 건조된 독일의 주 함대는 계획적으로 독일의 북해 항구들에 집결했다. 바로 그곳에서 독일 함대는 영국 해군을 위협할 수 있었다. 대양으로 돌파해 나가거나, 갑작스러운 충돌의 위험을 가할 수도 있었다. 그럴 경우 영국 해군의 수적 우세는 기후나 우연의 얄궂은 개입으로 상쇄될지도 모를 일이었다. 그러나 독일은 태평양에, 즉 칭다오와 섬들에 소함대도 유지했다. 8월에 순양함 샤른호르스트 호SMS Scharnhorst와 그나이제나우 호SMS Gneisenau는 캐롤라인 떼섬에 있었고,

34. 1861~1914. 1878년에 해군에 입대하여 요직을 두루 거쳐 1908년에 북해사령부 참모장에 올랐다. 1910년에 소장으로 진급했으며, 1913년에 중장으로 동아시아 전대를 지휘했다.—옮긴이

엠덴 호SMS Emden는 칭다오에, 드레스덴 호SMS Dresden와 카를스루에 호SMS Karlsruhe는 카리브 해에, 라이프치히 호SMS Leipzig는 멕시코의 태평양 연안 외해에 있었으며, 뉘른베르크 호SMS Nürnberg는 라이프치히 호를 구출하러 가던 길이었고, 앞서 언급했던 쾨니히스베르크 호는 동아프리카 외해에서 외로이 임무를 수행 중이었다. 이 8척의 군함은 비록 적은 수였지만 연합국의 해상 수송에, 특히 오스트레일리아와 뉴질랜드의 병력을 유럽의 수역으로 데려오는 호위함에 큰 위협이 되었다. 이 군함들은 새로 건조된 것들로 빠르고 무장이 잘 되어 있었으며 유능한 장교들의 지휘를 받았기 때문이다. 특히 샤른호르스트 호와 그나이제나우 호 전대를 이끌었던 막시밀리안 폰 슈페Maximilian von Spee[34] 제독의 영향이 컸다. 영국의 순양함 함대가 오래된 군함이나 경순양함으로 구성되었던 것은 영국 해군의 계획이 지닌 주된 약점이었다. 오래된 군함은 이른바 '장갑'순양함으로 독일군의 장갑순양함을 쫓기에는 너무 느리고 불시에 타격을 당했을 경우 적함에 손상을 입히기에는 보호 장비와 무장 상태가 너무 빈약했으며, 경순양함은 독일 경순양함의 속도를 따라잡을 수 있었지만 맞서 싸우기에는 화력이 부족했다. 기술적 격차는 새로이 유행하던 빠르고 장갑이 가벼운 전투순양함 드레드노트로써 메울 수 있을 것으로 생각되었지만, 드레드노트는 건조하는 데 비용이 많이 든 탓에 구래의 순양함대를 현대화하는 데 들어갈 자금을 빼앗아 갔으면서도 숫자가 적었다. 이 뜻하지 않은 결과로, 전쟁 초 몇 달 동안 영국 해군은 병력과 선박을 잃고 위신에 심한 손상을 입게 된다.

게다가 영국 해군은 독일의 공격적인 순양함 전투에 대처할 일관된 계획을 내놓지 못했다. 영국군의 급탄 기지가 폭넓게 퍼져 있었던 까닭에 대양의 광대한 영역을 오가는 추격전에 필요한 석탄의 공급 계획을 수립할 유인이 감소했다. 대조적으로, 독일군은 석탄운반선 부대를 보유했고 즉시 석탄과 식량, 식수의 공급원을 노획했다. 독일

군은 또 자국 영해에서 식량수송선을 띄워 보내 침투선과 접선하게 하고 무장순양상선으로서 독립적으로 작전하게 했다. 독일의 준비에 약점이 있다면, 그것은 회합이 무선으로 이루어져야 했다는 사실이다. 사용하는 암호를 영국군이 곧 해독했기 때문이다.

침투선 2척은 금방 따라잡혔다. 함선의 조종이 가장 서툴렀던 쾨니히스베르크 호는 루피지 강 삼각주 안으로 몰린 후 가치를 잃었다. 정력적인 함장 카를 폰 뮐러Karl von Müller[35]가 지휘한 엠덴 호는 때때로 영국 전함뿐만 아니라 프랑스와 러시아, 일본의 전함에도 추적당했지만 태평양과 인도양을 헤집고 다녔다. 엠덴 호는 결국 1914년 11월 9일에 코코스-킬링Cocos and Keeling 떼섬[36]의 디렉션 섬Direction Island에서 오스트레일리아 순양함 시드니 호HMAS Sydney의 공격을 받아 침몰했다. 지역의 무선전신국이 독일의 상륙부대가 송신기를 파괴하기 전에 가까스로 신호를 보내는 데 성공한 후였다. 시드니 호는 오스트레일리아 군대를 지중해로 수송하는 거대한 호송함대 중 하나에서 파견되었다. 엠덴 호의 놀라운 순항은 이로써 끝나지 않았다. 디렉션 섬에 상륙한 부대의 지휘관은 오스트레일리아군을 피해 스쿠너[37] 1척에 접근했고 이 배를 타고 네덜란드령 동인도로 가서 아라비아의 예멘으로 향하는 독일 기선에 올라탔고 베두인족의 공격을 막아내며 메카로 가는 순례자들을 태우기 위해 건설한 히자즈Hejaz 철도[38]에 닿아 1915년 6월에 마침내 콘스탄티노플에 도착했다. 당연하게도 엄청난 환영을 받았다.[39]

카를스루에 호는 상선 16척을 침몰시킨 뒤 11월 4일 바베이도스Barbados 외해에서 의심쩍은 내부 폭발로 파괴되었다. 라이프치히 호와 드레스덴 호는 다양한 모험을 겪은 뒤에 10월에 남아메리카 수역에서 폰 슈페 제독에 합류했다. 뉘른베르크 호는 더 일찍 합류했다. 그 후 이 5척은 연합군이 북해 밖의 바다를 통제하는 데 가장 무서운 위협이 되었다. 슈페는 자신이 가진 이점을 이용했다. 일본 함대는 전

35. 1873~1923. 1891년에 해군으로 전속했다. 빌헬름 2세의 동생인 제독 하인리히 대공의 참모장으로 능력을 인정받아 1908년에 소령으로 승진하여 베를린의 해군본부로 배속되었다. 그곳에서 티르피츠 제독의 눈에 들어 1913년 봄에 엠덴 호를 지휘하게 되었다.—옮긴이

36. 코코스 떼섬이나 킬링 떼섬으로 부르기도 하는 오스트레일리아 영토. 오스트레일리아에서 스리랑카 사이의 중간쯤에 있다.—옮긴이

37. 마스트가 2개 이상인 세로돛의 범선.—옮긴이

38. 다마스쿠스에서 메디나까지 이어지는 협궤 철도선.—옮긴이

39. P. Halpern, *A Naval History of World War I*, Annapolis, 1994, p. 76

40. P. Halpern, p. 91

41. 1862~1914. 1875년에 해군에 입대했다. 지중해와 중국에 파견되었으며, 1910년에 소장으로 진급했고, 1913년에 북아메리카·서인도 군항 사령관에 임명되었다. 대전이 발발하자 제4전대 사령관을 맡아 폰 슈페의 순양함들을 추적하여 격침시키라는 명령을 받았다.—옮긴이

쟁 초 몇 달 동안 폭넓게 공격적으로 순항하여 독일 소유의 많은 섬들을 먹어치웠다. 일본은 이 섬들을 1941년에서 1944년에 매우 성공리에 이용하게 된다. 그리하여 슈페는 북태평양에서 이 거대한 일본 함대의 위협에 방해를 받아 작전을 수행할 수 없었고, 프랑스 소유인 타히티와 마르키즈Marquesess를 공격했다가 저항에 부딪혔고 석탄 보급에 어려움을 겪었다. 그리하여 슈페는 대담한 전략적 도피로 태평양에서 남대서양으로 이동하기로 결정했다. 드레스덴 호와 라이프치히 호, 자기 함대의 석탄운반선에는 지구상에서 사람이 거주하는 곳으로는 가장 외진 이스터 섬 근처에서 만나자고 타전했다.[40]

남아메리카 전신국을 지휘하던 영국군 제독 크리스토퍼 크래더크Christopher Cradock[41]는 슈페의 불안정한 신호를 가로채고 그 의도를 경계했다. 마젤란 해협을 통과한 크래더크는 칠레 수역으로 소함대를 파견했다. 경순양함 글래스고 호HMS Glasgow가 전진했고, 크래더크는 순양함 몬머스 호HMS Monmouth와 굿호프 호HMS Good Hope, 전함 카노푸스 호HMS Canopus를 이끌고 뒤따랐다. 카노푸스 호는 너무 오래되고(1896년) 너무 느려서 동행하는 석탄운반선을 호위하는 임무를 맡았다. 몬머스 호와 굿호프 호도 거의 그만큼 오래되었고 더 빠르지도 않았으며 무장도 빈약했다. 이 군함들은 칠레의 작은 항구 코로넬Coronel에 입항한 글래스고 호에 합류했다. 이번에는 슈페가 정보를 가로채 유리했다. 글래스고 호가 코로넬에 정박해 있다는 소식을 들은 슈페는 해상에서 오래된 순양함들이 나타나기를 기다렸다. 11월 1일 저녁, 이 군함들이 나타나자 슈페는 사거리 밖에 대기했다가 어둠이 내리자 발포했다. 몬머스 호와 굿호프 호는 즉시 침몰했으며, 승선한 1,600명의 해군 중 단 한 사람도 살아남지 못했다. 글래스고 호는 도피했고 카노푸스 호에 경고하여 비슷한 운명에 처하지 않게 구출했다.

코로넬 전투는 영국 해군이 100년 이내에 처음으로 패배한 전투였다. 패배로 인한 분노는 엄청난 것으로, 9월 22일에 네덜란드 외해에

서 잠수함 U-9에 의해 3척의 오래된 순양함 호그 호HMS Hogue, 크레시 호HMS Cressy, 아부키르 호HMS Aboukir를 잃고 난 뒤에 느꼈던 모욕을 크게 뛰어넘었다. 10월 31일에 해군본부 수석위원이 된 제독 존 피셔John Fisher[42] 경은 슈페가 어디로 움직이든 쫓아가 공격하기 위해 즉시 전 대양에 걸쳐 병력을 재배치하는 데 착수했다. 희망봉과 남아메리카, 서아프리카 전신국이 강화되었고, 동시에 일본 해군도 부대를 재배치하여 인도양과 대서양, 태평양에서 슈페의 활동의 자유를 위협했다.[43] 슈페에게 가장 위험했던 것은 피셔가 대함대Grand Fleet에서 귀중한 전투순양함 인빈서블 호HMS Invincible와 인플렉서블 호HMS Inflexible 2척을 빼내 남대서양으로 파견하기로 결정한 일이었다.[44] 슈페는 공세적으로 나아가 남대서양의 영국령 포클랜드 떼섬을 공격하기로 결정했다. 그러지 않았더라면, 남반구 대양의 광대한 바다에서 자취를 감추면서 나포한 배와 외진 중립국 항구에서 석탄을 공급받으며 오랫동안 자유롭게 돌아다닐 수 있었을지도 모른다. 코로넬 전투 이후 태평양을 떠났던 슈페는 12월 8일에 포트 스탠리Port Stanley[45] 외해에 도착했다. 독일군에는 치명적이게도, 전투순양함 전대를 지휘하는 제독 더브턴 스터디Doveton Sturdee[46] 경도 포트 스탠리를 방문하기로 결정했고 독일군이 나타났을 때 전대에 석탄을 보급하고 있었다. 스터디는 황급히 기관을 가동하여 항구를 출발했고 5척의 독일군 군함을 따라잡기 위해 속도를 높였다. 어느 군함도 상대가 되지 못했다. 2척의 전투순양함은 슈페의 가장 강한 군함인 샤른호르스트 호와 그나이제나우 호보다 더 빨랐으며 훨씬 더 큰 중포로 무장했다. 슈페는 용감하게도 영국 전투순양함 쪽으로 돌아서 나머지 군함들이 도피할 수 있도록 엄호했으나 그 군함의 8.2인치 포로는 필적할 수 없는 사거리를 지닌 12인치 포의 일제사격에 압도되어 가라앉았다. 슈페의 경순양함 2척도 스터디의 경순양함에 따라잡혔다. 드레스덴 호만 벗어났다. 드레스덴 호는 석 달 동안 남극권에 인접한 혼 곶Cape Horn 주변의

42. 1841~1920. 60년 이상 복무하여 목재 범선에서 최초의 항공모함까지 경험한 제독으로 해군의 개혁에 많은 노력을 기울였다. 영국 해군사에서 넬슨 제독 다음으로 중요한 인물로 평가받는다. 해군본부 수석위원은 해군을 총괄하는 직책으로 해군 참모총장직도 겸했다. 피셔는 1904년부터 1910년까지, 1914년부터 1915년까지 두 차례 역임했다.—옮긴이

43. P. Halpern, pp. 94~95

44. 대함대는 영국해협 함대의 일부로 구성된 대서양 함대가 1914년에 영국 영해를 수호하는 해군 함대인 본토함대에 흡수되어 만들어졌다. 인빈서블 호는 1908년에 본토함대 제1순양함 전대에 배속된 전투순양함이다. 인플렉서블 호는 1908년에 본토함대 노어 분함대(Nore Division)에 배속된 전투순양함이다. 두 전투순양함은 1905년에 승인된 해군 확충 계획에 따라 건조된 3척의 인빈서블급 전투순양함에 속한다.—옮긴이

45. 포클랜드의 수도.—옮긴이

46. 1859~1925. 1902년에 지중해 함대 참모장에 올랐으며, 1913년에 중장으로 진급한 뒤 해군본부의 전쟁참모장이 되었고, 코로넬의 패배 후 전대 사령관으로서 남대서양으로 파견되었다.—옮긴이

만들을 숨어다니다가 1915년 3월 14일에 코로넬 참사의 유일한 생존 군함인 글래스고 호가 포함된 영국 전대에 의해 궁지에 몰려 생존을 단념해야 했다.

포클랜드 전투의 승리는 독일 해군의 대양 작전에 종지부를 찍었다. 소수의 무장상선이 연이어 북해를 통해 큰 바다로 들어와 항로를 급습했으나, 영국 해군의 정규 부대는 그렇게 요행을 바라는 모험에 위협당하지 않았다. 실제로 포클랜드 전투 이후 대양은 연합군에 속했고, 해상에서 유일하게 지속된 해군 전투는, 북해에서 주 함대 간의 충돌이 있기까지는, 육지로 둘러싸인 내해인 흑해와 발트 해, 아드리아 해에서 벌어졌다. 지중해는 이탈리아가 참전한 후에 이탈리아의 지원을 받아 영국 해군과 프랑스 해군이 완전히 장악했고, 그 통제력이 침해된 것은 1915년 10월에 독일의 U-보트가 출현했을 때 단 한 번뿐이었다. 이탈리아의 기뢰부설함이 오트란토Otranto[47]에 닻을 내리고 아래쪽 끝을 차단하고 있는 아드리아 해에서는 오스트리아군이 이탈리아군과 일진일퇴의 공방전을 벌이고 있었다. 이 싸움의 유일한 전략적 요점은 연합군이 지중해 해안이 허용하는 것 이상으로 수륙 양면에서 발칸 전역에 더 직접적으로 참여할 수 없도록 막는 것이었다. 발트 해에서도 독일군 경순양함과 드레드노트 이전 전함과 러시아의 발트 함대 사이에 비슷한 싸움이 벌어지고 있었다. 많은 기뢰가 부설되어 러시아의 드레드노트는 감히 핀란드의 항구에서 멀리 나오지 못했고 연안 포격도 단념했으며 종국에는 일부 대담한 영국 잠수함의 작전도 막혔다. 영국이 건조한 러시아의 아름다운 루리크Rurik 호(1906년)는 분명 영국이 자국을 위해 건조하고 있었던 순양함의 표본이었을 것인데 1916년 11월 기뢰에 크게 파손될 때까지 여러 차례 효과적으로 교전했다.[48] 해전의 관점에서 보면 발트 해에서 벌어진 전투는 그곳에서 일어나지 않은 일로 가장 유명했다. 좋은 생각뿐만 아니라 나쁜 생각도 늘 갖고 있던 피셔는 일찍이 1908년에 발트 해의 대규모

47. 이탈리아 반도 동남쪽 아풀리아 지역 레체(Lecce) 주의 도읍. 살렌토(Salento) 반도의 동쪽 해안에 있다.—옮긴이

48. J. Moore (ed), *Jane's Fighting Ships of World War I*, London, 1990, p. 237

해상 침투를 옹호했다. 1914년에 피셔는 자신처럼 웅대한 전략적 계획이라면 물불을 가리지 않는 처칠의 마음을 바꾸어 놓았고, 계획을 실천에 옮기기 위해 3척의 흘수가 낮은 거대한 전투순양함을 건조할 자금도 확보했다. 다행스럽게도 더 신중한 견해가 우세했고, 속도에서 구축함을 능가할 수 있었던 그 괴물들은 발트 해의 좁은 수역에서 불가피하게 파괴될 운명이었지만 그런 변을 당하지 않았고 전후에 항공모함[49]이 된다.[50]

3개의 러시아 함대 중 제2함대가 지키고 있는 발트 해는—태평양에 있는 제3함대는 그곳의 독일 속령을 정복하고 독일의 타격순양함을 파괴하는 데 부차적인 역할만 수행했다—러시아가 완벽하게 통제했다. 터키는 1914년 11월에 교전 참여를 선언했지만, 대적할 만한 전함이 좋지도 않았고 충분하지도 않았다. 러시아는 효과도 없었고 간헐적이었으나 터키 영해에 마음내키는 대로 기뢰를 부설했으며 터키의 항구와 해상 운송을 공격했다. 그러나 이러한 작전은 그다지 중요하지 않았다. 터키는 전쟁수행노력을 유지하는 데 해상 항로의 교통에 의존하지 않았으며, 러시아는 함대를 통해 군사력을 표출할 수 없었다. 1916년에 제5캅카스 군단을 콘스탄티노플 근처에 상륙시키려는 계획은 문제점들이 분명해진 후 포기되었다.[51]

그럼에도 터키 해군은, 비록 간접적이었다 해도, 세계 위기를 확대하는 가장 중대한 매개였음이 입증된다. 1908년 이래로 '청년튀르크당'[52]이 지배하던 오스만제국 정부는 권력을 장악한 이후 몇 년간 제국의 제도를 근대화하면서 보냈다. 이는 정기적으로 되풀이된 사업이었다. 19세기 초에 있었던 근대화 시도는 술탄의 살해로 귀결되었고, 1826년의 두 번째 시도는 외관상으로는 성공이었지만 궁정의 조신들과 종교 지도자들의 뿌리 깊은 보수주의 때문에 실패했다. 오스만제국과 관계했던 유럽인들은 모두 오스만 사람들의 치유할 수 없을 것만 같은 나태에 좌절하고 이를 경멸했음을 기록했다—그중에 대몰트케를

49. 퓨어리어스 호(HMS Furious)와 커레이저스 호(HMS Courageous)를 말하는 듯하다. 둘 다 1916년에 순양함으로 진수되었으나 1925년까지는 항공기를 탑재하여 항공모함으로 쓰인다.—옮긴이

50. R. Hough, *The Great War at Sea*, London, 1983, pp. 147~148

51. P. Halpern, p. 230

52. 오스만제국 말기 개혁에 찬성하던 다양한 집단의 동맹. 당은 1889년에 진보적 대학생들과 군인들이 만든 비밀단체에서 시작했다. 1913년의 쿠데타로부터 1차 세계대전이 끝날 때까지 청년튀르크운동의 파샤(Paşa) 3명이 제국을 지배했다.—옮긴이

53. B. Jelavich, 2, p. 127

54. 1864~1946. 독일 해군의 지중해 전대 사령관이었던 수숑은 여러 나라가 전쟁에 휘말릴 경우 아드리아 해에 갇힐 수 있다고 판단하고 괴벤 호와 브레슬라우 호를 서부 지중해로 빼내 8월 4일에 프랑스령 알제리의 항구들을 포격한 뒤 영국 함대의 추격을 따돌리고 8월 10일에 다르다넬스 해협에 도착했다. 이틀간 오스만제국과 협상한 뒤 두 전함을 콘스탄티노플로 옮기고 정식으로 터키군에 편입되었다.—옮긴이

포함한 독일인들이 두드러졌다—. 그런데도 독일인들은 결실을 맺을 가능성에 집착했다. 발칸 반도의 이슬람교도가 포함된 청년튀르크당은 독일의 군사적 조언과 상업 투자를 환영하여 옛 당과는 달라 보였다. 철도망은 독일 자금의 혜택을 입었으며, 오스만제국 군대는 마우저 소총과 크루프 대포로 재무장했다. 그런데도 청년튀르크당은 당대의 신흥 강국은 어느 나라나 그랬듯이 영국에 해군 장비를 기대했고, 1914년에 영국 조선소에서 2척의 드레드노트 레샤디Reshadieh 호와 술탄오스만Sultan Osman 호를 인도받을 참이었다. 술탄오스만 호는 12인치 대포 12문을 장착한 세계 최고의 중무장 전함이었다. 영국은 독일과 전쟁을 하게 되자 두 전함을 강제로 몰수했다. 그러나 그러기 이틀 전인 8월 2일에 터키는 러시아에 대항하여 독일과 동맹을 체결했다. 러시아는 터키의 이웃나라로 오래된 적국이었으며 이전의 신민이었던 발칸지역 민족들의 보호자요 과거에 오스만제국의 영토였던 거대한 영역의 정복자였다.[53] 독일은 전투순양함 괴벤 호SMS Goeben와 경순양함 브레슬라우 호SMS Breslau가 포함된 지중해 전대를 영국이 저지 노력에 실패한 틈을 타 터키 영해로 급파했다. 독일의 두 군함은 콘스탄티노플에 도착하자마자 터키 깃발을 달고 이름을 술탄셀림Sultan Selim 호와 미딜루이Midillui 호로 변경했다. 전대 지휘관 빌헬름 수숑Wilhelm Souchon[54]은 터키의 제독이 되었다. 영국은 항의했지만, 터키는 두 군함이 영국이 강제로 빼앗아 이제는 에린 호HMS Erin와 아쟁쿠르 호HMS Agincourt로 대함대에 배속된 2척의 드레드노트 대용으로 필요해서 '구매'했다고 반박했다.

이후 석 달 동안 괴벤 호와 브레슬라우 호는 콘스탄티노플 외해에 평화롭게 정박해 있었다. 그러나 터키가 전쟁에 참여해야 할 조건은 이미 성립했다. 터키는 독일이 러시아에 대적하여 오스트리아-헝가리를 지원해야 하는 경우 독일을 돕겠다는 조약에 서약했기 때문이다. 이는 조약이 체결되었을 때 이미 유효한 외교적 상황이었다. 청년튀

크루프 77밀리 포로 교전하는 터키 포병들

르크당의 주요 인사요 전쟁장관이었던 엔베르 파샤Enver Pasha[55]는 그동안 군사적 준비를 완료하고 있었다. 독일군 선임 고문 리만 폰 잔더스Liman von Sanders[56]는 엔베르 파샤가 러시아령 우크라이나의 대평원에 원정대를 파견하여 전쟁을 시작할 것을 기대했다. 그러나 엔베르는 캅카스의 황량한 산악지대를 공격하기로 했다. 그곳의 지형과 이슬람교에 충성하는 주민들이 터키에 이로우리라고 믿었기 때문이다. 그러나 엔베르는 새로운 전쟁을 재촉하는 공적인 신호로서 수송과 괴벤 호, 브레슬라우 호, 터키 자체의 잡다한 군함 몇 척을 "어느 곳에 있든" 러시아 함대와 교전하라고 내보냈다.[57] 엔베르의 명령을 폭넓게 해석한 수숑은 부대를 나누었고, 10월 29일에 오데사Odessa, 세바스토폴Sebastopol, 노보로시스크Novorossisk, 페오도시야Feodosiya의 러시아 항구들을 공격했다. 사흘 뒤, 러시아는 터키에 전쟁을 선포했으며, 11월 5일이면 터키는 프랑스와 영국과도 전쟁을 하고 있었다.

남쪽과 동쪽의 전쟁

터키의 참전은 단순히 동맹국이 하나 더 늘었다거나 연합국에 또 다른 적이 나타났음을 의미하는 데 그치지 않았다. 터키의 참전으로

55. 1881~1922. 터키 이름은 이스마일 엔베르(Ismail Enver)다. 독일과 오스만제국의 동맹을 주도한 인물이다. 1918년 10월 4일에 해임되었으며, 10월 30일에 오스만제국이 항복하자 다른 2명의 파샤와 함께 망명했다.—옮긴이

56. 1855~1929. 1913년에 독일 군사사절단 단장으로 파견되어 터키군의 현대화를 돕는 임무를 맡았다.—옮긴이

57. P. Halpern, p. 63

58. 파슈툰족(Pashtuns)이라고도 한다. 아프가니스탄 남동부와 파키스탄 북서부에 거주한다.—옮긴이

59. P. Mason, *A Matter of Honour*, London, 1974, p. 425

60. 페르시아 만 입구에 있는 이라크 제2의 도시이자 주요 항구.—옮긴이

61. 영국인도군 제3라호르(Lahore) 사단 예하 정찰대.—옮긴이

62. D. Omissi, p. 148

63. S. Menezes, p. 278

완전히 새로운 전장이 형성되었다. 이 새로운 전장은 실제적이고 잠재적인 전장이었고, 순전히 군사적인 차원뿐만 아니라 종교적인 차원, 반란의 차원도 띠었다. 터키는 이슬람교의 칼리프가 지배하는 땅이었고, 술탄 메메드 5세는 마호메트의 후계자로서 11월 11일에 '성전'을 선포했으며 영국과 프랑스, 러시아 영토에 있는 모든 이슬람교도에게 무기를 들라고 호소했다. 그 효과는 미미했다. 영국은 인도군의 이슬람교도 병사들이 동요하지 않을까 걱정했지만 동요한 인도군 병사는 거의 없었고, 일부 동요한 자들은 주로 북서쪽 국경의 파탄족[58]으로, 타고난 반역자인 이들은 "한두 해 연금을 받으며 부족의 집에서 편히 쉴 수 있다면 필시 영국 군인을 저격할 자들이었다. …… 〔그들은〕 누구에게도 충성의 의무를 느끼지 않으며, 총탄과 피의 복수가 지배하는 무정부 상태의 천국에 살고 있다."[59] 1915년 2월에 바스라Basra[60]에서 폭동을 일으킨 제15창기병연대15th(The King's) Hussars[61] 기병들은 파탄인들이었다. 1월에 랑군에서 폭동을 일으킨 제130발루키스 연대130th King George's Own Baluchis의 인도 병사들도 마찬가지로 파탄인들이었다. 두 일화 모두 이들이 인도 밖에서 복무할 의사가 없었다는 관점에서 설명할 수 있다. 이는 인도군에서 흔히 있는 일이었다. 1915년 2월 15일 싱가포르에서 발생한 제5경보병연대의 폭동은 더 심각했다. 인도 병사들이 파탄족이 아니라 인도군의 근간인 이슬람교도 펀자브Punjab인들이었기 때문이다. 펀자브인 병사들은 단지 명령에 복종하지 않는 데에서 그치지 않고 32명의 유럽인 병사를 살해했으며 일부 억류된 독일군을 같이 성전을 수행하는 동료 전사로 환영하며 풀어주었다.[62] 나라보다 피부색을 더 중시했던 독일군 병사들은 대부분 석방을 거부했고, 폭동은 신속히 진압되었다. 그러나 연대에서 여전히 충성하고 있던 자들은 정규 전역에 투입하기에는 믿을 만하지 못한 병사들로 판단되어 카메룬 전투에 파견되었다.[63] 다른 네 사례에서도 영국군은 터키와 싸울 때 대체로 이슬람교도로 구성된 대대들은 쓰지 않

기로 결정했다. 그러나 상당히 많은 이슬람교도가 이의 없이 술탄-칼리프의 병사들과 맞서 싸웠다. 프랑스 군대의 수많은 이슬람교도 연대들도 술탄의 성전 호소를 무시하고 독일군과 싸웠다.

그러므로 메메드 5세의 성전은 실패작이었다. 반대로, 메메드 5세 제국의 참전은 아주 중요한 전략적 사건이었다. 지리적으로 광대한 제국의 영토는 여러 지점에서 적의 영토와 만났고 그래서 어디가 되었든 새로운 전선의 등장은 확실했다. 페르시아 만에서는 제국이 적과 정식으로 만나지 않았지만, 효과는 동일했다. 영국이 페르시아 만과 그 해안을 영국의 호수로 간주했기 때문이다. 아라비아 해안의 '휴전' 토후국Trucial Sheikhdom들은 1835년 이래로 상호 간에 발생한 분쟁의 해결을 인도 정부에 의뢰해야 할 의무가 있었다. 인도 정부는 같은 조약에 의거하여 평화를 유지하고 의무의 위반을 처벌할 권한을 지녔다.[64] 인도 총독의 행정관들은 부족장들의 궁정에서 대리 사무관으로 처신했지만 실제로는 감독관이었으며, 페르시아인 편에서 본다면 폭넓은 행정권을 지닌 총독이었다. 1907년 이래로 페르시아는 북부 러시아 세력권과 남서부 영국 세력권으로 분할되었다. 허약한 페르시아 정부로서는 이러한 조정에 저항할 수 없었다.[65] 석유가 발견되자 페르시아 만에 관한 영국의 관심은 더욱 커졌고, 페르시아 만 입구의 페르시아 섬 아바단Abadan에 있던 앵글로-페르시안 석유회사의 정유공장은 1914년이면 이름만 공장이었지 사실상 제국의 전초기지였다. 석유를 연료로 쓰는 최신형 드레드노트(로열서버린Royal Sovereign 급과 퀸엘리자베스Queen Elizabeth 급)의 주 연료 공급처였던 이 회사는 사활이 걸린 전략적 자산으로 평가되었고, 1913년에 윈스턴 처칠의 선동으로 영국이 지배적 이권을 매입했다.[66]

1914년 8월부터 터키는 친독일 성향을 감추지 않았고, 그래서 영국은 터키 영토인 페르시아 만 입구를 군사적으로 점령하여 진지를 확보하기로 했다. 작전에 투입될 병력의 원천은 분명 인도였으며, 9월에

64. 인도 교역로를 보호해야 했던 영국은 1819년에 이 지역에 들끓었던 해적을 공격했다. 1820년에 해안의 모든 부족장들이 참여하여 평화협정을 체결했고, 1835년에 부족장들은 영국과 조약을 체결하여 모든 부족장이 항구적인 해상 평화에 동의했다. 영국이 1971년에 조약관계를 청산하면서 6개 토후국이 연합하여 아랍에미리트연방을 결성했으며 이듬해 초 나머지 토후국이 합류했다.—옮긴이

65. *Imperial Gazetteer of India*, Ⅳ, Oxford, 1907, pp. 109~111

66. M. Gilbert, *Winston Churchill*, Ⅱ, London, 1967, p. 611

인도군 제6사단의 일부가 배를 타고 당시 페르시아 만 토후국 중에서 가장 중요한 나라였던 바레인으로 이동했다. 영국 정부는 터키의 전쟁 선포를 빌미로 쿠웨이트의 독립을 승인했으며, 동시에 인도군 제6사단을 태운 호송선은 터키령 메소포타미아에서 티그리스 강과 유프라테스 강이 합류하는 샤트엘아랍Shatt el-Arab 강의 입구로 향하여 11월 7일에 그곳의 터키 항구를 포격하고 병력을 상륙시켰다. 그다음으로 원정군은 내륙으로 행군했고 12월 9일에 남부 메소포타미아의 주요 도시 바스라를 점령했으며 두 강이 합류하는 알쿠르나Al-Qurnah로 진격했다. 원정군은 그곳에서 멈추어 향후 어떻게 포진할 것인지 결정했다. 이 결정은 그 전쟁에서 최악의 판단으로 입증된다.

그러는 동안 터키는 거대한 제국의 다른 모퉁이에서 선제공격을 취했다. 이집트는 법률상 터키의 일부였지만, 1882년 이후로 통치권을 지닌 영국 '대리인'이 관리하고 있었다. 고위 세관원은 영국인이었으며 고위 경찰관과 군대의 고위 장교도 영국인이었다. 영국의 전쟁장관 키치너는 일찍이 이집트 군대의 사령관Sirdar이 되었다. 메메드 5세의 성전 호소가 가져온 몇 가지 긍정적 결과 중 하나는 명목상 이집트 총독인 케디브Khedive[67]에게 충성을 재확인하게 한 것이었다.[68] 영국은 즉시 그 직책을 폐지하고 보호령을 선포했다. 이집트의 상층 계급은 이에 분개했지만, 모든 권력이 새로운 보호자에게 있고 대부분의 상업 활동을 영국인뿐만 아니라 프랑스인, 이탈리아인, 그리스인 이주자들이 장악하고 있는 상황에서 이의 제기는 완전히 무력했다. 게다가 이집트는 군대로 가득 채워지고 있었다. 프랑스로 소집된 정규군 수에즈 운하 수비대를 대체할 향토군이 영국에서 도착했으며, 유럽으로 떠날 예정인 인도군, 오스트레일리아군, 뉴질랜드군이 머물렀다. 1915년 1월에 병사들의 수는 7만 명까지 늘어났다.

터키가 독일의 사주를 받아 수에즈 운하를 공격하기로 결정한 이유가 바로 여기에 있었다. 영국은 전쟁이 발발하자 불법적으로 적

67. 무하마드 알리 파샤Muhammad Ali Pasha; 1769~1849)가 이집트와 수단의 총독이자 군주로서 처음 얻은 호칭. 이후 왕조 후계자들이 이어받았다.—옮긴이

68. A. Palmer, *The Decline and Fall of the Ottoman Empire*, London, 1992, p. 226

국의 운하 통행을 봉쇄했다. 발상에는 문제가 없었다. 수에즈 운하는 연합국 전역에서 가장 중요한 전략적 교통로였기 때문이다. 수에즈 운하를 거쳐 많은 필수 보급품이 수송되었을 뿐만 아니라 그 순간에는 인도와 오스트랄라시아에서 유럽으로 '제국' 파견대를 수송하는 수송함도 지나갔다. 문제는 실행하기가 어렵다는 것이었다. 터키가 수에즈 운하에 접근하려면 100마일에 달하는 시나이Sinai 사막의 물 없는 지대를 건너야 했다. 그런데도 신중하게 준비가 진행되었다. 독일에서 바다를 건널 경량 주정을 미리 조립식으로 만들어 친독일 성향의 불가리아를 통해 터키로 들여왔고, 그다음 열차 편으로 시리아를 지나 팔레스타인으로 운반했다. 11월에 오스만제국 제4군이 다마스쿠스에 집결했다. 지휘는 아메드 제말Ahmed Djemal[69] 장군이 맡았고 독일군 장교 프리드리히 크레스 폰 크레센슈타인Friedrich Kress von Kressenstein[70] 대령이 참모장을 맡았다. 두 사람은 일단 공격이 개시되면 이집트인들의 봉기가 터질 것으로 기대했고, 한 발 더 나아가 "7만 명의 아랍 유목민들이 합류"하리라는 희망도 품었다.[71] 선택한 접근로는 전통적인 해안 길을 따라 내려가지 않고 사막을 직접 가로지르는 길로서 성공 가능성이 컸다. 그렇다고 해도, 항공 감시의 초기 단계였는데도, 대규모 군대가 아무런 엄폐 지형도 없는 지역을 며칠간 이동하면서 발각되지 않기를 바랄 수는 없었다. 실제로 2월 3일에 터키군은 수에즈 운하에 도달하지 못한 상황에서 그레이트 비터Great Bitter 호수[72] 위 이스마일리아Ismailia 근처에서 프랑스군 항공기에 발각되었다. 영국군은 잘 대비하고 있었다. 전투가 한 주나 지속되었지만, 중부유럽에서 그토록 힘들여 운반해온 경량 주정은 터키의 1개 소대가 운하의 물 위에 단 1정을 가까스로 띄우는 데 성공했을 뿐이었다. 영국의 저항과 아랍 부족의 지원 실패—메카의 샤리프 후세인Sayyid Hussein[73]은 이미 반란을 일으켰다—에 실망한 제말은 부대를 돌려 퇴각했다.

69. 1872~1922. 터키어로 아메트 제말 파샤(Ahmet Cemal Paşa)다. 청년튀르크당의 주요 인사로 3명의 파샤 중 한 사람이다.—옮긴이

70. 1870~1948. 뉘른베르크 출신의 독일 장군. 원서에는 이름이 프란츠(Franz)로 나와 있으나 역자가 확인한 바로는 프리드리히가 맞다. 프란츠 크레스 폰 크레센슈타인은 1936년에서 1938년까지 제12군단장을 지낸 장군이다.—옮긴이

71. A. Palmer, *Decline*, p. 230

72. 수에즈 운하 가운데 있는 염호.—옮긴이

73. 1854~1931. 1908년에서 1917년까지 메카의 샤리프였으며, 처음에는 터키와 독일 편이었으나 오스만 정부가 자신을 내쫓으려 하자 아랍의 반란을 주도했다.—옮긴이

• 티플리스는 오늘날 그루지야의 수도 트빌리시이고, 이란의 라슈트는 레슈트라고도 하며, 케르만샤는 현재 이란의 바흐타란이다.—옮긴이

74. 세누시(Senussi)라고도 쓴다. 무하마드 이븐 알리 아세누시(1791~1859)가 1837년에 메카에서 창설한 이슬람교 교단.—옮긴이

이 전투의 유일한 귀결은 1915년 한 해 동안 영국군 수비대가 이집트에 불필요하게 큰 규모로 주둔한 것이었다. 그러나 크레스는 그곳에 머물렀고 나중에 영국군의 골치를 썩이게 된다. 그리고 아랍인들의 활동이 잠깐 나타났다 사라졌다. 이탈리아가 1911년에 터키로부터 빼앗은 리비아에서 근본주의자들인 사누시Sanussi파[74]가 작은 성전에 착수하여 이집트 서부 국경과 이탈리아 점령군, 프랑스령 북아프리카,

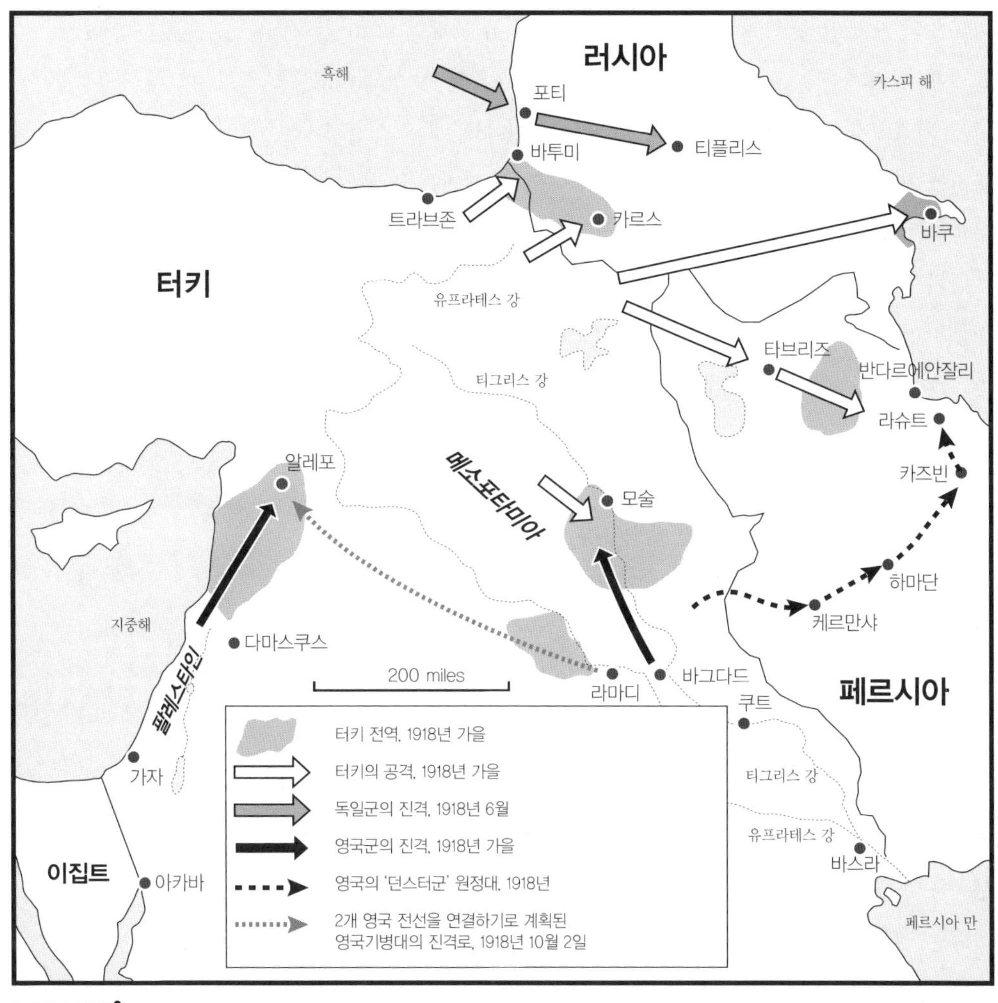

중동의 전쟁●

앵글로-이집트 수단[75]의 다르푸르 주를 습격했다. 베일로 얼굴을 가린 투아레그Touareg족[76] 전사들 일부가 합류했고, 사누시파 지도자 시디 아마드Sidi Ahmad[77]는 알렉산드로스 대왕이 기원전 331년에 페르시아제국 정벌에 나서기에 앞서 순례했던 고대 신탁소의 자리 시와Siwa 오아시스에서 안전한 기지를 발견했다. 시디 아마드는 자신이 충성을 보였으므로 칼리프가 반란을 일으킨 후세인을 대신하여 자신에게 메카의 수호 임무를 맡기리라는 희망에 고무되었던 듯하다. 결국, 아마드의 오스만제국 연락장교인 야파르 파샤Jaafar Pasha는 1916년 2월 26일에 아카키아Aqqaqia에서 남아프리카 군대에 의해 부상당하고 포로가 되었다가 연합군 편으로 변절했고, 1916~1918년에 오스만제국의 통치에 반대하여 성공했던 아랍 반란의 후기 단계에서 후세인의 북부군 사령관이 되었다.

터키의 참전으로 열린 제3전선, 즉 캅카스 전선은 그로써 촉발된 전투의 규모로 보나 전투의 결과로 보나 단연 최고로 중요했다. 오스만 군대가 러시아 영토의 캅카스로 진격하자 차르의 최고사령부는 너무나 놀란 나머지 즉각 영국과 프랑스에 견제 지원을 요청했으며, 그리하여 1차 세계대전의 가장 끔찍한 전투에 속하며 전쟁의 유일한 대서사였던 갈리폴리 전투가 초래되었다.

캅카스 출정은 엔베르의 생각이었는데, 엔베르는 여러 가지 이유로 그 전역을 선택했다. 캅카스는 러시아군의 주력이 배치된 폴란드에서 멀리 떨어진 곳이므로 러시아가 병력을 증원하기 어려웠다. 게다가 이미 독일군, 오스트리아군과 싸우느라 이미 병력을 잃은 상태였다. 캅카스는 동료 이슬람교도의 고향으로 터키인들에게는 정서적 의미를 지닌 곳이었다. 그곳 사람들 다수가 터키어와 동족 관계에 있는 부족 언어를 말했다. 엔베르가 믿기에, 캅카스는 러시아의 지배에 반대하는 반란의 잠재적 중심이었다. 러시아의 지배는 19세기 초에 잔인한 군사 작전으로 강요되었기 때문이다. 러시아인들에게 캅카스에

75. 이집트와 영국의 공동 통치를 받았던 1899년에서 1956년 사이의 수단을 말한다.—옮긴이

76. 북아프리카 내륙의 유목민.—옮긴이

77. Sayed Ahmed. Sidi는 Sayed, Sayyid로도 표기하며 Ahmad는 Ahmed로 쓰기도 한다.—옮긴이

78. 1814~1841. 푸시킨 사후 가장 중요한 러시아 시인으로 꼽힌다. '캅카스의 시인'이라는 별명을 갖고 있다.—옮긴이

79. 1797~1871. 북부 캅카스의 이슬람교도인 아바르족 부족장. 러시아에 반대한 저항운동의 지도자.—옮긴이

80. M. Broxup (ed.), *The North Caucasus Barrier*, London, 1992, pp. 45ff

81. B. Menning, 'The Army and Frontier in Russia' in *Transformations in Russian and Soviet Military History*, Colorado Springs, 1986, p. 34

82. K. Ahmed, *Kurdistan in the First World War*, London, 1994, pp. 88~89

83. 아랍어로 '각성'이나 '부활'을 뜻한다. 19세기 말에서 20세기 초에 이집트에서 시작되어 레바논과 기타 아랍어권 나라들로 전파된 문화부흥운동. 이슬람교에 대한 재해석과 종교에 대한 비판은 칼리프의 권위와 충돌했다.—옮긴이

84. 아랍 민족주의는 대서양에서 아라비아 해까지 모든 이슬람교도가 공통된 언어와 문화, 역사의 전통을 토대로 단일한 국가를 수립해야 한다는 20세기 초의 운동이다.—옮긴이

85. K. Ahmed, p. 91

서 벌어진 전쟁들은 푸시킨과 레르몬토프Lermontov,[78] 그리고 젊은 톨스토이가 작품에서 기린 낭만적 서사시였다. 그 작품들에서 당대의 영웅들은 야만인 족장들에 맞서 기사처럼 용감하게 싸웠다. 족장들 중 가장 유명한 인물인 이맘 샤밀Imam Shamil[79]은 적으로부터도 칭송을 받았다.[80] 산악지대 주민들에게 러시아의 정복은 대량학살과 강제추방이 특징인 가장 혹독한 압제였다. 어느 당대인은 이렇게 계산했다. "1864년에 45만 명의 산악지대 주민들이 강제로 이주해야 했다. …… 모든 부족들이 많은 부족민을 잃고 다른 곳으로 이주하여, 러시아는 핵심지역과 교통로, 해안선을 확보했다."[81] 터키 민족주의자들은 한때 오스만제국 영토였거나 장래에 그 영토가 될 가능성이 있는 곳에 거주하는 모든 이슬람교도를 흔히 '재외 터키인들'이라고 불렀는데, 엔베르는 이 잔학행위들에 대한 기억에 의존하여 '재외 터키인들'을 터키 편으로 끌어 모으려 했다. 실제로 엔베르의 계획은 이집트와 리비아와 수단, 페르시아와 아프가니스탄과 중앙아시아의 봉기로 귀결될 두 갈래 공세—수에즈 운하 진격이 하나요, 캅카스 진격이 나머지 하나다—를 구상하여 한 걸음 더 나아갔다.

엔베르의 거대한 계획은 두 가지 결점을 안고 있었다. 첫째는 술탄 신민의 대다수인 오스만제국의 비터키계 주민들은 이미 자신들의 민족주의에 눈을 뜨고 있었다는 사실이다. 비터키계 주민에는 터키인보다 많았던 아랍인은 물론 쿠르드족 이슬람교도 같은 중요한 소수민족들도 있었다.[82] 제말 파샤는 수에즈 운하 진격을 준비하는 동안 아랍 르네상스Al-Nahda[83] 최초의 순교자가 되는 시리아 아랍 민족주의자[84] 다수를 처형할 시간을 가졌으며, 반면에 과거 여러 해 동안 오스만제국 관료기구에 억압을 당했던 많은 쿠르드인들은 전쟁을 기회로 삼아 러시아가 동원하자마자 무기를 들고 러시아로 탈영했다.[85] 이런 상황에서 '재외 터키인'이, 오스만제국 칼리프와 역사적으로 어떤 연관성이 있든 간에, 제말의 성전 호소에 응할 가능성은 없었다. 엔

베르 계획에 내재한 두 번째 결함은 변경할 수 없는 지리적인 것이었기에 한층 더 심각했다. 러시아 장군 벨리아미노프Veliaminov는 1825년에 이렇게 썼다. "캅카스는 본래 믿기 어려울 정도로 강력한 거대한 요새에 비유할 수 있다. …… 분별없는 자만이 그러한 요새를 기어오를 것이다."

엔베르는 분별없는 정도에서 그치지 않았다. 낮은 고개에서도 기온이 영하 20도로 내려가고 6개월간 눈이 쌓여 있는 겨울이 시작할 때 캅카스를 공격하기로 한 엔베르의 결정은 무모했다. 엔베르의 제3군은 15만 명으로 러시아의 10만 명보다 숫자에서 우세했지만, 보급선은 불완전했다. 단선 철도가 닿지 않는 곳부터는 도로에 의존해야 했는데, 도로는 필수 교통량의 무게를 감당하기에는 너무나 적었고 눈에 가로막혔다. 엔베르의 계획은 러시아군을 앞으로 끌어들인 다음 배후에서 공격하여 그 기지에서 분리시키는 것이었다. 이 구상의 첫 단계는 성공했다. 러시아군이 11월에 멀리 에르주룸Erzurum 대요새와 반Van 호수까지 전진하여 엔베르에게 은혜를 베풀었기 때문이다.[86] 이 영토는 오스만제국의 선조 셀주크인들이 1071년에 비잔티움제국에 맞서 만지케르트Manzikert[87]의 승리를 거둔 곳이다. 비잔티움제국은 바로 이 '무시무시한 날'부터 쇠퇴하여 1453년에 콘스탄티노플에서 소멸했다. 그 당시 튀르크인들은 자유롭게 이동하는 기마 유목민으로 무거운 장비의 부담을 안지 않았었다. 오스만제국 제3군은 포 271문을 보유했고 답답하게 전진했다. 날씨도 전진을 늦추었고 고생과 죽음의 원인이 되었다. 어느 사단은 나흘 동안 전진하면서 8,000명 중 4,000명이 동상으로 목숨을 잃었다. 1914년 12월 29일에 러시아군 사령관 미슐라옙스키Mishlaevski 장군은 반 호수와 에르주룸을 잇는 철길이 지나가는, 카르스Kars 근처 사리카미슈Sarikamiş에서 역습을 가했다. 1월 2일 터키 제9군단 전체가 항복하면서 승리는 완결되었고, 그달 중순에 전투에 참여했던 9만 5,000명의 튀르크 병사 중 겨우 1

86. 에르주룸은 아나톨리아 고원 동쪽 끝의 도시이며 터키 최대의 반 호수도 터키의 동쪽 끝에 있다.—옮긴이

87. 고대 아르메니아왕국과 비잔티움제국의 교역 중심지. 현재 터키 동부 무슈 주의 말라즈기르트(Malazgirt)다.—옮긴이

만 8,000명만 살아남았다. 3,000명은 추위로 죽었다고 전해지는데, 이는 6,500피트의 엄청난 고도에서 겨울에 수행한 전투라는 점을 생각하면 충분히 가능한 결과였다. 승리의 공은 대부분 미슐라엡스키의 참모장 니콜라이 유데니치Nikolai Yudenich[88] 장군에게 돌아가야 마땅했다. 뒤이어 유데니치는 캅카스를 지배하여 큰 성공을 거두었고 이런 상황은 전쟁에서 러시아의 역할이 끝날 때까지 지속되었다. 그러나 이 승리는 그 지역에서 개탄할 만한 한 가지 결과를 낳았다. 러시아군이 투입한 부대의 기독교도 아르메니아인 사단 병사들은 대체로 오스만제국의 신민으로 제국에 불만을 품은 자들이었는데 러시아의 후원을 기회로 삼아 터키 영토 내에서 학살을 자행했다. 오스만제국 정부는 기독교도 아르메니아인들이 전투에 참여하고 1915년 4월에 민족주의자들이 러시아가 장악한 영토에서 아르메니아 임시정부를 선포한 것을 빌미로 분명한 선언 없이 아르메니아인 신민을 말살하는 종족학살 전쟁을 벌였다. 이 종족학살로 1915년 6월에서 1917년 말 사이에 거의 70만 명의 남자와 여자, 어린이가 사망했는데, 강제행진으로 사막으로 내몰려 굶주림과 갈증으로 죽었다.

터키는 캅카스에서 처음부터 실패했지만—오스만제국 정부는 이 사실이 국내에 퍼지지 않도록 주의했다—터키가 전쟁에 미친 영향력은 계속 확대되었다. 터키는 1699년 카를로비츠 조약Treaty of Karlowitz[89]이 체결된 때부터 1914년 2차 발칸전쟁의 종결 때까지 오랜 기간 쇠락을 겪었지만 인접 국가들, 특히 이웃한 유럽 국가들의 기억 속에는 여전히 군사적으로 위협적인 존재였다. 오스만튀르크족이 1354년에 갈리폴리에서 유럽 대륙의 첫 근거지를 마련한 이래[90] 600년이 흐르는 동안, 터키는 기독교 유럽에 공세를 취해왔으며 발칸 반도에서는 오랫동안 점령군이자 상위 군주의 지위를 유지했다. 남유럽 기독교 국가 중 처음으로 술탄에서 완전히 독립한 나라인 그리스는 1832년이 되어서야 독립을 쟁취했다. 세르비아, 불가리아, 루마니아, 알바

88. 1862~1933. 사관학교와 참모본부대학을 졸업했으며, 러일전쟁에 참전했다. 대전 초에 캅카스군 참모장에 임명되어 사리카미슈 전투를 승리로 이끌었고, 1916년에 일련의 전투에서 승리하여 아나톨리아 동부를 장악했다. 10월 혁명 후 내전에서 북서부의 반혁명군을 지휘했다.—옮긴이

89. 오늘날 세르비아의 스렘스키 카를로비치(Sremski Karlovici)에서 오스만제국과 합스부르크왕국, 폴란드, 베네치아, 러시아를 포함하는 강국들의 신성연맹(Holy League) 사이에 체결된 조약. 도시는 합스부르크왕국으로 넘어가 군사 변경지역이 되었다.—옮긴이

90. 1354년에 오스만튀르크족은 지진으로 내버려진 갈리폴리 반도 동쪽 도시 칼리폴리스(Kallipolis)를 점령하여 발칸 반도 팽창의 발판으로 삼았다.—옮긴이

니아는 훨씬 더 늦게 자유를 얻었으며, 변경지역이나 영토 안에 이슬람교도 소수민족이 존재한다는 사실은 과거 오스만제국의 지배를 받았던 시절을 끊임없이 일깨웠다. 이탈리아인도 오스만제국의 힘을 뚜렷이 기억하고 있었다. 베네치아는 수백 년 동안 튀르크에 맞서 전쟁을 했으며, 에게 해의 베네치아 섬들을 튀르크인들에게 빼앗긴 것은 최근에 아드리아 해 건너 항구들을 오스트리아에 빼앗긴 사건만큼이나 베네치아인들의 가슴속에 사무쳤다. 터키는 약해졌지만 여전히 동부지중해 최강국이었다. 청년튀르크당의 주도로 터키가 부활하면서 남유럽인들의 오래된 공포가 되살아났고, 발칸전쟁에서 터키가 패배했어도 두려움은 진정되지 않았다. 터키가 독일과 오스트리아와 동맹을 맺고 전쟁에 참여하면서 두려움은 더 커졌다.

게다가 터키인이 전사로서 지닌 명성은 결코 쇠락하지 않았다. 터키인은 비록 이제는 조랑말을 탄 유목민이 아니고 농부가 되었지만, 추위와 더위와 궁핍을, 그리고 얼핏 보기에는 위험도 대수롭지 않게 여긴 아나톨리아 농부의 강인함은 모든 이웃들이 잘 알고 있었다. 청년튀르크당의 지도로 오스만제국 군대는 근대화 일정을 치렀으며 그로써 군인다운 자질을 더 잘 발휘할 수 있었다. 4개 군으로 조직된 군대는 이스탄불, 바그다드, 다마스쿠스, 에르진잔Erzincan에 주둔했고 36개 사단을 전투에 투입할 수 있었다. 각 사단이 보유한 포는 24문에서 36문으로 유럽 국가의 사단들보다는 약했지만, 장비는 현대적이었고 64개 기관총 중대가 있었다.[91] 군의 병참과 행정은 리만 폰 잔더스 장군이 지휘하는 독일 군사사절단의 노력이 있었는데도 여전히 더디게 진행되었다. 그러나 군의 터키인들은, 아랍인은 아니었겠지만, 매우 적은 식량으로도 지낼 수 있고 엄청난 거리를 불평 없이 행군할 수 있었기에 그런 단점이 상쇄되었다. 오스만제국 군대의 전쟁 방식도 전통적으로 참호 구축을 크게 강조했다. 1877년 플레브나Plevna[92]에서 그랬듯이 터키군 병사들은 흙으로 보루를 쌓고 그 뒤에서 끈질

91. D. Muhlis, *Ottoman Military Organisation*, Istanbul, 1986, pp. 11~15

92. 현재 불가리아의 플레벤(Pleven). 1877~1878년의 러시아-터키 전쟁에서, 루마니아와 러시아의 연합군과 오스만제국 군대 사이에 격전이 벌어진 곳. 오스만군대는 참호를 파고 보루를 쌓아 요새를 만들고 러시아군의 포위공격을 막았지만 결국 플레벤 요새는 함락되었다.—옮긴이

93. 1864~1936. 1910년에서 1933년 사이에 여러 차례 수상을 지냈다. 대내외의 여러 일에 영향을 미쳐 '현대 그리스의 건설자'라는 명예를 얻었다. 발칸전쟁 때 영토를 확장했고 대전에서 연합국에 가담하여 국경선을 더욱 확장했으나, 군주정과 갈등을 일으켜 이후 오래도록 그리스 정치의 불안정을 초래했다.—옮긴이

94. 터키 남서해안 외해의 에게해에 있는 그리스 섬들.—옮긴이

95. P. Halpern, p. 29

기고 완강하게 싸웠다.

그러나 캅카스에서 러시아를 공격하기로 한 터키의 결정, 이집트 공격 시도, 티그리스 강과 유프라테스 강으로 파견된 영국원정군에 맞설 병력을 구해야 할 필요성 때문에 동부지중해에 군사적 공백이 만들어진 것 같다. 터키 영토에 야심을 품은 자들은 그러한 공백을 이용할 수 있었다. 그런 야심을 지녔던 그리스는 위대한 민족주의 지도자 엘레우테리오스 베니젤로스Eleuthérios Venizélos[93]의 지도로 연합군에 합류하는 쪽으로 가닥을 잡았다. 그리스는 군사적으로 약한데다 독일 편인 불가리아와 국경을 나누고 있었기에 연합군에 합류하는 데 방해를 받았다. 이탈리아는 지난 1866년의 이탈리아-오스트리아 전쟁에서 오스트리아로부터 티롤과 슬로베니아의 이탈리아어를 쓰는 지역을 '수복'하는 데 실패했기에 그 영토적 야심은 먼저 오스트리아를 향했지만 터키에 속한 도데카니소스 떼섬[94]과(이탈리아는 1912년 이후 이 섬들을 점령하고 있었다) 터키령 시리아 일부도 겨냥했다. 이탈리아는 외교적으로 여전히 1906년의 삼국동맹 당사국으로서 오스트리아뿐만 아니라 독일에도 결속되어 있었지만, 육지에서 프랑스와 싸우고 바다에서는 영국과 프랑스와 싸울 수 있을 만큼 자신들이 강하지 않다고 인정하면서 조건을 엄밀하게 해석하여 8월에 교묘히 조약에서 빠져나왔다. 이탈리아 해군은 근자에 현대화되었지만 양국의 지중해 함대보다 열세였던 것이다.[95] 게다가 오스트리아가 이탈리아를 자신들 편으로 끌어들이기 위한 뇌물로 영토를 넘겨줄 의향은 없음을 밝힌 반면, 러시아는 이탈리아가 연합군에 합류한다면 오스트리아 영토를 주겠다는 약속을 남발했다. 그리고 연합군이 승리할 경우 러시아가 국경을 변경할 준비가 되어 있다는 사실은 다른 연합국들도 그럴지 모른다는 희망을 불러일으켰다. 3월에 런던 주재 이탈리아 대사는 영국 외무장관 에드워드 그레이 경과 이탈리아가 연합군에 가담하면 무엇을 제공받을 수 있는지에 관하여 협상을 시작했으

며, 회담은 4월까지 계속되었다.[96] 독일이 프랑스와 러시아와 힘들게 싸우고 있었고 오스트리아는 군사적 위기에 여념이 없었으며 터키는 제국의 아시아 쪽 국경에 과도하게 전념하고 있었기에, 동맹의 폐기는 위험하지 않을 뿐만 아니라 잠재적으로 큰 이익이 될 듯했다.

더욱이 영국은 이미 동부지중해에서 작전을 수행하고 있었다. 이 작전은 이탈리아가 그 전역에서 홀로 싸우게 되지는 않을 것이라는 점을 보증했다. 캅카스가 공격을 받은 후 러시아가 터키와 싸우며 지원을 호소한 것이 효력을 발했다. 2월 16일 영국의 지중해 함대 일부가 지중해와 흑해 사이의 물길인 다르다넬스 해협 입구로 진입하여 터키의 항구들을 포격했다. 이탈리아도 1911~1912년에 터키와 싸울 때 똑같이 한 적이 있었는데, 멀리 해협이 좁아지는 곳까지 소규모 병력을 보냈다가 되돌아 나왔다. 그 당시 이탈리아의 목적은 지중해와 대서양으로 나오려면 다르다넬스 해협에 의존해야 하는 러시아 흑해 지역의 경제생활을 방해함으로써 터키에 대한 러시아의 압력을 이끌어내는 것이었다. 1915년에 영국의 목적은 훨씬 더 큰 것이었다. 영국은 다르다넬스 해협을 통해 러시아로 이어지는 보급로를 열고 그 와중에 이스탄불에 포격을 가하여 "터키를 굴복시켜 전쟁에서 빠지게" 할 생각이었다. 그러나 유럽 터키에 대한 영국의 해군 작전은 간접적으로 이탈리아의 결의를 지지하는 효과를 가져왔다. 오스트리아에 맞선 세르비아의 계속된 저항을 지원하고 그럼으로써 오스트리아-이탈리아 국경에 병력을 배치할 수 있는 오스트리아의 능력을 약화시키고, 불가리아로 하여금 전쟁을 단념하도록 하며, 결국 러시아에 수백만 명을 무장시키기에 충분한 무기와 군수품을 보내고, 동부전선의 형세를 역전시키겠다고 약속했기 때문이다.

이탈리아는 영토를 얻고자 하는 탐욕과 전략적 계산 때문에 3월과 4월 내내 전쟁을 선포하는 쪽으로 기울었다. 독일 대사인 베른하르트 뷜로우Bernhard Büllow[97]는 이탈리아에 과거 빈이 넘겨주기를 꺼렸

96. A. J. P. Taylor, *Struggle*, p. 532

97. 1849~1929. 1900년에서 1909년까지 제국총리를 지냈으며, 1914년에서 1915년까지 이탈리아 대사였다.—옮긴이

98. 1853~1931. 로마대학교에서 행정법 교수를 지냈던 보수 정치인. 1914년에 수상이 되어 반대를 무릅쓰고 참전을 이끌어냈지만 1916년에 트렌토에서 오스트리아에 패한 후 사임했다. 1922년에는 무솔리니의 권력 장악을 지원했다.—옮긴이

던 오스트리아 영토까지 주겠다고 제안하면서 흐름을 꺾으려 애썼다. 일반인과 의원들을 포함해 이탈리아인 대다수는 위험한 모험에 열의를 보이지 않았다. 추진력은 수상 안토니오 살란드라Antonio Salandra,[98] 외무장관 시드네이 손니노Sidney Sonnino,[99] 국왕 비토리오 에마누엘레 3세Vittorio Emanuele Ⅲ, 그리고 당시에는 사회주의자였던 무솔리니와 시인 단눈치오, 미래파의 창시자인 마리네티Marinetti[100]가 포함된 일단의 정치혁명가들과 문화혁명가들에게서 나왔다.[101] 특히 마리네티는 전쟁을 후진국 이탈리아를 현대로 끌어내고 억지로라도 근대화할 수 있는 수단으로 간주했다. 전쟁 준비의 마지막 단계들은 사실상 살란드라와 손니노와 국왕이 꾸민 음모였다. 4월 26일 영국과 프랑스와 러시아 사이에 비밀리에 런던조약Treaty of London이 체결되었다. 조약에 따라 이탈리아는 한 달 이내에 참전해야 했다(참전의 대가는 이탈리아가 원하던 오스트리아 영토 대부분과 동부지중해의 도데카니소스 떼섬이었다). 5월 23일 이탈리아는 오스트리아에 전쟁을 선포했다. 그렇지만 아직 독일에 대해서는 선언하지 않았다.

이탈리아 군대의 상태와 이탈리아 군대가 작전해야 하는 곳의 지세를 현실적으로 평가했다면 알 수 있었듯이, 상황은 처음부터 나쁘게 돌아갔다. 이탈리아와 오스트리아 사이의 국경은 전체가 유럽에서 제일 높은 산악지대의 장벽에 기대 있었다. 그 고산지대는 서쪽의 티롤에서 동쪽의 줄리안 알프스까지 반원을 이루었고, 375마일에 걸쳐 군데군데 깎아지른 절벽이 도사린 산악지대 곳곳에 적군이 산마루를 장악하고 있었다. 서쪽 끝인 트렌토Trento에서는 고개를 지나 산악지대로 들어가는 길이 9개 있고, 이손초Isonzo 강[102]이 장막을 자르는 동쪽 끝에는 진격할 수 있는 대로가 있다. 그러나 트렌토는 오스트리아 영토의 고립된 골짜기여서 무익한 표적이었고, 반면 이손초 강 유역 너머에서는 지면이 솟아올라 2개의 황량한 고원 바인시차Bainsizza와 카르소Carso[103]를 형성했다. 두 고원은 "주변의 저지대보다 2,000피

99. 1847~1922. 위기 때에는 독일과 오스트리아-헝가리 편이었으나 11월에 외무장관이 된 후로 연합국 측으로 기울었고 1915년에 런던조약에 서명했다. 동인은 영토의 야심이었으나 파리강화회의에서 이 욕구가 충족되지 않자 은퇴했다.—옮긴이

100. 1876~1944. 1908년에 「미래파 선언」을 쓴 자로 알려져 있다. 이 글은 이듬해 2월 20일 프랑스 일간지 《르피가로(Le Figaro)》에 Manifeste du Futurisme이라는 제목으로 실렸다. 폭력을 삶과 예술의 본질로 보았고, 기존 질서에서 벗어날 것을 주장했다. 전쟁과 군국주의, 애국심, 목숨을 던질 만한 가치를 찬양했고 여성을 경멸했다.—옮긴이

101. J. Whittam, *The Politics of the Italian Army*, London, 1977, pp. 186~189

102. 슬로베니아 서부에서 이탈리아 북동부를 지나 아드리아 해로 들어가는 강. 슬로베니아에서는 소차(Soča) 강이다.—옮긴이

103. 슬로베니아어로 각각 바니시체(Banjšice), 크라스(Kras)다.—옮긴이

트 이상 높이 솟아오른 거대한 자연요새"였다. 바인시차 고원은 일련의 가파른 산마루로 끊겨 있으며, 카르소 고원은 "칼처럼 날카로운 돌들이 뒤덮인 쓸쓸한 황무지"라고 묘사되었다.[104]

그 지형은 최고의 산악부대가 지닌 기술을 시험하곤 했다. 이탈리아에도 고산지대에서 모집한 병사들이 있었지만 자체의 산악 포를 갖춘 여단은 2개뿐으로 숫자가 적었다.[105] 군대의 대다수는 읍과 농촌 출신으로 4분의 1이 남부와 시칠리아에서 왔다. 남부사람들은 이탈리아왕국 신민이 된 지 채 50년이 되지 않았으며, 군사적 평판이 낮았고, 자신들의 가난한 마을과 과도한 노동의 장소였던 들판에서 벗어나 이민할 곳으로 춥고 먼 북부지방보다는 아메리카를 바라보았다. 이탈리아 군대는 전체적으로 훈련이 미비했으며, 프랑스나 독일의 군대가 갖추었던 전용 작전 훈련지가 없었고, 현대적 포가 부족했으며, 중포는 120문뿐이었고, 1911~1912년에 이탈리아-터키 전쟁으로 리비아에서 잃은 온갖 장비를 거의 보충하지 못했다. 이탈리아군은 전쟁이 발발하면 25개 보병사단을 야전에 투입할 수 있었지만, 전쟁 내내 주요 교전국들 중 최약체였다.

이탈리아군의 주된 힘은 사르데냐왕국에서 물려받은 장교단이었다. 사르데냐왕국 군대는 1870년에 이탈리아를 통일하는 매개였다. 애국심 많고 교육을 잘 받은 전문가였던—사르데냐 왕의 군대는 유럽에서 유일하게 유대인이 입대하고 높은 계급까지 오를 수 있었던 군대였다—북부의 장교들은 업무에 정통했고 이를 다른 장교들에 가르칠 사명을 지녔다. 참모총장 루이지 카도르나Luigi Cadorna[106]는 규율에 엄격한 사람이었다. 카도르나는 일단 전쟁이 시작되자 군에 대한 최고 권한이라는 자신의 헌법적 권리를—국왕과 총리에서 독립하여—고수했으며, 1차 세계대전의 다른 어느 장군도 보여주지 못한 잔인함으로 그 권한을 행사했다. 카도르나는 전쟁 중에 217명의 장군을 면직시켰으며 1917년의 위기 때에는 후퇴하는 부대의 장교들을 무자비

104. J. Edmonds, *Military Operations, Italy*, London, 1949, pp. 11~12

105. Ministerio della Guerra, *L' Escercito Italiano nella Grande Guerra*, I, Rome, 1927, pp. 168~170

106. 1850~1928. 피에몬테 출신으로 1868년에 이탈리아군에 합류하여 1908년에 참모총장 직을 제안 받았으나 거절했고 1914년 7월에 다시 제안 받았을 때 수락했다. 병사들을 가혹하게 다루어 역사가들로부터 '쇠망치'라는 별명을 얻었다.—옮긴이

107. J. Whittam, p. 194

108. 오스트리아 케른텐(Kärnten) 주의 주도.—옮긴이

하게 즉결 처형하라고 명령했다.[107] 통솔이라고는 볼 수 없는 이런 방식의 통제는 처음부터 이탈리아군에 영향을 미쳤다. 희망 없는 공격이 재개되었고, 솜 강의 영국군이나 베르됭의 프랑스군이 입은 손실만큼 매우 큰 손실은 당연하게 여겨졌다. 실제로, 공격하려던 전선이 유례없이 침투하기 어려웠던 점을 고려하면, 이탈리아군이 초기에 보여준 자기희생은 유례없는 헌신이었다고 생각할 수 있다. 대가는 나중에 치르게 된다. 1917년 10월에 카포레토에서 이탈리아군은 정신적으로 무너졌다.

카도르나의 개전 계획은 신속히 돌파하는 것으로, 그로써 손실을 면하리라고 보았다. 공격 전선으로 이손초 강을 선택한 카도르나는 일단 산악지대의 장벽을 깨뜨린 후에 드라바 강과 사바 강으로 열린 관문을 통해 클라겐푸르트Klagenfurt[108]와 아그람Agram(자그레브)으로 진격한 다음 오스트리아제국의 심장부로 들어갈 것으로 보았다. 카도르나의 바람은 1915년 초 카르파티아 산맥의 능선을 일단 취하면 기세 좋게 헝가리 평원으로 내려가 부다페스트를 장악하리라고 믿었던 러시아군의 희망과 유사했다. 그렇지만 카도르나의 희망이 한층 더 길을 잘못 들었다. 이손초 강 너머의 땅은 적당한 평지가 아니었고, 줄리안 알프스는 카르파티아 산맥보다 훨씬 더 넘기 어려운 장애물이었다. 이탈리아군이 1915년 6월 23일부터 훗날 1차 이손초 강 전투라 부르게 된 전투—이손초 강 전투는 12차에 걸쳐 진행되었지만 미래는 친절하게도 관여된 사람들에게 그 사실을 숨겨놓았다—에서 공격을 가했을 때, 그 선봉대는 겨우 적군 방어선에 닿는 데서 그쳤다. 적군 방어선이라 해야 달랑 방비가 허술한 참호 하나뿐이었다. 이미 폴란드와 세르비아의 두 전선에서 전쟁을 벌이고 있던 오스트리아군은 교전이 시작되기 전에는 이탈리아 국경을 현지의 민병대들로 지키고 있었다. 2월에 이 중 일부가 2개 사단으로 조직되었다. 5월 초, 또 다른 사단이 세르비아에서 파견되었고, 그달 하순에 폴란드에서 3개

사단이 추가로 파견되었다.[109] 이탈리아가 참전한 5월 23일 이손초 강 구역의 오스트리아군 사령관인 보로에비치 장군은 전부 7개 사단을 긁어모아 제5군을 만들었으나 병력에서 크게 열세였다. 카르소와 바인시차 고원의 바위 속에 다이너마이트를 숨겨두었을 것이라고 경계하지 않았더라면, 이탈리아군이 212문 이상의 포를 배치할 수 있었더라면, 장벽을 뚫는다는 카도르나의 바람은 이루어졌을는지도 모른다. 실제로는, 아주 용감히 전진했지만 전술적 솜씨가 부족했던 이탈리아 보병은 중간지대에서 저지당했다. 거의 2,000명이 전사했고, 1만 2,000명이 부상당했다. 매우 높은 부상자 비율은 이 전투의 반복되는 특징이 된다. 폭발물에 쪼개진 바위가 2차 발사체가 되어 특히 머리와 눈에 빈번히 상처를 입혔기 때문이다.

이손초 강 전투는 1915년에 세 차례 더 벌어진다. 7월과 10월, 11월에 있었던 이 전투는 전부 극심한 사상자를 냈는데, 전사자만 각각 6,287명, 1만 733명, 7,498명이 발생했고 거의 한 치의 땅도 확보하지 못했다. 포는 바위를 깎아 만든 참호에서 지키는 방어군에게도 나지의 공격군에 미친 것과 동일한 효과를 가져왔기 때문에, 오스트리아군도 심

109. J. Edmonds, *Italy*, p. 12

70밀리 M8 박격포를 사격하는 오스트리아 산악포대

110. J. Edmonds, *Italy*, pp. 13~14

한 손실을 보았고, 4차 전투가 끝날 때면 사망자와 부상자, 행방불명자가 12만 명을 헤아렸다.[110] 그랬는데도 오스트리아군은 진지를 사수했고 증원군을 받아 처음 몇 달간의 전투에서 공격의 예봉을 받아내 지친 참호 수비대를 보강하기 시작했다. 1915년 말, 이손초 전선은 안정되었고 동맹국의 전략적 조건에 더는 심각한 위협을 가하지 않았다.

이탈리아가 참전하기로 결정한 시기는 정말로 좋지 않았다. 좀 더 일찍, 오스트리아군을 매우 호되게 시험했던 렘베르크의 필사적 전투가 벌어질 때나, 영국군이 전 병력을 전개하고 러시아군이 회복하던 더 늦은 시기에 참전 결정을 내렸더라면, 이탈리아의 선제 공격은 독일군과 오스트리아군의 참모본부를 진정한 위기에 빠뜨렸을지도 모른다. 실제 사건이 보여주듯이, 1차 이손초 강 전투는 고를리체-타르누프의 돌파라는 독일군과 오스트리아군의 진정한 승리에 간발의 차이로 뒤졌다. 고를리체-타르누프의 승리는 동부전선의 러시아 진지를 폐허로 만들었으며, 오스트리아군을 붕괴 직전에서 구해냈고, 이중전선 전쟁에서 독일에 숨 돌릴 여유를 주어 1916년에 프랑스에 맞서 베르됭 공세를 가할 수 있게 했다.

고를리체-타르누프 전투는 1914년 12월에 오스트리아-헝가리를 재앙에서 구한 전투인 리마노바-와파누프 전투의 재판이 되지만, 규모가 한층 더 컸고 결과도 훨씬 더 극적이었다. 리마노바 전투처럼 고를리체 전투도 비스와 강과 카르파티아 산맥 사이 골짜기의 좁은 전선에서 개시되었다. 다른 점은 고를리체 전투가 오스트리아군이 아니라 독일군의 승리였다는 사실이다. 콘라트 폰 회첸도르프가 타격부대에 꽤 많은 병력을 제공했지만 최선봉은 독일군이었고 지휘도 독일군이 했다. 그렇지만 공격 계획은 오스트리아의 발상이었다. 콘라트는 러시아군이 수적으로 우세해도 극심한 물자 부족에 시달리고 있음을 알아챘다. 1월에서 4월 사이에 동부전선에 배치된 러시아 사단들은 캅카스의 소수 사단들을 제외하면 공장으로부터 겨우 200만 발의 포탄을 받았다. 예비 포격으로만 수십만 발을 발사해야 한다는 것이 규범이 되고 있던 때였다. 설상가상, 러시아 군수공장의 생산량은 병사들에게 가장 필수적인 전투도구인 개인 화기를 공급하기에도 충분하지 않았다.[111] 신병을 무장시키는 데 매달 20만 정의 소총이 필요했지만, 생산량은 5만 정을 넘지 못했다. 러시아 보병이 죽은 자나 부상당한 자의 소총을 넘겨받기 위해 비무장 상태로 대기했다는 말은 실없는 얘기가 아니었다.[112] 진정 사실이었다. 포탄의 부족은 분명 1914~1915년에 모든 군대에 공통된 경험이었다. 러일전쟁의 경험으로 보아 하루 소모량이 공장의 생산량을 시종일관 초과했으며 그 결과 생산이 소비에 10배 이상 지체되었는데도, 모든 군대는 근시안적이게도 격렬한 전투에 소비될 포탄의 양을 과소평가했다. 예를 들면, 1915년 4월에 영국원정군의 야전포대는 하루에 포 1문당 18파운드짜리 탄약 10발을 받았는데, 10발은 몇 분만 포격하면 금방 없어졌다.[113] 영국은 야포 탄약 생산을 전쟁 발발 당시 월간 3,000발에서 1915년 4월이면 22만 5,000발로 그럭저럭 늘렸으며 미국에 구매 주문을 넣어 따로 비축했으나, 여전히 일일 사용량을 고정하여 소비를 제한함으로써 수요를 공급에 맞춰야 했다. 프랑스군과 독일군도 비슷한 처지에 놓였는데, 1915년에 산업의 동원으로 생산량이 극적으로 증가하기는 했다.[114] 러시아도 1916년이면 충분하지는 않아도 그런대로 쓸 수 있는 만큼 포탄을 공급받게 된다. 대부분은 영국과 미국에서 건너왔다. 그러나 1915년에 러시아의 포탄 부족은 심각했고, 비효율적인 분배는 어려움을 더했다. 독일군은 고를리체-타르누프 공세를 위해 100만 발을 비축했는데, 이는 러시아군으로는 노보게오르기옙스크Novogeorgievsk[115]와 코브노Kovno[116] 같은 소수 요새 구역에서만 쓸 수 있는 수량이었다. 이들 요새의 사령관들은 포탄을 많이 비축해놓았다는 사실을 참모본부에도 알리지 않았다.[117]

그러므로 1915년 4월에 고를리체-타르누프 구역에 은밀히 병력과

111. N. Stone, p. 145

112. N. Stone, p. 317, n. 5

113. J. Edmonds, *France and Belgium, 1915*, Ⅰ, p. 56

114. S. Bidwell and D. Graham, *Fire-Power*, London, 1982, p. 96

115. 러시아령 폴란드의 1급 요새로 1831년까지는 모들린(Modlin)이라고 불렸다. 부크 강과 비스와 강이 합류하는 지점에 있다.—옮긴이

116. 리투아니아 제2의 도시 코우너스(Kaunas). 1795년 폴란드-리투아니아왕국의 분할로 러시아 제국이 점령했고, 19세기 중반에 발생한 폭동을 진압하기 위해 수비대가 주둔하며 요새화되었다.—옮긴이

117. N. Stone, p. 145

118. 1859~1918. 불가리아 장군으로 1904년에서 1907년까지 참모총장을 지냈다. 1차 세계대전 때 러시아군으로 복무했다.—옮긴이

119. R. Asprey, pp. 184~185

포탄과 대포가 집결된 상황은 승리를 예견하게 했다. 전선은 겨우 30마일로 짧았다. 러시아 쪽 전선은 라드코-드미트리예프Radko-Dmitriev[118] 장군의 제3군에 배속된 14개 보병사단과 5개 기병사단이 방어했다. 공격구역의 반대편인 고를리체와 타르누프 사이에는 제9사단과 제31사단의 2개 사단만이 전선을 지키고 있었다. 이 두 사단에 맞서 독일군은 제1근위사단과 제2근위사단, 제19사단, 제20(하노버)사단을 포함하는 최정예부대의 일부를 투입했다. 전 공격 전선에서 독일군과 오스트리아군은 병력에서 3 대 2로 우세했으며 포에서는 크게 우세했고 탄약도 넉넉히 공급받았다. 포대 전력은 중포와 경포를 합하여 2,228문이었다. 러시아군의 참호는 미완성이었고, 러시아군 참호와 독일군 참호 사이의 중간지대는 넓어서 독일군과 오스트리아군은 공격하기 전 며칠 동안 발각되지 않고도 전초를 내보내 새로운 진지를 팔 수 있었다.

공격 계획은 팔켄하인이 세웠다. 팔켄하인은 1914년 동프로이센 전투의 승리자인 마켄젠에게 작전의 실행을 맡겼다. 루덴도르프와 힌덴부르크는 중앙 돌파보다 발트 전선과 카르파티아 전선에서 양쪽으로 러시아군을 포위하는 것이 더 낫다고 보았다. 두 사람은 슐리펜처럼 기껏해야 러시아군을 동쪽으로 조금 더 후퇴하게 할 뿐인 '평범한 승리'를 못마땅하게 여겼고, 포위 기동으로 적군을 거대한 차르 제국에서 떼어내 고립시키자고 주장했다. 그러나 두 사람은 동부전선에서 부대를 지휘하고 있었지만 팔켄하인의 부하였고, 팔켄하인은 두 사람의 포위 계획이 서부전선에서 병력을 빼내 그곳 독일군 전선을 약하게 할까 두려워하여 거부했다. 게다가 루덴도르프-힌덴도르프 계획은 오스트리아군의 참여에 의존했는데, 팔켄하인의 생각에 합스부르크왕국 군대의 자질이 지속적으로 하락했으므로 이는 비현실적이었다.[119]

마켄젠의 작전명령은 러시아가 예비군을 투입하여 저지하지 못하

도록 신속하고도 깊숙이 침투하는 것이 중요하다는 점을 강조했다. "제11군의 공격은, 임무를 완수하기 위해서는, 신속하게 전개되어야 한다. …… 오로지 속도로써만 적군이 후방 진지에서 저항을 재개하는 위험을 피할 수 있다. …… 보병이 깊숙이 침투하고 뒤이어 포대가 신속히 공격하는 두 가지 방법이 필수적이다."[120] 이러한 명령은 1918년에 영국과 프랑스에 맞서 성공리에 사용했던 전술을 예견하게 했다. 독일군은 아직까지는 촘촘히 방어되고 있는 서부의 참호전선에 그 전술을 사용할 만큼 능숙하지 않았다. 폴란드에서는 가시철조망 장벽이 엉성했고 참호지대가 깊지 않았으며 러시아군 지원포대에는 포탄이 부족했으므로, 이 전술은 결정적인 것으로 판명된다. 5월 1일 저녁에 시작된 예비 포격으로 러시아 전선은 초토화되었다. 5월 2일 아침, 공격하는 독일군 보병은 거의 아무런 저항도 받지 않은 채 폭풍처럼 질주했다. 곧 러시아 보병이 무기와 장비를 내던지고 제1선뿐만 아니라 2선과 3선의 참호도 포기하고 썰물처럼 퇴각했다. 5월 4일 독일군 제11군은 개활지에 당도하여 계속 밀고 나갔고, 14만 명의 러시아군 포로는 긴 행렬을 이루어 배후로 행진했다. 침투는 넓어지는 동시에 깊어졌다. 5월 13일 독일군과 오스트리아군의 전선은 남부 폴란드의 프셰미실 외곽과 중부 폴란드의 우치에 도달했다. 8월 4일 독일군은 바르샤바에 입성했고, 8월 17일에서 9월 4일 사이에 코브노와 노보게오르기옙스크, 브레스트-리톱스크Brest-Litovsk,[121] 그로드노Grodno[122]의 러시아의 역사적 국경 요새 4곳이 적군에 넘어갔다. 러시아군 포로 숫자는 32만 5,000명으로 늘었으며, 노획된 포도 3,000문에 달했다.

루덴도르프는 오스트리아-독일의 대승에 고무되어 6월 중에 팔켄하인과 카이저에게 자신의 두 갈래 공세 계획을 긍정적으로 재고해 보라고 압박했다. 카이저의 주재로 6월 3일에 플레스Pleß[123]에서 팔켄하인과 마켄젠, 콘라트와 함께 모였을 때, 루덴도르프는 증원군을 요청했다. 그렇게 하면 발트 해안에서 남쪽으로 크게 휩쓸고 지나가 동

120. D. von Kalm, *Gorlice*, Berlin, 1930, p. 33

121. 현재 벨라루스의 브레스트. 1795년에 폴란드-리투아니아왕국이 분할될 때 러시아로 넘어갔고, 19세기에 도시 주변에 거대한 요새가 건설되었다.—옮긴이

122. 벨라루스의 도시. 1795년 폴란드-리투아니아왕국의 분할로 러시아 영토가 되었다.—옮긴이

123. 현재 폴란드의 프슈치나(Pszczyna).—옮긴이

124. D. Goodspeed, pp. 132~133

쪽으로 퇴각하는 러시아군을 차단하며 동부전선의 전쟁을 끝낼 수 있다고 주장했다. 언제나 그랬듯이 서부전선의 안위만 걱정했던 팔켄하인은 동의하지 않았고 궁극적으로 사단들을 폴란드에서 프랑스로 철수해야 한다고 요구했다. 이탈리아의 참전에 격앙된 콘라트는 이손초 강 전선으로 병력을 파견하기를 원했다. 마켄젠은 눈에 띄게 성공적이었던 자신의 중앙 공세를 지속하자는 쪽이었다. 마켄젠은 팔켄하인의 동의로 원하는 것을 얻었다.[124] 그러나 진격이 계속되는 동안 루덴도르프는 그 문제를 다시 거론했다. 6월 30일 포젠에서 카이저와 팔켄하인을 다시 만난 루덴도르프는 러시아군을 그 심장부에서 떼어 고립시키고 항복을 받아내기 위한 기동 작전으로 북쪽의 독일군을 니에멘 강 어귀에서 동부전선 중앙부의 프리피야트 습지까지 이동시키는 한층 더 야심 찬 계획을 설명했다. 루덴도르프는 다시 한 번 퇴짜를 맞았으며, 발트 구역에서 공세를 개시해도 좋다는 허락을 받았지만, 이는 마켄젠의 계속된 동진에 부수된 부차적인 노력으로서 정면 공격의 형태를 띠어야 했다.

루덴도르프는 최고사령부가 소심하게도 원대한 해결책을 포용하지 못했다고 보고 분노했지만, 팔켄하인은 루덴도르프보다 더 정확하게 전략적 상황을 읽고 있었다. 러시아군은 고를리체-타르누프에서 심한 타격을 입었고 거리낌 없이 내어주려 했던 것보다 더 많은 땅을 넘겨주었다. 그러나 7월 말이면 러시아군은 군의 사정과 무기와 탄약의 부족 때문에 후퇴하는 길 이외에 달리 방도가 없다는 사실을 받아들였다. 독일군은 방어가 없는 전선을 밀고 나간다는 인상을 받았다. 러시아군은 자신들이 일부러 퇴각하고 있음을 알고 있었다. 중부 폴란드의 거대한 돌출부에서 물러나 전선을 축소시켰으며, 따라서 독일군이 철도와 도로, 특히 사철 이용할 수 있는 도로가 부족한 시골을 가로질러 애써 추격하는 동안 그 통신선은 길어졌다. 군수품을 보급하는 무거운 차량 행렬은 폴란드 농부들이 다니던 샛길의 울퉁불퉁한 표면에 덜걱거리다 부서졌으며, 부대는 농촌 주민들의 털털이 마차 파니에panje를 징발해야만 전진할 수 있었다. "러시아군은 날마다 3마일 남짓 퇴각했으며, 새로운 참호선을 구축하여 비틀거리며 다가오는 독일군을 기다렸다. …… 머지않아 독일군은 윈시림과 …… 프리피야트 강의 거대한 습지에 도달했다. 철도선은 [독일군 배후의] 비스와 강에서 끊겼다. 야전철도도 나레프Narew 강[125]까지만 …… 이어졌고, 그다음 40마일에서 50마일은 사람이 보급품을 끌고 가야 했다."[126]

9월이면 러시아군은 폴란드 돌출부를 포기함으로써 자신들의 전선을 1,000마일에서 600마일로 거의 절반 가까이 줄였다. 이러한 공간의 절약으로 병력을 크게 아낄 수 있었고, 아낀 예비군을 가지고 발트 해안과 중앙부에서 독일군의 진격을 막고 나아가 남쪽에서는 9월에 루츠크Lutsk[127]에서 오스트리아군에 반격을 가할 수 있었다. 루덴도르프는 9월에 러시아령 리투아니아의 빌나Vilna[128]를 취하여 마지막 성공을 거두었지만, 큰 손실을 보았다. 계절 강우에 땅 표면이 녹아버리는 가을 라스푸티차[129]가 시작되자, 독일군의 진격은 발트 해의 리가 만에서 카르파티아 산맥의 체르노비츠까지 북에서 남으로 거의 수직으로 이어지는 선에서 멈추었다. 러시아군은 폴란드 영토를 대부분 잃었지만, 러시아 고유의 영토는 손상되지 않았고, 그래서 차르 군대의 요체도 보존되었다. 차르 군대는 거의 100만 명이 죽거나 다치고 행방불명되어 엄청난 손실을 보았고, 75만 명이 적군에 포로로 잡혔다. 러시아군은 8월 말에 바르샤바 서쪽의 요새 노보게오르기엡스크 요새를 제대로 방어하지 못했다. 그곳에서 막대한 양의 장비를 독일군에 넘겨주었다. 그리고 비스와 강가의 이반고로드, 부크 강변의 브레스트-리톱스크, 니에멘 강가의 그로드노와 코브노 요새도 잃었다. 모두 폴란드 평원의 전통적 저항선을 이룬 강 방어선의 건널목을 지킨 요새였다—이 요새들이 없었다면 폴란드 평원은 평범했

125. 벨라루스와 폴란드를 흐르는 비스와 강의 지류.—옮긴이

126. N. Stone, p. 188

127. 우크라이나 북서부의 도시.—옮긴이

128. 오늘날 우크라이나의 수도 빌뉴스(Vilnius).—옮긴이

129. 벨라루스, 러시아, 우크라이나에서 비 때문에 도로가 진창과 습지가 되어버리는 현상 혹은 그런 계절을 말한다. 계절로는 봄 라스푸티차와 가을 라스푸티차가 있다.—옮긴이

130. N. Stone, p. 187

131. D. Jones in Millet and Murray, pp. 278~279

을 것이다—. 그 결과 장군들은 면직되었고, 일부는 적을 눈앞에 두고 직무를 게을리한 죄로 투옥되었다.[130] 9월 1일 차르는 스스로 실질적인 최고사령관에 취임하는 중대한 조치를 취했다. 니콜라이 대공은 캅카스로 보내고 알렉세예프를 참모장으로 삼았다. 이 모든 일은 독일의 진격과 러시아의 후퇴가 낳은 귀결로 러시아의 군사적 상황에 불리하게 작용했거나 조만간 그렇게 될 우려가 있었다. 그런데도 러시아군은 아직 패배하지 않았다. 포탄 생산량은 9월 한 달 동안 22만 발로 증가하고 있었고, 예비군 병력도 여전히 수천만 명에 달했다. 이미 1,100만 명이 군대에 있거나 사망하고 부상당하고 포로가 되어 손실된 상황에서 1916년에서 1917년까지 400만 명이 소집된다. 그러나 군무에 투입할 수 있는 숫자는 전 인구의 10퍼센트로 추산되어 실제 예비군은 1,800만 명에 근접했다.[131] 러시아는 계속 싸울 수 있을 것이었다.

필요한 것은 군대를 재조직하고 다시 장비를 갖출 수 있는 여유였다. 이탈리아의 참전은 갈리치아와 카르파티아에서 상당수의 오스트리아군을 이탈시키는 데 실패했고, 오스트리아군은 비록 능력이 점차 쇠퇴하고 있다고는 하나 독일의 지원으로 계속 전장에 남아 있었다. 세르비아는 1914년에 예기치 않게 성공적으로 저항하여 오스트리아의 동원을 방해했지만 그 이상 도움이 되지 않았다. 서부전선에서 대규모 공세에 들어간다는 프랑스와 영국의 계획은 1916년까지 실행될 수 없었다. 그러므로 1915년의 고생을 통해 전략적 반전을 이루겠다는 러시아군의 희망은 먼 다르다넬스 해협의 전투로 향했다. 역전한다면 터키의 추가 공격을 방지하고 나아가 그 전투력을 파괴할 수도 있을 것이었다. 다르다넬스에서는 4월에 영국과 프랑스가 이스탄불로 돌파하고 흑해와 러시아의 남부 해항들에 직접 닿을 수 있는 통로를 장악하기 위해 수륙 양동 작전을 시작했다.

갈리폴리

유럽과 아시아를 가르는 다르다넬스 해협은 지중해에서 육지로 둘러싸인 마르마라Marmara 해로 이어지는 30마일 길이의 물길로, 가장 좁은 곳에서는 폭이 1마일에 못 미친다. 마르마라 해의 북동 해안에서 이스탄불은, 다시 말해서 과거에 비잔티움제국의 수도였고 1915년에는 오스만제국의 수도였던 콘스탄티노플은 보스포루스 해협 입구를 지키고 있다. 다르다넬스 해협보다 더 좁은 이 물길은 흑해로 통한다. 다르다넬스 해협과 마르마라 해, 보스포루스 해협의 유럽 쪽 해안은 1915년에 길고 좁은 땅덩어리의 터키 영토였다. 아시아 쪽 해안에서는 오스만제국의 광활한 영토가 북쪽, 동쪽, 남쪽으로 캅카스와 페르시아 만, 홍해로 뻗어 있었다. 다르다넬스 해협의 전략적 위치는 역사상 이따금 군대와 해군을 끌어들였다. 배후지에 있는 아드리아노플Adrianople[132]에서 벌어진 전투는 기록된 것만 열다섯 차례다. 378년의 첫 번째 전투에서는 발렌스 황제가 고트족에 피살당했다. 서쪽에서 로마제국의 몰락을 가져온 재앙이었다. 가장 최근에는 1913년에 터키가 불가리아의 이스탄불 공격을 격퇴했다.

콘스탄티노플을 장악하고 그리하여 이슬람으로부터 동방정교의 중심지를 되찾으며 언제든지 남쪽의 따뜻한 바다로 나갈 수 있는 권리를 확보함으로써 수백 년에 걸친 오스만제국에 대한 반격을 완료하는 것은 차르의 오랜 숙원이었다. 이 일은 러시아의 작금의 전쟁 목적에서도 우선이었다. 영국은 말할 것도 없고 프랑스도 남부유럽에서 러시아의 세력이 그처럼 극적으로 확대되는 것을 인정할 생각이 없었다. 그런데도 1914~1915년의 위기에서 양국은 동맹국을 구하고 서부전선의 난국을 타개하는 방편으로 그곳에서 새로운 전선을 열 준비가 되어 있었다. 다르다넬스 해협에 대한 육상 공격이나 해상 공격, 아니면 육해 합동 공격은 기선을 잡을 수 있는 유망한 방책으로 여겨졌고, 지지를 받았다.

132. 오늘날 터키령 트라키아의 에디르네(Edirne).—옮긴이

• 테페는 구릉, 봉우리라는 뜻이고 칼레는 요새, 성채라는 뜻이다.—옮긴이

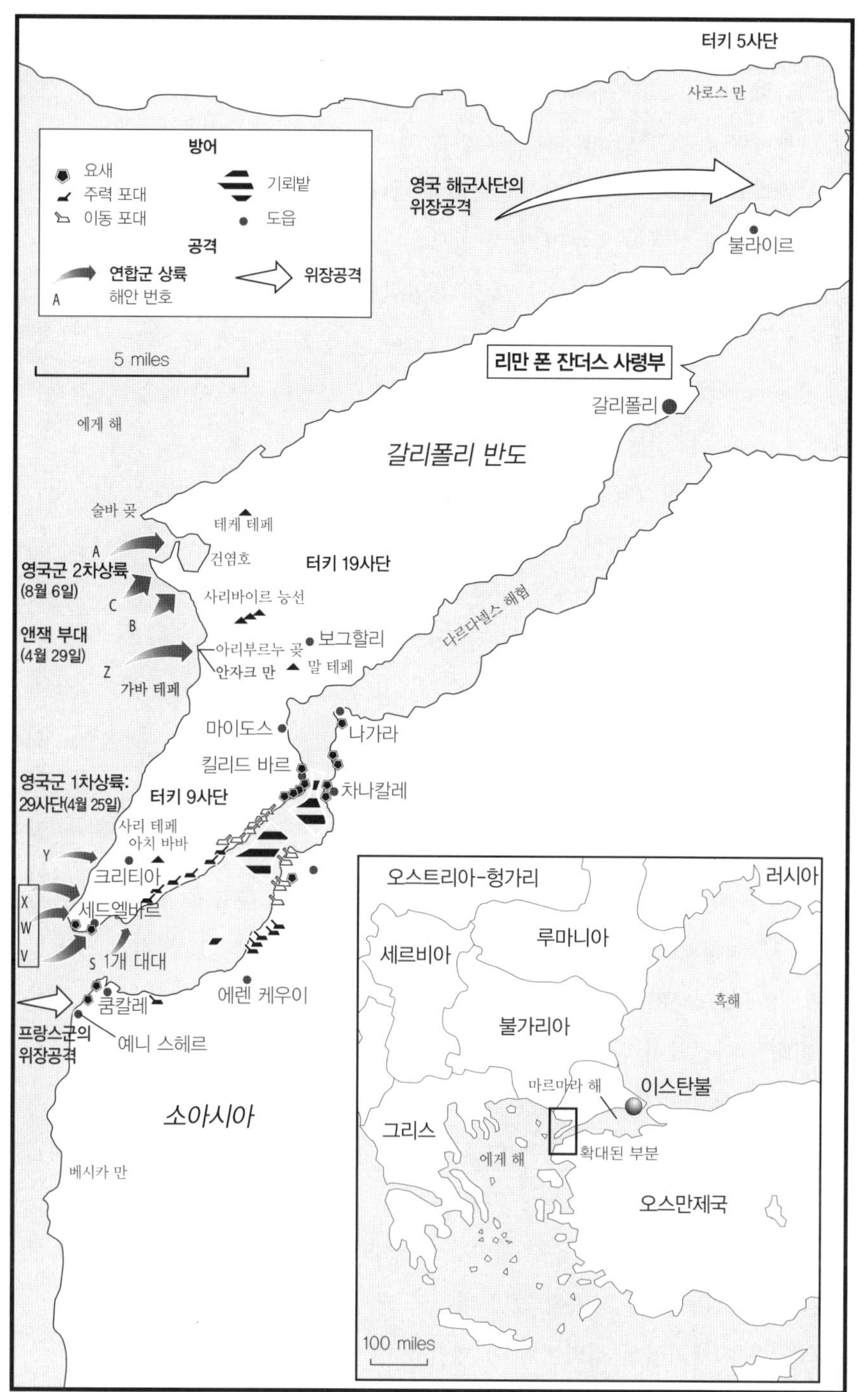
터키 5사단
사로스 만
방어
요새
주력 포대
이동 포대
기뢰밭
도읍
공격
연합군 상륙
A 해안 번호
위장공격
영국 해군사단의
위장공격
불라이르
5 miles
리만 폰 잔더스 사령부
갈리폴리
에게 해
갈리폴리 반도
술바 곶
테케 테페
A
건염호
영국군 2차상륙
(8월 6일)
터키 19사단
C
사리바이르 능선
B
다르다넬스 해협
앤잭 부대
(4월 29일)
아리부르누 곶
보그할리
Z
안자크 만
말 테페
가바 테페
마이도스
나가라
킬리드 바르
영국군 1차상륙:
29사단(4월 25일)
터키 9사단
차나칼레
사리 테페
아치 바바
Y
크리티아
X
W
V
세드엘바르
S 1개 대대
쿰칼레
에렌 케우이
프랑스군의
위장공격
예니 스헤르
소아시아
베시카 만
오스트리아-헝가리
러시아
루마니아
세르비아
흑해
불가리아
마르마라 해
이스탄불
그리스
확대된 부분
에게 해
오스만제국
100 miles
갈리폴리•

먼저 프랑스가 제안을 내놓았다. 1914년 11월 법무장관 아리스티드 브리앙Aristide Briand[133]은 40만 명의 영불연합원정대를 그리스의 항구 살로니카Salonika[134]로 보내자는 의견을 제시했다. 목적은 세르비아를 지원하고 터키의 숙적이었던 인접국 루마니아와 불가리아를 설득하여 연합군에 합류하게 하며 발칸 반도를 통해 오스트리아-헝가리를 공격하는 것이었다. 총사령관으로서 법적으로 최고 권한을 지닌 조프르는 서부전선의 전쟁을 승리로 이끌려는 자신의 노력이 훼손되는 것을 용인할 수 없었다. 그렇지만 조프르의 부하였던 프랑셰 데스페레는 실례를 무릅쓰고 대통령 푸앵카레에게 직접 제안했고, 푸앵카레는 1915년 1월 7일 엘리제궁에서 가진 회합에서 브리앙과 수상 비비아니와 함께 그 방안을 조프르에게 다시 제시했다.[135]

조프르는 여전히 완강하게 반대했다. 그러나 그동안 영국이 그 방안에 관심을 보였다. 1월 2일 러시아군 총사령관 니콜라이 대공은 다른 곳에서 견제 작전을 벌여 터키군의 캅카스 공격을 막아달라고 런던에 지원을 요청했다. 해군장관 윈스턴 처칠은 니콜라이 대공의 전문을 두고 전쟁장관 키치너와 논의했다. 같은 날 늦게, 키치너는 처칠에게 이렇게 써 보냈다. "장소가 어디든 우리에게는 파견할 부대가 없다. …… 양동 작전이 효과를 낼 만한 곳으로는 다르다넬스 해협이 유일하다."[136] 처칠의 머릿속에 어떤 생각이 반짝 스쳤다. 11월 3일 처칠은 터키의 전쟁 선포에 대응하여 그리고 스스로 주도하여 영국 에게해 전대를 파견하여 다르다넬스 해협 입구의 요새들을 포격했다. 탄약고 한 곳이 폭발했고 유럽 쪽 곶에 설치된 중포 대부분이 무용지물이 되었다.[137] 그 후 군함들은 더 침투하려 하지 않고 퇴각했지만, 이 성공으로 처칠은 다르다넬스 해협에서 전술적 효과가 아니라 전략적 효과를 위해 해군을 쓸 수도 있다고 강하게 믿게 되었다.

처칠은 1914년 11월 25일에 영국 내각의 군사 소내각으로 처음 모인 새로운 전쟁위원회 회의에서 이 제안을 내놓았는데, 제안은 비록

133. 1862~1932. 1909년에서 1929년 사이에 열 차례 수상을 역임했던 정치인. 1926년에 로카르노 협정으로 독일의 구스타프 슈트레제만과 함께 노벨평화상을 받았다.—옮긴이

134. 현재의 테살로니키(Thessaloniki)로 북부 그리스 마케도니아 지역에 있는 그리스 제2의 도시.—옮긴이

135. G. Cassar, *The French and the Dardanelles*, London, 1971, pp. 35-40

136. *First Report of the Dardanelles Committee*, p. 15

137. R. Rhodes James, *Gallipoli*, London, 1965, p. 13

거부되었지만 폐기되지는 않았다. 프랑스와 벨기에에서 참호선이 공고해지고 전통적으로 기동 작전을 통해 결정적인 결과를 얻을 수 있었던 '측면'이 사라지자 처칠은 물론 재무장관 로이드 조지와 제국방위위원회 의장이자 사실상 영국 전쟁정부의 집정관이었던 모리스 행키Maurice Hankey[138] 경은 서부전선 밖에서 측면을 찾아야 한다고 확신하게 되었다. 이들은 프랑스에서 조프르와 존 프렌치 경이 선호하는 정면 공격이 계속되리라는 생각에 의기소침했던 키치너의 지지를 받았고, 곧 해군본부 수석위원 피셔 제독의 관심을 끌었다. 피셔 제독은 1월 3일에 터키에 대한 육군과 해군의 합동 공격을 촉구했다. 단서는 즉각 실행한다는 것과 오래된 전함만 사용해야 한다는 것이었다.

터키가 다르다넬스 해협의 방어시설을 보수하고 강화하는 데 시간을 끌었기 때문에, 피셔가 강조한 대로 전쟁위원회가 즉각 움직였다면 피셔 계획은 성공했을지도 모른다. 그러나 전쟁위원회는 그렇게 하지 않았고 대신 대안이 될 만한 전략들을 생각하고 있었다. 그러는 동안 처칠은 제 갈 길을 갔다. 피셔의 동의를 얻어 영국 지중해 함대를 지휘하는 색빌 카든Sackville Carden[139] 제독과 실행 가능성에 관해 협의한 처칠은 카든으로부터 허락을 얻어냈다. "다르다넬스 해협을 급습하는……" 것은 불가능하겠지만 "많은 수의 전함을 폭넓게 전개하여 작전한다면 뚫을 수 있을지도 모른다."[140] 처칠에게는 이런 격려로 충분했다. 처칠은 낭만적인 전략가였고 열정적인 군사적 모험가였다. 처칠이 해군사단을 구성하여 안트베르펀 작전에 투입한 것이 그 실례다. 처칠은 피셔가 준비한 오래된 전함들로 함대를 조직하여 다르다넬스 해협으로 보내 해상 포격으로 요새들을 진압하려 했다.

피셔는 처칠의 강압적인 해결을 '마지못해 책임'졌으며 '실험'으로 받아들였다. 만일 모험을 해야 한다고 했을 때, 피셔가 염두에 두었던 것은 발트 해 원정이었다. 피셔의 머릿속에서는 북해의 대결에서 다른 곳으로 주위를 돌리는 일은 피해야 한다고 말하고 있었다.[141] 그

138. 1877~1963. 1908년에 제국방위위원회 해군 부간사, 1914년에 전쟁위원회 의장, 1916년에 전쟁내각(War Cabinet)과 제국전쟁내각(Imperial War Cabinet) 의장을 맡았다.—옮긴이

139. 1857~1930. 이집트, 수단, 베넹에서 근무했고, 1908년에 소장으로 진급했다. 다르다넬스 전투를 지휘하다 1915년 3월에 건강이 악화되어 존 드 로베크로 대체되었다. 1917년에 제독으로 전역했다.—옮긴이

140. R. Rhodes James, p. 28

141. R. Rhodes James, p. 38

런데도 피셔는 처칠이 다르다넬스 계획을 진행하는 데 필요한 재량권을 허용했다. 영국군은 물론 프랑스군의 오래된 전함으로 함대가 구성되었을 뿐만 아니라, 슈퍼드레드노트의 원형인 새로운 종류의 퀸엘리자베스 전함HMS Queen Elizabeth도 지중해 함대에 파견되어 다르다넬스 해협 요새들에 그 15인치 포를 사용하게 될 터였고, 해안에 병력을 상륙시킬 경우를 대비하여 그리스 섬 렘노스Lemnos에 상륙부대를 위한 기지도 마련할 예정이었다. 처칠은 해군사단을 이용할 수 있었고, 이집트에서 프랑스로 이동하기 위해 대기하고 있던 오스트레일리아와 뉴질랜드 군단(앤잭ANZAC[142])도 즉시 쓸 수 있었다.

병력 투입의 문제는 해상 포격의 성공 여부에 달려 있었다. 처음에는 군함이 우세하리라는 기대가 있었다. 유럽 터키의 헬레스 곶Cape Helles, 반대편 아시아 터키의 해안에 있는 쿰칼레Kum Kale, 그리고 중세 이전부터 다르다넬스 해협을 방어하던 갈리폴리의 터키 방어시설은 낙후되었다. 그곳에는 이동 곡사포 포대가 있는 것으로 알려졌고, 터키군은 다르다넬스 해협에 기뢰도 부설했다. 그랬는데도, 소해정掃海艇으로 기뢰를 치워 해협 위로 길을 내면서 전함을 조직적으로 전진시킨다면 터키의 포를 극복하고 다르다넬스 해협을 열어 마르마라 해와 이스탄불로 돌진할 수 있으리라고 믿었다.

해군 작전은 2월 19일에 시작되어 군사적인 효과까지는 아니어도 정치적으로는 놀라운 효과를 가져왔다. 그리스가 병력을 지원하여 전투에 합류했고, 불가리아는 독일과 협상을 중단했으며, 러시아는 보스포루스 해협 쪽에서 이스탄불을 공격할 의사를 내비쳤고, 아직 참전하지 않은 이탈리아는 갑자기 연합국 편으로 참여할 준비가 더 많이 된 듯했다. 터키에 대한 선제 공격이 남부유럽에서 상황을 연합군에 유리하게 바꾸리라고 믿은 모든 나라가 올바른 판단을 한 것처럼 보였다. 실제로는 아무것도 포격으로 파괴되지 않았으며 2월 말에 영국 해병대가 별다른 저항을 받지 않고 상륙했지만 이 또한 효과

142. Australian and New Zealand Army Corps의 머리글자 축약어.—옮긴이

가 없었다. 카든 제독은 포격을 재개했으나 다르다넬스 해협 안으로 들어가지 않았다. 일단의 영국 해병대가 쿰칼레의 오래된 요새를 공격하며 많은 사상자를 냈던 3월 4일에, 열정적인 모험가가 처음에 품었던 낙관론은 잘못되었음이 분명해졌다. 터키의 수비대는 생각보다 훨씬 더 단호했고, 포는 잘 보호되었거나 기동성이 너무 뛰어나 쉽게 타격할 수 없었으며, 기뢰는 무척 촘촘히 부설되어 트롤선[143]을 모아 급조한 함대의 어설픈 노력으로는 제거할 수가 없었다. '다르다넬스 해협의 돌파'를 위해서는 가용한 모든 군함을 신중하게 조정하여 진격시켜야 했다. 트롤선 군함이 전진할 때에는 큰 군함의 포로 보호하여 해안 포의 사격을 막아야 했다.

3월 18일에 대공세가 시작되었다. 대부분 드레드노트 이전 세대의 전함이었지만 전투순양함 인플렉서블 호와 거의 어느 전함도 대신할 수 없는 슈퍼드레드노트 퀸엘리자베스 호를 포함한 16척의 전함이 3열 종대로 정렬했다. 영국 함이 12척, 프랑스 함이 4척이었다. 이 전함들에 앞서 다수의 소해정이 진격했고 순양함과 구축함의 소함대가 뒤따랐다. 다르다넬스 해협의 오랜 해전사에서도 그러한 대함대가 출현한 적은 없었다. 함대는 처음에는 분명히 막힘없이 전진했다. 오전 11시 30분에서 오후 2시 사이에 고정포와 이동포를 극복하며 거의 1마일을 전진했다. 터키군 참모본부의 설명은 이렇다. "오후 2시, 상황은 매우 긴박해졌다. 모든 전화선이 끊겼고 …… 일부 대포는 파괴되고 나머지는 묻혀버렸으며 …… 그 결과 방어 사격은 크게 줄어들었다."[144] 그 후 2시에 갑자기 전투의 우세가 역전되었다. 오래된 프랑스 전함 부베 호Le Bouvet가 소해정에 길을 터주기 위해 후진하다가 갑자기 내부 폭발을 일으켜 전 승무원과 함께 침몰했다. 걱정스러웠던 함대 사령관 존 드 로베크John de Robeck[145] 제독은 해안의 고정 발사관에서 어뢰가 발사된 것으로 생각했다.[146] 훗날 알려진 바에 따르면, 3월 7일 밤에 작은 터키 기선 1척이 해안과 나란히 기뢰 1줄을 부설했

143. 트롤선은 상업적 목적의 선박이었으나 해군의 용도에 맞게 개조하여 사용했다. 혹독한 일기에서도 운항할 수 있도록 선체를 강하게 만들었기에 기뢰 제거용 소해정으로 사용했고 잠수함 탐지기와 4인치 포를 장착하여 잠수함 공격용으로 썼다.—옮긴이

144. R. Rhodes James, p. 53

145. 1862~1928. 1915~1916년, 1919~1922년까지 영국 해군 지중해 함대 사령관을 지냈다.—옮긴이

146. G. Cassar, p. 114

고 이 기뢰들이 발각되지 않은 채 유지되었다. 폭발 이후 이어진 혼란스러운 상황에서 민간인 승무원들이 탑승한 소해정들은 함대를 지나 뒤로 물러났고, 함대가 기동하면서 오래된 전함 이리지스터블 호HMS Irresistible도 손상을 입고 대열에서 이탈했다. 그다음 또 다른 오래된 전함 오션 호HMS Ocean가 내부 폭발을 일으켰으며, 곧이어 프랑스의 드레드노트 이전 세대 전함 쉬프랑 호Le Suffren가 내려쏘는 포탄에 심한 손상을 입었다. 현대적 전투순양함인 골루아 호Le Gaulois와 인플렉서블 호는 더 일찍 손상되었기에, 이제 드 로베크의 함대는 3분의 1이 전투에서 이탈했다. 그날이 끝날 때, 오션 호와 이리지스터블 호도 부베 호처럼 침몰했다. 인플렉서블 호와 쉬프랑 호, 골루아 호는 전투력을 상실했고, 앨비언 호HMS Albion와 아가멤논 호HMS Agamemnon, 로드넬슨 호HMS Lord Nelson, 샤를마뉴 호Le Charlemagne는 파손되었다. 어둠이 내리면서 드 로베크는 함대를 철수시켰다. 다르다넬스 해협 도처에 10줄로 부설된 총 373개의 기뢰는 제거되지 않았고, 해안 포대도 이미 중포탄을 다 발사해버리기는 했지만 대부분 포를 보존하고 있었다.[147]

3월 22일 드 로베크 제독이 대기병력 사령관으로 임명된 장군 이언 해밀턴Ian Hamilton[148] 경을 퀸엘리자베스 호에서 만나 다르다넬스 해협을 향한 해군의 진격이 재개되어야 하는지에 관하여 논의했고, 강력한 상륙부대의 지원이 없다면 그렇게 할 수 없다는 데에 쉽게 합의가 이루어졌다. 무수히 많은 고정 기뢰와 해안에서 쏘아대는 중포의 결합은 치명적이었다. 크기가 큰 터키의 고정포는 표적으로 삼을 수 있지만, 이동포대는 위치가 확인되면 곧 새로운 진지로 움직일 수 있었고, 그곳에서 허약한 소해정에 다시 발사할 수 있었으며 그리하여 유럽 해안과 아시아 해안 사이에 늘어선 기뢰의 제거를 막고 전함들이 안으로 들어오지 못하도록 막을 수 있었다. 이 난제의 유일한 해결책은 이동포대를 타격하여 그 전투력을 제거할 수 있는 부대를 상

147. R. Rhodes James, p. 64

148. 1853~1947. 상륙작전을 책임졌다.—옮긴이

149. 1972~1945. 카든 제독의 참모장이었다.—옮긴이

륙시키는 것이었다. 그래야만 소해정이 임무를 수행하여 기뢰를 치우고 전함이 해협 안으로 들어올 수 있었기 때문이다.

소해정을 지휘한 로저 키즈Roger Keyes[149] 제독 같은 대담한 인사들은 손실을 무시하고 밀어붙이자고 주장했다. 키즈는 터키군의 사기가 떨어졌고 탄약도 부족하다고 판단했다. 좀 더 신중한 장교들은 그 이상의 모험은 더 많은 희생으로 이어질 것이라고 생각했고, 훗날 밝혀진 정보에 따르면 그럴 것이 확실했다. 어쨌든 신중한 자들이 우세했다. 3월 말에 드 로베크와 해밀턴이 내각의 간섭을 받지 않고 상륙 작전을 결정했으며, 여전히 해결되지 않은 한 가지는 어느 정도의 병력을 어디로 상륙시켜야 하느냐는 문제였다. 영국 해병대의 습격으로는 충분하지 않았다. 이제 지중해원정군으로 알려진 해밀턴 부대의 정보부는 터키군의 가용 병력을 17만 명으로 추산했다. 이는 과장된 추정치였다. 터키의 독일인 사령관 리만 폰 잔더스는 8만 4,000명의 허약한 6개 사단으로 150마일의 해안선을 지켜야 했다. 그러나 지중해원정군의 연합군 사단은 제29사단, 해군사단, 제1오스트레일리아 사단, 뉴질랜드-오스트레일리아 사단, 프랑스군이 제공한 사단 병력 동방원정군Corps expéditionnaire d'Orient 5개뿐이어서, 터키군이 이전보다 약해졌다고 해도 해안 교두보를 장악하기 위해서는 마지막 한 사람까지 필요했다. 실제로 5개 사단 전부를 쓰겠다는 결정은 처음부터 내려졌다. 인근의 그리스 섬 렘노스의 무드로스Moúdros 만에 급조된 기지에서, 연합군은 최대한 빨리 작전에 착수하여 해안에 상륙하려 했다. 3월 22일의 해전 패배로부터 실제 공격 날짜인 4월 25일 사이의 한 달 동안 놀라운 임시변통이 이루어졌다. 무드로스는 군수품으로 가득 찼고, 수송함대가 집결했으며, 병력을 해변으로 수송하기 위해 보트와 임시로 만든 상륙정들이 모였다.

가장 즉흥적이었던 것은 계획 자체였다. 터키군의 배치에 관한 확실한 정보가 없는 상태에서, 어디로 상륙해야 저항을 가장 적게 받고

가장 크게 이로울 것인지 추정에 입각하여 계획을 수립해야 했다. 아시아 쪽 해안이 평탄했기 때문에—트로이의 바람 많은 평원은 근처의 내륙으로 이어진다—끌렸지만, 키치너는 터키의 광대한 배후지는 지중해원정군 같은 소규모 부대쯤은 아주 쉽게 삼켜버릴 수 있다는 지극히 타당한 이유로 해밀턴에게 아시아 해안 상륙을 금했다. 키치너의 일방적 명령에 따라 다르다넬스 해협의 작은 마을에서 이름을 딴 유럽 쪽 반도가 선택되었다. 그러나 지형적인 어려움이 있었다. 헬레스 곶에서 40마일 떨어진 불라이르Bulair의 잘록한 부분에서 지중해 쪽은 평탄한 해변이어서 그 아래쪽의 터키군은 모조리 차단할 수 있었다. 그러나 터키군은 불라이르 바닷가를 가시철조망으로 뒤덮어버렸고 이를 통과하기는 불가능해 보였다. 갈리폴리 반도의 나머지 해안은 대부분 깎아지른 절벽이었다. 상륙을 실행할 수 있는 해변은 오직 한 군데뿐이었는데, 그 해변은 앤잭에 할당되었다. 또 하나의 가능성은 헬레스 곶이었다. 그곳에는 작은 해변이 연이어 있었는데 비록 좁긴 했어도 적당한 경사도로 곶의 꼭대기까지 이어졌다. 그곳은 난바다에 정선해 있는 함대에서 사격할 수 있는 거리에 있었으므로, 헬레스 곶은 제29사단의 표적으로 선정되었다. 영국 해군사단은 당장 상륙할 예정은 아니었지만 불라이르에서 양동 작전을 해야 했다. 목적은 터키 증원군을 헬레스 곶에서 멀리 유인하는 것이었다. 프랑스군도 아시아 쪽 해안 트로이 근처의 쿰칼레에서 비슷한 유인 작전을 한 뒤 제29사단을 따라 상륙할 예정이었다. 헬레스 곶의 5개 해변이 선정되어 Y, X, W, V, S의 문자를 부여받았다. Y는 지중해 쪽 곶에서 3마일 떨어진 지점이었고, S는 다르다넬스 해협 안에, X와 W와 V는 헬레스 곶 밑에 있었다.

돌이켜 보건대, 해밀턴의 계획이 효과가 없을 것이고 해밀턴에 허용된 규모의 병력으로는 성공할 수 없었으리라는 점을 알아채기란 어렵지 않다. 기뢰밭 아래쪽 반도의 곶을 점령해도 그곳은 여전히 터

150. 1865~1936. 영국의 시인. '영국 제국주의의 예언자'라는 별명을 얻을 정도로 작품을 통해 군국주의를 드러냈다.—옮긴이

키 포대의 사정권 안이었다. 아시아 쪽 해안에 상륙해도 똑같이 무익하고 부대는 크게 노출되었을 것이다. 반면 불라이르 아래 술바Sulva 만에 성공적으로 상륙한다고 해도 그곳과 헬레스 곶 사이의 터키군은 아무런 해도 입지 않을 것이며 해협 반대편에서 보급품과 증원군이 쉽게 건너올 수 있었을 것이다. 유일하게 성공이 확실한 계획은 불라이르와 헬레스 곶, 아시아 해안에 동시에 상륙하고 그 지점들을 점령하기에 충분히 큰 규모의 병력을 전개하는 것이었다. 그러나 그 정도의 병력은 존재하지 않았고 러시아를 긴급히 지원할 수 있을 정도로 빠르게 모을 수도 없었다. 어쨌든 대규모 병력의 투입은 모험 정신에 어긋났다. 서부전선에 투입된 병력을 분산시키지 않고도 큰 성과를 내는 것이 계획이었기 때문이다. 그러므로 해밀턴이 본질적으로 견제가 목적이었던 임무에서 성공할 수 있는 유일한 희망은 터키군이 연합군의 상륙에 잘못 대응하는 데 있었다. 깜짝 놀랄 일은 일어날 수 없었다. 터키군은 해군의 공격을 받았기에 연합군이 갈리폴리에 보인 관심을 경계했고, 연합군 함대가 철수한 이후 한 달 동안 공격받을 수 있는 모든 해변의 위쪽에 참호를 구축했다. 터키가 신속하게 반격하는 데 실패할 때만, 연합군은 갈리폴리 반도의 터키 영토를 위협하기에 충분할 만큼 깊숙한 곳에 거점을 확보할 수 있었다.

제29사단과 앤잭의 병사들은 서로 달랐지만 똑같이 성공을 기대했다. 제29사단 병사들은 전쟁 이전 군대의 정규군으로, 루디야드 키플링Rudyard Kipling[150]이 알고 있던 햇볕에 그을린 토미 앳킨스였고, 프랑스 전역을 위해 해외 수비대에서 모집되었으나 갈리폴리에서 병력이 필요할 경우를 대비하여 이집트로 보내졌다. 이집트를 거쳐 유럽으로 가려던 앤잭은 시민군으로 세계에서 가장 포괄적인 민병제도의 산물이었다. 이 제도에 따라 학교 다닐 나이부터 징병 연령대까지 모든 남성은 훈련을 받았고 건강한 남자라면 누구나 지역 연대의 병적에 올랐다. 지구상에서 전략적으로 볼 때 공격받을 가능성이 가장 적은 정

착지였던 작은 식민지 사회 뉴질랜드는 오스트레일리아가 취한 것과 유사한 병역의무제도를 매우 진지하게 받아들였다. "1914년에 뉴질랜드인이 된다는 것은 '제국은 당신이 필요할 때 준비되어 있고 제국을 위해 생각하고 일하고 고생도 참아내길 기대한다'라는 사실을 배우는 것이었다."[151] 좀 더 실제적으로 말하자면, 소집령이 떨어졌을 때 "대학교의 강의실은 텅 비었고 …… 스포츠 시설은 방치되었다. 뒤에 남는 것은 생각할 수 없었다. 친구가 가면, 어떻게든 당신도 떠나야 했다."[152] 뉴질랜드는 50만 명의 남성인구 중 25세 이하로 5만 명의 병사를 훈련시켜 제공할 수 있었다. 오스트레일리아는 크기에 걸맞은 숫자를 보냈다. 오스트레일리아군보다는 뉴질랜드군에 시골 출신이 더 많았다. 뉴질랜드군은 정착민들의 독립성과 소총과 삽을 다루는 솜씨 덕에 20세기에 세계 최고의 병사라는 평판을 얻었지만, 오스트레일리아인의 기세와 개인주의는 강렬한 동료애와 결합하여 가공할 공격력을 지닌 부대를 창조했다. 이 사실에 훗날 독일군은 동의하고, 터키군은 곧 깨닫게 된다.

151. C. Pugsley, *Gallipoli. The New Zealand Story*, London, 1984, p. 30

152. C. Pugsley, p. 34

4월 25일 동트기 전, 정기선에서 부정기 화물선에 이르기까지 매우 다양한 상선 200척이 3월 18일에 다르다넬스 해협에서 돌아온 포

참호를 같이 쓰는 오스트레일리아군과 영국 해군사단 병사들

격함대의 지원을 받아 안자크 만Anzac Cove—오스트레일리아군과 뉴질랜드군의 상륙지점은 곧 그렇게 불린다—과 헬레스 곶을 향해 나아갔다. 퀸엘리자베스 호는 15인치 함포로 오래된 전함들의 예비 포격에 참여하게 되지만 기함이자 사령선이었다. 오래된 전함들은 병력 수송선이기도 했다. 상륙부대는 이 전함들과 다른 군함들에서 내려 '예인선tow'으로 해변까지 이동할 예정이었다. 다시 말해서, 하급 장교들이 지휘하는 단정pinnace[153] 뒤에 줄지어 끌려가는 노 젓는 배에 올라타게 된다. 장교들 중 2명은 열세 살 된 해군사관학교 첫 학기 생도였다. 해변이 완만한 경사를 이루면서, 단정들은 예인선과 헤어지고 수병들이 노를 저어 배를 해변에 댈 것이다. 단 1척뿐인 전문 상륙정은 석탄 운반선 리버클라이드 호였는데, 이 배는 옛 비잔티움제국 요새 세드엘바르Sedd-el-Bahr[154] 옆에 있는 V해변에 상륙하기로 되어 있었다. 로열먼스터퓨질리어 연대Royal Munster Fusiliers와 로열햄프셔 연대Royal Hampshire Regiment 병사들이 뱃머리에 뚫린 구멍을 통해 뛰어나와 앞갑판에 쌓은 모래주머니 뒤에서 기관총이 엄호사격을 하는 동안 배다리를 거쳐 배와 해변 사이에 자리한 거룻배로, 뒤이어 해변으로 올라갈 예정이었다.

포격은 5시쯤에 동이 트면서 시작되었고, 곧 예인선이 전 해안을 향해 접근했다. 앞에 무엇이 있는지는 대체로 알지 못했다. 지중해원정군 정보부는 터키군의 전력과 작전 계획을 충분히 알지 못했을 뿐만 아니라 공격지역의 지도도 갖고 있지 않았다. 예를 들면, 헬레스 곶 너머의 땅은, 실제로는 수없이 많은 작은 협곡으로 끊어져 있었는데도, "변화가 없고 기복이 〔없는〕 비탈"이라고 여겨졌다.[155] 안자크 만 너머의 지형은 능선들이 이어진 곳으로 알려졌지만, 예정된 상륙지점은 그 남쪽이었다. 그곳에서 길이 중앙의 능선 꼭대기로 이어졌고, 함포로 다르다넬스 해협의 포대에 사격을 가할 때 지휘할 관측소를 그곳에 세울 작정이었다.

153. 옛 군함이나 상선에 부속되어 있던 작은 보트.—옮긴이

154. 현대 터키어로 세뒬바히르(Seddülbahir)다.—옮긴이

155. C. Aspinall-Oglander, *Gallipoli*, 2, London, 1929, p. 114

이는 가능했을 수도, 그렇지 않았을 수도 있다. 결과적으로 앤잭의 예인선이 끌었던 48개의 단정은 애초에 상륙지점으로 선택한 해변에서 북쪽으로 1마일 떨어진 지점의 가파른 비탈 밑으로 상륙했다. 비탈은 만 위쪽에서 3단으로 무질서하게 솟아오른 일련의 능선으로 이어졌다. 여기에 내린 이유는 납득할 만하게 설명되지 않았다. 사람의 실수일 수도 있고, 열악한 통신 때문에 마지막 순간에 계획이 변경되었을 수도 있다. 북쪽과 남쪽에서는 고지대가 해안을 향해 내려갔다. 그래서 앤잭은 삼면에서 고지대로 둘러싸인 작은 원형경기장 형태—갈리폴리 전투 현장을 찾는 방문객에게 가장 인상적인 것은 공간의 협소함이다—의 지형을 취했다. 오스트레일리아군과 뉴질랜드군이 적군보다 먼저 능선 꼭대기에 도달하지 못한다면, 해변을 포함하여 모든 위치가 내려다보일 것이며 뒤이은 작전에 비참한 결과를 초래했을 것이다.

앤잭은 신속히 올라가는 것이 얼마나 중요한지 알고 있었고, 방해 없이 상륙하자마자 최대한 빠르게 전면의 능선을 올랐다. 그러나 상륙에 방해가 없었던 이유는 곧 분명해졌다. 터키군은 거의 없었다. 그처럼 불리한 지점으로 상륙하리라고는 생각하지 못했기 때문이다. 상륙부대는 곧 지형 자체가 수비군 못지않게 골칫거리였음을 깨달았다. 산마루 하나를 오르면 뒤에 더 높은 산마루가 이어졌고, 작은 협곡들은 막다른 길로 막혀 있었으며, 길 찾기가 어려웠던 까닭에 최고봉으로 오르는 길을 거듭 잃어버렸다. 부대는 두터운 덤불과 깊은 계곡에 삼삼오오 흩어졌고 정상으로 통합된 전진을 이룰 수 없었다. 해변에 상륙한 1만 2,000명 중 일부만이라도 안자크 만 위로 2.5마일 솟아오른 사리바이르Sari Bair 능선의 정상에 올랐다면, 다르다넬스 해협을 내려다볼 수 있었을 테고 승리를 거머쥘 수 있었을 것이다.[156] 그러나 상륙부대는 오후 이른 시간까지 겨우 1.5마일을 침투했으며, 그 험한 지점에서 방어를 위해 집결한 터키군의 반격을 받았다. 길을 잃

156. A. Livesey, *An Atlas of World War I*, London, 1994, p. 61

고 인도자도 없이 언덕의 중턱에 들러붙어 있던 앤잭 병사들은 뜨거운 오후가 지나가고 어두컴컴하게 보슬비가 내리면서 순직을 경험하게 된다.

남쪽으로 10마일 떨어진 헬레스 곶에서도 전함에서 쏜 중포소리와 함께 동이 텄다. 예인선이 끄는 96척의 단정과 병사들을 넘치도록 태운 리버클라이드 호가 해변으로 움직였다. 측면, 즉 지중해의 Y해변과 X해변, 다르다넬스 해협 안쪽의 S해변에서는 저항이 거의 없거나 약간의 저항만 있었고 공격군은 곧 해변에 상륙했다. 프랑스군도 바다 건너 아시아 터키 해안의 쿰칼레에서 별다른 저항 없이 상륙했으며, 처음에 약간 지체한 후 옛 비잔티움제국의 요새와 그 성벽 아래의 마을, 외곽의 공동묘지를 점령했다. 근처의 터키군은 조직이 무너졌고 지휘도 서툴렀다. 갈리폴리 반도의 Y해변과 X해변, S해변의 영국군도 비슷한 경험을 했다. 적군은 존재하지 않았거나 진지 근처에 떨어져 폭발한 12인치 포탄에 정신을 잃었다. 상륙부대는 마치 전쟁은 몇 마일 밖의 일이라는 듯 일광욕을 하고 차를 마셨으며 해변에서 보따리를 싸서 아름다운 시골을 여기저기 돌아다녔다. 아래쪽 해안의 W해변과 V해변에서는 랭커셔퓨질리어 연대Lancashire Fusiliers와 로열더블린퓨질리어 연대Royal Dublin Fusiliers, 로열먼스터퓨질리어 연대, 로열햄프셔 연대가 생존을 위해 싸우며 수백 명씩 죽어가고 있었다. 두 해변은 헬레스 곶에서 떨어져 있었다. 그 서쪽의 W해변—이때부터 랭커셔 랜딩Lancashire Landing이라고 불렀다—에서는 랭커셔퓨질리어 연대가 해변에서 100야드 떨어진 지점에서 퍼붓는 소총과 기관총의 세례를 받았다. 대부분의 단정은 해변에 닿았지만 물이 끝나는 지점에 가시철조망이 가로막고 있었고 그 뒤의 참호에 들어앉은 터키군은 적군이 바다에서 올라오는 족족 쏴버렸다. 랭커셔퓨질리어 연대의 쇼Shaw 소령은 이렇게 회상했다. "등 뒤의 바다는 피로 물들어 완전한 심홍색이었고, 덜걱거리는 머스킷 소총의 소음 사이로 신음이 들렸다. 몇 명만이 사격하고 있었다. 나는 진격하라는 신호를 보냈고 …… 그다음 그 병사들이 전부 총에 맞았음을 알았다."

이렇게 소름끼치는 현장에서, 소수의 랭커셔퓨질리어 연대 병사들은 가까스로 철조망을 뚫고 우회로를 발견하여 부대를 다시 재편하고 진격했다. 950명이 상륙했는데 500명 이상이 죽거나 부상당했다. 그렇지만 생존자들은 내륙으로 밀고 들어가 눈앞의 터키군을 추격했고 저녁까지는 확실하게 발판을 마련했다. 헬레스 곶의 다른 쪽 V해변의 장면은 훨씬 더 참혹했다. 예인선에 이끌려 상륙한 로열더블린퓨질리어 연대는 적군이 없다고 생각했지만 단정이 모랫바닥에 닿자 총알 세례가 쏟아졌다. 리버클라이드 호가 해변에 닿고 로열햄프셔 연대와 로열먼스터퓨질리어 연대가 배에서 나와 배다리를 건너 상륙하려 애쓸 때, 터키군의 기관총 4정이 불을 뿜었다. 터키군은 이미 제일 먼저 해변에 닿은 예인선에 기총소사를 가했다. 도축용으로 분류되어 도살장으로 끌려가는 소들처럼 묶인 배다리 위의 행렬은 하나씩 차례대로 피를 흘리며 바다 속으로 굴러 떨어져 익사하거나 필사적으로 얕은 곳으로 빠져나와 죽었다. 그러나 일부는 살아남았고 해변 가장자리에서 엄폐물을 찾아 병력을 모은 다음 참호 속의 터키군을 몰아냈다.

그날 오전 랭커셔 랜딩과 V해변에 있었던 여러 병사들이 용감한 행위에 주는 영국 최고 훈장인 빅토리아 십자훈장Victoria Cross을 받았다. 랭커셔퓨질리어 연대에서 6명, 리버클라이드 호와 해변 사이를 연결해주는 거룻배를 사수하기 위해 바다에서 분투한 해군 2명이 받았다. 그 밖에도 기록에 남지는 않았지만 용감한 공훈의 사례는 무수히 많았다. 후대의 마음 약한 병사들로서는 납득할 수 없는 일들이었다. 저녁이 되면 시신으로 가득 찬 해변과 여전히 피로 붉게 물들어 있는 해안선 위로 랭커셔 랜딩이 X해변과 결합했으며, V해변과 Y해변, S해변은 안전했다. 사상자는 상륙한 3만 명 중 안자크 만에서 2,000명,

157. 1864~1940. 대전이 발발했을 때 준장으로 제11보병여단을 이끌고 서부전선에 참전했다. 1915년 3월에 갈리폴리 전투가 시작되자 헬레스 곶에 상륙하기로 되어 있던 제29사단장으로 승진했으며, 5월에는 중장으로 진급하여 제8군단장을 맡았다. 7월에 건강이 나빠 귀국한 뒤 1916년에 하원의원에 선출되었다.—옮긴이

158. 1865~1951. 샌드허스트 사관학교를 졸업하고 주로 영국인도군에서 근무했다. 1914년 11월에 키치너로부터 서부전선에 투입하기 위해 이집트에서 훈련중이었던 오스트레일리아군과 뉴질랜드군으로 군단을 조직하라는 명령을 받고 이 병력으로 안자크 만에 상륙했다. 1915년 11월에는 앤잭과 영국군 제8군단과 제9군단을 합친 다르다넬스군 사령관을 맡았다. 1916년에 앤잭이 앤잭 제1군단과 제2군단으로 재편되자 제2군단을 지휘했고, 1918년 5월에는 영국군 제5군 사령관을 맡았다.—옮긴이

159. C. Aspinall-Oglander, Sketch 5A

160. 1881~1938. 터키 공화국의 창설자로 초대 대통령을 지냈다. 오스만제국의 잔재를 없애고 터키를 민주적이고 세속적인 국민국가로 변모시켰다.—옮긴이

헬레스 곶에서 최소한 2,000명이었고, 터키군이 집결하여 반격하면서 그 숫자는 매시간 더 늘어났다. 그렇게 희생을 치르며 확보한 해안 교두보를 이튿날까지 사수할 수 있는가는 여전히 의문이었다.

영국군 지휘관들—지중해원정군의 해밀턴, 제29사단장 에일머 헌터-웨스턴Aylmer Hunter-Weston,[157] 앤잭의 윌리엄 버드우드William Birdwood[158]—을 놀라게 한 것은 그 용감하고 결연한 의지의 병사들에게 상처를 입힌 적군의 병력이 소수였다는 사실이었다. 지중해원정군은 다르다넬스 해협의 방어에 투입된 터키군 전력을 크게 과장했다. 리만 폰 잔더스가 갈리폴리 반도에 배치한 병력은 전력의 극소수였으며, 나머지는 불라이르와 쿰칼레 사이, 유럽과 아시아에 흩어져 있었다. 공격받는 지역은 제9사단 홀로 안자크 만에서 헬레스 곶 너머까지 중대별로 보병을 배치하여 지켰다. 어떤 곳에서는 15명으로 구성된 1개 소대가 지켰고, 또 어떤 곳에서는 그보다 적은 수가 지켰거나 아예 지키지 않은 곳도 있었다. Y해변에는 아무도 없었고, X해변은 12명이 지켰으며, S해변은 1개 소대가 지켰다. 안자크 만에서도 200명의 1개 중대밖에 없었고, V해변과 W해변은 1개 소대가 방어했다.[159] 랭커셔퓨질리어 연대와 로열더블린퓨질리어 연대, 로열먼스터퓨질리어 연대, 로열햄프셔 연대의 학살극은 함포 사격을 버티고 살아남은 100명도 못 되는 터키군이 필사적으로 벌인 일이었다. 이 자들은 죽지 않기 위해서 죽여야 했다.

그렇지만 일부 터키군은 도망쳤다. 쿰칼레의 터키군은 수백 명이 항복했고 4월 26일에 후퇴했다. 가까이에 특출한 능력과 결단력을 지닌 장교가 지휘하는 예비군이 없었다면, 더 많은 터키군이 갈리폴리 반도에서 꽁무니를 뺐을 것이다. 무스타파 케말 아타튀르크Mustapha Kemal Atatürk[160]는 초창기 청년튀르크당의 일원이었지만, 지도자의 경력을 쌓지는 않았다. 1915년 4월에 34세의 케말은 사단장이었을 뿐이다. 그러나 케말의 제19사단은 운명적으로 결정적인 순간에 결정적인 위

치에 서 있었다. 갈리폴리 반도에서 해협 반대편에 집결했던 제19사단은 앤잭에서 겨우 4마일 떨어져 있었고, 비록 그 사이에 고지대가 놓여 있었지만 강행군으로 상륙을 방해할 수 있었다. 케말은 함포소리에 즉각 대응하여 직접 선두에 서서 행군을 강행했다. 앤잭의 표적이었던 우뚝 솟은 땅 사리바이르에 도달했을 때, "우리의 눈에 들어온 광경은 매우 흥미로웠다. 내 생각에 〔이 전투의〕 사활이 걸린 순간

갈리폴리의 케말 아타튀르크(원 안)

이었다." 케말은 앞바다의 전함들과 전방에 자기 쪽으로 달려오는 터키군 제9사단의 일부를 볼 수 있었다. 달려온 자들은 탄약이 떨어졌다고 말했고, 케말은 누워서 착검하라고 명령했다. "동시에 나는 [나의] 전령장교를 …… 후방으로 보내 [뒤에서] 전진하고 있는 [제57연대]의 병력을 내가 있는 곳까지 속보로 이동시키게 했다. …… 병사들이 착검하고 누워 있을 때 …… 적군도 누워 있었다. …… 제57연대가 공격을 시작했을 때는 약 10시경이었다."

오스트레일리아군은 정상에 서 있는 케말을 보고 조준 사격했으나 맞추지 못했다. 오스트레일리아군이 케말을 명중시키지 못하고 그 시간에 정상으로 진격하지 못한 것은 실로 '그 전투의 사활이 걸린 순간'으로 판단될 수도 있다. 케말은 병력을 확보하자마자 오스트레일리아군의 교두보에 일련의 반격을 가했기 때문이다. 오스트레일리아군은 해 질 녘까지 버텼다. 낮에 일찍 빼앗은 몇몇 고지 거점을 잃었으며, 사수해낸 좁은 전선에서도 앤잭의 거점은 터키군을 내려다보지 못했다. 거의 도처에서 앤잭은 훤히 내려다보였고, 적군의 빗발 같은 사격으로 부상자들이 끊임없이 좁은 해안으로 되돌아갔다. 절뚝거리거나 들것에 실려 돌아가는 부상자들을 대신하기 위해 그 사이로 지나가는 많은 증원군은 부상자들보다 약간 더 많았을 뿐이다. 부상자가 내려가고 새로운 병력이 올라가는 이 장면은 갈리폴리 전투가 지속되는 동안 매일 되풀이되며, 그 험한 언덕배기에 대한 기억은 모든 앤잭 병사의 뇌리에서 떠나지 않게 된다.

5월 4일 안자크 만의 양 진영은 지쳐버렸다. 터키군은 1만 4,000명을 잃었으며, 앤잭은 거의 1만 명을 잃었다. 케말은 5월 4일에 마지막으로 공격한 후 적군이 너무 완강하여 바다로 내몰 수 없다고 생각했고, 병사들에게 참호를 파라고 명령했다. 완성된 참호선은 내부가 1,000야드에 둘레가 1.5마일에 달하는 영역을 둘러쌌다. 참호는 전 구역에서 위쪽으로 45도 각도로 사면을 이루었고, 표면은 사실상 수직이 아

부상당한 앤잭 군단 병사가 내려오고, 보충병들이 대기하고 있다. 갈리폴리에서 되풀이되는 장면

니었다. 앤잭의 수석 암호해독 장교는 이 장면에서 "덤불로 뒤덮인 울퉁불퉁한 모래언덕의 지극히 가파른 사면에 번성하여 살고 있는 거대한 야만인 부족의 동굴 주거지"를 떠올렸다.

헬레스 곶의 더 낮은 지대에서도, 상륙 이후 며칠 동안 잔혹한 전투가 이어졌다. 제29사단과 쿰칼레에서 철수한 프랑스군은 해안 교두보들을 연결하고 그 선을 내륙으로 밀고 들어가려 분투했다. 4월 26일 세드엘바르의 성과 마을이 점령되었고, 이튿날 오후에는 전체적인 진격이 있었다. 지친 터키군이 그곳에서 후퇴했기 때문이다. 목표지점은 내륙으로 4마일 떨어진 크리티아Krithia 마을이었다. 4월 28일에 1차 크리티아 전투로 알려진 계획적인 공격이 이루어졌고, 5월 6일에 또 다른 공격이 진행되었다. 이집트의 인도군 1개 여단과 해군사단의 일부가 합류했는데도, 어느 공격도 마을에 도달하지 못했다. 5월 8일 영국군은 Y해변에서 헬레스 곶 북쪽 3마일 거리의 S해변으로 이어지는 선 위에서 크리티아를 코앞에 두고 진퇴양난에 빠졌다.

영국군은 그곳에서 참을 수 없이 뜨거운 여름부터 향기로운 가을을 거쳐 얼어붙을 듯한 초겨울까지 지냈다. 전쟁위원회는 프랑스군

161. 1860~1929. 1915년에 잠시 제1군 사령관을 역임했으며, 1920년부터 1929년까지 지브롤터 총독을 지냈다.—옮긴이

162. R. Rhodes James, p. 61

과 병사들의 반대를 무릅쓰고 이집트와 렘노스 섬의 기지로 추가 병력을 파견했다. 처음에는 향토사단 1개, 다음에는 향토사단 3개, 그 다음으로 3개 키치너 사단을 파견했다. 프랑스군도 마지못해서 원정군을 추가했고, 8월에는 오스트레일리아군 제2사단과 제2기병사단Mounted Division이 렘노스 섬으로 파견되었다. 교착 상태를 해결하기 위해 장군 이언 해밀턴 경은 앤잭 북쪽의 술바 만에서 새롭게 수륙 합동 공격을 개시하기로 결정했다. 공격은 8월 7일에 시작되었고, 신속하게 교두보를 확보했다. 그러나 이제 북부 구역의 전 터키군을 지휘하는 사령관으로 임명된 무스타파 케말이 곧 나타나 고지로 증원병을 급파했다. 석 달 전 연합군을 해안 가까이에 가둘 때처럼 단호했다. 8월 9일 케말은 성공했고, 영국군의 추가 병력—모진 시련을 겪은 제29사단이 헬레스 곶에서 바다로 이동했다—도 전진하지 못했다. 공격군과 방어군 모두 참호를 팠고, 술바 만은 연합군이 갈리폴리 반도에서 세 번째로 유지한 얕고 정적인 고립지역이 되었다. 이제 터키군은 연합군과 정확히 동수의 14개 사단을 유지했으며, 연합군은 점점 더 분명하게 큰 희생만 치르고 아무런 소득도 올리지 못했다. 전쟁위원회의 다르다넬스 해협 분과 내부에서는 조기 철군의 요구가 있었는데, 그런 의견은 11월이면 저항할 수 없는 정도가 되었다. 신뢰를 잃은 해밀턴의 후임인 장군 찰스 먼로Charles Monro[161] 경은 직접 점검하러 온 키치너에게 철군이 불가피하다는 점을 설득했고, 기상이변에 의한 폭풍으로 참호 속의 병사들이 익사하고 많은 해안 시설물이 파괴되자 논의는 종결되었다. 12월 28일에서 1916년 1월 8일 사이에 주둔군은 슬며시 빠져나왔고, 터키군이 완전한 철수가 진행 중인지 알아채지 못했기에 별다른 곤란을 겪지 않았다. 1월 9일 안자크 만과 술바 만, 헬레스 곶은 텅 비었다. 큰 모험은 끝났다.

터키군은 전사자를 매장하거나 헤아리는 수고를 하지 않았지만 사망자와 부상자, 행방불명자를 포함하여 30만 명은 잃었을 것이다.[162]

연합군의 손실은 26만 5,000명이었다. 제29사단의 손실은 병력의 두 배를 넘었고, 갈리폴리 반도에 8,566명이 투입된 뉴질랜드군의 손실은 두세 차례 복귀한 부상자를 포함하여 1만 4,720명이었다.[163] 그렇지만 갈리폴리 반도에 투입된 파견대 중에서 가장 특별한 경험을 하고 그 전투를 지금까지도 가장 뼈저리게 기억하는 이들은 오스트레일리아군이다. 1915년에 근자에 연방으로 성립한 나라의 시민이었던 오스트레일리아군은 6개 개별 주의 병사로서 파견되었다가, 흔히 그렇게 이야기되듯이, 한 국민으로 되돌아왔다. 앤잭의 호된 시련은 이듬해 고국에서 추모되었다. 오늘날 4월 25일의 새벽의 추모식Dawn Ceremony은 나이를 불문하고 모든 오스트레일리아인이 준수하는 성스러운 행사가 되었고, 안자크 만은 성지가 되었다. 지금은 터키의 국립공원으로 보존되고 있고 무스타파 케말 아타튀르크가 제국 이후 터키의 대통령으로서 세운 기념비가 양측의 피해를 너그럽게 되새기고 있는 갈리폴리 반도는 자연으로 돌아가 지중해 해변의 아름답지만 사람이 찾지 않는 한적한 곳으로 남아 있다. 아직은 오스트레일리아인들이 찾아온다. 영국인들 중 그곳으로 여행하는 사람은 거의 없다. 실제로 그곳을 찾아 앤잭의 좁고 끔찍했던 싸움터인 로운 파인Lone Pine과 러셀즈 탑Russel's Top, 스틸즈 포스트Steele's Post까지 가본 영국인은, 조부와 증조부가 싸우다 죽어간 곳을 보기 위해 배낭을 둘러메고 유럽으로 건너온 오스트레일리아인 남녀의 모습에 감동 받지 않을 수 없다. 대전에 참여했던 오스트레일리아군의 3분의 2가 사상자였고, 이 나라에서 최초로 대전의 영웅이 된 자들은 안자크 만 위 2평방마일의 땅에서 전개된 전투에서 훈장을 얻었다. 그 병사들의 손자나 손녀, 증손들은 마치 그 국민정신의 은유인 안자크 정신의 상징을 거룩한 땅에서 축성하기라도 하듯이 갈리폴리 순례길에 종종 그 훈장을 들고 온다.

그러나 어느 나라 출신이든 그곳에서 싸웠던 병사들의 후손이라면

163. C. Pugsley, p. 360

갈리폴리의 모든 것에 마음이 움직이지 않을 수 없다. 중세 요새의 성벽 아래에 있는 쿰칼레 마을은 사라졌지만, 이슬람교도의 묘지가 널려 있는 공동묘지는 4월 25일 프랑스군 진격의 한계점을 표시하고 있다. W해변 위쪽의 전쟁묘지는 랭커셔 랜딩의 사망자들로 가득하고, 세드엘바르에는 로열더블린퓨질리어 연대와 로열먼스터퓨질리어 연대 병사들이 해안가에서 겨우 몇 야드 떨어진 묘지에 누워 있다. 그 해안가에서 병사들은 많은 동포들이 반란에 맞서 싸우게 될 1916년의 부활절[164]과 같은 날에 국가를 위해 목숨을 바쳤다. 갈리폴리에서 가장 애절한 기념물은 헬레스 곶의 튀어나온 부분에 서 있는 투명한 흰 대리석 기둥일 것이다. 이 기둥은 투명한 4월 아침에 바다 건너편 트로이 성벽에서 어렴풋이 보인다. 트로이와 갈리폴리는 고전 교육을 받은 지중해원정군의 많은 자원병 장교들—패트릭 쇼-스튜어트Patrick Shaw-Stewart,[165] 수상의 아들인 아서 애스퀴스Arthur Asquith,[166] 상륙하기 전에 패혈증으로 사망한 시인 루퍼트 브룩Rupert Brooke[167]—이 인식하고 기록했듯이 독립적이지만 서로 연관된 2개의 서사적 사건을 만들었다. 호메로스였다면 어느 서사적 사건을 더 영웅적이라고 생각했을까? 말하기 어렵다.

164. 영국으로부터 독립을 쟁취하기 위해 아일랜드공화국 형제단(Irish Republican Brotherhood)이 조직하여 부활절인 4월 24일부터 4월 30일까지 지속된 이른바 부활절 봉기(Easter Rising)를 말한다.—옮긴이

165. 1888~1917. 이튼 칼리지와 옥스포드 대학교를 다니며 여러 장학금을 받았다. 베어링스 은행(Barings Bank)에 입사하여 최연소 전무가 되었으나 대전이 발발하자 해군에 입대했고 1917년 12월에 전사했다.—옮긴이

166. 1883~1939. 1908년에서 1916년까지 수상을 지냈던 허버트 애스퀴스의 아들로 해군사단 장교로 갈리폴리에 파견되었다.—옮긴이

167. 1887~1915. 해군사단의 일원으로 지중해원정군에 포함되어 갈리폴리에 파견되었으나 렘노스 섬에서 모기에 물려 패혈증으로 사망했다.—옮긴이

세르비아와 살로니카

갈리폴리 전투는 결국 36개 터키군 니잠Nizam(1선) 사단 중 14개 사단을 잠재적으로 배치될 수 있는 곳인 메소포타미아와 이집트, 캅카스 전선으로부터 끌어내는 데 성공했지만 군사 작전으로는 실패였다. 흑해를 통해 러시아 남부 항구들로 보급로를 여는 데 실패했으며, 부차적으로 세르비아를 구원한다는 목적도 달성하지 못했다. 이 포위된 나라의 생존은 언제나 적군이 다른 곳에 몰두해 있는지에 따라 결정되었는데 갈리폴리 전투의 개시와 다르다넬스 해협 상륙으로 이탈리아가 서둘러 참전함으로써 연장되었다. 그러나 갈리폴리의 환상

이 아련히 사라지면서, 기대했던 부차적 효과에 걸었던 희망도 사라졌다. 이를테면 그리스를 연합국에 합류하도록 부추기고 불가리아가 동맹국에 합류하지 못하도록 막는 것 등이었다. 터키가 8월에 술바만에서 저지에 성공하자 중립국들의 견해는 각각의 경우에 결정적으로 정반대로 바뀌었다. 불가리아는 지역적으로 독일 편을 들어야 할 강한 이해관계를 지녔다. 잠시 소유했다가 1913년 2차 발칸전쟁이 끝나면서 잃어버린 마케도니아 영토가 그리스와 세르비아로 넘어갔기 때문이다. 연합국은 그리스에는 간청하는 입장이었고 세르비아에는 보호자였으므로, 불가리아는 연합국이 그 지역의 반환을 지원하지 않으리라고 인식했다. 반대로 독일은 도울 수 있었다. 게다가 불가리아는 독일군이 5월에 고를리체-타르누프에서 거둔 큰 승리에 강한 인상을 받았고, 한 달 후에 협상에 들어갔다.[168] 연합국은 갑자기 세르비아에 한 약속을 잊고 결국 8월 3일에 불가리아에 마케도니아 지역을 주겠다고 제의했다. 그러나 너무 늦었다. 불가리아 국왕과 정치 지도자들은 이탈리아 전선과 갈리폴리 전선에서 이중으로 교착 상태가 전개되자 자국의 최선의 이익은 영국과 프랑스, 러시아가 아니라—러시아가 전통적으로 불가리아를 진심으로 후원했지만—동맹국과 협력하는 데 있다고 확신했으며, 1915년 9월 6일에 4개 조약이 체결되었다. 재정을 지원하고 향후 세르비아의 영토를 빼앗아 이전한다는 조건이 포함되었다. 더 중요하고 더 즉각적이었던 조건은 불가리아가 30일 내에 세르비아에 전쟁을 선포한다는 약속이었다. 출정의 목적은 독일과 오스트리아와 협조하여 "세르비아군을 확실하게 물리치고 〔세르비아 수도〕 베오그라드를 〔불가리아 수도〕 소피아를 거쳐 이스탄불에 연결하는 것"이었다. 이 소식은 팔켄하인을 통해 고를리체-타르누프의 승리자로서 군을 소집하고 있던 마켄젠에 전달되었다. 세르비아는 9월 22일에 총동원을 명령했다. 루마니아를 전쟁에 끌어들이려 노력했지만 루마니아는 불가리아와 다르게 연합국에 공감했다.

168. J. C. Adams, pp. 42~44

● 노비바자르는 현재 세르비아의 노비파자르다. 차리브로드는 현재 세르비아의 디미트로브그라드다. 세르비아에는 미트로비차가 3곳 있는데 지도에 표시된 미트로비차는 코소보 지역에 있는 코소브스카 미트로비차다. 스쿠타리, 산 조반니 디 메두아, 두라초는 이탈리아어 표기로 알바니아어로 각각 슈코데르, 쉥진, 두레스다. 모나스타리는 현재 불가리아의 비톨라다.—옮긴이

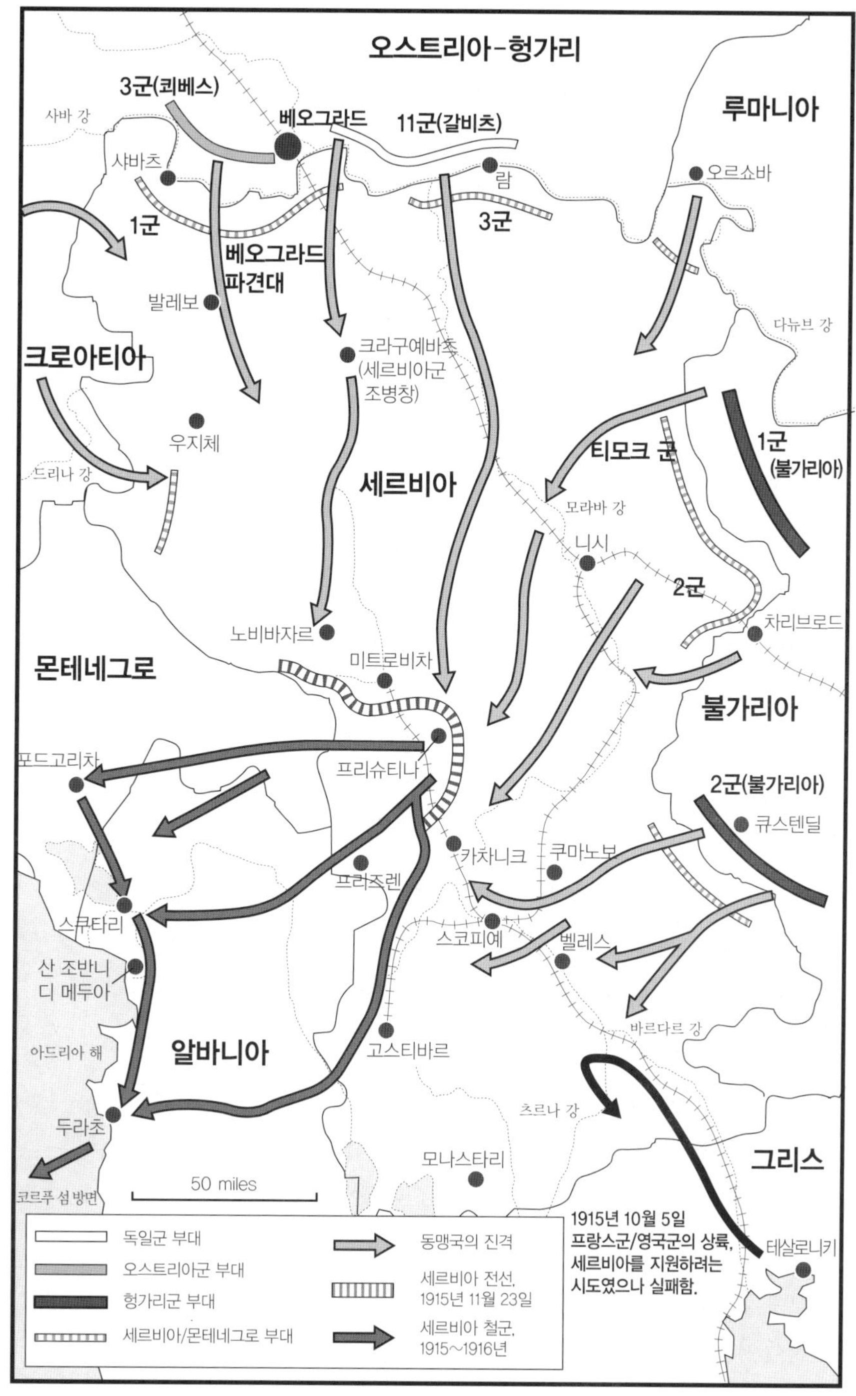

1915년
세르비아 출정●

한편, 마른 강 전역에서 서부전선의 참호 구축을 초래한 보고서를 보냈던 헨치 대령은 공격 계획을 수립하기 위한 예비조치로 세르비아 현장을 답사했다.

세르비아군은 1914년 12월 두 번째 오스트리아 공세에서 실패한 이래로 북부 국경과 동부 국경에 전개하고 있었다. 마켄젠은 공격 전선을 남쪽 끝까지 확장하기로 했다. 세르비아로 하여금 불가리아에 맞서 마케도니아를 방어하기 위해 병력을 분산시키도록 만들겠다는 뜻이었다. 세르비아군 병력은 허약한 11개 사단뿐이었고 특히 포대가 취약했다. 이에 맞서 불가리아군은 6개 사단, 오스트리아군은 7개 사단, 독일군은 10개 사단을 전개할 수 있었다. 전부 23개 사단이었다. 독일군 사단은 1개 사단을 제외한 전부가 정규군 사단으로 제11군에 속했는데, 제11군은 고를리체-타르누프 전투에서 돌파를 이끌었던 부대로 나뮈르 작전의 주창자였던 막스 폰 갈비츠Max von Gallwitz[169]의 지휘를 받아 철도 편으로 다뉴브 강까지 내닫게 된다.[170]

세르비아군은 자국의 험한 지형에서 국경의 다리도 없는 넓은 강—사바 강과 다뉴브 강, 다뉴브 강이 1마일 더 넓다—을 앞에 두고 싸우게 되지만, 조금의 승산도 없었다. 세르비아의 육군원수 푸트니크는 자질이 가지각색인 20만 명의 병력을 배치했고, 마켄젠은 33만 명을 배치했다. 포는 세르비아군이 300문에 독일군이 1,200문이었다. 세르비아군이 우열의 균형을 바꿀 수 있는 유일한 방법은 연합군을 그리스의 항구 테살로니키를 통해 발칸 반도로 끌어들이는 것이었다. 이 계획은 일찍이 1914년 11월에 프랑스군에 권고되었고 실제로 연합국 간에 토의를 거쳐 갈리폴리에 상륙한다는 결정을 낳았다.[171] 세르비아는 연합군이 개입하면 독일군과 오스트리아군이 북쪽에서 공격을 전개하기 전에 불가리아를 물리칠 수 있다는 희망을 품고 연합군에 선제 공격을 한 번 더 검토해달라고 요청했다. 불가리아를 매수하여 붙들어둔다는 희망을 여전히 간직했던 영국은 요청을 거부하고

169. 1852~1937. 슐레지엔 브레슬라우 출신 장군. 대전이 발발했을 때 군단장으로 서부전선에 배치되었으나 곧 힌덴부르크의 제8군에 합류했다. 1915년에 갈비츠 집단군(제12군) 사령관을 맡았고 마켄젠의 제11군과 함께 갈리치아 공세에 참여했다. 1915년 말에 마켄젠의 뒤를 이어 제11군 사령관을 맡았고, 1916년에 서부전선으로 돌아와 솜 강 전투에서 영국군의 공세를 막았다. 1916년부터 1918년까지 제5군 사령관을 역임했다.—옮긴이

170. J. C. Adams, pp. 45~46

171. G. Cassar, p. 35

대신 불가리아가 원하는 마케도니아 지역을 넘기라고 세르비아에 재촉했다. 세르비아로서는 아무리 목전에 재앙이 도사리고 있다고 해도 그렇게 비싼 대가를 치를 수는 없었다. 테살로니키 계획에 착수하게 한 유인은 예기치 않은 곳에서 왔다. 불가리아가 동원한 날, 그리스 수상 베니젤로스는 영국과 프랑스 정부에 만일 테살로니키에 15만 명의 병력을 보낸다면 기존의 세르비아-그리스 조약의 조건에 따라 그리스가 연합국 편으로 확실하게 참전하겠다고 통지했다.

1905년에 터키로부터 자국 섬의 독립을 쟁취해냈던 '크레타의 사자' 베니젤로스는 어느 나라에서든 큰 인물이 되었을 인사로 작은 그리스 왕국의 정치를 단호히 지배했다. 베니젤로스는 '위대한 사상'—터키를 희생시켜 에게 해 일원의 그리스어 공동체를 국민으로 통합하는 것—의 기수였고, 목적을 달성하기 위해 연합국의 지원을 받아야 하며 결국 승리할 것이라고 확신했다. 그리하여 베니젤로스는 세르비아를 지원하기 위한 준비가 현실적이면서도 필수적이라 보았다. 베니젤로스에 설득된 영국과 프랑스는 즉시 테살로니키에 병력을 파견하는 데 동의했다. 먼저 명목상의 병력을 보냈고, 다음으로 15만 명을 파견했는데, 이는 베니젤로스가 해석한 세르비아-그리스 조약에 따르면 그리스가 중립을 깨뜨리는 행위가 정당함을 입증하는 것이었다. 그러나 베니젤로스는 자신이 국내에서 갖는 힘을 과대평가했다. 콘스탄티노스Konstantinos 국왕[172]은 카이저의 매제였을 뿐만 아니라 중립을 지켜야만 자국의 이익이 가장 잘 보존된다고 믿었다. 10월 5일 콘스탄티노스 국왕은 베니젤로스를 해임했다. 베니젤로스는 1916년 10월에 정치에 복귀하여 테살로니키에서 정부를 수립했고 이는 영국으로부터 합법 정부로 인정받는다. 1917년 6월에 콘스탄티노스가 왕좌를 양위한 후에는 대중의 지지로 다시 수상에 오른다. 그러나 1915년 가을에는 이런 일을 예견할 수 없었다. 그동안 연합국은 문제를 스스로 해결했다. 그리스는 저항할 수단을 갖지 못한 중립국이었기에, 갈

172. 1868~1923. 콘스탄티노스 1세. 재위 1913~1917, 1920~1922년. 카이저 빌헬름 2세의 여동생 조피와 결혼했다.—옮긴이

리폴리에서 철수한 부대의 일부가 포함된 프랑스-영국원정군의(나중에는 러시아군도 합류한다) 도착과 테살로니키가 연합군의 거대한 기지로 변모하는 것, 10월에 연합군 선봉대가 세르비아령 마케도니아로 파견되는 것을 묵인할 수밖에 없었다.

연합군은 세르비아를 지원하기에는 너무 늦게 도착했다. 10월 5일 독일군과 오스트리아군은 사바 강과 다뉴브 강 건너편에서 포격을 시작했고, 10월 7일에는 두 강에 교량을 가설했다. 거친 날씨와 세르비아군의 사격으로 배다리의 일부가 파괴되었지만, 오스트리아의 제3군과 독일의 제11군은 교두보를 확보하는 데 성공했고 10월 9일에 베오그라드에 입성했다. 거점을 장악한 후 마켄젠의 계획은 남쪽의 세르비아 중심지까지 적군을 몰아내어 포위하는 것이었다. 한 달 전에 합의된 대로 불가리아군은 10월 11일에 동쪽에서 국경을 넘어왔고 동시에 남쪽으로 병력을 파견하여 마케도니아에서 영국군과 프랑스군에 맞섰으며, 그동안 독일군과 오스트리아군은 북쪽에서 밀고 내려왔다. 마켄젠의 계획은 문서상으로는 논리적이었지만 지형과 다가오는 발칸의 겨울 날씨, 고생을 견뎌낼 수 있는 세르비아군의 전근대적 능력을 충분히 고려하지 못했다. 1915년에 물질적으로 보자면 유럽에서 가장 낙후된 지역인 발칸 반도 중부의 주민들은 계절적 궁핍과 도로가 없는 주거환경, 극단적인 기온에 익숙했고, 겨울의 눈과 식량 부족, 터키에 복종했던 오랜 역사, 피의 복수라는 관습 덕에 불굴의 정신을 소유한데다가 맹렬한 부족 간의 우애와 위험을 무시하는 태도도 간직했다. 독일군과 오스트리아군은 그토록 강력히 베오그라드를 몰락시키려 했지만 세르비아인들을 궁지에 몰아넣기가 불가능하다는 사실을 깨달았다. 독일군과 오스트리아군은 세 번이나, 특히 터키가 1389년에 세르비아 독립의 불을 꺼버렸던 전쟁터 코소보Kosovo에서 성공한 듯했지만, 세르비아인은 전투에서 이탈하여 거치적거리는 수만 명의 피난민을 이끌고 상징적으로만 쓸모 있었던 가미架尾까지 고생스럽게 끌면서 세르비아인 동포의 몬테네그로왕국으로, 그리고 알바니아와 바다로 슬며시 빠져나갔다. 세르비아의 늙은 왕 페타르는 해안으로 나아가려 애쓰는 행렬의 한가운데에서 걸었고, 쇠약해진 육군원수 푸트니크는 헌신적인 병사들이 가마에 태워 눈 덮인 길을 따라 큰 산의 고개를 넘었다. 타고난 산악인들로 구성된 부대만이 몬테네그로를 지나는 길에서 살아남을 수 있었는데, 많은 사람이 대열에서 이탈하여 길가에 쓰러져 질병과 기아, 추위로 죽어갔다. 그렇지만 20만 명이 출발한 가운데 최소한 14만 명이 생존했다. 1913년 이래 독립한 중립국 알바니아 국경을 12월 초에 넘었고 아드리아 해에 면한 알바니아 항구들에서 한층 따뜻한 날씨를 맞았다. 그 다음, 생존자들은 대체로 이탈리아 국적의 선박이었던 배를 타고 코르푸 섬으로 이동했다. 퇴각하는 세르비아군을 따라 어쩔 수 없이 동

알바니아의 시지르 다리를 건너는 세르비아군 사령부

행해야 했던 수많은 불쌍한 오스트리아군 포로도 함께 이동했다. 그 뒤로 오스트리아 제3군이 몬테네그로를 점령하는 동안, 불가리아군은 국경에서 되돌아 마케도니아를 침공한 연합군에 반격하는 데 합류했다. 독일도 오스트리아도 불가리아가 아드리아 해에 확고히 자리 잡는 것을 원하지 않았기 때문이다.

다른 불가리아 군대는 이미 마케도니아에서 세르비아군이 받는 압박을 덜어주려던 프랑스군과 영국군의 노력을 저지했고, 12월 12일이면 10월에 세르비아 국경을 넘었던 두 연합군 사단—프랑스군 제156사단, 영국군 제10사단으로 둘 다 갈리폴리에서 이동했다—은 다시 그리스 땅으로 밀려났다. 영국 정부는 이제 테살로니키 계획에 별다른 효용이 없다고 정확하게 판단했고, 연합군의 완전한 철수에 동의하라고 프랑스를 압박했다. 프랑스군은 국내의 정치적 위기에 매인 터라 반대했다. 10월에 비비아니를 대신하여 수상이 된 브리앙은 처음부터 테살로니키 계획에 우호적이었고 찬성 여부를 자신과 자신의 정부에 대한 충성의 시금석으로 삼았다. 게다가 브리앙은 의회에서 급진사회당의 지지도 끌어냈는데, 급진사회당이 좋아했던 군부 인사 모리스 사라유가 테살로니키 군을 지휘했다. 테살로니키에서 군대를 철수하면 그는 지휘권을 빼앗기고 다른 지휘권을 부여받지 못하게 될 것이었다. 조프르는 사라유를 두려워하고 싫어했기 때문이다. 그러므로 브리앙은 원정에 찬성했던 원래의 주장을 되살렸다. 그래야만 그리스와 루마니아를 계속 중립국으로 묶어둘 수 있고, 발칸 반도에서 나중에 상황에 따라 확대될 수도 있는 오스트리아군의 측면을 위협할 수 있다는 얘기였다. 브리앙은 세르비아 군대는 괴멸되지 않았으며 일단 전투력을 되찾으면 발칸 전선에서 (이후 그렇게 되듯이) 사용될 수 있다는 주장을 덧붙였다. 브리앙은 조프르에 던지는 미끼로, 조프르를 프랑스 내부에서만이 아니라 위치에 상관없이 모든 프랑스군의 사령관으로 승진시켰다. 또한 급진사회당에 던지는 미끼로, 조

173. G. Cassar, pp. 226~235

174. A. Palmer, *The Gardeners of Salonika*, London, 1965, p. 55

프르가 이제 승진하여 경쟁자를 부하로 만들었으니 틀림없이 사라유를 지원할 것이라고 지적했다. 12월 1일에서 6일 사이에 칼레Calais에서, 샹티이의 총사령부에서, 런던에서 영국과 프랑스의 정치 지도자들과 군사 지도자들은 테살로니키 계획에 대한 찬반 결정을 신속히 내렸다. 영국이 거의 우세했다. 그러나 결국 영국은 브리앙 정부의 와해를 유발할 수 있다는 두려움에, 그리고 동부전역에서 서방의 압력을 유지해달라는 러시아의 간곡한 호소에 못 이겨 테살로니키에 부대를 남겨두기로 했다.[173]

이는 정치적으로나 전략적으로나 기이한 결과였다. 영국과 프랑스는 1832년에 그리스가 터키로부터 독립을 쟁취할 때 그리스인의 자유를 위한 투쟁이라는 대의에 참여했고 뒤이은 여러 차례의 국제적 위기에서도 독립국 그리스를 옹호했는데, 이제는 마치 그리스의 주권은 자신들의 편의에 다음가는 것인 양 행동하기 시작했다. 두 나라는 이미 북부 에게 해에서 가장 큰 섬인 그리스 섬 렘노스를 다르다넬스 해협 출정의 기지로 강제로 사용했다. 왕국에서 두 번째로 큰 도시인 테살로니키 상륙도 허락 없이 감행했다. 영국과 프랑스가 그리스에 남기로 결정하자, 연합군은 테살로니키 기지를 치외법권의 군사 조계지로 바꾸어버렸다. 언젠가 콘스탄티노스 국왕은 "원주민 족장 대우를 받을 수는 없다"라고 나약하게 항의했지만, 연합군은 이를 무시했다.[174] 조계지의 주변에 주둔한 그리스군은 이름뿐이었다. 200평방마일에 달하는 내부에는 프랑스군 3개 사단과 영국군 5개 사단이 주둔했고, 양국 군대가 엄청난 규모의 보급품과 전쟁물자를 함께 비축해 놓았다. 전략적으로 볼 때, 양국 군대의 주둔은 불가리아군이나 독일군에 조금의 압박도 가하지 못했다. 불가리아군과 독일군은 국경에 대충 긁어모은 병력만 유지했기 때문이다. 서부전선에서 적군을 유인해내지도 못했고, 러시아군을 지원하지도 못했으며, 터키군에 위협이 되지도 못했다. 그런데도 테살로니키 사단들은 고초를 겪었다. 적군에 일격을 당한 병사가 1명이라면 북부 그리스의 풍토병 말라리아에 당한 사람은 10명이었다. 연합군이 발병지역에 남아 있는 한 모기를 피할 방법은 없었다. 독일의 기자들은 1915년에 테살로니키의 상황을 경멸하듯 "세계 최대의 수용소"라고 묘사했다. 실제로는 훨씬 더 열악했다. 숫자가 늘어나고 말라리아가 창궐하면서, 테살로니키 주둔지는 거대한 군 병원이 되었다. 그곳에서 질병으로 인한 사상자는 때때로 일부 부대 병력의 100퍼센트를 초과했다.[175]

175. A. Palmer, *Gardeners*, p. 62

그러므로 1915년은 마침표를 찍지 못했다. 서방 연합군은 외부 전역에서 우세했다. 독일의 식민지를 점령했고, 독일의 식민지군을 대체로 물리쳤으며, 독일의 순양함대를 파괴했다. 독일의 동맹국 터키는 갈리폴리 반도에서 비록 국지적이었으나 큰 승리를 얻었다. 그렇지만 영국령 이집트나 러시아령 캅카스를 양동 작전 전선으로 만들려는 노력은 실패로 돌아갔고, 영국군이 메소포타미아에서 아랍 영토에 침투하여 터키 자체가 위협받았다. 남부유럽에서는 세르비아가 완패하고 불가리아가 동맹국 편으로 합류했지만, 그리스는 영국-프랑스의 기지로 전유되었고, 이탈리아는 설득당하여 아드리아 해의 맨 위에서 반오스트리아 전선을 열었다. 서부전선과 동부전선의 거대한 두 전선에서는 동맹국이 우위를 차지한 듯했다. 프랑스에서 독일군은 참호선을 뚫으려는 프랑스군과 영국군의 모든 시도를 물리쳤으며 그런 노력의 대가로 적군에 큰 손실을 안겨주었다. 동부전선의 독일군은 고를리체-타르누프에서 눈부신 승리를 거두었고, 차르 군대를 옛 러시아 국경으로, 몇몇 지역에서는 그 너머로 밀어냈다. 폴란드와 발트지역의 해안선은 독일군 소유였으며, 러시아가 카르파티아 산맥의 봉우리들을 넘어 오스트리아-헝가리를 공격할 위험은 완전히 사라졌다. 반면 러시아군의 전투력은 파괴되지 않았고, 프랑스군은 공격 정신을 유지했으며, 영국군은 그다지 중요하지 않은 해군 원정대에서 육상 공격군으로 변신하고 있었다. 독일군은 개전 후 17개월간 거둔 성공으로 두 전선에서 신속히 승리한다는 계획의 실패를 딛고 일어설 수 있었고, 교전이 연장되면서 몰락의 위협을 받았던 허약한 동맹국 오스트리아를 구할 수 있었으며, 발칸 반도와 근동에서 또 다른 동맹국을 확보할 수 있었고, 서부전선의 엔 강에서 동부전선의 드리나 강과 프리피야트 강, 드네스트르 강까지 펼쳐져 있는 산업자원과 원료가 풍부한 중요한 전략거점을 확보할 수 있었다. 그렇지만 독일군은 육상에서 주요 적군을 물리치는 데 실패했으며, 프랑스-영국군이나 러시아군의 공세 재개 능력을 파괴하지도 못했고, 육지로 둘러싸인 작전기지를 주변에서 옥죄고 있는 해상거점을 파괴할 수단도 찾지 못했다. 전쟁에 참여한 모든 당사국이 인식했듯이, 다가오는 1916년에는 동쪽과 서쪽의 육지에서, 또 바다에서도 위기가 닥칠 것이었다. 1916년은 육군들 사이에, 함대들 사이에 거대한 전투가 벌어지는 해가 될 것임을 예고했다.

8 장

전투의 해

8 | 전투의 해

해전

유럽의 육군들이 준비도 없이 1914년 전쟁에 돌입했다면, 이 점에서 유럽의 대大해군들도 마찬가지였다. 최초의 전투들이 보여주듯이, 육군은 몇 가지 쉽게 감지할 수 있는 문제점들을 기술적으로 해결할 준비가 되어 있었다. 특히 현대 요새의 방어시설을 극복하는 방법, 많은 수의 병력을 국내 기지에서 국경으로 수송하는 방법, 그러한 대규모 병력이 서로 부딪쳤을 때 소총과 야포로 집중사격을 가하여 침투당하지 않는 방법을 알고 있었다. 그러나 그러한 포화로부터 병사들을 보호하는 방법, 전장에서 엄호하며 병력을 이동시키는 방법, 철도의 종점에서 도보 이외의 수단으로 병력을 이동시키는 방법, 사령부와 단위부대 사이에, 단위부대와 단위부대 사이에, 보병부대와 포대 사이에, 지상군과 거의 우연이었지만 육군이 아주 최근에 구비한 항공기 사이에 분명하고도 신속하게 신호를 전달하는 방법 같은 훨씬 더 중요한 문제점들에 대처할 준비는 전혀 되어 있지 않았다. 이런 문제들은 인식하지도 못했다.

1914년에 장군들이 저지른 실수는 대체로 전쟁 이전의 실수였다. 장군들은 쓸 수 있는 기술들을, 특히 여러 갈래로 뻗은 유럽의 철도망을 목적에 맞게 사용할 줄은 알았다. 그렇지만 새로운 기술의 중요성이나 잠재력을 지각하지 못했는데, 내연기관과 당시 라디오라 불렀던 무선전신은 그중에서도 가장 중요한 것으로 판명된다. 그들은 또 그러한 새 기술로 해결할 수 있는 문제점을 사실상 전혀 인식하지 못했다. 이런 비난의 어느 것도 1914년 이전의 장군들에게 책임을 물을 수 없었다. 선견지명이 있었던 1914년 이전의 장군들은 군대에 영향을 줄 만한 기술들을 개발하는 것이 중요하다는 점을 간파했으며, 그런 기술을 군대에 정확하게 응용했다. 제독들은 전통적으로 바다표범seadog이나 절인 쇠고기salthorse라는 평판을 얻었다. 함선의 현장舷牆 너머는 보지 못하고 배 안에 있는 것은 무엇이든 바꿀 생각이 없다는 뜻이었다. 19세기의 제독들은 보통 장군들이 자줏빛 외투를 폐지하는 데 반대할 때만큼이나 돛을 증기로 바꾸는 데에도 맹렬하게 반대했던 것으로 알려져 있다. 이보다 더 진실에서 먼 얘기는 있을 수 없다. 영국 해군제독들은 돛의 시대가 지났다는 이야기를 들었을 때 아무 미련 없이 삼각 범포의 아름다움을 포기했다. 범선 함대는 증기선 포함이 목재 선체를 파괴했던 크림전쟁 이후 거의 하룻밤 만에 폐지되었다. 영국 해군 최초의 철갑함인 1861년의 워리어 호HMS Warrior는 실험적인 군함이 아니라 혁명적인 군함으로서 군함 설계의 여러 중간단계를 단번에 뛰어넘었다.[1] 포츠머스 항구에 오래된 전함들 사이에 정박해 있는 워리어 호를 본 팔머스톤Palmerston[2]은 "토끼들 사이의 뱀"이라고 묘사했으며, 워리어 호를 지휘했던 제독들의 후임자들은 오래된 전함이 토끼의 지위로 전락할 때마다 새로운 뱀을 만들려 했다. 군함 설계는 1860년에서 1914년 사이에 어리둥절할 정도로 빠르게 변했다. 함포는 뱃전에 설치되었다가 중앙을 거쳐 포탑 위로 올라갔고, 보호장치는 사방에 둘렀다가 '포대'에 설치했고 뒤이어 '장갑 갑판'을 설치했으며, 장갑의 재질은 연철에서 담금질한 철, 합성재질로 변했고, 피스톤 기관은 터빈 기관으로, 추진 연료는 석탄에서 석유로 바뀌었다.

제독들이 민간 산업에서 개발된 신기술의 중요성을 받아들이고 1898년의 미서전쟁이나 1904년의 러일전쟁 같은 비유럽 해역의 교전에서 그런 기술들의 충돌이 보여준 증거를 평가하면서 변화는 더욱 빨라졌다. 1896년에 여전히 세계 제일이었던 영국 해군은 12인치 함포 4문을 장착하고 석탄을 연료로 하는 피스톤 기관으로 18노트의 속력을 낼 수 있는 1만 3,000톤 급 전함을 진수했다. 1913년 영국 해군의 최신 퀸엘리자베스 급 전함들은 배수량이 2만 6,000톤에 15인치

1. M. Lewis, *The Navy of Britain*, London, 1948, pp. 112~139

2. 1784~1865. 두 차례 수상을 지냈다.—옮긴이

함포 8문을 장착했으며 석유를 연료로 쓰는 터빈 기관으로 25노트의 속도를 달성했다.[3] 이 두 디자인 사이의 중요한 중간단계 군함이 바로 뒤이은 모든 '초대형 포함'의 이름이 되었던 1906년의 드레드노트 호HMS Dreadnought다. 난잡하게 부착된 소구경의 보조 무기가 필요 없었고 장갑은 군함을 파괴하는 주요 무기와 탄약, 터빈 기관 둘레에만 설치했다. 제독 존 피셔 경이 고안한 드레드노트 호는 워리어 호만큼이나 혁명적이었고, 드레드노트 호를 건조하기로 한 결정도 마찬가지로 용감했다. 왜냐하면 드레드노트 호는 워리어 호처럼 영국 해군의 전함을 포함하여 당대의 모든 전함을 구식으로 만들어버렸기 때문이다. 영국처럼 부유하고 재정에 여유가 있으며 해상의 우위를 유지하는 데 헌신하는 국가만이 그러한 모험을 감행할 수 있었을 것이며, 영국 해군처럼 기술적으로 적응할 수 있는 해군만이 그럴 필요성을 느꼈을 것이다. 착상은 전적으로 영국인의 것이 아니었다. 자기 직종을 늘 선도했던 이탈리아의 군함 설계사들이 초대형 포함이라는 발상을 먼저 떠올렸지만, 이 사람들에게는 발상을 실천에 옮길 용기가 없었다. 드레드노트 호가 출현하고 이에 유사한 일련의 개선된 자매함들이 빠른 속도로 연이어 나타나자, 모든 선진 해군들—프랑스, 이탈리아, 오스트리아, 러시아, 미국, 일본, 독일—도 따라해야 했다. 1906년에서 1914년 사이에 드레드노트는 점점 더 늘어나는 숫자로 세계의 조선소를 채웠고 모든 주요국의 깃발들을 휘날렸다. 그중 여러 나라가 이전에는 해양 강국의 지위를 열망할 수 없었던 나라들이었다. 터키는 영국에 드레드노트를 주문했고, 라틴아메리카에서는 아르헨티나와 브라질, 칠레 사이에 건함 경쟁이 불붙었다. 스스로 거대한 군함을 건조할 수 없었던 이 나라들은 미국과 영국의 조선소에 위탁했다. 그 시절의 드레드노트는 실재하는 국가 목표에 도움이 되든 되지 않든 상관없이 한 국가의 국제적 지위를 상징했다.

자유시장에서 운영되고 할 수만 있다면 외국에 전함을 판매했던

3. J. Moore (ed.), *Jane's Fighting Ships of World War I*, London, 1990, pp. 35~49

4. A. Marder, *From the Dreadnought to Scapa Flow*, Ⅱ, Oxford, 1965, pp. 238~239

영국과 미국의 조선소들 사이에 경쟁이 치열했는데, 이런 경쟁은 최신의 혁신을 포함하는 최고 수준의 설계를 보장했다. 1914년에 영국에서 외국 해군을 위해 건조되던 군함들—칠레의 알미란테라토레 호, 터키의 레샤디 호, 브라질의 리우데자네이루 호—은 최신 급 군함이었다. 영국 해군본부는 주저 없이 세 군함을 매입하여 1914년 8월에 해군에 취역시켰다. 세 군함은 각각 캐나다 호, 에린 호, 아쟁쿠르 호로서 즉시 대함대에 합류했다. 14인치 함포 12문을 장착한 아쟁쿠르 호는 유럽 해군에서 최고로 중무장한 군함이었다. 독일의 드레드노트는 영국의 드레드노트보다 보호장치가 더 좋았다. 더 두꺼운 장갑을 갖추었고, 내부도 작은 수밀격실로 더 정교하게 분할되어 침수의 위험이 적었다. 그렇지만 장착한 함포의 구경은 더 작았다. 중립국 미국의 최신 급 드레드노트인 오클라호마 호USS Oklahoma와 네바다 호USS Nevada는 속도와 타격능력, 보호장치를 절묘하게 조화시켰고, 영국의 퀸엘리자베스 급 전함 2척은(3척이 추가로 건조 중이었다) 명백히 한층 더 빠르고 무장과 장갑이 더 우수한 새로운 세대의 전함을 대표했다.

드레드노트 전함들 사이의 소소한 차이는 전투에서 때로는 놀랄 만큼 중요한 결과를 낳게 된다. 장갑에 균열이 생기면 아무리 작은 균열이라도 치명적일 수 있었기 때문이다. 현대의 해전에는 용서가 없었다. 강선鋼船은 목재 선박과 달리 전투 중에 (사소한 손상을 제외하면) 수리할 수가 없었고, 탄약고에 싣고 다니던 엄청난 양의 고성능 폭약은 깊숙이 타격을 받을 경우 군함을 파괴할 수 있었다. 그럼에도 드레드노트에서 두드러진 면모는 첫째로 서로 비슷하다는 것이었고 둘째로 '최첨단의' 현대성이었다. 제독들은 거리측정장비부터(이 점에서는 독일의 광학산업 덕에 독일 대양함대가 확실하게 유리했다) 함포 조작에서 방위와 고도를 측정하는 기계식 계산기에 이르기까지 군함에 최신 장비를 장착하려 애쓰는 조선 기사들의 노력을 지원했다.[4] 1914년의 육군은 전투를 승리로 이끄는 데 매우 효율적인 조직이 아니었을 수도 있다. 반면 드레드노트 함대는 가용한 기술의 한계 내에서 최대한 효율적이었다.

함대의 장비에 중요한 기술적 결함이 있었다면 신호장비에서 찾아볼 수 있다.[5] 해군은 새로운 무선전신(라디오) 기술을 적극적으로 포용했고, 무선전신의 도입으로 전략적이고 전술적인 통신 능력이 엄청나게 개선되었다. 무선전신 덕에 매우 먼 거리에서 함대의 배치를 변경할 수 있었고, 라디오 방향탐지 기능으로 무선전신에 포착된 적함의 위치를 매우 정확하게 파악할 수 있었다. 무선통신은 또한 함대에 부속된 소형 군함으로 수행하는 수색과 정찰 업무도 혁명적으로 개선했다. 무선전신이 등장하기 전에 정찰선과 정찰선 사이에, 정찰선과 함대 사이에 주고받는 신호는 시계에 들어오는 수평선 위로 솟은 돛대의 높이와 그렇게 결정된 범위 내의 가시도 상태에 제약을 받았다. 그 범위는 실제로 기껏해야 20마일이었다. 무선전신이 도입된 이후, 정찰선들은 수백 마일 밖에서, 때로는 수천 마일 밖에서도 통신할 수 있었고, 기함은 가장 작은 정찰선과도 직접적이고 즉각적으로 통신을 교환할 수 있었다. 코로넬 참사에서 유일하게 살아남은 군함인 경순양함 글래스고 호는 뒤처져 따라오던 카노푸스 호를 파괴되지 않도록 구해냈는데, 바로 글래스고 호의 무선송신 덕에 적도를 횡단하는 추적이 가능했고 결국 포클랜드 떼섬에서 슈페 전대를 물리쳤다.

그러나 1914년에 해군의 무선전신은 한 가지 결정적인 결함을 지녔다. 아직 음성 신호는 송신하지 못하고 모스 부호만 송신할 수 있었다. 그 결과, "〔전문〕을 작성하고 무선국에 전달하여 부호로 바꾸고 송신하고 수신 군함에서 부호를 해독하고 글로 옮겨 써 함교로 전달하는 데 걸리는 일정한 시간"이 필요했다. 대함대 사령관 존 젤리코John Jellicoe[6] 제독은 이 시간을 "10분에서 25분"으로 계산했다.[7] 이 '실제 시간'의 경과는 전략적 신호를 주고받을 때에는 중요하지 않았지만, 조밀하게 정렬한 함대가 제독의 명령에 따라 동시에 기동해야 하는 전투

5. A. Gordon, p. 355

6. 1859~1935. 1872년에 사관후보생으로 해군에 입대한 뒤 1891년에 중령, 1897년에 대령이 되었다. 존 피셔 밑에서 해군 병기감을 맡았고 1907년에 소장으로 진급했다. 대전이 발발하자 제독으로 진급하여 대함대를 지휘했다.—옮긴이

7. A. Gordon, p. 355 and n. 69, p. 664

중에는 결정적이었다. 그러므로 무선전신은 전술 신호를 교환하는 수단으로는 무익하다고 판단되었고, 전술 신호는 넬슨 시대와 마찬가지로 깃발을 게양하여 전달했다. 제독은 전선을 적진으로 전진시키거나 적으로부터 후퇴시키려면 깃발 부관에게 적절한 깃발을 '게양'하라고 명령했고, 각 배속 군함들의 함교에 있는 통신 하사관들은 육안이나 망원경으로 신호를 확인하여 함장에 알려야 했다. 이 절차에는 '실행' 깃발을 먼저 끌어올리고 그다음 펼치는 일이 필요했다. 이는 필시 전선 전후 가까운 곳에 있는 군함들이 되풀이했을 것이다. 하강은 깃발이 뜻하는 기동 작전의 실행 명령이었다. 이 방식은 트라팔가르 해전에서 놀랍도록 잘 작동했다. 그때 영국 전함은 5노트의 속력으로 프랑스-에스파냐 함대 전선으로 접근했으며, 전대의 선두와 후미 사이의 거리는 기껏해야 2마일이었다. 6마일 거리로 포진하여 20노트의 속력으로 기동하는 드레드노트 함대를 깃발을 게양하는 방식으로 통제하기는 매우 어려웠다. 통신병들은 1,000야드가 넘는 거리에서 굴뚝과 함포에서 내뿜는 연기에 흐릿해진 작은 정사각형 채색 천을 확인하느라 애썼다.

돌이켜 보건대, 부호화 작업을 건너뛰고 수신기를 함교에 둠으로써 무선송수신 절차를 간소화하여 전술적 상황에 이용할 수도 있었을 것 같다. 그렇게 되면 '실시간'으로 발생하는 전술적 상황에서 가로채기로 인한 위험성은 최소한으로 줄어들 수 있었을 것이다. 그렇지만 그런 일은 없었다. 필시 신호 깃발의 '문화'가 함대를 장악했기 때문일 것이다. 해군도 1914년 육군의 특징이었던 '후진성'에 빠지는 오류를 벗어나지 못했다. 이러한 오류는 모든 해군에 공통된 현상이었다. 영국 해군에는 불행하게도 독일 대양함대는 조작방법을 단순하게 만들어 신호상의 어려움을 어느 정도 극복했고, 그로써 대함대보다 더 적은 수의 깃발로 방위와 정렬에 큰 변화를 줄 수 있었다. 이는 유틀란트Jutland 전투에서 대양함대가 유리했다는 사실로 입증된다.

그 밖에, 유사하다는 점뿐만 아니라 현대적이라는 점에서도 두드러졌던 기술적 측면에서 한 가지 결점이 주목할 만했는데, 이 결점은 이 전쟁의 중대한 대결에 빠져든 영국 해군과 독일 해군에 똑같이 영향을 미쳤다. 어느 해군도 적절한 정찰 수단을 갖추지 못했다. 전통적으로 함대는 오늘날 '주력'부대로 알려진 것의 전방에 전함과 부속 경량 군함을 배치했다. 경량 군함은 중형 호위함으로서 적을 찾아내고 큰 타격을 입기 전에 전투에서 이탈할 수 있을 만큼 빠르고 강했다. 1차 세계대전 이전 몇십 년 동안 이 군함은 '순양함'이라는 이름을 얻었다. 드레드노트라는 발상을 지지했던 피셔 제독은 장래에 순양함의 기능은 전함처럼 크고 무장을 갖추었지만 장갑을 대부분 걷어치워 속도는 더 빨라진 군함이 가장 잘 수행할 것이라고 생각했다. 1916년에 대함대에는 9척의 이러한 '전투순양함'이 있었고, 영국이 시작하면 늘 따라했던 대양함대에도 5척이 있었다. 두 함대 모두 전통적인 순양함은 많지 않았다. 취역 중인 옛 순양함은 오래되고 느렸으며 무장과 장갑이 허술했다. 제독들이 옛 순양함을 적절한 정찰 업무에 제한하고 전투순양함 전대 사령관들로 하여금 자신들의 군함을 설계 당시에 감내할 수 있는 수준으로 설정된 한계 이상으로 혹사하지 못하도록 만류했더라면, 이는 문제가 되지 않았을 것이다. 두 나라의 해군에는 불행하게도, 전투순양함은 정찰 업무의 연장선상에서 적의 전함을 발견하면 교전에 들어가야 한다는 믿음이 형성되었다. 속력이 더 빠르니 잠시 동안은 피해를 면할 수 있을 것으로 믿고 아군 지원 전함이 도착할 때까지 주포를 이용하여 적군 전함을 '붙들어' 두어야 한다는 것이었다. 피셔는 "속도가 방어 수단이다"라고 주장했다. 피셔의 전함은 실제로 당시 해상에 떠 있던 그 어느 전함보다도 빨랐다. 차이는 최대 10노트가 났다(영국의 전투순양함 퀸메리 호HMS Queen Mary는 33노트, 독일의 전함 카이저 호SMS Kaiser는 23.6노트였다). 그러나 실제 전투가 증명하듯이, 12인치 이상의 중포를 1만 7,000야드 사거리

⬆ 북해의 대함대. 전면에 보이는 것이 제4전투전대(아이런듀크 호, 로열오크 호, 수퍼브 호, 캐나다 호)다

까지 발사하는 현대의 함포에 속도는 방어 수단이 되지 못했다. 해군은 환상으로 드러나게 될 일 때문에 작지만 효율적인 순양함 수십 척을 구매할 수 있는 자금을 순양함 역할을 조금도 더 잘 수행하지 못했으며 예비 함대전에서도 전함에 대적하기에는 전혀 적합하지 않았던 전투순양함 몇 척에 허비했다. 영국 해군이 1916년 유틀란트 전투에 투입한 군함은 임무를 감당할 수 없는 소수의 전통적 순양함, 적군의 더 큰 군함 앞에 나서지도 못할 정도로 허약한 다수의 경순양함, 본격적인 교전에 합류하기도 전에 무의미하게 터무니없는 손실만 입게 되는 전투순양함 선봉대였다.

유틀란트에서 전투함대의 충돌은 1916년 5월 31일과 이튿날 밤에 발생했다. 앞서 1914년 8월과 1915년 1월에 헬고란트Helgoland[8]와 도거뱅크Dogger Bank[9] 근처에서 두 차례의 교전이 있었지만, 두 나라 해군의 주 전투함대가 맞붙지 않았다. 독일의 북해 해군기지로 들어가는 입구인 헬고란트 만에서 벌어진 전투는 해리지Harwich에 있던 구축함과 잠수함 사령관들이 적군의 근해 초계함을 차단하여 손상을 입히

8. 독일만(Deutsche Bucht)의 일부로 북해의 남동쪽 끝에 있는 만. 그곳의 헬고란트 떼섬은 본토에서 멀리 떨어진 유일한 섬이다. 영어로 헬리고랜드(Heligoland)라고 한다.—옮긴이

9. 북해의 낮은 지역에 있는 사구. 영국에서 약 100킬로미터 떨어져 있다.—옮긴이

기로 결정함으로써 발생했다. 해리지는 독일 기지에서 가장 가까운 영국 군항이었다. 이른바 해리지군Harwich Force을 지휘한 타이어위트Tyrwhitt와 제8잠수함대Submarine Flotilla를 지휘한 케이즈Keyes는 전투에 갈증을 느낀 공격적인 장교들로서 해군장관 처칠의 지원을 얻어냈으며 처칠을 통해 만일 성공할 수 있을 것 같으면 3척의 전투순양함을 파견하겠다는 제독 데이비드 비티David Beatty[10] 경의 약속을 받아냈다. 8월 28일 안개 낀 헬고란트 만, 동틀 무렵의 당황스러운 조우전에서 영국군은 처음에 구축함 1척을 침몰시키는 데 성공했다. 그러나 독일의 증원군이 나타나자, 비티의 전투순양함들이 전진하여 3척의 적군 순양함을 격침하고 안전하게 빠져나왔다.[11]

이 작은 승리는 영국군의 사기를 크게 진작시켰으나, 독일군에게 기뢰밭과 잠수함을 포함하여 크고 작은 초계함으로 헬고란트 만을 두텁게 방어하도록 만드는 동시에 독일군의 추가 작전을 저지하지도 못했다. 독일 해군은 영국군이 자신들에게 했던 대로 갚아주려고 고속 전함 몇 척을 보내 11월 3일에 북해 항구 야머스Yarmouth를 포격했고, 12월 16일에 스카보로Scarborough와 휘트비Whitby, 하틀리풀Hartlepool을 포격했다. 두 번째 포격에는 대양함대의 드레드노트 대부분이 뒤따랐다. 대함대는 저지하기 위해 전대를 내보냈으나 정보의 오류로 만나지 못했다. 다행이었다. 적군이 더 많았기 때문이다. 도거뱅크에서 벌어진 초기 해전의 두 번째 전투에서는 영국 해군이 정보의 도움을 받았다. 영국 해군의 통신차단부와 암호해독부—암호해독부는 해군본부 구청사Old Building에(40호Room 40나 OB 40이라고 불렸다) 입주해 있었다—는 독일군보다 뛰어났으며, 그곳에서 근무한 자들은 전쟁 초에 세 가지 특별한 행운을 누렸다. 8월에 독일의 경순양함 마그데부르크 호SMS Magdeburg가 러시아 해역에 좌초했고 그 암호표가 당시 사용하던 기호와 함께 회수되어 영국으로 보내졌다. 10월에 오스트레일리아에 억류되어 있던 독일 기선에서 압수한 상선 신호규칙도 런던에 도착했다.

10. 1871~1936. 1912년부터 1916년까지 중장으로 제1전투순양함 전대를 지휘했다. 1916년에 대함대 사령관이 되었고 제독으로 승진했다.—옮긴이

11. P. Halpern, *A Naval History of World War I*, Annapolis, 1994, pp. 30~32

12. P. Halpern, pp. 36~37

같은 달 늦게 독일 제독들이 해상에서 사용하는 세 번째 암호표가 해군본부로 전달되었다. 근자에 네덜란드 해안에서 벌어진 소규모 전투에서 일단의 독일군 구축함들의 고위 장교들이 바다에 버린 것이었는데, 영국의 고깃배가 우연히 그물로 건져 올렸던 것이다.[12] 이 세 문서 덕에 OB 40의 장교들은 독일 해군이 사용하는 암호의 비밀을 대부분 알아냈고, 적의 전문을 종종 '실시간'으로, 다시 말해서 원래의 수신자가 해독하는 것과 동시에 읽어낼 수 있었다. 독일 해군참모부는 군함의 이동이 적군에 노출되었다는 사실을 신속하게 알아챘다. 2차 세계대전의 암호해독 역사와 너무 흡사하여 섬뜩할 정도였다. 그러나 참모부는 적이 정보를 거두는 데 성공한 것을 보안 유지의 실패가 아니라 간첩 행위 탓으로 돌렸다. 참모부는 북해 중앙의 낮은 수역 도거뱅크에서 저인망으로 고기를 잡는 네덜란드 어선들을 의심했다. 영국인들이 배에 타고 위장 깃발을 내건 채 해군본부에 관측 사항을 무선으로 전달했다고 판단했던 것이다.

그런 보고를 자신들에게 유리하게 이용할 수 있다고 믿고 헬고란트의 패배에 복수하려 했던 독일 해군참모부는 대양함대의 전투순양함들을 도거뱅크로 보내 상대편을 함정에 빠뜨리기로 했다. 1월 23일 제1정찰전대와 제2정찰전대가 출격했으나 이튿날 새벽 도거뱅크에 접근할 때 강한 대항에 직면했다. 비티의 전투순양함 전대가 OB 40의 경보를 받아 자리를 잡고서, 전력도 약하고 숫자도 적은 독일군 대형이 시야에 들어왔을 때 일제사격으로 공격했다. 전투순양함에 준하는 블뤼허 호SMS Blücher는 격침되어 가라앉았으며, 자이들리츠 호SMS Seydlitz도 거의 치명적인 내부 폭발을 일으켰으나 간신히 탄약고의 침수는 피했다. 두 정찰전대는 뒤로 돌아 간발의 차이로 도피했다. 자이들리츠 호가 느릿느릿 항구로 되돌아온 뒤 파손 상태를 점검하자, 포탑 아래 탄약공급실의 방염 상자에서 필요 이상으로 많은 고성능 폭약을 주포에 쓸 장약으로 꺼내 포대에 담아 놓은 상태였다. 포탑이 공격을 받았다면 그곳의 장약이 점화되었을 것이고 불꽃은 포탑의 몸통을 타고 내려가 아래쪽에 엉성하게 널려 있는 장약을 폭발시키고 이어 탄약고를 불태웠을 것이다. 적절한 때에 좋지 못한 관행에 관하여 경고를 받은 독일 해군은 장약을 다루는 절차를 한층 더 엄격하게 바꾸었고, 이는 영국 해군의 제도보다 더 안정적이었다. 도거뱅크 전투 직후부터 전투순양함 함대Battle Cruiser Fleet라고 불렸던 비티의 함대는 그 후에도 탄약고와 포탑 사이에 상당량의 장약을 포장을 뜯은 채 보관했는데, 이는 유틀란트 해전에서 재앙을 가져오게 된다.[13]

13. J. Campbell, *Jutland*, London, 1986, pp. 373~374

1915년 1월 이후 거의 열여덟 달 내내 대양함대는 본국 기지와 가까운 거리를 유지했으며 전략을 신중히 고려했다. 함대의 잠수함 작전은 성과를 낼 수 있었고, U-보트나 군함으로 기뢰를 부설해도 마찬가지로 성과를 거둘 수 있었다. 영국 해군본부는 1914년 10월에 새로운 종류의 드레드노트인 오데이셔스 호HMS Audacious가 무장상선순양함이 부설한 기뢰에 침몰한 일로, 9월에 구 순양함 아부키르 호와 호그 호, 크레시 호가 네덜란드 외해의 '브로드 포틴즈Broad Fourteens'[14]에서 U-9의 어뢰에 격침될 때보다 더 큰 근심에 휩싸였다. 그러나 잠수함전은 공격자가 상선을 격침시키기 전에 미리 경고를 해야 하고 승무원과 승객들이 대피할 수 있게 해야 한다고 규정한 상선공격 규칙 때문에 교역을 거의 방해할 수 없었던 반면, U-보트를 신속한 보

14. 북해의 남부지역. 깊이가 꽤 균일하게 14길 정도 되는 수역이라 그런 이름을 얻었다. 도거뱅크의 남쪽에 있다.—옮긴이

1915년 1월 24일, 도거뱅크 전투에서 침몰하는 블뤼허 호

15. P. Halpern, p. 299

복에 노출시켰다. 이에 반해 U-보트가 부상하지 않아도 되는 '무제한' 잠수함전은 중립국 선박을 오인하여 격침시킴으로써 외교적 분쟁을 일으키기가 십상이었고, 1915년 5월에 U-20이 루시타니아Lusitania호를 격침시켰을 때처럼 외교적 재앙을 가져오기도 했다. 미국인 128명을 포함하여 승객 1,201명의 목숨을 앗아간 이 거대한 영국 정기선의 희생으로 미국은 독일과의 관계를 단절할 뻔했다. 협상을 통해 잔학행위가 일으킨 반향은 진정되었지만, 독일 해군참모부는 이후 잠수함 작전을 엄격하게 제한했다. 영국의 상선은 1915년에 월간 50척에서 100척 사이로 계속해서 침몰했지만 고국에 보급품을 공급할 수는 있었다.[15] 그동안 대함대와 예하 순양함, 구축함, 잠수함 전대와 소전대는 독일을 봉쇄하여 유럽 밖의 세계와 교역할 수 없게 만들었으며, 영국과 프랑스, 이탈리아의 해군이 지중해를 지배하고 있었기에 오스트리아와 터키도 봉쇄되었다. 동맹국의 '중앙 위치'는 군사 전략가들이 큰 장점의 하나로 규정한 전략적 위치였지만 적군이 사방에서 포위하여 죄어들어오자 무력하게 만드는 약점으로 바뀌었다. 1915년에 독일의 해군은 탈출로를 생각하느라 머리를 쥐어짰다.

해군은 자청하여 곤경에 빠졌고 상황을 더 잘 파악해야 했던 정치지도자들과 왕가의 지도자들은 이를 돕고 부추겼다. 독일어를 말하는 지역의 지리는, 얼마나 많은 국가들을 포함했든 간에, 독일에 해군력을 부여하지 않았다. 1914년에 독일제국은 지리적 여건상 덴마크와 네덜란드 사이의 좁은 북해 해안으로만 대양으로 나갈 수 있었다. 그곳에서 가장 가까운 대양인 대서양으로 이어지는 수역은 적군에 쉽게 봉쇄당했다. 서쪽의 영국해협은 좁은 곳에서는 폭이 겨우 19마일에 불과하여 오랫동안 영국 해군이 위협하고 있었다. 영국은 1916년까지는 기뢰를 밀도 높게 부설하지 않았으나, 근자에 부설된 기뢰 장막은 서쪽 길을 통과 불능으로 만들어버렸다. 대양함대가 영국군의 빽빽한 봉쇄를 피하여 북해로 쉽게 들어가는 방법은 엠스 강, 야데 강,

베저 강, 엘베 강 어귀에서 북쪽으로 가는 것이었다. 그러나 일단 바다로 나가면 영국과 노르웨이 사이 북해를 따라 600마일을 항해해야 대양에 진입할 수 있었고, 그다음에는 페로 떼섬Faeroe Islands, 아이슬란드, 그린란드 사이에 놓인 일련의 해협을 지나야 했기에 경순양함 전대의 감시를 받기가 쉬웠다. 게다가 영국 해군의 전쟁 계획 때문에 대양함대가 발각되지 않거나 공격받지 않고 북해를 떠날 가능성은 더욱 줄어들었다. 20세기 초에 영국 해군의 전쟁 계획은 주력부대를 영국 항구에서 스코틀랜드의 항구와 에든버러 근처의 로사이드Rosyth, 오크니 떼섬의 스카파 플로우Scapa Flow로 이전하고 순양함과 구축함, 잠수함으로 구성된 하위부대로 중간의 헬고란트 만 외해에서 봉쇄하는 것이어서 독일 해군의 탈출을 조기에 알릴 수 있었다. 대함대는 적군 함대가 탈출한다는 경고를 받으면 전속력으로 남행하여 적군 함대가 대양으로 진입할 수 있는 수역에 도달하기 전에 주 함대전을 수행한다는 작전을 세워놓았다. 피셔 제독은 국왕 조지 5세에게 결정적으로 이로운 해상 지리를 의기양양하게 설명하면서 독일의 곤경을 이렇게 요약했다. "북쪽의 큰 항구 스카파 플로우와 남쪽의 좁은 도버 해협을 생각하면, 우리가 신의 선택을 받은 국민이라는 데에는 의심의 여지가 없습니다."[16]

독일 해군은 자신들의 위치에 내재한 지리적 약점이나 영국의 강점에 결코 눈을 감은 적이 없다. 독일 해군은 비현실적으로 이웃나라 네덜란드와 덴마크, 노르웨이에 기지를 허용하라고 설득하거나 강요함으로써 북해로 나가는 통로를 확대하려 했으며, 심지어는 전쟁이 시작된 이후에도 그런 생각을 버리지 않았다. 1915년에 독일 해군의 볼프강 베게너Wolfgang Wegener[17]는 일련의 논문을 작성하여 덴마크를 점령하고 노르웨이에 보호령을 설치하며 향후 언제든 프랑스와 포르투갈의 항구들을 확보하자고 주장했다.[18] 전쟁 발발 후 매우 작은 U-보트 부대가 전함과 상선에 맞서 성공을 거두었기에 기뢰나 어뢰를 장

16. A. Gordon, p. 21

17. 1875~1956. 1912년에서 1917년까지 제1전함대의 참모장을 역임했고, 1917년에서 1918년까지 경순양함 레겐스부르크 호(SMS Regensburg)와 뉘른베르크 호(SMS Nürnberg)를 지휘했다. 1926년에 중장으로 전역했다. 1915년에서 1929년까지 일련의 논문을 통해 해상과 해저에서 동시에 영국의 바닷길을 봉쇄하자는 주장을 내놓았다.—옮긴이

18. P. Halpern, pp. 289~290

19. P. Kennedy, 'The Development of the German Naval Operations Plans against England, 1896~1914', in Kennedy, p. 171

착한 잠수함의 가치도 더 크게 인식되었다. 그러나 독일 해군참모부는 어떤 성격의 함대를 건설해야 해상 목적에 가장 충실할 수 있는지 일찍 판단했기 때문에 대체로 장기 전략적 정책을 계속 고집했다. 그 전략은 간단하게 얘기할 수 있다. 독일은 대규모 육군을 유지하느라 재정에 한계가 있었으므로 주력함에서 영국을 능가할 수 없었다. 그러므로 독일 해군은 영국 해군에 '우려'—압도적으로 우세한 힘을 지녔지만 그 힘이 바다를 호령한다는 전통적인 결의를 지키다가 작은 전투들을 통해 서서히 파괴될 수 있다는 염려—를 안기거나 기뢰와 잠수함으로써 대결하는 데 국한해야 했다. 기뢰와 잠수함은 예측할 수 없는 상황이라면 공격 출정에 나선 대함대라도 대양함대보다 불리한 상황에 빠뜨릴 수 있었다. 카이저는 '우려'를 안기는 전략을 오래 논의한 끝에 1912년 12월 3일에 최종적으로 독일 해군에 전쟁 작전명령을 내렸다. 명령은 해군의 "주된 전쟁 임무"는 "밤낮으로 수많은 공격을 거듭하여 적군의 봉쇄부대에 최대한 타격을 입히고, 유리한 상황에서는 가용한 전력을 전부 투입하여 전투를 벌이는 것"이 되어야 한다고 규정했다.[19]

1914년과 1915년에 독일 해군이 영해 내에서 벌인 작전은 1912년의 명령을 엄격하게 고수했으며, 그 목표를 어느 정도 달성했다. 헬고란트 만 해전과 도거뱅크 해전은 패배했지만 실제로 적 봉쇄부대에 타격을 입혔다. 도거뱅크에서 타이거 호HMS Tiger와 라이언 호HMS Lion가 파손되었기 때문이다. 라이언 호는 항구로 견인될 정도로 심한 타격을 입었다. 오데이셔스 호를 침몰시키는 데에는 기뢰 단 1기가 필요했을 뿐이다. U-보트가 함대전에서 보여준 잠재력도 1915년 1월 1일에 U-24가 영국해협에서 드레드노트 이전 전함인 포미더블 호HMS Formidable를 격침시킴으로써 증명되었다. 1915년 초, 대함대 사령관 존 젤리코는 독일의 '작은 전쟁Kleinkrieg'이 성공을 거두고 대함대의 전대들을 부차적인 전장으로 분산해야 할 필요성이 생기면서 영국 해군의 우세가 조금씩 사라지는 상황을 심각하게 염려했다. 11월에 영국의 드레드노트와 독일의 드레드노트 사이의 비율은 17 대 15로 줄었고(8월에 20 대 13이었다) 전투순양함 사이의 비율은 5 대 4였다.[20] 게다가 독일은 계속해서 주력함을 진수하고 있었다. 영국도 똑같이 하고 있었지만 특히 지중해에서 전력의 요청에 응해야 했다. 독일은 그럴 필요가 없었다.

20. P. Halpern, p. 38

1916년 봄이면 균형은 다시 영국에 유리하게 바뀌었다. 독일군 단속순양함들이 파괴되고 갈리폴리 전투가 종결되고 지중해에서 이탈리아 해군이 프랑스-영국 함대에 합류한 덕에, 원양 해역의 상황은 영해 해군력의 유출을 더는 압박하지 않았다. 새로운 종류의 드레드노트, 특히 퀸엘리자베스 급 고속전함들이 취역했으며, 독일군도 대양함대를 보강했지만 그동안 대함대는 확실한 우위를 회복했다. 1916년 4월 대함대에는 드레드노트 31척과 전투순양함 10척이 있었지만, 대양함대에는 드레드노트 18척과 전투순양함 5척뿐이었다. 경순양함과 구축함에서도 영국은 크게 우세했고(113 대 72), 대함대에 실전

U-보트의 어뢰실

에 투입할 중순양함이 여전히 부족했지만, 드레드노트 이전 전함으로 거치적거리는 일이 없었다. 독일군은 전선에 중량감이 부족했기에 여전히 드레드노트 이전 전함을 주력함의 일부로 의지했다.[21]

그러므로 이론상으로는 '우려'를 안긴다는 독일군의 전략을 적극적으로 이행하는 데에는 수용하기 어려운 위험이 도사리고 있었다. 신중히 처신하자면 수동적 자세를 취하고 전통적인 '대기 함대fleet in being'[22] 정책으로 되돌아가야 했다. 이 정책에 따르면 해군은 단순히 적 함대로 아군 항구를 주시하게만 해도 존재 의의를 찾을 수 있었다. 독일 해군의 자부심은 그러한 대기 행위를 허용하지 않았다. 독일 해군은 영국 해군처럼 상급 군대가 아니라 하급 군대였고, 많은 장교들은 승산이야 어떻든 독일 국민의 존경을 받으려면, 특히 독일 육군이 민족을 위해 피를 흘리고 있는 때에 싸워야 한다고 생각했다. 공격적인 새 제독 라인하르트 셰어Reinhard Scheer[23]는 1916년 1월에 대양함대 사령관이 되었는데, 휘하 함장 중 한 사람인 아돌프 폰 트로타Adolf von Trotha[24]가 셰어에게 보낸 메모는 두 사람이 속한 공격파의 태도를 요약하고 있다. 트로타는 이렇게 썼다. "전쟁을 겪으며 아무런 손상도 입지 않은 함대는 전혀 신뢰할 수 없습니다. …… 우리는 지금 생존을 위해 싸우고 있습니다. …… 이 생사의 투쟁에서 나는 적군에 사용할 수 있는 무기를 덮개 밑에서 녹슬게 내버려둘 생각을 하는 자를 결코 이해할 수 없습니다."[25]

셰어는 곧 함대를 바다로 내보내 전투를 모색하는 정책을 재개했다. 1916년 2월과 3월에 두 차례 출격했으며 4월과 5월에 네 차례 출격했다. 4월 출격에서는 영국의 동쪽 해안에 도달하는 데 성공했으며, 1914년의 습격을 재현하여 로우스토프트Lowestoft[26]를 포격했다. 독일군은 사전 정보를 입수하여 아일랜드 민족주의자들의 부활절 봉기에 때맞춰 무력시위를 벌였고, 영국은 경악했다. 그렇지만 이 사건은, 스카파 플로우의 대함대가 북해 출구를 봉쇄한 이상, 대양함대가 영국

21. A. Marder, Ⅱ, p. 437

22. 항구를 떠나지 않고도 영향력을 행사할 수 있는 함대를 말한다. 1690년 영국 해군제독 토링턴 백작 아서 허버트(Arthur Herbert)가 처음 사용한 용어다. 영국해협에서 강한 프랑스 함대에 직면한 토링턴 백작은 유리한 상황을 제외하고는 증원군이 올 때까지 해전을 피하기로 했다. 함대가 항구에 존재(fleet in being)한다는 사실만으로도 적 함대를 묶어두어 다른 곳에서 작전을 수행하지 못하게 할 수 있다는 얘기다.—옮긴이

23. 1863~1928. 대양함대 사령관을 역임한 뒤 1918년 8월에 해군참모총장이 된다.—옮긴이

24. 1868~1940. 1916년 1월에 대양함대 참모장이 되었다.—옮긴이

25. P. Halpern, p. 288

26. 잉글랜드 이스트 앙글리아 서퍽 카운티의 도시.—옮긴이

해군의 주력부대가 남쪽으로 내려와 개입하기 전에 퇴각하기 위해서는 기지에서 가까운 표적만 기습하는 데 작전을 국한해야 한다는 점을 다시 한 번 강조했을 뿐이다. 에든버러의 주요 항구 중 하나인 로사이드에 주둔한 전투순양함 함대조차도 비교적 북쪽 먼 곳에 닻을 내리고 있어 유력한 정보가 없다면 독일군 침투선을 따라잡을 수 없었다.

그러나 5월 말, 젤리코의 전함 전대가 그러한 예고를 받았다. 셰어는 한동안 또 다른 출격을 준비하고 있었다. 비티의 전투순양함들이 남쪽으로 충분히 많이 내려와 맞닥뜨린다면 깜짝 놀랄 정도로 큰 규모였다. 셰어는 영국 드레드노트 전함들과 조우전을 벌일 계획은 없었다. 그러나 40호의 암호해독부가 셰어의 전문을 풀어 젤리코에게 셰어가 움직이고 있다고 전했으며, 그리하여 셰어가 헬고란트 만을 떠날 때쯤이면 비티의 전투순양함들이 이미 바다에 나와 로사이드에서 남쪽으로 움직였다. 뿐만 아니라 스카파 플로우의 전함들도 남쪽을 향했다. 5월 31일 아침, 250척이 넘는 영국과 독일의 전함들이 서로 만날 항로로 덴마크 해안 유틀란트 외해의 접점을 향해 이동하고 있었다. 이는 독일 해군이 예상하지 못한 상황이었다. 양측 전력의 대부분을 구성했던 많은 경순양함과 구축함, 잠수함 중에서 해결을 약속했던 것은 큰 군함의 존재였다. 큰 군함으로는 영국 편에 28척의 드레드노트와 9척의 전투순양함, 독일 편에 16척의 드레드노트와 5척의 전투순양함이 있었다. 젤리코는 퀸엘리자베스 급 최신 고속전함 4척을 6척의 전투순양함으로 구성된 비티의 전투순양함 함대에 배속시켰고, 전투순양함 함대에는 대함대의 드레드노트 앞에서 선봉대로 전개하여 독일군을 전투로 끌어들이라고 명령했다. 5척의 전투순양함으로 구성된 제1정찰전대 뒤로 50마일 떨어져 전진하던 셰어의 함대에는 드레드노트 이전 전함인 6척의 도이칠란트 급 전함이 포함되었다. 셰어는 이 전함들을 군사적인 이유보다도 감정적인 이유로 끌

27. P. Halpern, p. 315

28. 스카게라크는 덴마크와 노르웨이 사이의 바다를 말하므로 그렇다.—옮긴이

고 온 것 같다.[27] 이 전함들은 카이저 급 전함들보다 5노트가 느렸기 때문에 주포가 효력을 발할 수 있는 사거리로 신속히 진입했다 퇴각하는 싸움에서 부담이 되었다.

대양함대 전체를 북해로 끌고 간다는 셰어의 결정은 이전에는 감히 시도하지 못했던 일로 영국 해군이 자신의 이동을 미리 알지 못하리라는 믿음에 입각했다. 그러므로 40호가 셰어의 전문을 해독한 것은 대승의 토대가 되었다. 젤리코와 비티의 전함들이 셰어와 만나기 위해 전진하던 곳은 셰어가 해 지기 전에 안전하게 피신하기에는 항구에서 너무 먼 곳이어서, 셰어는 우세한 영국 해군에 격침되거나 후퇴선이 차단당할 위험이 있었다. 그러나 젤리코가 처음에 지녔던 이점은 런던의 해군본부가 저지른 절차상의 실수 탓에 조기에 손상되었다. 40호의 작전 판단 능력을 불신한 담당 참모장교는 모호한 질문을 던졌고, 되돌아온 답변으로부터 셰어의 전함들이 아직 항구에 있다고 결론 내렸다. 참모장교는 젤리코에게 이 그릇된 정보를 전달했고, 그 결과 젤리코는 연료를 아끼기 위해 비티와 전투순양함들에 앞서 가도록 허용하고 자신은 남진 속도를 줄였다. 40호는 해군본부에 셰어의 호출부호가 본토 항구에서 여전히 잡힐 수도 있다고 올바로 알렸다. 그러나 정보장교들은 질문을 받지 않았기에 셰어가 바다로 나가면서 항구에 호출부호를 남기고 다른 신호를 채택했다는 것은 말하지 않았다. 그리하여 이 전쟁 최대의 해상 조우전으로 드러날 전투의 결정적인 예비 단계에서, 젤리코는 최고속도가 아니라 느린 속도로 적과 만나러 갔으며, 그동안 전투순양함들로 구성된 정찰함대는 고속으로 전진하여 우세한 적군을 너무 일찍 만나 재앙을 떠안을 가능성이 있었다.

임박했던 이른바 유틀란트 해전은(영국군은 그렇게 불렀고, 독일군은 '스카게라크Skaggerak의 승리'라고 불렀는데 이론의 여지가 있다)[28] 이 전쟁뿐만 아니라 그때까지의 해전사에서도 최대의 해상 조우전이 될 가능성이

있었다. 그렇게 많은 군함이, 그렇게 크고 빠르고 중무장한 군함들이 그처럼 대규모로 집결한 적은 없었다. 5월 31일 오전 일찍 헬고란트 만을 떠난 대양함대는 드레드노트 16척, 드레드노트 이전 전함 6척, 전투순양함 5척, 경순양함 11척, 구축함 61척으로 구성되었다. 전날 저녁 스카파 플로우와 로사이드를 출발한 대함대와 전투순양함 함대는 드레드노트 28척, 전투순양함 9척, 장갑순양함 8척, 경순양함 26척, 구축함 78척, 함재기 모함 1척, 소해정 1척으로 구성되었다.[29] 양측은 또한 운이 좋으면 적군을 명중시킬 수 있으리라는 희망에서 잠수함도 배치했다. 실제로 셰어는 유틀란트 외해에서 전투순양함을 내보임으로써 영국 해군을 U-보트의 덫에 끌어들일 가능성에 입각하여 계획을 수립했다. 그러나 그런 기회는 오지 않았고, 해군의 항공기나 비행선도 아무런 역할을 할 수 없었다.[30] 그 결과, 유틀란트 해전은 해전사에서 최대의 해상 조우전이자 최후의 순수한 해상 조우전이 될 터였다. 두 나라 해군이 만들어낸 비참한 광경은 전투에 참여한 자들의 기억을 떠나지 않았다. 북해의 어두컴컴한 하늘 밑 흐린 바다에 촘촘히 늘어선 잿빛 전함들은 석탄을 땐 보일러에서 회색 연기구름을 내뿜었고, 고속 경순양함과 구축함은 일제히 공격하며 뱃머리에서 흰색 섬광을 내뿜었다. 돌진하는 군함의 수가 너무 많아 먼 곳의 제대는 수평선 속으로 사라졌거나 구름이나 스콜에 가려 관측자의 시야에서 사라졌다.

유틀란트 해전은 해전사에 가장 많이 기록된 전투이며 학자들 간에 가장 큰 논쟁의 대상이었다. 공식, 비공식 역사가들은 두 함대 사이의 교전을 거의 분 단위까지 세세하게 묘사하고 분석했지만, 무슨 일이 왜 벌어졌는지, 실로 그 결과가 영국의 승리였는지 독일의 승리였는지 합의는 이루어지지 않았다. 지금에 와서 그 전투를 영국의 승리로 볼 수 있다는 점은 부정되지 않는다. 결정적인 승리가 결코 아니었다는 점도 부정되지 않는다. 전투의 사건들을 상세히 분석하게

29. P. Halpern, p. 316

30. A. Marder, Ⅱ, p. 445

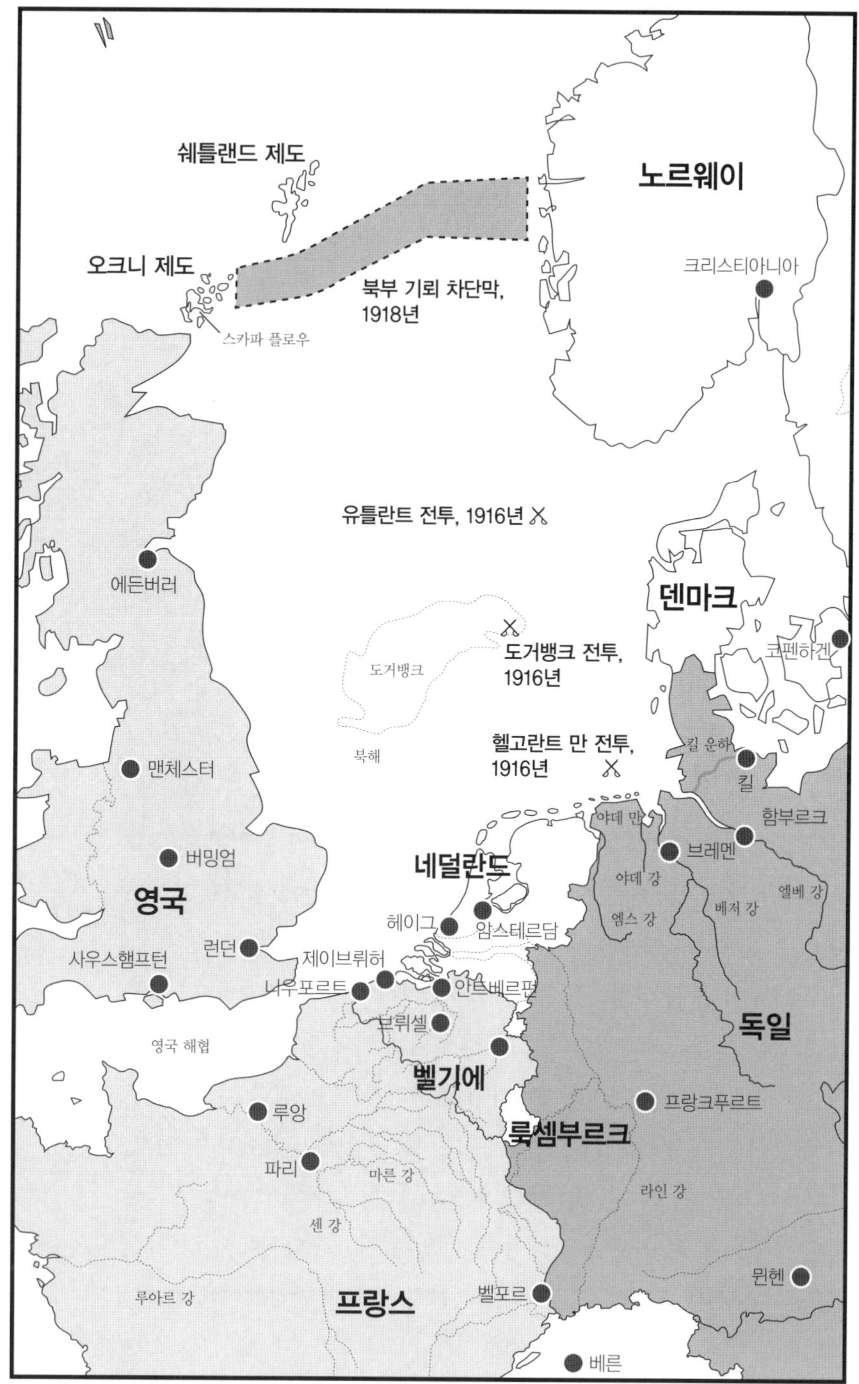

유틀란트 반도와
북해 전쟁

하고 오늘날까지 논쟁을 지속시켰던 것은 영국이 기대했던 승리와 실제 거둔 성공에 차이가 있었기 때문이다. 트라팔가르 해전 이후 주요 함대전에서 패배를 몰랐던 영국 해군은 전투 함대들 간에 교전이 이루어진다면 또 하나의 트라팔가르 전투가 이어질 것이라는 확신을 갖고 유틀란트로 떠났다. 영국 해군은 그 후 내내 사건이 종결되지 않았다는 느낌을 지울 수 없었다.

그러나 유틀란트 해전은 개략하자면 전혀 복잡하지 않다. 전투는 다섯 국면으로 나뉜다. 첫째, 비티의 전투순양함 함대가 상대적으로 약한 독일군의 전투순양함 전대와 만나자마자 "남쪽으로 내달렸다." 그다음, 독일군의 드레드노트와 만났을 때 이를 젤리코의 대함대로 유인하기 위해 뒤로 돌아 "북쪽으로 내달렸다." 그다음, 드레드노트 간에 두 차례 조우전이 있었고, 영국의 우세한 화력이 효력을 발하자 독일군이 전투에서 "이탈했다." 마지막으로, 독일의 드레드노트들이 격침을 모면하기 위해 도피를 시도한 뒤, 양측의 경량 군함들이 상대편에 큰 타격을 입히기 위해 어뢰로 공격하는 야간 전투가 있었다.[31]

첫 번째 국면에서, 비티의 전투순양함 함대는 U-보트가 구축한 셰어의 정찰선을 손실 없이 통과하여 상대편인 프란츠 폰 히퍼Franz von Hipper[32]의 제1정찰전대에 50마일 이내까지 들키지 않고 접근했다. 그때 상호 간에 기회가 왔다. 양국의 전투순양함들은 제1정찰전대의 경량 군함들이 중립국 상선을 조사하려던 차에 서로를 발견하고 접전을 벌였다. 함포 사격이 이어졌고, 영국군의 신호 전달이 좋지 않아 독일군의 화력이 우세했다. 게다가 독일군의 포탄은 장갑 보호 장치에 결함이 있고 탄약 처리에 신중하지 못한 군함들에 떨어졌다. 먼저 인디패티거블 호HMS Indefatigable, 그다음 퀸메리 호가 맞았는데, 두 군함은 포탑으로 올려 보낼 장약이 깔려 있는 탄약공급실에서 사격했다. 장약은 원래 불안정한 것이다. 두 군함 모두 폭발하여 침몰했다. 비티의 수적 우세는 즉시 사라졌다.

31. J. Keegan, *Battle at Sea*, London, 1993, p. 129

32. 1863~1932. 1918년에 제독으로 승진하고 셰어를 대신하여 대양함대 사령관이 된다.—옮긴이

4척의 고속전함이 도착하여 불균형이 역전되었으나, 새로 온 전함들과 전투순양함 함대의 생존 전투순양함들은 독일군 드레드노트의 주력에 따라잡혔다. 그때 영국군은 뒤로 돌아 젤리코의 대함대를 향해 "북쪽으로 내달렸다." 그동안 고속전함들의 15인치 함포가 추격하던 독일군에 큰 손실을 입혔고—도거뱅크에서 심하게 파손되었던 불운한 자이들리츠 호는 또다시 타격을 받았다—그래서 셰어의 전선은 드레드노트들이 저녁 6시를 약간 넘은 시점에서 부지불식간에 젤리코의 함포 사격을 받자 혼란에 빠졌다. 셰어도 영국군에 한 차례 더 파괴를 안겼다. 인디패티거블 호와 퀸메리 호가 파괴된 것과 동일한 원인으로 인빈서블 호가 폭발했다. 그다음, 영국군의 우세한 함포가 집중되어 압도적인 힘을 보이자 셰어는 성급히 퇴각 명령을 내리고 북해 저녁의 어둑어둑한 안갯속으로 사라졌다.

이미 만족스럽지 못했던 조우전은 이곳에서 결말을 보지 못한 채 끝났을지도 모른다. 그러나 셰어는 돌아오기로 결정했다. 파손되어 뒤에 남겨진 경순양함 비스바덴 호SMS Wiesbaden를 지원하기 위해서 왔을 수도 있고, 헬고란트 만을 향해 계속 진격하는 젤리코 함대의 배후로 통과하여 스카게라크를 거쳐 발트 해로 피신할 수 있다고 판단했기 때문일 수도 있다. 그러나 젤리코는 또다시 속도를 늦추었고, 그 결과 북동쪽을 향하던 독일의 드레드노트들과 남동쪽을 향하던 영

▣ 1916년 5월, 유틀란트 전투에서 내부 폭발로 두 동강 난 전투순양함 인빈서블 호와 6명의 생존자를 구하기 위해 접근하는 구축함 배저 호

국군이 다시 만나게 되었다. 젤리코는 독일군을 차단하여 안전지대로 돌아가지 못하도록 배후로 진행했다. 게다가 영국군은 조우의 순간에 횡진으로 전개했고 독일군은 종진으로 전개했다. 이는 이른바 '적군을 T자로 가로지르는' 상대적인 포진으로[33] 영국군이 크게 유리했다. 영국군이 독일군보다 더 많은 포를 한 곳에 돌릴 수 있었다. 독일군의 군함들은 앞뒤로 늘어서 더 쉬운 표적이었기 때문이다. 10분간의 포격 끝에 독일군은 스물일곱 차례 대구경 포탄에 맞은 반면 영국군은 겨우 두 방을 맞았다. 셰어는 전투순양함들과 경전함들을 남겨두어 '필사의 탈출'을 엄호하게 하고 또다시 동쪽의 어두운 수평선으로 피신하기로 했다. 셰어가 퇴각하며 어뢰로 위협을 가했기에 젤리코도 다시 방향을 틀었고—젤리코는 이후 이 일 때문에 늘 비난을 받았다—젤리코가 되돌아섰을 때 셰어의 드레드노트는 10마일 정도 추격을 따돌렸다. 공격에 취약한 드레드노트 이전 전함 전대를 포함하여 많은 독일 군함들이 여전히 셰어의 도주를 엄호했고, 이 군함들은 황혼과 야간에 벌어진 일련의 전투로 손실을 입었다. 접전을 벌였던 영국군 순양함과 구축함도 마찬가지로 손실을 입었다. 함대 기지에 도착한 6월 1일 오전, 셰어가 잃은 군함은 전투순양함 1척, 드레드노트 1척, 경순양함 4척, 구축함 5척이었다. 젤리코는 여전히 북해를 지배했지만 전투순양함 3척, 장갑순양함 4척, 구축함 8척을 잃었다. 영국군 수병 6,094명, 독일군 2,551명이 전사했다.

손실의 차이로 카이저는 승리를 주장했다. 셰어와 수병들, 군함들은 확실히 죄를 면했고, 영국군 군함 설계와 전술적 관행에, 특히 군함 내부통신과 전대 간 통신에 심각한 결함이 드러났다. 비티는 조우전 단계에서 신속하고 정확하게 보고하는 데 실패했고, 드레드노트 교전 중에 효과적인 포 사격을 이끌어내지 못했다.[34] 그런데도 유틀란트 해전은 독일의 승리가 아니었다. 대양함대는 대함대보다 손실은 더 적었지만, 살아남은 군함들이 크게 파손되어 이후 중전함의 상

33. Crossing the enemy's T. 종진하는 적군의 앞에서 횡으로 이동하여 측면을 적에 열어주는 전략. 적군은 넓은 영역에 사격해야 하나 횡으로 이동하는 쪽은 일렬로 늘어선 적군에 사격을 집중할 수 있다.—옮긴이

34. A. Marder, Ⅲ, pp. 175~176

35. P. Halpern, p. 327

36. P. Halpern, pp. 419~420

대 전력은 16 대 28에서 10 대 24로 줄었다. 그런 상황에서 몇 달 동안 대양함대는 위험을 무릅쓰고 대함대에 도전할 수 없었고, 항구에서 출격을 재개했을 때에도 감히 연안 수역을 벗어나지 못했다.[35] 관습적인 믿음과는 달리, 유틀란트 해전은 독일 함대의 마지막 출격이 아니었고 마지막 전투도 아니었다. 1917년 11월 17일에 헬고란트 근처에서 독일군 드레드노트와 영국군 전투순양함 사이에 교전이 있었고, 대양함대는 1918년 4월 24일에 노르웨이 남부까지 진출하기도 했다. 그렇지만 대양함대는 유틀란트 해전의 평결을 수용했다. 어느 독일 기자는 이를 수감자가 간수를 공격했다가 보복을 당한 사건으로 요약했다.[36] 결국 작전 중단과 불만은 셰어의 군함들에 승선한 수병들 사이에 심각한 혼란을 일으켰다. 1917년 8월부터 시작된 이 혼란은 전쟁 마지막 해 11월에 전면적인 폭동으로 귀결되었다. 1916년 6월 1일 이후 해상에서 결판을 내려던 독일의 시도는 오로지 잠수함 무기를 통해서만 수행된다.

세 전선의 공세

독일은 1915년에 외교적 이유로 U-보트 작전을 제한하는 정책을 취했는데, 1916년 초여름에도 이를 돌이킬 필요를 느끼지 못했으며, 연합군도 그러한 역전이 일으킬 치명적인 위험을 감지하지 못했다. 연합군은 합동으로 계획한 서부전선과 동부전선의 대공세에 집중했다. 연합군은 프랑스와 벨기에에서 교착 상태가 지속된 지 열여덟 달이 지났고 폴란드에서 패한 지 한 해가 지났으며 이탈리아에서 좌절을 맛본 지 여섯 달이 지난 시점에서 이 공세로 결정적인 승리를 얻으리라고 믿었다. 1915년 12월 6일 연합국의 대표들이 샹티이의 프랑스군 총사령부에 모여 계획에 합의했다. 조프르는 모임을 주재했으나 단일한 전략을 강요할 힘은 없었으며 단지 조정을 권고할 따름이었다. 조프르는 조정하는 데에는 성공했다. 테살로니키와 이집트, 메소포타미아의 작은 전선들은 (비록 이곳의 상황들이 갑자기 악화되었지만) 보강하지 않기로 쉽게 결론이 났다. 반대로 주요 전선들에서 러시아군과 이탈리아군, 영국-프랑스군은 동맹국이 한 전역에서 다른 전역으로 예비부대를 이동시키지 못하도록 적절한 시기에 각 군의 가용한 최대 병력으로 공격하자고 약속했다.

연합군은 참호전이 시작된 이래 상당히 증강되었다. 이탈리아는 주요 연합국들 중 산업으로나 인구 면에서나 최약체였지만 1916년 초까지 보병대대를 560개에서 693개로, 야포는 1,788문에서 2,068문으로 늘리는 데 성공했다. 전투지역에서의 병력은 1915년 이래로 100만 명에서 150만 명으로 증가했다.[37] 러시아는 1914년에서 1915년까지 엄청난 사상자를 내고 고를리체-타르누프 전투 이후 많은 병사들이 포로로 잡혔지만 새로운 징집병들로 손실을 만회할 수 있었고, 그래서 1916년 봄이면 야전군으로 200만 명을 보유하게 된다. 게다가 러시아 공업이 현저히 팽창한 덕에 전부가 제대로 무장을 갖추었다. 공업 생산량은 평화가 유지되던 마지막 해에서 1916년 사이에 4배로 늘었고, 포탄의 내용물에 필수적이었던 화학산업의 생산량은 배가되었다. 그 결과, 포탄 생산은 2,000퍼센트가 증가했고 포 생산은 1,000퍼센트, 소총 생산은 1,100퍼센트 증가했다. 표준 야포 포탄의 생산량은 1915년 1월에 월간 35만 8,000발에서 11월에 151만 2,000발로 늘었다. 러시아군은 향후 포 1문당 독일군과 프랑스군이 쓸 수 있는 양과 동등한 수준인 1,000발을 보급받아 공격에 나서게 되며, 현대의 군에 필수적이었던 다른 모든 장비들—트럭, 전화, 항공기(월간 222대)—도 충분하게 구비했다.[38]

프랑스에서도 전쟁산업은 혁명을 겪었다. 부분적으로는 여성들이 공장 노동에 동원된 덕에—금속산업에 고용된 여성은 1914년에 1만 7,731명에서 1916년 7월에 10만 4,641명으로 증가했다—포탄 생산량은 1915년 가을에 하루 10만 발에 달했다. 1915년 8월에서 12월 사이

37. G. Rochet and G. Massobrio, *Breve Storia dell'Esercito Italiano, 1861~1943*, Turin, 1978, pp. 184~185

38. N. Stone, pp. 209~211

에 야포 생산은 300문에서 600문으로 늘었으며, 그달에 소총의 일일 생산량은 1,500정에 달했다. 폭약 생산량은 전쟁이 시작된 이래 6배 증가했다.[39] 전투 병력의 팽창은 이에 상응하지 않았다. 프랑스는 인구 규모가 독일에 비해 상대적으로 작고 평시의 징집병과 예비군이 징병 연령대의 80퍼센트를 웃도는 높은 비율을 보였기에 독일이나 러시아처럼 야전군을 확대할 수 없었다. 독일이나 러시아에서는 전쟁 이전 군에 유입된 인구가 징병 연령대의 절반에 못 미쳤다. 그랬는데도 1915년 2월에서 1916년 봄 사이에 후방에서 고용된 자들을 교묘하게 병사로 재조직해 전선에 투입함으로써 25개의 새로운 사단이 만들어졌다. 1916년에 프랑스군은 1914년보다 25퍼센트 이상 더 많았다.[40]

그러나 연합군의 전투부대에 추가된 주된 병력은 영국군이었다. 1914년 8월 7일에 키치너 경은 전쟁장관에 임명되자 수십만 명의 남성들에게 3년 동안 복무하라고, 아니면 전쟁이 길어지리라고 보았기에 전쟁이 끝날 때까지 복무하라고 호소했다. '수십만 명'에 추가로 호소가 이어졌고, 이는 무척이나 열광적인 반응을 이끌어냈다. "함께 입대한 자들은 함께 복무할 수 있다"는 약속이 부분적인 이유였다. 그 결과, 협소한 동향이나 같은 작업장, 같은 직종 출신의 남성들이 집단으로 징병사무소를 찾아 서약하고 훈련을 받은 뒤 종국에는 같은 부대에서 복무했다.[41] 많은 사람들은 스스로 '첨스Chums' 대대나 '팰스Pals' 대대로 불렀다.[42] 그중 최대 집단은 4개 대대로 구성된 리버풀 팰스Liverpool Pals로 대체로 리버풀에서 해운업과 용선 중개업에 종사하던 자들이었다. 작은 도읍들은 애크링턴 팰스Accrington Pals, 그림즈비 첨스Grimsby Chums, 올덤 컴리즈Oldham Comrades 같은 단일 대대를 공급했다. 나머지는 글래스고Glasgow 전차대대처럼 직업별 혹은 국적별로 모집되었다. 이를테면 잉글랜드의 공업도시 뉴캐슬에서는 타인사이드 스코틀랜드Tyneside Scottish 여단과 타인사이드 아일랜드Tyneside Irish 여단에 각각 4개 대대씩 배출했다. '첫 10만 명'에는 전쟁 이전의 실업자

39. J. J. Becker, *The Great War and the French People*, London, 1985, pp. 22~23

40. *Les armées*, X, i, passim

41. C. Hughes, 'The New Armies', in I. Beckett and K. Simpson, *A Nation in Arms*, London, 1990, p. 105

42. 첨(chum)과 팰(pal)은 '동아리', '단짝', '동료'라는 뜻이다.—옮긴이

가 다수 포함되었다. 뒤이은 수십만 명—50만 명이 모집된다—은 진정한 자원병들로, 1915년 1월이면 1만 명의 숙련 엔지니어와 광업과 건축업에서 각각 10만 명 이상이 모였다. 키치너는 이 막대한 인적 자원으로 결국 각각 5개 사단 병력인 6개 '신군', 즉 '키치너' 군을 구성하여 육군의 11개 상비사단과 자발적인 시간제 복무 향토대의 28개 보병사단에 합체했다. 1916년 봄, 영국은 평시보다 10배 많은 70개 사단을 무장시켰으며, 그중 24개 사단이 신군 사단으로 서부전선으로 가던 중이었거나 대기하고 있었다.[43]

프랑스와 영국이 샹티이에서 연합국 동료들에게 1916년의 합동 공세를 계속하겠다고 약속할 수 있었던 것은 바로 이처럼 엄청나게 증가한 영국-프랑스군의 타격부대를 프랑스와 벨기에에 집중시킬 수 있었기 때문이었다. 조프르는 12월 29일에 영국원정군의 새로운 사령관인 장군 더글러스 헤이그 경과 서부전선의 중앙부에 합동 공격을 가한다는 데 합의했다. 조프르는 처음에는 소모전 정책을 지속하려는 뜻에서 일련의 예비 공격을 취하자고 제안했다. 헤이그는 그러한 작전에서 조금씩 병력을 낭비할까봐 두려웠기에 1915년에 시도했듯이 영국군은 플란데런에서 공격하고 프랑스군이 더 남쪽에서 공격하자고 역제안을 내놓았다. 조프르는 타협안으로서 솜 강 방어선을 따라 공격에 나서겠다는 합의를 헤이그로부터 얻어냈다. 영국군 전선은 그곳까지 확장되어야 했다. 영국군이 이동하게 되면서 솜 강 이북에 있던 프랑스군이 남쪽의 조프르 주력군에 합류하면, 양국 군대는 명백한 경계를 갖게 될 것이고 조프르에 따르면 이 경계선이 다가오는 해에 전개될 대규모 공세의 축선이 될 터였다. 헤이그는 이 작전의 군사적 논리를 의심했기에 처음에는 반대했다. 기껏해야 독일군이 1914년 파리 공세 때 실패하고 남겨둔 거대한 돌출부를 파고 들어가는 데 그칠 것 같았기 때문이다. 그러나 헤이그는 결국 양국 간의 화합을 위해 동의했다.

43. I. Beckett and K. Simpson, appendix Ⅰ, pp. 235~236

적군의 의도를 고려하지 않고 세운 계획은 자칫하면 실패할 수 있었다. 1916년에도 그렇게 증명된다. 조프르와 헤이그가 솜 강 공세를 위해 준비하고 이탈리아군이 이손초 강 너머 고지대를 장악하기 위해 노력하며 러시아군이 잃어버린 폴란드 땅을 수복할 기회를 엿보고 있는 동안, 콘라트 폰 회첸도르프는 예상치 못한 트렌티노 방향에서 증오의 대상인 이탈리아군을 공격할 오스트리아군 '처벌원정대'의 토대를 준비하고 있었고, 팔켄하인은 탄넨베르크에서 시작하여 고를리체-타르누프에서 절정에 이른 일련의 승리로 러시아군을 굴복시켰다고 오해하고 베르됭에서 자신만의 거대한 처벌원정대를 준비하여 프랑스군을 공격할 궁리를 하고 있었다.

팔켄하인은 1915년 성탄절에 카이저에게 보낸 편지에서 자신의 추론을 개략적으로 설명했다. 팔켄하인의 주장에 따르면, 독일의 목적은 산업의 힘과 해군력으로써 연합국을 지탱하고 있는 영국의 기운을 빼는 것이어야 했다. 그러므로 팔켄하인은 제한적인 U-보트전의 재개에 찬성했다. 동시에—팔켄하인은 필시 U-보트 공격 요청이 거부되리라고 짐작했을 것이고 이는 옳았다—대륙에 있는 영국의 협력자들을 파괴해야 했다. 이탈리아는 큰 노력을 기울일 만큼 중요하지 않았다. 반면 러시아군은 다른 곳에서 더 효율적으로 쓰일 수 있는 독일군 부대를 묶어두었으면서도, 공격해도 전쟁의 결과에 결정적일 성공을 얻을 기회는 주지 않았다. 팔켄하인의 평가는 이랬다. "우리는 필시 거대한 혁명을 기대할 수는 없겠지만 그렇더라도 러시아가 내부의 분란 때문에 비교적 짧은 기간 안에 싸움을 포기하리라고 믿을 수 있다. 그렇게 되면 러시아의 군사적 명성은 한동안 부활하지 않으리라고 생각해도 될 것이다." 러시아가 약화되었는데도 굴복시켜 전쟁에서 이탈하게 만드는 일이 어려웠던 것은 전략적 목표가 부재했기 때문이었다. 상트페테르부르크의 점령은 단지 상징적 결과만을 가져올 것이고, 모스크바 진격은 내지의 무의미한 광대한 영역으로 이어질 뿐이었다.

우크라이나는 엄청난 가치를 지닌 상품이었지만 루마니아를 거치지 않고는 접근할 수 없었는데, 그 중립을 해치는 것은 신중하지 못한 처사였다. 팔켄하인은 이집트와 메소포타미아, 테살로니키에 관여할 생각은 버렸고 서부전선의 영국 부대는 너무 강력하여 공격하기 어렵다는 점을 인정했다. 그렇지만 어느 곳에선가 공격은 필요했고, "독일과 동맹국들이 무한정 버틸 수 없었으므로" 프랑스를 공격하기로 결정했다. 팔켄하인은 이렇게 썼다. "프랑스는 비록 아주 놀랄 만큼 헌신적으로 버텨내고는 있지만 이제는 한계점에 도달했다. 만일 우리가 프랑스 국민에게 군사적 의미에서 자신들에게 더 의지할 데가 없다는 사실을 깨닫게 해줄 수 있다면 그 한계점이 다가올 것이며 영국의 최강의 군사력도 그 손에서 떨어져 나갈 것이다." 팔켄하인의 분석을 작전에 적용하는 방법은 결정적인 지점에 제한적인 공격을 가하는 것이었다. "프랑스군은 가용한 모든 병력을 그 지점에 투입할 것이다. 만일 그렇게 한다면 프랑스군은 피를 쏟고 죽을 것이다."[44]

팔켄하인은 이미 '결정적인 지점'을 염두에 두었다. 그곳은 1914년 작전 중에 고립되었던 뫼즈 강 만곡부의 요새 베르됭으로, 삼면에서 공격할 수 있는 곳이었고 프랑스의 배후지역으로 연결되는 교통은 열악했지만 독일이 장악하고 있는 주요 철도 종점에서는 겨우 12마일밖에 떨어져 있지 않았다. 팔켄하인은 이른바 심판 작전Operation Gericht[45]에 대한 카이저의 동의를 신속히 확보했고, 반대하는 회첸도르프가 독자적으로 이탈리아를 공격할 준비를 진행하는 동안, 프랑스의 "놀라운 헌신"을 극한까지 시험할 사단들을 모으기 시작했다.

베르됭 공세

베르됭은 로마시대부터 요새였고, 방어시설은 여러 번에 걸쳐 새롭게 개선되었다. 17세기에 세바스티앵 르 프레스트르 드 보방Sébastien Le Prestre de Vauban[46] 후작과 18세기에 나폴레옹 3세가 개선했으며, 가장 가

44. R. Asprey, pp. 218~229

45. 독일군이 베르됭 공세에 붙인 작전명이다. 아래에서 설명하고 있다. 슐리펜 계획에 남부 프랑스에 대한 공격이 없었던 이유는 낭시와 베르됭, 툴루즈 같은 강력한 요새도시들 때문이었다. 베르됭 공세를 결정한 것은 요새를 점령하면 프랑스군의 사기를 크게 꺾을 수 있을 것이고 방어를 위해 프랑스 병력이 많이 몰릴 것이므로 프랑스군의 전력을 크게 약화시킬 수 있으리라고 기대했기 때문이다. 그러나 베르됭 전투는 소모전으로 끝났고 비록 프랑스군에 심리적으로 큰 영향을 미치긴 했어도 전략적으로 볼 때 독일군의 패배였다고 할 수 있다.—옮긴이

46. 1633~1707. 프랑스의 육군 원수. 당대 최고의 군사 기술자로 요새를 설계하고 파괴하는 능력이 뛰어나기로 유명했다.—옮긴이

까운 시기로는 1885년에 작은 도심에서 밖으로 5마일 떨어진 거리에 원형으로 독립된 요새들을 세워 이중요새를 구축했다. 새로운 요새들은 뒤이어 콘크리트와 장갑으로 보강되었지만, 1914년 8월 독일군 중포에 리에주와 나뮈르 요새가 함락하면서 프랑스군은 어느 요새든 믿지 못했으며 베르됭 요새에서 대포를 뜯어내 야전에서 사용했다. 1914년 전투는 베르됭 주변에서 벌어졌지만 베르됭이 지닌 요지로서의 가치는 이후 잊혀졌다. 베르됭은 '조용한 구역'이 되었으며, 베르됭 수비대의 규모는 조금씩 작아져서 1916년 2월이 되면 겨우 제30군단의 3개 사단만 남는다. 다시 말해 향토예비군사단인 제72사단과 역시 예비군사단인 릴Lille 51사단, 그리고 상비사단인 브장송의 14사단이 지키고 있었고, 알제리에서 건너온 제37사단이 예비부대로 대기했다. 수비대를 구성한 사단에서 가장 주목할 만한 부대는 제56, 59경보병대대Chasseurs à pied였는데, 두 대대가 주목받은 이유는 1914년에 베르됭 북쪽의 부아데코르Bois des Caures에서 독일군을 제거하고 그때 이후로 그곳에 주둔했기 때문이기도 하고, 현지 출신 의원으로서 헌법상 불복종 병사였고 미래의 전쟁에 관한 많은 인기 도서를 쓴 작가였던 에밀 드리앙Émile Driant[47] 중령이 지휘했기 때문이기도 했다. 드리앙의 저작 중에서 가장 유명한 『내일의 전쟁La Guerre de demain』은 프랑스가 독일에 큰 승리를 거두리라고 예언했으며, 아카데미 프랑세즈로부터 상을 받았다. 드리앙은 부아데코르에서 베르됭 요새 중 가장 중요한 뫼즈 강 동쪽 강둑 구역을 지휘했다.[48]

1916년 1월과 2월 중에 팔켄하인은 그 반대편과 가까운 지점에서 독일 황태자가 지휘하는 독일 제5군을 상비사단 6개를 포함하는 10개 사단에 엄청난 포대를 집중하여 보강했다. 542문의 중포 중 13문이 420밀리 포였고, 17문이 18개월 전에 벨기에의 요새들을 폐허로 만든 305밀리 곡사포였다. 그리고 이 중포들과 야포와 중구경포에 보급하기 위해 250만 발의 포탄을 비축했다. 18마일에 달하는 프랑스

47. 1855~1916. 사관학교를 졸업하고 제1경기병대대를 지휘했으나, 1889년에 쿠데타를 모의했다가 체포된 불랑제 장군의 사위였기에 고위 장교로 승진할 수 없어 제대했다. 1914년에 현역 의원 신분을 유지하며 대위로 재소집되었다.—옮긴이

48. I. Clarke, *Rumours of War*, Oxford, 1996, pp. 117~118

방어지대 전체—1마일당 독일군 1개 사단과 대포 150문꼴이었다—에 예비 포격을 퍼부을 예정이었다. "포격을 받지 않는 방어선이 없어야 하며, 보급의 가능성이 온전해서는 안 되고, 적군은 어느 곳에서도 안전하다고 느껴서는 안 된다." 팔켄하인의 계획은 잔인하리만큼 간단했다. 서부전선의 결정적이지만 협소한 구석에서 싸워야 하는 프랑스군은 소모전에 증원군을 투입할 수밖에 없을 것이고, 그곳의 물리적 환경은 독일군에 크게 유리하여 프랑스군의 패배가 불가피할 것이었다. 프랑스군은 전투를 포기한다면 베르됭을 잃고, 전투를 계속한다면 군대를 잃을 것이었다.

심판 작전의 개시일은 2월 10일로 계획되었다. 일기가 불순하여 작전 개시가 하루하루 연기되었는데, 그동안 독일군의 공격이 임박했다는 정보가 조금씩 새어나가 방어군의 대비 상태가 개선되었지만,

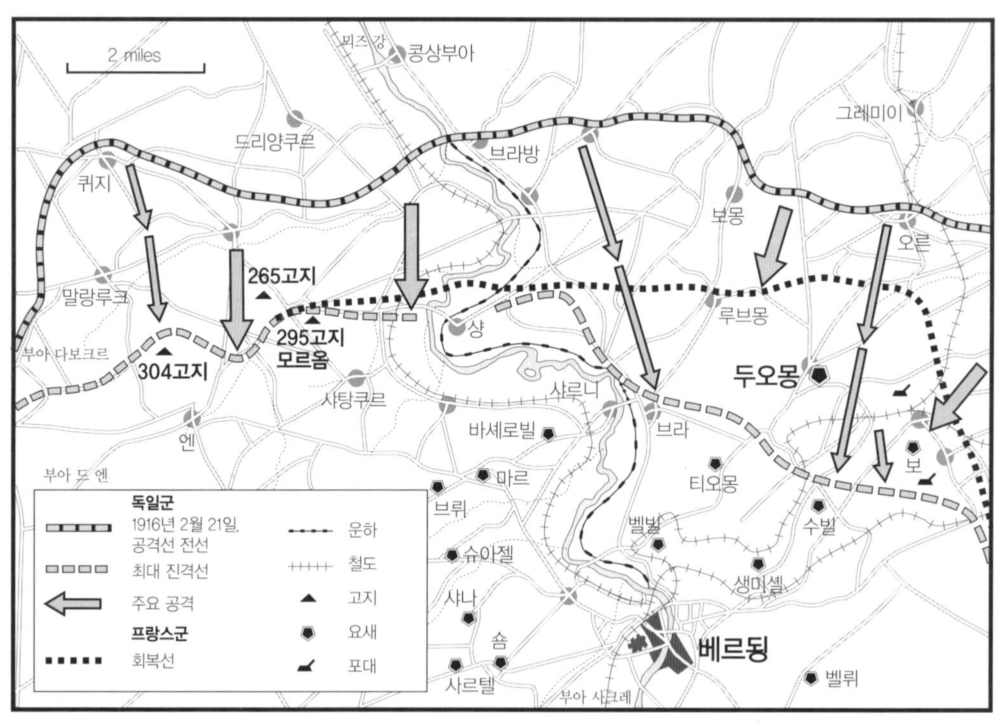

베르됭 전투

49. A. Horne, *The Price of Victory*, London, 1993, p. 43

대포와 병력이 실질적으로 증강되지 않고는 성공적인 저항을 보장할 수 없었다. 2월 19일에 비가 그치고 이튿날 따뜻한 햇볕에 땅이 마른 뒤, 2월 21일 오전 이른 시간에 포격이 시작되었다. 오전 내내 사납게 휘몰아친 포격은 오후까지 이어졌다. 500×1,000야드 사각형인 부아데코르에서 독일군 보병이 나타나기까지 8만 발의 포탄이 떨어진 것으로 추산된다. 일부 병력이 살아남아 싸울 수 있었던 이유는 드리앙이 진지를 매우 세심하게 준비했기 때문이었다.[49]

독일군은 총력으로 공격했다면 폐허가 된 8마일의 적군 진지선을 틀림없이 돌파했겠지만, 그러지 못했다. 작전의 철학은 포격으로 프

1915년 갈리치아에서 오스트리아의 305밀리 곡사포

랑스군 방어선을 파괴하고 뒤이어 보병이 점령한다는 것이었다. 드리앙과 절반의 병사들은 독일군 보병이 궤멸시킬 듯 강력히 돌진하던 이튿날까지 살아남았다. 독일군은 부아데코르 양 측면에 똑같이 진격해왔다. 프랑스군의 바깥쪽 참호선이 무너지고 있었으며, 방어군은 화력과 병력에서 압도되어 보Vaux와 두오몽Douaumont의 오래된 요새로 후퇴했다. 2월 23일 살아남은 제72사단의 어느 중위는 상급부대에 전문을 보냈다. "지휘관과 전 중대장이 모두 전사했다. 나의 대대는 (600명에서) 대략 180명으로 줄었다. 내게는 탄약도 식량도 없다. 어떻게 해야 하는가?"[50] 증원군이 오지 않는 상태에서 할 수 있는 일은 거의 없었다. 2월 24일 외곽 참호선 전체가 돌파되었고, 많은 방어군은 공포에 휩싸여 진지를 포기하고 후방으로 도피했다. 보 요새와 두오몽 요새만 뫼즈 강 상류 고지대 전방 사면에 저항거점으로 유지되고 있었다. 뫼즈 강 고지대가 점령되면 독일군 포대 관측병들이 베르됭 자체와 저항을 지탱하고 있는 뫼즈 강 건너편 교량에 직접 포격을 가할 수 있게 될 터였다. 그 후, 2월 25일에 두오몽 요새가 함락되었다. 제24브란덴부르크 연대의 한 독일군 병장이 어쩌다가 요새의 해자 근처까지 왔다가 내부를 조사해보기로 결심했고 소수의 프랑스군 병사들이 지키고 있는 것을 알고는 허세를 부려 항복을 받아냈던 것이다. 베르됭의 부대와 전선을 보강하기 위해 도착한 첫 번째 증원군은 두오몽 요새가 함락되었다는 소식에 공황 상태에 빠졌다. 뫼즈 강의 교량들을 폭파할 준비가 되었으며 퇴각이 임박했다는 말에 식량 창고가 약탈당했다. 베르됭은 몰락 직전에 있는 것 같았다.

만약 베르됭이 함락되었다면 그 결과는 프랑스의 전쟁 수행에 이로웠을지도 모른다. 왜냐하면 베르됭은 진정한 죽음의 함정이었던 반면 그 후방의 울퉁불퉁한 숲지대는 방어하기에 최적의 장소였기 때문이다. 프랑스가 다가올 몇 달 동안 그 희생의 도시 안팎에서 입게 될 병력의 손실보다 훨씬 더 적은 목숨을 희생하고도 지킬 수 있는 곳이

50. A. Horne, *Price*, p. 97

51. 페탱은 1915년 7월에 제2군 사령관이 되었으며 베르됭 전투 중에 중부집단군 사령관으로 승진한다.—옮긴이

었다. 그러나 2월 25일 오전에 조프르의 부관으로 마른 강의 제2군을 지휘했었던 드 카스텔노가 베르됭에 도착하여 상황을 파악하고는 전진 기지들을 사수해야 한다고 결정했다. '전투하는 장군'으로 낭만주의자였고 독실한 가톨릭 신자에 유서 깊은 프랑스 군인가문 출신이었던 드 카스텔노는 베르됭 전투를 조국이 국가의 영토를 유지하고 최종적인 승리의 희망을 살릴 수 있는가를 시험하는 시금석으로 간주했다. 2월 25일에 드 카스텔노가 취한 결정은 팔켄하인이 바라던 바일 수 있었으며, 이를 이행할 자로 선정된 군인 필리프 페탱은 팔켄하인이 선택할 만한 상대였다. 페탱은 포기를 모르는 자였다. 말이 없고 매력 없는 인물인 페탱은 공격 정책을 불신했기에 전쟁 전 육군에서는 진급하지 못했다. 그러나 전쟁이 발발하자 페탱은 희생을 보았다고 단념해서는 안 된다는 단호함을 보였고 고속 승진했다. 샤를 드골이 초급장교로 있었던 제33연대의 대령에서 1916년이면 제2군 사령관이 되어 있었다.[51] 페탱은 베르됭에 도착하자마자 새로운 증원군으로 도착한 제20군단장에 전화를 걸어 이렇게 말했다. "내가 지휘한다. 부대에 말하라. 사수하라고."

페탱은 즉시 방어에 필수적인 조건 두 가지를 확인했다. 하나는 자신이 직접 통제하고 있던 포대를 조정하는 것이고, 다른 하나는 보급선을 여는 것이었다. 그리하여 이제는 전선을 고수하거나 뫼즈 강 너머 협소한 계곡들을 지나 전투에 돌입하려 전진하는 독일군이 끝없는 포탄 세례를 받을 차례였다. 베르됭 너머에서는 50마일 밖의 바르르뒤크Bar-le-Duc로 이어지는 단 하나의 도로가 보급로였는데 오로지 트럭만 다닐 수 있었다. 2,000톤에 달하는 수비대의 일일 보급품을 운반하기 위해 3,500대가 모여 있었다. 병력은 도로 옆의 들판으로 이동하라는 명령을 받았다. 고장 난 트럭은 불철주야로 움직이는 운송을 방해하지 않기 위해 도로에서 밀어냈다. 도로 보수에 1개 향토사단 전체가 투입되었으며, 프랑스는 추가 운송수단을 찾아 헤맸다.

결국 이른바 부아사크레Voie Sacrée[52]에 1만 2,000대의 트럭이 오갔다.

팔켄하인은 프랑스군이 속죄의 전투를 수행하기를 원했다. 팔켄하인은 프랑스군이 보여줄 열의를 예상하지 못했다. 이미 2월 27일에 독일군은 "어디서도 성공하지 못했다"고 기록했다.[53] '강철' 제20군단이 전선에 투입되었고, 병사들은 지키던 땅을 단 한 뼘도 내놓지 않기 위해 필사적으로 싸우며 희생했다. 샤를 드골도 그날 부상당하고 포로가 된 제20군단 병사들 중 1명이었다. 독일군은 포대를 전선에 더욱 가깝게 배치하여 프랑스군 보병의 저항을 극복하려 했다. 그렇게 하려면 습한 땅을 지나야 했는데 포 1문을 옮기는 데 더 많은 말이 필요했다. 이런 시도의 즉각적인 귀결은 견인하는 말의 희생이 끔찍하게 증가한 것이었다—하루에 7,000마리가 죽었다고 전해진다—. 그러나 포격이 점점 더 심해졌는데도 프랑스군 방어선은 꿈쩍도 하지 않았다. 2월 27일 독일군은 4마일을 전진했고 도시에서 4마일 거리의 안쪽까지 닿았으나 공세를 강화해도 전선을 더 밀고 나갈 수 없었다.

2월의 마지막 날, 팔켄하인과 황태자는 새로운 전략을 의논했고 의견일치를 보았다. 뫼즈 강 동쪽 강둑의 협소한 지점을 정면공격해서 성공하지 못했으므로, 프랑스군이 모르 옴Mort Homme과 304고지Côte 304의 산 너머에 포대를 숨기고 있는 서쪽 강둑까지 공세를 확대해야 했다. 그 숨어 있는 포대 때문에 베르됭을 내려다볼 수 있는 지점에 도달하려는 독일군 보병의 노력이 실패했다. 서쪽 강둑의 지형은 동쪽 강둑의 지형과 달랐다. 울퉁불퉁한 숲지대가 아니라 기복이 있는 개활지였다. 팔켄하인은 애초에 그곳을 공격 계획에 포함시키라는 조언을 받았다. 이유인즉 더 쉽게 전진할 수 있다는 얘기였다. 공격 첫날인 3월 6일에 실제로 전진이 쉬워졌다. 그날 프랑스군 제67예비군사단이 몰락했다. 그러나 프랑스군은 곧 반격했고 잃은 땅을 되찾았으며 다시 한 번 전선은 고착되었다. 동쪽 강둑에서 두오몽 요새 인근의 보 요새 방면으로 동시에 전개한 공격도 똑같이 무력했다. 페

52. 성스러운 길이라는 뜻. 바르르뒤크와 베르됭 사이의 이 보급로를 대전이 끝난 후 그렇게 불렀다.—옮긴이

53. A. Horne, *Price*, p. 149

54. 독일인을 경멸적으로 부르는 속어.—옮긴이

허가 된 보 마을은 3월 중에 13번이나 주인이 바뀌었고, 요새 자체도 여전히 독일군의 힘이 미치지 못하는 곳에서 애를 태우고 있었다. 게다가 요새는 견고했다. 프랑스군과 독일군 모두 리에주와 나뮈르의 교훈이 생각만큼 결정적이지 않다는 점을 배우고 있었다. 점거하고 있는 수비대가 중포 사격이 끝날 때까지 참아내고 방비 없이 공격하는 보병을 기다릴 수 있다면, 아주 오래된 요새라도 집중포격을 오래 버틸 수 있었고 참호선을 지켜낼 수 있었다. 훗날 독일군으로부터 지켜야 하는 곳이라면 어디든 완강하게 방어했다고 존경을 받은 벨기에인들이 포기했던 것은 경험이 부족한 탓이었다. 1916년에 프랑스군은 대포소리가 실제보다 더 큰 파괴력을 지닌 것처럼 들린다는 사실을 깨달았고, 대담하게 포격이 끝날 때까지 기다렸다가 공격하는 보병에게 소화기로 살인적인 총알 세례를 퍼부어 보복했다.

4월이 시작하면서, 아군을 적군만큼 희생시키지 않고도 소모전을 승리로 이끌 수 있다는 팔켄하인의 믿음은 사라지고 있었다. 뫼즈 강 동쪽의 협소한 전선에서 개시한 공격은 외곽 요새를 연결하는 선에서 저지당했다. 서쪽 강둑에서 펼친 두 번째 공세는 모르 옴과 304고지에서 내리쏘는 사격에 무산되었다. 4월 초, 제한적 공세라는 전략을 포기하고 이제 거의 20마일에 달했던 전선 전체에서 공격하자는 결정이 내려졌다. 작전은 4월 9일에 시작했고 나흘간 지속되었으나 쏟아 붓는 비에 그달 내내 모든 교전이 중단되었다. 첫날, 독일군은 모르 옴의 정상이라고 생각한 곳에 도착했지만 진짜 정상은 아직 닿지 못했다는 사실만 확인했다. 이후 지형을 차지하기 위한 전투는 포격전으로 귀결되었다. 프랑스군 제146연대의 장교였던 오귀스탱 코솅August Cochin은 4월 9일에서 14일까지 모르 옴의 참호에서 보냈는데 독일군은 단 1명도 보지 못했다. "마지막 이틀은 얼음처럼 차가운 진창에 젖어 끔찍한 포격을 받았는데 피할 데라곤 좁은 참호뿐이었다. …… 보슈Boche[54]는 당연하게도 공격하지 않았다. 공격했다면 바보 같은 ……

결과를 나았을 것이다. 나는 175명을 이끌고 그곳에 도착했지만 돌아올 때는 34명뿐이었다. 상당수가 거의 절반쯤 미쳤다. …… 내가 말을 걸어도 대답하지 않았다."[55]

나쁜 일기가 누그러진 후 5월에 독일군의 노력이 집중된 곳은 모르 옴이었다. 5월 8일 프랑스군은 진짜 정상을 빼앗겼으나 인근 산비탈을 사수하며 버텼고, 독일군은 5월 내내 조금씩 그곳을 찔러댔다. 페탱이 지휘권을 잡으면서 설정한 최후 저지선은 독일군이 전진하면서 무너졌지만, 독일군의 진격이 너무 느렸기에 베르됭 요새의 온전함을 해치지 못했다. 비록 프랑스군도 비슷했지만, 독일군의 희생은 전사자와 부상자를 포함하여 이제 10만 명을 넘어섰다. 독일군 사상자의 대부분은 동일한 제대에 속했다. 프랑스군에서는 여러 사단이 교대로 베르됭을 거쳐 갔지만, 독일군은 전선의 사단들을 유지한 까닭에 보충 병력의 사상자도 많았다. 4월 말까지 42개의 프랑스군 사단이 베르됭 구역을 거쳐 갔지만 독일군 사단은 30개였고, 이 차이는 지속된다.[56] 첫날에 공격했던 독일군 제5사단은 2월 말까지 전선에 있다가 3월 8일에서 15일까지, 그리고 4월 22일에서 5월 말까지 투입되었다. 제25사단은 2월 27일에서 3월 16일까지, 4월 10일에서 25일까지, 그리고 다시 5월 19일까지 교전했다. 3월에서 5월 사이에 독일군 보병연대의 사상자는 8,549명에 이르렀고 이는 그 전력의 100퍼센트를 상회했다.

양측의 높은 사망률은 프랑스군이 기회만 주어지면 반격하는 '적극적 방어' 정책을 추구한 결과였다. 한 번은 두오몽에서 기회가 왔다. 5월 8일에 점령된 요새 안에서 부주의로 독일군 탄약고가 폭발했다. 엄청난 폭발을 목격한 프랑스군은 5월 22일에 요새를 재탈환하는 모험을 감행했고, 공격군은 요새의 바깥 보루를 습격하여 외벽을 오르는 데 성공했다가 하루 뒤에 쫓겨났다. 그렇지만 주도권은 독일군에 있었다. 할 수만 있으면 언제라도 공격했던 독일군은 6월 초에 결정

55. A. Horne, *Price*, pp. 168~169

56. C. Cruttwell, p. 249

57. A. Horne, *Price*, pp. 252~266

58. A. Horne, *Price*, p. 284

59. 1890~1957. 1942년에 푸른 작전(Fall Blau)으로 스탈린그라드 공격을 지휘했다.—옮긴이

60. *251 Divisions*, pp. 8~11

적인 공세를 위해 병력을 집결시켰다. 제1바이에른 군단과 제10예비군군단, 제15군단의 사단들로 구성된 병력은 포 600문의 지원을 받아 3마일의 전선에 나란히 전개했다. 전선 1야드당 병사 1명꼴이었다. 목표는 보 요새였고, 독일군은 6월 1일에서 7일 사이에 처음 포위한 뒤 구간별로 파괴했다. 결국 수비대 사령관 레날 소령은 물이 부족하여 항복할 수밖에 없었다. 공격군은 레날을 전장의 예로써 대우했고, 레날을 사로잡은 독일의 황태자는 레날에게 두고 온 검을 대신할 새 검을 선사했다.[57]

이제 베르됭의 직접 지휘권은 페탱에게서 니벨로 넘어갔다. 조프르도 사상자 수를 너무 무시하는 페탱이 걱정스러웠기 때문이다. 포 전문가로 달변에 설득력이 뛰어났던 니벨은 완벽한 영어 구사력과 정치인을 설득하는 능력 덕에 개전 이후 고속 승진했다. 니벨은 이미 프랑스 포의 정확도를 개선하고 있었고, 이 덕에 프랑스 포는 적군 포에 우세를 점하기 시작했으며 종국에는 전황을 프랑스에 유리하게 바꾸어 놓았다. 그러나 그동안 독일군은 공세를 지속하여 동쪽 강둑에 오목한 땅을 획득했고 남아 있는 프랑스 요새 수빌Souville과 타반Tavannes을 향해 밀고 들어갔다. 수빌에서 "베르됭까지는 내내 내리막으로 거리는 2마일 반에 못 미쳤다. …… 수빌 요새가 적의 수중에 떨어지면, 베르됭이 적의 손에 들어가는 것은 시간문제일 것이다."[58] 독일군은 보 요새가 함락된 뒤 가차없이 압박을 계속했고 6월 22일에 베르됭의 포 1,800문 중 600문이 모여 있는 프랑스군 포대 선에 '녹십자Grünkreuz' 가스폭탄—염소가스를 개선한 형태—을 퍼부은 뒤 새로이 공격에 나섰다. 일시적으로 포의 보호를 받지 못한 프랑스군은 바이에른 근위대와 경보병으로 구성된 정예 산악사단 알펜코르Alpenkorps의 공격을 받고 휘청거렸다. 경보병연대 장교 중에는 훗날 스탈린그라드에서 제6군을 지휘하는 프리드리히 파울루스Friedrich Paulus[59] 중위도 있었다.[60] 알펜코르의 어느 병사는 포격 후 성공적인 진격 중에 수빌

의 고지에서 베르됭의 지붕들을 얼핏 보았다고 기록했다. 그러나 이 병사는 필시 잘못 보았을 것이다. 오후에 독일군의 진격은 요새 주변 굴곡진 땅에서 진격을 멈추었고, 빼앗은 땅의 선두에 섰던 병사들은 여름의 열기 속에 갈증으로 고생했다. 후방에서 물을 가져올 수 없었고, 밤이 되자 알펜코르는 전진 노력을 중단했다.

그날, 6월 23일은 베르됭 공세의 중대시점인 동시에 위기였다. 2월 21일 이후로 약 200만 발의 포탄이 전투지역에 쏟아져 전망의 지형은 완전히 변했으며, 숲은 산산이 파괴되었고, 촌락들이 사라졌으며, 지표면은 폭발에 움푹 패여 마맛자국이 난 것 같았는데 맞은 자리에 거듭 포탄이 떨어졌다. 단연 최악이었던 것은 인명의 살상이었다. 6월 말까지 양측에서 죽거나 다친 사람이 각각 20만 명을 넘어섰다. 프랑스군이 더 큰 손실을 입었는데, 독일군보다 3분의 1이 적은 병력으로 전투를 시작했기 때문이다. 그렇지만 베르됭은 양쪽 군대에 똑같이 승리를 가져올 수 없는 공포와 죽음의 땅이었다. 독일군은 7월 11일에 마지막 공격을 가하여 수빌 요새에 도달했지만 곧 쫓겨났다. 그 후 독일군은 베르됭에서 프랑스군을 절멸시키려는 노력을 중단했고 다시 방어태세로 되돌아갔다. 한동안 베르됭은 평온한 구역이 되었다. 10월에 프랑스군이 잃은 땅을 회복하려 움직였다. 10월 24일 프랑스군은 두오몽을 재탈환했으며, 12월 15일에 더 큰 규모의 공세를 전개하여 전투가 시작된 이래 빼앗긴 동쪽 강둑의 땅 대부분을 되찾았다. 그러나 그때쯤이면 7월 1일 이후로 사납게 휘몰아친 다른 전투가 서부전선의 십자가를 베르됭에서 솜 강으로 완전히 옮겨버렸다.

솜 강 공세

팔켄하인은 베르됭 전투를 프랑스군의 "피를 완전히 빼내고" 영국군의 "최강의 군사력"을 파괴하는 작전으로 계획했다. 그렇지만 전투가 아직 여섯 달이나 더 진행되어야 했을 시점인 6월에도 두 가지 목

61. R. Asprey, pp. 111~112

적을 달성하는 데 실패했으며, 그리하여 팔켄하인도 참모총장으로서 신임을 잃었다. 팔켄하인은 매력적이고 지능이 뛰어났으며 풍채가 좋고 솔직하며 참모장교와 전쟁장관으로서 거만하다고 말할 수 있을 정도로 자신감을 가졌으며 또 능력을 입증했지만 대중의 마음속에서 승리보다는 패배와 결합되는 불명예를 떠안았다.[61] 슐리펜 계획이 실패하고—실패는 계획의 결함에 내재했다—서부전선이 참호로 고착된 책임은 모두 몰트케의 탓이라고 해야 옳으나 실제로는 몰트케의 후임자인 팔켄하인에 귀속되었다. 동부전선의 탄넨베르크 승리와 심지어는 고를리체-타르누프의 승리까지도 힌덴부르크와 힌덴부르크의 또 다른 자아인 루덴도르프의 업적으로 보였다. 팔켄하인은 오스트리아군 참모총장 콘라트 폰 회첸도르프와 연합한 탓에 세르비아군과 러시아군에 맞서 초라한 모습을 보여준 오스트리아-헝가리 군대의 책임도 나누어 졌으며, 나아가 이탈리아의 참전 동기가 본질적으로 오스트리아에 반대하는 것이었기 때문에 이탈리아의 참전으로도 비난을 받아야 했다. 의심의 여지없이 팔켄하인이 유일하게 주도한 것으로 성공했다면 공을 인정받았을 작전은 베르됭이었다. 그렇지만 한여름이 되면 베르됭 공세는 참혹한 패배였음이 명백해졌다. 솜 강에서 영국-프랑스군의 공격을 알렸던 엄청난 포격이 개시되기 전에도, 팔켄하인의 최고 지휘권 장악력은 약해졌다. 승진과 절정의 별은 이미 동부전선의 거인 힌덴부르크에게 넘어갔다. 힌덴부르크는 8월에 팔켄하인을 대신한다.

솜 강 전투는 또 한 명의 떠오르는 별 더글러스 헤이그 장군의 계획이 된다. 영국원정군을 이끌고 프랑스로 건너온 '작은 원수' 존 프렌치는 서서히 지쳐갔다. 아꼈던 상비군이, 다시 말해서 영광의 시절인 보어전쟁 때부터 싸운 노병들, 자신도 한때 소속되었던 기병대의 명민한 젊은 병사들, 샌드허스트 출신의 열심이었던 중위들, 남아프리카의 초원과 사냥터에서 같이 했던 점잖고 성실한 한 세대의 소령

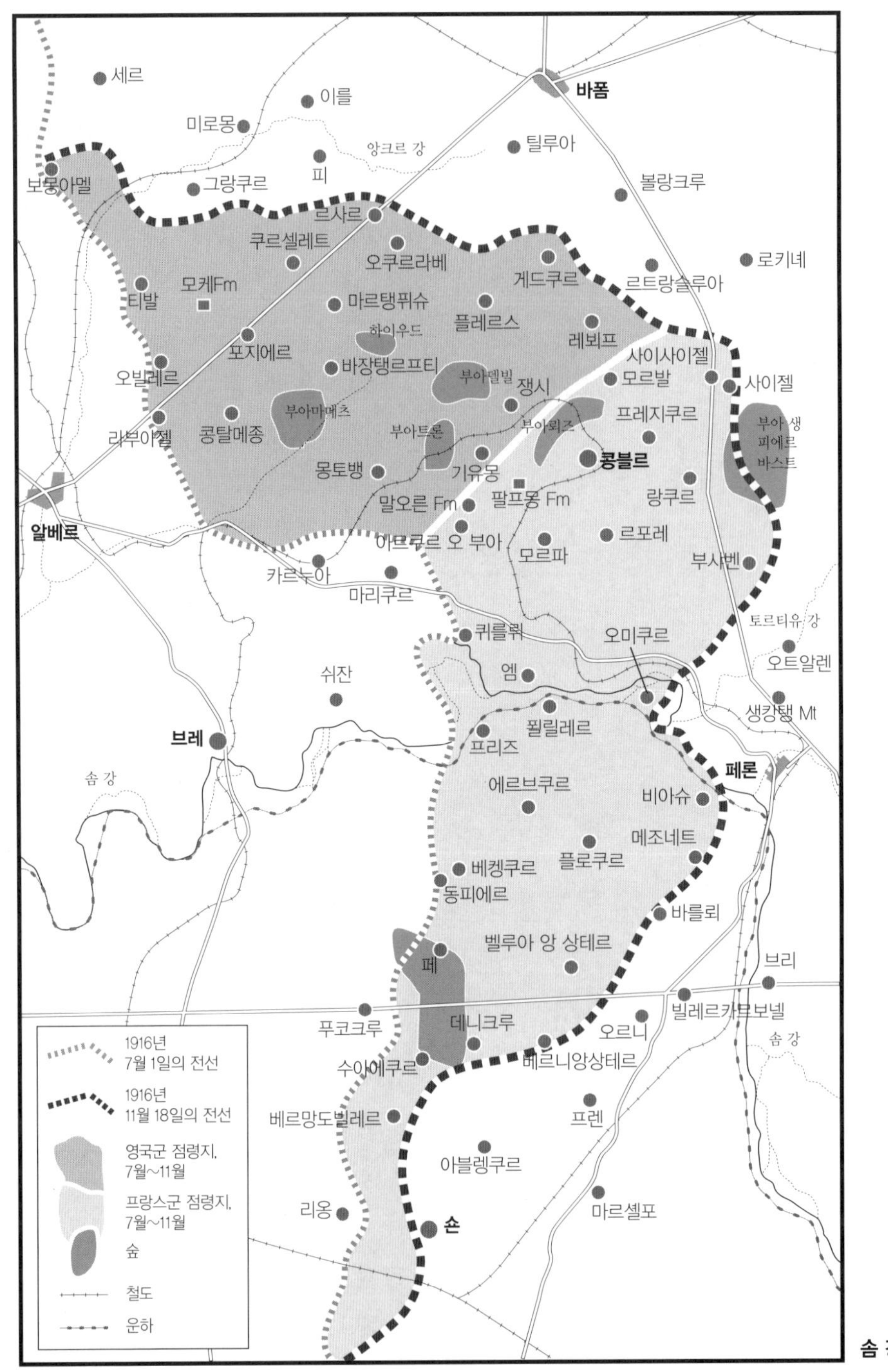
세르
이를
바폼
미로몽
앙크르 강
틸루아
보몽아멜
그랑쿠르
피
볼랑크루
르사르
쿠르셀레트
오쿠르라베
로키녜
게드쿠르
르트랑슬루아
모케Fm
티발
마르탱퓌슈
플레르스
하이우드
레뵈프
포지에르
사이사이젤
오빌레르
바장탱르프티
부아델빌
모르발
사이젤
쟁시
라부아젤
부아마메츠
부아트론
부아뢰즈
프레지쿠르
부아 생 피에르 바스트
콩탈메종
콩블르
몽토뱅
기유몽
랑쿠르
알베르
말오른 Fm
팔프롱 Fm
르포레
아르쿠르 오 부아
모르파
부사벤
카르누아
마리쿠르
토르티유 강
퀴를뤼
오미쿠르
오트알렌
쉬잔
엠
생캉탱 Mt
펠릴레르
브레
프리즈
페론
솜 강
에르브쿠르
비아슈
메조네트
플로쿠르
베켕쿠르
동피에르
바를뢰
벨루아 앙 상테르
브리
페
빌레르카르보넬
푸코크루
데니크루
오르니
솜 강
수아에쿠르
베르니앙상테르
베르망도빌레르
프렌
아블렝쿠르
리옹
마르셀포
숀
1916년 7월 1일의 전선
1916년 11월 18일의 전선
영국군 점령지, 7월~11월
프랑스군 점령지, 7월~11월
숲
철도
운하

솜 강 전투

과 대령들이 소모전에서 사라졌기 때문이다.[62] 존 프렌치는 너무 많은 사람들이 전사—1914년 11월까지 최초 7개 사단[63]의 사상자는 9만 명으로, 동원된 병력의 100퍼센트를 초과했다—해서 괴로웠으며, 명백히 의무감에 사로잡혀 한 일이긴 하지만 군 병원을 순회하며 부상자들에게 말을 건네야 했기에 고통은 배가되었다. "친애하는 병사들이 얼마나 훌륭하고 활기차며 인내심이 강한지 보고 있자니 끔찍이도 슬프고 애처롭다. …… 나는 이 모든 것이 너무도 싫다! …… 그렇게 무섭도록 슬프고 우울한 것이 싫다."[64] 프렌치는 현대전이나 국가 간 분쟁의 정치에 적합하지 않았다. 프렌치는 청년 장교 시절에 알고 있었던 봉건기사 같은 7년 복무 병사들이 사라지는 것을 본능적으로 슬퍼했지만, 수십만 명씩 쏟아져 들어오는 시민 병사들을 동정할 수 없었고, 육군의 동년배나 후배 부하들이 정통했던 내각의 게임에도 능숙하지 못했다. 영국원정군 제1군 사령관 더글러스 헤이그는 명사들, 특히 궁정과의 관계에서 능숙했다. 헤이그는 왕실의 궁녀를 소개받은 뒤 얼마 되지 않아 성급하게 결혼했고, 서부전선이 교착상태에 빠진 직후 국왕 조지 5세와 사사로이 서신을 교환하라는 청에 응했다. 영국원정군 고위 장교단의 다른 사람들은 1915년 말이면 프렌치가 최고 지휘권을 계속 행사하기에는 무능력하다는 믿음을 공유했고, 정부도 이런 견해를 알게 되었다. 그러나 칼을 휘두른 자는 헤이그였다. 헤이그는 10월 말 프랑스를 방문한 국왕에게 프렌치는 "군의 큰 결점의 근원이며, 이제 누구도 프렌치를 신뢰하지 않는다"라고 직접 말했다. 전부 사실이었지만, 헤이그가 어떤 자격으로도 의무를 다할 준비가 되어 있다고 덧붙이지 않았더라면 자신에게 더 좋았을 것이다. '어떤 자격'은 분명 프렌치의 후임을 뜻했고, 국왕과 수상, 그리고 마찬가지로 자리가 위태로웠지만 여전히 전쟁장관이었던 키치너가 더 협의한 끝에 1915년 12월 16일에 헤이그는 영국원정군 사령관이 되었다.[65]

62. R. Holmes, p. 256

63. 영국원정군은 최초에 보병 제1군, 2군, 3군에 제1사단에서 6사단까지 6개 사단, 그리고 제1기병사단으로 구성되었다.—옮긴이

64. R. Holmes, p. 314

65. R. Holmes, p. 308

당대인들도 알 수 없는 사람이라고 생각했던 헤이그는 지금도 수수께끼의 인물이다. 1차 세계대전의 성공한 장군들은, 다시 말해서 철저히 패했거나 점차 비관론에 빠지지 않았던 자들은 무정한 인간들이었다. 책상 위에 쌓여가는 사상자 수치에 무감해야 했다. 그렇지만 일부는 강인한 정신에 약간의 인상적인 인성을 더하는 데 성공했다. 예를 들면 이런 강인함에 조프르는 침착함을, 힌덴부르크는 진지함을, 포슈는 불같은 정열을, 케말은 확신을 결합했다. 과거에나 지금이나 공적 태도와 사사로운 일기에서 인간의 고통을 배려하는 구석이라곤 찾아볼 수 없는 헤이그는 냉담한 성격 탓에 뭇사람의 인기를 얻지 못했다. 헤이그는 마치 더 숭고한 목적과 개인의 운명을 얘기하는 마음속의 어떤 목소리에 인도된 듯이 1차 세계대전의 공포를 견딘 것 같았다. 이제 우리가 알고 있듯이, 이는 단지 밖으로 드러나는 것에 그치지 않았다. 헤이그는 심령 의식과 근본주의적 종교에 열성적인 사람이었다.[66] 헤이그는 청년 장교 시절에 심령 집회에 간 적이 있었는데, 그곳에서 어떤 영매에 이끌려 나폴레옹을 만났다. 영국원정군 총사령관 헤이그는 어느 장로교 목사의 영향을 받았는데, 그 목사의 설교로 자신이 신과 직접 교통하고 있으며 세상을 위한 신의 계획에서 중대한 역할을 수행하고 있다고 확신하게 되었다. 헤이그는 또한 병사들이 자신의 단순한 종교를 공유한다고, 바로 그렇기 때문에 자신이 지휘하는 대로 제 몫의 전쟁인 위험과 고통을 감내할 마음을 얻었다고 확신했다.[67]

헤이그는 이상한 점이 있었지만 유능한 군인이었다. 현대 군 활동의 모든 부문에서 프렌치보다 뛰어났던 헤이그의 솜씨는 솜 강 전투 준비에서 가장 돋보였다. 그 텅 빈 고지대는 전쟁 초기 몇 주가 지나면 다툼의 대상이 아니었다. 적진의 독일군은 1914년 이래 누렸던 평화를 이용하여 서부전선에 최강의 진지를 구축했다. 딱딱하고 건조한 백악질 토양은 파기가 수월했다. 독일군이 지표면 아래 30피트 깊

66. G. De Groot, *Douglas Haig*, London, 1988, pp. 117~118

67. G. De Groot, p. 44

68. *251 Divisions*, passim

69. 1864~1925. 샌드허스트 사관학교를 나와 1884년에 육군에 입대했다. 버마에서 복무했으며 보어전쟁에 참여했다. 대전이 발발했을 때 제4군단장이었고 1915년에 제1군 사령관에 올랐으나 상관의 전술에 이의를 제기하며 전선에서 이탈했다. 갈리폴리 철군을 잘 지휘한 뒤 다시 서부전선으로 들어가 솜 강 공세에서 제4군 사령관을 맡았다. 1917년에서 1918년까지는 제2군 사령관을 맡았다. 혁신적인 전술을 적극적으로 이용하려 했던 것으로 유명하다.—옮긴이

이로 파낸 대피호는 포격에 손상되지 않았고 포위 공격을 견딜 수 있도록 식량을 비축해 두었으며 깊이 판 교통호와 땅속에 묻은 전화선으로 후방과 연결되었다. 지상에는 기관총 사대를 망상으로 구축해 놓아 나무가 없는 고원지대에서 적이 어느 곳에서 접근하든지 겨눌 수 있었으며, 기관총 참호 앞에는 가시철조망을 빽빽하게 설치해 놓았다. 독일군에겐 그럴 시간이 있었다. 솜 강 구역을 지키고 있는 6개 사단 중 제52사단은 1915년 4월부터 그곳에 주둔했으며, 제12사단은 10월부터, 제26예비군사단과 제28예비군사단은 1914년 9월부터 주둔했다. 이들은 공고히 지키고 있었다.[68]

중간지대의 반대편에는 1914년 이전에 아무것도 해 놓은 것이 없었다. 그 구역은 영국군 참호선이 1915년 8월에 남쪽으로 더 연장되기까지 프랑스군이 담당하고 있었는데, 최전방의 소수 보병과 포대로 지키던 '조용한 전선'이었다. 영국군은 좀 더 공격적인 분위기를 띠었지만, 헤이그가 지휘권을 쥐었을 때에도 대규모 공세의 기반은 갖추어지지 않았다. 헤이그의 지휘하에, 장이 서는 작은 도읍 알베르Albert에서 뒤쪽으로 25마일 떨어진 곳의 도청소재지 아미앵에 이르는 솜 강의 배후지역은 거대한 군 야영지로 변모했다. 전선으로 이어지는 도로들이 새로 개설되었고, 임시 탄약고와 포진지, 공격에 나설 군대를 위한 야영지가 도처를 뒤덮었다. 군사 전문가였던 헤이그는 흠잡을 데가 없었다. 그렇지만 전술가의 재능은 아직 입증되지 않았다.

솜 강에 집결했던 군대는 최고사령부나 자신들을 의심하지 않았다. 부대는 20개 사단으로 구성되었는데, 대체로 장군 헨리 롤린슨Henry Rawlinson[69] 경이 지휘하는 새로운 제4군 소속이었다. 대다수가 전쟁을 처음으로 경험하는 사단들이었다. 몇몇 사단은 옛 상비군부대였다. 제4사단, 7사단, 8사단, 29사단인데 최초의 영국원정군과 갈리폴리 전투의 고된 시련 이후 바뀐 부대들이었다. 제46, 56, 48, 49사단의 4개 사단은 향토군사단으로 1915년 봄부터 프랑스에 주둔했다. 나머지

는 시민 자원병들로 구성된 '키치너' 부대로 다수가 '팰스' 대대나 '첨스' 대대였다. 이 병사들에게 솜 강 전투는 첫 번째 전투가 된다. 이 키치너 부대는 10개 사단으로, 가장 오래된 제9스코틀랜드 사단은 1915년 5월에 프랑스에 도착했지만 제34사단은 1916년 1월에야 도착했다.[70] 가장 특이한 부대는 제36(얼스터Ulster)사단으로 전부가 아일랜드 자치에 반대한 아일랜드 개신교도들의 얼스터 의용군Ulster Volunteer Force[71]으로 구성되었다. 전쟁이 발발하자 단체로 자원한 자들이었다. 얼스터 의용군이 키치너 사단의 동료들과 유일하게 다른 점은 전쟁 이전에 군사훈련을 받은 경험이 있다는 것이지만, 전투의 현실에 익숙하지 않다는 점에서는 다른 동료들과 매한가지였다. 보병대대들은 완전한 무경험자들이었다. 지원포대도 마찬가지로 경험이 없었는데, 이는 더욱 결정적이었다. 곧 있을 공격의 성공 여부가 포대의 정확한 사격과 신속한 표적 이동에 의존했기 때문이다.

헤이그가 계획한 솜 강 전투는 간단했다. 윤곽은 팔켄하인의 베르됭 공세와 유사했는데, 다른 점이 있다면 헤이그는 적군을 참호선을 사수하는 소모전에 묶어두기보다는 적진을 깨뜨리고자 했다는 것이다. 공격에 앞서 일주일 동안 100만 발이라는 엄청난 양의 포탄을 쏟아부을 작정이었다. 공격 개시일로 정한 7월 1일에 포격소리가 잦아들면 영국군 19개 사단과 베르됭 전투가 호되게 지속되던 중에도 아껴두었던 솜 강 남쪽의 프랑스군 3개 사단이, 포격을 견뎌낸 적군이 정신을 잃고 전투력을 상실했으리라는 기대를 안고 중간지대를 가로질러 전진하여 망가진 가시철조망을 통과하고 참호를 빼앗은 후 배후의 개활지로 이동할 것이었다. 헤이그와 부하들 대부분은 포격이 가져올 파괴 효과를 지나치게 확신한 나머지, 일부가 엎드려 일제사격으로 나머지의 전진을 엄호하는 '사격과 기동'이라는 검증된 방법으로 신출내기 보병들을 전진시키지 않고 똑바로 서서 직선으로 전진하게 했다. 루스Loos 전투[72]에서 참모본부의 주된 관심사는 "부대를 보호"

70. I. Beckett and K. Simpson, pp. 235~236

71. 1912년에 아일랜드 자치를 막기 위해 연합파의 민병대로 출발한 얼스터 의용대가 1913년에 의용군으로 개칭되었다. 1914년에 연합왕국 내의 아일랜드에 자치를 허용하는 자치법(Home Rule Act)이 통과되었고, 원안과 다르게 북아일랜드 일부를 제외한 아일랜드 대부분은 1922년에 아일랜드 자유국(Irish Free State)으로 독립했다. 얼스터 의용대는 북아일랜드를 포함해 완전독립을 요구하는 아일랜드공화국군(IRA)에 대항하기 위해 조직되었다.—옮긴이

72. 1915년 9월 25일부터 10월 8일까지 진행된 이른바 3차 아르투아 전투. 영국군 제1군 사령관 더글러스 헤이그가 영국–프랑스군을 지휘하여 독일군 참호선을 공격했다가 결국 독일군에 격퇴당했다. 영국군은 개활지로 진격하여 독일군의 기관총과 포에 완전히 노출된 탓에 많은 사상자를 냈다. 사단장 3명을 포함하여 2만 명 이상이 전사했다. 전투의 와중에 영국–프랑스군은 파드칼레 도의 작은 코뮌 로스Loos-en-Gohelle를 장악했었다.—옮긴이

73. P. Griffith, *Battle Tactics of the Western Front*, London, 1994, p. 56

74. T. Travers, *The Killing Ground*, London, 1987, p. 144

75. M. Farndale, *A History of the Royal Artillery: The Western Front, 1914~1918*, London, 1986, p. 144

하는 것이었다. 그래서 예비부대는 전선 뒤에 지나치게 멀리 대기했고 뒤늦게 전방으로 보내졌을 때에는 밀집하여 전개했다.[73] 솜 강 전투 직전에는 엄호하는 병사들이 일단 엎드린 다음에는 전진을 재개하지 않을 가능성이 염려되었다. 전투 전술 지침인 '사단의 공격훈련'(SS109)과 이와 관련된 제4군의 훈령은 둘 다 병력을 연이은 물결 모양으로 혹은 줄지어 이동시킬 것과 참여한 모든 병력의 지속적인 이동을 규정했다. "공격부대는 일정한 속도로 줄지어 전진해야 하며, 각 열은 선행 열에 새로운 추진력을 주어야 한다."[74]

최고사령관 헤이그와 공격부대를 지휘하는 롤린슨은 따라야 할 전술에서는 의견이 일치했지만 공격 목표에 관해서는 그렇지 않았다. 헤이그는 출발선에서 7마일 거리의 솜 강 고지대 먼 쪽에 있는 장이 서는 도읍 바폼Bapaume까지 돌파할 것을 기대했다. 롤린슨은 제한된 성과를 기대했다. 독일군 참호선을 한 번 '물어'준 다음 연이어 공격해서 조금씩 땅을 빼앗을 작정이었다. 이후 전개되는 사태가 보여주듯이 롤린슨이 좀 더 현실적이었다. 그러나 두 장군 모두 예비 공격이 거둘 성과를 예상한 것에는 비현실적이었다. 예비 포격에서 야포 1,000문과 중포 180문, 중곡사포 245문으로 거의 300만 발을 퍼부었다. 야포 1문이 담당한 구역이 전선 20야드였고, 중포나 곡사포는 58야드씩 담당했다.[75] 계획에 따르면 야포는 전투 전에 적군 참호 앞의 철조망을 절단하는 데 집중하고 중포로는 '포 대응counter-battery' 포격으로 적 포대를 공격하고 적군 참호와 방어거점을 파괴하기로 되어 있었다. 영국 보병이 중간지대를 넘어가기 위해 참호를 떠나던 공격 순간에, 야포는 선두 공격선 앞으로 '이동탄막creeping barrage'을 펼치게 된다. 그 목적은 방어하는 독일군이 반대편 흉벽에 전개하지 못하도록 하는 것이었다. 그러면 이론상으로는 영국군이 도착할 때 독일군 참호는 비어 있게 된다.

헤이그와 롤린슨이 엄청난 포격을 준비하며 기대했던 것은 거의 전부 실현되지 않았다. 한 가지 얘기하자면 독일군 진지는 영국군 정보부의 예측보다 훨씬 더 강력했다. 독일군 1선 수비대가 피신해 있던 30피트 깊이의 대피호는 영국군이 발사한 거의 모든 포탄을 견뎌냈으며 공격이 시작되기 전 마지막 날까지 온전하게 유지되었다. 예를 들면, 6월 26일에서 27일로 넘어가는 밤에 참호를 습격한 병사들은 이렇게 증언했다. "대피호는 여전히 양호하다. 〔독일군〕은 이 대피호에 줄곧 머물렀던 것으로 보이며 완벽하게 보호받고 있었다."[76] 낮에도 똑같이 증명된다. 철조망을 절단하지 못한 것은 한층 더 불길했다. 전쟁 막바지에는 '접촉graze' 신관이 사용되어 포탄은 철사 한 가닥처럼 얇은 물체에 닿기만 해도 폭발했지만, 1916년에 포탄은 땅에 부딪혀야만 폭발했으며, 따라서 철조망에 떨어진 포탄은 근처에 나뒹굴어 적군이 처음에 설치한 것보다 더 조밀한 장벽을 만들었을 뿐이다. 영국군 제8군단을 지휘한 장군 헌터-웨스턴은 갈리폴리 전투에 참여한 경험으로 철조망이 얼마나 견고한지 알고 있어야 했다. 그런데 7월 1일 이전에 헌터-웨스턴은 적군이 전선에 가설한 철조망은 포격에 날아갔으며 "부대는 걸어 들어갈 수 있다"라고 보고했지만, 그 부대의 고위 장교 한 사람은 "튼튼하게 잘 유지된 철조망을 볼 수 있었다."[77] 절단되지 않은 철조망 뒤에 방어군이 지키고 있는 참호는 공격하는 보병에게 곧 죽음을 의미했다. 이와 같은 참모부의 자기만족적 오판은 말 그대로 치명적이었다.

마지막으로, 포격이 이동탄막을 제공할 수 있다고 확신한 것도 오산이었다. 전진하는 보병 진격선의 전방에서 포탄 폭발선—이상적인 거리는 전방 50야드 남짓이었다—을 이동시킨다는 것은 새로운 기술로 고도의 숙련된 포격 기술을 요구했다. 보병대대들과 포대 사이의 통신이 확보되지 않는 상황에서—전술무전기가 없으면 불가능했는데, 이는 나중에야 개발된다—포대는 대략 분당 50야드로 예상되는 보병의 전진 속도에 맞추어 시간표를 작성하고 이에 따라 포격해야 했다.

76. T. Travers, p. 140

77. T. Travers, p. 140

78. T. Travers, p. 139

포는 참호선으로 확인된 곳에 탄막을 펼쳤다가 보병이 도착할 것으로 판단되는 시점에 다음 지점으로 '이격'시켰다. 실제로, 포대가 아군 보병을 죽일까 두려웠기에 탄막 사이의 '이격' 거리는 지나치게 길거나 때로는 너무 짧았다. 그래서 대열을 이루어 공격하던 병사들은 적군이 아직도 강력하게 지키고 있는 참호선 너머로 탄막이 조금씩 물러나는 광경을 너무나 자주 목격했다. 다시 되돌아오게 할 수단은 전혀 없었다. 일부 군단은 탄막을 후퇴시켰다가 전진시키는 식으로 조정하기도 했지만 마찬가지로 효과는 없었다. 탄막이 되돌아오면 보병들은 겁을 집어먹고 '아군의 오인 포격'을 피해 엄폐했고 또 경고도 없이 탄막이 거두어지면 방어장치가 없기 때문이었다. 포격에 신중을 기하느라 초래될 수 있는 최악의 경우는 보병들이 아직 중간지대에 있고 반대편의 철조망은 절단되지 않은 상태인데 적군 전선의 탄막을 공격 개시 전에 너무 일찍 거두는 것이었다. 헌터-웨스턴의 제3군단에서 중포대를 지휘하던 갈리폴리의 어느 용사는 "[군단장이] 중포대에 작전 개시 10분 전에, 그리고 야전포대에 작전 개시 2분 전에 적군의 1선 참호선에서 탄막을 거두라고 명령했을 때, 자기 구역의 …… 공격이 실패할 운명에 처했음을 알았다."[78] 탄막이 너무 일찍 거두어지는 곳은 그 구역만이 아니었다. 7월 1일에 제4군의 전선 도처에서 포대의 포격은 너무 이르게 보병을 떠났고, 그래서 보병들은 제대로 절단되지 않거나 전혀 절단되지 않은 철조망과 목숨을 걸고 싸우는 독일군으로 가득 찬 참호로 진격해야 했다.

그러한 상황에서 보병들이 해야 했던 일은 엄청난 연구문헌을 낳았고, 그 대부분은 아주 최근의 것이다. 새로운 세대의 젊은 군사사가들은 영국원정군이 수행한 전투를 사후의 학문적 분석가들보다 참호전의 재앙에서 살아남은 생존자들이 더 잘 이해할 만한 열정으로 재연했다. 기본 주제는 초기 공세의 경험이 무시무시했지만 일종의 학습 과정을 제공했고 이를 통해 생존자와 그 후임자들은 1918년에 최종적인 승리를 거두었다는 것이다. 이런 주장은 뒹케르크 전투가 디데이에 실시된 육해군 합동 작전의 소중한 총연습이라는 생각과 유사하다.[79] 좀 더 세밀한 기술적 차원에서, 서부전선을 연구한 새로운 역사가들은 소총수와 경기관총 사수, 척탄병 사이의 합당한 관계는 무엇인지, 향상된 보병 무기의 잠재력을 가장 잘 이용하는 방법은 무엇인지, 보병의 이상적인 대형은 종대인지 횡대인지 아니면 '대형' 없이 침투하는 것인지 등의 문제들을 탐구한다.[80] 이런 문제를 재고하는 데 쓰인 에너지는, 필자에게는 어쨌거나 요점을 벗어난 노력의 낭비처럼 보인다. 1914년에서 1918년까지 진행된 참호전의 단순한 진실은, 얼마나 훈련을 잘 받고 장비를 잘 갖추었든 간에 천으로 된 군복 이외에 다른 아무것으로도 보호받지 못한 엄청나게 많은 숫자의 병사들과 흙으로 쌓은 보루와 가시철조망으로 보호받으며 속사화기를 갖춘 다른 많은 숫자의 병사들이 맞붙는 상황에서는 공격군이 극심한 사상자를 낼 수밖에 없다는 사실이었다. 전술과 장비의 차이가 어떻든 이것이 바로 실제 입증된 상황이었으며, 1914년 엔 강 전투부터 시작하여 1918년의 상브르 강 전투와 뫼즈 강 전투로 끝날 때까지 다양한 형태로 발생했다. 포격의 효과는 미궁 같은 참호 속 좁은 구역에서 전투가 벌어질 때 총검과 수류탄이 낸 효과만큼이나 학살을 더욱 키웠다. 그렇지만 기본적인 엄중한 사실은 1914년에서 1918년 사이의 전투 조건이 학살을 낳기 쉬웠으며, 한 세대 뒤에나 입수할 수 있는 완전히 새로운 기술만이 그러한 결과를 피하게 할 수 있었으리라는 것이었다.

솜 강 전투의 첫날인 1916년 7월 1일은 그 진실을 무섭게 증명한다. 오늘날에도 제36얼스터 사단을 추모하는 기념물이 가까이에 있는 티발의 솜 강 전역 중심지를 다시 찾아 옛 전선을 따라 남북으로 훑어본 사람이라면 누구에게나 전투의 현실이 분명하게 다가온다. 특히 북쪽의 전경은 통절하다. 북쪽 전선을 따라 수백 야드의 간격을 두고 영연방전쟁묘지위원회Commonwealth War Grave Commission의 아름다운 정원

79. 2차 세계대전 중 1940년 5월 말에서 6월 초 영국군과 연합군이 프랑스에서 영국으로 철수한 전투와 1944년 6월 6일의 노르망디 상륙 작전을 말한다.—옮긴이

80. for example, the bibliographical references to T. Travers, P. Griffith and G. Sheffield in Cecil and Liddle, pp. 413ff.

81. 영국 남부 포틀랜드 섬에서 나는 석회석.—옮긴이

82. 공격 개시 시간(zero hour)은 오전 7시 30분이었다.—옮긴이

묘지들이 줄지어 늘어서 있다. 전투 기념일이 가까워지면 이 묘지들은 장미와 등나무 꽃으로 불타오르고, 흰 포틀랜드스톤[81]으로 만든 묘지석과 기념 십자가들이 태양에 번쩍거린다. 보몽아멜Beaumont Hamel 근처 능선에서 가장 먼 쪽의 묘지에는 상비사단인 제4사단의 묘들이 있고, 가장 가까운 쪽인 솜 강의 작은 지류 앙크르Ancre 강 유역의 묘지에는 키치너 사단인 제32사단의 묘가 있다. 얼스터 사단의 묘 같은 소수 묘소는 다른 묘지보다 약간 더 전방에 위치하여 최전방 진격선을 표시한다. 대다수 묘는 1선 참호선이나 독일군 철조망의 바로 바깥인 중간지대에 서 있다. 그곳에서 전사한 병사들은 쓰러진 자리에 훗날 매장되었다. 그리하여 묘지들은 전투의 지도가 된다. 이 지도는 단순하고도 끔찍한 이야기를 전해준다. 대다수가 처음으로 전투에 참여한 시민 자원병이었던 제4군 병사들은 공격 개시 시각에 참호에서 일어나 대형을 유지하며 전진했고 거의 어디에서나 절단되지 않은 철조망에 막혀 총격을 받고 쓰러졌다. 공격에 참여한 17개 사단 중 5개 사단이 독일군 진지에 들어갔다. 나머지 보병은 중간지대에서 멈췄다.

7월 1일 공격 개시 시간을 묘사하자면 이렇다.[82] 독일군 참호 안에서 오랫동안 싸우는 데 필요한 60파운드의 군장을 둘러메고 거의 어깨가 닿을 듯이 걷는 젊은이들의 긴 행렬, 이 병사들의 왕성한 원기와 승리의 확신, 대오의 선두에서 럭비공을 걷어찬 대대에서 보듯 개인적인 허세의 표출, 엷은 아침 안개를 뚫고 들어오는 밝은 햇빛, 공격이 시작되면서 포격과 독일군 전선 아래로 힘들여 끌고 간 21개 지뢰 약실의 폭발로 적군이 사라진 텅 빈 전장의 환영. 공격 개시 시간 이후에 뒤이어진 것들의 묘사는 이러했다. 절단되지 않은 철조망의 발견, 영국군의 이동탄막이 넘어가는 순간 흉벽에서 나타나 다가오는 부대에 미친 듯이 사격하는 독일군, 공격군 대열에 벌어진 간극, 철조망의 대량살상, 저지되고 중단되고, 결국 말 그대로 죽어서 멈춘

진격.

독일군은(그들도 살기 위해 싸웠던 병사들이었다) 깊이 판 대피호에서 계단으로 기관총을 올리는 연습을 수백 번씩 되풀이했다. 독일군 생존자인 F. L. 카셀Cassel은 이렇게 회상했다. "초병의 외침이 들렸다. '적군이 온다.' …… 철모, 허리띠, 소총, 그리고 계단을 올라간다. …… 참호 안에는 머리 없는 시신이 있다. 초병은 마지막 포탄에 목숨을 잃었다. …… 저기 그자들이 온다. 황갈색 군복을 입은 인간들, 우리 참호에서 20미터도 되지 않는다. …… 완전군장을 하고 서서히 다가온다. …… 기관총의 사격으로 적군 대열에 구멍이 뚫린다."[83] 기관총은 영국군 전선 안까지 도달하여 중간지대에 도착하지 못한 부대에도 타격을 입혔다. 타인사이드 아일랜드 여단 3대대의 어느 병장은 이렇게 회상했다. "나의 왼쪽과 오른쪽으로 긴 병사들의 행렬이 이어졌다. 그때 멀리서 '드르륵, 드르륵' 기관총소리가 들렸다. 10야드를 더 전진할 때까지 내 주변에는 소수의 병사들만 남아 있는 것 같았다. 20야드를 전진했을 때는 나 혼자뿐인 듯했다. 그때 나도 총에 맞았다."[84] 약 3,000명에 달하는 타인사이드 아일랜드 여단 4개 대대 전체가 영국군 참호선 안에서 섬뜩하리만큼 많은 인명의 손실을 내고 전진을 멈추었다. 사상자는 어느 대대에서는 500명, 또 다른 대대에서는 600명에 달했다. 공격의 관점에서 볼 때 이 진격으로 얻은 것은 전혀 없다. 전사자의 대부분은 영국군이 진격을 개시하기 전에 확보했던 땅에서 죽었다.

지독한 인명의 손실은 솜 강 전투의 첫날 공격 전선 전체에서 발생했다. 이후 며칠 동안 공격에 나선 영국군 200개 대대는 대열에 점차 많은 틈이 벌어지고 있음을 확인했는데, 그 결과 중간지대에 진입한 10만 명 중 2만 명이 돌아오지 못했고 되돌아온 자들 중 4만 명이 부상자였다. 요컨대, 공격군의 5분의 1이 전사했고, 뉴펀들랜드Royal Newfoundland 연대 1대대 같은 몇몇 대대들은 아예 사라졌다. 파국의 규모를, 즉 영국군 역사에서 최대였던 인명 손실을 잊는 데에는 시간이

83. M. Browne, *The Imperial War Museum Book of the Somme*, London, 1996, p. 67

84. J. Keegan, *Face*, p. 245

85. Fourth Army Records, Public Record Office, WO158/233-6, July 2.

걸렸다. 공격 개시 다음날, 헤이그는 제4군 사령부에서 롤린슨과 참모진과 협의할 때 사상자가 얼마나 많은지 아직도 분명하게 알지 못했고 마치 이튿날과 그 다음날에도 공격이 가능한 것처럼 어떻게 계속 공격할 수 있는지를 중대한 안건으로 논의했다. 헤이그는 적군이 "틀림없이 심히 동요했고 적에겐 예비부대가 거의 없다"고 믿었다.[85] 실상을 보자면, 이 날 독일군은 여러 개의 예비사단을 끌어왔으며 참호선의 부대가 입은 손실은 모두 약 6,000명으로 영국군이 입은 손실의 10분의 1이었다. 예를 들어, 독일군 제180연대는 7월 1일에 3,000명 중 겨우 180명을 잃었지만, 이 부대를 공격했던 영국군 제4사단은 1만 2,000명 중 5,121명을 잃었다. 독일군이 동요했다면, 동요하게 만든 것은 "유례를 찾기 어려운 용감함과 불도그처럼 단호한 결의가 보여준 어처구니없이 비참한 광경"과 대량살상을 당하지 않았다는 영국군의 발뺌이었다. 여러 곳에서 독일군은 더는 자신들의 목숨이 위태롭지 않다고 깨달았을 때 사격을 중지했고, 그래서 상대적으로 가벼운 부상을 입은 영국군 병사들은 온 힘을 다해 자신들의 전선으로 되돌아갈 수 있었다. 부상자들에게는 설상가상, 신속한 구호가 이루어지지 않았다. 일부는 7월 4일이 되어야 구호를 받았고, 일부는 전혀 받지 못했다. 7월 넷째 주에 영국군 청년 장교 제럴드 브레넌Gerald Brenan은 빼앗은 땅을 연이어 지나면서 7월 1일에 부상당한 병사들의 시신을 발견했다. 이 부상자들은 "포탄에 패인 구멍 속으로 기어들어가 방수시트로 몸을 둘러싸고 지니고 있던 성서를 꺼내든 채 그렇게 죽어갔다." 이들은 그날 이후로 총탄 세례를 받았지만 들것병이 갈 수 없는 곳에 있어 목숨을 포기했거나 중간지대의 황무지에서 죽은 수천 명의 일부였다. 발견되어 실려 온 자들 중에서도 많은 사람은 야전병원 밖에서 치료를 기다리며 누워 있다가 죽었다. 야전병원은 환자로 홍수를 이루었기 때문이다.

7월 1일의 완화될 수 없을 것 같은 재앙에서 이례적인 일이 있었다면, 그것은 독일군 최고사령부가 전선의 부대와는 반대로 영국군의 공격 규모에 크게 놀랐다는 사실이다. 이는 특히 솜 강 양안의 한 구역에서 땅을 빼앗겼기 때문이었다. 당연하게도 헤이그와 롤린슨은 몰랐지만, 팔켄하인은 그 손실에 단호하게 대처했다. 땅을 빼앗긴 구역을 담당한 제2군의 참모장을 해임하고 참모장의 작전장교로 서부전선의 독일군 방어 방식을 설계한 핵심 인물인 프리츠 폰 로스베르크 Fritz von Lossberg[86] 대령을 그 자리에 앉혔다.[87] 폰 로스베르크는 임명을 받아들이는 조건으로 베르됭 공세를 즉시 중단해야 한다고 요구했다. 그렇지만 베르됭 공세는 포기되지 않았다. 팔켄하인은 약속을 깨고 8월 말에 해임될 때까지 공세를 계속했다. 그렇다고 해도 로스베르크의 등장은 중요했다. 로스베르크가 솜 강 전선을 재조직한 덕에 영국군의 과도한 낙관론의 결과요 독일군의 뛰어난 준비의 결과였던 전투 첫날의 귀결이 독일군의 칼날을 가차없이 무디게 만들고 동시에 경험 없는 영국군 병사들에게 애초에 갖지 못한 현실감을 가르친 전투 후반기까지 지속될 수 있었기 때문이다. 로스베르크의 개입으로 방어군은 최전선의 방어에 집중하는 관행을 포기했고 참호가 아니라 영국군의 포격으로 무수하게 패인 구덩이를 기반으로 '종심방어'를 구축했다. 전방 구역은 소수 병력으로 지키고 사상자도 최소화되지만, 빼앗긴 땅은 후방에 준비된 예비부대의 계획적인 역공으로 신속하게 재탈환된다.[88]

독일군의 이러한 수법은 7월 1일에 얻은 것과 같은 성공을 이용하려는 헤이그의 모든 노력을 무산시켰다. 7월 14일에서야 영국군은 경험 많은 프랑스군의 지원을 받아 독일군 진지를 확실하게 돌파한 솜 강 양안의 구역에 추가로 땅을 확보했다. 헤이그는 야간 공격을 신뢰하지 않았지만 부하들의 의견에 따랐고 4개 영국군 사단이 바장탱 능선Bazentin Ridge, 부아마메츠Bois Mametz, 콩탈메종Contalmaison을 점령하기 위해 어슴푸레할 때 공격에 나섰다. 지도에서 보면 진격은 인상적이다.

86. 1868~1942. 나중에 장군으로 진급한다. 방어전략 구상에 능력을 보여주었던 자로 제2군, 3군, 4군의 참모장을 지냈고 솜 강 전투, 아라스 전투, 베르됭 전투에 참여했다. 영국의 공식 역사는 로스베르크를 '매우 훌륭한 군인'이라고 칭했다.—옮긴이

87. G. C. Wynne, p. 118

88. G. C. Wynne, p. 120

방문객이 차를 타고 몇 분 안에 주파할 수 있는 땅이지만, 작은 유역에 들러붙은 위협의 분위기는 사람의 마음을 무겁게 짓누른다. 여전히 헤이그가 결정적일 때 사용하는 무기였던 영국원정군의 기병대 일부가 낮 동안에 도착했지만, 솜 강 전역에서 가장 전망이 좋은 장소 중 하나였던 하이우드High Wood[89] 근처에서 작은 충돌을 벌인 뒤 철수할 수밖에 없었다. 갈리폴리의 용사들인 오스트레일리아군 제1사단, 제2사단과 남아프리카 여단의 영연방 군대가 그달 후반에 진격을 재개하여 포지에르Pozières와 남아프리카군의 서사적 사건의 무대였던 부아델빌을 점령했지만, 기병이 개입할 기회는 다시 오지 않았다. 베르됭 전투처럼 솜 강 전투도 소모전으로 변해가고 있었다. 갓 편성된 사단들이 지루하게 연이어 투입—7월과 8월에 독일군이 새로 투입한 부대가 42개 사단이었다—되었으나 기유몽Guillemont, 장시Ginchy, 모르발Morval, 플레르스Flers, 마르탱퓌슈Martinpuich의 작은 땅덩어리를 차지하려는 잔인한 싸움에서 힘을 소모했을 따름이었다. 7월 31일이면 독일군은 솜 강 전투에서 16만 명을 잃었고, 영국군과 프랑스군은 20만 명이 넘는 희생자를 냈다. 그랬는데도 전선은 7월 1일 이후 채 3마일도 이동하지 않았다. 앙크르 강 북쪽에서, 다시 말해 원래 전선의 절반에서 전선은 조금도 변하지 않았다.

솜 강 공세는 9월 중순에 새로운 무기인 전차가 출현하지 않았더라면 좌절의 가을과 교착 상태의 겨울로 표류할 운명에 처했을지도 모른다. 일찍이 1914년 겨울에 영국군 공병대의 공상적인 청년 장교 어니스트 스윈턴Ernest Swinton[90]은 이미 서부전선의 가시철조망과 참호의 교착 상태로 알려진 것을 깨뜨리려면 혁명적인 수단이 필요하다고 인식하고 총탄을 막아낼 장갑을 장착하고 들판을 내지를 수 있으며 공격지점에 화력을 퍼부을 수 있는 차량을 제작하자고 제안했다. 이는 완전히 새로운 생각은 아니었다. 예를 들면, 허버트 조지 웰즈Herbert George Wells[91]의 1903년작 단편 『육상 철갑함The Land Ironclads』과 레오

89. 프랑스어 지명은 부아데푸로(Bois des Foureaux)였으며, 지금은 부아데푸르코(Bois des Fourcaux)다.—옮긴이

90. 1868~1951. 전차의 발전에 기여했으며 '목격자'라는 가명으로 군사 문제에 기고하면서 '중간지대(no-man's land)'라는 낱말을 만들어냈다고 전해진다. 1888년에 공병대 장교로 군생활을 시작했고 인도에서 복무했으며 보어전쟁에 참전했다. 대전 발발 전까지 참모장교로 일했으며 러일전쟁의 공식 역사가였다. 키치너가 서부전선 종군기자로 임명했다.—옮긴이

91. 1866~1946. 공상과학 소설로 유명한 영국의 소설가.—옮긴이

나르도 다빈치의 불명확한 형태에서 예견되었다. 기술도 마찬가지로 새롭지 않았다. 1899년에 '발 달린 바퀴'를 이용하는 전지형차가 제작된 적이 있었고, 1905년이면 무한궤도 차량이 농업용으로 이용되었다.[92] 전쟁의 위기가 기술과 상상력을 결합시켰고, 스윈턴과 협력자들인 앨버트 스턴Albert Stern, 머리 슈터Murray Sueter의 착상은 열정적인 윈스턴 처칠의—처칠의 해군사단이 보유한 장갑차는 1914년에 벨기에에서 허세를 부렸다—후원을 받아 1915년 12월에 전차의 원형인 '리틀 윌리Little Willie'로 결실을 보았다. 1916년 1월에 포를 장착하고 더 크고 발전된 형태인 '마더Mother'가 생산되었고, 9월에 적을 현혹시킬 목적으로 '마크 원Mark I'이라는 이름을 붙인 유사한 전차로 이루어진 48대의 전차대가 프랑스에서 전투에 참여할 준비를 하고 있었다.[93]

전차는 전시에 소집되어 영국원정군의 중구경 기관총을 통제한 부대인 기관총군단의 중총반Heavy Branch에 배속되었다. 8월의 소모전에 뒤이어 솜 강 전선을 열려는 새로운 노력이 계획되었고, 일부는 기관총으로 무장하고 일부는 6파운드 대포로 무장한 전차들이 제4군과 예비군(훗날의 제6군)에 배속되어 알베르에서 바폼까지 플레르스와 쿠르셀레트Courcelette 마을 사이로 이어지는 로마시대의 구도로를 따라 공격을 이끌었다. 탱크의 출현으로 그 구간을 지키는 독일군 보병은 크게 놀랐으며, 장갑 괴물들은 기계 고장과 험한 땅의 도랑 때문에 전진을 멈출 때까지 영국군 보병을 3,500야드 전진시켰다. 대포에 여러 대의 전차가 나가떨어졌다. 이 사건은 그때까지 서부전선에서 가장 적은 희생을 치르고 얻은 가장 눈부신 국지적 승리의 하나였지만, 출발선을 떠난 36대 거의 전부가 무력해지면서 이 노력은 곧 좌절된다. 전차로 얻은 땅을 보병이 채우기는 했지만, 언제나 그렇듯 독일군은 포격으로 생긴 구덩이와 예비 참호선에서 굳세게 저항하여 가능한 진격로를 봉쇄했으며 교착 상태를 회복했다.

10월과 11월에는 변화가 없었다. 영국군과 프랑스군 모두 티발과 트

92. I. Clarke, p. 93

93. K. Macksey and J. Batchelor, *Tank*, London, 1971, pp. 14~25

94. Personal visit 1996; *The Daily Telegraph*, 29/6/96

랑슬루아Transloy에서, 앙크르 강의 축축한 유역에서, 솜 강 전역의 백악토 지대를 끈적끈적한 찰흙으로 바꾸어 놓는 습해지는 날씨 아래 거듭해서 공격했다. 연합군의 공세가 공식적으로 중단된 11월 19일 최전방 진격선인 레뵈프Les Boeufs는 7월 1일에 공격한 전선에서 겨우 7마일 떨어진 곳이었다. 독일군은 솜 강 진지를 지키느라 60만 명의 사상자를 냈다. 연합군의 사상자는 프랑스군이 19만 4,451명, 영국군이 41만 9,654명으로 확실히 60만 명을 넘었다. 솜 강의 대학살은 프랑스군의 경우 베르됭 전투의 학살을 포함했다. 영국군에서 솜 강 전투는 20세기 최대의, 실로 군 역사 최대의 군사적 비극이었고 이후로도 그렇게 남게 된다. 전쟁에 돌입하는 나라는 분명 전장에 내보낸 젊은이들의 죽음을 예상했을 것이고, 솜 강 전투 이전과 전투 중에는 그 참사를 부분적으로나마 설명해주는 희생의 의지가 존재했다. 그러나 희생하려는 충동이 그 결과를 경감시킬 수는 없다. 솜 강 전투에서 처음으로 전쟁을 경험한 팰스와 첨스 연대들은 순진한 자들의 부대로 불렸는데, 무모하게 자원하던 시절에 누구도 예기치 못한 상황에서 기꺼이 목숨을 바칠 준비가 되었다는 점에서 의심의 여지없이 순진한 부대였다. 키치너의 자원병들이 독일군이 어떤 해를 입기를 바랐든 간에, 영국인의 집단적 기억 속에, 또 돌아오지 못한 자들의 가족들의 기억 속에 남아 있는 것은 그 자원병들이 입은 피해다. 영국인의 삶에서 1916년 7월 1일의 전선을 표시하는 줄지어 늘어선 묘지들을 방문하는 것보다 더 통절한 경험은 없다. 연이은 묘비에서 새로 가져다 놓은 화관과, 카키색 능직 옷깃 위로 진지하게 응시하는 흐릿한 사진 속의 팰 연대나 첨 연대 병사들의 얼굴, 핀으로 꽂은 양귀비, "아버지, 할아버지, 증조할아버지"라고 쓰인 비명을 발견하는 것보다 더 애절한 경험은 없다. 솜 강 전투는 영국인의 삶 속에 꼭 필요한 낙관론의 한 시대가 끝났다는 표시였다. 그 낙관론은 결코 다시 회복되지 않았다.[94]

확대된 전쟁과 브루실로프 공세

프랑스에서 베르됭 전투와 솜 강 전투라는 거대한 드라마가 진행 중일 때, 다른 전선의 전쟁은 매우 다양한 형태를 띠었다. 보어전쟁 때 영국군에 맞섰던 뛰어난 게릴라 얀 스뮈츠가 1915년에 와서 지휘했던 독일령 동아프리카에서는 1916년에 4개 부대—케냐와 니아살랜드에서 영국군 행렬이 하나씩, 모잠비크에서 포르투갈군, 콩고에서 벨기에군—가 폰 레토프-포어베크의 검은 군대를 향해 구심 진격하여 포위하고 전투를 종결짓기 위해 출발했다. 연합군의 전투원 수는 거의 4만 명에 달했고, 레토프의 병력은 약 1만 6,000명이었다. 병력을 나눈 레토프는 주력부대를 이끌고 스뮈츠를 피하는 데 어려움이 없었다. 레토프는 킬리만자로 산에서 탕가와 다르에스살람을 향해 남쪽으로 싸우면서 퇴각했고 해안과 나란히 진행하여 그 나라의 곡창지대를 가로질러 서서히 남쪽으로 물러갔다. 레토프는 불가피한 경우 교전했지만 언제나 패배하기 전에 전투에서 이탈했고, 지나가며 교량과 철도를 파괴했고, 포위를 피했으며, 병력을 안전하게 유지했다. 게다가 아프리카의 아스카리는 내지의 인간들을 공격했던 대부분의 기생충 질병에 저항력을 지녔다. 상당수의 유럽인과 인도인을 포함했던 레토프의 적군은 그렇지 못했다. 레토프의 적군에서 질병으로 인한 사망률이 매우 높았던 것은—전투로 인한 사상자는 1명인데 교전 이외의 원인으로 인한 사상자는 31명이었다—레토프를 궁지에 몰아넣는 데 실패한 진짜 이유였다. 1916년 말에 레토프의 작은 부대는 전쟁 초기와 마찬가지로 상태가 좋았고 유능했으며 교묘히 피해갔다.[95]

연합군이 애초에 지나치게 과소평가했던 터키군은 갈리폴리에서 얻은 승리를 유지했다. 영국군을 팔레스타인의 시나이Sinai 변경으로 불러들인 제한전에서 수에즈 운하를 다시 공격하려는 노력은 실패로 돌아갔지만, 그리고 캅카스에서는 8월에 반 호수에서 흑해 연안의 트레비존드로 경계를 넓힌 러시아군에 또다시 패배했지만, 메소포타

95. B. Farwell, p. 293

미아에서는 1914년에 샤트엘아랍 강의 어귀에 상륙한 영국인도군에 굴욕적인 패배를 안겼다. 1915년에 D원정군으로 알려진 부대가 일부는 육로로, 일부는 수로로 티그리스 강 상류의 바그다드를 향해 밀고 올라갔고 1915년 11월에 선봉대가 크테시폰Ctesiphon에 도착했다.[96] 위치는 유망해 보였다. 크테시폰은 오스만제국의 심장부에 있었고, 그때 영국군 정보부에 따르면 가장 가까운 곳의 터키 예비군은 400마일 떨어진 캅카스나 350마일 떨어진 시리아의 알레포Aleppo에 있었기 때문이다. 그렇지만 터키군은 충분한 병력을 긁어모아 티그리스 강 하류로 보내어 원정군에 대항할 수 있었다. 원정군 사령관인 찰스 타운센드Charles Townshend[97] 소장은 패배한 적이 없는 인물이었지만 스스로 지나치게 확장했다고 판단하고 하류 쪽으로 100마일 떨어진 쿠트알아마라Kut al-Amara로 퇴각하라고 명령했다. 그곳에서 원정군은 티그리스 강의 한 만곡부에 참호를 구축하고 병사들이 오랜 시간 진격하고 퇴각하느라 쌓인 피로를 회복하고 지원이 도착하기를 기다렸다.

타운센드는 두 달치 식량을 보유했고 개인적으로도 방어전을 수행한 경험이 있었다. 그는 1896년에 치트랄Chitral[98]에 있는 북서전선의 작은 요새에서 포위 공격을 받는 중에 성공리에 지휘했다. 이 일은 제국 전역에서 찬양되었다.[99] 참호전의 귀재인 터키군은 치트랄 부족보다 훨씬 더 위험한 상대로 드러났다. 타운센드의 주둔지를 흙으로 보루를 쌓아 포위한 터키군은 편한 자세에서 수비대의 공격과 1월에서 3월 사이에 네 차례 전선을 관통하려 했던 구원부대의 공격을 모두 격퇴했다. 모든 시도가 실패했고, 두잘리아 요새Dujaila Redoubt 전투로 알려진 마지막 시도는 교전 장소에 1,000명의 전사자만 남겼다. 타운센드의 사령부는 가장 멀리 진격한 곳에서 겨우 7마일 떨어져 있었지만, 패배 직후 자그로스Zagros 산맥의 눈이 녹아 해마다 발생하는 홍수로 강의 수위가 높아졌고 메소포타미아 평원의 표면이 침수되었다. 쿠트알아마라는 외부의 지원에서 완전히 단절되었고, 4월 29일에

96. 인도군 제6사단을 말한다.—옮긴이

97. 1861~1924. 샌드허스트 사관학교를 졸업하고 1884년에 수단원정대에, 1891년에 파키스탄의 훈자-나가 원정대에 복무했으며, 1898년에는 영국이집트군으로 전속하여 수단에서 싸웠다. 대전이 발발하자 인도군 최고의 부대인 제6인도군사단장에 임명되었고 1915년 초에 이 부대를 이끌고 메소포타미아로 파견되었다.—옮긴이

98. 오늘날 파키스탄 북부의 군, 부족, 강 등의 이름.—옮긴이

99. G. Robertson, *Chitral, The Story of a Minor Siege*, London, 1897

항복했다. 타운센드와 1만 명의 원정군 생존자는 포로가 되었다. 보통의 병사들에게는 가혹한 상황이어서 그중 4,000명이 적군의 손에 죽었다. 쿠트알아마라는 그해 말에야 재탈환된다. 그때 20만 명의 영국군과 인도군이 집결하여 1만 명의 터키군과 소수의 독일군에 맞섰다. 연합군이 1916년 내내 매우 열등한 군대와 싸우면서도 계속해서 실패했던 테살로니키처럼, 메소포타미아도 적군에 위협을 가하기는 커녕 자원만 낭비하게 했다.

이탈리아 전선에서는 비록 방어군이 공격군보다 수적으로 크게 열세였지만 이러한 차이가 그렇게 중요하지는 않았다. 이탈리아군 병력은 증강되고 있었으며 결국 평시 병력이 36개 사단에서 65개 사단으로 거의 두 배 증가했다. 1916년에 이탈리아군은 오스트리아가 동원한 65개 사단 중 35개 사단을 자국의 산악지대로 유인했다. 그 결과, 오스트리아는 동부전선에서 제 몫을 해내기가 버거워졌고 그해에 러시아가 성공리에 공세를 재개하게 된 것은 대체로 이 때문이었다. 오스트리아군은 비록 숫자에서 열세였지만 이손초 강 길을 따라 오스트리아-헝가리의 심장부로 침입하려 지속적으로 노력했던 이탈리아군을 좌절시켰고 포 강 평야의 풍요로운 공업지역과 농업지역을 향해 역공에 나섰다. 합스부르크제국의 참모총장 회첸도르프는 이전의 삼국동맹 협력자였던 나라에 사사로운 원한을 키워왔고 고를리체-타르누프에서 시작된 오스트리아-독일의 대소련 성공을 지속시키지 못하게 되더라도 이탈리아를 응징해야겠다고 결심하여 팔켄하인과 의견차를 보였다. 1916년 5월 15일 그 승리의 1주년이 거의 다 되었을 때, 콘라트는 트렌티노의 북부 산맥, 알프스의 아름다운 휴양지 가르다Garda 호수와 베네치아 석호로 이어지는 브렌타Brenta 강의 수원 사이에서 자신만의 '처벌원정대Strafexpedition'를 출발시켰다. 오스트리아 포 2,000문과 이탈리아 포 850문이 맞부딪친 예비 포격은 강력했지만, 방어군은 오스트리아군이 준비하고 있다는 증거로 미리 경고를 받

100. 상트페테르부르크는 1914년부터 1924년까지 페트로그라드로 불렸다.—옮긴이

101. 히틀러에 정복된 이후 이 지역은 1941년 7월에 제국통제관구 오스틀란트(Reichskommissariat Ostland)가 된다.—옮긴이

왔고 영웅적인 자기희생으로 싸워 침략군을 궁지에 몰아넣었다. 로마 여단은 피아차Piazza를 방어하면서 거의 완전히 파괴되었다. 그 결과, 오스트리아군은 어느 곳에서도 10마일 이상을 전진하지 못했고, 비록 이탈리아군보다 희생자는 적었지만—8만 명 대 14만 7,000명—처벌원정대는 돌파의 위협을 가하지 못했고, 이탈리아군 총사령관 카도르나로 하여금 이손초 강에서 가혹한 공세를 그만두게 하지도 못했다. 6차 이손초 전투는 8월에 시작되어 국경 도읍 고리치아Gorizia를 확보했으며, 7차 전투와 8차 전투, 9차 전투는 9월과 10월, 11월에 이어졌다. 고리치아의 이손초 강 건너편에서 교두보가 확대되었고, 거친 카르소 고원에 발판이 마련되었다. 이탈리아군 보병은 심한 손실을 입고 공세 노력이 좌절되었지만 카도르나의 무정하고 냉혹한 지휘 아래 여전히 공세를 재개할 준비가 되어 있는 것 같았다.

1916년에 이탈리아에서 전개된 작전들은 한 가지 긍정적인 결과를 낳았다. 러시아의 남부 전선에서 오스트리아군 사단들을 끌어냄으로써 차르 군대가 약해진 적군에 성공적으로 반격을 가할 수 있도록 했다. 러시아군은 1915년 12월 샹티이 협약에서 그러한 공세를 약속했고, 콘라트의 처벌원정대가 떠난다는 정보를 입수한 카도르나는 러시아의 공세를 긴급히 요청했다. 결과는 특히 스탑카가 약속했거나 스탑카에 기대했던 것을 뛰어넘었다. 스탑카의 1916년 계획은 남쪽의 오스트리아군이 아니라 북쪽 전선의 독일군에 공세를 재개하는 것이었다. 독일군이 북쪽 전선의 최전방 진지로써 수도 페트로그라드Petrograd[100]를 위협했고 생산력이 뛰어난 발트국가들을 점령했기 때문이다. 루덴도르프는 그곳에 완전한 점령경제를 수립했다. 루덴도르프는 상대적으로 상상력에서 뒤지기는 했지만 1941년 이후 히틀러가 시도한 것을 예견케 하듯 그 지역을 6개의 행정구역으로 분할하여 독일군의 군사 총독에 맡겼고[101] 지역의 농업자원과 공업자원을 독일의 전쟁수행노력에 이용하는 데 착수했다. 루덴도르프의 계획은 순수한 경제적 목

적을 뛰어넘었다. "나는 점령지에서 독일인들이 그 땅에서 수백 년 동안 해왔던 문명화 작업을 재개하기로 결심했다. 지금처럼 여러 종족들이 혼합되어 구성된 주민은 자체의 문화를 생산한 적이 없으며 방치되어 폴란드의 지배에 굴복하게 될 것이다." 루덴도르프는 폴란드가 "독일의 주권 아래 어느 정도 독립적인 국가"로 바뀌리라고 내다보았고 1916년 봄에 발트국가 대부분에 독일인들을 정착시킬 계획을 세웠다. 이 독일인들이 소유권을 빼앗긴 주민들의 땅을 취할 예정이었다. 보통 독일어를 말하는 사람들이었기에 점령 정책에 유용한 수단으로 간주된 유대인은 토지의 징발을 면했다.[102]

차르가 소유했던 폴란드와 발트지역을 독일인의 땅으로 만들려는 루덴도르프의 계획은 스탑카가 북쪽에서 공세를 재개한다는 결정을 1916년의 주 전략으로 삼은 한 가지 이유였다. 공격은 베르됭의 압박을 덜어달라는 프랑스군의 호소에 응하여 3월 18일에 시작되었다. 동부 폴란드의 주요 도시 빌나를 겨냥하여 나라츠Narach(Naroch) 호수[103]의 양 측면을 공격했다. 러시아의 공업이 전쟁에 동원되고 새로운 징집병들이 소집된 덕에, 러시아군은 이제 적군보다 많아졌다. 북부 전선에서는 30만 명 대 18만 명이었고, 중부에서는 70만 명 대 36만 명이었다. 브루실로프 장군이 지휘하는 남쪽 구역에서만 양측이 각각 약 50만 명을 유지하여 병력이 대등했다. 북부 전선에서 러시아군은 처음으로 포와 포탄 비축량에서 큰 우위를 점했다. 포 5,000문에 1문당 1,000발을 비축했는데, 이는 독일군이 고를리체-타르누프를 돌파할 때 모은 것보다도 훨씬 더 많은 양이었다.[104]

그러나 어쩐 일인지 이점은 사라져버렸다. 포대의 준비는 제2군의 보병 공격과 조정을 거치지 못했다. 제2군의 보병들은 매우 좁은 전선을 공격하다가 아군의 포탄이 떨어지는 곳으로 빠져 들어갔고 이후 획득한 돌출부 안에서는 삼면에서 독일군의 포격을 받았다. 8시간 만에 보병부대의 4분의 3인 1만 5,000명을 잃었다. 그러나 더 넓은

102. R. Asprey, pp. 207~208

103. 현재 벨라루스의 북서부에 있는 호수.—옮긴이

104. N. Stone, pp. 229~230

105. N. Stone, p. 231

106. 1857~1918. 1876년에 사관학교를 졸업하고 육군에 입대했고 1882년에 참모대학을 나왔다. 여러 부대에서 참모를 지내다 제1만주군 참모장으로 러일전쟁에 참전했다. 제13군단장, 이르쿠츠크 군사지구 사령관을 역임했고, 대전이 발발하자 갈리치아의 제4군 사령관에 임명되었으며, 1915년 8월에 서부집단군 사령관으로 승진하여 나라츠 전투와 브루실로프 공세에 참여했다.—옮긴이

107. 1848~1925. 1864년에 육군에 입대한 뒤 참모대학을 나왔으며, 여러 곳의 군사 작전과 러일전쟁에 참여했다. 1916년 2월부터 7월까지 북부전선군 사령관을 맡았다.—옮긴이

전선에서 공격을 개시했다면 이론상으로는 35만 명을 이용할 수 있었다. 증원군이 도착했지만 조금의 땅도 더 빼앗지 못한 채 사상자만 늘렸을 뿐이다. 공세가 끝난 3월 31일에 러시아군의 손실은 모두 10만 명이었다. 이 중에서 1만 2,000명은 늦겨울의 가혹한 일기에 노출되어 사망했다. 4월에 독일군은 2만 명을 희생하며 반격에 나서 러시아군에 빼앗긴 땅을 전부 되찾았다.[105]

그러므로 6월로 정해진 전면 공세의 전망은 징조가 좋지 못했다. 스탑카는 북쪽 전선에서 전선을 둘로 나눈 프리피야트 습지 위쪽으로 다시 공격하기를 원했기 때문이다. 나라츠 호수에서 실패했던 집단군 사령관 알렉세이 에베르트Alexei Evert[106]는 사실 전혀 공격할 마음이 없었다. 그런데도 참모총장 미하일 알렉세예프는 고집을 굽히지 않았고, 병력과 물자가 풍부하게 보충된다는 조건으로 에베르트와 북부 전선 구역의 또 다른 집단군 사령관 알렉세이 쿠로파트킨Alexei Kuropatkin[107]은 마지못해 협력했다. 4월 14일 회의에 참석한 자들에게는 놀랍게도, 3월에 이바노프의 뒤를 이어 남부 전선의 새로운 사령관이 된 알렉세이 브루실로프는 싫어하는 기색을 전혀 내비치지 않았다. 브루실로프는 신중하게 준비한다면 약해진 오스트리아군에 승리를 거둘 수 있다고 믿었으며, 증원군을 요청하지 않은 대신 자신의 방식대로 공격할 수 있도록 허락을 받았다. 브루실로프는 하급부대를 지휘하며 능력을 입증했고, 방어 포대가 엄호하고 배후에 예비부대가 침투 준비를 한 채 대기한 참호 진지를 공격하는 문제를 숙고할 시간도 있었다. 브루실로프가 선택한 해결책은 더 넓은 전선을 공격하여 적군에게서 미리 예측할 수 있는 결정적 시점에 예비부대를 집결시킬 기회를 빼앗고, 깊은 참호 속에서 뛰어오르기를 기다리는 공격 보병을 보호하며, 적군 참호까지 거리가 75야드인 곳까지 전진 대호를 파서 오스트리아군에 최대한 가깝게 전선을 전진시키는 것이었다. 이러한 결정은 크게 향상된 면모였다. 과거에 러시아군은 중간지대의

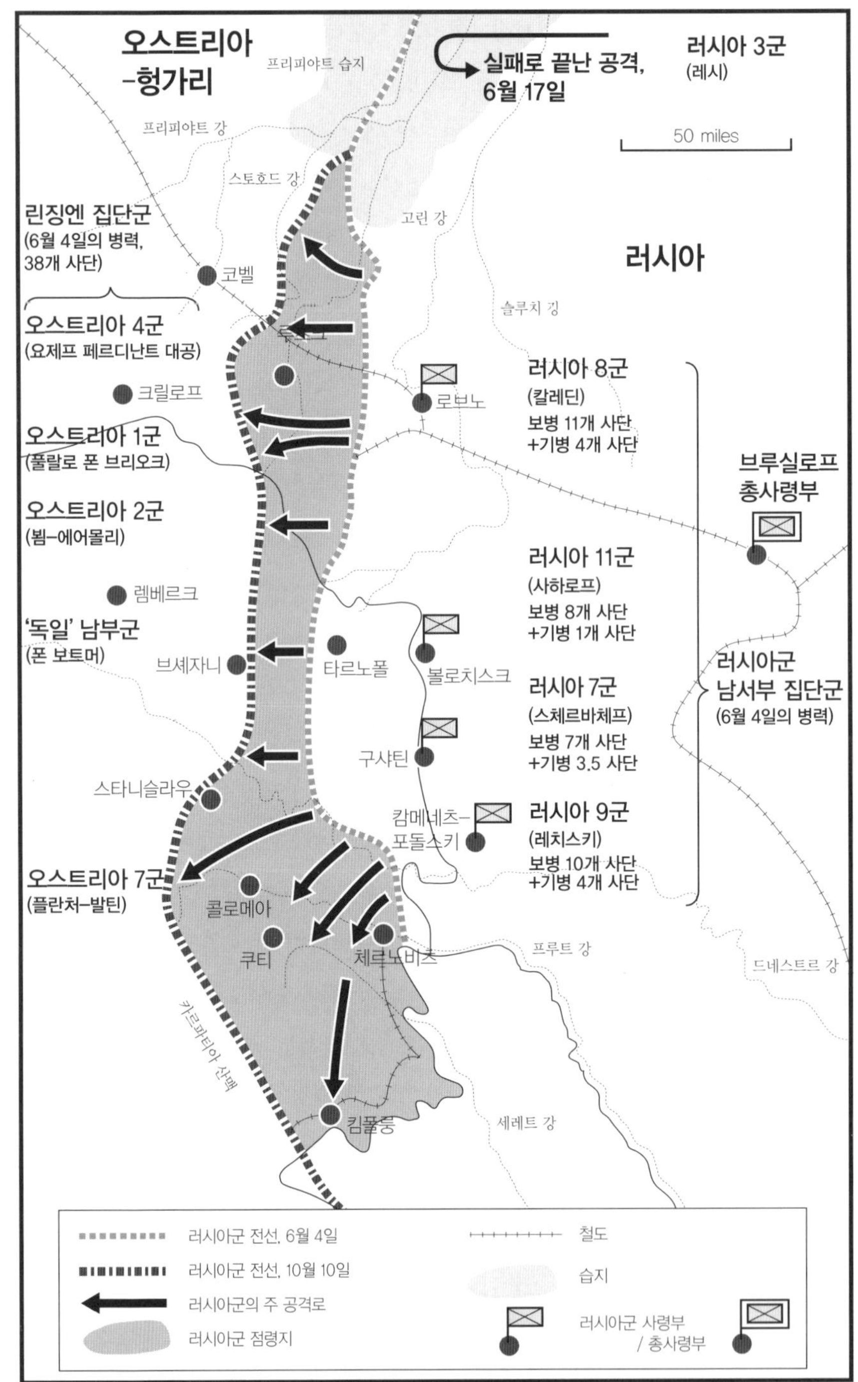

오스트리아
-헝가리
프리피야트 습지
실패로 끝난 공격,
6월 17일
러시아 3군
(레시)
프리피야트 강
50 miles
스토호드 강
고린 강
린징엔 집단군
(6월 4일의 병력,
38개 사단)
코벨
러시아
슬루치 강
오스트리아 4군
(요제프 페르디난트 대공)
크릴로프
로브노
러시아 8군
(칼레딘)
보병 11개 사단
+기병 4개 사단
오스트리아 1군
(풀랄로 폰 브리오크)
브루실로프
총사령부
오스트리아 2군
(뵘-에어몰리)
러시아 11군
(사하로프)
보병 8개 사단
+기병 1개 사단
렘베르크
'독일' 남부군
(폰 보트머)
브셰자니
타르노폴
볼로치스크
러시아군
남서부 집단군
(6월 4일의 병력)
러시아 7군
(스체르바체프)
보병 7개 사단
+기병 3.5 사단
구사틴
스타니슬라우
카메네츠-
포돌스키
러시아 9군
(레치스키)
보병 10개 사단
+기병 4개 사단
오스트리아 7군
(플란처-발틴)
콜로메아
쿠티
체르노비츠
프루트 강
드네스트르 강
카르파티아 산맥
킴풀룽
세레트 강
러시아군 전선, 6월 4일
러시아군 전선, 10월 10일
러시아군의 주 공격로
러시아군 점령지
철도
습지
러시아군 사령부
/ 총사령부

브루실로프 공세

폭이 1마일 남짓인 전선에서 공격하는 일이 흔했으며, 그래서 공격 보병이 접근하는 동안 많은 사상자를 내게 만들었고, 뒤이어 참호에서도 공격을 재개하기 전에 적군의 포격을 막지 못하여 똑같이 많은 사상자를 냈다.

브루실로프의 준비는 훌륭하게 작동했다. 선정된 20마일의 전선에서 브루실로프가 오스트리아군에 비해 우세했던 수치는 20만 명 대 15만 명, 포 904문 대 600문이었지만, 적군은 6월 4일에 공격이 개시되었을 때 진짜 놀랐다. 러시아의 제8군은 오스트리아의 제4군을 압도했으며 루츠크의 통신시설을 점령했고 출발선에서 40마일 이상을 전진했다. 공포에 사로잡힌 오스트리아군이 아무에게나 항복하면서 엄청난 숫자의 포로가 발생했다. 제8군의 인접부대도 전진했지만, 최대의 성공은 남쪽 전선의 드네스트르 강과 카르파티아 산맥 사이에서 획득했다. 그곳에서 오스트리아의 제7군은 둘로 나뉘어 10만 명을 잃었는데 대부분이 포로였고, 6월 중순이면 전면적으로 퇴각했다.

7월이 시작되면서 프리피야트 습지 북쪽의 러시아 군대도 공세에 참여하여 브루실로프의 성공에 편승했으며, 또한 매우 부족한 예비부대를 어디에 배치해야 오래된 러시아군 사령부 도읍 바로노비치 Baronovitchi를 가장 잘 압박할 수 있을지 혼란스러워했던 오스트리아-독일군 최고사령부의 어려움을 가중시켰다. 에베르트의 공세는 독일군 부대의 저항을 받아 곧 중단되었으나, 브루실로프 집단군은 7월과 8월을 지나 9월까지도 계속 성공했다. 그때까지 사로잡은 포로가 40만 명이었고 적군에 입힌 손실이 60만 명이었다. 러시아군의 공격을 저지하는 데 관여한 독일군은 35만 명을 잃었으며, 러시아군은 침략군으로부터 폭 60마일의 띠 모양 영토를 되찾았다. 브루실로프가 승리의 여세를 몰아 공격을 계속하고 예비부대와 보급품을 신속히 끌어올 수단만 있었다면, 1915년의 대퇴각 때 빼앗긴 땅을 더 많이 회복하여 한 번 더 렘베르크와 프셰미실까지 도달했을 것이다. 브루실로프에겐 그러한 방도가 없었다. 어쨌거나 러시아군보다는 오스트리아군에 유리했던 철도망은 전투지역 도처에 병력 수송을 제공할 수 없었고, 도로는 설사 브루실로프가 적절한 자동차를 구비했더라도 많은 교통량에 적합하지 않았을 것이다. 그렇다고 해도 브루실로프 공세는 1차 세계대전의 한 발 한 발 걸으며 싸운 전투에서 성공의 규모로 보아 2년 전 엔 강에 참호가 구축된 이래, 어느 전선을 막론하고 최대의 승리였다.[108]

108. R. Asprey, p. 67

러시아군의 승리는 비록 100만 명의 사상자를 냈지만 베르됭 전투가 지연되면서 참모총장의 직위가 약화되었던 팔켄하인의 운명을 결정했다. 팔켄하인이 해임되고 힌덴부르크가 그 자리에 대신 들어선 일은 팔켄하인이 새로운 루마니아 전역의 지휘관에 임명되면서 감추어졌다. 오랫동안 연합국과 동맹국의 구애를 받았던 루마니아는 그때까지 신중하게 선택을 피했다. 이웃나라 불가리아는 1915년 10월에 독일과 오스트리아에 운명을 걸었지만, 1913년에 2차 발칸전쟁에서 불가리아의 영토를 획득한 루마니아는 여전히 초연했다. 루마니아의 주된 국가적 관심은 300만 명의 루마니아인이 오스트리아-헝가리의 지배를 받고 있는 트란실바니아Transylvania를 자국 영토에 합병하는 데 있었다. 브루실로프가 서진하면서 러시아와 루마니아 사이에 군사적으로 접촉하는 공동 국경이 확대되었고 러시아의 지원뿐만 아니라 오스트리아의 몰락도 확실하게 가능했기에, 루마니아 정부의 망설임은 줄어들었다. 오랫동안 연합국은 승리한 후 오스트리아를 희생시켜 루마니아 영토를 확대해주겠다고 제의했고, 이제 루마니아는 현명하지 못하게 모험을 하기로 결정했다. 8월 17일 프랑스와 러시아가 강화가 이루어지면 루마니아에 트란실바니아, 갈리치아의 남쪽 끄트머리인 부코비나Bukovina, 헝가리의 남서쪽 모퉁이인 바나트Banat로 보상하기로 하는 협정이 조인되었다. 두 강대국은 정작 때가 되었을 때 협약을 존중하지 않기로 사전에 은밀하게 합의했다. 루마니아가 조약이 불성실하게 체결되었음을 알 수 없었다는 사실이 전쟁 참여의 변명이 되지는 않는다. 루마니아는 사리 판단이 옳았더라면 남쪽의 적 불가리아와 서쪽과 북쪽의 적 오스트리아-헝가리 사이에 갇힌 자국의 전략적 위치가 러시아 군대가 지원하리라는 추정만으로 상쇄되기에는 너무나 불안정하다는 점을 알았을 것이다. 러시아 군대는 뒤늦게야 공세로 전환했다. 루마니아가 중립을 깨고 참전하기로 모험을 한 것은 브루실로프의 성공이었지만, 브루실로프의 성공은 독일군의 간섭이나 오스트리아군의 병력 재배치로부터 측면의 안전을 보장할 정도로 큰 성공이 아니었다. 브루실로프의 성공은 불가리아의 공격에 대해서는 아무런 지원도 제공할 수 없었다.

그랬는데도 루마니아는 8월 27일에 둔감한 농민들로 구성된 23개 사단의 자국 군대를 크게 신뢰하면서, 그리고 프리피야트 습지 북쪽에서 코벨Kovel을 겨냥한 러시아의 공세가 독일군 예비부대의 헝가리 이동을 막고 동시에 브루실로프의 계속된 공세로 오스트리아군은 그 자리에 묶여있으리라고 믿으면서 전쟁에 돌입했다. 루마니아는 불가리아나 실제의 경우처럼 터키가 개입할 가능성을 조금도 고려하지 못한 듯했고, 자국 군대의 군사적 잠재력을 과대평가했다. 루마니아 군대는 장비가 부족했으며, 전투력이 좋다는 평판도 불가리아가 세르비아와 그리스, 터키에 심한 압박을 받을 때였던 2차 발칸전쟁의 성공 덕이었다. 러시아군 총사령관 알렉세예프는 좀처럼 보기 어려운 현실감으로 루마니아군이 동맹군으로서 지닌 가치를 무시했다. 루마니아군이 러시아군에 예비부대를 더하기는커녕 오히려 소모시키리라는 총사령관의 판단은 옳았다. 알렉세예프는 확실히 루마니아군을 지원하지 않았다. 테살로니키의 프랑스군과 영국군도 마찬가지였다. 두 나라가 적군의 주의를 분산시키는 공격을 하겠다는 약속은 루마니아가 전쟁을 선포하는 데에서 중요한 고려사항이었다. 결국 양국의 공격은 불가리아군에 기선을 빼앗겼다. 불가리아군은 연합군이 준비하고 있다는 증거로 미리 경고를 받고 독일군과 터키군의 지원을 받아 8월 17일에 연합군을 기습했고 플로리나Flórina[109]에 피신해 있던 세르비아군을 물리쳤으며 프랑스-영국 합동군의 공세를 9월 중순까지 늦추는 데 성공했다.

루마니아군은 이처럼 상황이 더 악화되고 있었는데도 테살로니키의 사령관들이 기대했듯이 자신들이 지원을 할 수 있고 또 지원을 받을 수 있는 곳인 불가리아가 아니라 트란실바니아 알프스Transylvania Alps의 고갯길을 넘어 헝가리를 공격했다. 응징은 신속했다. 오스트리아는 재빠르게 지역방위군을 제1군으로 조직하여 아르츠 폰 슈트라우센베르크Arz von Straussenberg[110] 장군에게 지휘를 맡겼고, 독일은 일부는 불가리아인으로 구성된 부대를 확보하여 2개 군, 즉 전직 참모총장 팔켄하인이 지휘하는 제9군과 동부전선의 늙은 용사 마켄젠이 지휘하는 제11군을 트란실바니아와 불가리아에 포진시켰다. 루마니아군이 동부 트란실바니아를 점령한 뒤 아무 일도 하지 못하는 동안, 적군은 준비를 갖추어 타격했다. 9월 2일 불가리아군은 다뉴브 삼각주 남쪽에 놓인 루마니아의 도브루자Dobruja를 침공했다. 9월 25일 알펜코르로 알려진 막강 산악사단—젊은 롬멜[111]이 알펜코르에 복무 중이었다—을 포함한 팔켄하인의 부대는 트란실바니아에서 이동하여 루마니아군을 고개 너머 그 나라의 중부 평원과 수도 쪽으로 다시 밀어내기 시작했다. 수도 부쿠레슈티는 12월 5일에 함락되었다. 그때쯤 마켄젠의 부대도 다뉴브 강을 건너 부쿠레슈티에 접근하고 있었다. 터키군이 바다를 통해 도브루자로 제15사단과 제25사단을 파견했으므로 삼면에서 4개의 적군으로부터 공격을 받은 루마니아군은 동부 먼 곳 시레트Siret 강과 러시아 국경 사이의 몰다비아Moldavia 주로 전면 퇴각할 수밖에 없었다. 루마니아군은 겨울이 다가오면서 러시아 제4군과 제6군의 지원을 받아 시레트 강가에 참호를 파고 혹독한 기후를 버텼다.

109. 마케도니아 북서부 산악지대의 도읍.—옮긴이

110. 1857~1935. 오스트리아-헝가리군의 마지막 참모총장이 되는 사람이다.—옮긴이

111. 2차 세계대전 때 아프리카 군단을 지휘했던 '사막의 여우' 에르빈 롬멜(Erwin Rommel)을 말한다.—옮긴이

112. N. Stone, p. 68

참전 결정은 재앙이었다. 루마니아는 31만 명을 잃었는데 거의 절반이 포로였고 또 국가 영토 거의 전부를 빼앗겼다. 루마니아의 가장 중요한 물질 자산인 플로에스티Ploesti 유전은 당시 흑해 서쪽의 유럽에서는 유일하게 의미 있는 석유자원이었는데, 적군에 넘겨주기 전에 영국군 폭파조가 투입되어 파괴했다. 루마니아를 전쟁에 끌어들인다는 연합국의 결정도 마찬가지로 좋은 판단이 아니었다. 작은 국가들의 전투력이 명목상 추가되어도—1916년 3월에 교전국이 되는 포르투갈과 루마니아, 심지어 이탈리아의 전투력으로도—연합국의 힘은 향상되지 않았고, 반대로 축소되었다. 이 나라들의 필연적이었던 패배가 지원을 위한 병력의 전환을 요구했기 때문이다. 알렉세예프가 예견했듯이, 루마니아의 패배로 러시아군은 그 나라를 완전한 몰락에서 구출해준다고 약속해야 했다. 또한 루마니아의 패배는 이후 열여덟 달 동안 독일군에 100만 톤의 석유와 200만 톤의 곡식을 안겨주었다. 이는 "전쟁이 1918년까지 …… 지속될 수 있게 했던" 자원이었다.[112] 베니젤로스가 연출했지만 연합국이 공작한 1917년 6월의 쿠데타로 그리스를 얻은 일도 연합군에 전혀 도움이 되지 못했으며, 아테네에 터키에 반대하는 과격한 민족주의 정부가 수립됨으로써 그리스를 '위대한 사상'의 대의—동방 그리스 제국의 회복—로 동원시켰다. 이는 전쟁이 끝난 뒤 유럽에 다시 평화를 정착시키려는 연합국의 노력을 복잡하게 만든다.

9 장

군의 붕괴

9 | 군의 붕괴

1917년이 시작될 때 전쟁의 모습은 1915년 초에 세상에 알려진 것과 별반 다르지 않았다. 그때 이후로 참호선의 빗장이 잠겨 유럽은 2개의 군 주둔지로 분할되었다. 동부전선의 참호선은 300마일을 이동했는데, 남쪽 어깨는 이제 카르파티아 산맥 대신 흑해에 걸쳤고 반면 북쪽의 참호선은 여전히 발트 해에 이어진 상태였다. 이탈리아와 오스트리아 사이의 국경과 그리스와 불가리아 사이의 국경에 새로운 참호 전선이 형성되었고, 갈리폴리와 쿠트에서는 참호가 만들어졌다가 사라졌다. 캅카스에서는 흑해와 북부 페르시아 사이에 전초와 방어거점으로 구성된 전선이 산재했고, 시나이에는 수에즈 운하를 지키는 영국군과 팔레스타인의 터키군 수비대가 불안정한 중간지대를 사이에 두고 대면하고 있었다. 이곳도 1915년부터 거의 변하지 않았다. 프랑스에는 아무런 변화도 없었다. 교전 군대들이 1914년 공세에서 마지막 힘을 쏟아 부은 지형들—에이저르 강, 플란데런의 낮은 언덕들, 비미 능선, 솜 강의 백악토 고지대, 엔 강, 슈맹데담, 베르됭의 뫼즈 강, 아르곤의 숲, 알자스의 산악지대—은 이제 참호선의 버팀벽이 되었다. 이 지역들의 참호선은 비록 매우 좁은 공간에 걸쳐 있었지만 수직으로 파낸 구덩이와 가시철조망, 수평으로 파낸 구덩이로 심히 두터워졌다. 많은 참호와 가시철조망이 의도적인 결과물이었는데, 특히 진지를 정교하게 구축하여 공격으로부터 참호를 안전하게 지키려 했던 독일군 측에서 그러했다. 그래서 1917년이면 보통 3열의 깊은 참호선이 콘크리트 토치카로 보강되었다. 그러나 동시에 상당히 많은 참호가 적군으로부터 빼앗은 참호선을 기존의 참호 체계에 통합하기 위해 즉흥적으로 성급히 만들어진 것이었다.

참호 체계가 두터워질수록, 아무리 심한 공세가 오간다 해도 그 진

1. R. Cobb, *French and Germans, Germans and French*, Oxford, 1983, pp. 3~35

로가 변경될 가능성은 더 줄어들었다. 중간지대를 넘나드는 2년간의 포격과 참호전의 주된 결과는 북해에서 스위스 사이에 폭은 좁으나 400마일이 넘는 엄청난 길이의 폐허지대가 등장한 것이었다. 중간지대의 양쪽으로 1~2마일 정도는 초목이 사라져 황폐해졌고, 그 뒤로 1~2마일 정도에 걸쳐 건물들이 심하게 파손되었으며, 그 너머로도 폐허가 드문드문 이어졌다. 베르됭과 솜 강, 이프르 돌출부에서는 마을이 사라졌으며 벽돌 파편이나 돌무더기만 남아 파헤쳐진 땅 위를 뒤덮고 있었다. 적당히 작은 도읍 이프르와 알베르는 폐허가 되었고, 아라스와 누아용은 심하게 손상되었으며, 랭스도 크게 파괴되었고, 전선 아래위의 마을들도 마찬가지였다. 기껏해야 1만 야드인 중포의 사거리 밖에 위치한 도읍과 시골은 영향을 받지 않았다.

한결같던 곳이 죽음의 장소가 되는 것은 순간이었다. '후방지역'이 번영을 누리고 있었기에 갑작스러움이 더했다. 군대는 돈과 상점, 카페를 끌고 들어왔고, 음식점이 번창했다. 적어도 연합군 측 전선에서는 그랬다. 독일군 점령지역에서 군사정부는 내핍의 경제를 꾸렸다. 탄광과 직물 공장, 제철소를 최대로 가동했으며, 농업과 공업을 위해 노동력을 징용했고, 제국으로 보내기 위해 농산물을 징발했다. 전선의 반대편에서 전쟁 중인 남편과 아들의 소식을 애타게 기다리며 혼자 힘으로 살아가야 했던 북쪽의 여인들에게 전쟁은 고난의 시절이었다.[1] 겨우 몇 마일 떨어진 프랑스의 '군사 지구'에서는 전시 경제가 호황을 구가했다. 파괴지역을 막아놓은 띠 밖에서는 이리저리로 오가는 말과 자동차의 긴 행렬이 도로를 가득 메웠고, 포탄이 떨어지는 지점까지 농부들이 쟁기질을 했던 들판에서는 천막과 임시 막사로 이루어진 새로운 도읍이 여기저기에 생겨나 마치 공장에 교대 근무하듯이 참호를 오르내렸던 수백만 명의 병사들을 숙박시켰다. 나흘은 전선에서 근무하고, 나흘은 예비부대에서 대기하고, 나흘은 휴식했다. 휴무일에 존 글럽John Glubb 같은 젊은 장교들은 말을 타기도 했다.

"오랫동안 잊고 있었던 승마를 하다 보면 사방은 온통 눈부시게 밝은 에메랄드빛 초록의 전원이다. 발밑에선 너도밤나무 열매들이 우지직 부서지고, 아네모네와 앵초가 마치 융단을 깔아놓은 듯 사방을 뒤덮고 있다. 숲 한가운데에서 멈추어 말 등에 조용히 앉아있노라면 바깥 세계의 소음은 들리지 않는다. 재갈에 단 방울의 짤랑거리는 소리와 나무에 스치는 바람소리뿐이다."[2]

전선에 변화가 없었다면, 참호선이나 판에 박힌 일과, 일상과 비일상의 기이한 혼합에 변화가 없었다고 한다면, 2년을 꼬박 채운 그 기간이 끝나면서 전선의 관리는 크게 바뀌었다. 1917년은 영국과 프랑스, 독일 군대의 수뇌에 새로운 지휘관들이 등장하며 시작한다. 곧 혁명에 뒤흔들릴 러시아에서도 권한까지는 아니어도 위신은 스탑카로부터 차르의 유일하게 성공한 장군인 브루실로프에게 넘어갔다. 영국군의 지휘권 변화는 전쟁 중의 한 사건으로 초래되었다. 1916년 6월 5일에 전쟁장관 키치너는 러시아를 공식 방문하던 중에 순양함 햄프셔 호HMS Hampshire가 스코틀랜드 북쪽에서 기뢰에 부딪혔을 때 익사했다. 로이드 조지가 뒤를 이었으나 12월 7일에 수상이 되면서 더비 백작17th Earl of Derby[3]이 전쟁장관에 임명되었다. 프랑스에서도 조프르의 오랜 재직이 12월에 끝나고 새로운 전술을 내놓는 데 능숙했던 니벨이 대신 들어섰다. 조프르에게 창피를 주지 않기 위해 프랑스 원수라는 지위를 부활시켰다.[4] 1916년 8월 이래로, 독일군은 동부전선에서 매우 성공적인 것으로 입증된 조합인 힌덴부르크와 루덴도르프의 협력관계가 통제했다. 브루실로프 공세에 후퇴했어도 그 명성은 흐려지지 않았기에, 두 사람은, 특히 작전 지휘자로 유능했던 루덴도르프는 최고사령부에 진정으로 새로운 전략을 들여왔다. 새로운 전략은 서부전선을 합리화하여 다른 곳의 교전에 쓸 병력을 절약하고, 독일 경제를 총력전에 동원하며, 무제한 잠수함 공격이라는 정치적으로 논란이 된 전략을 통해 적을 봉쇄하는 것이었다.

2. J. Glubb, *Into Battle*, London, 1978, p. 135

3. 1865~1948. 근위척탄병연대(Grenadier Guards)에서 근무했으며 두 차례 전쟁장관을 지냈고 프랑스 대사를 역임했다. 리버풀에서 키치너군을 모집하는 데 공을 세웠으며, 1915년 10월에도 징병담당으로 더비 계획(Derby Scheme)을 세워 병력을 모집했다.—옮긴이

4. 조프르는 제3공화국에 들어서 프랑스 원수(Maréchal de France)에 오른 첫 번째 인물이다.—옮긴이

그러나 지휘권이 변하면 다른 것도 바뀔까? 1차 세계대전에서 활약한 장군들의 지도력은 역사 서술에서 논쟁의 대상이 된 문제 중 하나였다. 전쟁사 책에는 훌륭한 장군들과 수준 미달의 장군들이 넘쳐나며, 역사가들 중에도 어느 한 사람을 비판하거나 옹호하는 자들이 널렸다. 당시에는 전쟁의 주요 지휘관들 거의 전부, 말하자면 침착한 조프르와 불같은 포슈, 기운 넘치는 힌덴부르크, 도도한 헤이그는 위대한 인물로 간주되었다. 두 대전 사이에 이 장군들의 명성은 대체로 사순Sassoon,[5] 레마르크Remarque,[6] 바르뷔스Barbusse[7] 같은 회고록 작가들과 소설가들의 손에 허망하게 사라진다. 이들이 묘사한 '아래로부터 본 전쟁'의 현실은 위로부터 지배한 자들의 명성을 가차없이 허물었다. 2차 세계대전 이후에도 장군들의 명성은 계속 공격을 받는데, 그 시기에는 특히 영국의 대중적인 역사가들과 전문 역사가들이 영국의 장군들을 "사자들을 지휘하는 당나귀들"이나 한 세대의 어린 육신들을 죽인 냉혈한들, 정신이상자들로 그려냈다.[8] 반격도 있었다. 특히 1차 세계대전으로 영국 계급구조의 억압성이 폭로되었다는 견해를 분명하게 밝혔던 극작가와 영화감독, 텔레비전 다큐멘터리 제작자들에게 앤트 샐리Aunt Sally[9]가 되었던 헤이그의 명성을 구하려는 반격이 두드러졌다. 그렇지만 반격의 효과는 거의 없었다.[10] 세기 말이면 대전이 끝날 때 그토록 우뚝 솟아 있었던 장군들의 명성과 업적은 일치된 공격에 의해 돌이킬 수 없을 정도로 훼손되었다.

오늘날 1차 세계대전의 장군들을 향한 비난에, 정보의 정확성에 차이는 있겠지만, 공감하지 않기는 어렵다. 그들은 외모나 태도, 언사, 남긴 글 등 어떤 점에서도 현대인의 견해나 정서에 좋은 인상을 주지 못한다. 냉정한 표정으로 우리를 응시하는 당대의 사진 속에서 그 장군들이 직접 관장했던 학살극에 양심이나 감정의 고통을 받았다는 흔적은 찾아볼 수 없으며, 이 점에서 그들이 선택한 생활환경도, 즉 멀리 떨어진 곳의 성, 세련된 수행원들, 번쩍거리는 자동차, 호위기병대,

5. 1886~1967. 영국의 시인, 소설가. 1930년에 발표한 『어느 보병 장교의 회고록(Memoirs of an Infantry Officer)』은 서부전선의 참호전에 참전한 경험을 바탕으로 쓴 소설이다.—옮긴이

6. 1898~1970. 독일의 소설가. 전쟁의 공포와 전장에서 돌아온 자들이 느끼는 소외감을 표현한 반전소설인 1929년작 『서부전선 이상 없다(Im Westen nichts Neues)』로 유명하다.—옮긴이

7. 1873~1935. 프랑스 소설가, 공산주의자. 1914년 41세의 나이로 입대하여 독일군과 싸웠다. 1916년에 참전 경험을 바탕으로 소설 『포화(Le Feu)』를 발표했다.—옮긴이

8. passim, A. Clark, *The Donkeys*, London, 1961; L. Wolff, *In Flanders Fields*, London, 1958; N. Dixon, *On the Psychology of Military Incompetence*, London, 1976

9. 입에 사기 곰방대를 물고 있는 늙은 여인의 작은 머리 조상, 또는 막대기를 던져 곰방대를 깨뜨리는 게임을 말한다. 영국의 선술집이나 장터에서 하던 놀이로, 앤트 샐리는 비판의 대상이 된 자를 은유했다.—옮긴이

10. J. Terraine, *Haig, The Educated Soldier*, London, 1963

규칙적인 일상, 잘 차린 저녁식사, 방해받지 않는 수면도 마찬가지다. 조프르의 점심은 두 시간 동안 이어졌고, 힌덴부르크는 열 시간을 잤으며, 헤이그는 건강을 유지하느라 날마다 말을 탔는데 말이 행여 미끄러질까봐 길에 모래를 깔았고, 스탑카는 샴페인을 마시고 궁정에서 한담을 즐겼다. 이는 차갑게 식은 배급 양식과 젖은 군화, 습기에 눅눅해진 군복, 물에 잠겨버린 참호, 무너진 막사, 적어도 겨울 동안은 부하들과 함께 살며 피를 빨았던 이가 옮기는 전염병에서 한참 먼 세상처럼 보였고 실제로 그랬다. 명백한 급진주의자요 자신의 최고사령부를 조금도 좋아하지 않았던 로이드 조지는 정반대의 인물인 듯했다. 로이드 조지는 이렇게 썼다. "대부분의 고위 장군들이 자신의 몸이 다칠까봐 우려했던 것은(존경할 만한 예외도 있다) 현대전의 새로운 현상 중 하나로 문제가 있다."[11]

대전의 장군들에 대한 로이드 조지의 비판과 그 연장선상에 있는 모든 비판이 불공정하다고 주장할 만한 근거가 세 가지 있다. 첫째, 실제로 많은 장군들은 꼭 그럴 필요가 없거나 의당 그렇게 해야 할 의무가 없었는데도 위험에 몸을 드러냈다. 영국의 장군들 중 34명이 포격에 사망했고, 22명은 소화기의 사격을 받고 죽었다. 비교하자면 2차 세계대전에서 교전 중 사망한 장군은 21명이었다.[12] 둘째, 사령부를 전선에서 멀리 떨어진 곳에 설치하는 관행은 '새로운 현상'이었지만—웰링턴은 워털루의 전선에서 하루종일 적군이 완전히 보이는 곳으로 말을 타고 다녔고, 남북전쟁에서는 장군 수백 명이 전사했다—전선이 거대하게 넓어지고 깊어진 탓에 정당하고도 진정 필요한 일이었다. 전선의 폭과 길이가 확대된 결과 어떤 사령관도 교전 현장 전체를 조망할 수 없었기 때문이다. 실상 장군은 전선에 가까이 있을수록 정보를 수집하고 명령을 내리기가 더 나빴다. 오로지 전화선들이 접합되는 곳에서만 장군은 무슨 일이 일어났는지 정보를 취합하고 대응책을 고안하여 전달할 수 있었다. 그런 곳은 불가피하게 전선 배후

11. F. Davies and G. Maddocks, *Bloody Red Tabs*, London, 1995, p. 26

12. F. Davies and G. Maddocks, p. 23

13. P. Griffith, *Battle Tactics of the Western Front*, London, 1994, p. 171

에 자리 잡아야 했다. 셋째, 그럼에도 통신 체계 자체가 동시성은 고사하고 신속성조차 약속하지 못했다. 그것도 교전이 한창이어서 가장 필요한 순간에 말이다. 우리 시대의 현대전에 새로이 나타난 현상 중에서 가장 중요했던 것은 '실시간'으로 이루어지는, 다시 말해서 사건의 전개와 동일한 순간에 이루어지는 감시와 표적 확인, 상호통신의 발달이었다. 레이더와 텔레비전, 여타 형태의 감시장비, 그리고 특히 무전 덕에, 페르시아 만 전쟁 같은 20세기 최근 전쟁의 사령관들은 항시 전선과 통신을 유지하여 대인 전화 통화의 직접성으로, 즉 구두로 정보를 받고 명령을 전달했다. 그러면서 동시에 보병을 위해 '가상현실'로 관측되는 표적들을 겨냥하여 똑같이 신속한 수단으로 보병부대를 위한 화력 지원을 지휘했다.

1차 세계대전의 사령관은 무전을 포함하여 이 중 어떤 수단도 이용할 수 없었다. 대신 일단 참호선이 고착된 이후에는 대대, 여단, 사단, 군단, 군의 중간단계 본부들을 통해 후방의 최고사령부까지 망상으로 이어지는 고정 전화선에 의존했다. 전화선은 전선에서 먼 곳에서는 지상 위에 내걸 수 있었지만, 포탄이 떨어지는 '타격지대beaten zone'에서는 땅에 묻어야 했다. 6피트 미만의 깊이로 '묻은 전화선'은 포격에 끊어질 수 있다는 것을 경험으로 깨달았기에 전화선을 보호하려고 참호 바닥을 힘들여 파냈다. 1916년에 영국군은 각 중간단계 사령부에 정교한 지선 체계를 발전시켰고, 그래서 본부들은 하나의 교환기로 전방과 후방, 그리고 인접 본부 간, 세 방향으로 통신할 수 있었다.[13]

전투가 시작되기 전까지는 모든 것이 잘 작동했지만, 전투가 시작되자 통신 체계는 가장 중요한 지점인 전선에서 거의 일상적으로 붕괴되었다. 적군의 포격을 방어할 때에는 교환지점이 강타당했고, 핵심 인력인 포대의 전방 관측병은 업무를 수행하려다 전사했다. 공격할 때에는, 망상으로 이어진 전화선의 끝에서 전진하는 부대와 후방 사이의 연락이 자동으로 끊겼다. 가설한 전화선은 당연히 절단되었고,

되는대로 신호 등불이나 전서구 같은 임시방편을 사용했다. 어느 경우에서나 결과가 만족스럽지 못하다는 증거는 차고 넘쳤다. 예를 들어, 1916년에 솜 강 방어에서 최고사령부의 전술 전문가인 폰 로스베르크 대령은 전선에서 보낸 전갈이 사단 본부에 도착하고 응답이 반대 방향으로 전달되는 데에는 평균 여덟 시간에서 열 시간이 필요하다는 사실을 깨달았다.[14] 공격할 때에는, 1916년 7월 1일 솜 강 전투 첫날 대대, 여단, 사단, 군단, 군, 총사령부의 여섯 단계로 이어지는 보고가 보여주듯이, 통신이 완전히 붕괴될 수 있었다.

실제로 적과 교전한 대대인 이스트랭커셔East Lancashire 연대 11대대의 보고는 연대장이 이렇게 쓰면서 시작된다. 오전 7시 20분, "1진이 중간지대로 들어갔다." 7시 42분, 연대장은 "명령수발병 편에〔전화가 아님을 주목하라〕 온갖 맹렬한 포격을 보고했다." 7시 50분에, "나는 맥컬파인 중위를 내보내 통신선을 가설하게 했다. …… 〔중위는〕 돌아와서 모든 통신선이 절단되었다고 알렸다. …… 통신선은 그날 하루종일 복구되지 않았다." 오전 8시 22분, "공격진으로부터 아무런 보고도 없었다." 오전 9시, "3진과 4진의 자취가 전혀 보이지 않는다." 오전 10시 1분, "공격진에서 아무런 보고가 없다." 오전 11시 25분, "공격진에서 아무런 통지도 없다." 오전 11시 50분, "부상자들의 진술 말고는 공격진에서 어떤 보고도 없다." 오후 3시 10분, "〔인접 부대도〕 공격진과 연락이 끊겼다." 오후 3시 50분, "더 많은 병력이 절실하게 필요하다." 오후 9시 20분, "내게는 로켓이나 …… 베리 신호very light[15]〔비상시에 지원포대와 통신할 수 있는 유일한 수단〕도 없다." 9시 40분에 이 부대장 자신이 "포탄에 나가떨어졌다."

지휘 계통의 다음 단계 상급 부대장인 제94여단장은 대대들의 진격을 지켜보았으나 곧 소식이 끊겼다. "본부까지 이어진 전화선은 시종 잘 작동했지만, 본부에서 전방으로 나가는 전화선은 6피트 깊이로 매설했는데도 전부 절단되었다." 여단장은 어느 대대에서 오는 명

14. G. C. Wynne, p. 125

15. 베리 신호총(very pistol)에서 발사하는 색채 섬광.—옮긴이

16. 랭커셔의 도읍 애크링턴 근처에서 모집되어 붙은 별칭이다.—옮긴이

17. Public Records Office, WO95/2366, 95/820, 153, 167/256/11

령수발병이 "되돌아오는 길에 세 번이나 흙에 파묻혔지만 결국 통신문을 전달하는 데 성공했다"고 보고했다. 짐작컨대 이는 여단장이 그날 받은 유일한 전갈은 아닐지라도 몇 되지 않은 전갈 중 하나였을 것이다. 이 여단장이 보고를 올린 제31사단 사령부는 오전 8시 40분에 이렇게 기록했다. 제94여단장이 "자신의 공격선이 독일군 참호선을 넘었지만 무슨 일이 벌어지고 있는지 알기는 매우 어렵다고 전화했다. 여단장은 명확한 정보를 갖고 있지 않다." 공격이 시작된 지 거의 열한 시간이 지난 오후 6시, 사단장은 상급부대인 제8군단에 이렇게 보고했다. "나는 통신병들에게 〔부대와〕 통신을 시도하게 했지만 전혀 신호를 받지 못했다." 사정이 그랬는데도, 그날 저녁 제8군단의 상급부대인 제4군 사령부에서 참모장은 자신만만하게 내일을 위한 작전명령을 작성했다. 명령서 앞에는 다음과 같은 설명이 첨부되었다. "독일군 예비군의 대부분이 끌려 들어왔다. 압박을 멈추지 말고 방어군을 지치게 하는 것이 무엇보다 중요하다." 거의 같은 시간에 더글러스 헤이그는 이렇게 기록했다. 제8군단은 "시작은 좋았지만 그날 시간이 흐르면서 부대가 밀려났다고 말했다. …… 다른 보고들을 들어보니 제8군단이 자신들의 참호를 거의 떠나지 못했다고 믿고 싶다." 두 시간 후, 제31사단의 전투일지는 이스트랭커셔 연대 11대대의 "서른 줄의 병력 전체를 오늘밤 전선을 사수하는 데 쓸 수 있다"라고 기록한다. 그렇지만 부상당한 대대장은 '나의 공격진'이 중간지대로 출발하여 오전 8시가 되기 전에 적 진지에 들어가는 것을 보았다. 나중에 취합된 완전한 사상자 통계에 따르면 그날 이스트랭커셔 연대 11대대, 즉 '애크링턴 팰스Accrionton Pals'[16]에서 234명이 전사했고 360명이 부상당했으며 남은 병사는 135명이었다. 사망자 중 131명은 "묻힌 곳이 어딘지 몰랐다."[17]

헤이그의 일기에 확연하게 드러난 무정함을 매도하기는 쉽다. 필시 몽트레유의 사령부에서 순서대로 하루의 일상을 보낸 후 보르페르

Beaurepaire에 있는 자신의 성에서 편히 쉬면서, 아니면 기사가 운전하는 차를 타고 안전한 전장의 후방을 드라이브하며 썼을 것이기 때문이다. 20만 명의 병사들이 죽는 동안, 아니면 부상을 입고 환자들로 뒤덮인 병원이나 포탄이 만들어놓은 전장의 구덩이 속에서 외로이 죽음을 기다리는 동안, 최고사령관은 책상 앞에 앉아 일했고 점심을 먹었으며 부하들을 호출했고 저녁 정찬을 들었으며 안락한 잠자리에 들었다. 이러한 대조는 진정 충격적으로 비칠 수 있다. 웰링턴이 워털루에서 직접 모든 위험을 함께 하며 하루를 보내고 지친 말에 올라타고 임시 막사로 돌아온 뒤 부상당한 동료 장교에게 침상을 양보했던 사실을 떠올리면 더욱 큰 충격으로 다가온다.

그러나 이러한 대비는 공정하지 않다. 웰링턴은 전투의 모든 장면들을 두 눈으로 직접 보았고 전투의 단계들을 엄밀히 지휘했다. 헤이그는 구경꾼도 되지 못했다. 헤이그는 아무것도 보지 못했고 멀리서 들리는 포격소리와 일제사격소리 외에는 아무것도 듣지 못했으며 아무것도 하지 않았다. 헤이그에게는 볼 수 있는 것이 없었듯이 할 일도 없었다. 심지어 부하들 중 선임에 속하는 지휘관인 리크먼Rickman 중령도 애크링턴 팰스가 독일군 참호 안으로 들어간 뒤로는 병사들이 군장에 인식표로 부착한 "세모꼴 금속판에 번쩍이는 태양"을 다시는 볼 수 없었다. 지위가 낮으나 높으나 모든 지휘관과 병사들 사이에는 전쟁의 철의 장막이 내려와 두 집단을 마치 서로 다른 대륙에 있는 것처럼 단절시켰다. 물론 최고사령관들에게는 그 틈을 메울 자원이 있었다. 전선 뒤에 배치해놓은 엄청난 숫자의 포가 바로 그것이다. 최고사령관들에게 없었던 것은 자기 병사들을 죽이고 있는 적군 진지를 겨냥하여 포를 발사할 방법이었다. 앞선 시대의 전쟁에서 포병들은 육안으로 표적을 확인했다. 훗날의 전쟁에서는 무전기를 갖추고 보병과 함께 이동하는 관측병들이 지도를 참조하며 구두로 포 사격을 인도한다. 1차 세계대전에서는 비록 전선을 매우 세밀하게 그린

18. S. Bidwell and T. Graham, *Fire-Power*, London, 1982, pp. 141~143

지도가 있었고 거의 매일 수정했지만 포 사격을 정말로 필요할 때에 '실시간'으로 요청할 수 있는 무전기는 존재하지 않았다. '참호용 수신기'가 개발 중이었지만 대체로 무거운 전지였던 그 장치를 운반하려면 12명이 필요했으며, 정찰기는 포의 탄착점을 무전기로 교정할 수 있었지만 유일하게 진정으로 포격이 필요한 지점을 가리킬 수 있었던 보병과 통신할 수가 없었다.[18] 전차가 출현하기 이전에 참호 체계를 통해 빠르게 전진할 수 있는 단 한 가지 방법은 보병의 공격과 포 지원을 지속적으로 긴밀하게 조정하는 것이었다. 솜 강 전투가 앞선 전투들과 이후 뒤따를 대부분의 전투들과 마찬가지로 군사 작전으로 성공하지 못한 것은 당연하다.

그러므로 1차 세계대전의 장군들이 받은 비난은 대체로—그중에서 가장 중요한 비난은 무능과 이해력 부족이다—사람을 잘못 골랐다고 볼 수 있다. 최초에 진짜 무능하고 이해력이 부족하며 신체적으로나 정서적으로 적임자가 아닌 장군들이 해임된 뒤, 장군들은 대개 전쟁의 성격을 이해했으며 가용한 수단으로 최선의 합리적인 해법을 적용했다. 교전이 벌어진 이후 통신 수단을 잃은 장군들은 전투의 진전에 따라 불가피하게 발생하는 장애물과 우발적 사태를 한층 더 정교한 예측과 사전 조처로 극복하려 했다. 보병의 기동은 분 단위로 계획했고, 포의 집중 사격은 거의 야드 단위로 계획되었다. 이는 당장에 성과를 내기 위한 것이 아니라 앞을 내다보고 한 일이었다. 물론 이런 시도는 무익했다. 인간사의 어떤 일도 미리 결정할 수는 없으며, 전투처럼 변화가 심하고 역동적인 힘이 교환될 때는 더욱 그러하다. 장군들은 믿을 만한 전지형 장갑차와 휴대용 송수신 무전기처럼 전투를 바꿀 수 있는 자원들을 아직 쓸 수 없었다. 안타깝게도 개발 단계였는데, 불과 몇 년 안에 완성되었다. 인명의 대량살상에는 너무도 적합했지만 견딜 만한 한계 이내로 살상을 적절히 제한하기에는 심히 부적절했던 냉혹한 기술의 족쇄에 갇혀 있었다.

전투원의 분위기

생명의 파괴가 과연 견딜 만한 것인가? 1917년이 시작될 때, 모든 교전국에서 표면 아래에 잠복한 질문이 바로 이것이었다. 규율을 지켜야 하며 전우애로 결속된 전선의 병사들은 서서히 다가오는 가혹한 죽음에 나름대로 저항할 수단을 지녔다. 어쨌든 병사들은 형편없긴 했지만 급여를 받았고 이따금 풍족하게 먹었다. 전선 뒤에서는 전쟁의 시련이 다른 방식으로, 다시 말해서 걱정과 궁핍으로 감각과 감수성을 공격했다. 병사 개인은 나날이, 종종 분 단위로 자신이 위험에 처해 있는지 아닌지 알고 있었다. 남은 식구들, 특히 아내와 어머니는 병사들에게는 없었던 근심스러운 불확실성의 무거운 짐을 떠안았다. 1917년경 전보를 기다리는 것은 의식을 떠나지 않는 요소가 되었다. 전쟁부가 전보를 통해 가족들에게 전선의 친족이 사망하거나 부상당했다는 소식을 전했기 때문이다. 전보는 이미 너무나 자주 날아왔다. 1914년 말에 프랑스군 30만 명이 전사하고 60만 명이 부상을 입었으며, 전체 숫자는 계속 증가한다. 전쟁이 끝날 때 동원된 자의 17퍼센트가 사망하는데, 여기에는 보병의 약 4분의 1이 포함된다. 보병 대다수가 농촌에서 모집된 자들로, 전쟁으로 잃은 인명의 3분의 1이 농민이었다. 1918년에 프랑스에는 63만 명의 전쟁미망인이 있었으며, 대부분 장년기에 있어 재혼의 희망이 없었다.[19]

프랑스군은 1914년에서 1916년 사이에 최악의 손실을 입었다. 그때 현금수당이라는 새로운 지원이 병사들의 부양가족에게 직접 지급되어 근심이 완화되었다. 정부의 여론수렴 담당관은 이 수당을 "가내 평화와 대중의 평온함을 가져온 주된 원인"이라고 설명했다.[20] 갑자기 가장이 되어 농지를 경작할 책임을 진 부인들이나 전선에 아들을 내보내고 경작의 책임을 다시 떠맡은 할아버지들의 만족감은 반전 감정을 억누르는 데 도움이 되었고, 급속히 부상하는 전시산업의 좋은 급여도 이에 일조했다. 1914년에 프랑스는 여전히 농업이 압도적으로

19. Thébaud in J. J. Becker, *Guerres et Cultures*, p. 113

20. J. J. Becker, *The Great War and the French People*, Leamington Spa, 1985, p. 21

우세한 나라였다. 농촌 공동체는 젊은이들의 부재에 적응했고, 식량은 어디서도 부족하지 않았다. 그랬는데도 1917년이 되면 여론을 주시할 의무가 있던 시장, 지사, 검열관은 그동안 쌓인 긴장을 분명하게 느끼기 시작했다. 많은 남성 노동자들이 병역을 면제받았거나 사실상 공장에서 일하도록 군무에서 되돌아온 도읍에서는 사기가 만족스러웠다. 그러나 "최초의 투지와 결의가 더는 보이지 않는 농촌에서는 사기가 상당히 저하되었다."[21] 이런 보고가 올라온 1917년 6월이면 투지와 결의의 상실은 프랑스군 내부에 이미 널리 퍼져 있었다.

독일 군대와 국민의 결의는 여전히 강했다. 독일군은 1914년에 24만 1,000명, 1915년에 43만 4,000명, 1916년에 34만 명이 전사하여 1916년 말이면 100만 명 이상 전사했지만, 벨기에와 북부 프랑스, 러시아령 폴란드를 점령하고 세르비아군과 루마니아군을 물리치는 등 전선에서 성공함으로써 희생의 대가를 얻었다. 그러나 성공적인 것으로 비친 전쟁을 치르는 데 드는 경제적 비용은 점차 지탱하기 어려워졌다. 예를 들면, 여성 사망률은 1916년에 전쟁 이전보다 11.5퍼센트, 1917년에는 30.4퍼센트가 증가했다. 영양실조에 이은 질병 탓이었다.[22] 프랑스는 국내에서 생산한 작물로 잘 먹었고 영국은 U-보트 작전이 심하게 죄어들어오는 1917년 중반까지 식량 수입을 평시 수준으로 유지했던 반면, 독일은 1916년 이래 봉쇄로 인한 궁핍을 체감했고, 이 점에서 오스트리아도 마찬가지였다. 1917년 중에 생선과 달걀, 설탕의 소비는 절반으로 줄었고, 동시에 감자와 버터, 야채의 공급량은 급격하게 감소했다. 1916년에서 1917년으로 넘어가는 겨울은 '순무의 겨울'이었다. 그 맛없고 영양가 없는 뿌리가 대부분의 끼니에서 대용식이나 일반적으로 먹는 음식이 되었다. 독일인에게 필수품이었던 커피 같은 사치품은 부자의 경우를 제외하고는 식탁에서 사라졌으며, 비누와 연료 같은 진정한 생필품은 엄격한 배급제로 공급되었다. "1916년 말에 대부분의 시민들에게 …… 삶이란 …… 끼니를 때우되 결코

21. J. J. Becker, *Great War*, p. 227

22. R. Wall and J. Winter, *The Upheaval of War*, Cambridge, 1988, p. 30

배불리 먹지 못하고 난방이 충분하지 못한 집에서 살며 갈아입을 것이 없어 늘 한 벌만 입고 구멍 난 신발을 신고 다니는 시간이 되었다."[23] 합스부르크제국에서 가장 큰 도시인 빈에서는 고생이 훨씬 더 혹독했다. 실질임금은 1916년에 반 토막이 났고 1917년에 한 번 더 절반으로 줄었다. 그때 상대적으로 더 가난했던 주민들은 굶주리기 시작했다. 설상가상, 생계를 꾸릴 남성의 60퍼센트가 전선에 나갔기에, 가족들은 국가가 지급하는 수당에 의존하여 살았지만 이는 가장의 수입을 결코 대신할 수 없었다. 전쟁이 끝날 무렵, 수당으로는 하루에 빵 두 덩어리도 사지 못했다.[24]

게다가 합스부르크제국의 모든 신민의 분위기는 1848년부터 황제였던 프란츠 요제프가 1916년 11월에 사망함으로써 일변했다. 제국에 대한 애정이 가장 적은 체코인과 세르비아인 중에서도 많은 사람이 프란츠 요제프를 사사로이 존경했다. 황제에 충성한 크로아티아인과 독일인, 요제프가 자신들의 왕이었던 헝가리인에게 황제는 점점 더 심하게 요동치는 정체에서 안정의 상징이었다. 황제의 서거는 오스트리아-헝가리의 10개 주요 언어 집단—독일인, 마자르인, 세르비아-크로아티아인, 슬로베니아인, 체코인, 슬로바키아인, 폴란드인, 루테니아인, 이탈리아인, 루마니아인—을 결속시켰던 유대를 느슨하게 만들었다. 계승자인 카를 1세[25]는 제위에 젊음을 가져왔지만 전쟁이란 상황 때문에 자신만의 강력한 황제권을 확립할 수 없었다. 실로 카를 1세는 외무장관 체르닌 백작[26]과 마찬가지로 천성이 평화적이었으며, 황제로서 행한 첫 조치로 전쟁을 긴급히 종결시키기 위해 노력하겠다고 선언했다. 1917년 3월, 카를 1세는 처남인 식스투스 부르봉-파르마 대공[27]의 중개로 프랑스 정부와 간접적으로 협상을 개시하여 전면적인 화해의 조건들을 확인하려 했다. 그러나 황제의 주요 동기는 제국에 손상을 입히지 않는 것이었고 목적을 달성하기 위해 독일 영토는 많이 제공할 수 있었지만 오스트리아 영토를 제공할 의사가 없었

23. L. Moyer, *Victory Must Be Ours*, London, 1995, p. 164

24. R. Wall and J. Winter, p. 117

25. 1887~1922. 오스트리아-헝가리의 마지막 황제. 황제 프란츠 요제프의 동생 카를 루트비히 대공의 손자로 암살당한 황태자 프란츠 페르디난트의 조카다.—옮긴이

26. 1872~1932. 파리와 헤이그, 부쿠레슈티 대사를 지냈다. 1917년 3월 독일과 오스트리아-헝가리 사이의 회담에서 동맹국의 영토를 내놓고라도 연합국과 강화를 맺어야 한다고 주장했다.—옮긴이

27. 1886~1934. 파르마(Parma) 공국의 군주.—옮긴이

28. C. Cruttwell, pp. 363~364

으므로, 황제가 주도한 외교는 곧 실패했다. 이 '식스투스 사건'은 독일을 격노하게 했을 뿐만 아니라 최후의 승리를 위해 싸운다는 연합국의 정책을 완화하지 못한 채 오스트리아가 전쟁에 지쳤다는 사실만 폭로했다.

게다가 연합국은 이미 미국 대통령 윌슨이 1916년 12월 18일에 내놓은 평화 중재안에 흥미를 갖지 못하고 거부했다. 윌슨은 예비 조치로서 양측에 미래의 안전에 필요한 조건들을 상세히 제시하라고 요청했다. 독일은 미리 보낸 답변에서 아무런 양보도 하지 않았고 승리가 임박했음을 믿는다고 강조했다. 답변의 어조는 근자에 부쿠레슈티를 정복하고 루마니아 군대를 궤멸시킨 데 큰 영향을 받았다. 연합국의 응답도 똑같이 비타협적이었으나 매우 상세했다. 연합국은 벨기에와 세르비아와 몬테네그로에서 그리고 프랑스와 러시아와 루마니아의 정복지역에서 철군할 것, 오스트리아제국과 독일제국의 이탈리아인과 루마니아인, 체코슬로바키아인과 기타 슬라브족 신민들의 독립, 남부유럽에서 오스만제국의 지배를 종식시킬 것, 터키의 다른 신민들을 해방할 것을 요구했다. 요컨대 연합국의 요구는 동맹국의 핵심이었던 세 제국의 해체 일정이었다.[28]

스물여덟 달 동안의 끔찍했던 전쟁을 끝내자는 호소에 그 정도로 자신 있게 대응하려면 정치적으로 강하게 단결한 나라여야 했을 것이다. 프랑스와 영국은 정부 인사에 근본적인 변화가 있었는데도 그런 단결력을 갖고 있었다. 대전이 발발할 때 프랑스 의회는 국가의 생존과 궁극적인 승리에 헌신하는 '신성한 동맹Union sacrée'으로 당략의 추구를 포기했다. 동맹은 내각이 교체되었어도 유지되었다. 1915년 10월에 비비아니 정부가 사퇴했지만, 이전 정부에 재직한 바 있었던 브리앙이 새로운 수상이 되어 연립정부를 유지시켰다. 영국 의회의 정당들도 자유당 내각이 프랑스 전선에 적절하게 군수품을 보급하지 못했다는 비판을 받은 후 1915년 5월에 연립정부를 구성했지만, 허버트 애스퀴스Herbert Asquith는 수상으로 남았고 이듬해에도 계속 대외적으로 통합을 과시했다. 그러나 군수장관 로이드 조지는 애스퀴스의 활력 없는 지휘 방식에 가차없이 불만을 표시했고 이는 옳았다. 1916년 12월 초, 애스퀴스는 더 높은 전쟁 지휘부를 마련하려는 계획에서 허를 찔렸음을 깨달았다. 처음에 자신이 전쟁위원회에서 배제되는 데 동의했던 애스퀴스는 새로운 제도의 수용을 거부했고 로이드 조지의 사임을 강요했다. 이후의 소동에서 애스퀴스는 의회의 과반수가 거부하리라는 잘못된 기대로 자신의 사임 동의안을 제출했다. 국가의 위기에 로이드 조지의 탁월한 능력을 알아본 주요 동료들은, 자유당 출신이나 보수당 출신을 막론하고, 로이드 조지의 자기중심적이고 교활한 성격에 대한 혐오감을 떨쳐냈으며, 전쟁위원회가 거의 무제한의 권력으로 지배할 새로운 연립정부에서 일하기로 동의했다. 로이드 조지의 정부는 종전까지 지속된다.

양국에서 이러한 정치적 변화가 연립정부를 지탱했지만, 비비아니 내각과 애스퀴스 내각에 대한 불만의 뿌리에 놓인 난제를, 즉 정부와 최고사령부 간의 관계를 해결하지는 못했다. 독일에서 지휘권은 카이저의 말 한마디로 변경될 수 있었다. 카이저가 최고사령관으로서 모든 군 직위를 부여했기 때문이다. 카이저는 이미 1916년 말에 몰트케와 팔켄하인을 해임했다. 영국에서도 지휘권은 이론상 책임 있는 권위의 결정에 따라 변경되었다. 차이가 있다면 영국에서는 권한이 군주가 아니라 정부에 있었다는 점이다. 그러나 실제로는 존 프렌치가 프랑스에서 작전을 지휘하는 데 적합하지 않다는 사실이 내각에 명백히 알려진 지 한참 후에 그를 해임하려는 노력이 실패한 것에서 나타나듯이, 대중의 신뢰가 걱정되어 그러한 변경이 쉽지 않았다. 프랑스의 상황은 복잡했고 훨씬 더 어려웠다. 조프르는 최고사령관으로서 군사 지구 내에서 헌법적 효력을 지니는 권한을 행사했다. 의회 의원조차도 조프르의 허가 없이는 군사 지구에 들어갈 수 없었고, 조

29. 조프르는 제3공화국 최초의 원수가 되나 이 지위는 형식적이었다.—옮긴이

30. 1854~1934. 1912년부터 1925년까지 모로코의 총독을 지냈으나 1917년에 석 달 동안 전쟁장관을 겸임했다.—옮긴이

프르는 프랑스 땅의 군대를 지배할 권한뿐만 아니라 "국외 작전지역"의 군대에 대해서도 유사한 권한을 부여받았다. 그 결과, 프랑스와 영국의 사령관은, 곧 드러나듯이 이탈리아의 사령관도, 임기를 보장받았다. 사상자 명부도 전선의 승리 부재도 이들을 흔들지 못했다.

영국의 헤이그는 1917년 말이면 로이드 조지의 신임을 거의 완전히 잃었는데도 전쟁이 끝날 때까지 최고사령부에 살아남았다. 프랑스의 조프르는 베르됭 전투가 시작된 이후로 점차 신뢰를 잃어갔는데 결국 1916년 12월에 허울뿐인 영전으로 귀결되었다.[29] 그렇지만 정치적 권위와 군사적 권위 사이의 만족스러운 재조정은 이루어지지 않았고—조프르가 해임될 때 전쟁장관에 임명된 모로코의 총독 위베르 리요테Hubert Lyautey[30] 장군은 폭넓게 행정권을 부여받았지만 프랑스 내의 지휘권은 얻지 못했다—조프르를 대체할 만족스러운 인물을 찾지도 못했다. 정치인들이 선택한 니벨은 영리하고 설득력이 있었으며, 베르됭에서 독일군이 공세를 중지하자마자 상황을 바꾸어 놓았다. 니벨은 두오몽 요새를 재탈환하여 대령에서 2년 만에 고속 승진하는 성공을 거두었다. 그러나 이후 사건의 전개가 곧 입증하게 되듯이, 니벨이 자신의 능력에 품은 확신은 과장되었으며, 정부가 니벨에 품은 신뢰도 잘못된 판단이었다. 지금에 와서 사정이 그렇다는 것을 알기는 쉽지만 당시에 정부와 참모본부가 잘못할 수 있음을 인정하기란 어려웠다. 어느 나라에서든 제도와 인물에 품은 불만의 근저에 놓인 근본적인 진실은 좀 더 나은 제도나 인물을 찾으려 했던 시도가 헛된 일이었다는 것이다. 장군들은 눈과 귀와 목소리가 없는 사람처럼 자신들이 진행시킨 작전을 주시할 수 없었고 작전 전개에 관한 보고를 들을 수 없었으며 일단 교전이 시작되면 애초에 명령을 받은 자들에게 말할 수 없었다. 전쟁은 점차 전쟁을 수행한 자들이 감당할 수 없는 것이 되었다.

그랬는데도 독일과 영국에서, 심지어 조국을 방어하면서 잃어버

린 생명들로 쓰라린 상처를 입은 프랑스에서도 대중의 의지는 여전했다. '끝까지 견뎌라durchhalten'는 독일인의 표어가 되었다. 국민의 고초가 대단했지만, 만족스럽지 못한 결과를 받아들일 생각은 여전히 어디에도 없었다.[31] 영광스러운 승리를 거두리라는 믿음은 사라졌을 수도 있지만, 양보는 패배만큼이나 생각하기 어려웠다. 끝장을 보자는 결의는 1916년에 와서야 인명의 대량손실을 겪었던 영국에서 한층 더 강했다. 1916년에는 수백만 명의 병사를 그러모았던 자발적 충동이 약화되었고, 영국 역사에서 처음으로 민간인을 강제로 군대에 보내는 징병법이 통과되었다. 그랬는데도 《애뉴얼 리지스터Annual Register》[32]가 매우 정확하게 기록했듯이, "희생의 …… 전망은 …… 성공적인 결말을 얻을 때까지 전쟁을 계속한다는 국민적 의지를 조금이라도 변하게 하는 데에는 별반 영향을 미치지 못하는 것처럼 보였다."[33] 프랑스에서도 '신성한 동맹'이란 관념은 정치인들 사이의 맹약이 아니라 계급과 당파 사이의 맹약으로서 1916년이 끝날 때까지 지속되었다. 그 토대는 "프랑스는 외국의 공격 표적이 되었고 따라서 방어해야 한다"는 것이었다.[34] 얄궂게도 독일의 붕괴나 프랑스의 화려한 승리로 전쟁이 신속히 끝나리라는 믿음도 마찬가지로 지속되었다. 프랑스가 승리하리라는 희망은 막 산산이 부서질 참이었다.

31. L. Moyer, pp. 165~171

32. 영국에서 1758년 이래로 매년 간행된 역사 연대기. 에드먼드 버크(Edmund Burke)와 로버트 더즐리(Robert Dodsley)가 창간했다.—옮긴이

33. T. Wilson, *The Myriad Faces of War*, London, 1986, p. 407

34. J. J. Becker, *Great War*, p. 324

프랑스군 폭동

1916년 11월 연합군 대표자들은 프랑스군 총사령부가 있는 샹티이에 모여 1917년의 대공세를 계획했다. 솜 강 전투와 브루실로프 공세로 이어졌던 전년도 12월 샹티이 회의의 재판이었다. 이전처럼, 이탈리아군은 이손초 강에서 오스트리아군에 맞서 공세를 재개할 작정이었고, 러시아군도 봄 공세를 약속했다. 러시아군은 산업이 전쟁에 완전히 동원되고 많은 양의 무기와 탄약이 생산되고 있었으므로 공격 가능성에 관해서는 열의를 보였으나 상세한 내용을 정확하게 밝히지

35. N. Stone, p. 282

36. E. Spears, *Prelude to Victory*, London, 1939, p. 42

는 않았다.[35] 그러나 큰 노력은 프랑스군과 영국군이 서부전선의 중심부인 솜 강의 오랜 전역에 기울일 예정이었으며 이어 플란데런에서 공격을 전개하여 벨기에 해안을 '청소'하고 연합국의 해상 운송에 점차 큰 효력을 발했던 U-보트 기지들을 되찾을 작정이었다.

두 가지 사건이 발생하여 계획은 무산되었다. 첫째는 니벨이 조프르를 대체한 것이었다. 니벨의 작전 철학과 솜 강 전투의 속행 계획은 조합을 이룰 수 없었다. 솜 강 전투는 소모전이 되면서 상처투성이의 풍경을 남겼다. 망가진 도로, 길게 이어진 팬 땅, 산산이 파괴된 숲, 범람한 계곡, 버려진 참호와 대피호와 방어거점의 미로. 솜 강 전투는 기습돌파에 적합한 지형을 남기지 않았다. 니벨은 돌파의 비밀을 알고 있다고 자신했다. 니벨은 1917년에 참호전의 중요한 일익을 맡았던 포대의 장교였고, 새로운 포대 전술이 '격파'를 낳을 것이라고 확신했다. 니벨이 통제하는 엄청난 포대가 독일군 참호선에, "적진의 전방에서 후미까지 전체에 걸쳐" 포탄을 쏟아 부어 참호를 파괴하고 방어군의 간담을 서늘케 할 것이었다. 그래서 공격군은 지속적인 탄막의 보호를 받아 전진하고 고립된 적군의 저항을 우회하면서 개활지와 적진 후방까지 아무런 방해를 받지 않고 통과하게 될 것이었다.[36] 솜 강 지역이 그런 전술에 맞지 않자, 니벨은 1915년의 지역과 계획으로 돌아가자고 제안했다. 니벨은 독일군의 거대한 돌출부의 '어깨'인 솜 강 구역의 양 측면을 공격하려 했다. 프랑스군은 엔 강 구역 남쪽 부분인 슈맹데담을 공격 전선으로 정하고, 영국군은 연합국 간 협정에 따라 솜 강 구역 북쪽 어깨인 아라스와 비미 능선을 향해 공세를 재개할 예정이었다.

니벨이 1917년의 공격 계획을 변경하지 않았다고 해도, 어쨌든 독일군의 결정이 연합군의 솜 강 공세 재개 의도를 무산시켰을 것이다. 3월 15일 적군이 아라스와 엔 강 사이의 전 전선에서 진지로부터 철수하고 있다는 사실이 인지되었다. 이는 조프르가 11월에 샹티이 회의를 소집할 때 예측하지 못한 두 번째 가능성이었다. 전쟁에서 계획은 좀처럼 일치하지 않는다. 연합군이 이미 한 번 싸웠던 곳에서 공세를 재개하기로 합의하는 동안, 독일군은 그 땅을 완전히 포기하는 데 필요한 준비를 하고 있었다. 1916년 9월, 전선을 단축하고 10개 사단 정도 병력을 아껴 다른 곳에 쓰려는 목적에서 솜 강 전역 배후에 '최종' 진지를 구축하는 작업이 착수되었다.[37] 1월이면 사가Saga[38]의 영웅들인 보탄, 지그프리트, 훈딩, 미첼의 이름을 붙인 참호선들이 구성되고 전체가 힌덴부르크 선Hindenburg Line으로 알려진 새로운 참호선이 완성되었으며,[39] 3월 18일에 병력이 완전히 들어앉았다. 영국군과 프랑스군은 자신들 앞의 시골이 텅 비어 있음을 깨닫자 곧 황폐해진 풍경을 지나 추적했고, 4월 초가 되면 지금까지 마주친 것 중 가장 강력한 방어진지 반대편에 자신들의 참호를 파고 있었다.

니벨에게는 다행스럽게도, 힌덴부르크 선은 니벨이 타격을 가하기로 계획한 슈맹데담 직전에서 멈추었고, 영국군과 캐나다군이 조금 더 일찍 공격하기로 한 아라스-비미 능선 구역에서도 마찬가지로 가까이에서 중단되었다. 힌덴부르크 선은 두 구역 사이에 튀어나온 돌출부의 기부를 정확히 반으로 갈랐다. 프랑스군에는 불행하게도, 슈맹데담 방어선—독일군이 1914년 9월에 마른 강에서 퇴각하는 동안 처음으로 참호가 만들어진 곳이므로 3년 동안 구축되었다—은 서부전선에서 가장 강력한 진지였고, 독일군이 정상 능선에서 프랑스군의 후방지역까지 멀리 내다보았다. 독일군 포대 관측병은 프랑스군 보병들이 공격을 위해 정렬할 진지와 지원포대의 진지를 내려다볼 수 있었다. 게다가 니벨이 1916년 12월에 베르됭에서 일부 땅을 되찾는 데 성공한 결과로 도입된 독일군의 새로운 방어 지침에 따르면, 제1선은 최소한의 병력으로 지키되 반격('개입Eingreif') 사단들은 적군 포대의 사거리를 막 벗어난 지점에서 대기하고 있다가 공격해 들어오는 적군 보병의 제1진이 포대의 지원사격을 '잃는' 순간 '저지'(eingreifen의 또 다

37. G. C. Wynne, p. 134

38. 고대 스칸디나비아와 독일 지역의 역사, 바이킹의 항해, 아이슬란드 이주에 관한 이야기로 주로 아이슬란드에서 고대 노르웨이어로 쓰였다.—옮긴이

39. 보탄 선(Wotan Stellung)은 릴에서 생캉탱까지, 지그프리트 선(Siegfried Stellung)은 아라스에서 생캉탱까지 이어졌고, 훈딩 선(Hunding Stellung)은 크라온에서 베르됭까지 이어졌는데 랭스에서 크라온에 이르는 북쪽 부분은 브룬힐데 선(Brunhilde Stellung)이라 하고, 랭스에서 베르됭까지 이어지는 남쪽 부분은 크림힐데 선(Kriemhilde Stellung)이라고 한다. 베르됭에서 메츠에 이르는 연장선은 미첼 선(Michel Stellung)이었다.—옮긴이

40. G. C. Wynne, pp. 166~167

41. E. Spears, *Prelude*, pp. 40~41

른 의미)해야 했다.[40] 니벨의 계획은 48시간 이내에 연이은 세 번의 진격으로 2,000에서 3,000야드 깊이로 들어가 독일군 진지 전체를 압도할 '거칠고 잔인한' 공세를 예상했으므로, 성공하기 위해서는 보병과 포대 사이의 긴밀한 협력이 반드시 필요했다.[41] 그러나 니벨의 계획은 포대를 신속하게 전진 이동시켜야 한다는 점을 고려하지 못했다. 프랑스군 포대는 전장의 가파르고 울퉁불퉁한 지형에서 그리고 곧 벌어질 수 있는 상황에서 어쨌거나 임무를 수행할 수 없었다.

프랑스군에서 가장 성공적인 몇몇 부대를 포함하는 제6군, 10군, 5군이 예비군 집단군Groupe d'Armée de Reséve을 이루어 제1군단과 제20군단, 제2식민지군단Corps d'Armée Colonial을 제1선에 배치하고 공격 날짜를 기다렸다. 그날은 결국 4월 16일로 결정되었다. 그동안 영국원정군은 한 주 일찍 시작하기로 되어 있는 자체의 지원공세를 준비했다. 영국원정군의 공격 목표는 비미 능선의 정상으로, 캐나다 군단이 공격하기로 했다. 그곳에서 두에 평원으로 내려가는 길이 이어지며 그래서 참호가 없는 독일군의 후방지역으로 들어갈 수 있을 것으로 보았다. 기병대가 그 지역을 넘어서 신속히 전진하면 남쪽으로 8마일 떨어진 슈맹데담의 엔 강 고지대를 치워버린 니벨의 선봉대와 만날 수 있을 것으로 기대되었다. 공격을 위해 엄청난 양의 포와 탄약을 모았다. 포는 전선 9야드당 1문꼴인 2,879문이었고 포탄은 268만 7,000발이었다. 이 공격은 지난해 7월 솜 강에 가한 공격보다 기간은 짧아도 힘은 두 배였다. 40대의 전차도 끌어왔고, 동시에 주 공격부대인 제3군의 6군단은 아라스의 거대한 지하 채석장에 보병을 숨기고 제3군의 굴착중대들이 판 터널을 통해 전선까지 엄호하여 이동시킬 수 있었다. 비미 능선 반대편에서도 4개 사단 병력의 캐나다 군단 보병을 위해서 비슷한 터널이 뚫렸다. 그곳에서 캐나다 군단의 분견대가 서부전선에 최초의 대공세를 취할 예정이었다.

아라스의 4월 날씨는 지독했다. 비와 눈과 진눈깨비가 번갈아 내렸고, 기온은 혹독하리만큼 낮았다. 습기와 포화로 공격지역의 백악질 표토는 질척질척한 진흙으로 변해 어디서나 발목까지 빠졌고 곳에 따라 더 깊이 빠지기도 했다. 그러나 이번에는 준비 시간이 길었음에도 독일군의 맹렬한 보복은 없었다. 비미-아라스 구간을 점령하고 있는 제6군 사령관 루트비히 폰 팔켄하우젠Ludwig von Falkenhausen[42]은 반격을 가할 사단들을 전선 뒤 15마일 지점에 대기시켰다. 제1선에 배치한 7개 사단, 즉 제16바이에른 사단, 제79예비군사단, 제1바이에른 사단, 제14바이에른 사단, 제11예비군사단, 제17예비군사단, 제18예비군사단으로도 공격을 막아내기에 충분하다고 믿었던 것이 분명하다.[43] 이는 실수였다. 각각 제3군과 제1군을 지휘한 에드먼드 앨런비Edmund Allenby[44]와 헨리 혼Henry Horne[45]은 18개 공격사단을 보유했고 포에서도 크게 우세했던 반면, 구간을 담당한 독일 사령관들은[46] 팔켄하우젠이 전략 예비부대를 먼 곳에 대기시킨 것을 알았기에 자신들도 전술 예비부대를 후방에 배치했다. 제1선이 무너질 때에야 예비부대를 투

42. 1844~1936. 1917년 4월 아라스 전투에서 제6군을 지휘했으나 종심방어를 제대로 전개하지 못하여 실패했고, 루덴도르프가 모리츠 폰 비싱(Moritz von Bissing)으로 대체했다.—옮긴이

43. G. C. Wynne, p. 180

1917년 3월, 아라스 전투 전에 전선으로 향하는 맨체스터 연대의 특별작업대

입하겠다는 의도였다.

이러한 작전 계획은 독일군에 재난을 가져왔다. 불운한 보병들은 영국군의 포격 때문에 깊은 지하대피호에서 꼼짝 못했으며, 영국군의 포격에 방어용 가시철조망도 갈기갈기 찢어졌다. 초병들이 공격 개시 두 시간 전에 공격이 임박했음을 알리는 소리를 들었지만, 전화선이 절단되었으므로 포대와 통신할 수 없었고, 어쨌거나 포대는 영국군의 포 대응 사격에 파괴되었다.[47] 영국군과 캐나다군이 서서히 전진하는 탄막 뒤에서 터벅터벅 걸으며 나타났을 때, 방어군은 이미 죽었거나 지하에서 포로로 잡혔으며 운이 좋은 자들은 간신히 후방으로 피신했다. 비미 능선의 남쪽 끝 부분에 배치되었던 제3바이에른 예비군사단의 미카엘 폴크하이머Michael Volkheimer는 전진하는 적의 대열을 거의 참호 꼭대기에서 목격하고 동료에게 "나가! 영국군이 온다!"라고 소리치고 연대장에게 달려가 경고했다. "아군에 많은 증원군이 오지 않는다면 연대 전원이 포로가 될 것이다. …… 그런 증원군은 오지 않았고, 그래서 능선 전체가 …… 적의 수중에 떨어졌으며 [3,000명의] 연대 병력 중에서 겨우 200명만 간신히 탈출했다."[48]

아라스 전투 첫날은 영국군의 승리였다. 몇 시간 만에 독일군 전선을 1마일에서 최고 3마일까지 관통했으며, 9,000명의 포로를 잡았고, 사상자는 거의 없었으며, 개활지로 나가는 길을 확실하게 열어 놓았다. 캐나다 군단의 성공이 매우 놀라웠다. 1915년에 프랑스군 수천 명이 피를 흘렸던 비미 능선의 무섭도록 황량하고 울퉁불퉁한 사면을 단숨에 점령했다. 정상을 장악했으며, 반대편 동쪽의 가파른 사면 아래로 독일군 포대와 예비부대가 잔뜩 집결해 있는 두에 평원 전체가 승자의 시선 아래 놓였다. 어느 캐나다군 중위는 이렇게 썼다. "우리는 포를 조작하는 독일군 포병들을 보았다. 포병들은 포차를 앞차에 연결하여 뒤로 물러났다. 수송마차는 능선에서 도망친 수백 명의 병사와 함께 전속력으로 퇴각했다. 우리의 돌파를 막을 장애물은 전

---

44. 1861~1936. 최초로 파견된 영국원정군에서 기병사단장을 맡았다. 1915년 제5군단장으로 2차 이프르 전투에 참여했으며, 10월에는 제3군 사령관에 임명되었다. 1917년 아라스 전투에서 돌파에 실패하여 줄리언 빙(Julian Byng)으로 대체되었다. 1917년과 1918년에 이집트원정군 사령관으로 팔레스타인과 시리아를 정복했다. 별명이 '피투성이 황소(Bloody Bull)'다.—옮긴이

45. 1861~1929. 제1군단의 포대를 지휘하여 몽스 전투에서 제1군단의 퇴각을 엄호했다. 1915년 5월에 제2사단장으로 프랑스에서 싸웠고, 그해 11월에 다르다넬스에서 갈리폴리 철군을 지휘했으며, 1916년 7월에 제15군단장으로 솜강 공세에 참여했으며, 1917년 4월에는 제1군 사령관으로 비미 능선을 공격했다. 1차 세계대전에서 포병 장교로는 유일하게 군 사령관에 올랐다.—옮긴이

46. 독일군은 각각 1개 군단 병력의 3개 그룹으로 분할되었다. 북쪽에서 남쪽으로 수셰즈 그룹(Gruppe Souchez), 비미 그룹(Gruppe Vimy), 아라스 그룹(Gruppe Arras)이 차례로 포진했다.—옮긴이

47. G. C. Wynne, p. 174

48. A. McKee, *Vimy Ridge*, London, 1966, p. 102

혀 없는 것처럼 보였다. 날씨 이외에는 전혀 없었다."[49] 실제로 전진을 방해한 것은 날씨가 아니라 늘 그렇듯이 융통성 없는 계획이었다. 목표지점을 점령한 후, 미리 예정된 두 시간의 휴식 때문에 선두부대는 계속 전진하지 못했다. 전진을 재개했을 때 날은 저물고 있었고 추진력도 사라졌다. 4월 10일 독일군의 첫 예비부대가 틈을 좁히기 위해 나타났고, 4월 11일에는 뷜쿠르Bullecourt에서 우측을 공격하여 진입구간을 넓히려는 시도가 있었다. 그곳에서 오스트레일리아군 사단은 함께 간 전차 몇 대로도 파괴할 수 없는 절단되지 않은 철조망을 발견했다. 그때 사상자를 대체하고 부대의 기운을 회복시키기 위해 휴식 명령이 내려졌다. 그때까지 손실은 모두 약 2만 명으로 솜 강 전투 첫날 희생자의 3분의 1 정도였지만, 전투에 참여한 사단들은 지쳤다. 4월 23일에 전투가 재개되었을 때, 독일군은 부대를 재편성하고 보강했으며 모든 구역에서 반격을 개시할 준비가 되어 있었다. 그 결과, 소모전이 시작되어 한 달 동안 끌었으며 이렇다 할 만한 땅의 확보 없이 추가로 13만 명의 사상자만 발생했다. 독일군도 똑같은 손실을 입었지만, 비미에서 굴욕을 당한 뒤로 신속하게 진지를 재건했으

49. A. McKee, p. 116

1917년 4월 29일, 아라스 전투 당시 영국군 공병통신대 시각통신 초소

50. E. Spears, *Prelude*, p. 331

51. E. Spears, *Prelude*, p. 41

며 아라스 전선에서 더는 패배를 당할 위험이 없었다.

한편, 독일군은 프랑스군에 파멸적인 패배를 안겼다. 비미에서 독일군이 패배한 이유는 두 가지였다. 첫째, 영국군의 포격이 실제보다 더 길게 이어지리라고 예상하고, 반격 사단들을 충분히 개입할 수 있을 만한 시간 안에 전진시키지 못했기 때문이다. 둘째, 비미-아라스 구간에 사단이 절대적으로 부족했기 때문인데 이것이 더 중요했다. 이에 대한 벌충은 슈맹데담에서 프랑스군이 느끼게 된다. 슈맹데담에서 독일군은 횡대로 늘어선 21개 사단 뒤로 반격 사단 15개를 배치했다. 독일군이 비미-아라스 구간에서 놀랐다면, 엔 강에서는 그 반대였다. 엔 강에서는 대규모 공세가 준비 중이라는 증거를 입수하고 독일군이 니벨의 의도를 경계했다.[50] 그리고 보안의 유지에도 실수가 있었다. 독일군이 문서들을 손에 넣었으며, 전선 뒤에서 조심스럽지 못한 대화가 있었다. 영국인 어머니를 둔 니벨은 영어를 능숙하게 말했고, 일찍이 1917년 1월에 영국을 방문했을 때 "식탁 맞은편의 황홀경에 도취된 여인들에게 가장 매혹적으로 자신의 방법을 설명했고, 여인들은 친구들에게 달려가 자신들이 이해한 많은 대화 내용을 전달했다."[51]

독일군은 그럭저럭 니벨의 '격파' 계획이 진행 중이라는 경고를 충분히 받았다. 독일군도 폰 로스베르크 대령이 고안한 새로운 '종심방어' 계획을 실행하여 제1선에서 관측병을 제외한 거의 전 병력을 철수시켰으며 '중간지역'은 방어거점이나 포탄 구덩이를 임시 진지로 삼아 군데군데 기관총 사수를 배치하여 지켰다. 그동안 지원포대는 후방에 횡대가 아니라 되는대로 포진했고 실제 방어 병력은 전선에서 1만 야드나 2만 야드 떨어진 포 사정거리 밖에 예비부대로 전개했다. 이러한 준비는 니벨의 계획에 파멸을 가져왔다. 니벨의 계획에 따르면 프랑스군 보병은 숲이 우거지고 자연 동굴로 빠지는 구멍들이 나 있는 가파른 슈맹데담 전선의 처음 3,000야드를 세 시간 동안 전진하고 반대편 사면의 3,000야드를 세 시간 동안 지원포대의 시야에서 벗어난 채 전진하며 마지막으로 두 시간 동안 2,000야드를 전진해야 했다. 그 8,000야드를 전진하며 맞닥뜨릴 난제들—독일군의 최초 저항, 철조망, 우회하여 지나쳐온 기관총들, 국지적인 반격—은 그렇다 해도, 니벨 계획에는 실제 독일군 방어부대로부터 2,000야드 모자라는 곳에서 멈춘 초기 국면에 힘을 쏟는다는 약점이 내재했다. 그러므로 프랑스군이 성공할지 의심스러웠지만, 성공하여 최종 목표를 달성한다고 해도, 지친 상태에서 그 즉시 새로운 부대의 강한 저항에 직면하게 될 것이었다.

그러한데도 니벨의 '격파'에 대한 확신은 병사들에게 전해졌다. 영국군 연락장교인 에드워드 스피어스Edward Spears[52] 장군은 4월 16일 새벽 출발선의 장면을 이렇게 묘사했다. "일종의 쾌감처럼 전율이 낙천적인 기대를 자아내며 부대를 관통했다. 나는 싱글거리며 두 눈을 반짝거리는 얼굴들에 둘러싸였다. 몇몇 병사들은 내 군복을 보더니 열심히 내게 달려왔다. '독일군은 아라스에서 당신들과 만났을 때 그랬듯이 …… 여기서도 버티지 못할 것이다. 독일군은 거기서 도망쳤다. 그렇지 않은가?' 기운찬 목소리들은 수천 개의 푸른 철모 위에서 춤추는 불빛의 광채로 효과를 더했다." 공격 개시 시간이 다가오자 대기하던 보병은 침묵했고, 보병을 전진시키기 위해 엄청난 거리를 뛰어넘어 탄막을 이동시킬 예정이었던 포대는 요란한 소리와 함께 교전에 들어갔다. 스피어스의 생각은 이랬다. "출발은 좋아 보였다. 독일군의 탄막은 불규칙하게 지분거린다는 인상을 주었다. 적진에서 수백 줄기의 황금빛 섬광이 솟아올랐다. 적은 프랑스군 공격 대형을 발견했고 포대에 구조를 요청하고 있었다. …… 눈앞에서 엄청난 규모의 병력이 거의 동시에 이동을 시작했다. 아니면 동시에 움직이는 것처럼 보였다. 길고 가는 여러 종렬이 엔 강을 향해 떼 지어 이동했다. 어디선가 갑자기 75밀리 포들이 나타나 빠르게 전진했다. 말들은 성

52. 1886~1974. 프랑스군 제5군과 10군에 연락장교로 파견되었다가 1917년 5월에 소령으로 진급하여 참모본부에서 프랑스 전쟁부와 영국 전쟁부 사이의 연락장교로 일했다.—옮긴이

53. E. Spears, *Prelude*, pp. 489~490

54. E. Spears, *Prelude*, p. 492

큼성큼 걸었고 마부 병사들은 마치 결승점을 향하듯 말을 몰았다. 보병들이 환호하듯 소리쳤다. '독일군이 달아나고 있다. 포가 앞으로 나오고 있다.' 그때 비가 내리기 시작했고, 공격이 어떻게 진행되는지 말하기가 어려워졌다."[53]

공격의 추이를 확인하기 어렵게 만든 것은 비뿐만이 아니었다. 날씨는 진눈깨비와 눈이 내리고 안개도 끼어 아라스 전투 첫날처럼 나쁘고 추웠으며, 게다가 방어하는 독일군이 갑자기 교전에 돌입하면서 전선 자체가 허물어지고 있었다. "선봉대의 무모한 속도는 어디서도 오래 유지되지 않았다. 속도의 둔화가 감지되었으며, 이어 공격 개시 시간부터 꾸준히 압박해 들어갔던 지원부대는 완전히 멈추었다. 독일군의 기관총이 포탄 구덩이에 산개하고 은신처에 숨어 있다가 또는 깊은 대피호나 동굴의 입구에서 갑자기 나타나 이제 언덕의 울퉁불퉁한 사면을 오르느라 애쓰는 부대에 가공할 희생을 안겼다."[54]

보병을 보호해야 할 탄막이 너무 빠르게 이동한 탓에 걸어서 이동하던 병사들은 뒤처졌다. "어디서나 얘기는 동일했다. 공격진은 기껏해야 몇몇 지점을 획득했을 뿐 곧 속도가 떨어졌고 탄막을 따라잡을 수 없었다. 탄막은 3분에 100야드 속도로 전진하여 대개가 빠르게 시야에서 사라졌다. 보병과 탄막이 분리되자마자, 독일군 기관총들이 …… 불을 뿜었다. 많은 경우에 전방과 측면에서 동시에 사격이 가해졌으며 때로는 후방에서도 총알이 날아왔다. …… 엔 강의 가파른 사면에서 공격부대는 심지어 대항군이 없어도 매우 느리게만 전진할 수 있었다. 포격에 파여 뒤엎인 땅은 발 디딜 곳이 거의 없거나 전혀 없는 진흙투성이 비탈이었다. 나무 그루터기를 꽉 붙들고 몸을 끌어올렸던 병사들은 사람이 생각할 수 있는 온갖 종류의 가시철조망에 막혔다. 그동안 지원부대는 15분에 1개 대대씩 공격 참호선에 집결하고 있었다. 공격진의 선두가 경우에 따라 수백 야드 앞에서, 반 마일에서 4분의 3마일도 못 되는 곳에서 가로막히자, 이러한 집결은 적체를 낳았다. …… 독일군이 기관총만큼이나 많은 포를 교전에 투입했더라면, 제1선에서 벌어지던 학살극은 병사들로 혼잡한 참호와 후방의 진로에 있던 무력한 병사들에게도 똑같이 되풀이되었을 것이다."[55]

학살극은 매우 광범위했다. 능선의 좌측 끝을 공격했던 제6군 사령관 망쟁은 식민지의 혹독한 군인이었는데 자신의 식민지군과 '강철' 제20사단의 용사들을 포함한 부하들이 저지당했다는 얘기를 듣고는 이렇게 명령했다. "철조망이 포 사격으로 끊어지지 않았으면 보병이 끊어야 한다. 땅을 빼앗아야 한다." 이 명령은 완전히 무의미했다. 전차가 철조망을 절단할 수도 있었겠지만, 프랑스군이 전투에 처음 사용한 르노 사의 2인 탑승용 작은 전차 128대 중 단 1대도 독일군의 제1선에 도달하지 못했다. 거의 전부가 심하게 팬 접근로에 빠져 허우적거렸다. 보병은 살아 있는 한 분투하며 전진할 수밖에 없었다. 첫날 침투한 거리는 겨우 600야드였다. 셋째 날에 능선을 가로지르는 슈맹데담에 도달했다. 13만 명의 사상자를 낸 다섯째 날에 공세는 사실상 포기되었다. 이에 대한 보상으로 2만 8,815명을 포로로 잡고 16마일의 전선에서 전방으로 4마일을 침투하는 소득을 거두었지만, 독일군의 깊은 방어선은 손상을 입지 않았다. 돌파는 없었고 니벨의 '격파' 약속도 실현되지 않았다. 4월 29일 니벨은 해임되었고 페탱으로 교체되었다. 그러나 전사자 2만 9,000명을 포함하는 프랑스군의 손실은 돌이킬 수 없었다.[56]

적어도 한동안은 프랑스군의 전투 사기도 회복되지 못했다. 4월 16일 공세의 실패 직후, 사령관들이 '집단적 규율 위반 행위'라고 인정하고 역사가들이 '1917년 폭동'이라고 불렀던 일이 시작되었다. 두 표현 모두 이 붕괴의 성격을 정확하게 규정하지 못한다. 일종의 군사 파업이라고 한다면 더 정확할 것이다. '규율 위반'은 명령의 와해를 뜻한다. '폭동'은 보통 상관에게 폭력을 행사하는 행위를 수반한다. 그러나 넓은 의미에서 명령은 유지되었으며, '폭도'는 장교들에게 폭력을 행사

55. E. Spears, *Prelude*, p. 493

56. E. Spears, *Prelude*, p. 509

57. L. Smith, *Between Mutiny and Obedience: The Case of the French Fifth Infantry Division during World War* Ⅰ, Princeton, 1994, p. 185

58. J. J. Becker, *Great War*, pp. 217~222

59. J. J. Becker, *Great War*, p. 219

하지 않았다. 반대로, '폭동' 중에 사병과 장교 사이의 관계에서는 기이한 상호 존중이 두드러졌다. 마치 양측 모두 스스로 끔찍한 시련에 희생되었다고 인식한 듯했다. 밑바닥 병사들이 그 시련을 견뎌낼 수 없다는 것은 간명해 보였다. 사병의 생활은 장교의 생활보다 열악했다. 음식은 더 조악했고 휴가도 적었다. 그러한데도, 사병들은 장교들도 함께 고통받았고 실제로 많은 사상자를 냈다는 사실을 알고 있었다. 제74보병연대처럼 직접 대치하지 않은 부대에서도, 사병들은 장교들에 '아무런 해가 없기를' 바랐다. 사병들은 단순히 '참호로 돌아가기'를 거부했다.[57] 이는 극단적인 불만의 표출이었다. 군의 거의 절반에 해당하는 55개 사단의 병사들이 관여했는데, 이들의 전반적인 분위기는 새로운 공격에 참여하기를, 거부한 것이 아니었다면, 주저한 것이었고 동시에 적군의 공격에 맞서 전선을 지키겠다는 애국적 의지였다. 더 많은 휴가, 더 좋은 음식, 병사 가족들에 대한 더 나은 대우, '부정'과 '학살'의 중단, '평화' 같은 구체적인 요구도 있었다. 이런 요구들은 종종 민간 파업 참여자들의 요구와 연결되었다. 1917년 봄에 높은 물가와 전시 부당행위에 대한 분노, 사라져가는 '평화'의 전망 때문에 파업의 물결이 일었다.[58] 민간인 항의자들은 확실히 어떤 대가를 치르고라도 평화를 얻겠다는 요구는 하지 않았다. 독일군의 승리는 말할 것도 없었다. 그렇지만 불평했다. "국민은 죽도록 일해야 근근이 살아가는데, 우두머리들과 대기업가들은 점점 더 살찌고 있다."[59]

군인이 가족을 걱정하는 마음이 전선에 나간 남편과 아들에 대한 아내와 부모의 걱정 때문에 더 커진 것처럼, 민간인의 불만은 군인의 불만을 부채질했다. 1917년에 프랑스의 위기는 전국적이었다. 바로 그랬기 때문에 정부는, 니벨을 대신한 필리프 페탱이 그랬듯이, 문제를 매우 심각하게 받아들였다. 페탱은 겉보기에 무뚝뚝했지만 동포를 이해했다. 다섯 국면이 확인되었다. 4월에 파업이 산발했고, 5월에 대중집회가 열렸으며, 6월의 적대적인 충돌에 뒤이어 그해 나머지 기간 동안 반대가 약화되었다. 이렇게 위기가 심화되면서 페탱은 위기를 억누르기 위한 일련의 조치에 차례로 착수했고 군대에 정신적 안정을 가져왔다. 페탱은 더 규칙적인 휴가를 더 많이 약속했다. 또 넌지시 적어도 당분간은 공격을 중단하겠다는 약속도 했다. 프랑스의 교전국 지위가 종식됨을 의미했기에 많은 말은 하지 않았지만 병력이 휴식을 취하고 재교육을 받으리라는 점을 강조했다.[60] 재교육을 하려면 사단들을 전선에서 이탈시켜야 했으므로, 페탱은 전선의 독일군 측에서 이미 시행 중인 '종심방어'와 유사한 새로운 지침을 도입했다. 페탱이 6월 4일에 내린 명령은 "전선에서 보병을 밀집시키면 사상자만 늘 뿐이니 그런 경향을" 피하라는 것이었다. 대신 제1선은 적군을 저지하고 포대에 관측을 제공할 수 있을 정도의 병력으로 지킬 작정이었다.[61] 보병의 대다수는 제2선에, 반격에 나설 예비부대는 제3선에 대기해야 했다. 이런 명령들은 명백히 방어용이었다. 전선이 이러한 새 전술들로 재조직되고 있는 동안, 군대의 장교들은 페탱의 재가를 받아 설득과 격려로써 병사들을 다시 복종시키려 했다. 제5사단의 보병 지휘관은 이렇게 썼다. "엄한 조치를 취해서는 절대 안 된다. 우리는 설득과 냉정함과 사병들이 아는 장교들의 권위로써 이 움직임을 약화시키기 위해 최선을 다해야 하며, 파업자들에게 최상의 감정을 전달할 수 있도록 다른 무엇보다 호의적인 취지에서 처신해야 한다." 사단장은 이렇게 동의했다. "우리는 규정을 엄격히 집행하여 이 움직임을 약화시킨다는 생각은 할 수 없다. 분명 돌이킬 수 없는 결과를 가져올 것이기 때문이다."[62]

그랬는데도, 규율 위반이든 파업이든 아니면 폭동이든, 이 '움직임'은 폭력에 호소하지 않고는 잠잠해지지 않았다. 최고사령부와 정부 모두 민간의 반전 선동가들이 군을 '전복'하려 한다는 생각에 사로잡혔기에 주모자를 확인하여 재판하고 처벌하는 데 엄청난 노력을 기울였다. 군법회의에 회부된 자가 3,427명이었는데, 그중 554명의 병사

60. M. Pedrocini, *Les mutineries de 1917*, Paris, 1967, Chapter 4

61. L. Smith, pp. 218~219

62. L. Smith, p. 197

가 사형을 선고받았고 49명이 실제로 사형에 처해졌다.[63] 그 밖에 수백 명이, 비록 감형을 받았지만, 종신형을 선고받았다. 이 법적 절차의 한 가지 두드러진 특징은 재판에 회부된 자들을 같은 부대의 장교들과 하사관들이 사병들의 암묵적 동의를 받아 선정했다는 사실이다.

겉보기에는, 프랑스 군대에서 질서는 비교적 신속하게 회복되었다. 8월이면 페탱은 군의 사기를 충분히 신뢰하여 베르됭에서 제한적인 작전을 수행했고, 10월에는 엔 강 구역에서 또 다른 작전으로 독일군을 엘레트 강 너머까지 밀어냈다. 그러나 전체적으로 보아 폭동의 목적은 달성되었다. 1917년 6월에서 1918년 7월 사이에 프랑스군은 전체의 3분의 2를 지키고 있는 서부전선의 어느 곳도 공격하지 않았으며, 그 구역에서 '적극적' 방어를 수행하지도 않았다. 도대체 왜 그랬는지 알 수 없지만 중간지대 반대편에서 규율의 위기를 감지하지 못한 독일군은 적군의 수동적 자세를 받아들이기로 동의했고, 다른 곳에서 즉 러시아와 이탈리아에서, 또 영국군에 맞서 할 일을 했다.

"살아남으라"는 1차 세계대전에서나 다른 전쟁에서나 새로운 현상이 아니었다. 크림 전쟁에서, 1864년에 피터스버그와 리치먼드 사이의 참호에서,[64] 일요일마다 마페킹Mafeking의 포위 공격이 중단되었던 보어 전쟁에서,[65] 1915년과 1916년에 동부전선의 넓은 땅에서 널리 퍼진 명제였다. 병사는 장교의 제지를 받지 않으면 정적인 위치에서는 언제나 쉽사리 상호 간에 적응했다. 종종 잡담을 나누고 작은 필수품을 주고받거나 심지어 국지적 휴전을 조정하기도 했다. 1914년 성탄절에 플란데런에서 영국군과 독일군이 휴전한 유명한 일화가 있으며, 이는 1915년에 작은 규모로 반복되었다. 러시아군은 1916년에도 성탄절 휴전뿐만 아니라 부활절 휴전도 준비했다. 좀 더 일반적으로 말하자면, 서부전선의 양 진영은 적당하게 참호를 파고 들어앉은 후에는 플란데런의 침수지역, 벨기에의 탄광지대, 아르곤의 숲, 보주 산맥을 포

63. L. Smith, pp. 206~207

64. 남북전쟁 때 1864년 6월 9일에서 1865년 3월 25일까지 버지니아의 피터스버그 주변에서 일어난 일련의 전투를 리치먼드-피터스버그 전투라 한다. 피터스버그 포위 공격으로 알려진 이 전투에서 열 달 동안 참호전이 전개되었다. 피터스버그는 남부연합의 리 장군 부대와 수도 리치먼드의 보급에 중요한 곳이었다.—옮긴이

65. 현재는 Mafiking으로 쓴다. 남아프리카 노스웨스트 주의 주도로 보츠와나 접경에 있다. 1899년에 2차 보어전쟁이 발발하면서 포위되었는데 그해 10월부터 이듬해 5월까지 217일 동안 포위 공격이 지속되었다.—옮긴이

함하는 전면적인 공세에 적합하지 않은 구간들에 만족했고 비공격적 일상에 빠져들었다. 곳에 따라서는 양 진영이 너무 근접한 나머지 '살아남으라'라는 명제 이외에 어느 것도 허용되지 않았다. 참호를 보호하는 '국제 철조망'이 존재했다는 얘기도 전해지는데, 양 진영의 참호가 너무 가까워 양측은 상대방이 자신들 사이를 가르는 장벽을 보수하도록 허용했다는 것이다. 중간지대가 넓은 곳에서도 서로 대적하는 부대들은 암묵적으로 평화를 깨지 않기로 합의했을 것이다. 영국군 최고사령부는 '살아남으라'라는 명제를 강하게 부정했고, 참호를 습격하라는 명령, 특정 구역에 박격포부대 파견, 짧은 시간의 포 사격 등 여러 수단을 동원하여 구간들을 '교전' 상태로 돌리려 했다. 결과는 뻔했다.[66] 독일군은 반대편 영국군 참호에서 군무 수행에 동요가 있음을 알게 되었다. 영국군 부대는 시종일관 한 달에 수십 차례 참호전을 수행하여 사상자가 늘어나는 상황을 받아들였기 때문이다. 프랑스군은 반대로 영국군만큼 습격에 전념하지 않았으며, '정찰'에 참여한 자들에게(영국군은 습격을 통상적인 임무로 생각했다) 휴가로 보상했고, 일반적으로 정식 공세를 위해 병력을 보존하기로 결정했다. 니벨 공세 이후, 규율 위반에 영향을 받은 사단들이 노고를 아끼지 않고 습격을 준비했으며 상급부대에 활동을 보고했지만, 실제로는 대다수가 다시 수세적 태도로 돌아갔다.[67] 전쟁을 승리로 이끌려는 노력의 대가는 프랑스군의 전투 의지를 꺾어버렸다. 사망자는 1914년에 30만 6,000명, 1915년에 33만 4,000명, 1916년에 21만 7,000명, 1917년에 12만 1,000명이었는데, 대개 폭동 이전에 전사했으며 전부 합하여 2,000만 명의 남성 인구 중 100만에 달했다. 프랑스의 병사들은 조국을 방어하려 했지만, 공격에 나설 뜻은 없었다. 프랑스 병사들의 분위기는 거의 한 해 동안 변하지 않는다.

66. T. Ashworth, *Trench Warfare 1914~1918: The Live and Let Live System*, London, 1980, pp. 15~16

67. L. Smith, pp. 225~226

68. N. Stone, p. 282

69. J. J. Becker, *Great War*, pp. 220~221

70. A. Wildman, *The End of the Russian Imperial Army*, N.Y., 1980, p. 109

러시아 혁명

1917년에 치솟아 오르는 전쟁 비용으로 위축된 것은 프랑스군만이 아니었다. 프랑스군만큼 응집력을 갖추지도 못했고 '국민적'인 군대가 결코 아니었던 러시아군도 삐걱거렸다. 최고사령부가 1916년 12월 샹티이의 연합군회의에서 약속한 봄 공세를 준비하기 전부터 그랬다.[68] 러시아군의 불만은 니벨 공세 후 프랑스군에서 들을 수 있는 불평과 똑같았다. 음식은 조악했고, 휴가는 불규칙했으며, 병사들은 두고 온 가족이 안녕한지 걱정했고, 부당한 이득을 취한 자들과 지주, 징병을 피함으로써 좋은 소득을 올렸던 '병역기피자'를 깊이 증오했으며, 공격의 효용을 신뢰하지 못했다.[69] 마지막 것이 가장 불길했다. 군사우편 검열로, 1916년 말에 "결과에 상관없이 평화를 원하는 강한 열망"의 증거가 드러났다.[70] 군사우편 검열은 프랑스 정부에 사병들의 불만을 매우 정확하게 경고한 바 있다. 1916년에서 1917년으로 넘어가는 겨울이 이례적으로 혹독하여 독일군의 대규모 공세를 방지했다는 것은 러시아군 최고사령부에 행운이었다. 당시 차르 군대를 지배했던 분위기로 보아 독일군이 공세를 가할 수 있었다면 결정적인 성과를 얻었을 것이다.

그러나 프랑스와 러시아의 상황은 비교할 수 없다. 프랑스는 1917년에 전선과 국내에서 모두 최악의 곤란을 겪을 때에도 국가의 기능과 경제의 기능이 지속되었다. 러시아에서 경제는 붕괴되었고 그리하여 국가의 생존에 위협을 가했다. 그렇지만 경제 문제는 독일이나 오스트리아의 경우처럼 봉쇄나 자원의 전시생산 전용으로 초래된 직접적인 결핍이 아니었다. 오히려 일종의 통제되지 않는 호황이 문제였다. 러시아의 산업 동원은 지폐 신용의 엄청난 확대와 금 보유량에 의거한 예산 균형의 포기로 막대한 자금을 얻어 어마어마한 노동력 수요를 창출했다. 이는 숙련 노동자였던 병사들이 군무에서 해제되고—그리하여 민간인 신분으로 되돌아갈 자격을 갖추지 못했던 농민 병사들의 큰 불만을 샀다—가족 부양 의무를 증명할 수 있어 병역을 면제받은 자들이 농촌에서 도시로 이주함으로써 충족되었다. 도시에서 얻는 현금 소득은 농촌에서 종종 물물교환으로 얻는 소득보다 훨씬 더 컸다. 이주 농민들은 1914년에서 1917년 사이에 고용이 두 배로 늘었던 광산과 철도, 유전, 건축, 그리고 특히 공장에서 일거리를 마련했다. 국영 공장에 고용된 노동자는 전쟁 중에 세 배로 증가했다.[71]

고임금과 지폐는 급속한 인플레이션을 초래했다. 재무 제도와 은행 제도가 정교하지 못한 나라에서 불가피한 현상이었다. 그리고 인플레이션은 특히 농업 생산에 파괴적인 영향을 끼쳤다. 대지주는 세 배로 늘어난 임금을 감당할 수 없어 땅을 놀렸고 반면, 교환 물품에 높은 가격을 지불할 능력도 생각도 없었던 농민은 곡물 시장에서 철수하여 자급 생활로 되돌아갔다. 한편, 철도는 1914년에 70만 명을 고용하고 1917년에는 120만 명을 고용했지만 실제로 도시에 전해진 산출액은 더 적었다. 부분적으로는 군대의 요구 때문이었고, 또 다른 한편으로는 비숙련 노동자의 유입으로 생활비 수준이 하락했기 때문이었다.[72] 이례적으로 낮은 기온 탓에 연료와 식량의 수요가 늘었던 1917년 초에 도시의 공급 상황은 거의 붕괴 직전이었다. 3월에 수도 페트로그라드의 창고에는 겨우 며칠 분 곡물밖에 남아 있지 않았다.

이른바 2월혁명을(러시아는 옛 율리우스력을 사용했기에 서방에서 사용한 그레고리우스력보다 13일 늦게 날짜를 계산했다) 자극한 것은 식량 부족이었다. 2월혁명의 원인이나 지향은 정치적이지 않았다. 처음에는 물질적 궁핍에 대한 항의로 시작했지만 혁명으로 바뀌었고, 그 이유는 단지 페트로그라드 군 수비대가 진압에 합류하기를 거부하고 시위대 편에 서서 국가의 전통적인 경찰 기구였던 무장경찰과 코사크 기병에 맞섰기 때문이었다. 2월혁명은 일련의 파업으로 시작되었다. 코사크 기병이 1905년 폭동을 진압한 날인 1월 9일에 '피의 일요일'을 기념하기 위해 실행된 파업은 2월(3월)에 '빵'을 요구하는 대규

71. N. Stone, pp. 284~285

72. N. Stone, pp. 299~300

73. O. Figes, *A People's Tragedy*, London, 1996, p. 378

74. 프라오브라젠스키 연대와 세메놉스키 연대는 제1근위보병사단의 1여단, 이스마일롭스키 연대는 제1근위사단 2여단, 파블롭스키 연대는 아래 나오는 핀란드 연대와 함께 제2근위보병사단 2여단에 속했다.— 옮긴이

75. 스웨덴과 러시아가 1700년에서 1721년까지 발트 해의 패권을 두고 싸운 대북방전쟁을 말한다. 프라오브라젠스키 연대가 가장 오래된 연대다.— 옮긴이

76. A. Wildman, p. 128

77. A. Wildman, p. 149

78. 페트로그라드에 있는 거대한 역사적 궁전. 그리고리 포템킨(Grigori Potemkin-Tavricheski) 대공이 건축가 이반 스타로프(Ivan Starov)에 의뢰하여 1783년부터 6년 동안 건축되었다. '타브리카'는 크림 반도를 말하는데 Taurica, Tauris, Taurida 등 여러 표기가 있으나 1783년 이래로 러시아 영토였으므로 러시아어로 표기했다.— 옮긴이

모 반복적 시위로 확대되었다. 불만을 품은 자들이 기온이 갑자기 상승하여 겨울의 햇빛 속으로 쏟아져 나오면서 시위의 규모가 확대되었다. 처음에는 식량을 찾아 나왔던 자들이 거리의 파업자들에 합류했다. 2월 25일 20만 명의 노동자가 페트로그라드 중심지에 운집했고 상점을 파괴하고 시위 참여자들보다 숫자에서 열세여서 사기가 저하된 경찰에 맞서 싸웠다.[73]

차르 정부는 민간의 소요에 익숙했고 이전에는 언제나 제압할 수단이 있었다. 정부는 1905년처럼 마지막 수단으로 군대를 불러내 군중에 발포하게 했다. 1917년 2월, 이용할 수 있는 군대는 충분했다. 수도에 18만 명이 있었고 인근에 15만 2,000명이 주둔했다. 게다가 이 병사들은 차르가 가장 크게 의존하는 근위대 소속 연대들이었다. 프라오브라젠스키Preobrazhensky 연대, 세메놉스키Semenovsky 연대, 이스마일롭스키Ismailovsky 연대, 파블롭스키Pavlosky 연대 등 전부 14개 연대였던 근위대는[74] 가장 오래된 연대가 표트르 대제에 의해 소집된 이래로 왕조에 봉사했다. 스웨덴의 카를 12세와 싸울 때 주교 모자를 썼으며 전통적으로 황태자가 소년사관으로 임관되었던 프라오브라젠스키 연대는 근위대 중의 근위대였다.[75] 차르는 매년 신병부대에서 직접 자신의 병사를 선발하여 군복에 분필로 'P자'를 적었고, 죽을 때까지 자신을 보호하게 했다.

그러나 1917년에 근위대 보병들은 여러 차례 소모되었다. 페트로그라드에 주둔한 부대는 예비군대대에 속했고 신병이거나 부상당한 예비군으로 "군무에 복귀하기를 심히 주저했다."[76] 부대의 장교들도 대체로 '미숙한 청년들'로 근자에 사관학교에서 배출된 자들이었고, 일부 병사는 교육받은 자들로 평시에는 세심하게 배제하려 했던 유형에 속했다.[77] 그중 한 사람인 표도르 린데Fedor Linde는 타브리카 궁Tavrichesky dvorets[78] 근처에서 시위대를 진압하려는 첫 번째 시도에 자신의 반응을 이렇게 기록했다. "나는 어느 코사크 기병대 장교의 질주

하는 말을 피하려는 어린 소녀를 보았다. 소녀는 너무 느렸다. 머리를 호되게 맞은 소녀는 말발굽 아래 쓰러졌다. 소녀는 비명을 질렀다. 사람의 목소리 같지 않은 예리한 비명을 들으니 마음속에서 무엇인가 솟구쳤다. [나는] 사납게 울부짖었다. '동무들이여! 동무들이여! 혁명 만세. 무기를 들자! 무기를 들자! 저들은 무고한 인민을, 우리의 형제와 자매를 죽이고 있다.'" 핀란드 연대의 하사관이었던 린데는 프라오브라젠스키 연대의 막사에 거했는데, 연대 병사들은 린데가 누군지 몰랐지만 린데의 호소에 따랐고 거리로 나가 무장경찰과 코사크 기병대, 장교들, 이스마일롭스키 연대와 근위소총연대같이 여전히 충성하는 부대들에 맞서 싸웠다.[79]

시위는 2월 27일에 폭력적으로 분출했다. 2월 28일 파업자들과 페트로그라드 수비대 전체가 합세했으며 혁명은 절정으로 치달았다. 차르 니콜라이는 모길료프Mogilëv의 사령부에 고립된 채 특유의 태연함을 유지했다. 차르는 1789년 7월의 루이 16세처럼 하층의 반란이 자신의 황위를 위협한다고는 믿지 않았던 것 같다. 차르는 자기 권위의 주된 버팀목인 수도의 군대가 1789년 7월 파리의 근위대Gardes française[80] 처럼 자신의 지배에 반하여 폭동을 일으켰으며 정치권이 뒤따르고 있다는 사실을 이해하지 못했다. 러시아 의회 두마Duma는 타브리카 궁에서 의회의 위임통치를 논의하고 있었고, 그동안 공장과 일터뿐만 아니라 군부대에서도 보통 사람들이 자발적으로 결성한 위원회인 소비에트들이 때로 상설 회기로 회합을 열고 결의안을 통과시켰으며 기존의 권한을 보유한 자들을 감독하거나 나아가 대체할 대표자들을 임명했다. 페트로그라드의 제1소비에트는 온건파는 물론 마르크스주의자인 멘셰비키와 볼셰비키까지 포함하는 모든 정당들의 대표기관으로 이스폴콤Ispolkom[81]이라는 집행위원회를 지명했고, 반면 두마는 2월 27일에 새로운 정부의 등장을 예견하게 한 임시위원회[82]를 구성했다. 전선의 참모본부 장교들은 불가항력적인 사건의 힘을 깨달

79. O. Figes, p. 315

80. 구체제 프랑스 '궁정군(Maison du Roi)'의 보병연대.—옮긴이

81. 이스폴콤은 집행위원회를 뜻하는 Ispolnitelniy komitet의 축약어다.—옮긴이

82. 황제가 퇴위한 뒤 임시정부로 개칭되었다.—옮긴이

왔다. 이바노프 장군에게 지휘를 맡겨 페트로그라드로 토벌대를 파견하자는 제안이 있었으나, 차르가 3월 1일에 교외의 궁 차르스코예 셀로Tsarskoe Celo[83]로 가는 길에 있는 프스코프Pskov에서 군사 고문들과 협의한 후 직접 취소했다. 그곳에서 차르는 두마에 조각을 허용하기도 했다. 역시 그곳에서 마지막으로 3월 2일 오후에 퇴위에 동의했다. 그 이틀 동안 차르에게 결정적인 영향을 행사한 것은 참모총장 알렉세예프의 조언이었다. 알렉세예프는 3월 1일에 다음과 같이 차르에게 전보를 보냈다.

러시아에서 혁명이 일어나면 …… 이는 수치스럽게 전쟁을 끝낸다는 뜻입니다. …… 군대는 후방의 생활에 매우 긴밀하게 연결되어 있습니다. 후방의 혼란이 군대 안에 똑같은 결과를 가져오리라는 점은 확신을 갖고 말할 수 있습니다. 후방에서 혁명이 진행 중인데 군대에 침착하게 전쟁을 수행하라고 요구하는 것은 불가능합니다. 현재의 군대와 장교진은 예비군과 장교로 임관된 대학생들이 매우 높은 비율을 차지하는 젊은 조직이어서, 군대가 러시아에서 일어나는 사건들에 반응하지 않으리라고 짐작할 근거가 없습니다.[84]

차르가 퇴위함으로써 러시아에서 국가의 수반이 사라졌다. 차르가 물러나며 지명한 미하일 대공[85]은 승계를 거부했고 두마는 황태자[86]의 계승을 수용할 생각이 없었기 때문이었다. 또한 혁명으로 러시아의 정부 기구가 곧 사라졌다. 3월 3일에 두마와 페트로그라드 소비에트 집행위원회 사이에 체결된 협약으로 행정부의 직원인 모든 주지사가 해임되었고 정부의 권력 수단인 경찰과 무장경찰이 해체되었기 때문이다. 수도 밖에 그대로 남았던 것은 구의회區議會 젬스트보Zemstvo뿐이었다. 지역 유지들로 구성된 이 위원회는 임시정부의 명령을 수행할 경험도 수단도 갖추지 못했다. 어쨌거나 이스폴콤은 임시정부의 명령에 대해 거부권을 행사할 수 있었다. 이스폴콤은 군사와 외교, 그리고 대

83. '차르의 마을'이라는 뜻. 황실 주거지로 상트페테르부르크 중심에서 남쪽으로 26킬로미터 떨어진 곳에 있으며 현재는 푸시킨 읍의 일부다.—옮긴이

84. R. Pipes, *The Russian Revolution, London*, 1990, p. 258

85. 1878~1918. 니콜라이 2세의 막내 동생.—옮긴이

86. 1904~1918. 알렉세이 니콜라예비치 로마노프(Tsarevich Alexei Nikolaevich Romanov). 니콜라이 2세의 막내이자 유일한 아들.—옮긴이

부분의 경제 문제에 대한 책임을 떠맡았고 정부는 주민들에게 권리와 자유를 보장하는 법안을 통과시키는 일 이외에 할 일이 없었다.[87]

그러나 두 기관은 적어도 한 가지에 관해서만은 동의했다. 전쟁을 계속해야 한다는 것이었다. 동기는 서로 달랐다. 임시정부는 넓게 보아 민족주의적 이유 때문에, 이스폴콤과 이스폴콤이 대표한 소비에트는 혁명을 보호하기 위해서 그렇게 합의했다. 소비에트는 전쟁을 여전히 '제국주의 전쟁'이요 '괴물 같은' 전쟁이라고 비난했지만, 그랬으면서도 독일에 패배한다면 반혁명이 일어날 것이라고 두려워했다. 그리하여 소비에트는 3월 15일에 '세계 인민들에 보내는 호소'를 발표하여 세계 인민들에게 자국의 지배 계급에 맞서 러시아의 '평화' 노력에 합류하라고 요청했으나, 동시에 병사 소비에트를 통해 군대에 "정복자들의 총검"과 "외세의 군사력"에 맞서 계속 투쟁하라고 재촉하고 있었다.[88]

민중혁명을 보호해야 했던 병사들은 1916년 겨울에 완전히 잃어버린 듯했던 전투 의욕을 재발견했다. "〔2월혁명의〕 처음 몇 주간 페트로그라드에 운집한 병사들은 평화의 담론을 경청하지 않았을 뿐만 아니라 그 얘기가 유포되는 것도 허용하지 않으려 했다." 병사들은 임시정부와 페트로그라드 소비에트에 보낸 청원으로 보건대 "즉각적인 강화를 주창하는 자들을 카이저의 지지자로 간주할 것 같았다."[89] 이스폴콤에 대표를 보낸 모든 사회주의 분파 중에서 유일하게 즉각적인 강화를 지지한 볼셰비키는 조심스럽게도 강화를 주장하지 않았으며 트로츠키와 부하린, 레닌 등 지도자들이 망명 중인 상황이어서 그렇게 요구할 처지도 아니었다.

그러나 전쟁수행노력을 일신하기 위해서는 이를 담당할 지도부가 필요했고, 이스폴콤이나 최초의 임시정부도 영감을 지닌 인물의 지도를 받지 못했다. 이스폴콤의 집행위원들은 사회주의자 지식인들이었고, 수상 르보프 공[90]은 자비로운 인민주의자였다. 추상적인 정치사상에

87. R. Pipes, pp. 321~322

88. R. Pipes, p. 329

89. R. Pipes, p. 328

90. 1861~1925. 입헌민주당(Kadets) 출신 의원으로 니콜라이 2세가 퇴위한 후 임시정부의 첫 수상이 되었다.—옮긴이

집착한 사회주의자들은 실용주의를 이해하지 못했고 원하지도 않았다. 르보프는 고결한 마음의 소유자였지만 대책도 없이 '인민'이 자신들의 미래가 나가야 할 방향을 결정할 수 있다는 비현실적인 믿음만을 갖고 있었다. 자신들이 무엇을 원하는지 알고 있었던 볼셰비키는 인민의 전의가 부활하면서 영향력을 행사할 수 없었다. 이런 상황에서 패기 있는 인물이 지휘권을 가져야 한다는 기대가 생겨났다. 그 사람은 알렉산드르 케렌스키Aleksandr Kerenskij[91]였다. 케렌스키는 사회주의적이지 않은 권력추구의 본능을 지녔으나 흠 잡을 데 없는 사회주의자의 자격을 지녔기에 이스폴콤의 집행위원과 장관직을 겸임했으며 소비에트의 일반 회원들로부터 강력한 지지를 받았다. 먼저 법무장관에 임명된 케렌스키는 5월에(율리우스력에서는 4월로, 임시정부는 율리우스력을 버렸다) 전쟁장관이 되었으며, 즉시 최고사령부를 패배주의자로 간주하고 숙청했다. 군에서 가장 성공한 지휘관이었던 브루실로프가 참모총장이 되었고, 케렌스키는 일반 병사들의 공격 정신을 북돋기 위해 전선으로 전쟁부의 위원단을 파견했다.

페트로그라드 수비대 병사들은 2월혁명 직후였다면 전쟁을 강경히 주장했을지도 모른다. 이들은 목숨을 걸어야 할 상황으로 불려나가지는 않으리라는 것을 알고는, 청원도 하고 때로 '자유를 위해 승리를 얻을 때까지 전쟁을'이라는 구호를 내걸고 시위도 벌였다. 주지사와 경찰을 폐지했던 이스폴콤의 유명한 명령 1호의 8개 조항 중 일곱 번째는 "혁명에 참여한 군부대는 …… 전선으로 보내지 않는다"였던 것이다. 전선의 병사들은 순회 시찰에 나선 케렌스키를 민중의 우상으로 대우했지만 이른바 '케렌스키 공세'에는 그만큼 열의를 보이지 않았다. 케렌스키 공세는 1917년 6월에 '외세 군대'에 패배를 안기기 위해 착수되었는데 후방에서는 이를 바라는 말뿐인 열정이 넘쳤다. 제5군 사령관 블라디미르 드라고미로프Vladimir Dragomirov[92] 장군은 경고의 징후를 보고했다. "예비부대는 완전한 승리를 얻을 때까지 싸

91. 1881~1970. 연설능력이 뛰어났던 사회혁명당 의회 지도자. 2월혁명 후 페트로그라드 소비에트 부의장에 선출되었고 임시정부에서 법무장관과 수상을 역임했다. 10월혁명 후 수도를 되찾기 위해 군대를 모아 싸웠으나 풀코보(Pulkovo)에서 패한 후 프랑스로 피했다.—옮긴이

92. 1862~1920. 1909년에 소장으로 키예프 군사 지구 병참감을 지냈다. 1916년에 갈리치아와 볼리니아(Volhynia)에서 싸우다 부상을 입었고, 2월혁명 이후에 북부전선군과 남서부전선군 사령관을 지냈다. 10월혁명 후 반혁명에 가담했으나 1919년 10월에 키예프에서 행방불명되었다.—옮긴이

울 준비가 되어 있다고 선언했지만 참호 안으로 들어가라는 요구에 뒷걸음쳤다."[93] 그랬는데도 이틀간의 예비 포격 이후 6월 18일에 남부의 오스트리아군을 겨냥한 케렌스키 공세가 시작되었다. 한 번 더 목표는 1914~1915년 전투의 추축이었고 앞선 여름 브루실로프 공세의 표적이었던 렘베르크였다. 이틀 동안 공격은 잘 진행되었고 몇 마일의 땅을 빼앗았다. 그 후, 본분을 다했다고 느낀 선두부대는 더 나가기를 거부했고, 그 뒤의 부대도 대신하기를 거부했다. 설상가상 탈영이 시작되었다. 전선에서 탈주한 병사들 수천 명이 후방에서 약탈하고 강간했다. 사전 경고를 받은 독일군이 서부전선에서 이미 끌어온 사단들로 반격하면서, 독일군과 오스트리아군은 잃은 땅을 간단히 회복했으며 더 많은 땅을 획득했고, 러시아군을 루마니아 국경의 즈부르치Zburcz 강까지 밀어냈다. 다뉴브 강 북쪽에 남아 있던 고립된 구역에서 이 공세에 합류하려 했던 루마니아군도 패배했다.

전선에서 참화가 혁명군을 덮쳤을 때, 후방에서는 혁명 자체가 공격을 받고 있었다. 군주정을 무너뜨린 자들은, 러시아의 정치 용어로 말하자면, 과격파가 아니었다. 과격파라는 호칭은 사회민주당RSDRP의 다수파(볼셰비키)에 속했는데, 그 지도자인 레닌과 부하린은 2월에 페트로그라드에 없었거나 외국에 망명 중이었다. 레닌은 취리히에, 부하린과 아직 볼셰비키 당원이 아니었던 트로츠키는 뉴욕에 있었다. 그러나 4월이면 전부 귀국했다. 레닌은 독일 정부의 알선으로 귀국했다. 독일 정부는 분열에 사로잡힌 수도에 평화운동의 지도자들을 보냄으로써 비록 멈칫거렸으나 여전히 유지되고 있는 러시아의 전쟁수행의지를 흔들어볼 기회를 감지했기에, 레닌 일행을 스위스에서 그 유명한 '밀폐 열차'에 태워 스웨덴으로 데려갔다. 레닌 일행은 스톡홀름에서 페트로그라드로 속행했고, 그곳에서 현지 볼셰비키뿐만 아니라 이스폴콤과 페트로그라드 소비에트 대표자들에게서도 환영받았다. 레닌은 도착 직후 볼셰비키 회합에서 연설하여 이러한 강령을 제

93. A. Wildman, p. 335

시했다. 임시정부에 협력하지 않는다. 은행과 토지를 포함하는 재산을 국유화한다. 군대를 폐지하고 인민군을 도입한다. 전쟁을 끝낸다. "모든 권력을 소비에트에 넘긴다." 레닌은 이미 권력을 볼셰비키의 통제 아래 두려는 계획을 갖고 있었다.[94]

이 '4월테제'는 볼셰비키 당원들에게서도 지지를 받지 못했다. 너무 이르다고 생각했기 때문이다. 그리고 4월테제를 실천하려는 레닌의 첫 번째 노력은 당원들의 걱정이 사실임을 확인시켜주었다. 7월에 페트로그라드 수비대 중에서 좀 더 반항적인 일부 부대가 자신들을 수도에서 내보낼 의도로 내려진 전선 출정 명령에 항의하여 볼셰비키의 묵인 아래 거리를 점거했을 때, 케렌스키는 이 반란을 진압할 충성스러운 부대를 충분히 찾을 수 있었다. '7월위기'로 레닌은 심히 놀랐다. 특히 그 이후에 자신이 독일 정부로부터 재정 지원을 받고 있다는 사실이 드러났기 때문이다. 그런 상황에서도 시간은 레닌 편이었다. 레닌이 기획하고 있던 '2차혁명'이 '필연'적이어서가 아니라 전선에 남아 있으려는 야전군의 의지가 점점 더 약해졌기 때문이다. 탈영하기가 점점 더 쉬워졌는데도 그런 기회를 거부한 병사들이 존재했는데, 케렌스키 공세의 실패는 이들마저도 낙담하게 만들었다. 러시아 병사들의 사기가 저하되면서 독일군은 8월에 북부전선에서 성공적인 공세를 가했으며, 그 결과 발트 해 해안에서 가장 중요한 항구도시인 리가Riga가 독일군에 점령당했다. 군사적으로 볼 때, 리가 공세는 독일군에게 새로운 돌파 전술 체계의 효과를 입증했기에 의미가 있었다. 포 전문가인 게오르그 브루흐뮐러Georg Bruchmüller[95]가 계획한 이 전술을 독일군은 서부전선에 적용할 생각으로 수행하고 있었다.[96] 리가 공세는 정치적으로 한층 더 큰 의미가 있었다. 임시정부의 권위를 강화할 의도로 계획되기는 했지만 곧 그 붕괴를 낳을 군사적 개입을 유발했기 때문이다.

'7월위기'로, 임시정부에서 유일하게 유능한 인물이었던 케렌스키

94. R. Pipes, p. 393

95. 1863~1948. '돌파'를 뜻하는 독일어 '두르히부르히(durchburch)'를 붙여 '두르히브루흐뮐러(Durchbruchmüller)'라는 별명으로 불린다.—옮긴이

96. G. C. Wynne, p. 294

는 르보프를 대신하여 수상이 되었고 동시에 전쟁장관과 해군장관도 겸임했다. 케렌스키는 수상으로서 자신이 직접 총사령관으로 임명한 브루실로프를, 반독일 전쟁수행의 옹호자임을 솔직하게 드러낸 라브르 코르닐로프Lavr Kornilov 장군으로 대체했다. 코르닐로프는 시베리아 코사크Siberian Cossacks[97]의 아들인 하층계급 출신이었다. 그런 이유로 코르닐로프는 패배주의자들인 볼셰비키에 맞선 사사로운 전쟁에서, 다음으로는 조국의 적에 맞선 전쟁에서 전쟁에 지친 병사들도 자신을 따를 것이라고 믿었다. 8월 25일 코르닐로프는 믿을 만한 부대에 페트로그라드를 점령하라고 명령했고, 나아가 볼셰비키가 권력을 장악하려 하거든 소비에트를 해산하고 그곳 연대들의 무장을 해제하라는 명령을 추가했다. 볼셰비키는 실제로 권력을 장악할 생각이 있었고 또 그렇게 보였다. 코르닐로프는 리가의 함락 이전에도 케렌스키에 개혁 일정을 요구했다. 병사 소비에트를 제거하고 정치화된 연대들을 해체하라는 것이었다.[98] 군사적으로 보면 코르닐로프의 계획은 완전히 사리에 맞는 얘기였다. 이는 전쟁을 계속하고 패배주의가 널리 퍼진 상황에서 그 정책을 지지한 정부를 구하는 유일한 토대였다. 그러나 정치적으로 볼 때 코르닐로프의 계획은 케렌스키의 권위에 도전하는 것이었다. 그 일정을 시행하면 임시정부가 불안정한 균형 속에 동거했던 소비에트, 전쟁을 기피한 페트로그라드 수비대, 볼셰비키와 불가피하게 충돌할 것이기 때문이었다. 온건파 내에서 코르닐로프의 인기가 높아지면서, 케렌스키의 권위는 약해졌고 결국 도전을 피할 수 없게 되었다. 케렌스키는 코르닐로프에게 운명을 걸 수 없었다. 케렌스키는 코르닐로프가 과격파를 제압할 만큼 충분한 병력을 가지고 있는지 의심했고 이러한 의심은 옳았다. 케렌스키는 그렇다고 과격파에 의지할 수도 없었다. 그렇게 하면 임시정부가 과격파의 힘에 종속될 것인데다 그 힘은 그중에서도 가장 과격한 볼셰비키가 장악할 공산이 확실했기 때문이다. 케렌스키는 사건의 추이를

97. 16세기 말 이래로 시베리아에 정착한 카자흐인을 말한다. 1808년에 알렉산드르 1세가 창설한 시베리아 코사크 부대는 1918년까지 존속했다.—옮긴이

98. O. Figes, p. 445

99. R. Pipes, p. 477

기다릴 수밖에 없었다. 코르닐로프가 성공한다면 임시정부는 살아남겠지만, 코르닐로프가 실패한다면 케렌스키는 파벌들을 조종하여 서로 싸우도록 만들 수 있기를 기대하며 페트로그라드에서 정치투쟁을 재개할 수 있을 것이었다. 결과적으로 코르닐로프는 다른 사람들의 조종을 받아 자신이 계획하지 않았던 쿠데타를 실행하게 되었고, 이는 병사들이 합류하기를 거부하면서 실패했다. 그래서 코르닐로프는 제거되었다.

코르닐로프의 몰락으로 러시아가 아직도 전쟁을 수행하고 있다는 허구를 유지할 기회가 사라졌다. 임시정부는 사건 이후, 남아 있던 권위마저 잃었다. 케렌스키가 코르닐로프를 해임하면서 온건파와 고위 장교들의 지지를 잃었으며 그렇다고 좌파 세력의 지지를 얻지도 못했다. 실제로 볼셰비키는 이제 '2차혁명'을 개시하기로 결심했고, 당에서 절대적 지휘권을 확립한 레닌은 핑계만 찾고 있었다. 기회는 독일군이 주었다. 독일군은 9월에 페트로그라드를 직접 위협할 수 있는 발트지역 북부에 거점을 확보함으로써 리가의 성공을 확대했다. 임시정부는 이에 대한 대응책으로 수도를 모스크바로 이전하자고 제안했다.[99] 이 제안이 인민 권력이 자리한 곳을 카이저에 넘겨주려는 반혁명적 기도라고 주장한 볼셰비키는 모든 수단을 동원하여 페트로그라드를 수호할 권한을 부여받은 국방위원회의 창설을 제안했고 폭넓게 지지를 얻었다. 볼셰비키는 이제 그들이 훈련시킨 군대인 붉은수비대Krasnaya Gvardiya를 통제했고 자신들의 힘으로 페트로그라드 수비대의 감정을 유리하게 조종할 수 있었으므로, 쿠데타의 날짜를 정하는 일만 남았다. 케렌스키는 쿠데타가 멀지 않았음을 인식하고 마지못해 10월 24일에 정부청사를 수비하는 조치를 취했다. 더는 케렌스키를 신뢰하지 않았던 장교들은 명령을 건성으로 따랐고, 레닌은 결단했다. 10월 24일에서 25일로 넘어가는 밤에 레닌의 붉은수비대는 우체국, 전화국, 철도역, 교량, 은행 같은 페트로그라드의 주요 지점을 장악했고 이튿날이면 볼셰비키가 모두 통제했다. 임시정부는 무기력하게 저항했으나 신속히 제압되었다. 10월 26일 레닌은 새 정부의 구성을 선언했다. 새 정부인 인민위원회Sovnarkom의 첫 번째 조치는 토지의 '국유화'를 선언하고, 강화를 호소한 것이었다. 정부는 우선 석 달 휴전을 제시했다.

석 달 휴전은 사실상 러시아의 1차 세계대전 참전을 끝내버렸다. 병사들이 군대를 떠나 고향 마을에서 주인을 기다리고 있을 땅으로 되돌아오면서 군대는 즉시 와해되었다. 독일군과 오스트리아군은 처음에는 혁명가들을 상대하느라 불안했다. 혁명가들은 전쟁을 종결짓는 방법으로 만국의 노동자들에게 지배계급에 맞서 일어서라고 요구했기 때문이다. 그래서 레닌의 10월 26일 평화법령에 좀처럼 대응하지 않았다. 볼셰비키에게는 놀랍게도 세계혁명이 발생하지 않았다. 11월 15일에 볼셰비키가 평화 호소를 재차 호소했을 때, 독일은 대응하기로 결정했다. 12월 3일 독일의 대표단과 오스트리아, 터키, 불가리아의 대표단이 러시아군이 1915년에 빼앗긴 부크 강변의 폴란드 요새도시 브레스트-리톱스크에서 소비에트 대표단과 만났다. 휴회를 거듭한 토론은 1918년까지 느릿느릿 진행되었다. 독일군이 전술상 수용한 석 달 휴전은 빠르게 지나갔지만, 가진 패가 없던 볼셰비키는 러시아에서 폴란드를 분리하고 동쪽으로 더 나아간 영역까지 폭넓게 병합을 요구하는 적군의 조건을 계속 물리쳤다. 레닌은 협상을 지연시켰다. 레닌은 서유럽에서 세계혁명이 발생하리라고 믿었는데 강화조약이 체결되면 독일과 독일의 적들이 그 혁명을 억누르기 위해 소비에트 정부에 맞서 힘을 합칠 것이라고 생각했기 때문이다.[100] 결국 독일은 인내심을 잃었고 요구 조건이 수용되지 않으면 휴전을 중단하고 원하는 만큼 러시아 땅을 취하겠다고 선언했다. 2월 17일 독일군의 침공이 시작되었다. 독일군은 한 주 만에 아무런 저항도 받지 않고 150마일을 전진했고 그 후로도 더 진격할 기세였다. 공포에 빠진

100. R. Pipes, p. 583

1917~1918년의 동부전선

소비에트 정부는 서둘러 브레스트-리톱스크에 대표단을 보내 독일이 지시하는 대로 서명했다. 그 결과 나온 조약으로 러시아는 적군에 75만 제곱킬로미터를 양도했다. 이는 독일 크기의 세 배에 달하는 영토였고 러시아 주민과 공업 자원의 4분의 1을 포함하고 농지의 3분의 1을 포함했다.

독일은 우크라이나의 새로운 제국을 점령하고 착취할 기간병력만 남긴 채 동부전선 최고의 군대를 이미 서부전선으로 돌렸다. 독일은 프랑스군과 영국군에 맞서 전쟁을 승리로 이끌 공세를 계획했는데, 이는 바로 그 계획에 대비한 조치였다. 러시아 군대는 사라졌고, 병사들은 레닌의 유명한 말을 빌리자면 "발로써 평화에 찬성표를 던졌다." 10월혁명 이전에도 수십만 명의 병사들이 제 발로 전쟁에서 벗어나 적의 포로가 된 적이 있었다. "1915년에 갈리치아에서 퇴각하며 약 100만 명의 러시아군 병사가 전쟁포로가 되었는데 4분의 3은 자유의사에 따른 포로였다."[101] 1917년 말에는 거의 400만 명에 달하는 러시아군 병사가 독일군이나 오스트리아군에 사로잡혔고, 그리하여 옛 제국 군대가 포로로 잃은 병력은 종국에는 전장의 사상자를 3 대 1의 비율로 초과했다. 가장 최근에 측정한 러시아군 전사자는 130만 명으로 프랑스군의 전사자와 비슷한데 프랑스군이 독일군에 포로로 잃은 병력은 하찮은 숫자였다.[102] 독일군과 프랑스군, 영국군 병사들은 동료와 부대, 국민적 대의에 헌신했지만 러시아군 농민 병사들에게서는 그런 태도를 전혀 찾아볼 수 없었다. 러시아군 농민 병사는 "직업군인의 심리를 이해할 수 없다고 생각했으며 〔자신들의〕 새로운 임무를 일시적이고 무의미한 것으로 〔간주했다.〕"[103] 패배는 빠르게 사기 저하로 이어졌고, 그리하여 용감하다는 이유로 훈장을 받은 병사들까지도 최소한 음식과 숙소는 제공했던 적에게 투항하면서 아무런 수치심도 느끼지 못했다. 사실 1차 세계대전에서 러시아의 적이 수많은 포로에게 2차 세계대전에서는 느낄 수 없었던 보호의 의무감을 보여준 것은 크게 명예로운 일이었다. 2차 세계대전 때에는 전장에서 사로잡힌 500만 명의 소련군 포로 중 300만 명이 굶주림과 질병, 학대로 인해 사망했다. 러시아군이 후방이 붕괴하기도 전에 허물어진 이유는 필시 포로 생활이 고생스럽지 않았기 때문이었을 것이다. 볼셰비키가 강화를 간청하자 군의 해체는 손을 쓸 수 없는 상태가 되어 버렸다.

1918년 봄, 독일군이 우크라이나를 점령한 후, 혁명정부는 명목상

101. Buldakov in Cecil and Liddle, p. 542

102. R. Pipes, pp. 418~419

103. Buldakov in Cecil and Liddle, p. 542

으로는 권력을 장악했지만 이를 보호할 군대가 없음을 깨달았다. 쓸 수 있었던 단 하나의 훈련받은 군대는 라트비아 자원병들이었는데, 이들은 볼셰비키 이데올로기보다 라트비아 민족 독립의 대의에 더 헌신적이었다. 많은 농민 병사들은 토지로 돌아왔으며, 남은 병사들은 음식과 술을 제공할 수 있는 지도자라면 어떤 깃발이라도 따를 준비가 된 소수의 뿌리 없는 무법자와 고아였다. 그런 지도자들의 일부는 볼셰비키 공산주의에 반대하여 '백군'을 모집했던 과거 차르 정부의 장교들이었고, 나머지는 붉은군대를 원했던 정치위원들이었다. 그러나 어느 경우에서나 혈안이 되어 사람과 이들을 무장시킬 무기와 이들에 지급할 돈을 찾으려 했다. 러시아의 내전이 목전에 다가왔다.

이탈리아 전선의 참패

이탈리아에서도 공세의 실패나 사회혁명 때문이 아니라 대패의 결과이긴 했지만 1917년에 프랑스군과 러시아군에 뒤이어 군대가 붕괴한다. 10월에 이손초 강가의 작은 국경 도읍인 카포레토에서 독일군과 오스트리아군은 이탈리아군이 앞선 석 달 동안 고생스럽게 확보한 진지들을 극적으로 돌파하는 데 성공하여 부대의 일부를 평원으로 돌진시켰다.

이탈리아군은 카포레토의 재앙으로 신망을 잃었다. 2차 세계대전에서도 이를 되찾는 데 실패했다. 그 후 내내 이탈리아인의 군사적 자질은 흔히 값싼 조롱의 대상이었다. 이는 공정하지 못한 평가다. 르네상스시대 도시국가의 이탈리아인은 유명한 군인들이었고, 베네치아인은 갤리선과 요새를 가지고 300년 동안이나 오스만튀르크의 공격을 허용하지 않았던 훌륭한 주민이었다. 사보이아Savoia 왕국은 합스부르크 세력에 맞서 국가의 독립과 통합을 지키기 위해 용맹하게 싸웠으며 크림전쟁에서 프랑스와 영국과 나란히 대등한 자격으로 싸웠다. 이탈리아의 군사적 걱정거리는 통일 이후에 처음으로 나타났다. 그때 이탈리아 알프스의 산악지대 주민과 북부 평원의 근면한 농민과 읍민들로 구성된 사보이아 군대의 강한 줄기에 남부의 교황 군대와 부르봉 왕실 군대의 자투리가 접목되었다. 이들은 왕조의 통치자에 대한 충성심이 없거나 군사적 의미를 이해하지 못하는 장난감 군대였다. "이들을 붉은색이나 푸른색, 녹색으로 입히라." 나폴리의 게으른 왕 '봄바'[104]가 군사 고문들과 새 제복에 관해 논의하던 중에 한 말이다. "이들은 어쨌거나 도망칠 것이다." 봄바 왕은 현실주의자였다. 장교를 배출한 지주들이 사병으로 복무하는 가난한 농민이나 토지 없는 농민으로부터 마지막 한 푼까지 지대와 노동력을 짜내기 위해 골몰한 상황에서 병사들에게 목숨을 바칠 의지를 바랄 수 없음을 알고 있었다.

사보이아 군대의 전문가들은 대체로 르네상스시대의 이탈리아인이 개발한 기술인 포격 기술과 요새 공학 기술로 유명한 군대였는데, 옛

104. 두 시칠리아 왕국의 페르디난도 2세(Ferdinando Carlo Maria di Borbone). 1810~1859. 재위 1830~1859. 1848년 혁명의 와중에 시칠리아가 루제루 세티무(Ruggeru Sèttimu)의 지휘로 독립을 선포하고 4월 13일에 국왕의 폐위를 선언했다. 이에 페르디난도 2세는 시칠리아에 군대를 파견하여 자유주의자들을 굴복시키고 권위를 회복했다. 파견된 함대는 이미 항복한 메시나(Messina) 시를 여덟 시간 동안 포격하여 많은 시민을 죽게 만들었는데, 이에 페르디난도 2세는 '포격 왕(Re Bomba)'이라는 별명을 얻었다.—옮긴이

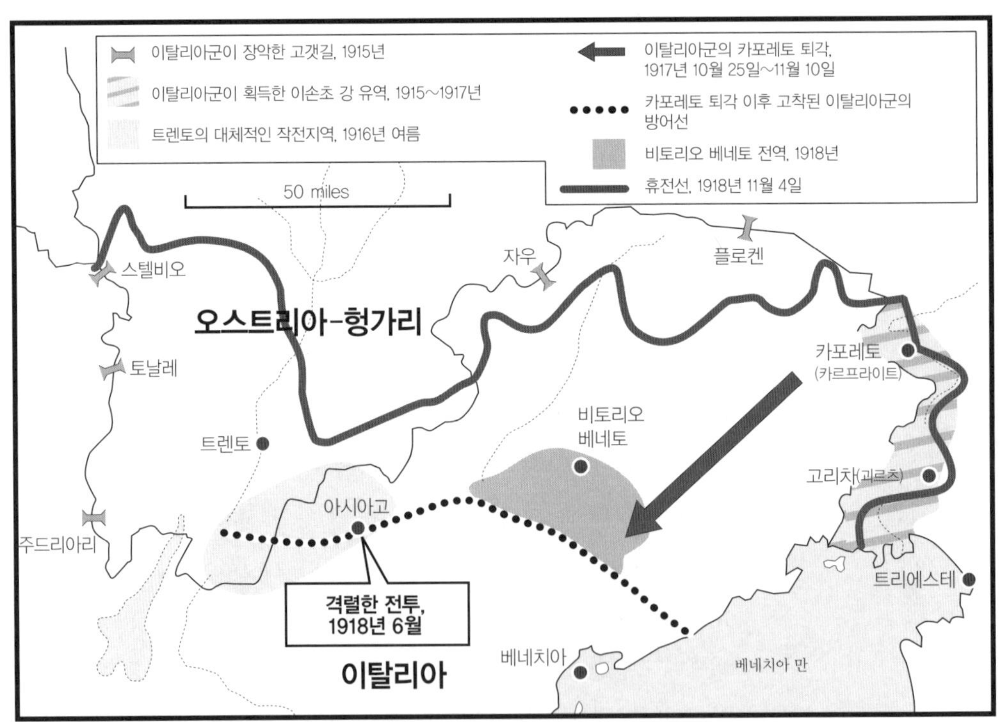

1915~1918년 이탈리아의 전쟁

105. J. Gooch, 'Italy During the First World War' in Millett and Williamson, p. 181

106. J. Whittam, p. 197

107. J. Gooch, 'Morale and Discipline in the Italian Army 1915~1918' in Cecil and Liddle, p. 437

108. J. Gooch in Cecil and Liddle, p. 440

요소와 새로운 요소를 결합하여 국민군을 만들기 위해 최선을 다했다. 그리고 지능이 뛰어났다. 이를테면 사보이아 장교단의 한 가지 두드러진 특징은 재능에 따라 유대인에게도 성공의 기회를 열어놓았다는 점인데, 이는 유럽에서 유일한 경우다. 그러나 북부 출신과 남부 출신 사이의 자질이 불균등했기에 이런 노력들은 대체로 실패했다. 현재 1차 세계대전 중에 남부 출신이 북부 출신보다 현저히 뒤떨어진 병사였는지는 논란이 되고 있다.[105] 일부 남부 병사들은 확실히 잘 싸웠다. 그럼에도, 교육을 더 많이 받고 더 숙련된 북부 공업도시 출신의 신병들이 포병부대와 공병대에 배치되었던 반면 보병은 불균형적으로 남부 농업지역 출신들로 채워졌다. "그리하여 북부와 남부로 나뉜 왕국의 분열은 이러한 전시의 상황 전개로 영속되었다." 가난한 남부 출신들은 왕국의 북부 왕조가 시작한 전쟁에서 부당하게 많은 인적 희생을 감당해야 했고 북부 출신 장군들의 거칠고 완고한 지휘를 받았다.[106]

이러한 상황에서 이탈리아 군대가 큰 희생을 치르고 성과도 없었지만 오스트리아 국경 산악지대를 열한 차례나 공격했다는 사실은 크게 칭찬할 만하다. 1915년 5월부터 1917년 8월까지 석 달에 한 번씩 공세가 전개되었으므로 이는 서부전선의 영국군이나 프랑스군에게 요구된 것보다 더 높은 빈도였다. 또한 예상치 못한 상황이 더욱 힘들게 했다. 이를테면 암석 지형에 가한 포격으로 프랑스와 벨기에의 부드러운 흙의 경우보다 발사된 포탄당 사상자 수가 70퍼센트나 많았다.[107] 이탈리아군의 군기도 더 엄했다. 이탈리아군 총사령관 루이지 카도르나가 그렇게 믿었듯이, 군대가 사회적으로 약점을 지녔기에 군무의 위반에는 독일군이나 영국원정군에서 볼 수 없는 가혹한 처벌이 요구되었다.[108] 이를테면 즉결처형과 추첨으로 희생자를 선정하는 것을 들 수 있다. 그렇지만 영국군이나 독일군이 그러한 이탈리아군의 '표준적인 신조'에 찬성했을 가능성은 없다. 다만 호된 시련을 겪

으면서도 불평하지 않고 묵묵히 싸운 이탈리아 농민 보병들에 찬사를 보냈을 따름이다.[109]

그러나 모든 군대에는 한계지점이 있다. 이 한계지점은 전투부대의 병사들이 정확하든지 정확하지 않든지 생존 확률이 가능성과 필연성 사이를, 다시 말해 우연히 죽을 확률과 통계적으로 명백히 죽을 가망성 사이를 가르는 선을 넘었다고 계산하게 되었을 때 올 수 있다. 프랑스군은 이미 사망한 자들의 숫자가 전선의 보병 숫자와 같았던 1917년 초에 그 선을 넘었다. 100만 명을 넘은 프랑스군 전사자들은 육군의 135개 보병사단 병력을 초과했다. 그러므로 어느 생존자는 가능성이, 즉 '확률' 인자가 자신에 불리하게 돌아섰다고 계산했으며, 영국군 토미의 말을 빌리면 자신의 "운이 다했다"고 판단했다. 1917년 가을까지, 전투부대에 65개 보병사단, 즉 약 60만 명의 보병을 보유했던 이탈리아군은 57만 1,000명의 사망자 대부분을 전쟁 중에 잃었으며, "자신의 운이 다했다"는 생각은 집단적인 의식이 되었다. "8월 19일에서 9월 12일까지 바인시차 고원에서 벌어진 11차 이손초 전투 전야에도 거짓말처럼 사기는 여전히 높았다. 그런 결과가 나타난 주된 이유는 매우 불길한 것이었다. 모두 이 전투가 전쟁의 마지막 결정적인 전투가 되기를 기대했다."[110] 그러나 결과는 크게 실망스러웠다. "군대는 10만 명의 손실을 입었고, 땅을 확보했으나 이탈리아 전선은 이전보다 더 취약해졌다. 55개 사단이 …… 이 대규모 전투에 투입되었지만, 9월 둘째 주가 되면 전쟁의 종결은 종전과 다름없이 요원해 보였다."

오스트리아군에서는 그런 일이 일어나지 않았다. 1915년 봄에 러시아군이 갈리치아에서 승리하여 프셰미실과 렘베르크가 함락된 일로 오스트리아가 독일군의 지원을 요청했듯이, 이번에는 11차 이손초 전투에서 이탈리아군의 공격이 유사한 호소를 유발했다. 8월 25일 황제 카를 1세는 카이저에게 다음과 같이 써 보냈다. "11차 이손초 전

109. J. Keegan, 'An Army Downs Tools' (review of L. Smith, *Between Mutiny and Obedience*), *The Times Literary Supplement*, May 13 1994, pp. 3~4

110. G. Rochet and G. Massobrio, p. 185

111. C. Falls, *Caporetto*, London, 1966, p. 26

투에서 얻은 경험으로 보건대 열두 번째 전투는 더 순조롭지 못하리라고 나는 믿게 되었습니다. 나의 지휘관들과 용감한 부대는 그렇게 불운한 상황을 우리가 먼저 공세를 편다면 미리 막을 수 있다고 판단했습니다. 그러나 부대에 관해 말하자면 우리에겐 필요한 만큼의 자원이 없습니다." 카를의 요청은 여분의 사단을 이손초 전선으로 돌릴 수 있도록 동부전선에서 독일군이 오스트리아군을 대체해달라는 것이었다. 그러나 결국 카를은 설득을 당하여 독일군이 직접 이탈리아군에 대적하는 것이 더 나은 결과를 낼 수 있다고 믿었다. 이는 루덴도르프가 승인한 판단이었다. 그리고 티롤에서 적의 주의를 분산시킬 목적으로 공세를 가한다는 계획이 고려되었다가 거부된 후, 7개 독일군 사단과 6개 오스트리아군 사단을 새로운 제14군으로 편성하여 이손초 강 구역에 직접 반격을 가한다는 결정이 내려졌다. 독일군은 특별히 선정된 사단들이었다. 카르파티아 산맥에서 오랫동안 산악전을 경험한 제117사단과 스키부대를 포함한 제200사단, 그리고 바이에른 산악사단인 알펜코르였다. 알펜코르 부대 중 하나는 젊은 에르빈 롬멜이 중대장으로 근무했던 뷔르템베르크 산악경보병대대 Württembergischen Gebirgsbataillion였다.[111]

'12차 전투'를 위해 집결한 오스트리아-헝가리군 전력은 전부 35개 사단에 포 2,430문이었고, 이에 맞선 이탈리아군의 전력은 34개 사단에 포 2,485문이었다. 이는 분명히 돌파하기에 충분하지 못했으며, 심지어 통상적으로 계산해보더라도 공세를 개시하기에도 부족한 병력이었다. 그러나 이탈리아군 사령관 카도르나는 빈번히 공격한 결과로 적군이 대응할 가능성을 무시하기에 이르렀고, 동시에 적군의 성공을 도와줄 조건들을 만들어냈다. 카도르나가 산악지대의 깊은 계곡을 흐르는 이손초 강의 유역을 대부분 점령하면서, 부지불식간에 배후에 덫이 생겼다. 카도르나는 강을 건너 밀고 나갔지만 충분히 진행하지는 못하여 두 곳의 교두보를 적군의 수중에 남겨두었고, 이 때문에 적군은 북쪽과 남쪽에서 계곡을 오르내리며 밀고 들어와 이탈리아군 제2군 전체의 배후에서 합세할 기회를 얻었다.

오스트리아-독일군의 계획이 바로 그러했다. 카도르나는 고립될 가능성이 매우 높은 전선에 병력을 가득 채우고 예비부대는 위기가 닥쳤을 때 전선에 도달하기가 어려운 후방에 주둔시킴으로써 적군의 계획이 실현될 수 있는 토대를 마련해주었다.[112] 그 중간의 방어선에는 병력이 거의 없었다. 적군의 작전이 임박했다는 징후가 10월 중에 분명히 드러났음에도 이 모든 준비는 진행되었다. 그렇지만 카도르나는 적의 작전이 어느 곳에서 개시될지 정확히 확인할 수 없었고, 참모진이 횡포가 심한 카도르나의 성격을 두려워한 탓에 가장 취약한 구역에 좀 더 신중하게 병력을 배치해야 한다는 조언을 받지 못했다. 카도르나는 가용한 병력을 모조리 동원하여 11차 전투에서 확보한 땅을 사수해야 한다고 주장했는데, 이러한 견해에 유일하게 반대했던 부하인 제2군 소속의 군단장 카펠로Capello 장군은 실상 공세로 전환하기를 원했다.

112. C. Falls, pp. 36~37

1917년 이탈리아 전선에서 교전 중인 오스트리아 산악기관총 분대

객관적으로 보아 공세로 전환할 가능성은 없었다. 적군은 이미 너무 강력하게 보강되었다. 독일군과 오스트리아군 공격진은 이손초강 너머 깊은 계곡에서 며칠 동안 야음을 틈타 이동하였기에 이탈리아 정찰기에 발각될 위험을 쉽사리 피했으며 10월 23일 저녁이면 공격 개시 지점에 어렵지 않게 도착했다.[113] 이튿날 오전 일찍 포격이 시작되었는데 먼저 이탈리아군 포진에 가스를 날린 다음—훗날 영국의 재무장관이 되나 당시에는 이탈리아 전선에 파견된 포대의 젊은 장교였던 휴 돌턴Hugh Dalton[114]은 이탈리아군의 방독면이 효과가 없었다고 기록했다—고성능 폭탄을 발사했다. 7시가 되면 이탈리아군 참호는 황폐해졌고 공격이 시작되었다.

현지 슬로베니아에서 모집된 오스트리아군 제22사단이 선봉이었고, 대체로 티롤의 카이저예거 정예병으로 구성된 제8'에델바이스' 사단이 뒤를 이었다. 이들은 플리치Flitsch[115]에서 하류로 공격하여 이손초강을 따라 카포레토(오스트리아 사람들은 카르프라이트Karfreit라고 불렀다)로 향했고, 톨미노Tolmino(톨마인Tolmein)에서 상류 쪽으로 공격해 들어온 다른 선봉군인 알펜코르와 합세할 계획이었다. 알펜코르의 전위에서 바이에른 호위연대Leibregiment가 뷔르템베르크 산악경보병대대의 지원을 받아 행군했다. 뷔르템베르크 산악경보병대대의 중대장이었던 롬멜은 1940년 전격전에서 전차대 장군으로서 지원 역할에 만족하지 못했듯이 소위였던 이때도 지원 역할에 만족하지 못했다. 롬멜은 곧 호위연대에서 떨어져 나왔다. 적의 징후는 보이지 않았고 저항도 없었다. "그때 나는 적진을 측면으로 포위해야 할지 아니면 헤브니크Hevnik 봉우리[이탈리아군 배후의 주요 고지] 방면으로 돌파해야 할지 결정해야 했다. 나는 후자를 선택했다. 봉우리를 점령하자 이탈리아군 진지는 자연히 제거되었다. 적진으로 깊이 들어갈수록 우리의 도착에 대한 대비는 더 열악했으며 전투는 더 쉬웠다. 좌우의 측면에서 접전을 벌일 일은 걱정하지 않았다."[116] 롬멜은 실제로 '침투'

113. C. Falls, p. 40

114. 1887~1962. 노동당 정치인. 1945년에서 1947년까지 재무장관을 지냈다.—옮긴이

115. 오늘날 슬로베니아의 보베츠(Bovec). 이탈리아어로는 플레초(Plezzo)라고 한다.—옮긴이

116. E. Rommel, p. 177

전술을 실행하고 있었다. 물질적인 충격과 심리적인 충격을 결합하여 적군의 저항 수단과 의지를 모두 파괴할 목적으로 좁고 긴 회랑지대를 따라 침투하는 이 보병의 기동작전을 롬멜은 2차 세계대전에서 전차를 가지고 되풀이하게 된다.

롬멜이 자신이 맡은 작지만 결정적인 구간에서 획득한 성과는 다른 곳에서도 반복되고 있었다. 독일군과 오스트리아군은 이손초 강 유역의 좁고 가파른 골짜기에 침투하고 이탈리아군의 방어거점들을 지나쳐 고지대를 타격함으로써 이탈리아군 전선을 잠식하여 너비 15마일의 커다란 틈을 만들어냈다. 그리하여 뒤에 남은 이탈리아군 4개 사단은 고립되고 포위당했다. 게다가 오스트리아-독일군 제14군이 더 깊이 진격하면서 북쪽과 남쪽에 대규모로 집결한 이탈리아군의 측면은 더욱 큰 위협을 받았다. 그리하여 카도르나의 동부전선 전체의 후방이 붕괴하기 직전에 이르렀다. 이탈리아군 최고사령부는 당연하게도 불안에 사로잡혔으며, 사병들의 공포로 불안은 더욱 커졌다. 적군이 돌파에 성공했다는 소문이 퍼지면서 사병들의 저항 의지가 꺾여버렸다. 마치 23년 후 롬멜의 전차부대가 뫼즈 강 배후의 사기를 잃은 프랑스군을 아무런 저항 없이 박살 낼 때와 같았다. 롬멜 소위가 사로잡은 포로의 수는 점점 늘어났다. 처음에는 수십 명이었지만 곧 수백 명이 되었고 결국 1,500명 규모의 연대 전체가 항복했다. 이 연대는 자신이 원하는 것을 알리는 표시로 흰 손수건 한 장을 흔드는 장교 한 사람에게—시종일관 개인주의자였던 롬멜은 홀로 앞에 나왔다—항복하기를 주저하다가 갑자기 무기를 내던지고 달려나와 롬멜을 어깨 위로 들어 메고 목이 터질 듯 외쳤다. "독일 만세Evviva Germania!"[117]

살레르노 여단 1연대였던 이 연대는 카포레토 전투 셋째 날에 항복했다. 그때쯤이면 이손초 강의 이탈리아 전선 전체가 무너졌고, 군대는 명령에 복종하기는커녕 복종하는 시늉조차 하지 않았으며, 수

117. E. Rommel, p. 221

118. C. Falls, p. 49

십만 명의 병사들이 산지에서 평원으로 끊임없이 내려왔다. 설상가상, "'이탈자들'의 외침이 의무를 이행할 준비를 한 채 이동하던 예비부대를 맞이했다. [오스트리아군] 부대는 '오스트리아 만세Evviva la Austria'라고 외치며 걸어오는 이탈리아군과 마주쳤다. 이들은 집단으로 포로가 되었다."[118] 10월 26일 악몽에 시달린 카도르나는 이손초 강 서쪽에 그다음으로 큰 강이었던 탈리아멘토Tagliamento 강으로 전면 퇴각할 수밖에 없음을 깨달았다. 사납게 진격하는 적군은 카도르나를 그곳에서 쉬도록 내버려두지 않았다. 이탈리아군이 퇴각하며 교량을 파괴했지만, 추격자들은 강을 건넜고 11월 3일이면 이탈리아군을 피아베Piave 강으로 밀어붙였다. 피아베 강은 계획적으로 공격하지 않으면 넘을 수 없는 큰 장애물이었는데, 승리자들은 의기양양했지만 보급선에서 멀리 벗어났기에 그런 공격을 할 수 없었다. 그렇다고 해도 승자가 얻은 성취는 특별했다. 공격군은 열하루 동안 80마일을 전진하여 베네치아를 타격할 수 있는 곳까지 도달했으며, 이탈리아군을 티롤과 바다의 거점 사이에 놓인 산악지대 국경 전체에서 퇴각하게 만들었고, 27만 5,000명을 포로로 잡았다. 이탈리아군의 전사자는 1차 세계대전의 표준으로 보면 상대적으로 소소한 1만 명이었다.

카도르나는 낙오자의 즉결처형이라는 그답게 가혹한 제도로써 전사자의 수를 늘리려 최선을 다했다. 이는 자원으로 이탈리아군에서 구급차를 운전했던 어니스트 헤밍웨이가 『무기여 잘 있거라』에서 잊을 수 없게 묘사한 사건이다. 헤밍웨이는 실제로 그 자리에 있지 않았지만, 그렇다고 군사적 재앙을 환기시킨 위대한 문학에 담긴 진실이 훼손되지는 않는다. 사법적 만행은 참패를 막을 수 없었으며 카도르나의 목숨을 구하지도 못했다. 카도르나는 동포 병사들을 전혀 신뢰하지 않았으며, 병사들 역시 단지 두려웠을 뿐 카도르나를 좋아하거나 존중하는 마음이 없었다. 카포레토 전투 후 카도르나는 군이 와해된 책임을 후방의 패배주의에, 즉 8월에 발생한 파업과 이따금 발산되었던 '레닌'과 '혁명'의 열기에 돌리려 했고 정부의 지지를 잃었다. 11월 3일 카도르나는 니벨 공세 이후 프랑스에서 표출된 정서를 흉내 내어 카포레토의 퇴각을 '일종의 군사 파업' 탓으로 돌렸다. 닷새 후 카도르나는 면직되었고 니벨의 파국 이후 페탱처럼 전투를 유지하기 위해 사병들에게 좀 더 관대한 방식의 휴가와 위로를 제공하려 했던 아르만도 디아츠Armando Diaz[119] 장군이 대신 들어섰다.[120]

실상 이탈리아군은 프랑스군이 그랬던 것처럼 이듬해까지 공세를 재개할 생각이 없었다. 이탈리아군이 공세를 재개했을 때, 이는 1918년에 프랑스군의 버팀목으로 제공된 것보다 훨씬 더 강한 외국군 파견대, 대체로 영국군 파견대와 공동으로 추진하게 된다. 1차 세계대전의 몇 안 되는 명쾌한 승리 중 하나인 카포레토 전투는 독일군에는 승리요, 비슷거리는 동맹국 오스트리아군에는 혐의를 벗겨주는 사건이었으며, 연합군에는 전쟁 말기에 그 대의를 훼손시킨 큰 패배였다. 카포레토 전투의 긍정적인 효과라고 한다면, 비공식적 연락과 간헐적으로 소집된 협의회를 통해 전쟁수행노력을 지도하는 마구잡이 방식으로는 전쟁을 유리하게 종결지을 수 없다는 것을 영국과 프랑스가 깨달은 것이었다. 11월 5일에 이탈리아 도시 라팔로Rapallo에서 연합국의 회의가 소집되었으며, 이 회의에서 영국과 프랑스, 이탈리아의 수상과 미국 대통령의 후원으로 연합군의 전략을 조정할 책임을 맡은 상설 최고전쟁위원회Supreme War Council를 베르사유에 설치하기로 결정했다.

미국, 잠수함, 그리고 패션데일 전투

우드로 윌슨 대통령은 미국이 "긍지가 매우 높아 싸울 수가 없다"라고 말했는데, 이는 전쟁을 싫어하는 윌슨의 취향을 반영한 소회였다. 고상하고 이상적이며 학구적인 윌슨은 국가들이 공개 외교로 솔직하게 거래하는 것이 분쟁을 피하고 면하는 비결이라는 신념을 키웠다. 1916년에 윌슨은 밀사 에드워드 하우스Edward House[121] 대령을 통

119. 1861~1928. 토리노 사관학교를 나와 포병 장교로 군 생활을 시작했다. 1914년에 소장으로 진급했고, 카도르나 밑에서 제49사단장, 제23군단장을 역임했으며, 카포레토의 패배 이후 카도르나를 대신하여 참모총장이 되었다.—옮긴이

120. J. Gooch in Cecil and Liddle, p. 442

121. 1858~1938. 외교관이자 정치인. 대통령의 고문. 군사적 경험이 없는 자로 대령(Colonel)은 순전히 명예 호칭이다.—옮긴이

해서 자신이 보기에 모두에게 공정한 조건으로 교전국들이 협상에 나서도록 적극적인 노력을 기울였지만 실패하여 의기가 꺾였다. 그러나 윌슨은 국가 간의 일에서 무력이 차지하는 위치에 관하여 비현실적이지 않았으며, 필요할 경우 무력을 사용할 생각이 없지도 않았다. 1915년에 윌슨은 공해상의 자유를 지키기 위해 미국 해군을 이용하겠다고 위협하여 독일의 '무제한' 잠수함전을 끝내버렸고, 하우스 대령에게 연합국이 자신의 조건을 수용하고 독일은 수용하지 않는다면 연합국에 미국의 군사적 개입을 약속해도 좋다고 위임했다. 그러나 1917년 봄까지도 윌슨에게는 자국을 전쟁에 끌어들일 의사가 없었고, 동포 시민들 역시 전쟁 참여에 열의를 보이지 않았다. 독일계 후손 중에는 저먼 아메리칸 분트German American Bund[122]를 통해 참전에 반대한 활동가들이 다수 존재했다.

두 가지 사건이 미국의 견해를 바꾸었다. 첫째, 독일이 서투르게 멕시코에 접근하여 미국이 독일에 맞서 참전하는 경우 텍사스와 애리조나, 뉴멕시코를 돌려주겠다는 미끼를 내걸고 멕시코에 동맹을 제안했다. 미국 국무부가 독자적으로 가로채기도 했지만, 영국의 해군 정보부가 이 '짐머만 전보Zimmermann telegram'를 미국 정부에 전달했고, 전보는 1917년 3월 1일에 공개되었을 때 격분을 유발했다. 둘째, 독일은 공해상에서 경고 없이 상선을 격침시키는 무제한 잠수함전을 재개하기로 결정했다.[123] 1915년의 정책으로 회귀하는 것은 1916년 8월 이후로 독일에서 논란이 되었다. 해상법의 위반이 가져올 영향은 누구나 인식하고 있었다. 당시의 규약에 따르면 상선 단속선은 선박이든 잠수함이든 상선을 정선시키고 화물을 파괴하기 전에 승무원들을 보트에 태워 음식과 식수를 보급하며 가장 가까운 상륙지점까지 항해하도록 도와야 했다. 무제한 잠수함전 정책으로 U-보트의 함장들은 포나 어뢰로 마음대로 선박을 침몰시킬 수 있었다. 이 정책의 옹호자는 해군참모총장 헤닝 폰 홀첸도르프Henning von Holtzendorff 제독이었다. 제

122. 확인한 바에 따르면, 이 단체는 미국 내 나치 조직으로 1930년대에 설립되었다. 이 명칭을 쓴 단체가 1차 세계대전 시기에 활동한 사례는 찾지 못했다.—옮긴이

123. J. Pratt, *A History of United States Foreign Policy*, N.Y., 1959, pp. 477~482

독의 논지는 영국의 해상 보급을 전면적으로 공격해야만 해상 봉쇄와 육상의 소모전으로 독일의 전쟁지속능력이 고갈되기 전에 전쟁을 유리하게 끝낼 수 있다는 것이었다. 폰 홀첸도르프는 대체로 영국 선박이겠지만 연합국의 선박을 월간 60만 톤 침수시키면 다섯 달 안에 영국은 아사 직전으로 몰릴 것이며 동시에 프랑스와 이탈리아도 경제의 유용에 필수적인 영국의 석탄을 공급받지 못할 것이라고 통계로써 증명했다. 독일 해군은 처음부터 무제한 격침 정책을 실시했던 2차 세계대전 때에도 유사한 논지를 이용했다. 1917년 봄, 북해와 대서양, 발트 해, 지중해에서 작전에 투입할 수 있는 잠수함 100척을 보유한 독일 해군은 전 세계에 총 3,000만 톤이 존재했던 영국 선박 중 본토의 생존에 필요했던 2,000만 톤을 겨냥하여 무제한 공격을 개시하라는 명령을 받았다.[124]

힌덴부르크와 루덴도르프는 수상 베트만 홀베크가 반대했지만 무제한 격침의 시행을 재촉한 1916년 12월 22일자 홀첸도르프의 메모에 열렬한 반응을 보였으며, 1917년 1월 9일의 제국회의에서 모험을 하기로 결정했다.[125] 홀첸도르프는 "(대미국) 외교관계가 단절된다는 두려움 때문에 성공을 약속하는 이 무기를 사용하지 못하는 일이 있어서는 안 된다"고 주장했다. 이 전쟁은 2월 1일에 영국 주변의 바다와 프랑스의 서부 해안, 지중해에서 시작되었다. 정치적 효과는 미국에서 즉각 감지되었고, 미국이 보인 엄한 대응은 독일의 예상을 크게 뛰어넘었다. 2월 26일 대통령 윌슨은 의회에 미국 상선의 무장을 허용해달라고 요청했으며, 같은 날 커너드 항운Cunnard Line의 '라코니아Laconia' 호가 독일 잠수함에 격침되면서 미국인 여성 2명이 익사하는 사건이 벌어졌다. 3월 15일에는 독일의 잠수함들이 미국의 상선을 직접 공격하여 3척이 침몰했다. 이는 주권국가 미국의 존엄에 직접 도전한 사건이었다. 윌슨은 마지못해 무시할 수 없다고 판단했다. 4월 2일 윌슨은 의회의 특별회기가 열리기 전에 독일 잠수함전의 추이를

124. P. Halpern, pp. 337~339

125. R. Asprey, p. 293

126. P. Halpern, p. 404

검토하여 그것이 "모든 나라에 대적하는 전쟁"이라고 선언했으며 의회에 "전쟁으로 내몰린 교전국의 지위를 수용할 것"을 요청했다. 나흘 뒤, 의회는 대독전쟁이 공식적으로 선포되었음을 결의했다. 오스트리아-헝가리와 터키, 불가리아에 대한 전쟁 선포가 뒤따랐고, 선별적 징집이 입법되었고(1917년 5월 18일) 미국 군대는 즉시 유럽에서 작전을 개시할 준비를 했다.

세계에서 영국 다음으로 큰 현대 전함 함대를 보유한 미국 해군의 동원은 즉각 대서양과 북해의 해군력 균형을 돌이킬 수 없을 만큼 연합국에 유리하게 바꾸어놓았다. 5척의 미국 드레드노트가 대함대에 합세한 1917년 12월 이후, 대양함대는 35척 대 15척으로 열세에 놓여 전투에서 더는 대함대에 맞설 수 없었다.[126] 이와는 대조적으로 미국

1918년 7월 2일, 브레스트 외해에서 U-86호의 어뢰에 맞아 침몰하는 미국의 무장상선 코빙턴호

육군은 1917년 4월에 겨우 10만 8,000명으로 출전할 상황이 아니었다. 시간제로 복무하는 13만 명의 주 방위군을 연방군으로 돌려보았자 실전에 투입할 병력은 거의 추가되지 않았다. 미국 최고의 부대는 해병대였는데 겨우 1만 5,000명뿐이었다. 그랬지만 사단 1개와 해병여단 2개로 원정군을 편성하여 즉시 프랑스에 파견한다는 결정이 내려졌다. 동시에 100만 명의 신병을 징집하여 구성한 첫 분견대가 등장했고, 뒤이어 100만 명이 더 추가되었다. 1918년에 200만 명이 프랑스에 도착할 것으로 예상되었다.

미국이 수백만 명을 모은다는 망령 때문에 U-보트 작전으로 유럽의 적군을 굶겨 죽이려는 독일의 시도는 한층 더 절박해졌다. 무제한 격침 작전의 처음 몇 달은 성공하는 듯 보였다. 1915년에 U-보트는 영국 선박 227척(85만 5,721영국톤[127])을 격침시켰는데, 대부분은 첫 번째 무제한 잠수함전에서 침몰했다. 1916년 전반기에는 국적을 불문하고 61만 톤을 격침시켰으나, 1916년 5월에 독일 해군부가 해상법을 더 엄격히 준수하는 쪽으로 방침을 전환한 뒤 침몰 선박 수는 급격히 감소했다. 건조 일정의 가속화로 도합 148척의 U-보트가 생산된 1917년 초에는, 이에 비례해 격침된 선박 수도 195척(32만 8,391톤)으로 증가했다.[128] 무제한 격침이 시작된 2월부터는 한 달이 지날 때마다 격침된 선박 수가 크게 증가하여 끔찍한 수준에 이르러, 2월에 52만 412톤, 3월에 56만 4,497톤, 4월에 86만 334톤에 달했다. 이는 홀첸도르프가 승전에 필요한 월간 격침 선박 수로 설정한 60만 톤을 상회하는 것이었고, 더 증가하여 연합국을 패전으로 몰아갈 것 같았다.

영국 해군부는 재앙을 피할 수단을 찾을 수 없었다. U-보트가 잠수하여 어뢰로 공격하는 마당에 상선을 무장시켜야 무의미했다. U-보트 기지의 출구에 기뢰를 부설해도 효과가 없었다. 영국의 기뢰는 신뢰할 수 없었고 U-보트 기지는 너무나 많고 접근하기가 어려워 봉쇄하기 어려웠다. U-보트를 추적해보기도 했지만 이는 바닷길 위로

127. 영국에서 쓰는 무게 단위. 1영국톤은 2,240파운드로 약 1,016.05킬로그램이다.—옮긴이

128. P. Halpern, p. 84

한정해도 덤불 속에서 바늘 찾는 꼴이었다. 작은 상선으로 위장했지만 실은 중무장한 이른바 'Q' 선박Q ships[129]은 어뢰 1기의 가치도 없는, 해롭지 않아 보이는 미끼였는데, 독일군 함장들이 신중해지기 전까지는 U-보트를 잡는 데 이것으로 효과를 보기도 했다. 위험지역으로 확인된 곳에서 다른 곳으로 운송로를 바꾸는 방법도 U-보트가 따라오기 전까지는 손실을 줄였다. 그동안 출혈은 이론의 여지없이 명백하게 지속되었다. U-보트의 손실은 하찮았다. 1916년 10월에서 12월까지 10척이었고, 1917년 2월에서 4월까지 겨우 9척이었는데 그중 2척은 독일군이 설치한 기뢰에 의해 침몰했다. 연합군의 유일한 대잠수함 무기인 수중폭탄은 U-보트를 발견하지 못하면 쓸모없었고, 유일한 탐지장비인 음향탐지기는 수백 야드 밖에 있는 U-보트를 찾아내지 못했다.

쓸 수 있는 해결책이 하나 있었다. 호위함이었다. 그러나 해군부는 호위함을 쓰지 않으려 했다. 무리를 지어 운항하는 선박들은 호위를 받는다 해도 단지 더 큰 표적이 될 뿐이었다. 1917년 1월에 해군부 작전과는 이렇게 썼다. "호송선단을 이루는 선박의 숫자가 많을수록 잠수함의 공격이 성공으로 이어질 가능성은 더 커진다." 이 문서는 '단독' 운항이 더 안전한 방법이라고 주장하며 끝맺었다.[130] 이 분석은 물론 잘못되었다. 바다의 넓은 구역에서는 여러 척의 배는 1척만큼이나 뚜렷이 구분되지 않으며, U-보트에 발각되지만 않으면 전부 공격을 피할 수 있다. 반대로 1척씩 줄지어 운항하는 방법은 U-보트에 포착과 격침의 기회를 더 잘 제공했다. 게다가 영국 해군부는 다른 수학적 오해에도 속아 넘어갔다. 해군부는 호위함을 채택할 경우 필요한 호위함 숫자를 어림하면서 주간 2,500회에 달하는, 영국 항구에서 출발하는 모든 항해를 다 헤아렸고 군함이 부족하다고 결론 내렸다. 관리할 수 있을 만한 그림이 드러난 것은 새로운 해운장관 노먼 레즐리Norman Leslie와 해군의 하급 장교인 R. G. A. 헨더슨Henderson 중령이

129. 큐 보트(Q boats), 미끼 선박(decoy vessels), 특수임무선(Special Service Ships), 미스테리 선박(Mystery Ships)이라고도 한다. 1차 세계대전에서는 영국이, 2차 세계대전에서는 영국과 미국이 이용했다.—옮긴이

130. J. Terraine, *Business in Great Waters*, London, 1989, pp. 52~53

면밀히 검토한 후였다. 실제로 전쟁을 떠받쳤던 대양항해 상선의 주간 입항 횟수는 겨우 120회에서 140회였고, 이 정도라면 호위함을 충분히 붙일 수 있었다.[131]

4월 27일 선임 제독들은 호위함의 채택이 필요하다고 확신했고—흔히 로이드 조지의 자극을 받은 일로 얘기되지만 명백히 그것은 아니다—, 4월 28일에 첫 번째 호위함이 출항했다. 이 호위함은 아무런 손실을 입지 않고 5월 10일 영국에 도착했다. 그 후, 호위함은 모든 대양항해에 점진적으로 도입되었고 손실은 감소하기 시작했다. 대양 운송 선박은 8월에도 여전히 51만 1,730톤이 운항 중이었고, 12월까지도 39만 9,110톤이나 되었다. 1918년 후반기가 되어야 월간 30만 톤 아래로 하락했는데, 그때쯤이면 3,000만 톤에 달하는 세계 전체의 선박 중 거의 400만 톤이 1년을 약간 넘는 기간 동안 침몰하게 된다. 그 추세를 역전시킨 것이 호위함이었다. 그러나 1939년에서 1943년까지 지속된 두 번째 U-보트 전쟁에서 그랬듯이, 호위함은 U-보트의 패배를 가져온 유일한 수단이 아니었다. 중요한 보조 수단으로 체계적인 기뢰 부설(스코틀랜드와 노르웨이 사이 북부 방벽에 7만 기), 좁은 수역에서 헌신적으로 대잠 초계 활동에 나섰던 수많은 항공기와 비행선(항공기 685대, 비행선 103대), 늘어난 호위함(1918년 4월에 195척)이 있었다.[132]

호위함이 가져온 한 가지 중요한 간접 효과는 U-보트를 연안 해역으로 끌어들여 호위함이 붙지 않은 작은 선박들을 공격하게 한 것이었다. 연안 해역에서는 공중정찰과 음향탐지기, 수중폭탄으로 쉽게 U-보트를 찾을 수 있었으며, 기뢰밭도 희생을 가져왔다. U-보트는 390척이 건조되어 전쟁 중에 178척이 파괴되었는데, 41척이 기뢰에 파괴되었으며 수중폭탄에 파괴된 것은 30척에 불과했다. 1918년 4월 23일에 벌어진 유명한 제이브뤼허 습격Zeebrugge Raid[133]처럼 U-보트 기지를 직접 공격하기도 했지만 이는 잠수함 작전을 전혀 방해하지 못했다. 그렇지만, 대잠수함 활동이 아무리 일정하지 않고 불완전했어도,

131. J. Terraine, *Great Waters*, p. 54

132. J. Terraine, *Great Waters*, p. 148

133. 브뤼허-제이브뤼허(Brugge-Zeebrugge) 항구를 줄여서 제이브뤼허 항구라고 한다. 독일 해군이 U-보트와 경량 군함의 기지로 이용했는데 특히 영국해협에서 연합국의 해상운송에 심각한 위협을 가했다. 콘크리트를 가득 채운 오래된 순양함 3척을 침몰시켜 항구를 봉쇄하려 했지만 실패했다.—옮긴이

134. 벨기에 플란데런 지역에 있는 도읍. 오스텐더의 동쪽에 있다.—옮긴이

홀첸도르프가 승전을 위해 필요하다고 본 총 침몰 건수는 결코 달성되지 않았다. U-보트 전쟁에서 영국이 정확히 이겼다고는 말할 수 없다고 해도, 독일은 불행히도 지고 있었다.

그럼에도, 무제한 잠수함전은 영국에 이 전쟁의 가장 악명 높은 육상 전투로 알려지는 이른바 3차 이프르 전투, 또는 공세의 와중에 파괴된 마을의 이름을 따서 패션데일 전투라고 하는 작전으로 영국군을 내몰았다. 패션데일은 최종 목표지점이었다. 1914년 10월에서 11월 사이에 있었던 1차 이프르 전투에서 옛 영국원정군은 프랑스군의 노출된 측면과 플란데런 해안 사이의 틈을 메우는 데 성공했고, 그리하여 서부전선을 완성했다. 1915년 4월의 2차 이프르 전투에서 영국원정군은 서부전선 최초의 가스 공격을 받았고, 이프르 전방의 중요한 땅을 적에 내어주기는 했지만 전선을 사수했다. 1917년에 영국군 구역의 군사적 상황은 새로운 것이었다. 독일군은, 프랑스군과 루마니아군에 맞서 승리를 거두고 러시아군도 점차 약해지고 있었지만, 베르됭에서 싸우던 해에 그랬듯이 더는 공격 작전을 수행할 처지가 아니었다. 독일군은 과도하게 넓은 지역에 산개했고, 힌덴부르크와 루덴도르프는 결정적인 새로운 시도를 위해 병력을 재편성하기 전에 전략적인 균형의 변화를 기다렸다. 이는 U-보트의 승리나 러시아의 최종적인 몰락으로 나타날 수 있었다. 그동안 영국군은 니벨의 공세가 좌절된 탓에 서부전선의 전쟁수행에서 부담을 안고 있었고 형세가 어떤지 깊이 생각하고 있었다.

1차 이프르 전투의 영웅이요 2차 전투에서는 이프르의 수호자였던 더글러스 헤이그는 오랫동안 계획을 수립하여 이프르 돌출부를 독일군 전선을 파괴할 반격의 출발점으로 삼고 동시에 육해군 합동 공격으로 해안을 깨끗하게 정리하여 블랑켄베르허Blankenberge[134]와 오스텐더의 기지에서 독일군을 쫓아내며 따라서, 희망사항이지만, U-보트에 치명적인 일격을 가하고자 했다. 헤이그는 프렌치를 대신하여 영

국원정군의 지휘권을 잡은 직후인 1916년 1월 7일에 그 계획을 처음으로 제안했다. 헤이그는 11월에 샹티이 회의에서 다루기 위해 계획을 손질했지만, 회의는 슈맹데담을 돌파한다는 니벨의 안을 지지하고 헤이그의 계획을 제쳐놓았었다. 니벨 공세가 좌절하면서 헤이그의 플란데런 계획은 어느 정도 불가피해졌다. 5월 4일에서 5일까지 파리에서 열린 영국과 프랑스 간 회의에서 다시 논의되었을 때, 니벨의 후임자인 페탱은 프랑스군이 네 차례까지 공격하여 헤이그의 계획을 지원하겠다고 보증했다. 6월이면 프랑스군은 그러한 공격을 전개할 수 없다는 사실을 영국군에 더는 숨길 수 없었다. 6월 7일 헤이그는 이프르 근처 카설에서 페탱을 만나 이런 얘기를 들었다. "프랑스군 2개 사단이 전선으로 가서 2개 사단을 구출하기를 거부했다." 정확하게는 50개가 넘는 사단이었고, "그때는 프랑스군의 상황이 심각했지만 지금은 훨씬 좋아졌다"는 페탱의 언질은 완전히 입에 발린 말이었다.[135] 로이드 조지가 파리에서 페탱에게 "당신은 이러저러한 이유로 싸우려 하지 않는다"며 어디 한 번 부인해보라고 했을 때, 그는 진실을 짐작하고 있었다.[136] 페탱은 그저 웃기만 했을 뿐 아무 말도 하지 못했다. 6월에, 프랑스군의 폭동이라는 진실을 더는 숨길 수 없는 상황에서, 영국군이 홀로 싸워야 한다는 점은 분명했다. 문제는 단독 공격의 근거를 찾는 것이었다.

헤이그는 자신들이 승리해야 하며 승리하리라고 철석같이 믿었다. 전투에 나서야 할 온갖 이유 중에서 가장 합당한 이유였다. 6월에 이프르 돌출부 남쪽에서 발생한 사건은 헤이그의 논거를 강화시켰다. 헤이그가 페탱으로부터 프랑스군에 곤란한 문제가 있다는 얘기를 처음 들은 날인 6월 7일에 그곳에서 허버트 플러머Herbert Plumer[137]의 제2군은 오랫동안 준비했던 계획대로 메선 능선을 공격하여 완벽한 성공을 거두었다. 메선 능선은 1914년 10월의 1차 이프르 전투 이래로 독일군이 점령하고 있던 이프르 동쪽의 플란데런 고지대에서

135. R. Blake, *The Private papers of Douglas Haig*, London, 1952, p. 236

136. L. Wolff, p. 77

137. 1857~1932. 수단과 남아프리카에서 근무한 후 1차 세계대전 때 제2군 사령관으로 플란데런에서 싸웠다. 1917년 메선 전투에서 대승을 거두었다.—옮긴이

138. 몬트 케멀(Mont Kemmel)이라고도 한다. 플란데런 케멀 인근의 해발 159미터 고지.—옮긴이

벨기에의 평원과 프랑스 쪽 평원을 가르는 리스 강 유역을 향해 남쪽으로 이어진다. 경사도가 매우 완만하여 우연히 찾은 방문객의 눈에는 전망이 좋은 땅이 보이지 않는다. 그렇지만 주의 깊게 관찰하면 독일군이 점령한 위치는 플란데런 유일의 진짜 고지대인 케멀베르흐 Kemmelberg[138]와 카츠베르흐에 도달할 때까지 내내 영국군 진지를 내려다볼 수 있었고, 영국군이 이프르와 릴 사이의 독일군 배후지역을 관측하지 못하게 방해하는 곳이었다. 메선 능선 정상을 점령하는 것은 이프르 돌출부에 주둔한 영국군 사령관들의 오랜 목표였고, 1917년에 영국군 굴착중대들이 19개의 갱도를 파 결국 100만 파운드의 폭약을 채운 지뢰 방을 만들었다. 1917년 6월 7일 동트기 직전, 잉글랜드에서도 들릴 정도로 큰 소리를 내며 지뢰가 폭발했고, 9개 사단이 전진했다. 이 중에는 오스트레일리아 3사단과 뉴질랜드 사단, 그리고 솜 강 전투 첫날의 용사들이었던 제16아일랜드 사단과 제36얼스터 사단이 포함되었다. 거의 3주 동안 350만 발의 포탄을 퍼부은 뒤 공격에 나섰다. 공격진은 철저한 파괴로 완전히 변해버린 메선 능선에 도달했을 때 생존했으나 저항할 수 없는 방어군을 발견했고 남아 있던 독일군 참호를 별다른 사상자 없이 점령했다. 영국군은 이프르 돌출부의 남쪽 측면에서 일거에 적군을 몰아냈다. 중앙부로 밀고 들어간 다음 플란데런 해안으로 진격하겠다는 헤이그의 야심은 이로써 더욱 강해졌다.

지난해 솜 강 전투에 뒤이어 서부전선의 또 다른 주요 공세를 막은 장애물은 수상의 우유부단함이었다. 데이비드 로이드 조지는 사망자만 이미 25만 명을 넘는 영국군 사상자의 급격한 증가와 그런 희생을 치르고 얻은 하찮은 군사적 성과에 괴로웠다. 로이드 조지는 이탈리아에서 오스트리아군과 맞서거나 심지어 중동에서 터키군에 맞서는 대안을, 나중에 독일군 중앙 진지의 "버팀목 자르기"로 알려지게 된 정책을 모색했다. 로이드 조지가 제시한 어떤 대안도 좋은 인상을 주

지 못했던 반면에 플란데런 대공세의 허용을 요구한 헤이그의 집요함은 설득력을 얻었다. 로이드 조지의 주요 군사고문으로서 타고난 지능과 강한 성격으로 영국군 최고 지위에 올랐던 기병대 출신의 장군 윌리엄 로버트슨William Robertson[139] 경은 헤이그와는 달리 플란데런 공세의 가능성을 믿지 않았다. 그러나 로버트슨은 의심을 품긴 했어도 수상의 정치적 회피보다는 헤이그의 군사적 단호함을 더 좋아했고, 어느 쪽이든 결심하라는 요구를 받았을 때 헤이그의 손을 들어주었다.

6월에 로이드 조지는 더 높은 차원에서 전쟁을 지휘하기 위해 다르다넬스 위원회와 전쟁위원회에 이어 내각에 또 하나의 소위원회를 구성했다. 조지 커즌George Curzon[140] 경과 알프레드 밀너Alfred Milner[141] 경, 남아프리카의 얀 스뮈츠가 참여한 전쟁정책위원회Committee on War Policy가 6월 11일에 처음으로 모였다. 그러나 가장 중요한 회의는 헤이그가 자신의 계획을 설명하고 승인을 요청한 6월 19일에서 21일의 회의였다. 로이드 조지는 혹독한 질문과 비판을 쏟아냈다. 로이드 조지는 케렌스키 공세의 중요성을 확신하는 헤이그의 허점을 매우 정확하게 지적했으며, U-보트 기지를 점령할 가능성에 이의를 제기했고, 보병에서는 기껏해야 가까스로 우세이고 포대에서는 겨우 대등한 상황에서 공세에 성공할 방법은 무엇인지 물었다. 헤이그는 이틀간 토론을 거치면서도 흔들리지 않았다. 로이드 조지가 인적 손실을 두려워했고 두려움은 대체할 병력을 민간에서 찾기 어려워 더욱 커졌지만, 헤이그는 "계속해서 적과 교전할 필요가 있다"고 주장했다. "……그는 매우 자신만만했고, 첫 번째 목표지점에 도달할 수 있었다." 그곳은 이프르 능선의 정상이었다.[142]

헤이그는 싸우기를 원했고, 로이드 조지는 그렇지 않았다는 것이 가장 중요한 차이였다. 수상으로서는 전투를 피할 이유가 충분했다. 눈에 보이는 소득은 적은데 병력의 손실은 많을 터였고, 헤이그는 때로 "올해 안에 큰 성과"를 내리라고 장담했지만 전쟁을 승리로 이끌

139. 1860~1933. 1916년부터 1918년까지 참모총장을 지냈다. 영국군에서 사병에서 원수에 오른 최초의 인물이다.—옮긴이

140. 1859~1925. 보수당 정치인. 인도 총독과 외무장관을 지냈다.—옮긴이

141. 1854~1925. 전쟁장관과 식민지장관을 역임했다. 밀너가 가르쳐 제국 운영에 중요한 역할을 수행한 일군의 젊은이들을 '밀너의 유치원(Milner's Kindergarten)'이라 한다.—옮긴이

142. J. Terraine, *The Road to Passchendaele*, London, 1977, p. 156

143. J. Terraine, *Passchendaele*, p. 166

144. P. Oldham, *Pillboxes on the Western Front*, London, 1995, Chapter 6

기는 어려웠으며, 프랑스군도 러시아군도 지원할 수 없을 것이고, 미군이 오고 있었고, 따라서 최선의 전략은 솜 강 전투를 되풀이하기보다는 소규모 공격을 연이어 전개하는 것이었다('페탱 전술'). 로이드 조지는 오스트리아를 전쟁에서 밀어내는 수단으로 이탈리아를 지원하라고 촉구함으로써 자신의 논거를 약하게 만들었지만, 주된 결점은 헤이그와 자신의 충성스러운 지지자인 로버트슨을 말로써 제압하기가 어려웠다는 점이다. 로이드 조지가 당과 의회의 동료들을 매우 쉽게 지배했음을 생각할 때 이는 예상치 못한 일이다. 결국, 로이드 조지는 민간인 수상으로서 "군사 고문들에게 나의 전략적 견해를 강요할" 수 없음을 느꼈고, 그래서 그들의 견해를 받아들일 수밖에 없었다.[143]

결과는 가혹할 수 있었다. 독일군이 '플란데런 진지'라고 부른 곳은 서부전선에서 지리적으로나 군사적으로나 가장 강력한 진지에 속했다. 패션데일과 브로드세인더, 헬뤼벨트의 낮은 고지에서 적군 전선은 거의 수평의 평원으로 내려다보였고, 3년간 지속된 포격으로 그곳의 초목은 흔적을 찾을 수 없었다. 포격은 수백 년에 걸쳐 정교하게 완성된 들판의 배수 체계도 파괴하여 비가 한 번 내리면—그 해안 지역에서는 비가 잦았다—전장의 표토는 급속히 범람했다가 곧 습지로 되돌아갔다. 천지가 진구렁이고 은폐장소가 없는 상황에서 독일군의 조치는 영국원정군을 더 어렵게 만들었다. 독일군은 참호를 더 깊이 파 들어가고 철조망을 확장했으며 콘크리트 토치카와 벙커를 조직적으로 설치했다. 이런 시설은 때로 무너진 건물에 구축했는데, 무너진 건물은 작업조에 엄폐물이 되었으며 완성된 시설을 위장했다.[144] 완성된 플란데런 진지는 실제로 9겹이었다. 전방에는, 방어군 사단의 1선 대대들이 3겹의 참호선에 은신해 있었고 그 앞으로 포탄이 떨어져 생긴 구덩이에 청음초들이 한 줄로 늘어서 있다. 그다음, 전투지대는 기관총 초소들이 차지했는데 1열의 토치카 선이 지원했다. 마지막으로 후방 전투지대에는 지원포대 진지 사이에 산재한 콘크리트 벙커에 반격 사단의 부대들이 숨어 있었다.[145] 방어군의 물리적 배치만큼이나 중요했던 것이 편제였다. 전쟁이 시작된 후 네 번째 여름이 될 때, 독일군은 진지를 방어하는 데에는 2개의 별개 대형이 필요하다는 점을 인식했으며 이에 따라 사단들을 재조직했다. 최초 공격을 견뎌내야 했던 참호 주둔군은 숫자가 줄어 몇 개 중대와 대대로만 구성되었다. 그 뒤 후방 전투지대에는 반격 사단들이 배치되었다. 그 임무는 1선 부대들의 고정 방어와 국지적 역공에 의해 적군 공격이 중단되면 전진하는 것이었다.[146]

플란데런 진지 방어군은 1917년 7월에 10개 사단으로 이루어졌다. 제3근위사단과 에른스트 윙거가 제73하노버 수발총병연대에서 근무한 제11사단 같은 강하고 훈련이 잘된 부대가 포함되었다. 영국군 제5군이 공격할 주 방어선에는 7마일의 전선에 1,556문의 야포와 중포가 배치되었다. 영국군은 2,299문의 포를 5야드에 1문씩 전개했는데, 이는 열네 달 전 솜 강 전투 때 배치한 것보다 열 배가 많았다. 성급한 기질의 허버트 고프Hubert Gough[147] 장군이 지휘한 제5군도 1마일에 한 사단 이상씩 배치했다. 제5군은 근위사단과 제15스코틀랜드 사단, 하일랜드 사단[148]을 포함했으며, 영국 근위사단과 독일 근위사단이 대면한 이프르 북쪽 필컴Pilckem과 1914년에 첫 번째 영국원정군에 피신처를 제공했던 이프르 남쪽의 박살 난 나무 그루터기만 남은 생크츄어리 우드Sanctuary Wood[149] 사이에 밀집하여 정렬했다.

또한 전투지역에 총 508대였던 항공기 중 180대가 제5군에 할당되었다. 항공기의 역할은 전선 위에서 독일군 관측 기구의 한계선인 5마일 높이까지 제공권을 장악하는 것이었다.[150] 계류 기구 안에서 볼 수 있는 시계는 상황이 좋다면 60마일에 달하여, 관측자는 밧줄에 묶여 지상으로 연결된 전화선으로 포의 탄착점을 매우 정확하고 빠르게 교정할 수 있었다. 무선통신의 향상으로 2인용 정찰기도 포 사

145. G. C. Wynne, pp. 288~289

146. G. C. Wynne, pp. 295~296

147. 1870~1963. 전쟁이 발발한 후 여단장과 제7사단장을 거쳐 1915년 9월 루스 전투 때에는 제1군단을 지휘했다. 1916년 7월에 맡은 예비군군단이 10월에 제5군으로 재편되었고, 고프는 이를 지휘하여 1917년 7월에 3차 이프르 전투에 참여하나 크게 패했다.—옮긴이

148. 하일랜드(Highland)라는 별칭을 사용하는 사단으로 1차 세계대전에 참전한 사단은 제51사단이다.—옮긴이

149. 1914년 11월에 이곳에 피신한 영국군이 붙인 이름이다.—옮긴이

150. J. Edmonds, *Military Operations, France and Belgium, 1917*, Ⅱ, London, 1948, p. 134

151. 1911년에 설립되어 1921년에 블레리오(Blériot)에 합병될 때까지 존속했던 항공기 제작회사 Société Pour L'Aviation et Dérivés의 1인용 복엽 전투기. 스파드(Spad)는 1913년에 최종 변경된 회사 이름의 약자다.—옮긴이

152. 1894~1917. 프랑스의 국민적 영웅. 1917년 2월, 독일군의 중폭격기를 처음으로 격추시켰으며, 그해 7월까지 50회 이상의 승리를 얻어 최초의 격추왕에 올랐다.—옮긴이

153. 1894~1953. 75회의 승리를 거둔 연합군 최고의 격추왕. 본인의 주장대로라면 승리는 100회에 이른다.—옮긴이

154. J. Morrow, *The Great War in the Air*, London, 1993, p. 202

155. 1897~1917. 기병 출신으로 항공대로 전출되어 비행술을 배웠다. 타고난 재능으로 즉시 교관이 되었다가 전선으로 배치되었다.—옮긴이

156. 1892~1918. 1차 세계대전 최고의 비행사. 공식적으로 확인된 것만 80회의 승리를 거두었다.—옮긴이

격을 인도할 수 있었다. 물론 힘든 일이었다. 아직 양방향 목소리 송신은 기술적으로 가능하지 않았기 때문이다. 1918년에 극적으로 도약하여 지상 공격과 장거리 전략 폭격의 영역까지 포괄한 공중전은 1917년에는 대체로 포 사격을 위한 관측과 '기구 터뜨리기', 제공권을 장악하거나 유지하기 위한 접근전의 수준에 머물러 있었다.

프랑스 항공대는 육군의 한 분과였지만 1917년 지상군을 마비시켰던 소요에도 영향받지 않았다. 프랑스 항공대는 4월과 5월에 엔 강을 공습하는 독일군에 맞서 효과적으로 작전을 수행했고, 3차 이프르 전투 중에는 영국 항공대Royal Flying Corps에 의미 있는 지원을 했다. 프랑스 항공대 최고의 비행기인 스파드12와 스파드13[151]은 그해 초에 독일군이 띄운 대부분의 항공기보다 우수했으며, 연이어 격추왕을 탄생시켰다. 가장 유명한 조르주 기느머Georges Guynemer[152]와 르네 퐁크René Fonck[153]의 공중전 기술은 치명적이었다. 기느머가 9월 11일에 3차 이프르 전투에서 전사했을 때, 프랑스 상원은 53번의 공중전 승리자를 팡테옹에 안장했다.[154] 그러나 그해에는 가장 유명한 독일군 격추왕도 등장했다. 베르너 보스Werner Voss[155](48회 승리)와 전설적인 '붉은남작Rote Baron' 만프레트 폰 리히토펜Manfred von Richthofen[156](최종 80회 승리)의 성과는 두 사람의 비행술과 공격성뿐만 아니라 독일 항공대Luftstreitkräft가 새로운 유형의 항공기를 들여온 데에도 힘입었다. 특히 조종이 쉬운 포커 삼엽기Fokker Dr. I[157]는 공중전에서 영국군과 프랑스군의 항공기에 의미 있는 우세를 보여주었다. 비행 기술은 1차 세계대전 중에 매우 빠르게 발전하여 양측 간에 우세가 신속하게 바뀌었다. 오늘날 수십 년으로 간주되는 항공기 발달의 '리드 타임lead time'[158]은 그 당시 몇 달이었고 때로는 몇 주에 그치기도 했다. 약간 더 강력한 엔진을 장착하거나—당시 출력은 기껏해야 200마력에서 300마력이었다—기체를 조금 다듬기만 해도 깜짝 놀랄 정도의 이점이 생겼다. 1917년에 영국 항공대는 1인용 소프위드 캐멀Sopwith Camel과 SE 5 그리

고 2인용 브리스톨 파이터Bristol Fighter, 세 종류의 신속히 개발된 고등 항공기를 인도받았다. 이 세 항공기는 비록 미숙한 조종사들만큼이나 많은 시험을 거치지 않았지만 노련한 독일군 조종사들에 맞서 수적 우세로써 우위를 차지할 수 있게 한 자원이었다.[159] 영국 항공대는 또 프랑스와 독일 항공대의 격추왕에 필적하는 격추왕을 탄생시켰다. 가장 유명한 인물은 에드워드 매녹Edward Mannock, 제임스 매커든James McCudden, 앨버트 볼Albert Ball[160]이다. 사병 출신의 매커든과 철두철미한 사회주의자였던 매녹은 앨버트 볼 같은 대다수 사립학교 출신 비행사들과 사이가 매우 나빴는데 냉정하게 상대의 꼬리를 잡는 근

소프위드 캐멀. 조종이 매우 편한 전투기이나 로터리 엔진 때문에 이륙과 착륙이 어렵다.

157. 라인홀트 플라츠(Reinholt Platz)가 설계하고 포커-플루크조이크베르케(Fokker-Flugzeugwerke)가 제작한 전투기. 'Dr'은 Dreidecker(삼엽기)를 뜻한다. 1917년 2월에 영국군의 소프위드 삼엽기(Sopwith Triplane)가 서부전선에 등장하여 알바트로스(Albatros)에 우위를 보이자 이에 대응하여 개발했다. 만프레트 폰 리히토펜이 이 비행기로 마지막 스무 번의 승리를 거두고 1918년 4월 21일에 격추되어 유명해졌다.—옮긴이

158. 제품을 설계해서 완성하고 사용할 때까지 걸리는 시간.—옮긴이

159. J. Morrow, pp. 186~187

160. 세 사람 모두 빅토리아 십자훈장(Victoria Cross)을 받았다. 빅토리아 십자훈장은 영연방의 군인으로 적군에 맞서 용맹함을 보여준 자에게 수여되는 최고 무공 훈장이다.—옮긴이

161. N. Steel and P. Hart, *Tumult in the Clouds*, London, 1997, pp. 25, 214

162. A. Kernan, *Crossing the Line*, N.Y., 1994, p. 108

접전의 명수였다.[161] 그러나 가혹한 공중전의 시련에 거듭 성공적으로 참여한 모든 비행사는 계급이나 국가에 상관없이 결국에는 고유의 특징을 보여주었다. "뼈만 남은 손, 뾰족해진 코, 바짝 드러난 광대뼈, 놀란 듯 벌린 입에 닳아 무지러진 이, 그리고 두려움을 억누르느라 가늘게 뜬 눈의 고정된 시선."[162]

그렇지만 3차 이프르 전투의 결과는 하늘이 아니라 지상에서 결정될 터였다. 베르됭과 솜 강의 경우처럼, 시초에 핵심적인 문제는 이러했다. 포대의 예비포격 효과로 적군의 방어시설과 병력을 신속하고 철저하게 파괴하여 공격군이 적군 진지를 점령하고 반격을 받아도 그곳에서 밀려나지 않을 수 있는가? 니벨이 엔 강에서 원했던 즉각적인 돌파를 처음부터 시도할 계획은 없었다. 대신 첫 번째 목표지점들은 영국군 출발선에서 이격거리가 6,000야드로 고정되었다. 지원포의 사거리 이내였다. 그곳을 점령하면 포를 전진시키고, 방어하는 독일군이 조금씩 밀려나고 적 예비부대를 전멸시켜 방어군이 없는 후방지역으로 길이 열릴 때까지 그 과정을 되풀이해야 했다. 첫 단계에서 점

포커 삼엽기. 독일군의 최우수 격추왕인 리히토펜은 이 비행기를 타고 많은 승리를 기록했다.

령해야 할 중요 지형은 이프르 남동쪽의 '헬뤼벨트 고지'였다. 영국군 전선에서 2마일 떨어진 헬뤼벨트 고지는 주변 저지대보다 약간 높은 곳으로 관측에 유리했다.

열닷새 동안 400만 발 이상을 퍼부은 포격은 7월 31일 오전 4시 직전에 절정에 달했다. 오전 3시 50분, 제2군과 제5군의 공격부대는 좌측에서 지원하는 프랑스 제1군의 일부와 함께 전차 136대를 동반하여 전진했다. 몇 해 동안 이어진 포격으로 땅은 패고 마맛자국이 났지만 표면은 말라 있었다. 늪에 빠진 전차는 겨우 2대뿐이었고—나중에는 더 많은 전차가 도랑에 빠졌다—보병들도 중단 없이 전진하는 데 성공했다. 좌측에서는 필컴 능선을 향해 빠르게 전진했지만, 헬뤼벨트에서는 그만큼 빠르지 않았다. 게다가 익숙한 상황이었지만 보병과 포대 사이의 통신이 끊겼다. 통신선은 도처에서 절단되었고, 구름이 낮아 항공 관측이 방해를 받았으며, "비둘기 몇 마리를 날려 보냈지만 공격진에서 전달된 소식은 명령수발병이 가져온 것이 전부였고, 이들은 실제로 돌아온다고 해도 때로 몇 시간씩 걸려 돌아왔다."[163] 오후 2시, 독일군의 반격 계획이 실행되었다. 기를 쓰고 헬뤼벨트로

163. M. Farndale, p. 203

공중전의 마지막 시기에 가장 크게 성공했던 영국 전투기 SE 5a 비행중대

전진하려는 제18군단과 제19군단 병사들의 머리 위로 포격이 가해졌다. 포격은 선두부대가 급히 탈출해야 할 정도로 맹렬했다. 독일군의 포탄이 빗발치는 가운데 호우가 쏟아져 파괴된 전투지역은 곧 걸쭉한 진창으로 바뀌었다. 비는 사흘 동안 계속 내렸는데, 그동안 영국군 보병은 공격을 재개했고 보병을 지원하기 위해 포를 앞으로 끌어왔다. 8월 4일 훗날 벨헤이번 경이 되는 포대 지휘관[164]은 이렇게 썼다. "정말로 끔찍한 〔진창이다.〕 내 생각에 겨울보다 더 심하다. 땅은 10피트 깊이로 파헤쳐졌고, 시종 포리지porridge[165] 같다. …… 포탄 구덩이의 한가운데는 너무나 질어 사람이 잠길 정도였다. …… 필시 이곳에 독일군 시신 수백 구가 묻혀 있을 것이며, 지금 독일군의 포탄은 그곳을 다시 갈아엎어 시신들을 파내고 있다."[166]

비가 내리고 전진하지 못하자 더글러스 헤이그 경은 8월 4일에 진지가 굳을 때까지 공세를 중단하라고 명령했다. 그랬으면서도 헤이그는 런던의 전쟁소내각에 공격은 "크게 만족스러웠고 손실은 미미했다"고 주장했다. 개전 첫날 2만 명이 사망한 솜 강 전투와 비교하면 손실은 감내할 수 있는 수준처럼 보였다. 7월 31일에서 8월 3일 사이에 제5군은 전사자와 행방불명자가 7,800명이라고 보고했고, 제2군은 1,000명 이상으로 보고했다. 부상자를 포함한 총 사상자는 프랑스 제1군의 사상자를 더하여 약 3만 5,000명이었고, 독일군도 비슷한 손실을 입었다.[167] 그렇지만 독일군은 사활이 걸린 땅을 여전히 지배하고 있었고 반격 사단을 조금도 투입하지 않았다. 황태자 루프레흐트는 7월 31일 저녁 일기에 "결과에 매우 만족했다"라고 기록했다.

그러나 전투는 이제 겨우 시작이었다. 루프레흐트는 희생이 얼마나 커지든 전투지역이 얼마나 심한 진창을 이루든 계속 공격하겠다는 헤이그의 결의를 알지 못했다. 8월 16일 헤이그는 1914년 10월에 영국 원정군이 독일군 자원병 사단들과 조우한 무대인 랑에마르크를 제5군으로 공격하여 500야드의 땅을 확보했으며, 적의 주의를 흐트러뜨

164. 스코틀랜드 작위인 벨헤이번 앤 스탠턴 경(Lord Belhaven and Stenton)의 호칭을 이어받은 자로 당시 군인이었던 자는 11대 벨헤이번 앤 스탠턴 경인 로버트 해밀턴-유드니(Robert Hamilton-Udney)(1871~1950)이나 3차 이프르 전투에 참여했는지는 확인하기 어렵다.—옮긴이

165. 물이나 우유에 넣어 끓인 오트밀 죽.—옮긴이

166. M. Farndale, p. 204

167. J. Edmonds, *1917*, Ⅱ, p. 148

릴 목적으로 랑스 근처의 탄광지대에 캐나다 군단을 투입했다. 산산이 부서진 마을과 탄광 폐석더미의 끔찍하게 황량한 그 땅에서 영국 원정군은 1915년 겨울과 봄에 매우 무기력하게 상처를 입었다. 헤이그는 독일군이 저지대의 모든 행동을 내려다보았던 헬뤼벨트 고지에도 일련의 성과 없는 공격을 퍼부었다. 얻은 땅은 없었고, 인명의 손실은 컸다.

8월 24일 세 번째 헬뤼벨트 공격이 실패로 돌아간 뒤 헤이그는 이프르에 대한 주 공세를 고프의 제5군으로부터 이제 플러머의 제2군에 맡겼다. 노인이 득세한 전쟁의 표준으로 보자면 젊은 장군이었던 고프는 헤이그에게 자신을 동료 기병으로 천거했었는데, 장애물에 막혀도 성급하게 '돌진'하기로 유명했다. 고프의 부대원들이 고프의 상관보다 먼저 그의 지도력이 신뢰할 만하지 못하다는 사실을 알고 있었다. 플러머는 반대로 고프보다 나이가 많았을 뿐만 아니라 실제보다 더 늙어보였고 신중했으며 자신이 맡은 병사들을 염려했다. 플

1917년 8월 11일, 패션데일 전투의 진창. 물차가 나뭇가지를 깔아 만든 길 옆 수렁에 빠졌다.

168. 1897~1931. 전쟁 중에 쓴 일기가 유명하다.—옮긴이

러머는 2년 동안 이프르 구간을 지휘했으며, 위험한 장소를 모조리 알고 있었고, 사병들의 복지를 걱정하여 병사들로부터 1차 세계대전의 장군 중에서는 가장 큰 사랑을 받았다. 이제 플러머는 다음 단계를 조심스럽게 준비하려면 휴식이 필요하다고 결정했다. 다음 단계는 고프가 시도한 것보다 한층 더 얕게 독일군 전선을 연이어 침투하는 형태가 될 것이었다.

8월 27일 휴식하기 전에 폐허가 된 헬뤼벨트 마을의 바로 북쪽에 흔적도 없이 사라진 2개의 긴 숲 글렌코스 우드Glencorse Wood와 인버네스 콥스Inverness Copse를 점령하기 위해 마지막 전투를 벌일 작정이었다. 공식 역사에 따르면 그 땅은 "비 때문에 너무 미끄럽고 물이 가득한 포탄 구덩이로 끊어져 있어서 속도는 느렸고" 야간에 행군하여 10시간 동안 전투가 시작되기를 기다린 병사들은 "이동 탄막의 보호를 곧 상실했다." 오후 2시 직전에 전투가 시작되었을 때, 통과할 수 없는 지형과 독일군의 맹렬한 사격에 진격은 이내 중단되었다. 워릭셔Royal Warwickshire 연대 8대대 1중대의 장교였던 에드윈 본Edwin Vaughan[168]은 자기 부대의 전진 노력을 이렇게 설명했다.

도로를 따라 오르던 중에 주변에서 포탄이 폭발하여 우리는 비틀거렸다. 내 앞에서 한 병사가 죽은 듯 꼼짝 않고 멈췄고, 화가 치민 나는 욕을 퍼붓고는 무릎으로 받아버렸다. 병사는 "앞이 보이지 않습니다"라고 점잖게 말하고는 포탄 파편에 찢긴 두 눈과 코를 내게 보여주었다. "오 하느님! 아가야, 미안하다." 나는 말했다. "질지 않은 땅으로 계속 가라." 어둠 속으로 비틀거리는 그 친구를 남겨두고 떠났다. …… 전차 1대가 스프링필드Springfield 뒤에서 천천히 진창을 헤치고 전진하여 발포했다. 잠시 후 쳐다보니 전차는 간데없고 찌부러진 쇳덩이만 남았다. 큰 포탄이 명중한 것이다. 이제 거의 어두워졌고 적군은 사격을 중지했다. 마지막 한 구간의 진창을 헤치고 나아가던 나는 토치카 근처에서 수류탄이 터지고 한 무리의 영국군이 반대편에서 그리로 돌진하는

장면을 목격했다. 우리 모두가 다가갔을 때 독일군은 손들고 뛰어나왔다. …… 우리는 포로 16명을 개활지 건너편으로 돌려보냈으나 100야드쯤 갔을 때 독일군의 기관총이 그자들을 쓸어버렸다.

본은 토치카 안에서 부상당한 독일군 장교를 발견했다. 들것조가 부상당한 영국군 장교와 함께 나타났다. 장교는 "내게 밝세 인사했나. 나는 물었다. '어디에 맞았소?' '등 척추 근처요. 내 방독면을 빼주겠소?' 나는 방독면 주머니의 줄을 잘라 끌어냈다. 그다음, 장교는 담배를 요청했다. 던햄Dunham이 한 개비를 주었고 장교는 담배를 입에 물었다. 나는 성냥에 불을 붙여 내뻗었지만, 담배는 가슴 위로 떨어졌고 장교는 죽었다." 토치카 밖에서 본은 항복을 간절히 원하는 한 무리의 독일군과 마주쳤다.

포로들은 내 주변에 몰려 있었다. 더러워진 몰골에 비탄에 잠겨 자신들이 겪은 끔찍했던 시간에 관하여 내게 이야기했다. "먹지도 못했고 마시지도 못했다." 언제나 포탄, 포탄, 포탄. …… 나는 이 자들을 후방으로 데리고 갈 병사를 빼낼 수가 없어서 포탄 구덩이에 몰아넣었다. 병사들은 그렇지 않아도 부족한 자신들의 휴대 식량을 나누어 이 자들을 과분하게 대접했다.
사방의 어두운 포탄 구덩이에서 부상자들의 신음과 울부짖는 소리가 들려왔다. 고통에 못 이겨 흐느끼는 가늘고 긴 신음소리와 절망감에 내지르는 비명이었다. 수십 명의 중상자들은 안전을 위해 새로이 난 포탄 구덩이 안으로 기어 들어가야만 했을 것이다. 무섭도록 자명했다. 그러나 이제 물이 차오르고 있었고, 움직일 힘이 없었던 그자들은 서서히 익사했다. 울부짖는 소리가 들려서 보니 잔혹한 장면들이 눈에 들어왔다. 팔과 다리가 잘린 채 동료들이 자신을 발견할 것이라고 믿으며 누워 있는 〔병사들의〕 울음소리였다. 이들은 잉크처럼 새카만 어둠 속에서 죽은 자들 사이에 누워 외로이 끔찍한 죽음을 맞고 있었다. 우리는 아무런 도움도 되지 못했다. 던햄은 내 옆에서 조용히 훌쩍

169. E. Vaughan, *Some Desperate Glory*, London, 1981, pp. 219~232

거렸고, 모두 비참한 울음소리에 측은한 마음을 참을 수 없었다.

이 설명은 본 중위가 8월 27일에 겪은 일의 거의 마지막이다. 자정 직전 본의 부대는 다른 부대와 교체했고, 본은 생존자들을 이끌고 8월 25일에 출발했던 지점으로 되돌아갔다.

이제 부상자들의 울부짖는 소리는 크게 줄었다. 길을 따라 비틀거리면서 내려가다 보니, 그 이유는 너무나 명백했다. 포탄 구덩이 위로 물이 넘치고 있었던 것이다. …… 나는 〔본부의 토치카〕를 도저히 알아볼 수 없었다. 포탄이 거듭 떨어져 입구에 시신들로 긴 둔덕이 만들어졌기 때문이다. 많은 〔병사들이〕 엄폐를 위해 그곳으로 피했다가 포탄의 파편에 모조리 죽었던 것이다. 나는 본부로 들어가기 위해 시신들을 넘어가야 했다. 그러는 중에 누군가 손을 뻗어 내 군장을 잡았다. 소름이 확 돋았다. 나는 시체 사이에서 살아있는 사람을 끌어냈다.

이튿날 오전, 잠에서 깨 점호 열병을 할 때

최악의 공포가 현실로 다가왔다. 취사기구 옆에 지저분한 옷에 수염을 깎지 못한 병사들이 4개의 작은 무리로 나뉘어 서 있었다. 보급계 하사관이 전사하거나 부상당한 전우를 본 적이 있는지 정보를 수집하고 있었다. 끔찍한 명부였다. …… 90명의 행복했던 작은 부대에서 겨우 15명만 살아남았다.[169]

본의 경험은 그 당시 진행되던 3차 이프르 전투의 전형이었다. 비슷한 기간에 솜 강 전투에서 입은 손실보다는 적었지만, 7월 31일 이후 1만 8,000명이 전사하거나 행방불명되었으며(포탄 구덩이에서 익사한 자들이 행방불명자의 다수를 차지한다) 5만 명이 부상을 당했다. 전투는 그 안에 빠져든 자들에게 혹독한 재앙이었다. 건물과 수목이 완전히 제거된 전경에서 병사들은 적군의 관측에 늘 노출되었으며, 비에 흠뻑 젖었고, 넓은 지역이 사실상 물에 잠겼으며, 그 위로 정확히 조준된 포격이 끊임없이 이어졌고, 목표지점을 공격하려 하면 언제든 집중포격이 가해졌다. 거리상 가까운 목표지점은 실패에 실패가 뒤따르면서 도달하기 어려운 먼 곳처럼 보였다. 9월 4일 헤이그는 런던으로 소집되어 공세를, 심지어 신중한 플러머가 제안한 제한된 형태라도 공세를 지속하는 것이 정당한지 입증해야 했다. 전황 전체를 검토한 로이드 조지는 러시아가 교전국에서 이탈하고 프랑스는 간신히 그 지위를 유지하고 있는 상황에서 1918년에 미군이 대거 도착하기까지는 영국군 자원을 아끼는 것이 현명한 전략이라고 주장했다. 그러나 헤이그는, 로버트슨의 지지를 받아, 다른 연합군이 약해졌다는 바로 그 이유 때문에라도 3차 이프르 전투는 지속되어야 한다고 역설했다. 헤이그의 주장은 좋은 판단이 아니었지만—루덴도르프는 오스트리아군을 지원하기 위해 이미 서부전선에서 사단들을 철수시키고 있었다—, 로이드 조지가 더 나쁜 주장을 제시했기에, 특히 이탈리아 전선에서 또 터키에 맞서 승리를 거두겠다는 계획이 있었기에, 헤이그가 원하던 대로 결정되었다. 면직된 참모차장이요 광적인 '서부전선론자'였던 헨리 윌슨은 특유의 냉소로써 자신의 일기에 로이드 조지의 계획은 헤이그에게 스스로 목을 맬 밧줄을 건네준 것이나 다름없다고 평했다. 수상이 자신의 주요 군인 부하를 해임하기를 원했다는 윌슨의 평가는, 헤이그가 명백한 실패로 신뢰의 손상을 입기까지는 감히 그렇게 하지 못했지만, 필시 정확했을 것이다.[170] 그러나 헤이그를 대신할 자는 눈에 띄지 않았고, 그래서 헤이그의 전략이 얼마나 잘못된 판단이고 오랫동안 고생하는 군대에 얼마나 해로운 영향을 미치든 간에, 더 나은 인물이나 계획이 없다는 이유로 3차 이프르 전투는 계속될 수밖에 없었다.

플러머의 '한 걸음씩' 나아가는 계획은—9월 초의 휴식은 그 준비

170. L. Wolff, pp. 165~167

171. 이프르와 존네베커(Zonnebeke) 사이에 있다.—옮긴이

172. G. C. Wynne, pp. 307~308

173. G. C. Wynne, pp. 303~310

를 위한 것이었다—3단계로 구상되었다. 단계마다 장시간의 포격이 선행된 후, 폭 1,000야드의 전선에 사단들을 배치하고 다시 말해서 전선 1야드에 보병 10명을 배치하고 1,500야드의 짧은 거리를 전진할 작정이었다. 3주간 포격을 퍼부은 후, 오스트레일리아군 제1사단과 제2사단, 영국군 제23사단과 제41사단이 이프르 동쪽 메넌 가도를 공격했다. 1,000야드 깊이로 탄막이 동반되었고, 모든 것을 초토화시키는 포화에 독일군은 후퇴했다. 9월 29일의 폴리곤 우드Polygon Wood[171] 전투와 10월 4일 브로드세인더 전투에서도 같은 성과를 얻었다. '조금 빼앗고 지킨다'는 플러머의 전술은 성공적이었다. 결국 헬뤼벨트 고지를 점령했으며, 이프르 바로 앞의 지역은 독일군의 관측에서 벗어났다(그랬는데도 부대는 폐허가 된 도읍을 서쪽 끝을 통해 벗어나 계속 전진했고 침수된 평원 위로 유일하게 솟은 도로에 떨어지는 장거리포의 사격을 피하기 위해 원을 그리며 전투지역으로 되돌아왔다. 1915년에 돌출부가 도시 주변으로 줄어든 이래 그랬던 것과 같다). 문제는 다음번 '빼앗고 지키기' 전술이 정당한가라는 것이었다. 처음 세 차례의 공격은, 특히 브로드세인더 공격은 독일군에 강력한 타격을 입혔다. 플러머의 밀집한 포대는 10월 4일에 지나치게 전방으로 집결한 독일군 반격 사단들을 습격했고 많은 사상자를 낳게 했다. 특히 제4근위사단이 큰 타격을 입었다.[172] 그 결과, 독일군은 다시 한 번 전선 방어 체계를 다듬기로 결정했다. 브로드세인더 공격 이전에 독일군은 보호 탄막 뒤에서 나타나는 영국군 보병을 타격하기 위해 반격 사단들을 전투지대에 가깝게 배치했다. 그러나 루덴도르프는 영국군 포대의 한층 더 강하고 깊은 포격에 노출되는 결과만 초래하자 반대의 명령을 내렸다. 전선은 다시 적은 병력으로 지키고 반격 사단들은 후방 멀리 내려와 그곳 진지에서 강력한 포격과 탄막으로 계획적인 되치기를 준비할 수 있을 때까지 움직이지 않아야 했다.[173]

영국군과 독일군이 이프르의 황폐하게 파괴되고 절반은 침수된 끔

찍한 땅 위에서 수행한 작전은 본질적으로, 마치 협의한 듯이, 서로 똑 닮았다. 공격군은 엄청난 포격으로 방어군을 기진맥진하게 한 다음 포탄이 떨어진 좁은 지대를 점령한다. 그다음에는 방어군이 반대 방향에서 잃은 땅을 되찾을 수 있기를 바라며 같은 과정을 되풀이한다. 결정적인 승리가 목적이라면, 이는 완전히 쓸데없는 짓이었다. 헤이그는 나날의 사건들로부터 증거를 얻었을 테니 적과 한패가 되어 교전이 양측에 가한 고뇌를 연장하는 일을 그만둘 수도 있었을 것이다.

대전의 기술적인 측면에 천착하는 역사가는 야포 포탄의 신관이나 박격포 사거리 발전의 간과된 의미를 언제나 강조할 준비가 되어 있는데, 그 점에서 가장 열성적인 역사가조차도 헤이그가 브로드세인더 이후에 전투를 중단했어야 했다고 인정한다.[174] 헤이그는 강경하게 반대의 결정을 내렸다. 헤이그는 브로드세인더를 공격하기 전에 군 지휘관들에게 이렇게 말했다. "적은 비틀거리고 있으며 …… 결정적인 타격을 가하면 결정적인 결과를 얻을 것이다."[175] 그 직후, 로이드 조지가 이프르에서 입은 손실을 보충하기 위해 프랑스로 갈 증원군의 숫자를 은밀히 제한하려 했을 때, 헤이그는 참모총장 로버트슨에게 이렇게 썼다. "영국군 홀로 대공세를 수행할 수 있다. 〔그러므로〕 그 공세를 최대한 강력하게 추진하기 위해서 …… 모든 노력을 아끼지 말아야 한다는 데에는 이의가 있을 수 없다."[176]

그리하여 이프르의 진창에서 벌어진 전투는 계속된다. 이 전투는 전투의 최종 목표지점으로 벽돌의 얼룩이 남은 것의 전부였던 도읍의 이름을 따서 훗날 패션데일 전투라고 불렀다. 그러나 영국군이 선봉은 아니었다. 근위사단과 옛 정규군 사단의 하나인 제8사단, 제15스코틀랜드 사단, 제16아일랜드 사단, 제38웨일즈 사단, 제56런던 사단 등 영국원정군에서 가장 뛰어난 부대 일부가 8월과 9월 초에 싸웠다. 헤이그가 남겨둔 공격사단 중에서 유일하게 믿을 만한 부대는 앤잭과 캐나다 군단이었다. 이들은 전투의 첫 단계와 한 해 전 솜 강 전

174. P. Griffith, *The British Army's Art of Attack 1916~1918*, London, 1994, p. 89

175. G. De Groot, p. 341

176. G. De Groot, p. 343

투 최악의 국면을 위해 남았다. 이른바 '1차 패션데일 전투'에서 뉴질랜드 사단과 오스트레일리아군 제3사단은 10월 12일에 이프르 동쪽 해발 150피트 높이의 고지에 남은 패션데일의 한 부분에 도달하려 했다. 그곳 독일군의 2차 플란데런 진지 참호선과 토치카는 영국원정군과 적군 후방 사이에 남은 마지막 장애물이었다. 헤이그는 10월 9일에 종군기자회견에서 이렇게 말했다. "우리는 실제로 적군 방어선을 뚫고 있다. 적군은 온몸으로 우리에 맞서고 있다." 그 상황에서 온몸은 충분한 무기였음이 입증되었다. 전면과 측면에서 기관총의 공격을 받은 앤잭은 결국 그 축축한 날 진격을 시작했던 진지로 퇴각했다. 땅은 너무나 눅눅하여 지원포대에서 발사한 포탄은 진창 속에 묻혀 폭발하지 않았고, 뉴질랜드 사단만 절단되지 않은 철조망지대를 통

1917년 10월 29일, 2차 패션데일 전투 당시 이프르의 포테이저 성 숲의 모습. 널길 위에 오스트레일리아 병사들이 서 있다.

과하려다가 3,000명의 사상자를 냈다.

앤잭 제2군단[177]을 헛된 희생으로 내몰은 헤이그는 캐나다 군단에 의존했다. 캐나다 군단을 지휘한 장군 어서 커리Arthur Currie[178] 경은 1915년 이래 이프르 돌출부를 경험하고 있었다. 커리는 그곳에서 더는 병사들을 잃고 싶지 않았으며, 교사의 엄밀한 지성으로 헤이그가 요구한 공격은 '1만 6,000명의 사상자'를 낼 것이라고 예측했다. 커리는 자국 정부에 호소할 수단이 있었고 거부할 수도 있었지만, 이의를 제기한 후 헤이그의 명령에 응했다. 초겨울에 거의 끝없이 비가 내렸고, 능선 꼭대기로 전진하는 유일한 방법은 수렁과 시내로 둘러싸인 2개의 좁은 방죽 길을 따라가는 것이었다.[179] '2차 패션데일 전투'의 첫날인 10월 26일 캐나다군은 1차 플란데런 진지를 돌파했고, 많은 인명 손실을 입으며 약 500야드를 전진했다. 그 구간을 방어하던 제11바이에른 사단도 큰 손실을 입었고 방어선에서 쫓겨났다. 10월 30일 전투가 재개되었고, 약간의 땅을 더 빼앗았다. 여기에서 캐나다군 제3사단과 제4사단의 병사 2명이 빅토리아 십자훈장을 받았다. 캐나다군 제1사단과 제2사단은 11월 6일에 공격 전선을 넘겨받아 새로이 공격했고 패션데일의 나머지를 점령했다. 그리고 11월 10일에 마지막 공격을 개시했으나 이때 전선이 고착되었다. '2차 패션데일 전투'로 캐나다군 4개 사단은 사망자와 부상자를 합하여 1만 5,634명의 손실을 입었다. 10월에 커리가 예측한 숫자와 거의 정확히 일치한다.[180]

패션데일 전투로 널리 알려진 3차 이프르 전투의 의미는 설명이 불가능하다. 패션데일 전투는 폭동 이후에 프랑스군이 받던 압력을 경감시켰을 수도 있다. 물론 힌덴부르크와 루덴도르프가 페탱의 근심을 잘 알고서 거기서 이득을 취하려 했다는 증거는 없다. 독일군은 동맹국 오스트리아군을 지탱하고 러시아 전선의 혼돈을 해결해야 하는 자신들만의 난제를 너무 많이 떠안고 있어서 또 하나의 베르됭 공세를 전개할 수 없었다. 게다가 1917년 가을이면, 페탱의 프랑스군 회

177. 앤잭은 1915년 11월 갈리폴리에서 철수한 뒤 앤잭 제1군단과 앤잭 제2군단으로 재조직되었다.—옮긴이

178. 1875~1933. 학교 교사였다가 20세에 캐나다 수비대 포대 5연대의 상병으로 복무를 시작해 캐나다원정군의 캐나다 군단 사령관에 올랐다. 장군으로 진급한 최초의 캐나다인이다.—옮긴이

179. D. Morton, *A Military History of Canada*, toronto, 1992, p. 149

180. D. Morton, *When Your Number's Up*, London, 1993, p. 171

181. 1861~1956. 공병대의 준장. 공식 역사가로서 전후에 28권의 『대전사(History of the Great War)』를 편찬했다.—옮긴이

182. J. Edmonds, *Short History*, p. 252

복 계획은 효과를 내고 있었다. 프랑스군은 10월 23일에 슈맹데담 근처에서 공격을 개시하여 나흘 만에 7마일 이상의 전선에서 3마일 깊이로 적진을 탈환했다. 이는 이프르에서 99일 동안 많은 노력을 쏟고 고초를 겪으며 얻은 성과와 대등했다. 영국의 공식 역사가인 제임스 에드먼즈James Edmonds[181]는 패션데일 전투를 끊임없이 재개한 헤이그를 두둔했다. 패션데일 전투가 이프르 전선에 88개 사단을 묶어두었던 반면 "교전에 참여한 연합군은 모두 합하여 겨우 프랑스 사단 6개와 영국군과 자치령〔오스트레일리아, 뉴질랜드, 캐나다〕 사단 43개뿐이었다"는 것이 그 논지다.[182] 맥락을 생각하면 에드먼즈의 판단을 균형 있게 바라볼 수 있다. 88개 사단은 독일군의 3분의 1이었던 반면, 헤이그의 43개 사단은 그 병력의 절반을 넘었다. 설득력이 없던 것은 진창을 이룬 이프르의 폐허에서 헤이그의 병사 약 7만 명이 사망하고 부상자는 17만 명을 넘었다는 사실이다. 독일군의 희생은 더 심했겠지만—통계상의 논란으로 그러한 주장도 쓸데없다—, 영국군은 자신들의 전부를 투입했던 반면 힌덴부르크와 루덴도르프는 러시아에 갖고 있던 또 다른 군대로 서부전선의 전쟁을 완전히 새롭게 시작할 수 있었다. 영국에는 다른 군대가 없었다. 프랑스처럼 영국도 나중에 징병제를 채택했지만—국가 정책의 원칙이 아니라 전쟁이라는 절박한 사정 때문이었다—, 1917년 말이면 농장과 공장에서 빼낼 수 있는 사람을 모조리 병적에 올렸으며, 1914~1915년에 자원병이 몰려들 때의 신군이라면 보자마자 거부했을 자들을, 이를테면 가슴이 푹 들어간 자나 새우등, 발육부진, 근시, 노령자들을 신병으로 받아들일 수밖에 없었다. 이들의 신체적 결함은 영국이 얼마나 필사적으로 병사들을 원했는지, 헤이그가 얼마나 병사들을 낭비했는지 보여주는 증거였다. 솜 강 전투에서 활짝 핀 꽃 같던 영국의 젊은이들을 죽음과 사지 절단으로 내몰았던 헤이그는 살아남은 자들을 패션데일의 절망의 진구렁에 내다버렸다.

캉브레 전투

플란데런의 진창은 공격의 가능성을 허용하지 않았지만, 독일군을 공격할 한 가지 방법이 남아 있었다. 기계화전이었다. 전차대Tank Corps의 주요 예비부대는 1917년에 점진적으로 건설되었으므로 아무런 손상을 입지 않은 상태였다. 부대 사령관인 휴 엘리스Hugh Elles[183] 준장은 여름 동안 부대를 유익하게 사용할 기회를 엿보고 있었으며, 전차가 지나갈 수 있는 굳은 백악토 지대를 가로지르는 제3군 전선에서 전차로 기습 공격을 감행하자는 착상으로 제3군 사령관 장군 줄리언 빙Julian Byng[184] 경의 관심을 끌었다. 한편, 빙의 포대 장교 중 한 사람인 제9스코틀랜드 사단의 헨리 튜더Henry Tudor[185] 준장은 기습포격으로 전차를 지원한다는 나름의 계획을 세우고 있었다. 그러면 적군에게 공격의 사전경고를 주지 않을 수 있었다. 빙은 8월에 엘리스와 튜더의 계획을 수용했고, 헤이그의 사령부도 10월 13일에 최소한 원칙적으로는 승인했다. 11월 초, 패션데일 전투가 수포로 돌아가자 헤이그는 어떤 형태로든 이를 보충할 성공을 갈망했으며, 11월 10일에 빙의 강권에 따라 엘리스-튜더 계획에 동의했다.

공세는 최대한 이른 시일 안에 300대의 전차로 캉브레Cambrai에서 시작하기로 계획되었다. 전차 공격에 8개 사단이 뒤따르고 포 1,000문이 지원할 예정이었다. 포격 계획의 성격이 성공에 매우 중요했다. 통상 포격과 탄막은 모든 포열이 '표적 확인'을 마친 후에, 다시 말해서 탄착점을 관측하여 사격의 정확도를 확정한 후에 개시되었다. 이는 긴 시간이 걸리는 과정으로 늘 적에게 어떤 불길한 일이 닥칠지 경고했으며 위협받는 구역에 예비부대를 소집할 여유를 주었다. 튜더는 각 포의 탄착점과 표적 사이의 이격거리를 전기 장치로 계산하여 '표적을 확인'하는 방법을 고안했다. 편차를 넓은 격자지도에 수학적으로 정확하게 옮기면, 포대 사령관은 사전에 편차 조정과정을 거치지 않고도 표적을 타격할 수 있다고 확신할 수 있었다. 지금까지는 그 예

183. 1880~1945. 전차대의 첫 지휘관.—옮긴이

184. 1862~1935. 12대 캐나다 총독. 캐나다 군단 사령관과 영국군 제3군 사령관으로서 프랑스와 함께 갈리폴리에서 싸웠다.—옮긴이

185. 1871~1965. 2차 보어전쟁과 1차 세계대전에서 싸웠고, 종전 후 1920년에 아일랜드 행정부의 경찰 고문에 임명되어 아일랜드 독립전쟁(1920~1921)에서 사실상 경찰의 지휘자로 활동했다.—옮긴이

비과정 때문에 늘 공격이 누설되었다.[186]

1만 야드의 전선에 집결한 전차들이 조밀한 대형으로 진격하고 보병이 바짝 따라붙어 포로를 사로잡고 포를 노획하며 점령한 땅을 공고히 지킬 예정이었다. 전차는 철조망을 짓뭉개어 적진으로 들어가는 길을 확보하며—캉브레의 힌덴부르크 선은 앞뒤로 폭이 수백 야드에 달했다—동시에 적군 참호에 잔가지를 묶은 '나뭇단'을 떨어뜨려 다리로 쓸 수 있게 할 작정이었다. 독일군 참호선은 폭 7,000야드—약 4마일에 달한다—에 걸쳐 3줄로 연이었는데, 단 한 번의 진격으로 전체를 돌파할 생각이었다. 캉브레 전선은 오랫동안 조용했었기에 겨우 2개 사단이, 즉 제20국방대사단과 제54예비군사단이 고작 150문밖에 되지 않은 포의 지원을 받아 지키고 있었다.[187] 연합군 정보부는 제20국방대사단을 '4등급'으로 분류했다. 불운하게도, 더 나은 부대였던 제54예비군사단은 포병이었던 폰 발터von Walter 장군이 지휘했는데, 폰 발터는 독일군에서는 드물게 전차의 잠재력을 고려했던 자로 사수들에게 보호 진지 안에서 이동 표적을 타격하는 훈련을 시켰다.[188]

독일군이 전차를 보유하지 못했을 때에 발터가 전차 작전에 깊은 관심을 가진 일은 그 전투에 가장 큰 영향을 끼치게 된다. 공격 전선의 중앙을 차지한 보병부대인 제51하일랜드 사단의 지휘관 조지 하퍼George Harper[189] 장군 측에서 전차의 잠재력을 이해하지 못한 일도 마찬가지로 중요했다. 용감했지만 진부했던 하퍼는 전차를 좋아하지 않았고 하일랜드 병사들을 사랑했다. 하퍼는 전차 때문에 보병들이 독일군 포의 사격을 받으리라고 생각하게 되었고, 그래서 보병이 전차를 가깝게 뒤따라야 한다고 고집하는 대신 150야드에서 200야드 뒤처져 따르라고 명령했다.[190] 이렇게 해서 생겨난 양자 간의 분리는 전투의 결정적인 시점에서 공격하는 영국군에 파멸을 초래하게 된다.

시작은 아주 좋았다. 캉브레 구역을 수비하던 불운한 독일군 병사들은 11월 20일 오전 6시 20분에 쏟아졌던 폭풍 같은 포격과 보병을

186. M. Farndale, pp. 216~217

187. *251 Divisions*, p. 224

188. M. Farndale, p. 224

189. 1865~1922. 솜 강 전투와 아라스 전투, 캉브레 전투에서 제51하일랜드 사단장을 맡았으며 1918년 3월부터 전쟁이 끝날 때까지 제3군의 제4군단장을 지냈다.—옮긴이

190. T. Travers, p. 22

이끌고 천둥소리를 내며 전진하는 324대의 조밀한 전차 대열의 출현에 대비하지 못했다. 공격군은 4시간 만에 여러 곳에서 4마일 깊이로 전진했고 사상자는 거의 없었다. 제20경보병사단에서는 더럼Durham 경보병연대 2대대에서 4명, 14대대에서 7명이 전사했을 뿐이었다.[191]

차이는 중앙에 있었다. 수백 야드 간격을 두고 조심스럽게 전차를 뒤따랐던 제51하일랜드 사단은 독일군 세54예비군사단의 방어구역으로 진입했다. 폰 발터가 조련한 포병 사수들은 영국군 전차들이 보병의 지원을 받지 않은 채 플레스키에르Flesquières 마을[192] 근처의 산마루에 나타나자 사격을 가하여 1대씩 차례대로 파괴했다.[193] 순식간에 11대가 멈추었고, 5대는 쿠르트 크루거Kurt Kruger라는 독일군 중사 단 한 사람에게 파괴되었다. 쿠르거는 제51하일랜드 사단의 보병들이 마침내 전차를 따라잡았을 때 그 사단의 어느 병사에게 죽임을 당했다. 그러나 그때쯤이면 보병사단은 너무 늦어서 그날 도달하기로 정해진 목표지점에 닿을 수 없었고, 그 결과 캉브레 전선의 좌측과 우측에서는 독일군 진지 전체가 파괴되었던 반면 중앙에서는 영국군 쪽으로 돌출부가 튀어나와 빙 장군은 엘리스와 튜더의 혁명적인 계획으로 얻어야 했을 명쾌한 돌파를 확보하지 못했다.

잉글랜드에서는 승리의 종소리가 울렸다. 전쟁이 시작된 이래 처음이었다. 축하하기엔 너무 일렀다. 11월 20일 여명에 전차가 지난 자리를 쫓아 길을 찾으며 전투지역을 건너가던 빙의 기병대는 전차가 절단하지 못한 철조망에 막혀 되돌아왔다. 빙의 보병은 11월 21일 이후 며칠간 조금씩 전진했다. 그러다가 11월 30일에 독일군은 다시 한 번 가공할 반격의 힘을 보여주었다. 그 후 열흘간 공격이 쇄도했다. 그 지역을 담당한 사령관인 황태자 루프레흐트는 20개 사단을 모았으며, 오전의 공격으로 11월 20일 전차에 빼앗긴 땅을 대부분 되찾았을 뿐만 아니라 영국군이 전투 전에 지키고 있던 곳도 빼앗았다. 캉브레 전투는 독일군 전선을 깊숙이 파먹어야 했지만 '드로쿠르-케앙 스위치

191. M. Farndale, p. 223

192. 노르(Nord) 도의 도읍.—옮긴이

193. M. Farndale, p. 224

Drocourt-Quéant Switch' 선[194]을 따라 모호한 상황으로 끝났다. 꾸불꾸불한 이중 돌출부인 이 선은 영국군과 독일군에 상대방이 오랫동안 보유했던 땅의 일부를 내주었다. 이는 1917년 말 서부전선에서 불안정하게 유지된 힘의 균형을 적절하게 상징했다.

194. 파드칼레 도의 드로쿠르에서 케앙에 이르는 힌덴부르크 선. 지그프리트 선이 보탄 선 직전에서 굴곡을 이루는 부분이다.—옮긴이

10 장

미국과 아마겟돈

10 | 미국과 아마겟돈

해군장관 카펠레Capelle 제독은 1917년 1월 31일에 독일의회의 예산 위원회를 이렇게 안심시켰다. "그들은 오지 않을 것이다. 우리 잠수함에 침몰할 것이기 때문이다. 그러므로 미국은 군사적 관점에서는 아무런 의미도 없으며, 계속 그럴 것이고 또 그럴 것이다."[1] 미국이 연합군 편으로 참전하기 넉 달 전인 1917년 초에, 미국 육군은 현대화된 대규모 해군과는 반대로 실로 아무런 의미도 아니었는지 모른다. 10만 7,641명이라는 병력 규모는 세계에서 17번째였다.[2] 미국 육군은 51년 전 애퍼매턱스Appomattox의 휴전[3] 이후 대규모 작전을 수행한 경험이 없었으며, 중기관총MMG보다 더 무거운 현대적 중화기는 보유하지 못했다. 예비군인 주 방위군은 13만 2,000명으로 규모가 더 컸지만 48개 주의 개별적인 시간제 민병으로서 부유한 주의 경우에도 훈련이 부족했으며 연방의 감독도 극히 허술했다. 가장 우수한 미군은 해병대로 1만 5,500명이 미국의 해외 영토와 간섭지역에 흩어져 주둔했는데, 그중에는 미국이 1898년의 미서전쟁 이후 단속하기로 작심한 중앙아메리카의 몇몇 공화국도 포함되었다.

그러나 1917년 6월이면 미국원정군American Expeditionary Force 사령관 존 퍼싱John Pershing[4] 장군이 프랑스에 도착했으며 미국 독립기념일인 7월 4일에는 퍼싱 휘하 제1사단의 분대들이 파리에서 열병했다. 이후 몇 달 동안 80개 사단 병력—미군 사단은 프랑스군이나 영국군, 독일군의 사단보다 두 배로 컸으므로 거의 300만 명에 달했다—이 계속해서 도착할 예정이었다. 1918년 3월이면 31만 8,000명이 프랑스에 도착했고, 8월까지 130만 명의 선봉대가 배치되었으며, 대양을 건너 이동하는 동안 단 1명도 적군의 활동에 목숨을 잃지 않았다.[5]

큰 전쟁에서 증원군이 갑자기 더해져 어느 한 편의 운명이 바뀌는

1. M. Kitchen, *The Silent Dictatorship*, London, 1976, p. 123

2. M. E. S. Harries, *The Last Days of Innocence*, London, 1997, p. 89

3. 로버트 리 장군의 북버지니아군이 항복하고 사실상 남북전쟁을 끝낸 일련의 전투를 애퍼매턱스 전투라고 한다.—옮긴이

4. 1860~1948. 미군에서 조지 워싱턴을 제외하면 생전에 오성장군(General of the Armies)으로 진급한 유일한 인물이다.—옮긴이

5. M. E. S. Harries, p. 324

6. 1757~1834. 미국 독립전쟁 때 조지 워싱턴 밑에서 식민지군(Continental Army)에서 싸웠으며 프랑스혁명 때 국민방위대(Garde Nationale)의 지휘관이었다.—옮긴이

경우가 드물게 있었다. 1813년에 나폴레옹의 적군에 그런 일이 있었다. 나폴레옹의 모스크바 원정 실패로 러시아군이 영국과 오스트리아 편에 합세했던 것이다. 남부연합에 맞섰던 합중국 군대의 운명도 1863년에 바뀌었다. 징병제의 채택으로 수백만 명의 북부군이 수십만 명의 남부군에 대적하는 상황이 벌어졌던 것이다. 1941년에는 고립된 영국군과 거의 패배 직전이었던 러시아군의 운명이 바뀌게 된다. 히틀러가 절제하지 못하고 미국에 전쟁을 선포하여 세계 최강국 군대를 일본제국뿐만 아니라 나치 독일의 군대에도 맞서게 했기 때문이다. 1918년에 미국 대통령 윌슨은 독일과 그 동맹국들에 전쟁을 선포하기로 결정했고, 이것은 연합군에 병력의 증강을 가져왔다. "그들은 오지 않을 것이다"라는 카펠레의 말은 여섯 달 만에 "라파예트Lafayette,[6] 내가 왔다"라는 미국의 신파조 발언에 밀려났다.

미국은 참전을 원하지 않았다. 대통령 우드로 윌슨이 말했듯이, 미국은 "싸우기에는 긍지가 매우 높았다." 그리고 루시타니아 호의 침몰과 미국인 승객의 익사부터 멕시코에서 견제 전쟁을 도발하려던 독일의 기도까지 일련의 외교적 모욕을 견뎌냈다. 도발에 물리적 수단으로 대응하지 않았던 것이다. 그러나 전쟁에 돌입하자마자 미국의 엄청난 산업 생산 능력과 인적 조직 능력은 나라의 에너지를 몽땅 빨아들였다. 처음에는 지역의 민간 모병위원회가 주관하여 군대를 모아 프랑스로 파견하기로 결정되었다. 1917년에서 1918년까지 2,400만 명 이상이 등록했고, 최고 적임자로 판단되는 자들, 다시 말해서 부양가족이 없는 젊은 미혼남성들이 281만 명의 첫 번째 징집병으로 모였다. 이들은 기존 정규군 병적에 올라 있는 주 방위군과 해병대와 더불어 전쟁이 끝날 때까지 거의 400만 명에 달하는 미국 지상군 병력을 구성했다.

이미 많은 미국인들이 싸우고 있었다. 일부는 개인 자격으로 영국군이나 캐나다군에 합류했고, 나머지는 프랑스의 외인군단Légion étrangère[7]에 입대했다. 많은 미국인 비행사들이 이미 프랑스 공군으로 복무하고 있었다. 이들이 구성한 라파예트 편대Escadrille de Lafayette[8]는 서부전선에서 활약한 주요 공중전 부대의 하나였다. 라파예트 편대의 노련한 조종사들은 대서양을 건너간 미국원정군 항공대에 값진 경험을 전해주게 된다. 미국인 비행사들은 비록 외국의 장비를 채택할 수밖에 없었지만—미국의 산업은 원정군에 전차나 포, 항공기를 공급하지 못했다. 그래서 원정군은 대체로 프랑스로부터 장비(야포 3,100문, 곡사포 1,200문, 항공기 4,800대)를 얻었다—곧 뛰어난 솜씨와 공격력으로 명성을 얻었다. 미국의 최고 격추왕인 에디 리켄배커Eddie Rickenbacker[9]는 고국에서는 물론 프랑스에서도 영웅이었다.

미국의 동원에 숨은 맹점은 기꺼이 복무하려는 흑인들에 대한 당국의 대응에 있었다. 20세기 초 블랙 아메리카의 가장 중요한 옹호자라고 할 수 있는 W. E. B. 두보이즈DuBois[10]는 이렇게 주장했다. "이 나라가 우리나라라면 이 전쟁은 우리의 전쟁이다." 화이트 아메리카, 특히 백인 군부는 여전히 흑인에게는 군인다운 기질이 부족하며 흑인은 노무나 비전투업무에만 적합하다고 믿었다. 흑인으로 구성된 4개의 정규 보병연대와 기병연대인 '버팔로 부대Buffalo Soldiers'[11]가 변경에서 아메리카 원주민과 싸울 때 늘 훌륭하게 임무를 수행했고 남북전쟁에서도 흑인 연대들이 불굴의 의지로 싸웠는데도 인식은 변하지 않았다. 마지못해 흑인으로 제92사단을 창설했다. 흑인 장교도 일부 존재했으나 아무도 중대장 이상의 고위직에 오르지 못했으며 하급부대만 지휘했다. 제92사단은 전투에서 활약을 보이지 못했다. 실패는 부대에서 인종적 무능력 탓으로—"어설픈 니그로. 너무나 열등하여 가망이 없다"—여겨졌다. 미국의 어떤 직업군인 장교도 프랑스가 이미 흑인 분견대인 세네갈 저격병부대에 의존했다는 사실에 주목하지 못한 듯하다. 세네갈 저격병부대는 1917년 후반기에 본토 출신 백인 프랑스 병사들이 적어도 잠시 동안 잃어버렸던 전투 능력을 보여주었

7. 1831년에 창설된 프랑스군의 부대. 1830년 7월혁명 이후 외국인의 입대가 금지되어 외국인 자원병을 대상으로 설립되었다. 이후 프랑스의 모든 전쟁에 참여했다.—옮긴이

8. 주로 미국인 자원병 조종사들로 구성된 프랑스 항공대(Aéronautique militaire)의 편대. 미국이 참전하기 전인 1916년 4월에 미국 편대(Escadrille américaine)로 출발했다.—옮긴이

9. 1890~1973. 1916년에 영국으로 여행을 왔다가 미국이 참전을 선언하자마자 미군에 입대하여 프랑스에서 훈련을 받았고 정비장교가 되었다가 비행을 배웠다. 독일어권 스위스 이민자의 가정에서 Rickenbacher로 태어났으나 1차 세계대전 중에 이름에서 독일(Hun)을 뺀다는 의미로 h를 k로 바꾸었다고 한다.—옮긴이

10. 1868~1963. 미국의 민권운동가, 저술가.—옮긴이

11. 아메리카 원주민이 자신들과 싸웠던 아프로-아메리칸의 제10기병연대에 붙였던 이름이었는데, 점차 의미가 확대되어 제9기병연대와 10기병연대, 24보병연대와 25보병연대, 27기병연대와 28기병연대까지 포괄하게 되었다. 제24보병연대는 한국전쟁에도 참전했다.—옮긴이

12. 미군 보병을 가리키는 속어로 1차 세계대전에서 널리 알려졌다. 정확한 기원은 확인되지 않으나 1846년에서 1848년까지 지속된 멕시코-미국 전쟁의 설명에서 처음 등장한다. 미군이 북부 멕시코의 건조한 지대를 행군하며 늘 먼지를 뒤집어쓰고 있어 마치 굽지 않은 빵(dough)처럼 보여 그런 이름을 얻었다는 얘기가 있다.—옮긴이

다. 미국원정군의 인종적으로 거만한 미국인 장교들은 미국이 20세기 후반에 벌인 전쟁에서 흑인 전투부대가 거둔 뛰어난 성취를 예상하지 못한 것을 용서받을 수 있을지 모른다. 그렇지만 1918년에 미군의 흑인 부대가 보여준 초라한 성과는 자기충족적 예언의 고전적 특징을 보인다. 기대가 없었으니, 성과도 없었다.

영국군이든 프랑스군이든 연합군의 보통 병사는 순전히 국내적인 관심사로 밝혀진 인종적 문제는 알지 못했다. 1914년에서 1917년까지 공격하고 방어하다가 호되게 당한 군대에 도우보이doughboy[12]—전쟁 마지막 해에 징집된 미국 병사들을 일반적으로 그렇게 불렀다—의 출현은 새로운 희망일 뿐이었다. 미군 개개인의 인기는 도처에서 두드러졌다. 미군은 낙천적이었고 쾌활했으며 열정을 지녔고 어려움을 무릅썼다. 도우보이의 태도는 이랬다. "우리는 곧 이 문제를 해결할 것이다." 프랑스군과 영국군의 전문가들은 미국원정군의 군사 기술 숙련도, 특히 포 사격 방법과 군간 협력이 부족한 데 놀라 미군은 보충

⬇ 프랑스의 75밀리 야포, 앞차와 이동 중인 포대원

병이나 하급부대에나 어울린다는 취지의 발언을 유포시켰다. 퍼싱은 미군이 스스로 지휘하는 미국연합부대는 자국의 참전에 정당성을 부여하는 유일한 힘이라고 역설하면서 이런 판단을 조금도 받아들이지 않았다. 퍼싱이 고수한 원칙은 미국원정군이 승리에 기여함으로써 정당성을 입증하게 된다.

미국 독립전쟁이 위기에 처했던 1781년에 식민지인들을 돕기 위해 라파예트 원정대가 도착하자 아메리카의 적 영국은 변화된 힘에 맞서야 했고 이에 대적할 수 없었다. 1917년 미군의 도착은 그렇게 변경할 수 없는 불균형을 낳지 못했다. 그해 말, 독일군도 1915년과 1916년 내내 동맹국인 오스트리아를 지원해야 할 필요성과 베르됭과 솜강에서 입은 손실과 또 1916년에 러시아군이 예기치 않게 회복된 일 때문에 과도한 압박을 받기는 했지만 마찬가지로 고비를 넘겼다. 러시아의 정치적 붕괴로 동부전선에서 50개 보병사단을 아껴 서부전선으로 보내 전쟁을 승리로 이끌 마지막 공세를 시도할 수 있었던 것이다. 이 독일군은 평범한 사단들이 아니었다. 1917년 말에 러시아의 군사력은 완전히 붕괴되었으므로 독일군 최고사령부는 동부전선에 질

영국군 비커즈 기관총 사수

서를 유지하고 점령지역의 생산물을 모으는 데 필요한 병력만 남겨 놓을 수 있었다. 이는 주로 복무 적령기를 넘긴 자들의 국방대와 기간 기병대로 구성되었다. 케렌스키 군대의 운명을 결정한 돌격부대—근위사단과 근위예비군사단, 전쟁 이전 정규군인 프로이센 사단들과 북독일 사단들—는 그해 겨울 성공리에 전투에서 이탈하여 철도 편으로 서부로 향했고 기왕에 서부전선에 있던 병력에 합류하여 60개의 대규모 공격 사단을 구성했다.[13]

서부전선에서 오랫동안 방어 전략을 유지할 수밖에 없었던 독일군 최고사령부는 공격부대를 이용할 방법을 완벽하게 마련하기 위해 매우 신중히 준비했다. 이 부대는 독일군이 끌어 모을 수 있는 마지막 예비부대였다.[14] 독일군에 전차가 없다는 사실은 중대한 결점이었다. 볼품없는 원형을 개발하고 있었고 1917년에 노획한 영국 전차를 억지로 써보았지만, 영국군과 프랑스군이 이미 보여주었던 전차의 집결은 가능하지 않았다. 힌덴부르크와 루덴도르프는 전차가 없는 상황에서 러시아 전역의 마지막 단계에서 실행했던 포대 전술과 보병 전술의 개선에 의존하여 독일군의 기술적 약점을 메우고자 했다. 보병은 불필요한 부분을 모두 제거한 다수의 기관총(08/15)[15]으로 재무장했다. 이는 영국군과 프랑스군의 경기관총 루이스Lewis gun[16]와 쇼샤Chauchat[17]에 완전하게 대등하지는 않아도 대충은 어울리는 것이었다. 그리고 보병은 전선에서 가로막혔을 경우 전투를 중단하기보다는 저지선의 중심을 우회하여 적진을 '침투'하는 훈련을 받았다. 이러한 전술은 독일군이 훗날 전쟁의 기계화부대 작전에서 성공리에 적용했던 전격전blitzkrieg[18]을 예견하게 한다. 이에 더하여 각 공격 사단은 수류탄과 카빈총으로 경무장한 특별 '습격' 대대를 구성하라는 명령을 받았다. 이들은 튼튼한 방어선에 좁고 긴 구멍을 뚫어 적진을 고립된 부분들로 쪼개는 임무를 맡았다. 좀 더 늦은 속도로 뒤따르는 일반 보병들이 방어선을 쉽게 극복할 수 있도록 하기 위한 조치였다.

13. *251 Divisions*, p. 97

14. M. Middlebrook, *The Kaiser's Battle*, London, 1978, pp. 380~384

15. Maxim Machinenegewehr 08/15. 미국인 발명가 하이럼 맥심이 개발한 제품의 개선 모델. 1892년에 독일 회사 루트비히 로베(Ludwig Lowe&Co.)가 제조권을 매입하여 1899년부터 독일군에 제품을 공급했다. 가장 일반적인 형태는 맥심08과 맥심08/15로 후자는 전자를 더 조작하기 쉽게 개량한 것이다.—옮긴이

16. 영국군이 주로 사용한 분대용 기관총. 초기 전차 마크4에도 쓰였고 항공기에도 탑재되었다. 관 모양의 방열판이 총열을 둘러싸고 납작한 냄비 모양의 탄창이 위에 붙어 있어 쉽게 알아볼 수 있다.—옮긴이

17. 주로 프랑스군이 사용했으나 1차 세계대전 이후 미군 등 다른 나라 군대도 이용했다. 20파운드의 무게로 들고 다니면서도 사격할 수 있었다.—옮긴이

18. 초기 포격 이후 기동부대로 신속하게 공격하여 적이 방어할 수 없도록 만드는 작전. 독일 국방군이 2차 세계대전 개전 초에 이용했다.—옮긴이

그러나 독일군의 공격 계획이 강조한 것은 속도였다. 니벨은 앞선 해에 비현실적이게도 슈맹데담의 독일군 진지를 몇 시간 만에 점령하기를 희망했었다. 니벨에게는 희망을 현실로 바꿀 훈련된 부대와 포가 부족했다. 지금 루덴도르프에게는 필요한 부대와 포, 그리고 현실적인 계획이 있었다. 50마일의 넓은 전선에서 깊숙이 적을 공격할 계획이었다. 공격의 전진 거리는, 비록 다섯 시간이라는 짧은 시간이지만, 단거리, 중거리, 장거리로 나누어 모든 것을 짓뭉개버릴 듯이 최대한 맹렬하게 포격을 집중하여 달성할 작정이었다. 루덴도르프의 포대는 중구경포와 중포를 합쳐 6,473문의 야포와 다양한 구경의 박격포 3,532문, 그리고 포탄 100만 발을 보유했다.[19] 모든 포—상당수는 동부전선에서 가져온 것이다—는 특별히 건설한 사격장에서 이론상의 기준에서 벗어나는 편차의 자료를 만들어 사전에 '표적 확인'을 마쳤다. 이러한 기준에 기압과 풍속, 풍향의 기상학적 오차를 적용하면, 인력만 뒷받침된다면, 적군의 참호선이든 포 진지든 모든 표적을 명중시킬 수 있었다. 포탄과 최루가스와 질식 포스겐 등 다양한 가스 발사체를 뒤섞어 쏠 작정이었다. 적군 방독면의 보호를 무력하게 만들기 위해 생각해낸 조합이었다. 최루가스를 쏘면 적군 보병이 반사작용으로 방독면을 벗을 것이고 그때 포스겐으로 무력하게 만들 계산이었다.

독일군은 이 모든 조치들의 조합을 1917년 9월 리가에서 러시아군을 마지막으로 공격할 때 시험했었다. 그때 독일군 포대는 러시아 전선에 오차 조정을 위한 예비사격 없이 포격을 가했고 돌파의 조건을 만들어냈다.[20] 루덴도르프 포대의 최고지휘관인 브루흐뮐러는 전선 뒤에서 미리 표적 확인을 마친 후, 다시 말해서 공격을 개시하는 순간까지 표적 확인을 위한 예비포격으로 위치를 노출시키지 않고 포격을 가하면 보병 공격으로 승리를 얻을 수 있는 환경을 조성할 수 있음을 만족스럽게 증명했다.[21]

1917년 11월 11일 몽스에서, 이듬해에 서부전선에서 과감한 공세를

19. M. Middlebrook, *Kaiser*, p. 52

20. M. Middlebrook, *Kaiser*, p. 53

21. C. Falls, *The Great War*, London, 1959, p. 285

올리겠다고 결정하면서 힌덴부르크는 브루흐뮐러가 증명한 실험을 염두에 두고 있었다.[22] 결과에 건 기대는 원대한 것이었다. 루덴도르프는 1918년 1월 7일 힌덴부르크에게 보낸 편지에서 최고사령부의 바람을 이렇게 표현했다. "새로 제안된 공격은 …… 우리가 바라는 결정적인 성공으로 이어져야 한다. …… 우리는 [그렇게 되면] 서방 강국들과 강화협상을 할 때 우리 국경과 경제적 이익, 전쟁 이후 국제적 지위의 안전에 필요한 조건을 제시할 수 있을 것이다."[23] 최종적으로 승리하면 서쪽에서 보상이 있을 것이었다. 특히 벨기에의 공업 경제를 통제할 것이며 프랑스의 석탄과 철이 매장되어 있는 롱위-브리Longwy-Briey를 독일의 루르 공업지대에 통합할 수 있게 될 터였다.[24] 벨기에의 플란데런 지역은 전통적으로 프랑스어권의 왈론지역에 적대적이었으므로 독일의 사주에 넘어갈 수 있었다. 1917년 2월, 브뤼셀에서 독일 군사정부의 후원을 받아 플란데런 평의회가 설립되었고 이후 몇 달 동안 독일의 후원을 받아 자치에 관하여 협상했다. 그러나 플란데런 사람들이 자치에 건 기대는 독일이 양보할 생각이 없는 것들이었다. 플란데런은 민주주의와 진정한 독립을 원했지만, 독일은 복종을 원했다. 그러므로 1918년에 독일의 대외 정책은 벨기에에 관해서는 범튜턴 정서를 지녔으나 그 정서가 국권을 양도할 정도로 강하지는 않았던 한 국민의 완강한 자유주의 때문에 실패했다.[25]

22. F. Fischer, *Germany's Aims in the First World War*, N.Y., 1967, p. 609

23. F. Fischer, p.610

24. M. Kitchen, p. 248

25. F. Fischer, p. 450

동부전선에서 계속된 전쟁

독일은 서부전선에서 개시할 공세 준비에 군사적으로 심히 몰두해 있었지만, 미래에 대한 정치적 염려는 여전히 동부에 집중되어 있었다. 동쪽에서 민족 정서는 확신이 부족했고 독립적인 정체성도 더 약했다. 독일은 옛 러시아제국의 지배에서 이제 막 벗어난 민족들에 종속적 관계를 강요할 수 있는 좋은 기회가 왔다고 판단했는데 이는 옳았다. 리투아니아와 라트비아, 에스토니아의 발트지역 민족들은 수백

년 동안 독일어권 지역과 결합되어 있다는 의식을 보유했고, 지주계급의 대부분은 독일인 혈통이었다. 핀란드는 차르 제국에서 어느 정도 자율권을 누렸지만 완전한 독립을 원했으며 독일의 지원을 수용할 준비도 되어 있었다. 레닌의 초기 정책은 러시아인이 아닌 민족들에게 원한다면 분리를 허용하는 동시에 남아 있는 러시아 병사들로 각 지역의 좌파를 지원하여 친소비에트 혁명을 실행하도록 조장하는 것이었다. 1916~1917년의 성공적인 공격 결과로 이미 독일군이 점령한 발트지역에서는 혁명이 신속히 진압되었으며 절반쯤 독립적인 친독일 정권들이 설립되었다. 완전한 주권을 획득하려 했던 리투아니아는 저항했지만 실패했다.[26] 옛 차르시대의 헌법기관인 의회에서 좌파와 우파가 매우 균등하게 권력을 나눈 핀란드에서는 독일과 어떤 관계를 설정할 것인가라는 문제를 두고 내란이 발생했다. 우파는 유럽의 분쟁이 계속되는 동안 늘 독일 편이었으며, 핀란드인으로만 구성된 자원병부대인 제27추격병대대는 1916년부터 발트 전선에서 독일군 편에서 싸웠다. 1917년 12월에 독립이 선포된 뒤 우파가 독일과 동맹할 채비를 갖추자 좌파는 노동자 의용대를 구성했다. 1918년 1월, 전투가 발발했고 좌파는 수도인 헬싱키를 장악하고 우파는 북부 주들로 물러갔다. 독일은 소총 7만 정, 기관총 150정, 야포 12문을 보냈다. 전부 러시아군의 무기였다. 러시아에서 우파 군대를 이끌 지휘관도 도착했다. 발트지역의 귀족으로 차르 군대의 장교였던 구스타프 만너하임Gustav Mannerheim[27]은 굉장한 군사적 능력을 소유한 자였다.

만너하임은 차르의 기병연대 중에서 가장 큰 근위기병연대로 임관했고, 브루실로프 밑에서 모범기병대대Model Cavalry Squadron에서 근무했다. 만너하임의 경력은 그의 뛰어난 자질을 입증한다. 전쟁이 발발하여 제6기병군단의 지휘를 맡게 된 만너하임은 케렌스키 공세가 실패로 돌아간 후 나머지 차르 군대가 해체되던 중에도 자신의 부대를 보존하는 데 성공했다.[28] 그러나 10월혁명 후 그는 모국에 충성을 바치

26. F. Fischer, pp. 460~469

27. 1867~1951. 차르 제국의 일부로 1809년부터 1917년까지 존속했던 핀란드 대공국에서 출생했다. 1944년부터 1946년까지 핀란드의 제6대 대통령을 역임한다.—옮긴이

28. R. Luckett, *The White Generals*, N.Y., 1971, pp. 126~130

기로 결심하고는 핀란드로 가서 반볼셰비키 군대의 총사령관 직을 차지했다. 페트로그라드의 볼셰비키는 독일의 압력을 받아 1917년 12월 31일에 핀란드의 독립을 승인했다. 그러나 나흘 뒤 스탈린은 페트로그라드 소비에트를 설득하여 독립을 인정하는 조건을 바꾸도록 했으며 핀란드 사회주의자들이 '사회주의 권력'을 수립하는 데 도움을 제공했다. 그 토대는 아직 본국으로 돌아가지 않은 러시아군 부대와 핀란드 적위대Punakaarti의 형태로 이미 핀란드 땅에 존재했다. 만너하임이 오스트로보트니아Ostrobothnia[29]의 서쪽 지역에 있는 기지를 강화하는 동안, 좌파는 공업 도시들을 차지했다.

1918년 1월과 2월 중에 양측은 공세를 준비했다. 적위대 병력은 약 9만 명이었고 만너하임은 겨우 4만 명을 쓸 수 있었다.[30] 그러나 만너하임의 부대는 직업군인 장교들의 지휘를 받았고 제27경보병대대의 간부진으로 보강되었다. 적위대에는 교육받은 지휘부가 없었다. 게다가 독일이 폰 데어 골츠von der Goltz[31] 장군의 발트 사단Ostsee-Division을 포함한 경험 많은 원정군을 파견하여 핀란드를 지원하려고 준비하는 동안, 레닌은 혁명의 중심지인 페트로그라드의 인접지역에 독일군의 상륙을 도발할 수 있는 조처에 점점 더 과민해졌다. 레닌이 쓸 수 있는 페트로그라드의 군사력은 조직적인 외국 원정군을 격퇴하기는커녕 적으로부터 볼셰비키 지도부를 보호하기에도 급급했다. 러시아와 독일 사이의 전쟁을 공식적으로 끝낸 브레스트-리톱스크 조약이 체결된 이후, 소비에트 정권은 계속해서 핀란드 적위대를 은밀히 지원했지만 사실상 핀란드에 남은 부대를 철수시키기 시작했다.

만너하임은 진격할 기회를 잡았다. 핀란드 민족주의자들의 지도자인 스빈후부드Svinhufvud[32]는 만너하임의 눈에는 지나친 친독일 인사로서 안위를 위해 핀란드를 제국의 경제적이고 정치적인 속국으로 만들려는 독일의 계획을 묵인할 준비가 되어 있었던 반면, 만너하임은 얼마 후 천명하게 되듯이 "다른 제국의 일부가 아니라 …… 위대하고

29. 보트니아 만 동쪽의 핀란드 중심부.—옮긴이

30. R. Luckett, p. 142

31. 1865~1946. 핀란드 내전 때 발트 사단을 지휘했고 전후에는 한동안 연합군 통제위원회의 요구에 따라 붉은군대에 맞서 발트 지역을 보호하기 위해 남은 독일군 부대인 발트 방위대(Baltische Landeswehr)의 사령관을 지냈다.—옮긴이

32. 1861~1944. 공산주의에 반대한 핀란드 대공국의 보수 정치인. 핀란드 독립선언을 주도한 인물로 상원의장과 통치자로서 독립 초기 핀란드를 이끌었다. 1931년에서 1937년까지 대통령을 지냈다.—옮긴이

자유로운 독립국 핀란드"를 원했다.[33] 3월 초, 만너하임이 통제한 오스트로보트니아 지역에 대한 적위대의 공세는 점차 소멸했고 만너하임은 공세로 전환했다. 만너하임의 적은 수도를 장악했지만 배후에서 다른 민족주의 군대에 위협을 받았다. 이 군대는 적위대의 통신선이 페트로그라드로 이어지는 발트 해와 라도가 호수 사이의 카렐리아 지협에서 활동했다. 만너하임의 계획은 그 통신선을 절단하는 동시에 양쪽에서 적위대를 압박하는 집중 공격이었다.

만너하임이 자신의 계획을 성취하기 전에, 결빙 때문에 발트 해 남부 해안에 붙들려 있었던 폰 데어 골츠의 발트 사단이 과거 차르 해군의 전진기지였던 항코Hanko 항구[34]에 나타나 헬싱키로 진격했다. 발트 사단은 4월 13일에 헬싱키에 진입했다. 그러나 4월 6일 만너하임은 남부에 있는 적위대의 주요 거점 탐페레Tampere를 점령했다. 이 승리 덕에 만너하임은 병력을 남동쪽으로 돌려 카렐리아로 향할 수 있었다. 만너하임이 접근하자 남은 적위대는 성급히 퇴각하여 국경 너머 러시아로 들어갔고, 5월 2일에 만너하임 부대에 맞선 저항은 전부 종료되었다. 핀란드는 자유로워졌다. 외국의 제국주의와 이를 뒤이은 외국의 이데올로기에서 해방되었다. 그러나 핀란드는 아직 독립하지 못했다. 독일이 지원과 개입의 대가를 많이 뽑아냈기 때문이다. 3월 2일에 두 나라 사이에 체결된 조약으로 독일은 핀란드에 대해 자유무역의 권리를 보유했지만 핀란드는 그렇지 못했으며, 핀란드는 독일의 동의 없이 외국과 동맹을 맺을 수 없었다.[35] 스빈후부드 정부는 외교와 경제에서 피보호자의 지위를 수용하기로 동의했으며, 나아가 독일이 일신된 사회혁명의 위협이나 러시아의 공격을 확실하게 막아주기만 한다면 독일의 황태자를 회복된 대공국의 통치자로 받아들일 수 있었다.[36] 만너하임은 이에 동의하지 않았다. 만너하임은 열렬한 민족주의자였고 자신의 군대가 거둔 승리에 정당한 자부심을 가졌기에 어떤 외세에도 굴복하지 않겠다는 결의를 더욱 강하게 다졌다.

33. G. Mannerheim, *Memoirs*, N.Y., 1953, p. 176

34. 핀란드 남쪽 해안의 항구도시. 헬싱키 서쪽 130킬로미터 지점에 있다. 스웨덴어로 항외(Hangö)다.—옮긴이

35. M. Kitchen, p. 220

36. F. Fischer, p. 515

37. E. Mawdsley, *The Russian Civil War*, N.Y., 1989, p. 27

38. E. Mawdsley, pp. 286~287

게다가 만너하임은 독일이 대전에서 승리할 수 없다고 확신했으므로 핀란드를 독일의 전략적 이익에 연결시키는 정책을 모조리 거부했다. 5월 30일 만너하임은 사임하고 스웨덴으로 칩거했고, 전쟁이 끝난 후에야 돌아와 명예롭게 자국과 승전국들 사이의 의견 차이를 해결하기 위한 협상에 나섰다.

핀란드는 비록 독일과 동맹을 맺어 명예가 손상되었지만 러시아의 몰락에 뒤이은 혼란에서 신속하고도 비교적 고통 없이 탈출했다. 전쟁의 총 사상자는 3만 명에 달했고, 이 수치가 300만 명의 인구를 생각하면 적은 것이 아니었지만 러시아 전역에서 확산되기 시작한 내전의 끔찍한 사상자에 비하면 절대적으로는 물론 상대적으로도 무의미하다.[37] 러시아의 내전은 1921년까지 지속되어 직간접적으로 최소한 700만 명에서 1,000만 명의 목숨을 앗아갔다. 1914년에서 1917년 사이의 전투에서 죽은 사람의 다섯 배였다.[38]

볼셰비키가 혁명 초 몇 달 동안 얻었던 우세를, 말하자면 외교의 실수로써 혁명적 충격이 아래로부터 '자본주의' 국가들을 붕괴시키리라고 비현실적으로 확신함으로써 잃지 않았더라면, 러시아의 내전은 발생할 필요가 없었다. 1917년 11월에서 1918년 3월 사이에 볼셰비키는 옛 차르 제국을 구성했던 75개 주와 지역 대부분에서 위대한 국내의 승리를 얻었다. 이른바 '철도echelonaia' 전쟁 동안, 엄선된 무장혁명가 집단들이 페트로그라드에서 제국의 철도망을 타고 산개하여 러시아 도읍의 공식 행정기구를 대체한 900개의 소비에트와 연락했으며 10월혁명에 반대한 저항 집단들을 제압했다. 러시아의 철도는 이 짧았지만 눈부셨던 혁명의 삽화 중에 레닌에게 유용했다. 1914년에 독일 철도는 몰트케에게 이처럼 유용하지 못했었다. 제때에 요충지에 결정적인 공격이 가해졌고, 일련의 중대한 국지적 성공들이 더해져 결국 혁명을 승리로 이끌었다.

그때, 러시아를 장악한 볼셰비키는 자신들의 승리를 확증할 평화협정의 조건을 두고 독일에 명확한 태도를 취하지 못했다. 브레스트-리톱스크 조약은 가혹한 강화조약이었다. 조약에 따르면 볼셰비키는 러시아령 폴란드와 대부분의 발트지역이 더는 러시아의 일부가 아니며 핀란드와 트랜스코카시아Transcaucasia[39]에서 러시아군이 철수해야 하고 독립을 선언한 우크라이나 민족주의자들과 강화조약을 체결해야 한다는 점을 수용해야 했다.[40] 러시아는 이미 폴란드와 발트지역을 빼앗겼고 핀란드는 만너하임의 민족주의자들에 무너지기 직전이었으며 우크라이나와 트랜스코카시아의 볼셰비키 권력은 어디서나 허약했고 곳에 따라서는 존재하지도 않았으므로, 브레스트-리톱스크 조약의 가혹함은 실제에서보다는 문구 속에 있었다. 볼셰비키는 독일의 운명이 악화되고 자신들의 운명이 나아지면 분리된 영토를 되찾을 수 있다는 생각으로 객관적인 상황에 해가 되지 않도록 조약에 서명했을 수도 있다. 그러나 볼셰비키는 자신들이 조국에서 현실로 만든 세계혁명의 위협이 모든 '제국주의' 국가들을 겁주었으며, 독일더러 멋대로 해보라고 도전함으로써 자신들이 독일의 노동자를 자극하여 주인에 반기를 들고 볼셰비키의 대의에 연대하게 했다는 환상에 사로잡혀 있었다.

볼셰비키의 환상은 1918년 1월 28일에 독일에서 발생한 파업의 물결이 키웠다. 100만 명의 산업노동자가 참여한 파업의 지도자들은 볼셰비키의 핵심 정책인 '무병합 강화'를 요구했고, 일부 도읍에는 노동자위원회가 설립되었다.[41] 그러나 파업은 신속히 진압되었다. 게다가 파업은 혁명적 열정 때문이 아니라 1917년에 프랑스에서 발생한 파업과 마찬가지로 전쟁과 전쟁이 가져온 물질적이고 심리적인 고초 때문에 일어났다. 어쨌거나 파업이 볼셰비키 지도부에 가져온 영향은 파괴적이었다. 레닌은 늘 그랬듯이 냉정하게 신중을 기할 것을 촉구하고 요컨대 독일의 조건을 수용하여 번 시간을 대내외의 적들에 맞서 혁명의 힘을 강화하는 데 써야 한다고 주장했던 반면, 이제 외무인민

39. 남부 캅카스. 트랜스코카서스(Transcaucasus), 사우스 코카서스(South Caucasus)라고도 한다. 러시아어로는 자캅카지예(Zakavkazie)다.—옮긴이

40. R. Pipes, *Revolution*, p. 581

41. R. Pipes, *Revolution*, p. 581

위원이 된 트로츠키는 낭만적인 이데올로기적 충동에 굴복했고 볼셰비키 중앙위원회의 다수로부터 지지를 끌어냈다. 독일에 하고 싶은 대로 해보라고 도전하려면, 다시 말해서 제국주의자들의 머리 위에 세계혁명의 진노를 퍼부을 최악의 행태를 마음껏 부려보라고 하려면, "전쟁도 평화도 없어야" 했다.[42] 러시아는 서명하지도 싸우지도 않을 작정이었다. 혁명의 적들을 정신적으로 당황하게 만들 것을 기대하며 물리력을 포기한다는 기이한 결정에서, 1월 29일에 러시아 군대의 전면적인 해산이 진지하게 선포되었다.[43] 브레스트-리톱스크에서 트로츠키는 추가로 열흘을 더 얼버무리며 버텼다. 그렇게 하고 난 뒤 2월 9일에 독일은 우크라이나와 단독으로 강화하는 동시에 볼셰비키에 다음날까지 조약에 서명하든가 아니면 지난해 12월에 이루어진 휴전의 종결과 브레스트-리톱스크에서 옛 러시아로부터 분리되기로 정해진 영토를 독일군과 오스트리아와 터키 분견대가 점령하는 것을 받아들이라는 최후통첩을 보냈다.

이후 열하루 동안 독일군은 최후통첩의 이른바 '표시된 선'까지 밀고 들어갔다.[44] 일격Faustschlag 작전에 의해 볼셰비키 군대는 백러시아(벨라루스)와 서부 우크라이나, 크림, 공업지대인 도네츠Donetz 분지에서, 그리고 결국 5월 8일에 돈 강에서 궤멸했다. 두 달이 채 못 되어 13만 평방마일의 영토를, 러시아 최상의 농지와 많은 원료, 공업의 대부분을 포함하는 프랑스만 한 영토를 적군에 빼앗겼다. 탄넨베르크 전투 때 힌덴부르크 밑에서 참모장으로 복무했던 막스 호프만 장군은 이렇게 썼다. "내가 경험한 전쟁 중에서 가장 우스운 전쟁이다. 우리는 열차에 기관총으로 무장한 소수의 보병을 태우고 포 1문을 장착한 채 다음 역으로 급히 보냈다. 병사들은 다음 역을 장악하고 볼셰비키들을 포로로 잡으며 약간의 병력을 더 태우는 등의 일을 한다. 어쨌든 이 과정에는 색다른 매력이 있다." 이는 슐리펜이 꿈꿨지만 전쟁이 시작된 이래로 어느 독일군 부대도 달성하지 못한 전격적인 승리

42. R. Pipes, *Revolution*, p. 584

43. E. Mawdsley, p. 34

44. R. Pipes, *Revolution*, p. 584

로서, 새로운 경험이었다.

경험에 비추어볼 때, 전격적인 승리는 보통 승자에게 불운한 결말을 가져왔다. 천둥작전Operation Thunderbolt은 중대한 결과를 가져왔지만, 불운은 독일군이 아니라 패배한 볼셰비키가 겪음으로써 러시아 혁명이 야기한 여러 가지 불공평한 일을 한 가지 더했을 따름이었다. 패배는 3중의 결과를 낳았다. 첫째, 많은 소수민족들이 페트로그라드의 통제를 벗어던지고 자체의 정부를 수립할 기회를 잡았다. 둘째, 볼셰비키가 독일의 침입을 저지하는 데 실패하고 뒤이어 적이 불러준 대로 평화협정에 조급하게 서명함으로써, 독일 점령군을 계속해서 군사적으로 위협하려는 의도에서 러시아 땅에 시험 삼아 군대를 주둔시킨 서방 연합국들의 결의는, 프랑스와 영국은 물론 미국과 일본의 결의까지도 더욱 강해졌다. 마지막으로, 볼셰비키 군대의 붕괴는 그 자체로 러시아 내부의 혁명 반대 세력에 반혁명을 실행할 명분을 제공했고 이는 곧 내전으로 전화되었다.

핀란드는 '소수민족들' 중에서 처음으로 자유를 위해 싸운 민족이었다. 베사라비아Bessarabia 주와 몰다비아 주의 루마니아인 소수민족이 그다음이다. 이들은 루마니아군의 잔여 부대가 가까이 존재하는 상황에서 1918년 1월에 몰다비아 인민공화국을 선포했으나, 4월에 원래의 루마니아에 병합되었다. 이 지역은 상당한 러시아인 소수민족을 포함했는데도 1940년까지 루마니아로 남았다. 19세기에 와서야 차르의 지배를 받은 트랜스코카시아에서는 러시아인 소수민족이 더 적었는데, 이들은 대부분 도시 주민으로 철도 노동자나 정부 관리, 아니면 군인이었다.[45] 우세한 민족들인 기독교도 그루지야인과 아르메니아인, 이슬람교도이자 터키어를 말하는 아제르바이잔인은 1917년 11월에 페트로그라드 볼셰비키로부터 자치 준비를 할 권리를 인정받았고, 1918년 4월에 민주연방공화국[46]을 선포했다.[47]

겨우 한 달 존속한 연방은 세 민족 사이의 역사적 적대감이 부활

45. E. Mawdsley, p. 26

46. Zakavkazskaya Demokraticheskaya Federativnaya Respublika.—옮긴이

47. E. Mawdsley, pp. 225~229

하면서 끝을 맺었다. 그러나 아르메니아와 아제르바이잔의 독립은 1920년에 볼셰비키가 정치적 자유의 양보를 철회하기로 결정할 때까지 지속되었고, 그루지야의 독립은 1921년까지 지속된다. 그 사이에 세 독립국은 모두 주요 교전국들의 직간접적인 개입으로 정점에 달한 대전에 말려들었다.

트랜스코카시아와 그 남동쪽의 트랜스카스피아Transcaspia[48]는 전략적으로 매우 중요한 자원—카스피 해의 바쿠Baku 항에서 정제된 캅카스의 석유와 트랜스카스피아 투르키스탄의 면화—을 보유하지 않았더라면, 그리고 자원의 추출을 허용한 철도가 놓이지 않았더라면 벽지로 남았을 것이다. 볼셰비키 러시아는 브레스트-리톱스크 조약에 따라 두 자원의 일정 부분을 독일에 제공해야만 했다. 당연히 볼셰비키도 자원의 일부를 원했다. 터키어를 말하는 트랜스카스피아를 오스만제국에 병합하려는 야망을 품었던 터키도 마찬가지였다. 1918년 봄, 우크라이나 동부와 도네츠 분지에 주둔했던 독일군은 천둥작전으로 바쿠를 향해 동쪽으로 진격했다. 동시에 영국군도 인도의 제국 기지에서, 또 1907년에 차르 러시아와 체결한 강대국 협정으로 남부 페르시아에 확보한 세력권에서 그곳으로 부대를 진격시켰다.[49]

대전 초기 국면에서 영국인도군은 아프가니스탄을 통해 인도제국 북서변경주North-West Frontier Province[50]에서 분쟁을 조장하려는 독일과 오스트리아, 터키 간첩들의 노력을 제지하려는 목적에서 이른바 동페르시아 경비대[51]를 창설하여 그 지역 주둔군을 강화했다. 인도군 제28기병연대는 동페르시아 경비대로 전속되어 연장복무를 했으며,[52] 동시에 인도 발루치스탄Baluchistan과 페르시아제국 사이의 국경을 순찰하기 위해 향토군인 남페르시아 소총연대를 설치했다.[53] 1918년 봄에 독일-터키군이 트랜스코카시아와 트랜스카스피아로 진격한다는 말이 들리자, 영국 주둔군은 보강되었다. 1월에 라이오넬 던스터빌Lionel Dunsterville 장군이 지휘하는 영국군 장갑차 행렬('던스터군Dunsterforce')이

48. 19세기 말에 러시아에 정복된 후에 자카스피스카야(Zakaspiskaya) 주가 되었다.—옮긴이

49. C. Ellis, *The British Intervention in Transcaspia, 1918~1919*, London, 1963, p. 12

50. 영국은 19세기에 아프가니스탄과 일련의 전쟁을 벌인 끝에 아프가니스탄의 일부를 분할하여 영국령 인도에 통합했다. 인도 정부의 외무장관 듀런드(Mortimer Durand)의 이름을 따서 듀런드 선(Durand Line)이라 불렀던 이 국경의 아래쪽에서 1902년 4월에 공식 출범한 주가 북서변경주다.—옮긴이

51. 적이 페르시아에서 아프가니스탄으로 침투하는 것을 방지하기 위해 1차 세계대전 중에 설치한 영국인도군 부대. 서부 발루치스탄에 주둔한 작은 부대가 1915년 7월에 확대되어 창설되었으며 1916년 3월부터는 세이스탄군(Seistan Force)이 되었다.—옮긴이

52. G. Uloth, *Riding to War*, privately printed, 1993, pp. 8~9

53. G. Bayliss, *Operations in Persia, 1914~1919*, London, 1987, pp. 210~211

바쿠를 목표지점으로 삼아 메소포타미아에서 카스피 해로 출발했다. 6월에는 몰리슨Malleson 장군이 지휘하는 인도군 부대가 뒤따랐다. 이 부대는 독일군이나 터키군이 러시아의 중앙아시아로 침투하는 것을 방지하려는 목적에서 북서변경주를 가로질러 카스피 해 남쪽의 페르시아 도시 마슈하드Mashhad에 기지를 건설했다.

광대한 영역에 비하면 이는 작은 부대에 불과했지만, 영국과 러시아가 19세기 초부터 중앙아시아에 대한 영향력을 두고 벌인 '그레이트 게임Great Game'에는 어느 편에서나 적은 숫자만 관여했다. 1880년대에 중앙아시아 한국汗國들과 토후국들이 러시아제국에 병합되면서 영국이 부족 정책을 즐길 수 있는 기회도 줄어들었다. 1907년에 "아프가니스탄과 페르시아와 티베트에 관한 양국의 이익을 규정"한 영국-러시아 협정이 체결된 후에는 완전히 사라졌다.[54] 이는 반대편에 있던 러시아도 마찬가지였다. 혁명으로 그레이트 게임은 새롭게 재연되었고 선수들도 더 많아졌다. 레닌의 권고에 따라—이후 레닌은 후회한다—자치정부의 기관들을 설립하고 카스피아 중앙통제관령Central Caspian Directorate을 조직한 현지의 부족 지도자들에 독일군과 오스트리아-헝가리군 전쟁포로 3만 5,000명이 더해졌다. 아직도 싸울 의지를 지닌 자들은 볼셰비키 쪽으로 기울었지만, 모든 당사자가 이들의 병사 역할을 열렬히 간청했다. 그 밖에 볼셰비키와 독일군과 터키군이 있었다. 볼셰비키는 카스피 해 위쪽의 아스트라한과 중앙아시아 철도Central Asian Railway[55]가 지나는 타슈켄트Tashkent에 기지를 두었고, 독일군과 터키군은 동부 우크라이나와 캅카스에 있는 각자의 기지에서 바쿠와 그 너머로 병력과 외교사절단을 파견했다. 마지막으로 영국군이 있었다. 루디야드 키플링의 동창이요 키플링의 스토키 이야기[56]의 대상이었던 던스터빌의 주된 관심사는 독일군과 터키군이 바쿠의 유전에 접근하지 못하도록 막고 몰리슨을 지원하여 터키가 터키어를 말하는 중앙아시아 민족들에 다가가지 못하게 하고 중앙아시아 철도

54. C. Ellis, p. 12

55. 중앙아시아 서쪽의 비단길을 따라 이어진 철도. 19세기에 러시아가 중앙아시아에 진출하면서 건설했다. 트랜스카스피아 철도(Transcaspian Railway)라고도 한다.—옮긴이

56. 키플링의 작품 『스토키 동아리(Stalky & Co.)』를 말한다. 영국의 기숙사 학교에 다니는 사춘기 소년들에 관한 단편 모음. 스토키의 모델이 던스터빌이다.—옮긴이

57. C. Ellis, pp. 57~65

58. 러시아제국과 소비에트 러시아의 통치에 반대한 폭동. 바스마치는 산적이라는 뜻으로 소비에트 정부가 일부러 경멸적인 낱말을 선택했다.—옮긴이

59. 반란군의 사령관으로 활약하던 엔베르 파샤는 1922년 8월 4일에 러시아군의 기관총 사격을 받고 사망했다.—옮긴이

60. C. Ellis, p. 12

를 이용하지 못하게 하며 인도 북서변경주의 아프가니스탄인들 내부에 분란을 선동하지 못하도록 저지하는 것이었다.

중앙아시아에서 전개된 그레이트 게임의 드라마는 세상을 떠들썩하게 만들 가능성이 있었지만 결말은 어처구니없었다. 던스터빌은 9월에 터키군의 진격에 밀려 바쿠에서 쫓겨났고, 이는 바쿠의 아르메니아인들이 적인 아제르바이잔인들에게 학살당하는 결과를 초래했다. 몰리슨은 중앙아시아를 침투했지만, 같은 9월에 몰리슨의 터키인 공모자들이 바쿠에서 26명의 볼셰비키 통제위원을 납치해 살해한 일로, 소비에트 정부가 중앙아시아 사람들에게 러시아 공산주의가 지속되는 한 영국을 '제국주의자'로 매도할 구실을 얻은 후 상황은 급속히 역전되었다.[57] 카스피 해 지역에 개입한 독일군과 터키군의 활동 모두 지속되지 않는다. 독일군의 개입은 서부전선의 패배로 종결되며, 터키군의 개입은 1918년 10월 31일 휴전 이후 제국의 조직이 붕괴되어 종결된다.

결국, 중앙아시아의 승리는 볼셰비키에 돌아갔다. 그렇지만 볼셰비키는 다시 생각해보고 캅카스 민족들과 1921년까지 전쟁을 벌이게 되며, 중앙아시아의 터키계 '바스마치Basmachi' 폭동[58]에 맞선 싸움은—청년튀르크당의 엔베르 파샤는 오스만제국이 패배한 후 짧은 기간이지만 비극적인 선동가로 등장했다[59]—그 후로 3년을 더 끌게 된다.[60] 그렇지만 중앙아시아에서 벌어진 에피소드는 의미가 있다. 영국의 시도는 러시아가 벌이는 일에 외국이 간섭하는 폭넓은 계획의 일환이었기 때문이다. 이는 향후 몇십 년 동안 서방과 소비에트 정부 사이의 해로운 관계뿐만 아니라 대전 종결 국면의 외교를 인상적으로 조명한다.

1918년에 서방 연합국—프랑스와 영국은 물론 미국과 일본도—은 모두 러시아에 군대를 파견했다. 그러나 훗날 소련 역사가들이 내놓은 사건 해석과는 달리 어느 나라도 10월혁명을 되돌리려는 목적을 갖지 않았다. 실제로, 볼셰비키가 마침내 브레스트-리톱스크 조약에

서명한 다음날인 1918년 3월 4일에 북부 러시아 무르만스크Murmansk[61]에 상륙하여 그 해안에 처음으로 발을 내디딘 부대가 된 170명의 영국 해병대는 트로츠키의 권고를 받아 도착했다. 트로츠키는 이틀 일찍 무르만스크 소비에트에 전보를 보내 연합군의 "지원은 어떤 것이든 전부" 수용하라고 지시했다.[62] 트로츠키와 영국군은 공동의 이해관계가 있었다. 1914년에서 1917년 사이에 러시아군에 공급되는 영국 전쟁물자의 주 출입항으로 개발된 무르만스크에는 무기와 탄약이 가득 쌓였다. 볼셰비키에 반대하는 핀란드인들이 내전에서 승리한 뒤, 트로츠키와 영국은 모두 핀란드인과 동맹국인 독일이 진격하여 물자를 강탈할지 모른다는 두려움을 품을 수밖에 없었다. 그 지역에 영토적 야심도 품었던 핀란드 백위대는 그렇게 하고 싶어 안달했다. 만너하임이 지휘권을 포기하고 스웨덴으로 은거했던 것은 다른 무엇보다 그렇게 소란스럽고 분별없는 반연합군 작전에 반대했기 때문이다. 트로츠키는 핀란드인들이 일단 무장한 뒤에는 독일군의 지원을 받아 페트로그라드로 진격하는 것을 특히 더 걱정했고, 반면 영국은 독일군이 자신들이 부설한 기뢰 장벽의 북쪽에 있는 무르만스크를 해군기지로 돌리고 그곳에서 U-보트를 내보내 북대서양을 휘젓고 다닐 가능성에 불안해했다.[63]

트로츠키는 자신의 붉은군대에도 영국 무기를 비축하고자 했다. 붉은군대는 1918년 1월 29일에 옛 러시아 군대가 돌연히 해체된 이후 사실상 2월 3일에 붉은군대 최고사령부를 창설하는 법령에 따라 탄생했다. 곧이어 징집법이 발포된다.[64] 붉은군대의 역할은 적들에 맞서 혁명을 수호하는 것이었고, 트로츠키는 1918년 4월 중앙위원회 연설에서 혁명의 적은 "처량한 내부의 계급의 적"이 아니라 "엄청난 중앙기구를 이용하여 대량살상과 절멸을 자행하는 외부의 막강한 적"이라고 확인했다.[65] 트로츠키가 '외부의' 적으로 의미한 것은 영국과 프랑스와 미국의 적이었다. 다시 말해서 러시아 땅에 확고히 자리를 잡

61. 러시아 북서쪽 끝 무르만스크주의 주도. 온난한 북대서양 해류 탓에 연중 결빙되지 않는 중요한 어항이자 선적항이다.—옮긴이

62. R. Luckett, p. 196

63. R. Luckett, p. 197

64. R. Pipes, *Revolution*, p. 610

65. E. Mawdsley, p. 59

왔을 뿐만 아니라 러시아의 가장 풍요로운 농업지역이자 자원 생산지인 우크라이나, 도네츠, 캅카스로 통제 영역을 확장하고 있는 독일과 오스트리아와 터키였다. 그리하여 1918년 4월까지도, 브레스트-리톱스크 조약의 체결로 이론상 볼셰비키와 러시아의 적들 사이에 강화가 이루어졌는데도, 그리고 볼셰비키가 영국과 프랑스와 미국이 대표한 자본주의 체제에 이데올로기상 적대적이었는데도, 연합국과 볼셰비키는 여전히 동맹국의 패배라는 공동의 관심사를 보유했다.

공동 이익의 추구는 볼셰비키가 휴전을 선언하고 연합군에 독일, 오스트리아, 터키와 강화협상을 개시할 것을 요청한 후인 1917년 11월에 주춤하더니[66] 12월에는 심각하게 후퇴했다. 12월에 프랑스와 영국은 러시아에서 반볼셰비키 세력이 출현한 데 크게 고무되어 반혁명 세력에 대표단을 파견하려 했다. 두 나라는 반혁명 세력이 레닌과 트로츠키가 종결하려는 것처럼 보였던 러시아의 전쟁수행노력을 지속하기를 기대했다.[67] 공동 이익의 추구는 1월에 다시 되살아났다. 그 영향으로 2월에 볼셰비키는 브레스트-리톱스크에서 독일로부터 더 나은 조건을 얻어내는 수단으로서 연합국의 지원 제안을 이용하기도 했다. 독일이 조약을 강요하고 3월 15일 4차 소비에트 대회에서 레닌이 어렵사리 비준을 받아내면서 거의 단절될 것 같았다.[68] 그러나 예기치 못한 사건이 우연히 끼어들어 볼셰비키와 서방을 서로 다투게 만들지만 않았더라면, 우크라이나와 그 너머에서 독일군의 가혹한 점령 정책 덕에 공동 이익의 추구는 계속 이어졌을지도 모른다.

1918년 여름, 서방 연합국은 볼셰비키 러시아와 심히 뒤얽혀 꼼짝할 수 없었다. 그것이 연합국의 의도는 아니었다. 비록 10월혁명이 연합국의 대의에는 재난과도 같았고 볼셰비키의 정책은 연합국의 비위에 거슬렸지만, 연합국의 정책 결정과정에는 러시아의 수도를 통제하고 비록 친숙하지 않은 형태였지만 행정제도를 지배하고 있는 정권과 돌이킬 수 없는 불화에 돌입하지 않도록 막기에 충분할 정도로 현

66. J. Bradley, *Allied Intervention in Russia*, London, 1968, p. 2

67. J. Bradley, pp. 11~14

68. J. Bradley, p. 181

실주의가 우세했다. 볼셰비키의 내부의 적은 애국적이고 독일에 반대했으며 전통적인 질서의 옹호자였지만, 해체되고 분열되어 러시아 심장부의 가장자리로 흩어졌다. 가장 중요한 집단은, 의용군Volunteer Army으로 알려져 있는데, 차르의 주요 장군으로서 참모총장을 지낸 알렉세예프와 8월에 알렉세예프의 권위를 회복시키려 했던 코르닐로프가 이전에 최고사령부가 있던 모길료프 인근의 방비가 허술한 비코프Bykhov 감옥에서 탈출하여 멀리 떨어진 남부 러시아의 돈 강 지역으로 도주하던 1917년 11월에 생겼다.[69] 돈 강 지역을 최종 목적지로 선택한 이유는 그곳이 가장 큰 코사크 군대의 고향이었기 때문이다. 코사크 군대는 차르에 열렬한 충성을 바쳤으므로 페트로그라드의 볼셰비키에 맞선 반혁명의 기치를 드높이는 데 가장 유망한 집단으로 비쳤다. 그러나 돈 강 지역의 코사크인도 먼 스텝지역 쿠반의 코사크인도, 의용군 지도자들이 곧 깨닫게 되듯이, 소비에트 권력에 실질적인 위협이 되기에는 숫자도 충분하지 않았고 잘 조직되지도 않았다. 돈 강 코사크인들의 저항은 1918년 2월 소비에트의 반격에 무너졌고, 코르닐로프가 소규모 의용군을 이끌고 스텝지역을 가로질러 쿠반으로 철수하면서 재앙은 연이었다. 코르닐로프는 유탄에 맞아 사망했고, 코르닐로프를 대신한 정력적인 새 지도자 안톤 데니킨Anton Denikin[70]은 피신한 군사들에게 안전한 기지를 찾아줄 수 없었다.[71] 겨우 4,000명이었던 의용군은 4월에 볼셰비키의 압박과 러시아의 광대한 공간이 주는 냉혹함에 해산될 운명에 처했다.

러시아 내부의 권력투쟁에서—볼셰비키에나 볼셰비키의 러시아인 적에나 서방 연합국에나—모든 것을 바꾸어놓은 것은 누구도 고려하지 못했던 군대가 중요하게 등장한 일이었다. 우크라이나에 포로로 잡혀 있다가 11월의 휴전으로 석방된 체코슬로바키아 전쟁포로가 그들이었다. 이들은 4월부터 러시아에서 나와 서부전선의 연합군에 합류했다. 1918년에 우크라이나는 오스트리아-헝가리군 전쟁포로는 물

69. E. Mawdsley, p. 20

70. 1872~1947. 러일전쟁에 참전한 후 대령으로 진급했고 제17보병연대장을 거쳐 1차 세계대전 발발 직전에 소장으로 진급했다. 브루실로프이 제8군에서 병참감을 지냈으며, 1916년에 제8군단장이 되었고 브루실로프 공세에 참여했다. 1917년 9월에 코르닐로프를 지지했다가 체포되었으며, 10월혁명 후 도피하여 의용군을 이끌었다.—옮긴이

71. E. Mawdsley, p. 21

론 독일군 전쟁포로로도 가득했는데, 독일인들은 진격하는 독일군의 손에 해방되기를 기다렸던 반면, 오스트리아-헝가리 분견대 중 가장 큰 두 집단인 폴란드인과 체코인은 본국으로 돌아가지 않기로 결심했다. 이들은 진영을 바꿈으로써 조국이 제국주의 세력의 지배에서 더 빨리 해방될 수 있기를 희망했다. 폴란드인들은 분리주의자였던 우크라이나인들과 운명을 같이하기로 결정하는 실수를 범했고, 우크라이나 민족주의위원회인 라다Rada가 독일과 브레스트-리톱스크에서 자체의 강화조약에 서명했던 2월에 독일군에 완패했다.[72] 좀 더 신중했던 체코인들은 라다를 신뢰하지 않았고, 시베리아 횡단열차를 타고 러시아를 떠나 프랑스로 가는 것을 허용해 달라고 고집을 부렸으며, 3월에 자신들의 요구에 대한 볼셰비키의 동의를 확보했으며 5월까지는 길을 떠났다.[73] 영국도 프랑스도 체코인들의 여정을 달가워하지 않았다. 영국은 체코인들이 북쪽으로 올라가 무르만스크의 방어를 지원하기를 원했고, 프랑스는 체코인들이 우크라이나에 남아 독일군에 맞서 싸우기를 바랐다. 외국에 본부를 둔 자국 임시정부의 지도자인 토마시 마사리크Tomáš Masaryk[74]와 에드바르드 베네시Edvard Beneš[75]와 직접 접촉하게 된 체코인들은 완강했다. 체코인들의 목표지점은 시베리아 횡단열차의 태평양 쪽 종착역인 블라디보스토크였다. 그곳에서 배를 타고 프랑스로 떠날 수 있기를 기대했다. 어떤 것도 자신들의 이동을 막을 수 없어야 한다는 것이 체코인들의 뜻이었다.

그랬는데도 1918년 5월 14일에 서부 시베리아의 첼랴빈스크Cheliabinsk에서 동쪽으로 향하던 체코인들과 서쪽으로 이동하여 합스부르크 군대로 귀환하던 일부 헝가리인 포로들 사이에 언쟁이 벌어지면서 여행은 중단되었다.[76] 두 애국심이 연루되었다. 체코인의 애국심은 독립국 체코슬로바키아를 원했고, 헝가리인의 애국심은 합스부르크 체제에서 특권적 지위를 누리길 원했다. 체코인 1명이 부상당했고, 이 자를 공격한 헝가리인이 폭행을 당했으며, 현지 볼셰비키가 질서회복

72. 라다는 위원회, 회의를 뜻한다. 1917년 3월 17일, 2월혁명 직후에 설립된 첸트랄나 라다(Tsentralna Rada; 중앙의회)는 1918년 1월 25일에 볼셰비키 러시아와 관계를 끊고 독립을 선포했으나 2월 9일에 붉은군대가 키예프를 점령했다. 외국의 지원을 구하던 첸트랄나 라다는 같은 날 독일의 동맹국으로서 브레스트-리톱스크 조약에 서명했다. 독일은 볼셰비키를 몰아냈지만 4월 29일에 첸트랄나 라다를 해산했다.—옮긴이

73. J. Bradley, p. 18

74. 1850~1937. 체코슬로바키아 독립의 열렬한 옹호자로 체코슬로바키아의 건설자요 초대 대통령이 된다.—옮긴이

75. 1884~1948. 체코슬로바키아 독립운동의 지도자로 2대 대통령이 된다.—옮긴이

76. R. Luckett, p. 163

을 위해 개입했을 때 체코인들은 볼셰비키를 제압하고 시베리아 횡단열차를 오로지 자신들의 목적에만 사용할 권리를 주장하기 위해 무장하고 궐기했다. 볼가 강에서 블라디보스토크까지 시베리아 횡단열차 전 구간을 따라 조직된 부대로 늘어선 4만 명의 체코인들은 볼셰비키가 자신들의 무장을 해제하고 조직을 해체하려 한다고 제대로 의심했다. 이들은 볼셰비키에 호전적으로 반대했던 장교 라돌라 가이다Radola Gajda[77]의 영향을 받고 있었다. 그랬기에 체코인들은 다른 누구에게도 철도 사용을 거부해야 할 입장이었고 곧 그런 마음을 품었다.[78] 시베리아 횡단열차를 빼앗긴 것은 볼셰비키로서는 중대한 패배였다. 볼셰비키의 권력 장악과 유지는 철도를 기반으로 했기 때문이다. 뒤이어 더 나쁜 일이 발생했다. 원래 볼셰비키와 볼셰비키의 러시아인 적 사이에서 중립을 지켰던 체코인들이 철도를 따라 동쪽으로 일련의 날카로운 국지적 공격에 착수했고, 이는 시베리아에서 소비에트 권력을 타도하는 간접적인 효과를 발했다. "1918년 한여름이면 볼셰비키는 시베리아와 우랄 산맥[영토상 러시아 최대 지역]을 모두 잃었다."[79]

그동안 서방 연합군은 체코 군단을 빼내 서부전선에서 싸우게 해주겠다고 공언했지만 격려는 물론 자금과 무기의 형태로 체코인들을 직접 지원하기 시작했으며, 체코인들은 갑자기 볼셰비키에 죽음의 일격을 가하기 전까지는 러시아를 떠나지 않겠다는 열의를 발견했다. 동시에 돈 강 지역과 쿠반의 코사크군은 물론 자칭 시베리아의 최고 통치자인 알렉산드르 콜차크Alexandr Kolchak[80] 장군 부대와 남부 러시아에 최초로 폭동의 기치를 높인 데니킨의 의용군을 포함하는 반볼셰비키 러시아인들은, 새로운 확신을 품고 싸움터로 돌아오는 데 성공한 체코인들에게 고무되었다. 이들의 대의와 체코인들의 대의 사이에는 명백한 공통점이 있었고 이는 연합군의 지원을 받을 자격이 있었다. 볼셰비키를 적으로 삼는 것은 애초에는 연합군의 의도가 아니었

77. 1892~1948. 체코의 군 지휘관이자 정치인. 원래 이름은 루돌프 게이들(Rudolf Geidl)이었다. 대전이 발발했을 때 오스트리아-헝가리군으로 싸웠으나 1915년 9월에 보스니아에서 포로로 잡힌 뒤에 편을 바꾸어 몬테네그로군에서 대위로 싸웠고, 1916년에 몬테네그로군이 무너지자 러시아로 들어가 세르비아 대대에 합류했으며, 1916년 말에 세르비아 대대가 붕괴하자 동맹국에 맞서 싸웠던 자원병부대인 체코슬로바키아 군단에 합류했다.—옮긴이

78. J. Bradley, pp. 94~95

79. E. Mawdsley, p. 97

80. 1974~1920. 러시아 해군 사령관, 극지 탐험가, 백군 지도자. 1906년부터 해군참모본부에서 일하며 해군 재건에 힘썼다. 대전이 발발했을 때 발트 함대에 있었고 1914년 킬(Kiel)과 단치히 항구 입구에 기뢰를 부설하는 작전을 지휘했다. 1916년 8월에 중장으로 진급하여 흑해 함대를 지휘했고 오스만튀르크에 맞서 싸우는 유데니치 장군을 지원했다. 2월혁명 후 시베리아 옴스크에서 백군의 시베리아 지방정부를 지휘했다.—옮긴이

81. 모스크바는 1918년 3월 12일에 러시아 소비에트 사회주의연방 공화국의 수도가 되었다.—옮긴이

다. 볼셰비키를 적으로 삼아서는 안 될 충분한 이유가 있었던 것이다. 다른 무엇보다 볼셰비키는 독일과 오스트리아와 터키에 진정으로 적의를 품었다. 이 나라들은 모두 역사적으로 러시아 영토였던 곳에 정복자요 약탈자로 자리를 잡았다. 그런데도 1918년 늦여름이면 연합국은 남부와 시베리아의 반혁명을 지원하고 자체적으로 무력 개입을 지속하면서 사실상 모스크바의 볼셰비키 정부와[81] 전쟁을 하고 있었다. 영국은 북부 러시아, 프랑스는 우크라이나, 일본과 미국은 태평양 연안에서 개입했다.

대전에 완전히 종속된 하나의 전쟁이 이어졌다. 북부 러시아에서는 프랑스와 영국, 미국의 혼성부대가 거구에 만만찮은 영국 장군 에드먼드 아이언사이드Edmund Ironside의 지휘로 볼셰비키에 반대하는 현지의 사회혁명당과 공동 전선을 폈고 방어선을 백해 남쪽으로 200마일까지 밀어냈다. 아이언사이드는 훗날 참모총장이 되는 인사로 엄청난 인기를 끌었던 존 버컨John Buchan[82]의 모험 이야기들에 나오는 허구적 인물 리처드 해니[83]의 모델이라고 한다. 이 부대는 드비나 강가[84]의 툴가스Tulgas에 진을 치고 1918년에서 1919년으로 넘어가는 겨울을 났고, 볼셰비키는 대항군을 조직했다.[85] 그동안 아이언사이드는 영국군 장교들이 지휘하는 현지 러시아 부대인 슬라브-영국 군단Slavo-British Legion을 창설했고 이탈리아군 증원군을 받았으며 핀란드 분견대의 지원을 받았고—핀란드 분견대는 주로 러시아 영토를 병합하는 데 관심이 있었지만 이러한 목표를 추구할 수 없었다—발트지역에 개입한 영국군 사령관들과 두루 협력했다. 여기에는 해군 소장 월터 카우언Watler Cowan[86] 경의 발트 해 전대는 물론, 라트비아와 리투아니아의 발트독일인Deutschbalten[87] 의용대와 신생국 리투아니아, 라트비아, 에스토니아의 군대에 파견된 부대도 포함되었다.[88] 훗날 육군원수가 되는 해럴드 알렉산더Harold Alexander[89]는 자신이 지휘했던 병사들 중 발트독일인이 최고로 용맹했다고 말한다. 카우언의 어뢰정은 1919년 여름에

82. 1875~1949. 스코틀랜드 출신 소설가로 캐나다 총독을 지냈다. 『서른아홉 계단(The Thirty-nine Steps)』으로 유명하다.—옮긴이

83. 버컨이 창조한 인물로 『서른아홉 계단』을 비롯한 여러 작품에 등장한다.—옮긴이

84. 러시아에서 발원하여 발트 해의 내포인 리가(Riga) 만으로 들어가는 서드비나 강이 아니라 백해의 드비나 만으로 들어가는 북드비나 강을 말한다.—옮긴이

85. R. Luckett, pp. 198~208

86. 1871~1956. 1917년 6월에 제1경순양함전대 사령관이 되었고 1919년 1월에 이 함대와 함께 발트 해로 파견되었다.—옮긴이

87. 발트 해 동쪽 해안에 거주한 독일인. 이 시기에 많은 발트독일인들이 신생국 에스토니아와 라트비아의 군대에 자원하여 러시아로부터 나라의 독립을 지키기 위해 싸웠다.—옮긴이

88. N. Nicolson, *Alex*, London, 1963, pp. 57~66

89. 1891~1969. 1919년에서 1920년까지 라트비아 독립전쟁에서 발트독일인의 국방대를 지휘했다.—옮긴이

크론슈타트 항구에서 러시아 전함 2척을 침몰시킨다. 이는 새로운 소비에트 국가 해군에 남은 가장 중요한 부대였다.[90] 한편, 프랑스군은 1918년 12월에 흑해 항구 오데사와 세바스토폴에 그리스와 폴란드의 분견대가 포함된 부대를 상륙시키고 프랑스군 장교를 지휘관으로 하여 현지 러시아인들의 부대를 모집하려 했으나, 백군과 맺은 관계가 좋지 않아 붉은군대와 맞선 전투는 성공적이지 못했다.[91] 극동에서는 일본군과 미국군이 1918년 8월에 블라디보스토크에 상륙하여 체코 군단의 철군을 위한 교두보를 강화했다. 그 후 프랑스군 최고사령관 모리스 자냉Maurice Janin[92]이 작전을 감독하러 도착했고, 영국군은 콜차크의 반볼셰비키 군대에 공급할 군수품을 다량 하역시켰다. 일본군은 바이칼 호 방면으로 진격했고, 미군은 그 자리에 남았다. 두 나라 분견대는 결국 자국으로 떠났고, 이들이 파견되어 도우려 했던 체코인들은 마침내 1920년 9월에 간신히 러시아를 벗어났다.[93] 러시아의 극동지역에 개입한 연합군은 소비에트 국가에 서방의 정책은 근본적으로 볼셰비키에 반하는 것임을 확증했을 뿐이었다.

실제 연합군 정책은 정반대였다. 1918년 7월 22일에 영국수상 데이비드 로이드 조지는 전쟁소내각에 이렇게 말했다. "'러시아가 어떤 성격의 정부를 세우든, 공화국이든 볼셰비키 국가든 군주국이든 영국이 알 바 아니다.' 윌슨 대통령도 이 견해를 공유했다는 징후가 있다."[94] 프랑스도 한때 이 견해를 공유했다. 4월까지도 프랑스군 참모본부 내의 지배적인 파벌은 볼셰비키에 반대하는 '이른바 애국자 집단들'을 지원하는 데 반대했다. 볼셰비키에 반대하는 자들은 계급적 이유로 점령군 독일에 호의를 보이고 있었고, "동맹국에 속았지만 〔이제는〕 필시 과거의 과오를 인식"하고 있는 볼셰비키들은 최소한 싸움을 계속하겠다고 약속했기 때문이었다.[95] 프랑스는 나중에 이러한 태도를 버리고 연합국 중에서도 가장 단호하게 볼셰비키에 반대하게 된다. 그러나 1918년 봄에 프랑스는 볼셰비키를 동부전선을 재조직하는 데

90. G. Bennet, *Cowan's War*, London, 1964, p. 157

91. P. Kencz, *Civil War in South Russia*, N.Y., 1977, pp. 182~191

92. 1862~1946. 체코군단에 콜차크를 납치하여 볼셰비키에 넘겨주도록 명령한 인물이다.—옮긴이

93. J. Bradley, pp. 106~131

94. R. Pipes, *Revolution*, p. 657

95. M. Carley, Revolution and Intervention, N.Y., 1983, p. 38

쓸 수 있다는 영국과 미국의 희망을 공유했다. 동부전선에 대한 군사적 조치로 연합국에 패배의 위협을 가한 서부전선의 압박이 줄어들리라는 계산에서였다. 연합국이 체코인들에게 동부전선 공세 재개를 기대하고 자신들도 대범하게 조금씩 백군과 공모하게 되면서 문제가 복잡해졌다. 레닌과 스탈린이 훗날 이를 두고 연합국은 처음부터 10월혁명에 철저하게 반대했다는 얘기를 하게 된다. 사실, 연합국은 절정으로 치닫고 있는 프랑스 공격에서 독일군의 주의를 돌리는 데 혈안이 되어 있었으면서도 1918년 여름까지는 명확하게 볼셰비키에 반대하지 않았다. 그때가 되어서야 볼셰비키가 애초에 독일에 반대했던 정책에서 이탈하여 자신들의 생존을 허용하는 독일의 요구를 수용했다는 징후가 드러나자 태도를 바꾸었던 것이다.

한여름까지 독일군은 연합군만큼이나 서로 싸우는 러시아인들의 파당에서 누구를 선택해야 가장 이로울지 몰라 난감해했다. 국내와 전선에 공산주의가 침투할까봐 두려웠던 군대는 볼셰비키가 '청산되기'를 원했다.[96] 반대로 외무부는 군부와 마찬가지로 러시아를 계속 약한 상태에 머물게 하고 결국 러시아가 분할되기를 바랐지만, 브레스트-리톱스크 조약에 서명한 자들이 볼셰비키이고 '애국자 집단들'은 조약을 거부했으므로 애국자 집단을 희생하고 볼셰비키를 지원하는 것이 독일의 이익이라고 주장했다. 6월 28일 카이저는 볼셰비키에 찬성할 것인가 반대할 것인가 선택을 요구받았을 때, 페트로그라드를 쉽게 점령할 수 있는 위치에 있었던 발트국가들의 독일군과 동맹국 핀란드가 페트로그라드로 진격하지 않을 것임을 볼셰비키 정부에 보장하라는 외무부의 권고를 받아들였다. 이 보장으로 레닌과 트로츠키는 실전에 투입할 수 있는 유일한 군대였던 라트비아 소총사단[97]을 시베리아 횡단철도의 서부 연장선을 따라 우랄 산맥으로 이동시킬 수 있었다. 7월 말, 우랄 산맥의 카잔에서 라트비아 소총사단은 체코군단을 공격했고, 그렇게 시작된 반격으로 결국 철도의 봉쇄가 풀렸

96. R. Pipes, *Revolution*, p. 657

97. 1915년에 독일군으로부터 발트지역을 방어하기 위해 모집한 부대. 1917년에 상당수가 볼셰비키 진영으로 넘어왔다.—옮긴이

고 체코인들은 동쪽 블라디보스토크 방면으로 밀렸으며 남부 러시아와 시베리아에서 콜차크-데니킨과 싸우던 붉은군대에 보급품과 증원군이 도착했다.[98] 이 반격으로 볼셰비키는 내전에서 승리를 거두게 된다. 연합국이 종국에 볼셰비키의 적들에 헌신했는데도 이를 무릅쓰고 얻은 승리가 아니라 독일이 볼셰비키를 살아남도록 내버려두기로 확실하게 결정했기 때문에 얻은 승리였다.

98. R. Pipes, *Revolution*, p. 634

99. H. Herwig, *The First World War*, N.Y., 1997, pp. 400~401

100. M. Middlebrook, *Kaiser*, p. 382

서부전선의 위기

아무것도 모르는 군대들이 동부의 광대한 영역에서 뚜렷한 목적도 없이 격돌하는 동안, 서부전선의 좁은 땅을 지키던 병사들은 전투를 재촉했다. 차르 군대가 붕괴하면서 슐리펜이 프랑스에 신속한 승리를 거둔다는 계획의 조건으로 삼았던 전략적 상황이 다시 만들어졌다. 다시 말해서 러시아의 위협이 없어져서 독일이 파리로 이어지는 진격의 축선에 수적 우세를 돌릴 수 있는 전략적 시간차가 생겼다. 이 우세는 상당했다. 루덴도르프는 40개의 2급 보병사단과 기병사단 3개를 동부에 남겨놓아 브레스트-리톱스크에서 볼셰비키로부터 넘겨받은 거대한 영토를 지키게 함으로써 서부전선에 192개 사단을 배치할 수 있었다. 연합군 사단은 178개였다.[99] 이 병력에는 독일군의 원 정예부대인 근위사단과 경보병사단, 프로이센군, 슈바벤군, 바이에른군의 정예군이 포함되었다. 예를 들면, 제14군단은 제4근위사단, 작은 공국들의 호위연대로 구성된 제25사단, 프로이센 제1사단, 전시에 편성된 사단으로 브란덴부르크와 프로이센 중심부의 연대들로 구성된 제228예비군사단으로 이루어졌다.[100] 전쟁 4년째가 되었을 때, 병력에서 보충병과 재보충병이 차지하는 비율은 매우 높았다. 일부 보병연대의 사상자 비율은 100퍼센트를 상회하여 1914년에 전장으로 행군했던 간부진은 이제 몇 사람 남지 않았다. 그럼에도 독일군은 부대정신을 유지하고 있었는데, 이는 동부전선에서 많은 승리를 거둔 덕에 강화된 것이었다. 독일군은 서부전선에서만 아직 적군을 무너뜨리지 못했다. 1918년 봄에 카이저의 병사들은 다가올 공세가 승리의 기록을 완성하리라는 약속을 받았다.

독일군 보병이 알 수 없었던 것은, 짐작할 수는 있었겠지만, 자신들이 조국의 마지막 예비병력이라는 사실이었다. 영국과 프랑스의 사정도 별반 나을 것이 없었다. 양국 군대는 전년도에 보병사단의 병력을 12개 대대에서 9개 대대 규모로 줄였다. 그리고 두 나라 군대 모두 부족한 사병을 채울 인적 자원이 없었다. 그러나 영국군과 프랑스군은 비축한 물자에서 우위를 보였고—항공기는 4,500대, 포는 1만 8,500문, 전차는 800대였는데 독일군은 각각 3,670대, 1만 4,000문, 10대를 보유했다—, 특히 자신들은 대체할 수 없었던 손실을 점차 증가하고 있는 미군이 보충해주리라고 기대했다. 반대로 독일군은 절대적으로 필요한 필수 민간 업무에 고용되지 않은 사람 중에 징병 적령기의 훈련받지 않은 남성은 모두 부대로 편성했기 때문에 1918년 1월에 기대할 수 있는 병력은 1900년생 징집병뿐이었다. 이 젊은이들은 가을이 되어야 병적에 올릴 수 있었다. 그러므로 1918년 3월에 힌덴부르크와 루덴도르프, 그리고 병사들은 이중의 명령에 짓눌렸다. 신세계가 등장하여 구세계의 불균형을 시정하기 전에 전쟁에서 승리해야 했을 뿐만 아니라, 최후의 공격이라는 호된 시련으로 독일의 성년이 고갈되기 전에 승리를 거두어야 했다.

최후 공격의 전선으로 선택할 수 있는 곳은, 양측에 언제나 그랬듯이, 서부전선의 작전 구역이 1914년에 기동전이 끝나면서 참호로 바뀐 탓에 제한되었다. 프랑스군은 1915년에 아르투아와 샹파뉴에서 두 차례 돌파를 시도했고, 1917년에 샹파뉴에서 한 번 더 시도했다. 영국군은 1916년에 솜 강에서, 1917년에 플란데런에서 시도했다. 독일군은 1916년에 베르됭에서만 제한적인 목적으로 돌파를 시도했었다. 독일군에게 제한적인 목적의 시절은 끝났다. 이제 독일군은 이기고자 한다면 프랑스군이든 영국군이든 전멸시켜야 했으며, 전선의 선택은 결국 베르됭을 한 번 더 공격하든가 아니면 영국군을 타격하든가 하는 문제로 귀결되었다. 1917년 11월 11일 몽스에서 열린 운명적인 회의에서 대안들을 검토했다. 독일 황태자 집단군Heeresgruppe Deutscher Kronprinz의 참모장인 폰 데어 슐렌베르크 대령은 베르됭을 포함하는 자신들의 전선에서 공세를 되풀이하자고 주장했다. 영국군이 아무리 심한 패배를 당하더라도 전쟁을 그만두지 않으리라는 것이 이유였다. 그러나 프랑스가 무너진다면 서부전선의 상황은 바뀔 것이었다. 프랑스를 공격하기에 가장 유망한 지역은 베르됭 전선이었다. 참모본부 작전과장 베첼Wetzell 중령이 이에 동의했고 슐렌베르크의 분석을 부연하여 설명했다. 베첼의 말에 따르면, 베르됭을 공격지점으로 삼아야 했다. 그곳에서 승리하면 프랑스군의 사기를 뿌리째 흔들 수 있고 프랑스군이 미군의 지원을 받아 공세에 나설 기회를 방지할 수 있으며 뒤이어 영국군도 독일군의 공격에 노출될 것이었다.

루덴도르프는 그럴 생각이 없었다. 부하들의 말을 끝까지 들은 뒤, 루덴도르프는 독일군의 전력으로 가할 수 있는 큰 공격은 단 한 차례뿐이라고 밝혔으며 공격의 필수 조건으로 세 가지를 제시했다. 독일은 "미국이 저울 위에 대규모 병력을 올려놓기 전에" 최대한 빨리 공격해야 했다. 이는 2월 말이나 3월 초를 의미했다. 목표는 "영국군을 타격"하는 것이 되어야 했다. 루덴도르프는 타격을 가할 수 있는 전선의 구간들을 조사했고, 플란데런을 제외하면서 공격은 "생캉탱 근처에서 유망해 보인다"라고 알렸다.[101] 전년도 봄에 새로이 구축한 힌덴부르크 선으로 거대한 전략적 철수가 이루어졌던 바로 그 구간이었다. 그 앞에는 영국인들이 1916년의 '옛 솜 강 전역'이라고 부른 곳이 놓여 있었다. 루덴도르프는 그곳을 공격함으로써 공격 사단들이, 미카엘Michael이라는 암호명을 얻게 되는 작전에서, 솜 강 전선을 바다 쪽으로 밀어내고 영국군 전선을 '포위'할 수 있으리라고 시사했다. 논의

101. J. Edmonds, *Military Operations, France and Belgium, 1918*, I, London, 1935, p. 139

102. H. Herwig, pp. 399~400

103. J. Edmonds, *1918*, Ⅰ, p. 156

104. H. Herwig, p. 302

는 거기에서 그쳤다. 이후 더 많은 회의가 있었고 다른 대안들을 서류로 검토했다. 플란데런을 공격하는 게오르게테Georgette 작전, 아라스를 공격하는 마르스Mars 작전, 파리 근처를 공격하는 아케인절Archangel 작전이 포함되었는데, 루덴도르프는 최종적으로 군대를 시찰한 뒤 1918년 1월 21일에 분명하게 미카엘 작전을 명령했다. 카이저는 그날 공격 의도를 통보받았다. 1월 24일과 2월 8일에 예비 작전명령이 하달되었다. 3월 10일 보류되었던 계획이 힌덴부르크의 이름으로 공포되었다. "미카엘 공격은 3월 21일에 개시될 것이다. 오전 9시 40분에 적진 1선을 돌파한다."

전략적 지침에 많은 전술적 지시가 동반되었다. 바이에른군 장교인 헤르만 가이어 대위는 자신이 1918년 1월에 쓴 초고 「진지전의 공격」에서 '침투infiltration'라는 새로운 관념과—독일군이 그 용어를 사용하지는 않았다—이에 결부된 명백한 난제들에 관한 군대의 견해를 확고히 했다. 미카엘 작전은 그 초고에 의거하여 수행될 예정이었다. 「진지전의 공격」은 신속한 진격을 강조했고 측면의 안위는 무시했다.[102] "전술적 돌파 자체가 목적은 아니다. 그 목적은 공격과 포위를 가장 강력한 형태로 전개할 기회를 주는 것이다. …… 좌우를 돌아보는 보병은 즉시 발을 멈추게 된다. …… 가장 느린 자가 아니라 가장 빠른 자가 속도를 결정해야 한다. …… 보병에게는 이동탄막을 지나치게 의존해서는 안 된다는 경고를 주어야 한다."[103] 1선 공격진의 특수돌격대가 할 일은 다른 무엇보다 "계속 밀고 나가"는 것이어야 했다. 루덴도르프는 고정된 전략적 목표라는 관념을 거부하면서 미카엘 작전의 목적을 요약했다. "우리는 구멍을 뚫을 것이다. …… 나머지는 두고 보자. 우리는 러시아에서도 이런 식으로 싸웠다."[104]

러시아에서 차르 군대와 케렌스키 군대, 레닌의 군대에 일련의 승리를 거두며 얻은 자신감을 프랑스로 가져올 수 있는 공격 사단은 충분했다. 그러나 영국군은 러시아군이 아니었다. 영국군은 장비가 더 뛰어났고 훈련 상태도 더 좋았으며 그때까지 서부전선에서 패배하지 않았기에 단순히 전선에 구멍이 뚫렸다고 무너질 가능성은 없었다. 루덴도르프는 솜 강을 주 공격지점으로 선정하면서 생각보다는 더 나은 선택을 했다. 솜 강 지구는 제5군이 주둔하고 있었는데, 제5군은 헤이그의 4개 군 중에서 수적으로 거의 가장 약한 부대였으며 패션데일 전투에서 심한 상처를 입은 뒤 아직 완전히 회복되지 않았다. 게다가 지휘관인 허버트 고프 장군은 면밀하지 못하다는 평판을 얻었고, 그 지구는 영국군 담당 구역에서도 방어하기가 가장 어려운 곳이었다.

더글러스 헤이그의 총신이자 동료 기병이었던 고프는 패션데일 공세에서 주된 역할을 했으며 고프 부대의 사상자는 절반을 넘었다. 고프 밑에서 싸웠던 장교들은 고프가 조직한 전투에서 전사자가 많았던 이유를 이렇게 보았다. 고프는 포 지원과 보병 공격을 조화시키는 데 실패했으며, 목표를 달성 가능한 한계 내로 설정하지 못했고, 명백히 실패한 작전을 중단하지 못했으며, 인접한 제2군 사령관 플러머가 존경스러울 정도로 잘 해냈던 것만큼 관리 효율성을 충족시키지 못했다. 로이드 조지는 1917년 겨울에 고프를 해임하려 했지만, 고프는 헤이그의 보호로 해임을 면했다. 이제 고프는 자신의 능력을 뛰어넘는 두 가지 문제에 대처해야 했다.

어느 것도 자신이 만들어낸 상황은 아니었다. 첫 번째는 군대의 대규모 재편에 관련되었다. 1918년 초, 영국군은 독일군이 1915년에, 프랑스군이 1917년에 인식했던 필요성을 받아들여 사단 병력을 12개 대대에서 9개 대대로 축소하기 시작했다. 이런 변화는, 일부 사단이 시행했듯이, 각 사단에서 보병부대에 대한 포대의 비율을 높이는 추세를 따르는 것으로 정당화될 수 있었다. 전쟁이 보병보다는 대포의 전쟁이 되어가면서 중포 지원의 중요성이 커지고 있다는 인식의 반영이었다. 그러나 근저에 놓인 이유는 단순했다. 병사들이 부족했기 때

105. J. Edmonds, *1918*, I, p. 51

문이다. 전쟁소내각의 추산에 따르면, 1918년에 영국원정군은 단순히 손실을 보충하는 데만 61만 5,000명이 필요했는데 징병제를 도입했는데도 국내에서 보충할 수 있는 신병은 10만 명에 지나지 않았다.[105] 선택된 편법은 일부 기병대를 보병으로 쓰는 것 이외에 145개 대대를 해체하여 나머지 대대의 증원부대로 이용하는 것이었다. 그렇게 한다고 해도, 전체 대대의 약 4분의 1이 몇 해 동안 근무했던 사단을 떠나 친숙하지 않은 지휘관들과 지원포대, 공병대, 인접 대대에서 새롭게 적응해야 했다. 해체되어 전속된 대대들의 상당수가 고프의 제5군에 소속되었다는 사실은 특히 불운이었다. 고프의 제5군은 가장 최근에 창설된 부대였기에 전시에 소집되어 명령에 따라 소속 사단을 바꾸었던 한층 더 어린 병사들의 부대를 가장 많이 포함했다. 군대의 재편은 1월에 시작되었지만 3월 초까지도 완료되지 않았고, 관리 능력이 부족했던 고프는 통합 작업의 대부분을 미완으로 남겼다.

고프는 또한 불리할 뿐만 아니라 여러 곳에서 익숙하지 않은 전투지역에 부대를 배치해야 했다. 헤이그는 1917년에 많은 부대가 붕괴된 프랑스군을 도우려고 프랑스군의 전선을 일부 넘겨받기로 동의했는데, 그곳은 정확히 루덴도르프가 봄 대공세를 전개하기로 선택한 구간이었다. 그러므로 고프는 자신의 우익을 솜 강 건너 상태가 나쁘기로 악명 높았던 프랑스군 참호 체계로 확장해야 했으며, 동시에 한 해 전에 힌덴부르크 선으로 더 나아간 후 옛 솜 강 전역 앞에서 영국군이 임시변통으로 급조한 방어선을 더 깊이 파고 보강해야 했다. 이 과제는 매우 성가신 일이었다. 제1선 배후의 참호는 미완성 상태였고, 자신의 구역을 개선할 노동력은 부족했다. 프랑스에서 전개된 전쟁은 총 쏘는 전쟁인 만큼 땅 파는 전쟁이기도 했는데, 고프의 약화된 사단들에는 보병대대의 필수 인력이 부족했을 뿐만 아니라 보병의 작업을 보완할 전문 공병 인력도 마찬가지로 모자랐다. 2월에 제5군의 노동력은 겨우 1만 8,000명을 헤아렸다. 다른 곳에서 가혹하게 뽑아내

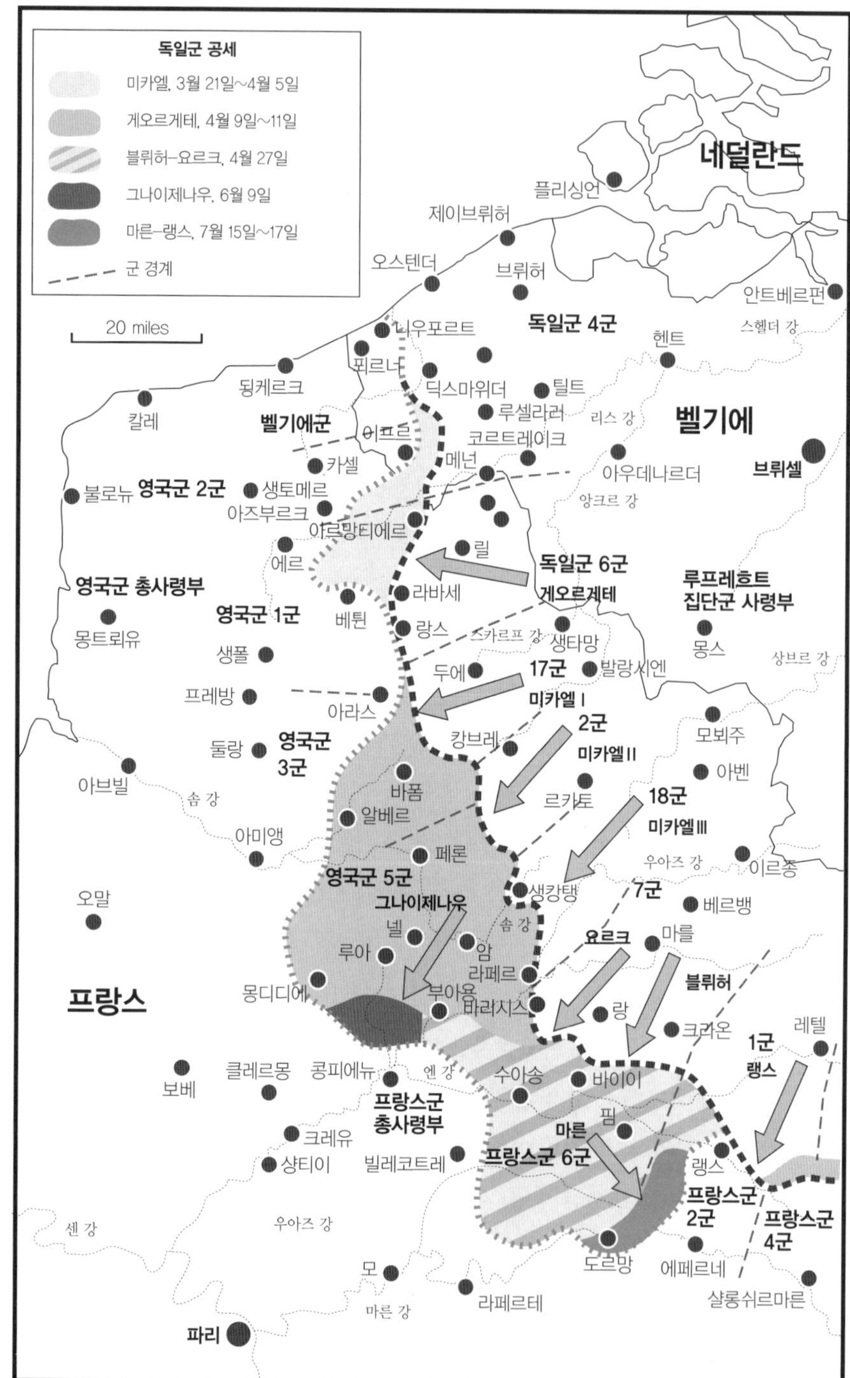

1918년
독일군의 공세

106. J. Edmonds, *1918*, Ⅰ, p. 99

107. J. Edmonds, *1918*, Ⅰ, p. 123

108. M. Middlebrook, *Kaiser*, p. 152

고 중국인과 이탈리아인 노동자를 새로 보충한 결과 전체 숫자는 3월 초에 4만 명으로 증가했다. 그러나 땅 파는 인력의 대부분은 도로 작업에 투입되었다.[106] 가용한 인력의 5분의 1만이 방어시설을 구축하고 있었고, 그 결과 제5군의 참호선 3개 중 첫 번째인 전초선Forward은 완공되었고, 주 참호선인 전투지구Battle Zone는 방어거점과 포 진지를 잘 갖추었지만, 세 번째 참호선으로 방어군이 최후의 의존 수단으로서 퇴각할 지점인 브라운 선Brown Line은 겨우 '가래 한 삽'이었다. 다시 말해서 땅 표면을 겨우 1피트 깊이로 파냈으며 철조망은 군데군데 설치되었고 기관총 진지는 팻말을 박아 여기 있다고 알린 것과 같았다는 뜻이다.[107]

3월 21일 오전에 급습이 닥칠 곳이 바로 이 불완전한 방어선이었다. 76개의 독일군 1급 사단들이 밀집하여 대등하지 않은 전력의 영국군 28개 사단을 습격했다. 독일군은 염소가스와 포스겐, 최루탄으로 안개가 더욱 짙어진 새벽, 50마일의 전선에 기습포격을 가하고 전진했다. 가스는 치명적이었고, 최루탄은 영국군 병사들의 방독면을 벗기기 위한 자극제였다. 영국군 의무부대의 사병이었던 A. H. 플린트Flindt는 이렇게 썼다. "흐릿한 안개가 짙어지면서 몇 야드 앞을 내다보기가 불가능했고, 도처에서 폭포처럼 쏟아지는 포탄과 폭약, 강렬한 섬광을 우리는 간신히 견뎌내며 지나가기를 기다렸다. 그러나 중단되지 않았다."[108] 수포를 생성하는 겨자가스가 혼합되어 쏟아지는 탄막은 오전 4시 40분부터 9시 40분까지 다섯 시간 지속되었다. 그다음, 힌덴부르크가 3월 10일에 내린 작전명령대로 독일군 돌격부대가 참호에서 올라와 자신들이 설치한 철조망의 틈새를 지나 중간지대를 건너 반대편의 어찌할 바를 모르는 방어군의 진지에 침투하기 시작했다.

전쟁 처음부터 프랑스에 있었던 정규군 대대의 하나였던 웨스트요크셔 연대West Yorkshire Regiment 1대대의 사병 T. 제이콥스Jacobs는 이렇게 말했다. "포는 엄청난 제거 수단이다. 누구라도 지속적인 포격을 받으면 세 시간이 못 되어 졸음이 쏟아지고 몸은 마비된다. 세 시간 뒤에 충격을 받고 그 자리에서 그대로 건너온 적에게 잡혔다. 마취된 것과 약간 비슷하다. 강하게 저항할 수 없다. …… 전에 있던 다른 전선에서 우리는 강하게 저항했다. 게리(제리)Gerry[109]가 발포할 때마다 우리 포가 발포하여 게리를 침묵하게 만들었다. 그러나 이번에는 전혀 보복이 없었다. 게리(제리)는 우리를 마음대로 유린했다."[110]

그런데도 영국의 방어군과 지원포대는 독일군이 전진할 때 산발적으로 저항할 수 있을 정도로 독일군의 포격을 견뎌냈다. 독일군 포병들은 기상 관측에 의존하는 '풀콥스키Pulkowski' 방식으로 대체로 마구잡이로 사격을 가했기에 포탄은 몇몇 주요 표적을 놓치거나 넘어갔다. 독일군이 중간지대를 벗어나 모습을 드러내자, 영국군 포 진지와 기관총 진지가 갑자기 살아났고 생존한 참호 수비대는 흉벽에 달라붙었다. 키치너군 대대인 노퍽 연대Norfolk Regiment 9대대[111]의 사병 J. 졸리Jolly는 이렇게 썼다. "나는 내 수비 위치를 지켰고 200 내지 300야드 밖에서 수많은 독일군이 둑을 넘어 다가오는 것을 아주 잘 볼 수 있었다. 독일군은 벌써 우리의 제1선[제6사단 구간]을 빼앗았다. 우리는 발포했고, 그 둑 너머로 수백 명이 나타나 다가왔지만 곧 죽어 쓰러졌을 것이다. 독일군의 공격은 확실히 중단되었다."[112] 노퍽 연대의 방어 위치에서 북쪽으로 얼마간 떨어진 곳에서, 한 독일군 하사관이

미약한 저항에 맞서 더 전진했으나 그때 안개가 걷혔고 기관총 진지에서 우리에게 사격을 가했다. 몇 발이 웃옷을 관통했지만 맞지는 않았다. 우리는 모두 엄폐했다. …… 다른 중대의 소대 하나가 나의 소대에 합류했고, 우리는 기관총 진지 안의 예닐곱 명을 사살했다. 그 숫자가 전부였다. 나는 대여섯 명을 잃었다. …… 우측 너머로 보니 후방으로 끌려가는 영국군 포로들이 보였다. …… 약 120명으로 필시 1개 중대였을 것이다. 포로들은 총탄을 피하기 위해 몸을 낮추어 서둘러 갔다. 내 생각에 영국군 진지의 은신처는

109. 'Jerry'라고도 쓴다. 연합군, 특히 영국군이 독일군을 지칭하여 부른 말로 1차 세계대전 때 만들어졌으나 2차 세계대전에서 널리 쓰였다. German의 변형이라는 얘기가 있다.—옮긴이

110. M. Middlebrook, *Kaiser*, p. 162

111. 노퍽 연대는 1대대가 1914년 8월에 영국원정군으로 파견되었고 전쟁 중에 키치너군으로 7대대, 8대대, 9대대가 창설되었다.—옮긴이

112. M. Middlebrook, *Kaiser*, p. 189

113. M. Middlebrook, *Kaiser*, pp. 191~192

우리가 금방 모조리 파괴했고, 그래서 이 많은 수의 적군은 항복하는 것이 낫다고 결정했을 것이다.[113]

114. M. Middlebrook, *Kaiser*, p. 192

다른 진지의 영국군 기관총 사수들은 운이 좋았다. 사병 J. 파킨슨Parkinson은 이렇게 회고했다. "나는 우리가 적군을 저지했다고 생각했다.

그때 나는 무엇인가 등을 치는 것을 느꼈다. 뒤돌아서니 독일군 장교가 내 등에 연발권총을 들이대고 있었다. "따라와, 토미. 그만하면 충분해." 나는 돌아서며 말했다. "대단히 감사합니다, 장교님." 내가 어느 기관총 사수에 저지되었다면, 그리고 내 손에 그 연발권총이 쥐어졌다면 나는 어떻게 했을지 알고 있다. 나라면 그자의 목숨을 끝내버렸을 것이다. 이 친구는 틀림없이 진정한 신사였다. 10시 20분이었다. 시계를 봤기 때문에 분 단위까지 기억하고 있다."[114]

이 시각이면, 독일군 보병이 공격을 위해 참호를 떠난 지 겨우 한 시간밖에 되지 않았는데도, 폭 12마일에 걸쳐 있는 영국군 제5군 전초선의 거의 모든 진지가 돌파되었다. 폐허가 된 생캉탱의 장애물 뒤에서만 1줄의 방어선이 아직 유지되었다. 이마저 주 전투지역인 레드 선Red Line으로 독일군이 몰려들면서 곧 함락된다. 한층 더 강하게 지키고 있던 레드 선은 정오 무렵에, 곳에 따라서는 더 일찍 공격을 받았는데 상대적으로 강력하게 저항했다. 레드 선은 독일군의 예비포격에 강타당하고 이어 이동탄막의 포화를 맞았지만, 독일군 보병이 타격받은 지대 안으로 진입하면서 포 지원은 자연스럽게 사라졌다. 영국의 포대는 좌우에서 측면을 공격받았지만 일부 포 진지를 끝까지 넘겨주지 않아 공격군에 맞선 저항을 지속시키는 데 도움을 주었다. 어느 독일군 상병은 그러한 대결에 관하여 이렇게 보고했다.

우리는 갑자기 근사거리에서 어느 포대의 유산탄 포격을 받아 지표면에 바짝 엎드려야 했다. 좁은 지역에 밀집한 우리는 낮은 철길 둑 뒤에서 엄폐했다. …… 우리는 일직선으로 7 내지 8킬로미터를 전진했으며, 지금은 중구경포의 직사에 노출되어 있다. 발포소리와 포탄의 폭발음이 동시에 들린다. 이 부대를 정면공격하는 것은 의미가 없다. …… 포격은 시작할 때 그랬듯이 갑자기 멈추었다. 우리는 다시 한숨 돌릴 수 있었다. 우리는 일어서서 버려진 포열로 전진할 수 있었다. 포신은 아직도 뜨거웠다. 우리는 몇몇 포병들이 도망가는 것을 보았다.[115]

115. M. Middlebrook, *Kaiser*, p. 238

영국군은 오후에 레드 선의 대부분을 잃었다. 수비대가 피신했거나 아니면 공격군에 전멸했기 때문이었다. 땅을 가장 많이 빼앗긴 곳은 생캉탱 남쪽, 우아즈 강과 엔 강이 합류하는 지점을 지키는 프랑스군 제6군과 만나는 곳이었다. 고프 구역 남쪽 끝에 있던 영국군 사단인 제36(얼스터)사단과 제14사단, 제18사단, 제58사단이 퇴각하면서, 프랑스군도 물러날 수밖에 없었다. 그리하여 적진이 파리를 향하여 내밀었다. 지난해 11월 캉브레 전투에서 남은 플레스키에르 돌출부가 독일군 참호선으로 불쑥 내민 고프의 북쪽 구역에서, 독일군은 영국군 제3군을 포위하여 그 안위와 영국군의 플란데런 지배력에 위협을 가했다. 미카엘 작전의 목적이 영국원정군을 영국해협의 해변 쪽으로 '포위'하는 것이었으므로, 이제 목적을 달성할 것 같았다. 사실, 독일군이 플레스키에르의 양 측면을 공격한 목적은 그 돌출부를 당장에 점령하기보다는 고립시켜 포로들을 늘리고 제5군과 제3군이 만나는 결정적인 접점에 구멍을 뚫어 북서쪽으로 강력히 밀고 나가는 것이었다.

3월 21일 저녁이 다가오면서, 영국원정군은 3년 6개월 전에 참호전이 시작되고 난 뒤 처음으로 진정한 패배를 겪었다. 19마일의 전선에서 남아프리카 여단South African Brigade과 레스터셔 연대Leicestershire Regiment

의 3개 대대로 구성된 여단이 영웅적으로 지켜낸 2곳을 제외하면 전초 전체를 다 잃었다. 주요 진지도 대부분 침투당했다. 많은 포를 빼앗겼으며, 전체가 항복하거나 후방으로 도주한 부대도 있었고, 맞서 싸웠던 부대들에서는 많은 사상자가 발생했다. 전부 합해서 7,000명의 영국군 보병이 사망했으나 포로로 잡힌 숫자는 2만 1,000명이나 되었다. 그날의 사건들은 1916년 7월 1일의 경우와 반대였다. 그때 영국군은 2만 명이 전사했지만 포로로 잡힌 자는 거의 없었고, 최고사령부와 언론은 똑같이 승리를 거두었다고 주장했다.

미카엘 작전 첫날, 독일군의 전체 사망자는 1만 명으로 영국군 사망자보다 많았고 부상자도 영국군은 1만 명이었던데 반하여 거의 2만 9,000명이나 되어 매우 많았지만, 명백히 독일군이 승리했다. 일부 영국군 대대는 지휘관을 포함하여 171명이 전사한 셔우드포리스터즈 Sherwood Foresters 연대 7대대처럼 전멸했지만, 이는 예외였다. 10명의 보병 중령이 사망했다는 사실은 일부 부대가 필사적으로 싸웠다는 증거였지만, 부대의 조직이 심히 와해되었다는 증거이기도 하다. 그리하여 지휘관이 직접 최전선에 나가게 되었고 충격에 휩싸인 병사들에게 모범을 보임으로써 최고의 희생을 치렀던 것이다. 잘 준비한 부대라면 적군의 공세가 회오리친다고 해도 병사들의 사기가 붕괴되었거나 상급부대의 지원이 없는 경우가 아니라면 그렇게 많은 고위 장교를 잃지는 않는다. 3월 21일에 제5군에는 두 가지 조건이 모두 존재했다. 많은 부대는 1917년의 소모전에서 지쳐 있어 대충 손본 방어선을 지키기에 적합한 상태가 아니었고, 제5군 사령부는 사기가 무너질 경우 이에 적절히 대처할 계획을 갖추지 못했다. 어느 경험 많은 보병은 사후에 이렇게 썼다. "고백하건대 1918년 3월 21일 독일군의 돌파는 일어나지 않았어야 했다. 명령에는 일관성이 없었고, 단호함도 전투의지도 없었으며, 중대들 사이에나 대대들 사이에 협조도 없었다." 실제로 사기가 붕괴했으므로, 이 붕괴가 1917년 봄 프랑스군의 사기 붕괴, 케렌스키 공세 이후 러시아군의 사기 붕괴, 카포레토 전투 중 이탈리아군의 사기 붕괴와 동일한 심리 상태에 기인하는가라는 질문을 해볼 수 있겠다. 네 경우 전부, 영국군의 사례도 포함된다면, 군대는 그때까지 참전 당시의 숫자로 계산할 때 보병 정원의 100퍼센트가 넘는 사상자를 기록했으며, 살아있는 인간으로서 감내할 수 있는 한계를 진정 넘어섰을 것이다.

차이가 있다면, 심리적 트라우마의 크기와 억제에 있다. 프랑스군은 전투 대형의 절반 이상에서 붕괴의 징후를 보였고, 회복하는 데 1년이 걸렸다. 이탈리아군은, 퇴각한 것은 주로 이손초 강 전선의 사단들이었지만, 전반적으로 위기를 겪었으며 실로 결코 회복되지 않았고, 다수의 영국군과 프랑스군 부대로 보강되어야 했다. 러시아군은 연이은 패배와 두 차례의 혁명, 국가 체제의 해체로 압박을 받아 완전히 붕괴되었으며 결국 해체되었다. 영국군 제5군의 위기는 성격이 달랐고 심각함도 덜했다. 제5군의 패배는 그 성격상 의심의 여지없이 물질적인 패배가 아니라 정신적인 패배였고 그 점에서 카포레토의 패배와 유사했지만, 제5군의 막연한 불안은 다른 3개 영국군인 제3군이나 2군, 1군에 전염되지 않았다. 실제로 제5군을 휩쓴 막연한 불안은 신속하게 억제되어 독일군의 공세가 시작되고 겨우 한 주가 지나서 제5군은 회복되기 시작했으며 반격하고 있었다. 제5군은 많은 땅을 잃었으며 다른 영국군과 프랑스군, 약간의 미군 부대로 크게 보강되었지만 조직으로서 기능을 멈춘 적은 없었고, 많은 부대들이 저항하고 사수할 의지를, 나아가 반격할 의지까지도 유지했다.

독일군의 공세가 영국군과 더불어 연합군 전체에 최악이었던 날은 셋째, 넷째, 다섯째 날인 3월 24일에서 26일이었다. 그 사흘 동안 영국군이 프랑스군과 분리되어 영국군 참호선 전체가 북서쪽으로 해협의 항구들을 향해 이동할 위험이, 정확히 루덴도르프가 미카엘 작전의 목표로 설정했던 '포위'의 위험이 증가했다. 전선 붕괴의 망령

116. J. Edmonds, *Short History*, p. 286

이 마른 강 전투 때 그랬듯이 프랑스군 최고사령부를 덮쳤다. 그러나 1914년에는 조프르가 영국원정군과 연락을 유지하기 위해 할 수 있는 모든 조치를 다 했지만, 이제 북부의 프랑스군을 지휘하는 페탱은 자신이 느낀 두려움의 조언을 들었다. 3월 24일 오전 11시, 페탱은 헤이그의 사령부를 찾아가 자신이 베르됭 북쪽에서 공격받을 것 같다고, 더는 증원군을 보낼 수 없으며 파리를 방어하는 것만이 자신의 주된 관심사라고 경고했다. 헤이그가 추가로 지원군을 보내지 않으면 두 나라 군이 분리되는 결과가 초래될 수 있음을 이해하고 수용하는지 묻자, 페탱은 단지 고개를 끄덕였다.[116] 헤이그는 연합군 사이에 위기가 왔음을 즉각 깨달았다. 그러나 1914년의 유사한 상황에서는 영국 전쟁부가 존 프렌치 경의 결의를 강화했던 반면, 이제는 헤이그가 전쟁부에 전화를 걸어 페탱의 결의를 강하게 해달라고 부탁했다. 이틀 후, 아미앵 근처 둘랑Doullens에서, 정확히 독일군 진격선에서 영국과 프랑스의 즉흥적인 협의회가 열렸다. 프랑스 대통령 푸앵카레가 의장을 맡았고 페탱과 헤이그, 프랑스군 참모총장인 포슈는 물론 수상 클레망소와 영국 전쟁장관 밀너 경도 참석했다.

회의의 시작은 좋지 않았다. 헤이그는 제5군에 어떤 일이 일어났는지 개설하고 솜 강 아래쪽 제5군의 일부를 페탱의 통제를 받게 했다고 설명하면서 자신은 그 구간에서 더는 할 일이 없는 자신의 무능력을 얘기했다. 페탱은 이에 반대하여 제5군은 '붕괴'되었다고 말했으며 눈치 없게도 고프의 부대를 카포레토의 이탈리아군에 비유했다. 페탱과 영국군 참모총장 헨리 윌슨 사이에 언쟁이 벌어졌고, 이는 페탱이 자신은 능력껏 최대한 지원했으며 이제는 아미앵의 방어가 목적이 되어야 한다고 항의하면서 끝났다. 아미앵은 독일군이 지금까지 도달한 최전방 너머 20마일 지점에 있었다. 이 발언 끝에 포슈가 어느 때보다도 더 격하게 말을 토해냈다. "우리는 아미앵 앞에서 싸워야 한다. 우리가 지금 있는 곳에서 싸워야 한다. …… 이제 한 치도 물러서

지 말아야 한다." 포슈의 개입으로 상황은 정상을 되찾았다. 귀퉁이에서 황급히 대화가 진행된 뒤, 갑자기 헤이그가 포슈의 명령을 받는다는 합의가 이루어졌다. 포슈는 "영국군과 프랑스군을 조정하는 …… 책임을 맡게" 되었다.[117] 이 처방은 모든 당사자를 만족시켰다. 1915년 12월에 영국원정군의 지휘관으로 임명된 이래 지휘권의 절대적인 독립성을 조금도 훼손시키지 않으려 했던 헤이그까지도 만족했다. 포슈의 권위는 4월 3일에 더 확장되어 '전략 작전의 지휘'를 포괄하게 된다. 그리하여 포슈는 사실상 연합군 총사령관이 되었다.

포슈의 임명은 간신히 때맞춰 일어났다. 독일군은 4월 5일까지 50마일의 전선에서 20마일을 전진했으며 아미앵에서 5마일 이내의 거리까지 진입했다. 아미앵은 공병대와 철도부대[118]—일부는 미군이었다—를 포함한 임시변통의 부대가 장막을 치고 방어하고 있었다. 프랑스군의 자원이든 영국군의 자원이든 가장 필요한 곳에 자원을 할당할 절대적인 권한을 지닌 단일 사령관의 임명은 이런 위기에 꼭 필요했다. 그렇지만 독일군도 이 공격의 단계에서 위기를 겪었다. 진격 속도가 늦춰졌을 뿐만 아니라, 진격 자체가 잘못된 방향으로 나아가고 있었다.

그런데도 위기의식은 부재했다. 카이저는 공격의 진척에 너무 기쁜 나머지 3월 23일에 독일의 학생들에게 '승리' 휴일을 주었고 힌덴부르크에게는 '황금 줄'이 박힌 대철십자훈장을 수여했다. 1815년에 나폴레옹을 물리친 공으로 게프하르트 폰 블뤼허Gebhard von Blücher[119]에게 마지막으로 수여되었던 훈장이었다. 그렇지만 그때쯤이면 지도는 이미 위기가 시작되고 있다는 증거를 보여주었으며, 하루하루 지날 때마다 위기는 심화되고 있었다. 공격은 최초에 솜 강 남쪽에서 프랑스군 구간과 만나는 영국 참호선의 오른쪽 끝에서 가장 큰 성공을 거두었기에, 독일군 최고사령부는 바로 그 구간에서 제2군과 제18군으로 결정적인 노력을 쏟기로 정했다. 목적은 영국군과 프랑스군의 분

117. J. Edmonds, *Short History*, p. 542

118. 철로의 부설과 유지, 보수를 맡은 부대. 프랑스에 파견되어 영국군 구간에서 활약하다가 아미앵을 수비하게 된 부대는 캐나다 철도부대(Canadian Railway Troops)였다.—옮긴이

119. 1742~1819. 프로이센군 원수. 1813년 라이프치히 전투와 1815년 워털루 전투에서 나폴레옹 1세에 맞서 싸웠다.—옮긴이

120. H. Herwig, pp. 406~407

121. H. Herwig, p. 410

리였다. 동시에 제17군은 두 선두 군의 측면에서 뒤쫓아 오고 제6군은 북서쪽으로 바다를 향해 진격할 준비를 갖출 예정이었다.[120] 이 명령은 단일한 대규모 침투라는 전략을 포기하고 세 갈래로 진격하는 것을 채택함을 뜻했다. 그리하여 어느 갈래도 돌파를 달성하기에 충분할 만큼 강력하지 못했다. 1914년에 파리를 향해 진격할 때처럼, 독일군은 결과를 지배하고 결정하기보다는 저항이 가장 약한 방어선을 따라 그날그날의 상황에 대응하고 있었다.

군사지리의 우연한 사건들도 서서히 독일군에 불리하게 작용했다. 독일군은 아미앵에 가까이 다가갈수록 옛 솜 강 전역의 장애물 속에, 다시 말해서 버려진 참호들과 망가진 도로, 포탄 구덩이로 가득한 들판이 만들어낸 황무지에 더 깊이 빠지게 되었다. 이는 한 해 전에 전선이 이동하며 남긴 풍경이었다. 솜 강 전투는 1916년에 영국군에 전쟁의 승리를 가져다주지는 않았지만, 전투가 남긴 장애물은 1918년에 영국군이 패전하지 않도록 확실하게 도와주었다. 게다가 영국군 후방지역은 가장 단순한 생필품조차 진귀하고 값비싼 상품으로 만들어버린 수년간의 봉쇄에서 갓 벗어난 국민의 군대가 누릴 사치품으로 가득했기에, 진격하던 독일군은 거듭 멈추어 약탈하고 물릴 정도로 충분히 누리고픈 유혹을 받았다. 알브레흐트 폰 테르Albrecht von Thaer 대령은 이렇게 기록했다. "모든 사단들이 완전히 걸신들린 듯 게걸스럽게 음식과 술을 먹어치웠다." 그리고 "절대적으로 필요했던 공격을 강행"하는 데 실패했다.[121]

폐허와 약탈의 유혹은 적군의 저항만큼이나 독일군에겐 치명적인 적이었을지도 모른다. 그러나 4월 4일에 영국군은 아미앵 외곽에서 오스트레일리아 군단으로 반격을 가함으로써 독일군에 어려움을 더해주었고, 이튿날 독일군 최고사령부는 미카엘 작전이 끝났음을 인식했다. "최고사령부는 아미앵 공격을 영구히 포기한다는 지극히 어려운 결정을 내릴 수밖에 없었다. …… 적군의 저항은 우리의 힘으로 어쩔 수 없었다." 독일군은 사망자와 부상자를 합해 25만 명을 잃었는데 이는 프랑스군과 영국군의 희생을 합한 것과 대체로 비슷했지만, '전쟁을 승리로 이끌' 카이저 전투Kaiserschlacht[122]를 위해 선택된 사단들이 입은 영향은 숫자로 계산할 수 있는 손실을 크게 뛰어넘었다. "90개 이상의 독일군 사단이 …… 전력을 소모했고 사기를 잃었다. …… 많은 사단들이 2,000명까지 줄어들었다."[123] 연합군의 손실에는 전투원에서 병참부대원까지 온갖 종류의 병사들이 포함되었지만, 독일군의 사상자는 누구도 대신할 수 없는 정예병들이었다. 게다가 실패의 원인은, 2차 세계대전에서 히틀러의 집단군 중 하나를 지휘하게 되는 빌헬름 폰 레프Wilhelm von Leeb[124] 소장의 반성에 따르면, "최고사령부가 방향을 변경"했기 때문이었다. "최고사령부는 작전상의 목표가 아니라 획득할 영토의 크기를 기준으로 결정을 내렸다."

레프와 테르를 포함한 루덴도르프의 젊은 참모장교들은 참모본부 동료들의 묵인하에 루덴도르프가 미카엘 작전에서 실수를 저질렀다고 비난했다. 루덴도르프는 응수했다. "불평을 해대는 목적이 무엇인가? 내가 어떻게 하기를 바라는가? 지금 내가 어떤 대가를 치르고라도 강화협정을 체결해야 하는가?"[125] 그러한 결산의 시간이 멀지 않았지만, 미카엘 작전이 종결되면서 패배를 인정하기를 거부했던 루덴도르프는 즉시 플란데런의 영국군을 겨냥하여 차위 작전이었던 게오르게테 작전을 개시했다. 목표지점이었던 이프르 배후의 영국해협 해안은 미카엘 작전의 목표지점보다 더 쉽게 획득해야 했다. 바다가 공격지점 너머로 겨우 60마일밖에 떨어져 있지 않았기 때문이다. 그러나 영국원정군이 1914년 10월부터 애써 지키던 이프르 앞의 전선은 서부전선의 다른 어느 구간보다 더 공고했고, 영국군은 참호의 구석구석까지 너무나도 잘 알고 있었다.

4월 9일 독일군은 또다시 안개의 도움을 받아 은밀하게 예비 기동을 진행했고, 예비 포격을 위해 브루흐뮐러 포대 열차가 솜 강 구간

122. 1918년 봄 공세의 다른 이름이다.—옮긴이

123. H. Herwig, p. 408

124. 1876~1956. 1938년에 상장군(Generaloberst)으로 승진한 뒤 은퇴했다가 그해 7월에 재소집되어 제12군 사령관으로 수데텐란트의 점령에 참여했다. 다시 퇴직했다가 1939년 여름에 소집되어 C집단군 사령관으로 마지노선을 돌파했다. 이 공으로 원수가 되었고, 소련 침공 작전인 바르바로사 작전에서 북부집단군을 지휘했다.—옮긴이

125. H. Herwig, p. 409

126. J. Edmonds, *Short History*, p. 305

에서 북쪽으로 이동해온 덕분에 중포의 우세를 누렸다. 독일군은 중포 사격 덕에 시초에 이점을 누렸다. 헤이그는 깜짝 놀라 4월 11일에 제2군과 제1군에 그 유명한 '배수진Backs to the Wall' 명령을 전달한다. 명령은 이와 같았다. "모두 배수의 진을 치고 우리의 대의가 정의로움을 믿으며 끝까지 싸워야 한다. …… 모든 진지는 마지막 한 사람까지 사수해야 한다. 퇴각은 없어야 한다." 그런데도 퇴각은 있었다. 한 가지 이유는 이제 병력 배치의 권한을 완전하게 행사했던 포슈가 영국군은 프랑스군의 지원 없이도 살아남을 수 있으며 자체의 병력으로 끝까지 전투를 수행해야 한다고 생각했기 때문이다. 이는 가혹했지만 올바른 견해였다. 용감했던 작은 벨기에군은 영국군 구간의 일부를 넘겨받았고, 영국 항공대는 비행하기에는 일기가 나빴는데도 효과적으로 근접지원 작전을 수행했으며, 영국군 기관총 사수들은 독일군이 거의 1914년의 방식으로 강력하게 공격해 들어오면서 무수한 표적을 발견했다. 4월 24일 이프르 남쪽에서 독일군은 이 전쟁에서 드물었던 전차 공격을 개시하는 데 성공했지만, 숫자와 성능에서 우월했던 영국 전차들이 출현하면서 저지되고 격퇴되었다. 4월 25일 독일군은 플란데런 고지대 중 하나인 케멀베르흐를 점령했고 4월 29일에는 또 다른 고지인 스헤르펜베르흐Scherpenberg를 점령했지만, 이러한 성취는 공격의 한계를 드러냈다. 4월 29일 루덴도르프는 한 달 전 솜 강 전투에서 그랬듯이 마지막으로 큰 노력을 기울였지만 중단해야 한다는 사실을 인정했다. 독일의 공식 역사는 이렇게 기록했다. "공격은 카설과 카츠베르흐의 결정적인 고지까지 침투하지 못했다. 그곳을 점령해야만 [영국군을] 이프르 진지와 이프르 돌출부에서 철수하게 할 수 있다. 대규모 전략적인 이동은 가능하지 않았으며, 영국해협의 항구들에 도달하지 못했다. 두 번째 대공세는 바라던 결과를 가져오지 못했다."[126]

독일군의 두 번째 공세에서 가장 유명한 사건은 4월 21일에 플라잉 서커스Flying Circus[127]의 편대장이자 공중전에서 80회의 승리를 거두어 1차 세계대전 최고의 격추왕이었던 '붉은남작' 만프레트 폰 리히토펜이 전투 중 사망한 것이었다. 그러나 공중 작전은 공군에 대한 투자가 국가의 군사 자원 할당에서 크게 두드러졌던 1918년에도 패배나 승리에 미치는 영향이 매우 적었다. 그러므로 '카이저 전투'가 병력의 측면에서 갖는 진정한 의미는 4월의 독일군 의료보고서가 산출한 대차대조표가 훨씬 더 잘 드러낸다. 표에 따르면 3월 21일에서 4월 10일 사이에 3개의 주요 공격군은 "원 병력의 5분의 1인 30만 3,450명을 잃었다." 이후 닥칠 일은 더 나빴다. 4월에 플란데런의 영국군을 겨냥한 공세는 결국 총 80만 명이었던 제4군과 제6군에서 12만 명을 희생시킨 것으로 계산되었다. 제6군의 어느 보고서는 4월 중순에 이렇게 경고했다. "부대는 명령을 받아도 공격하지 않는다. 공세는 중단되었다."[128]

북부 전선에서 좌절을 겪은 루덴도르프는 이제 프랑스군 쪽으로 노력을 돌리기로 했다. 루덴도르프는 3월의 대공세로 형성된 돌출부의 끝에서 원래의 계획대로 북서쪽이나 아니면 남서쪽으로 공격할 수 있었다. 군사적 논리에 따르자면 전자를 선택해야 했다. 그래야만 영국군 지역과 영국해협의 항구들을 위협할 수 있었기 때문이다. 그러나 우아즈 강 유역을 따라 공격의 축선을 제공했던 프랑스의 지형과 겨우 70마일밖에 떨어져 있지 않은 파리의 유혹 때문에 후자가 지지를 받았다. 파리와 독일군 사이에는 슈맹데담 능선이 가로막고 있었는데, 전년도 5월에 니벨이 공세를 벌였지만 실패했던 곳이다. 그러나 니벨은 초기 포격 이후 보병 공격진을 연이어 전진시키는 옛 방식으로 공격했다. 루덴도르프는 자신의 새로운 공격 방식이 프랑스군 방어선을 깰 수 있다고 믿었다. 게다가 루덴도르프는 파리 외곽 전선으로 적군의 예비부대를 충분히 유인해낸다면 북부에서 공세를 재개할 기회를 얻을 수 있으리라고 기대했다. 루덴도르프는 연합군에 '빅

127. 플라잉 서커스는 별칭으로, 원래는 야크트게슈바더(Jagdgeschwader) 1(JG1)이다. 4개의 편대(Jagdstaffeln)로 구성된 전투기부대. 1917년 6월 24일에 폰 리히토펜을 지휘관으로 처음 설립되었다. 공중전에서 쉽게 식별하기 위해 비행기를 밝은 색깔로 칠하여 그런 별칭을 얻었다.—옮긴이

128. H. Herwig, p. 404

129. 크루프 사에서 개발한 곡사포. 원래 명칭은 '뚱뚱한 베르타(Dicke Bertha)'다. 설계자들이 구스타프 크루프의 부인인 베르타 크루프의 이름을 따서 명명했다. 이후 연합군은 독일군의 대구경포를 일반적으로 빅 베르타라고 불렀다.—옮긴이

130. H. Herwig, p. 415

베르타Big Bertha'[129]로 알려진 장거리포를 배치하여 파리를 직접 공격하고 있었다. 빅 베르타는 75마일 밖에서 도시 안으로 포탄을 발사하여 객관적으로는 아닐지라도 심리적으로는 상당한 영향을 끼쳤다.

이 세 번째 공세를 위해 어느 때보다도 많은 포가 전선에 집결했다. 포 6,000문에 탄약 200만 발이었다.[130] 이 전부가 5월 27일 오전 네 시간 남짓 동안 연합군 16개 사단에 퍼부어졌다. 그중 3개 사단은 3월과 4월의 전투에서 힘을 소진한 영국군 사단으로 슈맹데담에 휴식하러 온 참이었다. 포격이 중단되자마자 독일군 제6군의 15개 사단이 일련의 물길을 건너 능선 정상에 도달했고 그 너머 반대편 비탈을 따라 내려가 능선 밖의 평지를 향했다. 25개 사단이 뒤따랐다. 계획에 따르면 공격군은 개활지에 도달하면 북쪽에서 공격을 재개하기 위한 준비 단계로서 정지해야 했다. 그러나 공격으로 생긴 기회는 너무 매력적이어서 단념하기 힘들었다. 루덴도르프는 처음 이틀간 얻은 성과를 이용하기로 결정하고, 이후 닷새 동안 멀리 수아송Soissons과 샤토티

1918년 5월, 독일군의 세 번째 공세. 교통호 안에 독일군 보병이 모여 있다.

에리Chateau-Thierry까지, 전진부대가 프랑스의 수도에서 겨우 56마일 떨어진 곳까지 사단들을 밀어붙였다. 연합군은 독일군에게 끝장을 보는 전투의 만족감을 주지 않기 위해 최대한 천천히 예비부대를 투입했지만, 어쩔 수 없이 5월 28일에 3개, 5월 29일에 5개, 5월 30일에 8개, 5월 31일에 4개, 6월 1일에 5개, 6월 3일에 2개 사단을 교전에 투입해야 했다. 여기에는 미군 제3사단과 제2사단이 포함되었는데, 미군 제2사단에는 도우보이 최고의 전문가들이었던 미군 해병대의 1개 여단이 포함되었다. 이 해병대는 6월 4일과 이후 며칠 동안 부아벨로Bois Belleau에서 독일군이 랭스Rheims로 이어지는 도로에 접근하지 못하도록 끝까지 막아냄으로써 불굴의 군대라는 평판을 얻었다. 도로가 점령되면 독일군이 공세를 유지하기 위해 의존했던 철도의 수용 능력은 두 배 이상 늘어나게 될 터였다. 미군 해병대의 어느 장교는 자신들이 책임을 맡은 구간에서 벌어진 전투의 초기 단계에서 그곳을 통과하여 후퇴하던 프랑스 부대로부터 같이 퇴각해야 한다는 권고를 받았다. 로이드 윌리엄스 대위는 미 해병대 신화에 기억되는 말로 이렇게 답변했다. "퇴각한다고? 천만의 말씀, 우리는 지금 막 도착했다."[131]

그렇지만 부아벨로에서 미군 해병대가 가한 반격은 미군뿐만 아니라 프랑스군과 영국군이 파리를 위협하는 공격에 맞서 보인 전반적인 대응의 하나였을 뿐이다. 연합군은 몰랐지만 독일군은 이미 6월 3일에 세 번째 공격을 중지하기로 결정했다. 선두부대가 전진하는 보병과 지원포대 뒤로 지체된 보급부대에서 또다시 과도하게 멀어졌기 때문이기도 했지만, 저항이 거셌기 때문이었다. 독일군은 다시 한 번 1,000명 이상을 잃었다. 프랑스군과 영국군과 미군의 손실도 독일군의 손실에 필적했으나, 연합군은 사상자를 대체할 능력을 보유했던 반면 독일군은 그렇지 못했다. 프랑스군은 사실상 한 해 동안 움직임이 없다가 새로운 연도의 징집병을 모집할 수 있었으며, 영국군 보병의 전력은 지속적인 전투로 고갈되어 절대적으로 하락하고 있었지만

131. M. E. S. Harries, p. 251

132. J. Edmonds, *Short History*, p. 323

(1917년 7월에 75만 4,000명이었는데 1918년 6월에 54만 3,000명으로 감소했다) 미군이 한 달에 25만 명씩 프랑스에 투입하고 있었고 전투지구와 배후에 25개 정규 사단을 배치했다.[132] 미국에서 55개 사단이 추가로 조직되고 있었다.

6월 9일 루덴도르프는 프랑스군 예비부대를 남쪽으로 끌어내리는 동시에 이제 파리와 플란데런 사이에서 서쪽으로 튀어나온 돌출부를 더 확대하기 위해 우아즈 강의 지류인 마츠Matz 강에서 공세를 재개했다. 루덴도르프는 공격군을 위쪽 끝머리로 진격시켜 원래의 의도대로 영국군의 후방을 타격할 것인지 아니면 아래쪽으로 돌려 수도로 돌진할 것인지 아직 결정하지 못한 상태였다. 마츠 강 공격은 어쨌거나 한정된 공격이었는데, 6월 14일에 프랑스군이 미군의 지원을 받아 반격하여 최초의 진격을 저지하면서 곧 실패했다. 독일군은 압박을 지속할 수 없었던 데 더하여 이른바 '스페인' 독감의 최초 발생으로 방해를 받았다. 남아프리카에서 시발하여 사실상 세계적인 전염병이 된 스페인 독감은 가을철에 되풀이되어 유럽에 파괴적인 영향을 미치게 되는데 6월에는 약 50만 명의 독일군 병사를 쓰러뜨렸다. 독일군은 부족한 음식 탓에 쇠약해져 반대편 참호의 잘 먹은 연합군 병사들보다 저항력이 크게 뒤졌기 때문이다.

1918년 가을, 전진하는 미군 보병

이제 루덴도르프는 공격을 위해 숫자의 우세를 마련할 수 없을 정도로 병력이 줄어들자 중대한 선택을 해야 했다. 중요하지만 이행하기는 더 어려운 목표인 플란데런의 영국군을 공격할 것인가 아니면 상대적으로 더 쉽지만 중요성에서 부차적인 목표인 파리를 공격할 것인가. 루덴도르프가 마음을 정하기까지는 거의 한 달이 걸렸다. 그 한 달 동안 독일군 지휘부는 스파Spa에 모여 전쟁의 추이와 전쟁의 목적을 검토했다. 국내의 결핍은 극에 달했지만, 그럼에도 '완전한 전시경제'의 도입이 논의되었다. 전선의 상황이 거의 절망적이었는데도, 7월 3일에 카이저와 정부, 최고사령부는 서부전선에서 최소한 룩셈부르크를 병합하고 로렌의 프랑스 철광과 석탄을 얻어야 동부전선에서 달성한 영토의 획득을 보완하여 전쟁을 끝낼 수 있다는 데 전부 동의했다. 7월 13일 제국의회는 전략의 방향과 진척을 신뢰하고 있음을 표명하기 위해 열두 번째로 전시채무를 가결했다.[133] 전쟁이 '군사적 결정으로만' 종결될 수 없다는 점을 경고했던 외무장관은 7월 8일에 사임해야 했다.[134]

133. F. Fischer, p. 622

134. H. Herwig, p. 416

루덴도르프는 여전히 군사적 결정에 헌신했고, 7월 15일에 남아 있는 전 병력인 52개 사단을 프랑스 공격에 투입했다. 파리가 던진 유혹은 물리치기 어려웠음이 증명되었다. 처음에는 공세가 훌륭한 진전을 보였다. 그러나 프랑스군은 정보와 관측의 전문가들로부터 사전에 경고를 받았고, 7월 18일에 빌레르-코트레Villers-Cotterêts에서 불같은 망쟁이 18개 사단을 1선에 배치하고 강력한 반격을 개시했다. 루덴도르프가 오랫동안 연기되었던 영국군 전선 공격을 위해 부대를 플란데런으로 이동시키는 문제를 논의하려고 몽스로 가던 날이었다. 프랑스군이 공격하자 루덴도르프는 서둘러 퇴각했지만, 출혈을 막기 위해 루덴도르프가 할 수 있는 일은 거의 없었다. 프랑스군의 전투서열에는 2만 8,000명에 달하는 대규모 미군 사단 5개가 포함되었고, 이 새로운 부대들은 희생을 걱정하지 않고 싸웠다. 전쟁이 시작된 이래 서

135. H. Herwig, pp. 421~422

136. M. Kitchen, pp. 247~249

부전선에서 좀처럼 볼 수 없었던 현상이었다. 7월 18일에서 19일로 넘어가는 밤에, 사흘 전에 마른 강을 건넜던 독일군 선봉대는 강 건너편으로 후퇴했으며 이후 며칠간 계속해서 퇴각했다. 독일군의 다섯 번째 공세, 즉 프랑스군이 2차 마른 강 전투라고 불렀던 전투는 끝났고 재개되지 않았다. 영국군을 겨냥한 플란데런 공세도 실행될 수 없었다. 독일군 최고사령부의 추산에 따르면, 그때까지 공격하며 입은 손실을 보충하는 데만도 매달 20만 명의 보충병이 필요했지만, 이듬해 18세가 되는 징집병에 의존해도 가용한 신병은 30만 명에 불과했다. 유일하게 남은 다른 원천은 병원이었다. 병원에서 매달 7만 명이 회복되어 사병으로 복귀했는데, 이들의 건강과 전투의지는 신뢰할 수 없었다. 여섯 달 동안 군대의 병력은 510만 명에서 420만 명으로 감소했으며, 후방부대에서 병력을 긁어모은 후에도 증가할 수 없었다. 실제로 약한 사단을 해체하여 강한 사단에 병력을 공급하면서 사단의 숫자가 줄어들고 있었다.[135]

군대가 지휘부에 쏟아내는 불만의 목소리가 들리기 시작했다. 힌덴부르크는 나무랄 수 없는 군대의 얼굴이었지만, 창조력을 보여주지 못하고 정면공격 전략만 되풀이한 루덴도르프는 이제 참모본부 내에서도 비판을 받았다. 탁월한 전술 전문가인 로스베르크는 2차 마른 강 전투의 실패에 군대는 1917년의 지그프리트 선으로 철수해야 했다고 주장함으로써 대응했고, 반면 7월 20일에 니만Niemann 소령은 연합국과 즉각 협상을 시작할 것을 요구하는 보고서를 유포시켰다. 루덴도르프는 연극을 하듯이 사임을 제안했으나 연합군이 마른 강에서 거둔 성공을 이용할 생각이 없는 듯하자 곧 원기를 회복했다. 루덴도르프는 로스베르크의 철군 요구의 정당성을 입증하는 것은 없었고 연합군이 독일군 전선을 붕괴시킬 수 있다는 징후도 보이지 않았다고 말했다.[136]

전쟁의 물리적 환경이 앞선 몇 년과 같았다면, 루덴도르프의 분석은 옳은 것으로 판명났을지도 모른다. 그렇지만 환경은 이전과 같지 않았다. 손실을 보충할 수 없는 독일군은 이제 전투와 훈련에 참여하고 있는 400만 명의 새로운 적 미군에 대적해야 했다. 이 상황에 더 잘 들어맞는 것은 옛 적인 영국군과 프랑스군이 이제는 새로운 기술적 힘인 전차부대를 갖추었다는 사실이다. 전차는 교전의 조건을 바꾸어놓았다. 독일이 전차의 개발에서 연합군에 대등하게 나아가지 못했다는 것은 최악의 군사적 오판의 하나로 평가되어야 한다. 독일군의 계획은 너무 늦었고 상상력도 부족하여 기괴한 A7V의 생산으로 귀결되었다. A7V에 탑승하는 승무원은 12명이었는데, 공병대 병사들이 기관을 움직이고 보병이 기관총을 사격했으며 포병이 중포를 조작했다. 게다가 공업상의 지체로 생산량은 수십 대로 제한되었고, 그래서 독일군 전차부대는 주로 프랑스군과 영국군에게서 빼앗은 170대의 전차에 의존했다.[137] 반대로 프랑스군과 영국군은 1918년 8월에 각각 수백 대의 전차를 보유했다. 프랑스군 전차대는 75밀리 포를 탑재한 13톤짜리 슈네더-크뢰조Scheider-Creusot 모델을 보유했고, 영국군은 다수의 '휘페트whippet'[138] 경전차 이외에 중간 크기의 마크4와 마크5 500대로 이루어진 견고한 부대를 보유했다. 이 두 전차는 평지에

137. H. Herwig, p. 421

138. 휘페트는 원래 경주용 개의 일종이다.—옮긴이

1918년 4월 15일, A7V 전차와 함께 훈련하는 독일군 보병

서 시속 5마일로 이동할 수 있으며 기회를 잡으면 표적에 포와 기관총으로 집중사격을 가할 수 있었다.

7월 중에 루덴도르프는 영국군이나 프랑스군을 선택적으로 타격할 수 있다고 믿었는데, 이는 그 이상 더 나쁘게 생각할 수 없는 최악의 오산이었다. 전투에 점점 더 지쳐가는 보병과 말이 끄는 포가 마른 강의 황폐해진 전투지역 위로 힘들게 지나가는 동안, 포슈와 헤이그는 아미앵 전면에 영국군 전차 530대와 프랑스군 전차 70대로 구성된 엄청난 기갑부대를 집결시키고 있었다. 그 의도는 독일군이 3월 진격 이후에 임시방편으로 구축한 방어선을 뚫어 옛 솜 강 전역으로 침투하고 이어 독일군의 후방 깊숙이 돌진하는 것이었다. 8월 8일에 전차부대가 캐나다 군단과 오스트레일리아 군단을 지원보병으로 이끌고 공격했다. 헤이그는 이제 이 두 자치령 군대에 점점 더 많이 의존하게 되었다. 1916년의 유혈극에서 살아남은 이 군대는 헤이그 작전의 선봉대로 활약했다. 나흘 안에 옛 솜 강 전역의 대부분을 되찾았고, 8월 말이면 연합군은 멀리 힌덴부르크 선의 바깥쪽 보루까지 전진했다. 3월에 독일군의 반격에 밀려났던 곳이었다. 연합군은 부분적으로는 독일군의 의도적인 퇴각으로 쉽게 진격했다. 적군은 1917년에 준비한 강력한 진지 밖에서는 확고하게 방어할 능력도 믿음도 없었던 것이다. 실제로 9월 6일에 루덴도르프는 뫼즈 강가에 설치한 방어선으로 50마일 가까이 퇴각하는 것만이 상황을 구하는 길이라는 로스베르크의 조언을 들었다. 그러나 루덴도르프는 충고를 거부했고, 9월의 나머지 기간 동안 독일군은 힌덴부르크 선과 그 전방의 진지를 보강했다.

한편, 계속해서 더 강해지는 미군은 여러 작전에서 점점 더 중요한 역할을 떠맡고 있었다. 8월 30일 존 퍼싱 장군은 미군 제1군First American Army을 탄생시킨다는 목적을 달성했다. 그동안 퍼싱은 미군을 잠재적으로 전쟁을 승리로 이끌 단일 조직으로서 집결시키겠다는 단호한 의지를 가지고 있었지만 마지못해 큰 부대는 물론 단위 부대까지도 연합군에 빌려주었었다. 미군 제1군은 즉시 베르됭 남쪽에 전개했다. 1914년 이후 독일군이 장악하고 있던 생미엘 돌출부의 어지러운 침수지역 반대편이었다. 그리고 9월 12일에 이 전쟁에서 처음으로 미군만의 공세에 들어갔다. 반대편의 독일군은 힌덴부르크 선으로 퇴각하라는 일반 명령에 응하여 돌출부를 포기할 준비를 하고 있었지만 기습을 받았고 혹독한 패배를 맛보았다. 포 2,900문의 탄막 뒤에서 공격한 미군 제1군단과 제4군단은 단 하루의 전투로 독일군을 진지에서 몰아냈으며 포 466문을 노획하고 1만 3,251명의 포로를 잡았다. 프랑스군은 미군의 '당당한 기세'를 칭찬하면서도 탐탁지 않은 듯이 성공의 원인을 퇴각하는 독일군을 습격했다는 사실에 돌렸다. 많은 독일군이 너무 성급히 항복했던 것이 사실이지만, 그럼에도 퍼싱의 군대가 승리를 거두었다는 데에는 의심의 여지가 없다.[139]

139. M. E. S. Harries, p. 345

루덴도르프는 프랑스군과는 달리 미군을 치켜세웠다. 루덴도르프

힌덴부르크 선의 파괴. 1918년 9월 29일, 이동하는 영국군 보병

140. 용의 이빨을 땅에 뿌리면 전사들이 솟아난다는 그리스 신화. 페니키아의 왕자 카드무스 이야기와 이아손의 황금양털 이야기에 나온다.—옮긴이

는 군대 내에 증가하는 막연한 불안감과 군대를 괴롭혔던 "패배가 가까워졌다"는 느낌의 원인을 "매일 전선에 도착하는 미군의 숫자 자체"에 돌렸다. 실제로 도우보이들이 잘 싸웠는지 아닌지는 중요하지 않았다. 프랑스군과 영국군의 경험 많은 장교들은 미군이 효과적이었다기보다는 열정적이었다는 전문가적 견해를 내놓았다. 이 견해가 옳다고 해도, 결정적인 논점은 미군의 도착이 적군에 미친 영향이었다. 미군의 도착은 적군의 사기를 크게 꺾어놓았다. 4년 동안의 전쟁에서 차르 군대를 괴멸시켰고 이탈리아군과 루마니아군에 참패를 안겼으며 프랑스군의 사기를 꺾고 최소한 영국군의 명쾌한 승리를 허용하지는 않았던 독일군이 이제는 마치 용의 이빨이 흩뿌려진 땅에서 솟아나듯 헤아릴 수 없이 많은 병사들이 솟아나는 군대와 대적했다.[140] 미군이 개입하니 계산이 맞지 않았다. 독일의 남은 자원에서는 미국이 대서양 너머로 보내는 수백만 명에 대적하기에 충분한 군대를 찾을 수 없었고, 그 결과 더 노력해봤자 소용없다는 의식이 생겨나 의

⬇ 힌덴부르크 선의 파괴. 1918년 9월 29일, 전진하는 영국군 마크 4 전차

무를 다해야 한다는 보통의 독일 병사들이 지닌 결의를 무너뜨렸다.

9월에 독일군이 서부전선 마지막 저항선인 힌덴부르크 선으로 퇴각할 때의 분위기가 바로 그러했다. 힌덴부르크 선은 몇 년간 보강되고 특히 1917년 봄 솜 강으로 퇴각한 후 중앙 구역은 요새화되었지만 대체로 1914년의 전투로 정해진 최초의 서부전선을 따라 이어졌다. 9월 26일 영국군과 프랑스군, 벨기에군, 미군은 "전원 전투로"라고 분발을 독려했던 포슈의 외침에 응하여 57개 사단을 예비부대로 두고 123개 사단으로 독일군 197개 사단을 공격했다. 연합군 정보부는 독일군 사단 중 겨우 51개만 온전한 전투능력을 지닌 것으로 분석했다.

루덴도르프는 영국군과 프랑스군의 대규모 전차부대가 아미앵 전선을 덮친 8월 8일을 '독일군의 암울한 날'이라고 불렀다. 그러나 루덴도르프 자신의 암울한 날은 9월 28일이었다. 루덴도르프의 무표정하고 육중한 외모의 배후에는 불안한 감정을 지닌 남자가 숨어 있었다. 베르만 홀베크는 전쟁 초에 카이저의 해군위원회 위원장Chef des Marinekabinetts[141]에게 이렇게 말했다. "당신은 루덴도르프를 모른다." 제국의 총리는 이렇게 계속했다. 그 사람은 "성공할 때만 대단한 인물이다. 상황이 나빠지면 기가 죽는다."[142] 이 평가가 전적으로 옳지는 않다. 루덴도르프는 1914년 8월의 중대한 며칠 동안 담대함을 유지했고 이는 결정적인 영향을 미쳤다. 그러나 이 순간 루덴도르프는 완전히 의기를 잃고 "카이저와 제국의회, 해군, 국내 전선에" 편집증 환자처럼 격분을 토해냈다.[143] 참모진은 루덴도르프의 호통소리가 밖으로 새나가지 않도록 사무실 문을 굳게 닫아놓았다가 루덴도르프가 점차 평정을 되찾으면 열어놓았다. 루덴도르프는 6시에 총사령부의 한 층 아래 힌덴부르크의 방에 나타났다. 루덴도르프는 늙은 원수에게 이제 휴전하는 길 말고는 대안이 없다고 말했다. 서부전선의 진지는 뚫렸으며, 군대는 싸울 의지를 빼앗겼고, 민간인 주민들은 낙담했으며, 정치인들은 평화를 원했다. 힌덴부르크는 자신의 두 손으로 조용히 루

141. 이 시기에는 게오르크 알렉산더 폰 뮐러(Georg Alexander von Müller; 1854~1940)였다.—옮긴이

142. D. Goodspeed, p. 208

143. D. Goodspeed, p. 211

144. D. Goodspeed, p. 211

145. 1843~1919. 바이에른 출신의 정치가로 바이에른과 프로이센의 총리를 거쳐 1917년 11월에서 1918년 9월까지 독일제국 총리를 지냈다.—옮긴이

146. 1864~1941. 해군 장교이자 외교관. 1918년 7월에서 10월까지 외무장관을 지냈다.—옮긴이

147. R. Watt, *The Kings Depart*, London, 1968, p. 149

148. 1917년에 전쟁에 반대하여 당에서 축출된 자들이 독립사회민주당(USPD)을 결성한 후 독일사회민주당(SPD)을 지칭하는 표현이다.—옮긴이

덴도르프의 오른손을 잡았다. 그리고 두 사람은 "가장 소중한 희망을 묻어버린 사람들처럼" 헤어졌다.[144]

국내에서도 곧 그 여파가 뒤따랐다. 독일의 동맹국인 불가리아가 테살로니키 전선에서 프랑스와 영국과 휴전협상을 개시한 9월 29일, 최고사령부는 스파의 본부를 방문한 카이저와 총리 게오르그 폰 헤르틀링Georg von Hertling,[145] 외무장관 파울 폰 힌체Paul von Hintze[146]에게 이제 독일은 자체의 조건을 준비해야 한다고 조언했다. 1918년 1월 8일 미국의 윌슨 대통령은 의회에 모든 교전국의 명예를 손상하지 않으며 장래의 세계 화합을 보장할 강화조약의 조건으로 열네 가지를 제시했다. 이제 독일 지도부는 바로 14개 조항을 기초로 연합국과 교섭하려 했다. 독일 내 의회 정당들 간의 다툼을 염두에 둔 힌체는 협상을 성공리에 끝마치려면 독재체제 아니면 완전한 민주주의의 확립이 필요하다고 제안했다. 회의는 민주화만이 연합국으로 하여금 독일 지도부가 여전히 바라던 조건들—여기에는 알자스-로렌의 일부와 독일령 폴란드의 유지가 포함되었다—을 인정하게 할 수 있다고 결정했으며, 이에 따라 헤르틀링 총리의 사임을 수용했다. 10월 3일 카이저는 헤르틀링 대신 중도파인 막시밀리안 폰 바덴 공을 임명했다. 막시밀리안 폰 바덴은 이미 협상을 통한 강화를 옹호한 인물이자 독일 적십자사의 주요 인사로 알려져 있었다. 막시밀리안은 또한 루덴도르프의 적이었으며, 첫 번째 조치로서 힌덴부르크로부터 "차후로는 적에게 강화를 강요할 기회가 없을 것"이라는 서면 동의를 확보했다.[147] 이는 신중한 처신이었다. 10월 초에 루덴도르프가 서서히 기력을 회복했기 때문이다. 막시밀리안 공은 다수파 사회당Majority Socialists[148]을 포함하여 여러 정당에 폭넓게 다가가 자신의 정부에 참여하라고 설득하고, 전쟁장관을 임명하고 전쟁을 선포하고 강화를 체결할 권한을 포함하여 군주제가 늘 부정했던 의회의 권한을 확보하는 동안, 루덴도르프는 저항을 지속하고 윌슨 대통령의 조건을 거부할 것을 말하기 시작

했다. 윌슨의 조건은 10월 16일에 재차 천명되었는데, 이번에는 군주제를 '세계 평화'를 위협하는 '전제권력'의 하나로 간주하고 폐지할 것을 요구하는 듯했다. 미국 대통령은 스스로 그 권력과 화해할 수 없는 적임을 선포했다.

전선의 군대는 참호에서 돌아오던 부대가 참호로 올라가는 부대에 '파업 배반자들'이라고 힐책했던 9월 말의 짧은 기간 동안 정신적 붕괴를 겪은 뒤에 실제로 이전의 기운을 되찾았으며 독일군 전선으로 진격하는 연합군에 맞서 싸우고 있었다. 플란데런에서는 프랑스군이 한동안 넘치는 물 때문에 지체하여 포슈의 애를 태웠다. 바로 이런 상황에서 10월 24일에 루덴도르프는 군에 전하는 성명서를 작성했다. 성명서는 사실상 총리의 권위에 도전하고 윌슨의 평화 제안을 "무조건 항복의 요구"로 규정하고 거부했다. "그러므로 우리 병사들로서는 이를 수용할 수 없다. 그 제안은 1914년에 전쟁을 초래한, 우리의 파멸을 바라는 적의 열망이 여전히 줄어들지 않았음을 입증하는 것이다. 그러므로 〔이는〕 우리 병사들에겐 단지 전력을 다하여 저항을 지속하라는 요구일 뿐이다."[149]

참모본부의 어느 장교는 성명서가 발표되기 직전에 가까스로 이를 막았다. 그러나 실수로 1부가 동부전선 사령부인 오버오스트에 전달되었고, 독립사회당 당원이었던 그곳의 전신 사무원이 발표문을 베를린의 당에 전달했다. 정오에 성명서가 공개되어 제국의회를 소란에 빠뜨렸다. 불복종에—루덴도르프는 그답게 이를 철회하려 했다—격노한 막시밀리안 공은 카이저에게 루덴도르프와 자신 사이에서 한 사람을 선택하라고 요구했다. 10월 25일 루덴도르프는 힌덴부르크와 함께 베를린에 도착했을 때—두 사람 모두 총리의 특정한 명령을 어기고 사령부를 떠났다—카이저가 기거하고 있는 슐로스 벨뷔Schloss Bellevue[150]에 보고하라는 말을 들었고, 이어 10월 26일에 사임을 청할 수밖에 없었다. 사임의 요청은 치사도 없이 아주 짧은 말로 받아들여

149. D. Goodspeed, p. 215

150. 베를린 중심부에 있는 성. 1786년에 프로이센의 프리드리히 2세의 동생인 페르디난트 공이 세웠다. 1918년까지 황태자의 거처로 이용되었으며, 1994년 이후로 독일 대통령의 거처로 쓰이고 있다.—옮긴이

151. D. Goodspeed, pp. 216~217

152. 1888~1935. 일명 '아라비아의 로렌스'라 불렸던 영국군.—옮긴이

졌다. 힌덴부르크도 사임을 청했으나 이는 거부되었다. 두 군인이 궁을 떠날 때, 루덴도르프는 힌덴부르크의 차에 타기를 거절하고 홀로 아내가 머물고 있는 호텔로 향했다. 의자에 몸을 던진 루덴도르프는 한동안 말이 없다가 화를 이기지 못하고 벌떡 일어나 이렇게 예견했다. "보름 안에 우리에겐 제국도 황제도 남지 않을 것이다. 두고 보라."[151]

제국의 몰락

루덴도르프의 예언은 날짜까지 맞추었다. 그러나 빌헬름 2세가 퇴위하는 11월 9일이면 다른 두 제국, 즉 오스만제국과 합스부르크제국도 강화를 청하게 된다. 터키의 몰락이 임박했다는 사실은 한동안 명백했다. 터키군의 기력은 갈리폴리와 쿠트에서 승리를 거둔 후 마치 썰물이 빠져나가듯 약해졌다. 캅카스에서 러시아군과 계속 싸우느라 힘이 소진되었고, 고질적인 비효율적 행정으로 보충병을 찾지 못했다. 전쟁 중에 사단 숫자가 36개에서 70개로 두 배나 증가했는데도, 동시에 40개 이상 존재한 적이 없으며 1918년에는 전부 무기력하여 일부 사단들은 영국군 1개 여단만큼도 되지 못했다. 게다가 아랍 사단들의 충성은 메카의 샤리프 후세인이 1916년에 반란의 기치를 드높인 이후로는 확실치 않았다. 훗날 유명해지는 연락장교 T. E. 로렌스 Lawrence[152] 중령의 지휘를 받아 아라비아와 팔레스타인에서 터키군의 측면을 공격했던 후세인의 아랍 군대는 주 전선에서 상당한 규모의 병력을 유인해냈다. 그러나 주요 전투는 메소포타미아에서는 대체로 인도군이, 팔레스타인에서는 이집트에 기지를 둔 영국군이 수행했다. 영국군에는 상당수의 오스트레일리아군과 뉴질랜드군 기병대가 합류하게 된다.

터키의 행정 중심지인 바그다드 남쪽의 메소포타미아는 1917년에 영국군이 점령했으며, 이들은 1918년 말에 석유 산지 모술Mosul로 진격했다. 그렇지만 영국군이 실제로 노력을 기울인 것은 팔레스타인의

터키군이었다. 팔레스타인의 터키군은 1917년에 시나이 사막 반대편 가자Gaza에 기지를 확보했다. 여러 차례에 걸쳐 터키의 가자 방어선을 뚫으려 한 결과 터키군은 진지를 비우고 철수했으며 12월 9일 예루살렘이 함락되었다. 1918년에 영국군 사령관 앨런비는 부대를 재편하여 북부 팔레스타인으로 전선을 밀어붙였고, 역사상 최초의 전투가 벌어진 장소인 메기도Megiddo[153]에서 터키군에 맞섰다. 앨런비는 9월 19일에서 21일까지 돌파하여 터키의 저항을 무너뜨렸다. 루덴도르프가 해임되고 닷새가 지난 10월 30일 터키 정부는 에게 해의 렘노스 섬에 있는 무드로스에서 휴전조약에 서명했다. 42개월 전 갈리폴리 원정대가 출발했던 곳이다.

오스트리아의 응보는 얕보았던 적 이탈리아의 손에 전적으로 맡겨졌다고는 할 수 없지만 그 땅에서 온 것만은 틀림없다. 이탈리아군을 포 강 평야로 내몰았고 그래서 한때 베네치아도 위협한 듯했던 카포레토의 승리 이후, 합스부르크 군대의 노력은 점차 사라졌다. 이탈리아는 군대를 재편했으며, 카도르나의 냉혹한 독재에서 벗어나 용기를 얻었다. 그러나 나라의 진정한 방어는 영국군과 프랑스군에 넘겨졌다. 두 나라는 카포레토의 재앙 직후 이탈리아 전선에 꽤 큰 규모의 분견대를 파견했으며 1918년 내내 서부전선의 위기에 대처하느라 부대를 빼내기는 했지만 상당한 병력을 계속 주둔시켰다. 6월 24일 러시아가 몰락한 후 약간의 병력을 모을 수 있었던 오스트리아군은 이탈리아군이 카포레토에서 철수하여 멈춰선 전선인 북부 산악지대와 피아베 강가에서 이중의 공세를 시도했다. 두 공격 모두 즉각 저지당했다. 피아베 강에 대한 공격은 계절에 맞지 않게 폭우가 내려 오스트리아군의 부교를 휩쓸어버림으로써 저지되었다. 합스부르크 총사령부에 자연의 개입은 실패의 변명이 될 수 없었다. 콘라트 폰 회첸도르프가 해임되었고 젊은 황제 카를 1세는 군사적 수단이 아닌 정치적 수단으로써 제국을 보존할 방법을 찾기 시작했다. 카를 1세는 이미 윌슨

153. 오늘날 이스라엘 북부의 작은 산. 고대에는 중요한 도시가 있었다. 성서에는 므깃도로 옮겨져 있다. 고대 이집트 18왕조의 6대 파라오인 투트모세 3세가 기원전 1478년에 그곳에서 전투를 벌였다. 이 내용은 상 이집트의 투트모세 3세 사원의 벽에 상형문자로 상세히 기록되어 있다.—옮긴이

대통령에게 휴전에 들어갈 의사를 전달한 지 2주가 지난 10월 16일에 국가를 사실상 민족들의 연방으로 전환하는 내용의 성명서를 신민들에게 발표했다.

성명서는 너무 늦었다. 10월 6일 세르비아인과 크로아티아인, 슬로베니아인은 이미 남슬라브, 즉 '유고슬라비아' 연방을 결성했다. 10월 7일 합스부르크왕국 내의 폴란드인들은 이전에 독일과 러시아의 지배를 받던 형제들에 합세하여 자유로운 독립국 폴란드를 선언했고, 10월 28일에는 체코슬로바키아 공화국이 프라하에서 선포되었으며, 10월 30일에는 카를 황제 통치의 최후의 버팀목인 독일인 신민들이 제헌의회를 결성하여 새로운 독일-오스트리아Deutsche-Österreich 국가[154]의 외교정책을 결정할 자유가 있음을 주장했다. 헌법적으로 독립 왕국이었던 헝가리는 11월 1일에 독립을 선언했다. 루테니아인과 루마니아인은 미래를 준비하지 못했다. 이 모든 민족들의 군복을 입은 대표자들은 이미 저항을 포기했으며, 몇몇 경우에는 무기를 내던지고 제국의 해체로 탄생한 신생국들의 영토를 지나 집을 향해 떠났다.[155] 10월 24일 바로 이런 상황에서 이탈리아군 사령관 디아츠는 공세에 나섰다. 이는 비토리오 베네토Vittorio Veneto 전투로 알려진다. 이탈리아군은 영국군과 프랑스군의 폭넓은 지원을 받아 피아베 강을 다시 건너 공격을 개시했다. 이 공격은 결국 한 주 뒤에 오스트리아 영토에서 끝났다. 오스트리아는 11월 1일에 전장에서 간신히 휴전협상을 개시했고 11월 3일에 휴전을 시작했다. 이탈리아군은 이튿날이 되어서야 그 사실을 알았다. 그 사이에 이탈리아군은 30만 명을 포로로 잡았다.[156]

그러므로 11월 첫 주가 되면, 동맹국 중에서는 독일제국만 교전국으로 남았다. 프랑스군과 영국군, 미군, 벨기에군의 압박을 받은 독일군은 1914년 전장을 넘어 벨기에와 독일 국경으로 퇴각하면서 거세게 저항했다. 강과 운하에서 혹독한 전투가 벌어졌으며, 사상자는 늘

154. 독일오스트리아 공화국(Republik Deutschösterreich)이라고도 한다. 생제르맹 조약에 따라 국명이 독일오스트리아에서 오스트리아로 변경된다.—옮긴이

155. C. Macartney, pp. 829~833

156. C. Macartney, p. 833

어났고—둘째 가라면 서러울 재앙은 영국 시인 윌프레드 오언Wilfred Owen[157]의 죽음이다. 오언은 11월 4일에 상브르 강을 건너다 전사했다—전쟁은 전선에서 싸우는 연합군 병사들에게는 더 길어질 것만 같았다. 그러나 전선 뒤 독일에서는 저항이 사라지고 있었다. 10월 30일 대양함대 승무원들은 항구를 구하기 위해 마지막 출격 명령을 받았지만 폭동을 일으켜 출정을 거부했다. 불복종을 제압하려는 시도에 폭동자들은 병기고로 몰려가 무장하고 거리로 쏟아져 나왔다.[158] 오스트리아가 휴전을 수용한 11월 3일 킬Kiel 항구가 혁명을 요구하는 폭동자들의 수중에 떨어졌고, 이튿날 항구의 제독으로 카이저의 동생이었던 프로이센 공 하인리히는 변장한 채 도시에서 도망쳐야 했다.

카이저는 군대에 더 가까이 있기 위해서 그리고 고조되는 퇴위의 압력을 피하기 위해서 이미 10월 29일에 벨기에의 스파에 있는 사령부를 향해 베를린을 떠났다. 카이저는 여전히 군대의 충성에 의존할 수 있다고 믿고 있었다. 카이저의 출발은 명백히 현명한 처사였다. 11월 둘째 주가 시작할 때 수도의 권력은 옛 제국의 정부 기구로부터 혁명 세력으로 넘어갔고 이는 돌이킬 수 없었기 때문이다. 막시밀리안 공이 총리로서 거둔 마지막 성취는 온건한 장군 빌헬름 그뢰너를 루덴도르프의 후계자로 임명되도록 하고 적과 휴전을 협상하기 위해 모인 대표단에 군부 대표뿐만 아니라 민간인 대표도 포함되어야 한다고 주장한 것이었다. 그리하여 막시밀리안은 휴전협정의 체결이 군사조약인 동시에 정치조약이 되도록 했고, 군부는 뒤에 그 정치적 조건에 반대한다고 해서 조약에서 벗어날 수 없었다. 이는 막시밀리안이 독일의 미래에 마지막으로 기여한 바였다. 11월 9일 베를린이 소용에 휩싸이고 중도파 정치인들이 독일 볼셰비키 지도자인 카를 리프크네흐트Karl Liebknecht와 로자 룩셈부르크Rosa Luxemburg[159]의 조종을 받는 거리의 군중들에게 위협을 당하는 상황에서, 막시밀리안은 총리직을 사민당의 프리드리히 에베르트Friedrich Ebert[160]에 넘겼다.[161]

157. 1893~1918. 참호전과 가스전의 공포를 생생하게 묘사한 시를 남겼다. 「무감(Insensibility)」, 「불운한 젊은이들을 위한 송가(Anthem for doomed Youth)」 등이 유명하다.—옮긴이

158. R. Watt, pp. 164~165

159. 두 사람은 1914년에 사민당이 독일의 참전을 지지하자 스파르타쿠스단을 창설했고, 이 단체는 1919년 1월에 독일공산당이 된다.—옮긴이

160. 1871~1925. 뒤이어 바이마르 공화국 초대 대통령이 된다.—옮긴이

161. R. Watt, p. 195

162. R. Watt, p. 187

같은 날, 스파에 있던 카이저는 퇴위 문제에 직면했다. 카이저는 그 어느 때보다도 비현실적으로 군대로써 신민에 맞서는 공상을 하며 사령부에서 열흘을 보냈다. 병사들이 이제는 전쟁의 종결을 원하고 있으며 심지어 스파에서도 혁명가들과 제휴하고 있다는 증거를 염두에 두지 않은 처사였다. 사민당의 지도자인 에베르트는 혁명에 반대하는 자유 애국자이며 나아가 왕정주의자였다. 그러나 11월 7일에 에베르트는 혁명은 카이저의 퇴위를 요구했으며 자신이 거리에서 점차 확대되는 혁명의 요구들을 받아들이지 않는다면 사민당도 영원히 신뢰를 잃을 것이라는 사실을 알았다. 그날 저녁, 에베르트는 막시밀리안 공에게 이렇게 경고했다. "카이저는 퇴위해야 한다. 그렇지 않으면 혁명이 일어날 것이다." 막시밀리안은 스파에 전화를 걸어 카이저에게 이 경고를 되풀이했다. 막시밀리안은 총리이자 친척으로서 마치 충격을 줄이려는 듯이 카이저에게 이렇게 말했다. "독일을 내전에서 구하자면 폐하의 퇴위가 꼭 필요하게 되었습니다."[162] 카이저는 듣기를 거부하고, 다시 한 번 군대를 이용하여 국민에 맞서겠다고 위협했으며, 막시밀리안 공의 총리직 사임을 거부하면서 말을 끝냈다. 막시밀리안은 이미 사임이 불가피하다는 사실을 알고 있었다. 빌헬름 2세는 말했다. "당신은 휴전 제안을 보냈다. 당신도 조건을 받아들여야 할 것이다." 그리고 전화를 끊었다.

독일군 휴전협상단은 파리 외곽 콩피에뉴 숲의 르통드Rethondes에서 프랑스 대표단을 만나기 위해 이미 적군 전선을 넘었다. 그러나 퇴위와 총리직 문제가 해결될 때까지, 대표단은 협상을 진행할 수 없었다. 대표단은 포슈로부터 조건을 제시받고 뻿뻿하게 굳어버렸다. 휴전조건은 1871년 이래로 독일 땅이었던 알자스-로렌을 포함하여 모든 점령지에서 독일군의 철수를 요구했고, 라인 강 서안에서 그리고 라인 강 동안의 세 교두보인 마인츠Mainz, 코블렌츠, 쾰른Köln에서 군대를 철수시킬 것을 요구했으며, 엄청난 수량의 군사장비를 양도할 것을 요구했고, 연합군이 대양함대의 모든 잠수함과 주요 함대를 수용하겠다고 했다. 독일군이 동부에서 정복한 지역을 점령할 수 있게 했던 브레스트-리톱스크 조약의 폐기와 전쟁 피해에 대한 배상금 지불을 요구했고 결정적으로 연합군의 봉쇄 지속을 수용하라고 요구했다.[163] 훗날 사태의 전개로 결정되듯이, 결국 봉쇄 때문에 독일은 베르사유 회의에서 부과된 휴전조건보다 훨씬 더 가혹한 강화조건에 굴복해야 했다.

163. C. Cruttwell, pp. 595~596

르통드의 대표단이 독일의 권좌로부터 휴전문서에 서명해도 좋다는 소식이 오기를 기다리는 동안, 베를린과 스파에서 2개의 별개 사건들이 발생하고 있었다. 11월 9일 베를린에서 막시밀리안은 프리드리히 에베르트에게 총리직을 넘겼다. 그때쯤이면 권력의 이양 이외에 다른 대안은 없었다. 거리는 혁명적 민중으로 가득했고, 그중 상당수가 군복을 입은 군인이었으며, 사민당의 정적을 지도했던 카를 리프크네흐트와 로자 룩셈부르크는 이미 '자유로운 사회주의 공화국'을 선포하고 있었다. 이들이 뜻하는 사회주의 공화국은 볼셰비키 국가였다.

해방 구역에서 환영받는 프랑스 병사

막시밀리안과 에베르트가 가진 마지막 회담은 짧았다. 막시밀리안은 이렇게 알렸다. "에베르트 선생, 나는 독일제국을 선생의 손에 맡깁니다." 새로운 총리는 이렇게 대답했다. "나도 이 제국에 두 아들을 바쳤소."[164] 많은 독일인 부모들이 똑같이 말할 수 있었을 것이다.

11월 9일 스파에서 카이저는 군대 지휘관들을 만났다. 호엔촐레른 왕가는 군대를 통해 권좌에 올랐으며 언제나 군대가 왕가의 위엄과 권위를 유지해주기를 기대했다. 빌헬름 2세는 베를린의 민간인 정치인들이 불충을 어떻게 다루든 간에, 질서의 모독으로 거리가 얼마나 어지럽게 되었든 간에, 암회색의 군복을 입은 신민들은 복종의 맹세를 충실하게 지키고 있다고 여전히 믿었다. 11월 9일에도 카이저는 군대로 국민을 제압할 수 있으며 독일인으로 독일인에 맞서게 함으로써 왕가를 보존할 수 있다고 착각했다.[165] 장군들이 아는 바는 달랐다. 힌덴부르크는 나무로 만든 거인처럼 침묵하며 카이저의 말을 끝까지 경청했다. 평범한 철도수송 장교에 하사관의 아들이었으며 루덴도르프를 대신했던 그뢰너는 얘기를 할 정도의 분별력은 유지했다. 그뢰너는 50명의 연대장에게서 의견을 취합한 결과 이제 병사들이 원하는 것은 "단 한 가지, 최대한 빠른 휴전"이라는 사실을 알고 있었다. 호엔촐레른 왕가가 휴전으로 치러야 할 대가는 카이저의 퇴위였다. 카이저는 의심의 눈초리로 그뢰너의 말을 들었다. 카이저는 물었다. "깃발 맹세Fahneneide는, 모든 독일군에게 명령을 어기느니 차라리 죽으라고 한 연대 깃발에 대한 맹세는 어떻게 되었는가?" 그뢰너는 말해서는 안 되는 것을 말했다. "오늘, 깃발 맹세는 그저 하나의 낱말일 뿐입니다."[166]

호엔촐레른 가문의 몰락은 신속하게 끝났다. 빌헬름 2세는 참호에서 죽을 자리를 찾아야 한다는 제안을 독일 루터교회의 수장인 지위와 양립할 수 없다는 이유로 거부하고 11월 10일에 기차를 타고 네덜란드로 떠났다. 빌헬름 2세는 하위스 도른Huis Doorn[167]에 도착하자마

164. R. Watt, p. 199

165. F. Carsten, *The Reichswehr and Politics, 1918~1933*, Oxford, 1966, p. 8

166. R. Watt, p. 191

167. 위트레흐트(Utrecht) 근처의 작은 도읍 도른 외곽에 있는 장원. 빌헬름 2세가 구입했다.—옮긴이

자 '좋은 영국 차 한 잔'을 요청했다. 이곳에서 빌헬름 2세는 아주 오랫동안, 히틀러가 네덜란드를 점령하던 중에 정문에 경호대를 제공할 때까지 오랫동안 머물게 된다. 11월 28일 빌헬름 2세는 퇴위문서에 서명했다. 6명의 아들이 빌헬름 2세를 계승하지 않기로 서약함에 따라, 호엔촐레른 가문은 독일 국가의 수장 지위와 결별했고 나아가 프로이센 왕위와도 결별했다.

어쨌든 이때쯤 독일은 사실상 공화국이었다. 대통령은 1919년 2월에 가서야 프리드리히 에베르트라는 사람으로 등장하지만 이미 11월 9일에 공화국이 선포되었다. 그러나 이 공화국은 실체가 없었다. 모든 정체에 필수적인 요소, 즉 적에 맞서 스스로를 방어할 군대를 결여했던 것이다. 옛 제국 군대를 마지막으로 통제를 유지하며 보여준 행위는 프랑스와 벨기에와 나눈 독일 국경 너머로 되돌아온 행군이었다. 고국의 영토에 들어오자마자 군대는 해산했다. 병사들은 군복과 무기를 내버리고 집으로 돌아갔다. 그렇다고 독일 공화국에서 무장한 자들이 사라지지는 않았다. 정치적 지리가 변한 중부유럽과 동

1918년 11월 코블렌츠에서 제국기 대신 대공기를 들고 라인 강을 건너 행진하는 헤센 연대

168. N. Jones, *Hitler's Heralds*, London, 1987, Appendix 4

유럽의 다른 곳에서, 신생 공화국 폴란드와 핀란드, 에스토니아, 라트비아, 리투아니아, 이름뿐인 왕국 헝가리, 그리고 독일오스트리아에서 볼 수 있는 것과 마찬가지로, 신구의 정통성이나 혁명 이데올로기에 충성하는 병사 집단들이 넘쳐났다. 여러 민족으로 구성된 유고슬라비아와 체코슬로바키아, 폴란드에는 민족주의를 신봉하는 집단들이 유행했다. 물론 이 신생 공화국들은 서쪽에서는 독일의 비정규군에, 동쪽에서는 볼셰비키에 맞서 국경을 지켜야 했다. 핀란드와 발트 국가들, 헝가리, 독일에서는 무장한 자들이 공산주의 혁명을 위협했다. 동쪽의 공산주의 혁명은 민간인들 사이의 싸움 끝에 무산되었다. 독일에서는 공산주의 혁명이 잠시 동안이었지만 기권승을 거둘 것처럼 보였다. 입헌공화파가 처음에는 이에 대적할 무력을 찾을 수 없었기 때문이다. 그러나 옛 제국 군대의 잔해에서 군인이 되는 길 이외에는 달리 할 일이 없었던 자들로 부대가 급조되었다. 근위기병방위사단Garde-Kavallerie-Schützen Division, 의용소총대Freiwillige Landesjägerkorps, 조국방위대Landesschützenkorps, 휠젠 의용대Freikorps Hülsen 등의 이름을 지녔던 이 부대들은 베를린과 고타Gotha, 할레Halle, 드레스덴Dresden, 뮌헨 등 독일의 여러 도시에 널리 퍼져 잔인한 폭력으로 독일 볼셰비즘을 억압하고 새로운 공화국 정부에 임시 군대의 장군들에게 감사해야 할 영원한 빚을 안겨주기에 충분했다. 이들 의용대 무리는 1919년 베르사유의 강화회의에서 독일에 허용될 병력의 전부였던 '10만 명 군대'의 핵을 형성하게 된다.[168]

독일의 정치적 미래가 수도와 지방의 내전으로 결정되고 있는 동안, 연합군은 휴전의 조건으로 양도된 서부 라인란트 주들과 강 건너 3개 교두보인 마인츠, 코블렌츠, 쾰른을 점령하기 위해 진격하고 있었다. 프랑스는 점령군 병사들이 빠른 시일 안에 주민과 친해지기를 기대했다. 우호적인 관계가 신속히 적의를 뒤덮었다. 이 과정은 군대의 식량이 취사장에서 가정의 부엌으로 전달되면서 더욱 쉽게 이루어졌다.

연합군의 봉쇄 유지로 여전히 전시의 부족한 식사로 연명하고 있는 주민들을 먹였기 때문이다. 결국 1919년 6월 23일에 독일 공화국으로 하여금 강화조약에 서명하도록 만든 수단은 전면적인 침공의 위협보다도 굶주림이었다. 서명 이틀 전, 스카파 플로우의 영국 계류장에 억류되어 있던 대양함대 승무원들은 제시된 조건의 혹독함에 마지막으로 저항하느라 배 밑에 구멍을 뚫어 침수시켰다.

자신들의 훌륭한 전함들을 영국 항구에서 수장하기로 한 카이저 해군 장교들의 선택에는 역사적인 이율배반이 숨어 있다. 카이저가 영국의 해군력과 경쟁하려는 전략적으로 불필요한 시도에 착수하지 않았더라면, 두 나라 사이의 파멸적인 전쟁을 피할 수 있었을 것이고, 따라서 모든 가능성을 감안하더라도 1차 세계대전을 초래한 의심과 불안의 과민한 분위기도 조성되지 않았을 것이다. 영국의 떼섬들 중에서도 본토에서 가장 멀리 떨어진 이 섬들은 카이저의 함대가 진정한 대양함대의 지위를 획득하기 위해서는 통과해야만 했던 좁은 바다의 출구를 지키고 있었다. 그 섬들 사이에 묻힌 함대의 어딘지 모를 무덤은 이기적이며 결국 무의미했던 군사적 야심을 상기시켜준다.

스카파 플로우는 대전의 주요 유산인 여러 묘지들 중 하나다. 전투의 연대기는 군사사에서 가장 서글픈 문헌을 제공한다. 피카르디와 폴란드의 평범한 평원에서 터벅터벅 걷다가 쓰러져 죽은 수백만 명을 추모하는 멋진 나팔소리는 들리지 않는다. 감언이설로 병사들을 꾀어 학살장으로 내몰았던 지휘관들을 위한 위령기도도 들리지 않는다. 전쟁의 정치적 귀결이 남긴 유산은 거의 주목받지 못한다. 세계 문명의 한 축이었던 유럽은 파괴되었고, 기독교 왕국들이 패배 이후에 신을 부정하는 전제정권인 볼셰비키와 나치로 변모했다. 두 전제정권이 점잖은 보통사람들에게 저지른 잔학행위를 생각하면 두 이데올로기 사이의 피상적인 차이는 조금도 중요하지 않다. 1차 세계대전이 열어놓은 시대에서 최악이었던 것은 전부, 다시 말해서 인민의 적인 농민을 계획적으로 굶기기, 추방당한 종족의 절멸, 지적으로나 문화적으로 이데올로기의 증오의 대상을 탄압하기, 소수민족의 학살, 의회의 파괴, 통제위원kommissar과 가우 지도자Gauleiter, 군 사령관들에게 수백만 명의 힘없는 자들을 지배할 권리를 부여한 것은 1차 세계대전이 남긴 혼란에 기원했다. 감사하게도 20세기 말에 그중 남아 있는 것은 없다. 유럽은, 1900년에 그랬듯이, 다시 한 번 번영을 구가하고 있고 평화로우며 이 세계의 영원한 강자다.

묘지는 남아 있다. 많은 전사자들은 매장될 수 없었다. 그 시신은 포탄에 갈가리 찢겨 흩어져 알아볼 수 없게 되었다. 또 다른 많은 시신은 전투 중에 수습할 수 없었고 이후 폐허가 된 포탄 구덩이나 무너진 참호 속에 묻혀 시야에서 사라졌거나 전투 끝에 엉망이 되어버린 흙 속으로 분해되었다. 러시아군이나 터키군 병사 중에는 사람답게 매장된 자가 거의 없으며, 동부전선의 수시로 바뀐 여러 전역에서 죽은 많은 독일군과 오스트리아군 병사들은 그저 흙으로 돌아갔을

1917년 4월 아라스 전투에서 전사한 병사들을 위한 매장식이 몽시르프르의 윈드밀 묘지에서 시작되었다.

따름이다. 서부전선의 고착된 전투지역에서 싸웠던 전투원들은 품위를 유지하기 위해 더 많이 노력했다. 처음부터 전쟁묘지를 마련했으며, 묘지등록 장교들이 시신이 묻힌 곳을 표시했고, 시간이 허락할 때면 군목과 전우들이 의식을 거행했다. 그랬는데도 전쟁이 끝날 때면 사상자의 거의 절반에 가까운 유해가 실제로 소재불명이었다. 대체로 프랑스와 벨기에에서 사망한 영국군 전사자 100만 명 중에서 50만 구 이상의 시신이 발견되지 않았고, 발견된 경우에도 신원을 확인할 수 없었다.[169] 프랑스군 전사자 170만 명에서도 비슷한 비율의 시신이 역시 사라졌다. 프랑스는 다양한 방법으로, 때로는 개별 묘지에, 때로는 베르됭의 경우처럼 집단 납골당으로 사망자를 매장하거나 재매장했다. 외국 땅에서 싸웠고 두드러지지 않게 촘촘히 묘지를 만들어야 했던 독일군은 엄청난 집단 매장지를 발굴했다. 1914년에 '이페른의 영아 살해' 때 대부분의 자원병들이 죽임을 당한 벨기에의 플라드슬로Vladslo에 있는 집단묘지에서는 2만 명이 넘는 젊은이들의 유해가 단 하나의 묘석 밑에 묻혀 있다.[170]

영국은 완전히 다르고 매우 표준적인 방식으로 망자에 경의를 표했다. 각 시신을 별개의 묘지에 모시고 이름과 연령, 계급, 연대, 사망 날짜와 장소를 기록했다. 확인할 수 없는 경우, 묘석에는 그 자신이 유족이었던 루디야드 키플링이 지은 '신에게로 간 대전의 병사A Soldier of the Great War known unto God'라는 문구를 써넣었다. 시신을 찾지 못한 자들의 이름은 기념 건축물에 새겨 넣었는데, 가장 큰 기념물로 티발에 있는 것에는 솜 강 전투에서 행방불명된 7만 명의 이름이 들어 있다. 또한 크고 작은 공동묘지들에 잉글랜드의 전통적인 농촌 정원처럼 벽을 세우고 나무를 심기로 결정했으며, 묘석과 장미꽃과 초본을 심은 발치 사이에는 잔디로 장식하기로 했다. 그리고 아주 작은 묘지들을 제외한 모든 묘지에 중앙 상징물로서 희생의 십자가Cross of Sacrifice를, 큰 묘지에는 상징적인 제단인 추모의 돌Stone of Remembrance을 설치하기

169. G. Ward and E. Gibson, p. 281

170. J. Winter, *Sites of Memory*, p. 108

171. H. Herwig, p. 439; R. Whalen, p. 40

로 했다. 새겨진 비문은 역시 키플링이 지은 글로 '그 이름은 영원하리라Their Name Liveth For Evermore'였다. 최종적으로 600개가 넘는 공동묘지가 건립되었으며, 제국전쟁묘지위원회의 보호를 받았다. 제국전쟁묘지위원회는 그 터를 영구묘소로 이용한 프랑스 정부의 법에 의거하여 활동하면서 1,000명이 넘는 정원사를 모집하여 영구히 묘지를 돌보게 했다. 묘소들은 전부 남아 있으며, 위원회가 고용한 정원사들이 지금도 경건한 마음으로 돌보고 있고, 영국인과 때로는 묻힌 자들의 증손들이 많이 방문할 뿐만 아니라, 통절한 아픔을 전하는 추모 카드가 증언하듯이 호기심을 품은 다른 국민들도 찾고 있다. 묘소들의 특별한 아름다움에 감동받지 않는 이는 없다. 80년 동안 잔디를 깎고 가지치기를 한 결과 "작은 공원이나 정원의 풍경"을 만든다는 원래의 의도는 달성되었고, 시간의 경과만으로도 시대를 뛰어넘는 원숙함이 드러났다. 꽃이 피는 봄에 묘소들은 부활의 장소요 희망의 장소이며, 낙엽이 지는 가을에는 반성과 추모의 장소가 된다.

북해에서 솜 강 너머까지 띠를 이룬 영국 묘소들은 대전의 전역에서 죽어갔으나 추모되지 못한 모든 이에게 바치는 이상화된 기념물이다. 그 숫자는 엄청나다. 영제국 병사 100만 명, 프랑스군이 170만 명이고, 전장에서 돌아오지 못한 합스부르크제국 병사 150만 명과 독일군 200만 명, 이탈리아군 46만 명, 러시아군 170만 명, 그리고 수십만 명의 터키군을 더해야 한다. 터키군의 사망자는 계산된 적이 없다.[171] 자원하거나 징집된 자들에서 차지하는 비율로 보면 사망자 수는 감내할 만한 수준으로 보인다. 독일의 사망자는 전체 복무자의 약 3.5퍼센트였다. 그러나 가장 젊고 가장 건강한 자들의 비율로 계산하면 그 수치는 감정적으로 감당할 만한 정도를 크게 뛰어넘는다. 1914년에서 1918년 사이에 남성 사망률은 통상적인 기대치를 영국에서는 일곱 배에서 여덟 배, 프랑스에서는 열 배 이상 초과했다. 프랑스의 경우 복무한 자의 17퍼센트가 사망했다. 독일에서도 가장 어린 연령 집단의 사망률은 유사한 비율을 보였다. "1870년에서 1899년 사이에 약 1,600만 명의 남자 아이가 태어났는데, 소수를 제외하면 전부 군대에 복무했으며 약 13퍼센트가 사망했다."[172] 그 수치도, 프랑스와 영국의 경우도 마찬가지이지만, 나이 때문에 가장 먼저 군무를 수행해야 했던 분견대를 기준으로 계산하면 훨씬 더 큰 손실이었음을 보여준다. "전쟁이 발발했을 때 19세에서 22세 사이였던 1892년부터 1895년생 징집병은 35퍼센트에서 37퍼센트가 감소했다."[173]

172. J. Winter, *Upheaval*, pp. 16~27

173. R. Whalen, p. 41

3명 중 1명꼴이다. 전후 세계가 '잃어버린 세대'를 말하는 것도 이상하지 않다. 그 부모들은 동병상련을 느꼈고, 생존자들은 설명할 수 없는 도피의식에 사로잡힌 채 살았다. 그 의식은 종종 죄의식과, 때로는 격한 분노와 복수의 열망과 뒤섞였다. 단지 참호전의 공포가 자신들의 생애나 자식들의 생애에서 반복되지 않기를 바랐던 영국과 프랑스의 고참병들은 그런 생각과 거리가 멀었다. 이런 생각은 많은 독일인의 마음속에서, 특히 '전선의 투사' 아돌프 히틀러의 마음속에서

⬇ 오늘날 패션데일의 타인코트 묘지. 영연방 전쟁묘지 중 최대인 이 묘지는 3차 이프르 전투에서 전사한 1만 2,000명의 시신을 안치하고 있으며 시신이 발견되지 않은 3만 5,000명을 기념하고 있다.

곪아 터졌다. 히틀러는 1922년 9월 뮌헨에서 복수하겠다고 위협했고 이는 2차 세계대전의 씨앗을 뿌리게 된다.

2차 세계대전은 1차 세계대전의 지속이었고, 실로 앞선 분쟁의 깊은 증오와 불안정이라는 관점에서 보지 않으면 설명할 수 없다. 카이저의 독일은 경제적으로 대단히 큰 성공을 거두고 학자들이 전 세계적으로 지적 명성을 얻었는데도 불만으로 들끓었다. 특히 영국과 프랑스에 비해, 여러 왕국과 공화국 사이에서 차지하는 정치적 위상과 산업과 군대의 힘 사이에 드러난 불균형에 큰 불만을 품었다. 영국과 프랑스는 제국이라는 이름의 허상이 아니라 실속을 차리고 있었다. 독일이 전쟁 전에 품었던 불만은 베르사유 조약 직후의 불만에 비하면 무색해진다. 1870~1871년에 알자스와 로렌에서 얻은 정복지를 토해내야 했고, 역사적으로 독일인의 정착지였던 슐레지엔과 서프로이센을 독립국 폴란드에 양도해야 했으며, 육군은 작은 헌병대로 축소시키고 함대는 완전히 해체하며 항공대를 폐지한 강제 군축으로 창피를 당했고, 봉쇄로 굶주림이 지속된 탓에 굴욕적인 강화협정에 서명할 수밖에 없었던 독일공화국은 1914년 이전에 독일의 국제관계와 국내정치를 왜곡시킨 자들보다 훨씬 더 강력하게 불만을 조장했다. 바이마르 공화국의 자유주의적 민주정부가 지닌 고결함은 그런 불만을 완화하는 데 조금도 도움이 되지 않았다. 경제 관리의 실수로 독일의 중간계급이 몰락하고 프랑스와 영국의 점령정책과 배상정책에 복종하여 국민적 자부심이 상처를 입은 때에, 정치적, 외교적 온건함은 정부의 원칙에 반대하는 극단적인 세력들을 키웠다. 1920년대 내내 독일의 자유민주주의는 마르크스주의와 민족사회주의라는 서로 대립하는 경향들의 소동 위에 표류했고 결국 그런 흐름들에 압도된다.

동유럽 민족들은 호엔촐레른이든 합스부르크이든 독일어를 말하는 왕조의 제국 통치에서 해방되었지만, 이들이 건설한 계승국가들

역시 평온하지 못했다. 폴란드나 체코슬로바키아, 1929년에 유고슬라비아로 바뀌는 세르비아·크로아티아·슬로베니아왕국 어느 나라도 안정된 정치 생활에 착수할 수 있을 만큼 충분한 동질성을 갖추고 독립하지 못했다. 폴란드의 독립은 동쪽에서 역사적으로 타당한 극한까지 국경을 확보하려는 폴란드인의 노력 때문에 처음부터 불운하게도 위태로웠다. 폴란드 군대는 뒤이어 소련과 벌인 전쟁에서 간신히 패배를 면했다. 폴란드는 종국에 예기치 않게 성공했지만, 명백한 민족적 승리를 거두었다. 그러나 여러 소수민족들을, 특히 우크라이나인을 떠안게 되었고, 이로써 폴란드인이 인구에서 차지하는 비율은 60퍼센트로 줄어들었다. 게다가 폴란드는 서쪽에서 역사적으로 독일의 땅이었던 곳을 병합하고 독일 전사 계급의 요람인 동프로이센을 포위함으로써 1939년에 히틀러에게 1914년의 공격을 재개할 핑계를 제공하게 된다. 합스부르크제국으로부터 독일인 소수민족이 거하는 수데텐란트를 물려받은 체코슬로바키아에서도 민족적 균형이 무너졌고, 이는 1938년에 체코슬로바키아의 보존에 치명적인 결과를 가져왔다. 유고슬라비아의 불균등한 종족 구성은 호의만 있었다면 조화를 이룰 수 있었을지도 모른다. 그러나 훗날의 사태 전개가 증명했듯이, 동방정교도인 세르비아인이 특히 가톨릭교도인 크로아티아인을 단호히 지배하려 했기에 유고슬라비아의 통합은 일찍부터 흔들렸다. 유고슬라비아는 내부의 반목 탓에 1941년에 이탈리아와 독일의 공격에 저항할 힘을 빼앗겼다.

두 패전국 헝가리와 불가리아는 영토를 상실함으로써 그러한 불화를 덜었다. 그러나 헝가리는 매우 큰 손실을 입었기에 국경의 변화로 이득을 취한 이웃나라들에 강한 적의를 품은 채 전후 세계에 진입했다. 주요 승전국인 루마니아는 1916년에 연합군 편으로 개입하여 군사적 재앙을 겪은 데 대해 과도하게 보상받았다. 그렇지만 인구의 4분의 1을 넘는 소수민족들을 습득함으로써 헝가리와, 잠재적으로는 소련과도 다툴 수 있는 불변의 원천을 상속받았다.

그리스도 확연히 빈사 상태였던 터키에 출정하여 주민을 얻었으나 이는 오판으로 큰 손해를 끼쳤다. 그리스는 '위대한 사상'—역사적인 그리스인 정착지의 재통합을 뜻하는 말로 1832년에 독립한 이래 그리스 민족주의의 지도 원리였다—의 시대가 마침내 도래했다고 확신하고 1919년 6월에 소아시아를 침공했다. 그리스군은 성공적으로 진격하여 훗날 터키공화국의 수도가 되는 앙카라Ankara까지 거의 도달했지만, 갈리폴리의 승리자인 케말은 반격을 가하여 1922년 9월에 과도하게 산개한 그리스군을 물리쳤다. 전쟁을 끝낸 1923년의 로잔 조약Treaty of Lausanne에서 패배한 그리스와 승리한 터키는 각자의 땅에 있는 소수민족을 교환하기로 동의했다. 이 과정으로 그리스인은 호메로스 이전부터 살았던 에게 해 동쪽 해안도시들에서 완전히 사라졌으며, 삶의 터전을 빼앗긴 100만 명 이상의 난민이 400만 명의 본토 그리스인에 합류했다. 많은 사람들이 그리스 문화의 원천에서 너무나 오랫동안 분리되어 있었기에 터키어를 말했다. 이들이 처하게 된 빈곤과 고난은 계급 간의 적의를 키워 결국 1944년에서 1947년까지 내전으로 폭발하게 된다.

그러므로 1차 세계대전을 초래한 발칸 문제는 전후에 새로운 발칸 문제들로 귀착되었다. 이 새로운 문제들은 2차 세계대전이 발발할 때까지 존속했으며 실로 오늘날까지도 계속되고 있다. 합스부르크제국 특유의 염세적인 관료가 지금에 환생한다면 누구라도 무엇이 변했는지 물을 수 있을 것이다. 물론 1차 세계대전의 온상이었던 동유럽에서는, 주로 1945년에 붉은군대의 승리 직후 스탈린이 영토와 민족의 차원에서 그 지역을 가혹하게 재편한 결과이기는 하지만, 많은 것이 변했다. 제국은 마침내 사라졌고, 소비에트 러시아제국은 가장 늦게 사라졌다. 많은 소수민족들도, 특히 폴란드와 지금의 체코공화국과 슬로바키아에서 사라졌다. 그러나 여전히 많은 소수민족들이 다른 어느 곳보다도 스탈린이 자신의 일을 제대로 하지 못한 루마니아와 헝가리, 과거의 유고슬라비아에서 살아남았다. 외세는 마치 1914년에 합스부르크왕국이 세르비아에 요구했듯이 세르비아 당국에 정치적 범죄자들을 처벌하라고 요구한다. 사바 강과 드리나 강 유역에서는 1915년과 마찬가지로 외국 군대가 활동하고 있다. 전부 불가사의한 현상이다.

그러나 그때는 1차 세계대전이 불가사의였다. 대전의 원인도 불가사의였고 진행과정도 그러했다. 번창하던 대륙이 전 세계의 부와 권력의 원천이자 주체로서 성공의 절정에 있을 때 그리고 지적 성취와 문화적 업적이 절정에 달했을 때 그동안 얻은 모든 것과 세계에 제공했던 모든 것을 서로를 죽이는 사악한 충돌에 내맡긴 이유는 무엇인가? 전쟁이 발발한 지 몇 달 만에 분쟁을 신속하고도 결정적으로 해결할 수 있는 희망이 도처에서 실패로 돌아갔는데도 교전국들이 군사적 노력을 계속하고 총력전을 대비해 동원하며 결국 젊은이들 전부를 실존적으로 무의미한 상호 간의 학살에 내맡기기로 결정한 이유는 무엇인가? 필시 원칙이 관건이었으리라. 그렇지만 영국을 전쟁에 끌어들인 국제조약의 신성함이라는 원칙은 실제로 조약의 보호를 위해 치른 대가에 전혀 값하지 못했다. 국토의 방어도 걸려 있었을 것이다. 프랑스는 이 원칙을 위해 싸우느라 국민적 안녕에 거의 감당할 수 없는 손상을 입었다. 독일과 러시아가 전쟁을 선포하는 근거였던 상호안보조약이라는 원칙은 국가의 구조가 붕괴되어 안보가 아무런 의미도 갖지 못할 때까지 보호되었다. 오스트리아를 움직인 힘이자 온갖 전쟁수행의 이유 중에서 가장 오래된 것인 국익이라는 단순한 원리는 합스부르크왕국에서 제국주의의 두 기둥이 붕괴하면서 아무런 이익도 아니었음이 입증되었다.

물론 결과는 예측할 수 없다. 반면 경험은 너무나도 쉽게 미래에 투영될 수 있다. 1914~1918년 전쟁의 초기 전사들이 얻은 경험은, 다시 말해서 비참하고 고통스러운 상황에서 부상을 입거나 사망할 가능성은 신속하게 필연성을 획득했다. 여기에도 불가사의한 점이 있다. 천편일률적으로 갈색 옷을 입은, 수백만 명에 달하는 무명의 병사들이 한결같이 전통적으로 군인의 생활을 참을 만한 것으로 만들었던 작은 명예를 빼앗긴 상황에서 싸움을 지속하고 싸움의 목적을 인정할 수 있는 결의를 어떻게 발견할 수 있었는가? 병사들이 그런 결의를 찾아냈다는 것은 1차 세계대전에서 부정할 수 없는 사실이다. 서부전선과 동부전선의 흙으로 쌓아 만든 도시들에 꽃핀 전우애는 낯선 이들도 아주 가까운 형제처럼 만들었으며, 일시적으로 같은 연대에 속했다는 분위기에서 형성된 충정을 생사를 함께 하는 혈연관계의 수준으로 끌어올렸다. 참호 속에서 친밀하게 된 병사들은 평시와 좋았던 시절에 형성된 그 어떤 우애보다도 더 강한 상호의존과 자기희생으로 결합했다. 이것이 1차 세계대전의 궁극적인 불가사의다. 병사들의 증오는 물론 그 사랑까지도 이해할 수 있다면 인생의 불가사의를 좀 더 잘 이해하게 될 것이다.

공식 역사

러시아도 터키도 공식 역사기록을 출간하지 않았다. 두 제국의 국가 구조는 전쟁과 뒤이은 내전으로 황폐해졌기 때문이다. 미국 정부는 전쟁의 특정한 국면에 관하여 많은 책을 내놓았지만 미국 역시 공식 역사기록이 없다. 가장 중요한 공식 역사기록으로는 영국과 프랑스, 독일, 오스트리아, 오스트레일리아의 역사기록이 있다. 프랑스의 공식 역사기록은 상세하긴 하지만 생기가 없다. 가장 유용한 책은 두 부분으로 나뉜 열 번째 책으로 전투서열을 담고 있고 사단과 그 상급 편제의 이동과 지휘권 변화를 기록하고 있다. 오스트리아의 공식 역사기록도 귀중한 전투서열을 포함하고 있지만 프랑스의 공식 역사기록보다는 서술의 객관성이 떨어진다. 육상 작전에 관한 독일의 공식 역사기록 열여섯 번째 책은 참모본부 스타일로 초연하게 서술되었으나 독일군의 활동에 관해서는 없어서는 안 될 기록이다. 비공식적인 전투 안내서(예를 들면, Reichsarchiv, Ypern, Gorlice)도 유용하다. 영국의 공식 역사기록은 모든 전역의 육군 작전과 해전사, 항공전사를 상세하게 포괄하고 있다. 기술적인 사항(의료, 수송)에 관한 책도 몇 권 되며 전투서열에 관해 지극히 상세한 부록도 있다. 이는 전쟁에서 영국이 수행한 역할을 이해하는 데 절대적으로 필요하다. 오스트레일리아 공식 역사가 C. W. E. 빈Bean은 여러 참전 군인들로부터 회고록을 수집했다. 그 결과 빈이 내놓은 일련의 책들은 다른 공식 역사기록이 담지 못한 인간적 차원을 갖고 있으며, 2차 세계대전에 관한 미국의 훌륭한 공식 역사기록에 성공적으로 채택된 서술방식을 예견하게 한다. 이 공식 역사기록의 목록은 다음과 같다.

J. Edmonds, *Military Operations, France and Belgium, 1914~1918* London, 1925~1948과 다른 저자들이 쓴 이탈리아, 마케도니아, 이집트와 팔레스타인, 다르다넬스 해협, 페르시아, 동아프리카와 서아프리카에서 수행한 작전에 관한 안내서. 해전사로는 *Naval Operations*, London, 1920~1931이 있다. J. Corbett과 H. Newbolt가 썼다. 항공전에 관한 책으로는 W. Raleigh and H. Jones, *The*

War in the Air, Oxford, 1922~1937가 있다.

Etat-major de L'armée, *Les Armées françaises dans la grande guerre*, Paris, 1922~1939

Reichsarchiv, *Der Weltkrieg*, Berlin, 1925~1939

Bundesministerium für Landesverteidigung, *Österreich-Ungarns Letzter Krieg, 1914~1918*, Vienna, 1930~1938

C. E. W. Bean, *Australia in the War of 1914~1918*, Sydney, 1921~1943

개설서

전쟁에 대한 개설서로 만족스러운 것이 거의 없다. 아마도 전쟁이 남긴 불행과 원한 때문일 것이다. 패자는 잊기를 원했으며, 승자 역시 자신들의 남성 인구를 말 그대로 수없이 죽인 사건들을 회상할 마음은 쉽게 들지 않았을 것이다. 교전국들 중 비교적 희생이 적었던 영국인들이 가장 성공적인 개설서를 써냈다. 다음과 같은 책을 들 수 있다.

J. Edmonds, *A Short History of World War I*, Oxford, 1951은 간략하지만 작전에 관하여 폭넓게 개관하고 있다.

C. Falls, *The First World War*, London, 1960은 예리하고 간결하다.

M. Ferro, *The Great War 1914~1918*, London, 1973은 철학적이고 문화적인 차원을 곁들인 최초의 개설사다.

A. J. P. Taylor, *The First World War: An Illustrated History*, London, 1963은 간명한 것이 특징이다.

H. Herwig, *The First World War: Germany and Austria 1914~1918*, London, 1997. 이 책은 제목이 시사하는 것보다 더 포괄적이며 최신 연구를 많이 개괄하고 있다.

출판 중인 Hew Strachan 교수의 Oxford History(2권)는 C. M. R. F. Cruttwell의 *A History of the Great War*, Oxford, 1934를 대체할 것으로 기대된다. 크러트웰의 책도 오래됐지만 잘 쓴 책이다.

기원

겉보기에 흔들림 없을 것 같았던 평화가 1914년 한여름 몇 주 만에 결국 격한 전면전으로 변한 이유는 많은 설명이 있었지만 여전히 불가해하다. 역사가들은 전쟁의 책임이 누구에게 있는지 밝히기 위해 노력하다 포기하고, 원인 먼저 고찰했으나 이 또한 거의 논란에서 벗어나지 못하자 결국 정황을 분석하게 되었다.

모든 논의의 토대는 아직도 L. Albertini의 *The Origins of the War of 1914* (3권), Oxford, 1952~1957이다. 이 책은 위기의 연대기를 상세히 제공하며 가장 중요한 문서들도 발췌하여 보여준다. 좀 더 나중에 조심스럽게 균형을 잡아 정황을 분석한 책은 J. Joll, *1914: The Unspoken Assumption*, London, 1984이다. 주요 교전국에서 위기가 전개되는 과정을 서술한 필수 저작은 다음과 같다. I. Geiss, *Juli 1914*, Munich, 1965; J. Gooch, *Army, State and Society in Italy, 1870~1915*, N.Y., 1989; J. Keiger, *France and the Origins of the First World War*, N.Y., 1983; S. Williamson, *Austria-Hungary and the Origins of the First World War*, N.Y., 1991; Z. Steiner, *Britain and the Origins of the First World War*, N.Y., 1977은 특히 영국의 공식 외교를 다루고 있다. F. Fischer는 *Griff nach der Weltmacht*, Düsseldorf, 1961과 *Krieg der Illusionen*, Düsseldorf, 1969에서 독일의 전쟁 책임 문제를 논쟁적으로 되새겼다. 두 책 모두 출판 당시에는 독일에서 격분을 불러일으켰으나 지금도 매우 중요한 책이다.

전쟁 이전 유럽의 분위기를 다룬 것으로는 두 책이 특히 중요하다. M. Eksteins, *Rites of Spring*, Boston, 1989. R. Wohl, *The Generation of 1914*, Cambridge, Mass., 1979.

전쟁 계획

G. Ritter는 *The Schlieffen Plan*, N.Y., 1959에서 자신이 죽은 이듬해에 군대를 재앙 같은 전쟁으로 내몰았던 독일군 참모총장이 남긴 문서를 해부했다. 이 책은 아마도 1차 세계대전을 다룬 책 중에서 가장 중요한 책일 것이다. 유익한 논평은 다음의 책에서 찾아볼 수 있다. G. Tunstall, *Planning for War Against Russia and Serbia*, N.Y., 1993; A. Bucholz, *Moltke, Schlieffen and Prussian War Planning*, N.Y., 1991; D. Herrmann, *The Arming of Europe and the Making of the First World War*, Princeton, 1996; P. Kennedy, *The War Plans of the Great Powers*, London, 1979의 소론들.

전쟁 수행

전쟁 계획과는 확연히 구분되는 전쟁 전략은 그다지 많이 연구되지 않았다. 반면 전쟁의 전술은 늘 연구를 자극했는데, 특히 서부전선에서 전략에는 성공적인 전술 해법이 반드시 필요하다고 인식되었기 때문이다. 근자에 오스트레일리아, 캐나다의 신세대 학자들이 이에 관한 연구를 다시 부활시켰다. 주요 저작을 들자면 다음과 같다. T. Travers의 *The Killing Ground*, London, 1987과 *How the War Was Won*, London, 1992; P. Griffith의 *Battle Tactics of the Western Front*, London, 1992와 *Forward into Battle*, Rambsbury, 1990; H. Herwig, *The First World War: Germany and the Austria-Hungary 1914~1918*, London, 1997. 영국 공무원 출신 역사가인 G. C. Wynne만큼 예리하게 분석한 사람은 없다. 와인은 *If Germany Attacks*, London, 1940에서 영국과 프랑스가 참호진지를 공격하며 습득한 방법과 무너뜨릴 수 없었던 독일군의 대응책을 분석했다. '고착된' 구역의 참호전이 보여준 성격은 T. Ashworth가 *Trench Warfare: The Live and Let Live System*, London, 1980에서 간파했다. 매우 유익한 책이다. 전쟁을 지휘한 장군들의 지도력을 그 전략을 중점으로 다룬 책으로는 다음 세 권이 중요하다. R. Asprey, *The German High Command at War*, N.Y., 1991; M. Kitchen, *The Silent Dictatorship: The Politics of the German High Command under Hindenburg and Ludendorff*, London, 1976; C. Barnett, *The Swordbearers*, London, 1963.

군대

1차 세계대전에서 싸웠던 군대에 관한 문헌은 풍부하며, 영국군에 관한 문헌은 각별히 더 많다. 최고의 작품을 꼽으라면 P. Simkins, *Kitchener's Army*, Manchester, 1986과 I. Beckett and K. Simpson, *A Nation in Arms*, Manchester, 1985를 들 수 있다. 심킨스의 책은 1차 세계대전 최대의 자원병부대를 애정을 갖고 연구한 역작이다. 프랑스군을 다룬 좋은 책으로는 다음을 들 수 있다. D. Porch, *The March to the Marne*, Cambridge, 1981; L. Smith, *Between Mutiny and Obedience*, Princeton, 1994; R. Challener, *The French Theory of the Nation in Arms*, N.Y., 1955; E. Weber, *Peasants into Frenchmen*, London, 1977은 전쟁 이전의 프랑스 농촌이 징병제를 수용하는 과정을 조명하고 있다. G. Pedroncini, *Les mutineries de 1917*, Paris, 1967은 아직까지도 결정판으로 꼽힌다. B. Menning, *Bayonets Before Bullets: The Imperial Russian Army, 1861~1914*, Bloomington, 1944는 탁월한 저작이며 A. Wildman, *The End of the Russian Imperial Army*, Princeton, 1980은 그 책을 보완한다. G. Rothenburg, *The Army of Franz Joseph*, West Lafayette, 1976은 오스트리아-헝가리 군대를 다룬 영어책으로는 최고이나, J. Lucas, *Fighting Troops of the Austro-Hungarian Army*, Speldhurst, 1987은 상세하게 다루어 유익하다. 독일군을 다룬 영어책으로는 아직도 쓸만한 것이 없다. A. Millett와 W. Williamson의 *Military Effectiveness*, I, Boston, 1988은 몇 개의 장에서 각국 군대를 훌륭히 다루고 있다. J. Gooch, *Army, State and Society in Italy, 1870~1915*, N.Y., 1989는 뛰어난 저작이며 인도

군을 다룬 D. Omissi, *The Sepoy and the Raj*, London, 1994도 탁월한 업적이다. 1914~1918년의 오스만제국군을 포괄적으로 다룬 영어책은 아직도 없다.

독일 해군을 다룬 뛰어난 연구들이 있는데, J. Steinberg, *Yesterday's Deterrent*, London, 1965와 H. Herwig의 *Luxury Fleet*, London, 1980과 *The German Naval Officer Corps*, Oxford, 1973을 들 수 있다. 영국 해군을 다룬 책으로는 A. Marder, *From the Dreadnought to Scapa Flow*, 5 vols, London, 1961~1970이 여전히 고전의 권위를 유지한다. M. Vego, *Austro-Hungarian Naval Policy 1904~1914*, London, 1996은 오스트리아-헝가리가 아드리아 해에서 해전에 들어가기 전에 취했던 준비를 흥미롭게 보여준다.

전투와 전역

지금은 잊혔지만 전역을 다루었던 초기 역사서 중 한 권은 지금도 이루 말할 수 없이 귀중하다. 바로 S. Tyng, *The Campaign of the Marne*, Oxford, 1935이다. 같은 시기 동부전선에서 벌어진 전투를 다룬 최고의 책은 D. Showalter, *Tannenberg*, Hamden, 1991이다. N. Stone, *The Eastern Front 1914~1917*, N.Y., 1975는 꼭 보아야 할 책이다. 서부전선 전투를 다룬 중요한 책으로는 다음을 들 수 있다. 니벨 공세를 다룬 E. Spears의 *Liaison 1914: A Narrative of the Great Retreat*과 *Prelude to Victory*, London, 1939; 1918년 독일군 공세를 다룬 M. Middlebrook의 *The First Day on the Somme*, London, 1971과 *The Kaiser's Battle*, London, 1978; A. Horne, *The Price of Victory*, London, 1962는 베르됭 전투를 설명한 고전이다. A. McKee, *Vimy Ridge*, London, 1962; L. Wolff, *In Flanders Fields*, London, 1958은 패션데일 전투를 감동적으로 설명하고 있다. C. Falls, *Caporetto*, London, 1966과 A. Palmer, *The Gardeners of Salonika*, London, 1965는 이탈리아 전선과 마케도니아 전선을 다룬 영어

책으로는 최고다. 갈리폴리 전투는 엄청난 문헌을 양산했고 그중에는 수준 높은 저작이 종종 눈에 띈다. 좋은 개설서로는 다음을 들 수 있다. R. Rhodes James, *Gallipoli*, London, 1965; G. Cassar, *The French and the Dardanelles*, London, 1971; A. Moorehead, *Gallipoli*, London, 1956은 오래된 책이지만 매우 재미있다. 외부 전역을 다룬 유익한 책으로는 다음을 들 수 있다. C. Falls, *Armageddon 1918*, London, 1964(팔레스타인); A. Barker, *The Neglected War: Mesopotamia 1914~1918*, London, 1967; B. Farwell, *The Great War in Africa*, London, 1987. 퍼넬 사에서 일부 발행하고 B. Pitt과 P. Young이 8권으로 편집한 *History of the First World War*, London, 1969~1971은 전쟁의 모든 사건을 설명하고 있으며 일부는 저명한 학자들이 썼다. 이 책은 특히 사정이 한층 더 모호한 전역(예를 들어 칭다오, 캅카스)을 연구하는 데에는 귀중한 자료다. C. Ellis, *The Transcaspian Episode*, London, 1963은 1918년에 영국이 남부 러시아에 개입한 일을 훌륭하게 설명한 단행본이다. 연합군의 러시아 개입과 러시아 혁명과 내전의 군사적 측면을 다룬 책은 다음과 같다. J. Wheeler-Bennett, *Brest-Litovsk: The Forgotten Peace*, London, 1966; E. Mawdsley, *The Russian Civil War*, N.Y., 1989; R. Luckett, *The White Generals*, N.Y., 1971; J. Bradley, *Allied Intervention in Russia*, London, 1968; P. Kencz, *Civil War in South Russia*, N.Y., 1977; M. Carley, *Revolution and Intervention*, N.Y., 1983.

해전의 특정한 측면은 다음에 잘 서술되어 있다. J. Goldrick, *The King's Ships Were at Sea: The War in the North Sea, August, 1914~ February 1915*, Annapolis, 1984; P. Halpern, *The Naval War in the Mediterranean, 1914~1918*, London, 1987; G. Bennet의 *Coronel and the Falklands*, N.Y., 1962와 *Cowan's War: The Story of British Naval Operations in the Baltic, 1918~1920*, London, 1964. J. Terraine, *Business in Great Waters*, London, 1989는 U-보트전을 전반적으로 설명한 것으로는 최고다. 유틀란트 해전을 다룬 책은 엄청나게 많지만 그중에서 다음이 언급할 만한 것들이다. N. Campbell, *Jutland:*

An Analysis of the Fighting, London, 1986; A. Gordon, *The Rules of the Game*, London, 1996.

정치와 경제

학자들이 전쟁의 정치와 경제를 다룬 책으로 주목할 만한 것은 다음과 같다. V. Berghahn, *Germany and the Approach of War in 1914*, N.Y., 1973; G. Feldman, *Arms, Industry and Labor in Germany, 1914~1918*, Princeton, 1966; D. French, *British Strategy and War Aims*, London, 1986; J. Galantai, *Hungary in the First World War*, Budapest, 1989; M. Geyer, *Deutsche Rüstungspolitik*, Frankfurt, 1984; P. Guinn, *British Strategy and Politics, 1914~1918*, Oxford, 1965; Z. Zeman, *The Break-up of the Habsburg Empire*, London, 1961.

문화와 사회

프랑스 학자들은 근자에 1차 세계대전의 사회사와 문화사에 크게 공헌했다. J.-J. Becker and S. Audouin-Rouzeau, *Les sociétés européenes et la guerre de 1914~1918*, Paris, 1990; J.-J Becker et al., *Guerres et Cultures 1914~1918*, Paris, 1994; J.-J Becker, *La France en guerre, 1914~1918*, Paris, 1988; J.-J Becker, *The Great War and the French People*, Leamington Spa, 1985. 베커의 영국인 협력자인 J. Winter는 W. Wall과 함께 *The Upheaval of War: Family, Work and Welfare in Europe 1914~1918*, Cambridge, 1988를 편집했다. 윈터의 *Sites of Memory, Sites of Mourning: The Great War in European Cultural History*, Cambridge, 1995는 병사들과 민간인 사회가 대전이 불러온 고난을 견뎌내고 합리적으로 설명하고 기념하기 위해 쏟아부은 노력을 감동적으로 기술하고 있다. 좀 더 문학적이고 이제는 1차 세계대전

을 다룬 많은 책들 중에서도 가장 유명한 축에 드는 것이 Paul Fussell, *The Great War and Modern Memory*, Oxford, 1975이다. 이 책은 영국 문학, 특히 소설과 회고록을 연구한 저술이다. 이에 견줄만한 프랑스 책으로는 더 오래되었으나 아직도 귀중한 J. Norton Cru, *Témoins*, new edition, Nancy, 1993이 있다. 독일의 경험을 다룬 중요한 책으로는 다음 두 권을 들 수 있다. L. Moyer, *Victory Must be Ours*, London, 1995; R. Whalen, *Bitter Wounds: German Victims of the Great War*, Ithaca, 1984. Trevor Wilson은 *The Myriad Faces of War*, Cambridge, 1986에서 영국의 전쟁 경험을 다면적으로 그려냈다. 흥미로운 미국인의 시각을 살펴보려면 E. Leed, *No Man's Land: Combat and Identity in World War I*, Cambridge, 1979가 있다.

전기

과거를 회고하는 자들이 1차 세계대전의 군 지휘관들을 찬양하는 경우는 거의 없었다. 이런 상황은 시간이 갈수록 불공정해 보인다. 그 사람들은 거의 극복할 수 없는 문제들, 이를테면 미약하고 실로 부적절한 수단으로 요새가 된 강력한 전선을 어떻게 돌파할 것인가와 같은 문제들에 마주했고, 누구나 다 훌륭한 장군이었다. Correlli Barnett은 *The Swordbearers*, London, 1963에서 인상적인 집단 초상을 제시했다. 코렐리가 다룬 대상은 소몰트케, 대함대 제독 존 젤리코 경, 페탱, 루덴도르프였다. Basil Liddell Hart의 호의적인 전기 *Foch: Man of Orleans*, 1931은 세월이 흘렀어도 여전히 훌륭하다. J. Wheeler-Bennett의 *Hindenburg: the Wooden Titan*, London, 1936도 마찬가지다. D. Goodspeed가 쓴 *Ludendorff*, London, 1966도 훌륭하다. 헤이그는 아직도 수수께끼 같은 인물이다. 유능한 군사 전문가였지만 인간적인 감정은 부족했다. John Terraine은 *Haig: the Educated Soldier*, London, 1963에서 헤이그의 업적을 당파적으로 옹호한다. G. De

Groot, *Douglas Haig*, London, 1988은 헤이그 성격의 합리적이지 못한 측면을 강조하여 회의적이다. D. Winter의 *Haig's Command*, London, 1991도 얘기해야 할 책이다. R. Blake가 1952년에 편집한 *The Private Papers of Douglas Haig*는 없어서는 안 될 책이다. Philip Magnus의 *Kitchener*, N.Y., 1959도 마찬가지다. D. Smythe, *Pershing*, Bloomington, 1986은 (미국) 군대의 장군을 다룬 최고의 전기다. R. Holmes는 *The Little Field Marshal*, London, 1981로 존 프렌치 경의 훌륭한 전기를 써냈다. 영국 장군들을 다룬 좋은 전기로는 다음을 들 수 있다. R. Mackay, *Fisher of Kilverstone*, Oxford, 1973; A. Temple Patterson, *Jellicoe*, London, 1969; S. Roskill, *Earl Beatty*, London, 1980.

1914년 발칸 반도에서 발생한 작은 정치적 사건은 큰 재난으로 전화하여 많은 나라와 엄청난 대군이 4년간의 격렬한 싸움에 말려들었다. 1차 세계대전으로 알려진 이 전쟁에서는 새로운 무기들이 등장했고 새로운 전투 양상이 나타나 참전국들은 엄청난 인명과 재산의 피해를 입었다. 독가스가 퍼진 흐릿한 하늘 아래 철조망이 뒤얽힌 적군의 참호를 공격하던 병사들은 전선의 배후에서 쏘아대는 집중포격과 토치카에 숨어 불을 뿜었던 기관총의 사격에 덧없이 쓰러졌다.

1차 세계대전이 유럽에 큰 충격으로 다가왔던 것은 비단 이러한 손실 때문만은 아니다. 전쟁은 당대 유럽인들이 지녔던 낙관적인 믿음을 산산이 깨뜨려버렸다. 전쟁은 오랫동안 지속되어오던 평화와 번영을 파괴했으며 문명의 발전과 진보가 계속되리라는 믿음을 허망한 것으로 만들어버렸다. 수백만 명의 유능한 젊은이들을 죽이고 불구로 만들었던 것은 인류의 진보를 가능하게 하리라고 생각되었던 산업의 발전이었다. 산업이 발전함에 따라 살상무기가 무한정으로 생산되었다는 사실은 유럽인들이 지녔던 낙관적 믿음의 끔찍한 역설이었다. 전쟁은 또한 유럽 세계를 바꾸어놓았다. 제국들이 몰락했으며, 러시아에서는 혁명이 일어나 볼셰비키 정권이 들어섰다. 독일에서는 패전의 굴욕이 2차 세계대전을 잉태한 씨앗이 되었다. 1차 세계대전에서 교훈을 얻지 못한 유럽은 2차 세계대전을 일으켜 더 오래, 더 잔혹하게 싸우게 된다. 이렇게 보면 1차 세계대전은 오늘날의 세계와 단단히 연결된 뿌리와도 같다.

그리하여 1차 세계대전은 역사가들에게 꾸준한 관심의 대상이었다. 전쟁이 발발한 원인은 어디에 있는가? 전쟁은 왜 그렇게 오래 지속되었는가? 전쟁을 신속히 종결할 수 있는 전략이나 무기가 있었는가? 교착 상태를 끝낸 것은 무엇인가? 강화조약은 전후 세계에 어떤 영향을 미쳤는가?

이 책은 존 키건의 *The First World War*를 번역한 것이다. 키건은 군사사 분야에서 저명한 역사가로,

『2차세계대전사The Second World War』, 『정보와 전쟁Intelligence in War』, 『전쟁의 얼굴The Face of Battle』을 비롯한 많은 저작을 남겼다. 키건은 이 책을 통해 1차 세계대전이라는 군사사의 거대한 주제를 한 권의 책으로 정리해보고자 시도했다. 키건의 책은 주로 전쟁의 여러 국면에 대한 상세한 기술로 채워져 있다. 그러므로 전쟁의 원인과 결과에 대한 체계적인 분석과 전체적인 의의를 중심으로 살펴보고자 하는 독자에게 이 책은 적절하지 않다. 이를테면 프리츠 피셔Fritz Fischer의 논쟁 같은 것을 볼 생각은 마시라. 요컨대 이 책은 군사적인 관점에서 전쟁을 바라본 전쟁사다.

물론 키건 역시 전쟁이 발발하게 된 원인과 과정, 그리고 애초의 예상과 달리 전쟁이 오래 지속된 이유를 다룬다. 우선 전쟁 직전 유럽의 전반적인 분위기와 국제정세를 알기 쉽게 정리해 놓았다. 키건은 세기말부터 힘을 더한 호전적인 민족주의와 이에 연유한 국가 간 충돌 가능성을 언급하며, 이런 상황에서 분쟁을 조정할 만한 국제기구나 국제적 절차가 없었던 것을 평화를 위협한 중대한 요인으로 지적하고 있다. 긴밀히 연결된 세계에서 실제로 전쟁과 같은 분쟁이 발생하면 모두 함께 망할 수 있다는 인식이 있었기에, 또 그렇기 때문에 분쟁이 발생하더라도 서둘러 해결하기 위해 모두가 함께 노력할 것이라고 믿었기에, 전면적인 군사적 충돌의 가능성은 적다고 누구나 희망적으로 생각했다. 그렇지만 다른 한편으로 오로지 국가적 이익만이 최고의 목표였던 각국의 정치는 전면적인 대결의 가능성을 심화시켰다. 그럼에도 키건은 1차 세계대전이 발발하지 않을 수도 있었다고 본다. 대전을 촉발시켰던 최초의 사건 이후, 즉 페르디난트 대공의 암살 이후 각국이 전쟁을 선포할 때까지 언제라도 전쟁의 발발로 이어진 사건들의 연결고리는 끊어질 수 있었다고 보았다. 말하자면 키건은 상황적 원인遠因만큼이나 직접적인 근인近因도 전쟁 발발에 중요했다고 판단하는 것이다. 1차 세계대전처럼 역사적으로 중요하고 큰 사건의 경우 직접적인 근인의 중요성은 상대적으로 작게 평가하는 것이 일반적이다. 즉, 그 시대의 국제정세를 고려할 때 꼭 페르디난트 대공의 암살이 아니었더라도 다른 우발적인 사건이 실제의 대전과 같은 전쟁을 촉발할 수도 있었을 것이라고 추정할 수 있다는 얘기다. 그런데 나는 키건의 책을 읽으면서 과연 상황적 원인과 직접적인 근인의 중요성을 어느 정도로 평가해야 할지 다시 생각해보게 되었다. 이 원인과 근인의 저울이 어느 쪽으로 내려갈지 고민해보는 것도 재미있는 역사 공부가 될 것이다. 그렇게 생각하게 된 것은 저자의 서술이 생생했기 때문이다.

저자의 설득력은 전쟁이 파괴적으로 지속될 수밖에 없었던 이유를 설명한 대목에서 더욱 강했다. 키건은 전쟁이 예상과 달리 오래 지속된 이유로 전쟁 계획을 들었다. 각 나라들은 서로 경쟁하면서 당연하게도 유사시 군사적 우위를 확보하는 것을 중요한 정책목표로 삼았고, 이를 위해 새로운 전술과 무기를 개발하고 군대를 양성했다. 이 시기의 군비경쟁에 관한 이야기는 새삼스러울 것도 없다. 문제는 기술의 측면에서나 병력의 측면에서 전력은 강화되었지만 이를 효과적으로 이용하고 통제할 수 있는 제도적, 기술적 수단은 존재하지 않았다는 사실이다. 이 점을 잘 보여주는 것이 전쟁 계획이다. 군대가 전쟁을 앞두고 계획을 세우는 것이야 오래전부터 자연스러운 일이었지만 19세기 후반의 전쟁 계획에는 새로운 점이 있었다. 종래의 전쟁 계획은 전쟁에 임박하여 수립했지만, 새로운 전쟁 계획은 평시에 수립되었다. 철도라는 새로운 운송수단이 중요한 원인이었다. 전쟁이 발발했을 때 군사적 우위의 확보는 어느 정도의 병력을 전략적으로 중요한 지점에 얼마나 빠른 시간에 수송하는가에 달렸다. 따라서 평시에 가상의 적에 맞선 전쟁에서 세세하게 병력 수송의 일정표를 작성해야 했다. 그래서 각국에는 전쟁이 발발하기 오래전부터 오로지 탁상 위에서 전쟁 계획을 수립했고, 이는 비록 서랍 속에 잠자고 있었지만 일단 분쟁이 촉발되면 일정표에 따른 전쟁을 누구도 멈출 수 없었다는 것이다. 새로운 전쟁 계획이 초래한 또 한 가지 중요한 문제는 전쟁을 순전히 군사적인 것으로 만들었다는 데 있다. 전쟁 계획을 수립한 자들은 전쟁이 발발했을 때 군사적으로 우세를 점하는 것에

만 관심을 두었지, 외교적으로 분쟁이 발생하지 않도록 노력하는 것이 국가의 더 큰 정책목표라는 점을 이해하지 못했다.

그러나 계획은 계획이었을 뿐, 미래를 미리 결정할 수 없었다. 슐리펜 계획은 러시아가 동원하기 전에 프랑스를 격파하는 것을 목표로 삼았지만, 독일군은 벨기에에서 예상과 달리 시간을 끌었으며 프랑스군의 저항도 강력했다. 그리고 열차가 닿는 곳까지는 신속하게 전진할 수 있었지만 그 너머에서 전진하는 데에는 통신과 병참의 문제가 장애로 작용했다. 결국 슐리펜 계획은 프랑스를 신속히 점령한다는 애초의 목표를 달성하지 못했고, 독일군은 참호선을 구축하여 장기전에 돌입할 수밖에 없었다. 통신 기술이 전쟁의 발발과 장기화에 어떤 의미를 갖는지 지적한 대목은 비록 짧은 언급이었지만 읽는 이의 이목을 끈다. 더 나은 통신수단이 발전했더라면, 국가 간 소통이 원활하여 전쟁을 예방할 수 있었을지도 모르며, 전쟁이 벌어진 후에도 포대와 보병부대 사이의 협력이 개선되어 전장에서 신속한 승리가 가능했으리라는 얘기다. 결론적으로 말하면 합리성이 지닌 양면성에서 더 강했던 것은 부정적인 측면이었다고 해야 옳다. 전쟁이 보여준 참상은, 즉 소모전에서 대량살상을 낳은 것은 산업이 더 발전하지 못했기 때문이 아니라 충분히 발전한 탓이었기 때문이다.

출정부터 각각의 전투에 이르기까지 키건은 때로 사진을 보듯 생생하게, 때로는 빠르게 지나치는 화면처럼 압축적으로 묘사했다. 읽다 보면 전쟁 발발과 함께 소집되어 일상에서 벗어나 가족들과 인사를 나누고 집결하여 전장으로 향하는 병사들의 발길을 가만히 따라갈 수 있다. 참전군인들이 남긴 기록을 인용한 부분에서는 보통의 병사들이 출정하면서 드러냈던 기대와 전장에서 겪은 고초와 절망과 죽음을 엿볼 수 있다. 키건의 서술은 그것이 바로 전쟁이라는 점을 또렷하게 드러낸다. 단 한 뼘의 땅을 더 빼앗고자 아군과 적군의 손이 모두 거쳐간 철조망과 그 너머의 기관총 앞으로 무모하게 몸을 내던지며 죽어갔던 병사들, 엄청난 포격에 나가 떨어지고 포격을 견디고 살아남았다 해도 적군이 다가와 총을 들이댈 때까지도 혼미한 정신을 깨우지 못했던 병사들, 진창이 되어버린 포탄 구덩이에 빠져 치료의 손길 한 번 받지도 못하고 죽어갔던 병사들, 그런 전우를 보고도 그냥 지나칠 수밖에 없었던 동료들, 전선에 나간 가족을 생각하며 총력전의 한 몫을 담당했던 가족들, 무의미한 전투에 부하들을 내몰았던 장군들. 그런 사람들에게서 우리는 전쟁의 모습을 볼 수 있다. 키건이 중요하게 생각한 것은 바로 인간이었다. 병사들의 증오와 참호 속에서 꽃핀 전우애를 이해할 수 있다면 인간을 더욱 잘 이해할 수 있으리라는 저자의 말은 역사적 분석의 결과는 아니지만 충분히 되새길 만하다.

전쟁의 중요한 전투는 유럽 본토는 물론 열강의 식민지와 유럽에서 멀리 떨어진 바다에서 벌어진 전투까지 거의 빼놓지 않았다. 전투의 서술에서 지적할 만한 점이 있다면, 전작이었던 『2차세계대전사』와 마찬가지로 비중의 문제를 들 수 있다. 전체적으로 보면 책에서 전쟁 전반부와 서부전선 전투가 차지하는 비중이 상대적으로 높고, 특정 전투에서도 짧은 기간을 상술한 것이 있는 반면 긴 기간을 짧게 처리하기도 했다. 키건이 전반부를 상술한 이유는 중요한 전쟁 계획이었던 독일의 슐리펜 계획이 실패하면서 참호선이 형성되고 그렇게 고착된 교착 상태를 깨뜨리기가 힘들다는 점이 확인될 때까지가 이 전쟁에서 가장 중요한 국면이었다고 보았기 때문인 것 같다. 1917년의 사건들, 즉 U-보트와 미국의 참전, 러시아 혁명, 프랑스군 폭동, 영국군의 플란데런 전투, 카포레토 전투, 캉브레의 전차전은 80쪽에 할당되었다. 교착 상태가 어떻게 해결되었는지가 전쟁의 결말에서 중요했다고 보는 사람들에게는 1918년 독일군의 서부전선 공세와 연합군의 승리를 상대적으로 짧게 다룬 지면의 할당이 못마땅할 수도 있다. 옮긴이에게 가장 아쉬웠던 것은 지도의 부족이다. 설명을 이해하는 데에는 지리에 관한 지식이 필수적인데 독자가 이를 숙지하고 있기를 바라는 것은 다소 친절하지 못한 처사다.

작은 아쉬움을 뒤로 하면 이 책은 전체적으로 잘 읽히는 책이다. 지리적으로 포괄적으로 설명했으며, 전술과 전략을 상세히 설명했고, 전투원과 비전투원의 경험을 이야기했으며, 장군들의 개인적 특성과 지도력, 그리고 그것이 전쟁과 어떻게 영향을 주고받았는지 제시했다. 이따금 인용된 참전군인들의 회고록은 전투를 더욱 생생하게 보여준다. 세세한 역사적 사실을 알지 못하고 역사적 원인이나 의의를 논하는 것은 공허하다. 일반 독자에게 필요한 역사는 바로 이와 같은 이야기일 것이다.

옮긴이로서는 사사로운 감사의 말씀을 덧붙여야 하겠다. 청어람미디어 출판사 정종호 사장님은 나에게 처음으로 번역을 맡겨주신 분이다. 그 후로 오랫동안 번역 일을 하지 않았지만 아마 그 경험이 있었기에 이 일을 시작할 수 있었을 것이다. 청어람미디어 편집부에서는 적지 않은 오역을 걸러내주었고 오해의 소지가 있었던 문장들을 고쳐주었다. 이러한 경우 또한 적지 않았다. 진심으로 감사드린다.

2009년 1월

조행복

전함의 이름은 각 해군을 참조하라

가

나

다

라

마

바

사

아

자

차

카

타

파

하

기타

사진 출처

1장

page**37** E. T. Archive, London

2장

page**49** AKG, London • **67** Robert Hunt Picture Library, London • **73** Robert Hunt Picture Library, London

4장

page**113** Novosti Press Agency, London • **113** ND-Viollet • **124** E. T. Archive, London • **127** Robert Hunt Picture Library, London • **133** E. T. Archive, London • **138** ND-Viollet • **139** Collection Viollet • **145** Robert Hunt Picture Library, London

5장

page**211** Robert Hunt Picture Library, London • **212** E. T. Archive, London • **230** E. T. Archive, London • **236** Robert Hunt Picture Library, London

6장

page**253** E. T. Archive, London • **258** E. T. Archive, London • **265** TRH Pictures, London

7장

page**301** AKG, London • **302** AKG, London • **312** Robert Hunt Picture Library, London • **328** TRH Pictures, London • **346** E. T. Archive, London • **352** Robert Hunt Picture Library, London • **354** TRH Pictures, London • **363** Robert Hunt Picture Library, London

8장

page**377** E. T. Archive, London • **380** TRH Pictures, London • **384** E. T. Archive, London • **391** TRH Pictures, London • **401** Robert Hunt Picture Library, London

9장

page**460** E. T. Archive, London • **462** TRH Pictures, London • **490** TRH Pictures, London • **497** TRH Pictures, London • **508** TRH Pictures, London • **509** TRH Pictures, London • **510** TRH Pictures, London • **512** E. T. Archive, London • **519** E. T. Archive, London

10장

page**531** Robert Hunt Picture Library, London • **532** TRH Pictures, London • **573** AKG, London • **575** AKG, London • **578** Robert Hunt Picture Library, London • **580** AKG, Londonp • **581** AKG, London • **590** Robert Hunt Picture Library, London • **592** Robert Hunt Picture Library, London • **595** TRH Pictures, London • **598** TRH Pictures, London

1차세계대전사

1판 1쇄 펴낸날 2009년 3월 9일
2판 1쇄 찍은날 2016년 4월 8일
2판 7쇄 펴낸날 2023년 2월 20일

지은이 존 키건
옮긴이 조행복
펴낸이 정종호
책임편집 오세은
디자인 이원우
마케팅 강유은
제작관리 정수진
인쇄 한영문화사
제본 한영문화사
펴낸곳 (주)청어람미디어
등록 1998년 12월 8일 제22-1469호
주소 03908 서울시 마포구 월드컵북로 375, 402호(상암동)
E-mail chungaram@naver.com
전화 02-3143-4006~8
팩스 02-3143-4003

ISBN 979-11-5871-023-1 03900
잘못된 책은 바꾸어 드립니다. 값은 뒤표지에 있습니다.